福建省炎黄文化研究会
闽文化系列研究

闽都文化述论

MINDU WENHUA SHULUN

薛菁 著

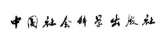
中国社会科学出版社

图书在版编目(CIP)数据

闽都文化述论/薛菁著.—北京:中国社会科学出版社,2009.12
ISBN 978-7-5004-8430-1

Ⅰ.①闽… Ⅱ.①薛… Ⅲ.①文化史—研究—福州市
Ⅳ.①K295.71

中国版本图书馆 CIP 数据核字(2009)第 233622 号

策划编辑　冯　斌
责任编辑　丁玉灵
责任校对　韩天炜
封面设计　部落艺族
技术编辑　李　建

出版发行　中国社会科学出版社
社　　址　北京鼓楼西大街甲 158 号　　邮　编　100720
电　　话　010—84029450(邮购)
网　　址　http://www.csspw.cn
经　　销　新华书店
印　　刷　北京君升印刷有限公司　　装　订　广增装订厂
版　　次　2009 年 12 月第 1 版　　印　次　2009 年 12 月第 1 次印刷
开　　本　710×1000　1/16
印　　张　38　　插　页　2
字　　数　510 千字
定　　价　50.00 元

闽文化系列研究编委会名单

总　序

何少川

多元一体的中华民族文化，是由众多各具特色的地域文化构成的。地域文化呈现着中华民族文化博大精深的共性，又以它们各自鲜明的个性，使中华民族文化更加异彩纷呈，璀璨夺目。就以汉族地区的文化来说，费孝通先生曾指出，汉族地区经济文化古今一贯的特点，就是"基本的同一性和不同地域特色相辅相成"。

闽文化正是这样一个体现着中华文化精神，又具有鲜明八闽山海特色的地域文化。

福建别称"闽"，位于祖国大陆东南沿海。东临台湾海峡，西枕武夷山脉；三面与浙、赣、粤依山为邻，一面与台湾隔海相望。山海兼备的特殊地缘和丰富而复杂的历史环境，塑造了灿烂多彩的闽文化。

上古时期，闽地的原住民，是南方土著百越族的一支闽越族。首见于先秦古籍的"闽"和"七闽"之称，当泛指这些闽地土著。这些"善舟船"的闽越人所创造的闽越文化，接受了汉文化的影响，也同诸越文化产生交融，在距今两千多年前的闽越国时期发展到辉煌的顶点。闽越文化是闽文化的源头之一，对闽文化的底层产生重要影响。

随着汉晋以降，特别是唐宋时期，北方汉人以多种形式，大量地向偏安东南一隅的闽地迁徙，汉人和汉化的闽越人成为主要居民。闽文化承袭中原文化，并在汉越文化交融的基础上迅速发展起来。

唐以后闽地渐次开发。唐设福建经略使，史上首见"福建"之称。迄至宋代，曾被视为瘴疬、蛮夷之地的福建，其社会经济已进入国内最发达地区的行列，闽文化也出现了前所未有的发展态势。在人文、科技等众多领域，蔡襄、朱熹、郑樵等名人辈出；闽学集濂、洛、关三学之大成，把儒学推向极致，成为中国封建社会后期占主导地位的意识形态。

南宋设一府五州二军，八个二级政区的格局相沿至明代，因而史称"八闽"。元代设置福建行省，为福建称省之始。随着宋元时期海外交通、贸易的发展，闽文化以新的气度，与来自阿拉伯、波斯、印度和欧洲各地文化不断交会、碰撞。这种中外文化的交会与碰撞，在近代又集中出现一次，闽文化表现出更为成熟的开放、兼容的气度，并造就了严复等一批放眼看世界的先驱。闽文化在形成期，经历了北方移民汉文化与闽越土著文化的交融，在后来的发展中，又经历了两次汉文化与海外异质文化的集中交会、碰撞，这些都对闽文化的发展和文化个性的形成，产生深刻的影响。

大规模移民所产生的文化播迁、文化交融，是闽文化发展中一个不可忽视的问题。它不仅表现在北方南迁移民所带来的决定性影响，而且表现在明清时期福建向东、向南的大量跨海移民，闽文化随之播迁台湾，并辐射东南亚华族社会，福建因此同台湾和东南亚各地有了深厚的历史文化渊源。

由于历史上的移民迁徙、汉越融合、经济发展、对外交往和自然环境等诸多原因，闽文化在形成发展中，逐渐出现了内部次区域性的相对差异。这种相对差异，表现为汉民族中形成不同民系，或称族群，在方言、习俗以及社会心理、人文性格等方面都各具特点。事实上，地域文化内部的次区域性相对差异是普遍存在的，只是闽文化的情况较为复杂。毗邻的广东，汉族有广府、潮汕、客家三个民系，而总人口比广东少一半的福建，则至少有五个汉民系。需要强调的是，这些次区域民系文化并不是相互隔绝的，相互的文化交融、互动一直在进行中。更重要的是，这是闽文化总体一致中的相对差异，差异没有使次区域文化脱离闽文化体系，反而是丰富了闽文化的内涵，使其元素、形态更加缤纷多彩，闽文化在中华文化中，也更显出其独具一格的地域色彩。

福建的闽文化研究素有传统。最早的研究，可上溯至 20 世纪二三十年代。1926 年厦门大学顾颉刚等人的"风俗调查会"，1930 年福建协和大学（福建师范大学前身）的"福建文化研究会"及其创办的《福建文化》季刊，开启了福建地域文化研究之先河。

福建的闽文化研究形成热潮，则是在改革开放以后的新的历史时期。从 20 世纪 80 年代后期到 90 年代，闽文化研究新作不断，成果迭出。当时出版的专著，除单本著作外，辑为丛书的有"福建文化丛书"、"福建思想文化史丛书"和"客家文化丛书"等。其时，改革开放在东南沿海形成大潮，台湾海峡两岸关系正在发生变化，福建面临着新的机遇。就文化和社会经济的互动关系而言，这时期的闽文化热，可以看做是此时福建社会经济与文化互动的一种结果。福建经济的发展，为地域文化的发展提供了坚实的物质基础；地域文化的繁荣，为地方经济的发展注入了新的精神力量，创造了良好的软环境。"闽学"热、"闽南文化"热、"客家文化"热和"妈祖文化"热的出现，都是典型的例子。就文化自身的发展规律来看，文化自觉的出现和不断的探究，也是文化得以发展的内在动因。"闽文化"是怎样一种文化，怎样的"一方水土"，育出怎样的"一方人"？福建的经济发展中有哪些文化因素？这是人们在社会经济变革中，对文化的一种必然追问。所以，福建 90 年代以来的地域文化热，有其深刻的原因。

进入 21 世纪，闽文化研究队伍进一步扩大，青年学者迅速成长，研究领域不断拓展，研究在向新的层面深化。福建省炎黄文化研究会基于推动闽文化研究和普及地域文化知识，为发展地方社会经济文化服务的目的，自 2001 年起，连续数年组织了八场全省性闽文化系列学术研讨会，前后参加研讨会的有省内外包括台湾地区的学者、文化工作者五百多人次，出版了"八闽文化研究丛书"论文集 7 部 11 册。2004 年又设立"闽文化系列研究"课题，力图在福建省学界已有研究基础上，对闽文化作进一步的综合性、整体性研究。现在付梓的"闽文化系列研究"套书，即为此项课题的研究成果。

本系列研究除对闽文化作全面的综合性的专论外，还对五个次区域民系文化和一个少数民族文化分别进行整体性的研究。我们期望这种把区域文化事象视为相互联系的有机系统的综合性、整体性研究，对闽文化研究的进一步深入会有所推进，对地域文化知识的普及也有所裨益。令人高兴的是，2007 年 6 月，福建经文化部批准设立了国家级"闽南文化生态保护实验区"，这是福建地域文化发展史上的一件大事，正在促进新一轮的福建地域文化研究热潮的到来。

闽文化是一个历史文化概念，也是一个当代文化概念。如何把传统和现代结合起来，传承优秀的中华传统文化，构建具有现代文明的闽文化，既是个实践问题，也是个理论课题。相信在新的历史时期里，在闽文化的再出发中，无论实践或者理论，我们都会有新的更多的创获。

2008 年秋

目　录

导论 …………………………………………………………（1）

　一　闽都文化界说 …………………………………………（1）

　二　学术史回顾与研究旨趣 ………………………………（15）

第一章　生态环境 …………………………………………（17）

　第一节　自然地理条件 ……………………………………（17）

　　一　闽都的地势地貌 ……………………………………（17）

　　二　闽都的气候 …………………………………………（19）

　第二节　社会经济条件 ……………………………………（20）

　　一　隋唐以前闽都经济的开发 …………………………（20）

　　二　隋唐五代时期闽都经济的发展 ……………………（29）

　　三　两宋时期闽都经济的繁荣 …………………………（33）

　　四　明清时期闽都商品经济的发展 ……………………（39）

　　五　清末民初闽都经济的转型 …………………………（43）

　　六　小结 …………………………………………………（45）

第二章　文化渊源 …………………………………………（47）

　第一节　史前文化 …………………………………………（47）

　　一　新石器时代 …………………………………………（47）

　　二　青铜时代 ……………………………………………（48）

　第二节　闽越国文化 ………………………………………（51）

一　相关问题的探讨 ……………………………………（51）

二　闽越国文化 …………………………………………（57）

三　闽越文化的特质及其成因 …………………………（58）

第三章　宗教信仰 ……………………………………（63）

第一节　道教 ……………………………………………（63）

一　道教信仰的古老渊源 ………………………………（63）

二　魏晋南朝闽都道教的萌发 …………………………（66）

三　隋唐五代闽都道教的兴盛与发展 …………………（70）

四　宋元时期闽都道教的鼎盛与分衍 …………………（73）

五　明清以后闽都道教的衰微与世俗化 ………………（79）

六　闽都道教的文化建树与社会影响 …………………（82）

第二节　佛教 ……………………………………………（84）

一　东汉两晋南朝佛教传入闽都及其初步发展 ………（85）

二　隋唐五代闽都佛教日趋繁荣 ………………………（93）

三　两宋时期闽都佛教鼎盛 ……………………………（106）

四　明清时期闽都佛教式微与远播 ……………………（112）

第三节　伊斯兰教 ………………………………………（118）

一　伊斯兰教在闽都的历史发展 ………………………（120）

二　奉教活动 ……………………………………………（127）

第四节　基督教 …………………………………………（129）

一　基督教传入中国——唐代景教和元代

　　"也里可温" ………………………………………（131）

二　明末清初闽都天主教的发展 ………………………（135）

三　鸦片战争后闽都天主教的复苏 ……………………（147）

四　鸦片战争前后闽都基督教（新教）的发展 ………（152）

五　基督教与闽都社会的冲突 …………………………（155）

六　基督教对闽都社会的影响 …………………………（158）

第五节　民间信仰 ………………………………………（163）

一 闽都城隍信仰 ………………………………… (165)

二 临水夫人信仰 ………………………………… (174)

三 闽都民间信仰的特色 ………………………… (182)

四 闽都民间信仰中的其他神祇 ………………… (187)

第四章 闽都教育 ……………………………………… (196)

第一节 两晋南朝时期闽都教育的萌蘖 ………… (198)

第二节 隋唐五代时期闽都教育的发展 ………… (199)

第三节 两宋时期闽都教育的繁盛 ……………… (204)

一 州县官学普遍设立 …………………………… (205)

二 书院勃兴 ……………………………………… (213)

三 人才辈出 ……………………………………… (218)

第四节 元明清时期闽都教育的继续发展 ……… (222)

一 元朝 …………………………………………… (222)

二 明朝 …………………………………………… (233)

三 清朝 …………………………………………… (255)

第五节 闽都近代教育之滥觞 …………………… (281)

一 洋务教育 ……………………………………… (282)

二 教会教育 ……………………………………… (289)

三 维新教育与新式学堂 ………………………… (308)

第五章 民俗风情 ……………………………………… (318)

第一节 闽都民俗概述 …………………………… (318)

第二节 生产习俗 ………………………………… (326)

一 农业 …………………………………………… (326)

二 渔业 …………………………………………… (334)

三 商业 …………………………………………… (336)

四 手工业 ………………………………………… (339)

第三节 生活习俗 ………………………………… (342)

　　一　饮食 …………………………………………………（342）

　　二　服饰 …………………………………………………（349）

　　三　居住 …………………………………………………（358）

　　四　出行 …………………………………………………（362）

第四节　礼仪习俗 …………………………………………（366）

　　一　婚嫁 …………………………………………………（366）

　　二　生育与寿诞 …………………………………………（375）

　　三　丧葬 …………………………………………………（381）

第五节　岁时习俗 …………………………………………（391）

　　一　春节 …………………………………………………（391）

　　二　元宵节 ………………………………………………（396）

　　三　拗九节 ………………………………………………（399）

　　四　寒食节 ………………………………………………（400）

　　五　上巳节 ………………………………………………（402）

　　六　清明节 ………………………………………………（404）

　　七　浴佛节 ………………………………………………（405）

　　八　端午节 ………………………………………………（406）

　　九　七夕节 ………………………………………………（409）

　　十　中元节 ………………………………………………（409）

　　十一　中秋节 ……………………………………………（410）

　　十二　重阳节 ……………………………………………（411）

　　十三　冬至节 ……………………………………………（413）

　　十四　祭灶节 ……………………………………………（415）

　　十五　除夕 ………………………………………………（416）

第六章　文史艺术 …………………………………………（419）

第一节　闽都方言 …………………………………………（419）

　　一　闽都方言的形成与主要特征 ………………………（419）

　　二　以闽都方言为纽带的十邑华侨 ……………………（425）

第二节　闽都文学 ……………………………………… (452)

一　唐五代以前闽都文学的萌芽 ……………………… (453)

二　唐五代时期闽都文学的发展 ……………………… (455)

三　两宋时期闽都文学的繁荣 ………………………… (461)

四　元明清时期闽都文学的复古与总结 ………………… (473)

五　近代闽都文学的鼎盛 ……………………………… (494)

第三节　闽都艺术 ……………………………………… (531)

一　闽都戏曲 …………………………………………… (531)

二　工艺美术 …………………………………………… (542)

第四节　闽都方志 ……………………………………… (549)

一　闽都方志历史沿革 ………………………………… (549)

二　主要方志简介 ……………………………………… (566)

结语 …………………………………………………………… (574)

参考文献 ……………………………………………………… (584)

导　论

一　闽都文化界说

闽都文化即是由闽都——福州人创造的文化。它至少应包括三层含义：其一，从地域范围而言，闽都文化植根于福州地区；其二，从文化的主体而言，闽都文化由福州人创造；其三，从时间上而言，闽都文化深受 2200 多年历史的浸润。然而，2200 多年的历史沧桑，"福州地区"、"福州人"的内涵亦在不断发生着变化。

1. 关于闽都——福州

闽都，即今福州市（含五区：鼓楼、台江、仓山、晋安、马尾；二市：福清、长乐；六县：闽侯、闽清、永泰、平潭、连江、罗源），其渊源可以追溯到 2200 多年前。据《史记·东越列传》记载："汉五年，复立无诸为闽越王，王闽中故地，都东冶。"东冶，就是今天的福州市（自 20 世纪 30 年代以来，学术界对闽越国地望颇有争议，本书第二章将详述之）。无诸于汉高祖五年（公元前 202 年）受封于汉中央王朝为闽越国王后，便仿效中原地区于今福州市冶山一带建造都城，谓"冶城"（见图 1），从此揭开了福州有文字记载的历史之序幕，"冶城"遂为闽越国都，是为福州市前身。西晋太康三年（282 年），晋武帝于冶城设晋安郡，首任太守严高拓建冶城，时称"子城"，福州成为晋安郡城。南朝隋唐时期，晋安郡先后被称作闽州、丰州、泉州、建州，皆以福州为州城。及至唐开元十三年（725

年）始用"福州"之名，一直沿用至今，原泉州都督府亦改为福州都督府，福州为府治。唐末五代时期，王潮、王审知兄弟随王绪起义军由河南渡江南下，相继统治闽中达30多年。开平四年（910年）王审知被后梁太祖朱晃（又名朱温、朱全忠）封为闽王，与其子孙共同创立闽国，福州为闽国国都。从此，福州逐渐成为福建的政治、经济、文化中心。宋代设"福建路"，福州为"路"的驻地。元代设"福建行中书省"，福州为其治所。明、清二朝，福州又为福州府的府治。辛亥革命后，福州作为福建省省会至今。

图 1　欧冶池

由上所述，福州号称"闽都"当无歧义，亦无异议。

此外，福州又有"榕城"（唐末以后因城内广植榕树而得名）、"三山"（因城内有闽山——乌石山、九仙山——于山、越王山——屏山三山鼎立而得名）、"左海"（福州东临大海，古人以东为左，故名）等别称。

福州长期作为八闽首邑始终居于中心地位，惟其历史、建置在漫长的 2000 多年中几经变迁，兹将其沿革稍作梳理如下：

据迄今考古发现的资料看，远在 7000 多年以前，福州地区就已经有先民繁衍生息。

商周时期，百越族的一支闽越族逐渐形成，福州成为闽越族的活动地区之一，属"七闽"之地。周显王三十五年（公元前 334 年）以后，败于楚国的越王勾践后裔南下浙南与福建地区，与当地的闽越族融合，建立起了一个地方性政权——闽越国。为区别汉代初年由中央政权所册封的闽越国，我们权且称之为先秦闽越国，这是一个独立的地方性政权，福州为其属地。

迨及秦并天下，于先秦闽越国故地设闽中郡，① 福州属闽中郡。

汉高祖五年（公元前 202 年），闽越王无诸在楚汉战争中佐汉有功，被西汉中央王朝正式分封为闽越王，并在闽中故地重建闽越国，是为汉闽越国之始。这是汉中央王朝分封的异姓诸侯国，与汉王朝的关系属于藩臣关系，如《汉书·两粤传》载："两粤（闽粤和南粤——作者注）俱为藩臣。"因此，它与先秦闽越国有着本质上的区别。从历史上看，无诸任内闽越国与汉王朝的关系是和睦、友好的，相互往来与交流比较频繁，闽越王亦定期向汉廷朝贡，晋葛洪集《西京杂记》记载："闽越王献高帝石蜜五斛，蜜烛二百枚，白鹇黑鹇各一双，高帝大悦，厚报遣其使。"这不仅使闽越国的社

---

① 关于秦朝设置的闽中郡，学术界尚存不同意见。《史记》、《汉书》都肯定秦曾设闽中郡，然，《史记·秦始皇本纪》"裴骃集解"所列举的秦分天下为三十六郡中唯有会稽郡，而无闽中郡，由此引发了学术界对闽中郡设置时间的争论。主要有两说：一、王国维在《秦郡考》一文中说："闽中郡实始皇二十五年所置。"学术界多依此说。二、裴骃集解的《史记》、《晋书·地理志》以及杜佑、欧阳忞、王应麟等人的著作中，均认为闽中郡的设置应在始皇分天下为三十六郡之后。无论哪种说法，可以肯定的是秦对闽中郡的管理只是徒有虚名，秦朝并未对该地区派出一兵一卒，亦未尝遣任何官吏，因此，闽中郡唯名义上臣服于秦王朝，"闽越王国仍保持相对的独立性"（陈国强等：《百越民族史》，中国社会科学出版社 1988 年版，第 186 页）。这就是文献上所说："秦时弃弗属。"（《汉书》卷 64《严助传》）"越未尝亡也。"（顾炎武：《日知录》卷二十二"秦未灭二国条"）王鸣盛的《十七史商榷·故郡条》亦云："秦虽置郡，仍为无诸和摇所据，秦不得而有之。"

会经济得到较大发展，而且也促进了闽越文化与中原文化的融合。
与此同时，无诸还效仿中原地区，于福州地区修筑城池，谓"冶
城"，这是福州地区的第一座王城，亦为闽越国都。学术界通常以
此为福州文明史的发端，并认为福州第一个有文字可考的地方政权
即是汉闽越国，无诸便成为福州历史上第一个有文字记载的历史人
物，习惯称之为"开闽第一君王"。无诸逝后，其后代屡屡发生内
讧，与汉廷关系也日益恶化，殆闽越王郢在位时，于汉武帝建元三
年（公元前 138 年）出兵攻伐东瓯，三年后——建元六年（公元前
135 年）又出兵攻打南越，汉武帝震怒，废除了闽越王的封号，改
封未参与叛乱的无诸孙繇君丑为越繇王，后又封郢的弟弟余善为东
越王，"两王并处"，分治闽越，福州遂为越繇王和东越王共管之
地。① 此后的二十余年中，闽越国与汉廷相安无事。直至元鼎五年
（公元前 112 年），汉王朝发兵平定南越王国的叛乱，东越王余善对
汉廷阳奉阴违，并于次年发兵造反，擅自刻制王玺，自称"东越武
帝"，② 汉越矛盾达到白热化程度。元封元年（公元前 110 年），汉
武帝派朱买臣率领四路大军围剿闽越，余善兵败。汉武帝以"东越
狭多阻，闽越悍，数反覆，诏军吏皆将其民徙处江淮间。东越地遂
虚"。③ 至此，闽越国除，历 92 年。后来，一部分逃避迁徙的闽越
人又回到故里，重建家园，汉昭帝始元二年（公元前 85 年）于此
地复立冶县，属会稽郡，县治在今福州。冶县是汉朝推行郡县制过
程中在闽中地区建立的第一个县，它的建立成为汉朝统治者的统治
势力正式渗入福州的标志。从此，闽越人开始了与南迁入闽的中原
人逐渐融合、同化的过程，福州人口逐渐增加，与中原地区的经
济、文化交流也有了较大的发展。汉献帝建安八年（203 年），冶县
被一分为五，即候官县、建安县、汉兴县、南平县、建平县，仍隶
属会稽郡。可见其时冶县范围颇广。为此增设都尉进行具体事务的

---

① 《汉书》卷 6《武帝纪》。
② 《史记》卷 114《东越列传》。
③ 同上。

管理，谓南部都尉。《八闽通志》云："属会稽郡南部都尉。光武罢都尉，后又分冶县东南二部都尉，按《三山志》注云：'东曰临海，南曰建安。'窃意分东瓯地为东部而治临海，分闽越地为南部而治建安，故此后东瓯不复来属，直至唐宝应元年，一来而遂去也。"①

三国时期，崛起于江东的孙策统一吴地之后，于汉献帝建安元年（196年）发兵攻打会稽。孙权即位后先后又对闽中发动四次战争，最终占领闽中。为了巩固其在闽中的统治地位，孙氏撤销南部都尉，于永安三年（260年）改设建安郡，此为福建历史上最早设立的"郡"，是福建从县级管理单位升至郡县管理单位的标志。

西晋统一全国之后，于太康三年（282年）从建安郡分出部分地区新置晋安郡，所辖县有八：原丰、侯官、新罗、温麻、晋安、同安、宛平、罗江。晋安郡首任太守严高是一位颇有责任心、有作为的地方官，也是福州历史上第一个建筑郡城的人，其主要功绩是扩建冶城和开凿东西二湖，为时人所称颂。据清乾隆《福州府志》卷47《严高传》记载："太康三年，为晋安太守。时初置郡，诏治闽越故城。高顾视险隘不足容众，遂改筑子城。又凿迎仙宫前，连于澳桥，通楫舟之利，城西浚东西二湖，溉田数万亩，至今利之。"② 严高扩建的子城，面积比原来的冶城大了好几倍，据宋《三山志》记载可推知，子城南至今八一七北路（南街）虎节路口，东至今湖东路丽文坊，北至今鼓屏路钱塘巷口，西至今鼓西路渡鸡口。基本奠定了福州城池的雏形，其时，福州已经成为闽中的第一大城市。

西晋末年至南朝，中原地区政局动乱加剧，福州地区的建制沿革也因之较为频繁。南朝刘宋泰始四年（468年）"改晋安郡为晋平郡，领县五，省新罗、宛平、同安三县，寻复故"。③ 萧齐建元二年（480年）复改为晋安郡，因此，清乾隆《福州府志》卷二《建

---

① 黄仲昭修纂：《八闽通志》卷1《地理》。
② 徐晓望主编：《福建通史》第1册，福建人民出版社2006年版，第198页。
③ 黄仲昭修纂：《八闽通志》卷1《地理》。

置沿革》称：晋平郡之名，主要用于宋末齐初，也许只存在几十年。萧梁天监年间（502—519 年）析出晋安郡南部置南安郡，《隋书·地理志下》载："南安旧曰晋安，置南安郡。"陈永定元年（557 年）升晋安郡为闽州，领晋安、建安、南安三郡，福州始为刺史治所。光大二年（568 年）改为丰州，福州仍为州治所。这是福建建制沿革的一大转折，福建开始自成一州，已经具有了相当于近代的最初的省级机构。不过值得一提的是，陈朝在福建设州，非人口增加的缘故，实为突出闽州刺史陈宝应的地位，而且到处设州亦为当时的一种风气。

隋统一全国后，大臣杨尚希见天下州郡过多，便上表曰："自秦并天下，罢侯置守，汉、魏及晋，邦邑屡改。窃见当今郡县，倍多于古，或地无百里，数县并置，或户不满千，二郡分领。具僚以众，资费日多，吏卒人倍，租调岁减。清干良才，百分无一，动须数万，如何可觅？所谓民少官多，十羊九牧。琴有更张之义，瑟无胶柱之理。今存要去闲，并小为大，国家则不亏粟帛，选举则易得贤才。""帝览而嘉之，于是遂罢天下诸郡。"① 在全国废郡 500 余个，实行州郡合并，以郡统县。开皇九年（589 年）改丰州为泉州（因境内有泉山之故），废建安、南安二郡为县，隶属泉州，治所在今福州。大业二年（606 年）复名闽州，次年又改称建安郡，郡所在闽县（今福州），辖区范围大体近于今福建全省。

唐朝建立以后，在全国施行道、州、县三级制度。武德元年（618 年）改建安郡为建州；四年，移建州州治于建安（今建瓯）；六年，析出建州部分地置泉州（今福州），辖闽县、侯官、长乐、连江、长溪五县。唐睿宗垂拱二年（686 年），置漳州；景云二年（711 年）改泉州为闽州，设闽州都督府。玄宗开元十三年（725 年）因州城西北有福山，改为福州，闽州都督府遂为福州都督府，"福州"之名称自此始，沿用至今。为加强边防武装力量，开元二

---

① 《隋书》卷 46 《杨尚希传》。

十一年（733 年）又置福建经略使，与福州都督府并存，"福建"之名由此始，其行政建制亦于此时基本定型。后来，福建经略使先后改名为福建都防御使、都团练观察使、威武军节度使等，驻地均在福州，由此表明福州作为福建省的中心地位在唐朝已经确立下来，实际上起到了今天省会的作用。

唐朝末年，王潮、王审知兄弟割据闽地，乾宁三年（896 年）福州升为威武军，唐昭宗以王潮为威武军节度使加检校尚书、左仆射，王审知为观察副使，二人正式据有福建之地。次年，王潮病卒，王审知自称"福建留后"。不久，唐朝延授其威武军节度使、福建观察使，累迁同中书门下平章事，封琅琊王。唐朝灭亡后，后梁太祖朱晃（又名朱温、朱全忠）加授王审知为中书令，次年，又封其为闽王。贞明六年（920 年），福州升为大都督府。尽管王审知位高权重，但他从未有称帝的企图，始终向中原的后梁、后唐称臣纳贡，曾经有人劝他称帝，他力排众议，说："吾宁为开门节度使，不作闭门天子。""因此可以说，王审知在福建统治期间的政治身份是闽王，与汉代的诸侯王相似，并不是独立的国家体制。"① 王审知在福建统治 29 年，政绩非凡，其中对福州的城市发展贡献尤著，为后人所称颂。天后年间（901—904 年）王审知亲自筹划、领导福州拓城工程，在晋朝"子城"的外围另建一座新城，谓"罗城"。梁开平二年（908 年）又在罗城南北各筑一城，谓"南北月城"，把罗城夹在中间，人称"夹城"。至此，"三山"被围进福州城内，也因此成了福州的别称。罗城建成后，原来住在城外的百姓也搬到城里，分置在街道两旁，又以高墙相互隔开，称为"坊"，今天福州的南街、南后街一带的坊、巷，就是当时罗城的居民区。可见，"三坊七巷"在王审知治内已经初具雏形。王审知逝后，其长子王延翰继位，于后唐天成元年（926 年）建大闽国，自称国王，定都福州。长兴四年（933 年），其弟延钧称帝，改元龙启，更名璘。此

① 汪征鲁主编：《福建史纲》，福建人民出版社 2003 年版，第 144 页。

王朝寿命极短，由于兄弟纷争，内讧不已，于后晋开运二年（945年）即为南唐所攻灭，闽国亡。天福十二年（947年）吴越大败唐军，福州遂归吴越统治，复称福州威武军。后周广顺元年（951年）改称福州彰武军。

北宋太平兴国三年（978年），宋军入闽，取得对福建全境的管辖，改福州彰武军为福州威武军。宋太宗至道三年（997年）将全国州郡划为15路（以后又有增加，宋神宗元丰八年，即1085年增至23路），在地方上实行路（道）、州（府军监）、县三级体制，福建路于此时设立，驻地在福州。不过，宋代路级最高行政长官是转运使，路级官府只是朝廷派驻各地的机构，对地位次之的州、府、军、监实行监督，因此，宋代的路"具有半监察区与半行政区的性质，尚未完全成为地方一级行政实体"，① 而州、府、军、监才是最重要的地方机构，朝廷完全依靠它们来治理地方。北宋福建路下辖福、建、泉、漳、汀、南剑六州，邵武、兴化二军，南宋绍兴三十二年（1162年）升建州为府，福建路领一府、五州、二军，福建始有"八闽"之别称。两宋时期，福州城池又有所扩展，据《三山志》记载，北宋开宝七年（974年）刺史钱昱为加强防御，在罗城、夹城的基础上，又增筑东南夹城，称"外城"。此后，又多次坠毁、修复。两宋时期不仅频繁修筑城池，还非常注意城市绿化。宋英宗治平年间（1064—1067年），张伯玉任福州太守，号召按户遍植榕树，"熙宁以来出现绿荫满城，暑不张盖"的景象，"榕城"作为福州的别称更是闻名遐迩。南宋末年政局动荡不安，宋恭宗德祐二年（1276年），蒙古贵族铁骑南下，首都临安府被攻破，恭宗赵㬎被俘，其皇兄益王赵昰等人由海路南下福州，在陆秀夫、陈宜中、张世杰等人的拥戴下即位，改年号景炎，升福州为"福安府"，定为"行都"——临时首都。

---

① 白钢主编：《中国政治制度通史》第6卷，"前言"，人民出版社1999年版，第4页。

从至元十四年（1277 年）始，元朝开始统治福建，至至正二十七年（1367 年），达 90 年之久。元朝是中国历史上由游牧民族蒙古族统治者建立的统一的多民族王朝，与宋代相比，其地方行政管理制度有明显变化，表现在行省制度的确立，即在中央设中书省，在地方设行中书省，下设路、府、州、县。至元十五年（1278 年）设福建行中书省，下辖八路：福州路、建宁路、延平路、邵武路、泉州路、兴化路、漳州路、汀州路。此后，行政机构名称屡有变化（一度改为"宣慰司"），省治亦在福州、泉州二地迁来迁去，但主要还是在福州。

明朝建立以后，初年沿袭元制设福建行中书省，唯改八路为八府，省治在福州。不久，朱元璋便在地方推行军政分离的政治体制改革，洪武九年（1376 年）改行中书省为承宣布政使司，简称"布司"，掌民政与财政，与"都司"（都指挥使司，掌军政）和"按司"（提刑按察使司，掌刑狱）合称"三司"，最终完成了明初地方一级的行政机关由行中书省到三司的过渡，中央权力得到加强。"布司"下设府、县二级机构，福州府仍为福建布政使司的治所。明宪宗成化九年（1473 年），又恢复被废为县的福宁州，与八府并列，至此，福建合计有"八府一州"。明朝倭患十分严重，据记载，明洪武二年（1369 年）至二十四年的 22 年间倭寇大举进犯中国达 9 次之多，其中有 4 次进犯地点在福建沿海，为此，洪武四年（1371 年）朱元璋在唐代夹城和宋代外城的基础上重砌石城，称"府城"（见图 2），一直沿用至辛亥革命以后才被陆续拆除。明末清兵入关，明太祖八世孙唐王朱聿键率明残余力量于清顺治二年（1645 年）入闽在福州称帝，改元隆武，定都福州，升福州府为天兴府，号"福京"。这是继南宋之后福州又一次成为行都。

南明隆武政权仅存 11 个月即为清军所灭。顺治三年（1646 年）九月，清军占领福州，逐渐扩展对福建全境的统治。在地方行政体制上承明制，唯复改天兴府为福州府，为福建省治所在。康熙二十二年（1683 年），清朝统一台湾，次年，设台湾府，划归福建。

图 2　明城墙

　　1911 年 10 月 10 日辛亥革命爆发，满清专制政府被推翻，革命党人成立军政府，宣布废除清帝年号，改国号为"中华民国"。民国时期，地方行政体制变化频繁，但福州始终为福建省会。1931 年九一八事变爆发后，蒋介石采取的"消极抗日，积极反共"政策激起社会各阶层的不满，为此，国民革命军十九路军将领陈铭枢、蒋光鼐、蔡廷锴等人联合国民党内部一部分抗日反蒋力量，于 1933 年 11 月在福建省政府礼堂宣布"中华共和国人民革命政府"成立，定都福州，史称"福建事变"，简称"闽变"。这是福州继五代大闽国都之后再次为国都。1934 年 1 月，在蒋介石的军事打击和政治瓦解以及日本帝国主义的武力威胁之下，十九路军遭到镇压，"闽变"失败，福州复为福建省会。

　　抗日战争胜利后，福州市政府于 1946 年元旦正式成立，直辖于福建省政府，为福建省会。1949 年 8 月 17 日，人民解放军占领福州市，福州正式宣告解放，8 月 26 日福州市人民政府成立。其行政

区划历经 20 多次变动，至 1983 年实行以市带县体制，福州市下辖
鼓楼、台江、仓山、马尾、郊区 5 区和闽侯、连江、长乐、福清、
永泰、闽清、罗源、平潭 8 县。20 世纪 90 年代后，郊区改为晋安
区，福清、长乐改为县级市，至今福州市辖 5 区、2 市、6 县。

　　综上所述，福州作为拥有 2200 多年历史的文化名城，其城池屡
经扩建、拓展，从闽越王的冶城、西晋太康三年扩建的子城到唐末
王审知扩建的罗城、五代闽国的夹城，福州城规模基本定型。而后
宋代在此基础上又增筑外城，明代重砌府城，大规模的城市建设促
进了福州经济、文化的繁荣，使其在福建历史上始终居中心地位。

　　由上述可见，闽都"福州地区"之建置沿革十分频繁，所辖区
域屡有变动，不过值得注意的一点是，自五代以来其主体范围基本
稳定在闽江下游入海口的福州平原一带，所设州（府）、县亦相对
固定，迨至清代，福州的建制基本定型，福州府辖区大致与今福州
市辖区相同。表 1 即自五代至清代福州领辖区域的基本情况：[①]

表 1 　　　　　　　　　　福州府辖区

朝　代	纪　年	建置名称	隶　属	领辖县份
五代（后周）		福州	吴越	闽县、侯官、连江、长乐、长溪、福清、古田、永泰、闽清、永贞、宁德，计辖 11 县
北宋	太平兴国三年（978 年）	福州	初属两浙西南路，至道三年（997年），置福建路，乃隶福建路	闽县、侯官、连江、长乐、长溪、福清、古田、永泰、闽清、永贞、宁德，计辖 11 县。太平兴国六年增辖怀安县，共辖 12 县

　　① 福州市地方志编纂委员会编：《福州市志》第 1 册，方志出版社 1998 年版，第
121 页。

朝　代	纪　年	建置名称	隶　属	领辖县份
南宋		福州	福建路	闽县、侯官、连江、长乐、长溪、福清、古田、永福、闽清、罗源、宁德、怀安、福安，共辖13县
	景炎元年（1276年）	福安府（行都）		
元	至元十五年（1278年）	福州路	初隶福建行省，至元二十二年（1285年）后，隶江浙行省	元初，辖13县，同上。至元二十三年后，辖福清州、福宁州2州和闽县、侯官、连江、长乐、古田、永福、闽清、罗源、怀安9县
明	南明隆武元年（1645年）	福州府 福京天兴府	初属福建行省，洪武九年（1376年）改行省为布政使司，乃属福建布政使司	辖闽县、侯官、连江、长乐、古田、永福、闽清、罗源、怀安、福清、福宁、福安、宁德，计13县。成化九年（1473年），减福宁、福安、宁德3县，辖10县。万历八年（1580年），怀安县并入侯官县，福州府辖9县
清	顺治三年（1646年）	福州府	福建行省	清朝建立后，沿袭明朝，辖闽县、侯官、连江、长乐、古田、永福、闽清、罗源、福清9县。雍正十二年（1734年），增辖屏南县。嘉庆三年（1798年），增设平潭厅，福州府计辖10县1厅

2. 关于福州人

厦门大学陈支平教授在其著《福建六大民系》中指出："福州人一般是以省会福州为中心的闽江下游及闽东一带的居民。"[①] 这里

---

① 陈支平：《福建六大民系》，福建人民出版社2001年版，第73页。

主要是指福州人的分布范围。然而，从福州人族群构成看，福州人则是在中原汉人与古闽越人长期融合、同化的过程中逐渐形成的，是福建省一个具有独特人文特征的汉族族群。从历史上看，福州人的形成始于汉末三国时期，结束于唐末五代时期，与中原汉人此期间发生三次大规模南迁入闽的高潮息息相关。

第一次高潮是三国孙吴时期。自建安元年（196 年）吴太平二年（257 年），崛起于江东的孙吴集团先后五次派军队入闽，确立起了对福建的统治地位，并于永安三年（260 年）建立了建安郡。随军的将士留驻定居福州，或携家眷，或与当地人通婚，由此揭开福州人形成的序幕。据《侯官县乡土志》记载，现在福州的一些重要姓氏，就是在此期间迁入的。譬如：郑氏，三国郑胄仕吴，守建安，留居闽。詹氏，汉詹疆与吴将贺齐战后，族姓留闽居焉。胡氏，三国固始人胡综仕吴，其子孙迁闽。何氏，汉建安中何雄拒孙权战后，子孙留居闽。赵氏，东汉赵晔从东洋来习为越巫疗病，居霍童，其后人迁省。[①]

西晋末年，永嘉"八王之乱"，中原动荡，江东衣冠族林、陈、黄、郑、詹、邱、何、胡八姓迁入闽中，形成中原汉人南迁入闽的第二次高潮。迁入福州的姓氏有：林氏，晋永嘉间林禄领晋安郡守，遂家焉。东晋黄门侍郎林颖由西河迁闽。陈氏，晋陈熙守晋安，家于闽，陈羽父子即其裔也。黄氏，晋司马南浮固始人，黄允随徙辗转入闽，居侯官。邱氏，六朝邱祚随宋昌国守阮弥之入闽，后领郡，遂留居。胡氏，东晋胡方生守晋安，其族人胡昶亦官于闽，值义熙之乱皆留居焉。刘氏，晋刘琨魏昌人，继严高守晋安，遂家焉。王氏，东晋王导从弟彬领建安守，遂由琅琊迁闽。齐王增由中原渡江入闽，居焉。李氏，晋兴宁间，李崇守晋安，家于闽。吴氏，梁吴惠竟（《闽县乡土志》作"吴惠觉"）守建安，留居，

---

① （清）郑祖庚纂修：《侯官县乡土志》卷 5《版籍略三·氏族》（《闽县乡土志》叙 2《版籍略三》同）。

建宁后人迁省。杨氏，晋永安中杨岱为晋安太守，留居焉。周氏，东晋周闵守建安，子孙有留闽者。①

隋唐五代时期，外来移民入闽不绝，尤其是唐中叶"安史之乱"后和唐末黄巢农民起义，中原地区战乱愈演愈烈，局势日趋恶化，南下避乱入闽的中原汉人剧增，掀起中原汉人入闽的第三次高潮。史载随王氏入闽者多达三十六姓，显著者有：林氏，唐谏议大夫林希旦由济南迁闽。光启初林穆又由固始随王氏来闽。陈氏，唐陈政以将军开漳居之孙詠官光州留居固始，后人又随王氏入闽。詹氏，唐光启间婺源詹必胜从王审知攻福州，阵殁，子孙家于闽。同时又詹敦仁者亦随王氏来闽，后隐。刘氏，唐末有固始人刘存随王氏入闽，居凤冈，刘宅八贤皆裔也。张氏，唐季张睦自固始随王氏入闽。王氏，唐季王潮率其族姓入闽，今之开闽王即王潮之嫡派也，审邽后人，别居长乐。李氏，唐宗子有尚芬者居闽。郭氏，唐汾阳王子曜封代公，其裔于咸通中，从王氏入闽。卜居长乐之郭坑，后郭询再迁福清。蔡氏，五代建阳令蔡炉子孙多居会城。周氏，唐末周朴吴兴人避乱来居福州。蒋氏，唐大中间蒋佋为泉州刺史留居泉，子姓有分居福州者。高氏，唐元和间，苏州高良器任长乐县尉，遂家焉；方氏，唐大中大夫方文振始迁闽。②

经过近 700 年中原汉人与当地土著的融合，一方面，福州平原得到全面开发，王审知治闽时（879—925 年），福州已是"草莱尽辟，鸡犬相闻，时和年丰，家给人足"③ 的繁荣景象，福州成为福建省政治、经济、文化中心。另一方面，作为福建省一支具有独特人文特征的汉族族群——福州人正式形成。

随着中原汉人大规模南迁入闽，闽江下游及闽东地区逐渐形成了以汉语为基础且具地方特色的方言——福州话。"该方言是闽江下游的旧福州府'十邑'的共同语，整个闽东地区的代表性方言，

---

① （清）郑祖庚纂修：《侯官县乡土志》卷 5《版籍略三·氏族》。
② 同上。
③ 于竞：《琅琊王德政碑》。

在今福州市所属 5 区 2 市 6 县通行，今宁德地区所辖的 2 市 5 县也能听懂"。① 因此，"福州人"又为说福州话的居民。

　　综上所述，"闽都文化"即是由闽江下游和闽东地区一带操福州方言的居民共同创造的、源远流长、传承至今、独具特色的一支地域文化，其分布范围是以闽江下游的福州平原为中心，辐射至周边的闽东地区。当然，明代末年，随着大批福州人涌向台湾省，流往南洋各地，进而扩展到日本、美国等其他国家和地区，闽都文化亦随之流播海外，其凝聚力、影响力绝非行政区划所能界定。

二　学术史回顾与研究旨趣

　　闽都——福州，地处我国东海之滨，自古以来被誉为"环山、沃野、派江、吻海"的形胜之地。经过数千年的历史积淀，这块"有福之州"孕育了富有鲜明地方特色的闽都文化，历史上素有"海滨邹鲁"之美誉。远自新石器时代闽越先民创造的昙石山文化，直至近代爱国志士创造的船政文化，闽都儿女无不为之感到骄傲和自豪。

　　20 世纪 30 年代以来，围绕闽越国都城——"冶城"的地望问题，学术界展开了对闽越国历史地理的探讨，60 年代又开始对闽越文化进行了探索和研究，至今已取得不少成果，较具代表性的学术专著就有：蒋炳钊、吴绵吉、辛土成合著的《百越民族文化》（学林出版社 1988 年版），陈国强等著《百越民族史》（中国社会科学出版社 1988 年版），何光岳著《百越源流史》（江西教育出版社 1989 年版），杨琮著《闽越国文化》（福建人民出版社 1998 年版），何绵山著《八闽文化》（辽宁教育出版社 1998 年版），等等，这方面研究的学术论文更是不计其数。近年来，随着地下考古工作的展开和深入，冶城地望研究取得了突破性进展，1998 年 5 月下旬在福州召开的冶城学术研讨会代表了这一研究领域的最新成果，冶城

---

　　① 李如龙、梁玉璋编撰：《福州方言志》"出版说明"，海风出版社 2001 年版。

"福州说"的观点为越来越多的学者所认同。所有这一切无疑为闽都文化的研究打下了良好的基础。然而，关于闽都文化的研究迄今则多散见于闽越文化、八闽文化等相关研究中，专门论述闽都文化的著作又多属于一般介绍性的通俗读物，如"可爱的福州"丛书（共7本，鹭江出版社1998年版）、"福州民俗文化"丛书（共8本，福建人民出版社2001年版）、唐希著的《福州文化行旅》（海风出版社2002年版）、林璧符编著的《闽都文化源流》（中国社会出版社2003年版），等等，向读者展示了福州的历史风貌，对于向世人宣传福州、弘扬福州的民俗文化和乡土文化起到了积极的作用。新近出版的《闽都文化研究》（上、下册，海峡文艺出版社2006年版）辑录了福建省内专家、学者的学术论文60篇，涵盖了闽都文化的各个层面，大致反映了闽都文化研究现状和水平。但是，全面、系统论述闽都文化的著作暂付阙如，而对于闽都文化宏观的、理性的把握更待升华。本著作将在这一方面作一粗浅尝试，为开展闽都文化的研究抛砖引玉。

本著作坚持以马克思主义唯物史观为指导，基于已有的考古发现和研究成果，充分运用史籍文献中的有关资料，以文化为主线，结合社会发展、历史嬗变即闽都文化所依托的时代背景，对闽都地区的宗教信仰、教育、方言、文学、艺术、民俗风情等专题进行系统的、全方位的、多视角的探研，以期把握闽都文化发展的历史轨迹，揭示闽都文化演变的内在规律，挖掘闽都文化的特质和内涵，为闽都文化研究尽绵薄之力。

第 一 章

生 态 环 境

文化是人类适应自然的产物，是在一个特定的自然地理环境中滋生演化的，自然地理环境对人的生活方式及禀性有着发生学意义上的塑造。为此，我们首先要对闽都文化赖以滋生演化的自然地理环境作一概述。

第一节　自然地理条件

一　闽都的地势地貌

福州，地处中国东南沿海、福建省东部闽江口，背山面海，西枕鹫峰——戴云山脉，东濒东海，北与福建宁德地区交界，南与福建莆田市相连，西与福建三明市和南平市相邻，东临台湾海峡与台湾省隔海相望。从福州属县平潭的东澳到台湾的新竹，只有 74 海里，[①] 是大陆到台湾最近的地方。福州，作为福建省会，历来是全省的政治、经济、文化中心，行政辖区包括 5 区、2 市、6 县。

福州境内的地势西北高东南低，且呈阶梯状下降。鹫峰山脉从福州北部蜿蜒伸向东南，戴云山脉从福州南部向东延展，闽江自西北向东南横切山脉东流至福州盆地，再沿长门港和梅花港注入东海，形成全省四大平原之一——福州平原，亦称闽江下游平原，面

---

① 　1 海里 = 1.852 公里。

积为 489.1 平方公里。①

　　福州市区位于福州盆地中心，四周群山环绕，兼有平原沃野，自古以来就被人们誉为"环山、沃野、派江、吻海"的形胜之地。所谓"三峰峙于城中，二绝标于户外。甘果方几，莲花献瑞。襟江带糊，东南并海。二潮吞吐，百河灌溢。山川灵秀，所都即逢兵不乱，逢饥不荒"。②"城在山之中，山在城之内"是福州地理最突出的特色之一，也因此构成了福州的特殊景观。整体言之，福州的地貌类型虽然多种多样，但仍以山地丘陵为主，平原面积狭小。其中，山地占总面积的 33%，丘陵约占 40%，主要分布在内陆各县，如闽侯、永泰、闽清等县，台地和平原则占总面积的 26%，主要分布在闽江下游，福州平原是福建省仅次于漳州平原的第二大平原，面积也不过 489.1 平方公里。③

　　福州濒江临海，内河水系十分发达，河道纵横交错，被福州人称为"母亲河"的闽江是福建省最大的河流，其发源于闽赣交界的武夷山脉，从西北流向东南，流经省内 36 个市、县，干流长 577 公里，连同支流总长达 2872 公里。闽江下游由闽清水口镇入福州盆地流经闽清、闽侯县，在福州郊区洪塘附近受南台岛之阻，分为南、北二港，南港称乌龙江，北港称白龙江，亦称台江，流至马尾，与马江实现三江汇流。而后，流经市郊、长乐、连江到闽江口的川石岛入海。这一段干流长 150 公里，平均径流量为 629 亿立方米，是福州最大的河流，其主要支流有大樟溪、梅溪等，加上分布在福州盆地部分县市的鳌江（又名岱江，发源于罗源县西部）和龙江（贯穿福清县境内），福州市每年水资源总量达 635.2 亿立方米，人均

---

　　① 其他三大平原分别为：漳州平原，亦称九龙江下游平原，面积为 566.7 平方公里；泉州平原，亦称晋江下游平原，面积为 345.1 平方公里；兴化平原，亦称木兰溪下游平原，面积为 464 平方公里。

　　② （明）王应山：《闽都记》卷 2 "城池总叙"，福建省地方志编纂委员会编，方志出版社 2002 年版，第 6 页。

　　③ 福州市地方志编纂委员会：《福州市志》第 1 册，第二篇第二章，方志出版社 1998 年版。

占有水资源 1.22 万立方米。①

临海作为福州自然环境的一大特色，境内的海岸线漫长曲折，长度达 1148.77 公里，占全省海岸线总长度的 33.67%，由此构成境内港湾岛屿星罗棋布，共有港湾 18 个，较大的有罗源湾、定海湾、马尾港、福清湾、兴化湾等，其中罗源湾是福建省六大深水良港之一，可建设 5—10 万吨的泊位码头。沿海岛屿多达 545 个，较大的有平潭岛、江阴岛、琅岐岛、粗芦岛、大练岛、屿头岛等，其中平潭岛面积达 274.33 平方公里，是福建省第一大岛、全国第五大岛。此外，福州还跨有闽东渔场的南部和闽中渔场的北部，拥有浅海面积 197.38 万亩，滩涂面积 36.61 万亩，可围垦区 82.23 万亩，均占全省沿海地、市的首位。②

上述种种，无不表明福州自然地理条件之优越，堪为全省之冠，从而为福州成为福建省的中心奠定重要基础。

二　闽都的气候

福州位于北纬 25°95′—26°39′，东经 118°08′—120°31′，地跨南亚热带北部和中亚热带南部的过渡区，福州、闽侯、长乐、福清、平潭 5 市县属南亚热带，连江、罗源、永泰、闽清 4 县属中亚热带。全区四季暖热湿润，夏长冬短，气温普遍较高，最冷月份 1 月或 2 月的平均气温在 9℃—10℃之间，最热月份 7 月或 8 月的平均气温在 27℃—28℃之间，年平均气温在 19.0℃—19.9℃之间。气温高低冷暖与太阳辐射和日照有着十分密切的关系，由于福州地区所处纬度较低，因而能获得较多的太阳辐射，光热资源丰富，无霜期短。据统计，该地区年总辐射量均在 419 千焦耳/平方厘米以上，年日照时数均在 1650 小时以上，日照百分率在 40% 上下，除海拔较高的

---

① 福州市地方志编纂委员会：《福州市志》第 1 册，"总述"，方志出版社 1998 年版。

② 同上。

山地外，大部分地区的无霜期都在 300 天以上，冰雪则更属罕见。①

福州地处中国东部亚热带季风气候区，受太阳辐射的季节变化与海陆间气温的差异的影响，福州地区的季风现象明显，冬季以来自大陆的偏北风为主，夏季以来自海洋的偏南风为主，秋季多有台风，沿海岛屿常年平均风速为 6 米/秒至米/秒，平潭岛因突出于台湾海峡，风速可达 8 米/秒以上，其风力资源居全国首位，平潭县也因此建成了全国最大的风力发电实验站。

受季风影响，福州地区雨量充沛，年降雨量大致在 1000 毫米至1600 毫米之间，降雨天数一般在 120 天以上，降雨强度较大的多出现在台风雨季（即夏秋两季）和梅雨季（即 5 月上旬至 6 月下旬），降雨量及降雨天数的分布规律是东南沿海岛屿向西北山区递增，中心在西部的闽清、永泰等县，平潭最少。

很显然，福州的气候条件十分有利于农业生产和水产养殖，也非常适合亚热带作物和植物的生长，对福州社会经济的发展产生了重要影响。

第二节　社会经济条件

一　隋唐以前闽都经济的开发

1. 先秦时期

据考古发现，福州地区至少在距今 7000 年前就已经有先民繁衍生息。1965 年在平潭县平原乡南垅村壳丘头发掘的壳丘头遗址是福州地区乃至福建省迄今发现最早的文化遗址，从出土的陶器、石器、骨器和少量的贝器、玉器分析，可以推知壳丘头文化距今5000—7000 年，属新石器时代早期。

迨及新石器时代晚期，距今 5000 年左右闽江下游的福州地区又

---

① 福州市地方志编纂委员会：《福州市志》第 1 册，第二篇第三章，方志出版社1998 年版。

出现了著名的昙石山文化。该文化遗址位于闽侯县甘蔗镇恒心村，距市区 22 公里，为闽江下游冲积区一座高出江面 20 米的长形山冈。自 1954 年以来有关部门先后对其进行 8 次科学发掘，共发现 80 多座墓葬，60 多个灰坑，5 座陶窑，2 条壕沟以及大批珍贵文物。经鉴定，昙石山遗址的范围估计"长 200 米—250 米，宽 10 米—20 米"，文化层分布不均，"有的厚达 3 米多"。从遗址的堆积来看，主要是由蛤蜊、牡蛎、蚬、蚶等各类贝壳堆积而成，尤其是在第六次发掘中所发现的 19 座灰坑，"坑内有的全是蛤蜊壳堆积"，所发现的 20 多座墓坑内"填土褐灰色，内含大量蛤蜊壳，有的几乎全是蛤蜊壳"，[①] 可谓名副其实的"贝丘"遗址，在我国台湾等地以及日本、欧洲等世界各国都有类似的"贝塚"遗址。据此可以断定昙石山文化的先民主要以采集海生贝类为生，也印证了《逸周书·王会解》中"东越海蛤"的历史记载。

遗址中还出土了多种野生动物的遗骨，经鉴定达 11 种之多，包括豪猪、棕熊、梅花鹿、水鹿、印度象、华南虎等，虽然数量不多，但是表明了狩猎也是昙石山文化的先民的一项重要的经济活动，狩猎品是他们的辅助性食物以补充日常生活之不足。

从昙石山遗址出土的大量生产工具看，绝大部分是石器，主要有用于挖地松土的石斧、石锛，用于锄草收割的石锄（石刀）、石镰。1974 年 10—12 月间对昙石山遗址的发掘中又出土一件陶杵，呈圆柱状，一端已残，另一端呈球状隆起，有明显舂研痕迹。残长 9 厘米，径 2 厘米。[②] 由此可见，昙石山先民已经开始了原始的农业生产活动，并开始由刀耕火种农业向锄耕农业过渡。这一点从遗址出土的家畜遗骨中可资证明。在对该遗址进行的第 6 次发掘中，共发现猪骨 11 只个体，经中国科学院古脊椎动物与古人类研究专家鉴定，均属饲养的家猪，同时还发现了牛肢骨 2 件，经鉴定，属水牛，

① 福建省博物馆：《闽侯县石山遗址第六次发掘报告》，《考古学报》1976 年第 1 期。

② 福建省博物馆：《福建闽侯县昙石山遗址发掘新收获》，《考古》1983 年第 12 期。

表明当时已经有了家畜饲养。① 众所周知，只有农业发展了，家畜饲养业才有可能发展，二者关系十分密切。据此，我们认为，昙石山先民的经济活动中除以采集狩猎为主外，还存在以农业生产为辅的经济活动，只是当时的农业生产水平还比较低，在整个经济活动中尚未占主导地位。

原始农业生产的发展必然促进原始手工业的发展，陶器烧造是其时原始手工业的主要部门。从昙石山遗址出土的陶器看，主要是夹砂灰陶和泥质灰陶，也有一定数量的夹砂粗红陶、泥质红陶、橙黄陶、泥质黑陶等。纹饰多为拍印条纹，还有绳纹、交错条纹、方格纹、篮纹、回纹、云雷纹、划纹、刺点纹、圆圈纹、镂孔、附加堆纹、彩绘等。器形有釜、簋、罐、碗、壶、杯、豆、鼎、盆、钵等。制作技术是手轮兼用，其中轮制陶器不仅造型浑圆、规整，而且器壁厚薄均匀，有的壁薄仅 0.1 厘米左右，且遍体布满整齐旋纹，足见其时制陶技艺之精湛，也因此促使了专门从事制陶手工业者的出现及其从农业中的分离。此外，昙石山遗址发掘的 5 座陶窑，分布比较集中，相互毗邻，连成一体，都是利用缓坡地面直接挖掘而成，方向朝东或东偏南，估计是一处氏族公社的公共制陶工场。从窑的形状和结构看，它们与黄河流域仰韶文化的窑址十分相似，反映了我国新石器时代文化的统一性以及福州原始社会生产力的水平。② 昙石山文化遗存所反映的社会形态大体属于父系氏族公社，③从已发掘的昙石山文化的墓葬中看，大多数是单人埋葬，随葬品多寡不一。例如在 1976 年闽侯白沙溪头新石器时代遗址发现的女性墓中，除一座老年妇女墓有少量随葬品外，其他皆无随葬品，而男性墓中则普遍都有随葬品。在夫妻合葬墓中，男子仰身直肢，女性侧身屈膝面朝男性。这些现象无不表明父系制度确立以后，妇女社会

---

① 祁国琴：《福建闽侯昙石山新石器时代遗址中出土的兽骨》，《古脊椎动物与古人类》第 15 卷第 4 期。

② 福建省博物馆：《福建闽侯县昙石山遗址发掘新收获》，《考古》1983 年第 12 期。

③ 曾凡：《关于福建史前文化遗存的探讨》，《考古学报》1980 年第 3 期。

地位下降而逐渐成为男性的附属品的事实。

夏、商时期，黄河流域的中原地区进入了文化发达的青铜时代，其文化遗存的主要特征是几何印纹陶。福州偏处我国东南一隅，社会发展进程较为缓慢，迟至商末周初才开始向青铜时代过渡，1974 年在福建闽侯县鸿尾乡石佛头村南部发现的黄土仑遗址即为这一时期之典型代表。1978 年福建省博物馆组织对该遗址进行发掘，清理出墓葬 19 座，出土或采集陶器、石器等文物标本近 200 件，其中几何印纹陶占 98%，而且火候极高，质地坚硬细密，器型丰富，有罐、壶、豆、杯、尊、盂、甗、罍等十几个品种，其造型、装饰工艺等方面承袭青铜器作风，反映出强烈的青铜时代风格。经过碳 – 14 同位素测定，其年代为 1300 正负 150BC 年，距今 3300 年，大约相当于商代晚期或西周初期。这一时期，福州地区的社会发展水平较之新石器时代有明显提高，农业和手工业生产都有长足进步，青铜生产工具如铜镢、铜斧等已经开始用于农耕，说明福州地区的农业生产深受中原农业文化的影响。但是，由于资源的限制和采冶、炼制的困难，其时福州地区主要还是传统的石制农具，耕作方式尚处在"火耕水耨"阶段，这主要是由福州地区"地旷人稀"的自然地理环境决定的。除农业经济，渔猎和采集经济仍旧是青铜时代福州先民经济生活的重要内容。诚如司马迁在《史记·货殖列传》中所云："楚越之地，地广人希，饭稻羹鱼，或火耕而水耨，果隋蠃蛤，不待贾而足，地势饶食，无饥馑之患，以故呰窳偷生，无积聚而多贫。"该传"正义"案："楚越水乡，足螺鱼鳖，民多采捕积聚，棰叠包裹，煮而食之。"《汉书·地理志》亦云："江南地广，或火耕水耨。民食鱼稻，以渔猎山伐为业，故呰窳偷生，而亡积聚，饮食还给，不忧冻饿，亦亡千金之家。"

福州地区的手工业在青铜时代也有较大发展，尤其是陶器制作工艺已经达到相当高的水平。从黄土仑遗址中发掘了大量印纹陶，其制作方法多为轮制，器形多达十几个品种，纹饰精美丰富，多采用拍印、刻画、锥刺、镂孔、凸棱、出纽等手法以及带有装饰意味的 S 形、卷云形、旋涡形等泥条附加堆贴和羊、虎、夔龙等捏塑。造型上既有稳重的鬶形壶、喇叭座内套圈足的叠形器,形态生动的虎子形器等,又有极富地方特色的带圆饼座的觚形杯、凸棱节状柄下接喇叭形器座的豆、单鋬鼓腹圜底罐以及杯口长颈宽肩双系壶等,既表现出强烈的仿铜作风,又别具地方特色,充分体现了青铜时代福州地区手工业发展水平。不过,从总体上看,福州地区由于地理环境的封闭性,与中原地区的经济文化联系受到限制,因此,其社会历史的发展进程比较缓慢,经济发展水平相对落后,早在夏朝中原地区已经进入青铜时代,福州地区则仍处在新石器时代晚期,迟至商末才向青铜时代过渡,其社会形态表现为"不发达的奴隶社会形态,且有一定程度的原始社会残余"。①

2. 秦汉时期

秦汉时期,社会生产力发展的主要标志是铁器的制造和广泛使用。早在春秋战国时期,中原地区的农业生产已经开始使用铁制农具和牛耕,社会形态也逐渐由奴隶社会向封建社会过渡。福州地区在这一时期的经济发展状况虽然鲜为史籍记载,但是有一点可以肯定,闽越王无诸在位期间②与中原地区往来友好、频繁,并且广泛吸收中原地区先进的生产技术和文化,铁器于此时开始在福州地区使用应是无疑,③农业生产开始有了质的飞跃。不过,从考古发掘

---

① 唐文基主编:《福建古代经济史》,福建教育出版社 1995 年版,第 50 页。

也有学者认为:"福建地区的闽越族人在产生了青铜文化时,已进入了奴隶制的阶级社会。……这种看法不仅没有古文献方面的依据,也缺乏确切的考古资料的实证。……我们认为福建地区先秦时期的闽越人,至少在战国早期时,可能还未完全进入阶级社会,大概还处在原始社会末期向阶级社会过渡阶段。"(见杨琮《闽越国文化》,福建人民出版社 1998 年版,第 58—59 页。)

还有学者认为:"大约在商周时期,闽越族已经结束了原始社会,跨进奴隶制社会的门槛。……春秋战国时期……闽越族仍停留在奴隶制的发展阶段。"(见陈国强、蒋炳钊、吴绵吉、辛土成《百越民族史》,中国社会科学出版社 1988 年版,第 184 页。)

② 汉高祖五年(公元前 202 年)受封,卒于汉惠帝三年(公元前 192 年)或之前(见杨琮《闽越国文化》,福建人民出版社 1998 年版,第 22 页。)

③ "闽越国最晚在景、武时期,已进入了全盛的铁器时代。"(见杨琮《闽越国文化》,福建人民出版社 1998 年版,第 314 页。)

中，此期铁器主要集中在福建北部崇安县城村汉城遗址，当时的铁制农具主要有锸、锄、镢等，工具有斧、锤、凿、锯、小刀削、曲形铁条、铁环等，兵器有铁矛、刀、剑、匕首、镞等，社会形态亦由奴隶制向封建制转变。此外，从前引汉代史籍的记载看，这一时期渔猎经济仍然以农业经济的辅助形式而存在。

这一时期，手工业的发展主要体现在造船业。《淮南子》载："胡人便于马，越人便于舟。"《汉书·严助传》："越，方外之地，劗发文身之民也。……处溪谷之间，篁竹之中，习于水斗，便于用舟，地深昧而多水险。"《越绝书·越绝外传记地传》："水行而山处，以舟为车，以楫为马，往若飘风，去则难从……越之常性也。"所有记载无一不表明古闽越人善于造船，长于操舟。1975 年在连江县浦口公社山堂大队发掘一艘独木舟，系一根大樟木刨空而成，舟体长 7.1 米，前宽 1.1 米，后宽 1.5 米，残高 0.82 米，船舱中间有一座凸起的方形座。据碳 14 测定，时间距今 2170 正负 95 年，上限为公元前 290 年，下限为公元前 100 年，大约为西汉早期。① 这是古闽越人善于造船实物证据，与文献记载相吻合，表明西汉时期闽越国的造船业较为发达。

3. 魏晋南北朝时期

魏晋南北朝时期福州地区社会经济发展的一个显著特点是全面汉化——封建化，从根本上改变了秦汉以来经济落后状况，经济发展进入一个新的时期，这与中原汉人于此期大规模南迁入闽密切相关。早在秦汉时期就已经有北方汉人南迁入闽，但是由于福州地处偏远，而且"林中多蝮蛇猛兽，夏月暑时，呕霍乱之病相随属"，② 因此，入闽人数十分有限，福州"地旷人稀"的状况并未得到改变。降入东汉末年，中原政局动荡不安，战乱频仍，福州成为中原汉人躲避战乱的首选地区。从此，每当中原地区发生战乱，便

---

① 福建省博物馆：《福建连江发掘西汉独木舟》，《文物》1979 年第 2 期。
② 《汉书》卷 64《严助传》。

有大批北方汉人南迁，并与当地闽越族人通婚同居。闽族人因此开始汉化，逐渐变成汉族的一部分，当地的经济也得到开发和发展。大体说来，魏晋南北朝时期北方汉人南迁入闽有过四次高潮，分别发生在孙吴入闽、永嘉之乱、卢循入闽、侯景之乱期间。①

三国时期，崛起于江东的孙吴集团先后于东汉建安元年（196年）、建安八年（203年）、建安十三年（208年）、吴嘉禾四年（235年）、吴太平二年（257年）五次对福建用兵，最终确立起了对福建的统治地位，并于永安三年（260年）建立了建安郡。据《宋书·州郡志》记载，当时建安郡有3042户17686人，这是福建有史以来第一个人口统计数字。② 西晋末年，中原地区更加动乱，南迁入闽的汉人急剧增加，根据清乾隆《福州府志》卷75"外记"引宋人路振《九国志》载："晋永嘉二年，中州板荡，衣冠始入闽者八族，林、黄、陈、郑、詹、邱、何、胡是也。以中原多事，畏难怀居，无复北向，故六朝间仕宦名迹，鲜有闻者"，历史上称"衣冠南渡"或"八姓入闽"。虽然，学术界对北方汉人入闽始自永嘉、入闽者仅为八族以及入闽者皆衣冠大族等尚存疑义，但是，永嘉之乱以后形成了北方汉人入闽的又一个移民高潮，乃不争之事实。据梁克家淳熙《三山志》记载，至永嘉五年（311年），晋安郡人口较郡始设时增加了一倍，有7600户36000人。东晋末年，朝政日坏，危机四伏，司马元显（孝武帝司马曜的弟弟会稽王司马道子的儿子）当政时期为建立一支自己控制的军队，以与长江上游桓玄、下游的刘牢之对抗，于399年下令强征江南八郡③"免奴为客"

---

① 林国平、邱季端主编：《福建移民史》第二章，方志出版社2005年版。

② 不过，这一数字与实际情况可能会有出入，有学者认为在建安八年孙吴将领贺齐入闽时，福建人口"当有十万左右"（朱维幹：《福建史稿》上册，福建教育出版社1985年版，第52页）；也有学者认为应为6084户，35372人（黄公勉：《福建历史经济地理通论》，福建科学技术出版社2005年版，第50页）；还有学者认为人口数量大约在10万—20万人之间（葛剑雄等：《简明中国移民史》第二章，福建人民出版社1993年版，转引自林国平、邱季端主编《福建移民史》，方志出版社2005年版，第27页。）

③ 吴、会稽、吴兴、义兴、新安、东阳、临海、永嘉八郡是也。

者"移置京师，以充兵役"，顿时"东土嚣然，人不堪命"，① 引发了孙恩、卢循起义。起义军先后转战今浙江、福建、广东、广西一带，于元兴二年（403年）由永嘉攻入福建，在此活动达三年之久，终因时日旷久，寡不敌众，于义熙元年（405年）卢循率军退至番禺（今广州），兵败身亡，其余部则漂泊山海之间，散居在福州地区沿海一带，称作"泉郎"或"游艇子"。据宋人乐史的《太平寰宇记》卷102《泉州风俗》记载："泉郎即此州之夷户，亦曰游艇子，即卢循之余。晋末卢循寇暴，为刘裕所灭。遗种逃叛，散居山海，至今种类尚繁。……其居止常在船上，兼结庐海畔，随时迁徙，不常厥所。"南朝萧梁末年发生侯景之乱，南方遭受空前大浩劫，残暴的侯景军在江东地区烧杀抢掠，导致"千里绝烟，人迹罕见，白骨成聚，如丘陇焉"② 的凄凉景象，避乱入闽者不计其数，再次掀起北方汉人入闽高潮。

大批中原汉人南迁入闽，带来了中原地区先进的文化和生产技术，促进了中原汉人与当地闽越族人的进一步融合，推动了福州地区经济的开发与发展，福州经济进入一个新的发展时期。

农业的发展主要表现在农业生产力水平的提高和农作物品种的增加。一是水稻种植。史载"东南以水田为业"，闽江沿河谷一带，低气暑热，水量充沛，十分适合水稻的种植与生长。《初学记》卷27"五谷"条引葛洪《抱朴子》说："南海晋安有九熟之稻"，说明其时在不同地区（土壤）和不同时间（季节）可收获的水稻就达9个品种之多。南朝刘宋时，又有了早熟粳稻的种植。二是麦类作物。此期北方麦类旱地作物在福州地区亦得到推广、种植，大大丰富了福州地区民众的物质生活。刘宋时王秀之"出为晋安太守，至郡期年，谓人曰：'此邦丰壤，禄俸常充'"。③ 何乔远《闽书》卷50《文莅志·福州府》亦载，梁末陈初，"东境饥馑，会稽大甚，

---

① 《晋书》卷64《简文三王·会稽文孝王司马道子传》。
② 《南史》卷80《侯景传》。
③ 《南齐书》卷46《王秀之传》。

死者十七八"，"而晋安独丰沃"，故此，侯景乱后，盘踞福建晋安的陈宝应利用会稽缺粮之机从海道"载米粟与之贸易"。① 三是果树栽培。北魏末年贾思勰所著《齐民要术》卷 10 "果蔬类"中收入的福州水果品种有梅、桃子、橘子、王檀子（黄皮果）等等。

魏晋南北朝时期与农业生产密切相关的水利建设事业在福州地区也有很大发展。晋安郡初立时，首任太守严高即发动民众大兴水利，于福州子城外"凿东、西二湖，周围各二十里，引东北诸山溪水注于东湖，引西北诸山溪水注于西湖，二湖与闽海潮汐通，所溉田不可胜计"。② 东、西二湖的开凿是当时最重要的水利工程，尤其是西湖，此后历代都对之加以疏浚和扩建，对福州农业发展起到了极其重要的作用。宋人陈俊卿在《西湖纪游》中写道"凿开千顷碧溶溶，颖上（今安徽省内）钱塘仿佛同。梅柳两堤连绿荫，芰荷十里散香风。波涵翠巘层层出，潮接新河处处通。舆颂载途农事起，从今岁岁作年丰"。③ 昔日被汉代人称作"深林丛竹……林中多蝮蛇猛兽，夏月暑时，呕泄霍乱之病相随属"④ 的蛮荒之地，如今已是良田遍布，田园村落蠹立的"沃壤"。

这一时期福州地区的手工业也有很大的发展，最突出的当推造船业和陶瓷业。孙吴时期福州的造船就已经成绩显著，建衡元年（269 年）在侯官设立的典船校尉与温麻船屯就是吴国最重要的两大造船基地，所造船只种类多，设备好，规模大，"兵甲器械极为精好，所乘船雕刻丹镂，青盖绛襜，干橹戈矛，葩瓜文画，弓弩矢箭，咸取上材，蒙冲斗舰之属，望之若山"，⑤ "大者长二十余丈，高去水三二丈，望之如阁道，载六七百人，物出万斛"，⑥ 造船技术由此可见之一斑。至于陶瓷业的发展则表现在青瓷的烧造方面。据

---

① 《陈书》卷 35 《陈宝应传》。
② 王应山：《闽都记》卷 15 《西湖沿革》。
③ 转引自王应山《闽都记》卷 16 《西湖延袤》。
④ 《汉书》卷 64 《严助传》。
⑤ 《三国志》卷 60 《贺齐传》。
⑥ 《太平御览》卷 769 《舟部二》引《南州异物志》。

考古发现，福州的北门外、西门外、长安山、桃花山等地均发掘魏晋南北朝时期的墓葬，在这些墓葬中出土了大批青瓷器，品种繁多，既有盛储容器如罐、壶、碗、钵、盂、盘、尊、瓶、碟、豆、杯等，又有日用杂器如烛台、虎子、唾壶等，具有造型优美，色泽晶莹的特点。如福州仓山区乐群路东晋永和十二年墓出土的天鸡壶，质地坚致，釉苍青润泽。① 建新怀安窑址中所发现的南朝青瓷则更表明福州的青瓷生产不仅已经具有了一定规模，而且其制作技艺也居全国先进行列。

二 隋唐五代时期闽都经济的发展

隋唐五代是福州经济大开发、大发展的时期，福州作为福建省的政治、经济、文化中心地位亦于此期确立下来。

隋唐五代时期，外来移民入闽不绝，尤其是唐代中叶"安史之乱"和唐末黄巢农民起义，导致中原地区战乱愈演愈烈，局势日趋恶化，南下避乱入闽的中原汉人剧增，再次掀起北方汉人入闽的高潮。据史料记载，唐开元年间（713—741 年）福州有 31067 户，② 天宝年间（742—755 年）则增至 34084 户，75876 口，③ 至建中年间（780—783 年）达到 39527 户，217877 口。④ 其时，福建省总户数为 93535 户，口数为 537472 人，仅福州一地就占人口数的 40%，福建的 11 个上县，（唐代以户口多寡将州县分为上、中、中下三等，唐开元八年规定，6000 户以上为上县，3000 以上为中县，不满3000 为中下县），福州就占了 5 个：闽县、侯官、长乐、福唐、连江。⑤ 人口剧增，一方面反映这一时期福州经济的发展；另一方面

---

① 福建博物馆：《建国以来福建考古工作的主要收获》，载《文物考古工作三十年(1949—1979 年)》，文物出版社 1979 年版，第 256 页。

② 转引自梁方仲《中国历代户口、田地、田赋统计》，上海人民出版社 1980 年版，第 104 页。

③ 《新唐书》卷 41《地理志五》。

④ 杜佑：《通典》卷 182《州郡》12。

⑤ 同上。

又促使福州经济向深度、广度发展。大规模兴修水利、围垦造田、垫坝筑堤、淤海整地是为这一时期福州经济发展之最大特色。据载：大和三年（828 年）闽县县令李茸于闽县东五里修筑海堤，"堤成，潴溪水殖稻，其地三百户皆良田"。大和七年（833 年），长乐县县令于长乐县东十里筑堤，"立十斗门以御潮，旱则潴水，雨则泻水，遂成良田"。《重纂福建通志》卷 33《水利》中对这一时期兴修水利工程的记载颇多，兹撮要摘录如下：

连江县东湖，"在治北十里，隋开皇十三年，邑人林莞舍田为湖，周二十里，溉七里民田四万余顷。岁久壅阏，奸民侵仓，咸通初，知县刘逵（亦作刘君逵）奏复之"，整修后"列大树以固提防……设丰门以通沟洫"。

连江县"东北十八里有材塘，贞观二年筑"；还有财溪坝，建于贞观年间。

闽县西湖"县西二里，晋太守严高凿，伪闽又益广之，迤逦南流，接西大壕直通南莲池，三县承食水利，民田总计一万四千四百五亩"。开平四年（910 年），"大濬侯官县西湖，广至四十里，灌溉民田无筭"。①

闽县南湖，"唐贞元十一年（795 年），观察使王翃辟城西南五里二百四十步，接西湖之水灌于东南"，使"高田无干涸之忧"，"卑田无淹浸之患，民以享丰年之利"。

长乐县西湖即严公湖，"唐宝应二年（763 年），邑人严光施田为之，周三千八百八十丈，溉田四百五十顷"，是长乐最大的湖。

长乐县东湖，即滨闾湖，"唐天宝五年（746 年），仓曹林鸥于和丰、崇仁、方东三方筑堤五处，复舍田凿湖，周一千二百丈，窦八，沟八，溉四里民田七百余顷，复开陈塘港以泄水注江"。

长乐南湖即桃阮湖，"东西一百三丈，南北三百一十六丈，溉田种千余石"。

---

① 吴任臣：《十国春秋》卷 90《闽世家》。

长乐陈令津湖，"旧为飞沙所壅，唐县令陈齐贤指俸开沟泄水"。

福清元符陂，又名天宝陂，建于唐天宝年间，"水自仙游而来，历清源、善福、达新丰、仁寿二里，沃田数千顷"。

王审知治闽时于福清修二塘，一为大塘，"筑堤以防海潮，长一千余丈，溉田中三千六百石"。一为占计塘，"长十五里，溉田三千余顷"。

大规模的围垦造田和兴修水利，使得福州地区耕地面积扩大，梁克家《三山志》卷11《版籍》记载，福州在"伪闽时垦田一万四千一百四十二顷有奇"，若加上"伪闽时官庄地一千一百一十顷八十二亩"，其时福州耕地达15252.98顷。粮食生产因此有了很大发展，农作物品种十分丰富，仅稻谷一类就达10余种之多，双季稻也得到推广。

除粮食作物外，福州地区的经济作物栽培则主要以茶叶和果树为主。茶叶以方山露芽闻名，陆羽在其名著《茶经》中称：福州与泉州、建州为当时最重要的茶叶产地，而福州方山（俗名五虎山）之露芽"其味极佳"，成为唐代土贡之一。果树栽培则以龙眼、柑橘、荔枝最出名，晚唐亦被列为贡品之一。

隋唐五代时期，福州的手工业也有较大发展。制盐业发展尤为可观，唐代福建沿海产盐县有6个，福州占其4个；侯官、长乐、连江、长溪，并于侯官设有"盐监"（监：即为管理盐场的机构），是当时全国十大的盐监之一。[①] 陈寿祺《福建通志》卷54《盐法》记载："侯官居十监之一，此福建盐法之始见于史传者。"盐的收入在福州地方财政中占有重要地位。铸造业在唐末五代可谓盛极一时，尤以佛像铸造为著，钱币铸造次之。闽国王审知"好崇奉释教"，佛教于唐末五代时在福建境内广为流行，道光《福建通志》

---

① 其余九"监"为：嘉兴、海陵、盐城、新亭、临平、兰亭、永嘉、大昌、富都等（载《新唐书》卷54《食货志四》）。

说:"厥后寺观之胜,几遍闽中,实自审知始之。"王审知治闽近30年间,就增建佛寺267座,佛塔4座,[①] 以定光塔为最,是王审知为其父母荐冥福而建。据黄滔在其《黄御史集》卷5载:"定光塔有十三层,高二百尺,建于山坡上,包括殿堂厅库,厨房浴室,费六万余贯。所铸佛像耗费更显。唐天祐三年(906年)为开元寺铸金铜像一尊,丈六;铸菩萨像二尊,丈三,铜为肉肌,金为外肤,一泻而成。"[②] 又,后唐同光元年(923年)于福州西南"张炉冶十三所,备铜蜡三万斤,铸释迦弥乐像"。[③]

福州铸造业还表现为钱币的铸造。1957年,在福州茶亭街发现大量闽王时期铸造的"开元通宝"钱币,经化学反应分析,这些钱币是铅和锡镉的合金。[④]

此外,这一时期福州的丝织业、制瓷业、造船业也都有不同程度的发展。就纺织品而言,在唐代,福州每年都要上贡蕉布(由香蕉杆丝织而成)。[⑤] 适时,陶瓷业生产也有了相当规模,福州洪塘怀安村天马岭上的怀安窑址是南朝一直延续至唐五代的窑,其制作技艺精湛,产品质量优良,造型精美,品种丰富,除釉面青瓷外,还有白瓷、影青瓷和其他彩瓷。至于造船业,早在孙吴永安时期即于东冶(福州)置典船校尉,主谪徙之人造船于此,[⑥] 是当时著名的造船基地。隋唐以来,福州又成为重要的贸易港口,海外贸易的繁荣必然促进福州造船业的发展而使之成为福建的造船中心,成为当时与泉州齐名的福建省两大造船中心之一。《唐大和尚·东征传》就记载了唐天宝三年(744年)鉴真和尚派人到福州买船东渡日本的事。造船业的发展有力推动了福州的对外贸易。

---

① 分别为:开元寺塔;九仙山定光塔——报恩定光多宝塔,即白塔;大中定慧塔;神光报恩塔。

② 《重纂福建通志》卷264《寺观》引唐人黄滔《丈六金身碑》。

③ 吴任臣:《十国春秋》卷90《闽世家》。

④ 唐文基主编:《福建古代经济史》,福建教育出版社1995年版,第166页。

⑤ 《新唐书》卷41《地理志五》。

⑥ 《宋书》卷36《州郡志二》。

福州地处闽江下游，东濒大海，具有开展对外贸易的天然的有利条件。唐末五代时期，福州的对外贸易有了长足的发展，特别是在王审知治闽时期，通过闽江江流和福州旧河河道的整治疏浚，"起东画长川以为洫，西达乎南"，"悉通海鳝"，"岸泊艓艕"，水上交通十分便利，举舶乘着潮水可驶抵福州城郊南门下，水面停泊的大小船只无数。唐昭宗天复（901—903 年）初年，福州城内已是"人烟绣错，舟楫云排，两岸酒市歌楼，箫管从柳阴榕叶中出"。① 往来福州的人常常是"填郊盈郭，击毂摩肩"。为了招徕蛮夷商贾，纵其变易，王审知又开辟甘棠港为福州港的外埠。② 一时间甘棠港"帆樯云集，商旅相继"，成为"连五寨而接二菱，控东瓯而引南粤"的著名的货物集散地，吸引了新罗、占城、三佛齐以至印度、阿拉伯等国家和地区的货船前来贸易，福州成为福建当时与泉州齐名的两大对外贸易港口之一。

三　两宋时期闽都经济的繁荣

两宋时期，随着中国经济重心的南移，福州经济发展达于繁盛。张宁在《谕除知福州府到任表》中说："忆昔瓯粤险远之地，今为东南全盛之邦。"究其缘由，与此期中原汉人大规模的迁入不无关系。两宋统治的 300 多年间（960—1279 年），中原地区战争连绵不绝，从宋代初期与辽、夏的纷争，到中期与金的交战，迄于晚期蒙古族入侵导致的抗元战争，战火从未停息过。相对而言，福建地区则长期处在和平、安定的环境之中，成为中原人民躲避战乱，免遭兵燹之祸的理想之地。大批中原汉族的南下再度掀起了移民入闽高潮，正如朱熹在《跋吕仁甫诸公帖》中所说："靖康之乱，中原涂炭，衣冠人物，萃于东南。"与此前移民情形有所不同的是，

---

① 《重纂福建通志》卷 29《津楼志·安泰桥》。
② 关于甘棠港的所在地，学术界有两种说法：一、大多数学者认为是在闽县境内，即今福州所属连江黄歧半岛；二、部分学者认为在今福安境内（廖大珂：《闽国甘棠考》，《福建学刊》1988 年第 5 期）。笔者赞成第一种说法。

两宋时期南迁入闽中原汉人中有的为避乱而来，还有的则属于"非战乱时期主动迁徙入闽"的"常规性移民"，① 而且这部分移民较前代有所加大，此为两宋移民入闽之显著特色。故此，宋代中期开始，福建逐渐成为国内人口最密集的区域之一，南宋以后由此前的移民输入区变成了移民输出区域。② 从历史上看，两宋时期福州地区人口增长较前代最为快速。据《三山志》载："吴永安三年（260年），始属建安郡。是时户总一千四十二，口一万七千六百八。暨晋太康，分置晋安郡，户始三千八百四十三，口一万九千八百三十八。永嘉之乱，衣冠南渡，时如闽者八族，益增复四千三百，至隋一万二千四百二十。唐开元三万一千六十七。……（宋）国初（960年）主客户九万四千五百一十（94510），景德（1004—1007年）一十一万四千八百六十二（114862）。治平（1064—1067）一十九万七千一百七十六（197176），元丰（1078—1085年）二十一万一千五百四十六（211546）。（南宋）建炎（1127—1130年）以来，户至二十七万两百有一（270201），口有四十七万七千三百四十四（477344）。至淳熙九年（1182年），又比建炎户加五之一，口加三之一。"③ 从上引史料可以看出，从宋初960年至建炎年间的170年间，福州地区户数增长了近3倍。人口剧增必然刺激土地的开发和耕地面积的扩大，福州负山面海的地理环境决定了围垦滩涂，向海要田成为其扩大耕地面积的途径，正所谓"海退泥淤沙塞，瘠卤可变膏腴之类"。④ 至南宋时期，福州诸县有海田一千二百三十顷有奇，外长五千六百二十丈。⑤

除围垦事业外，这一时期，还在江河流域兴修不少水利工程以

---

① 林国平、邱季端主编《福建移民史》，方志出版社2005年版，第39页。

② 徐晓望主编：《福建通史》第3卷，第163页。林国平等先生亦认为："福建移民史以明代为界大致可分为前、后两个时期，前期以吸纳外来人口为主……后期以输出人口为主。"（见林国平、邱季端主编《福建移民史》，方志出版社2005年版，第8页。）

③ 梁克家：《三山志》卷10《版籍类一》。

④ 梁克家：《三山志》卷12《版籍类三》。

⑤ 同上。

益农田，特别是蔡襄两度知福州时，福州地区的水利工程事业有了很大发展。庆历四年（1044 年）蔡襄第一次出任福州知府，即组织百姓修复"古五塘"。五塘在东湖，是晋代严高修筑子城时与西湖同时开凿的，"东湖隔龙腰诸山，在西湖东北，故名。宋庆历中，东湖渐淤"，[①] 经修复疏浚，周遭大片农田受益，沿用至清代。嘉祐元年（1056 年）蔡襄再知福州，于闽县、侯官、怀安三县大兴水利，围挖渠浦，仅闽县、侯官二县计挖 245 条，据《三山志》记载："嘉祐二年十二月，蔡密学襄命三县疏导渠浦。权闽县朱定开淘负城河浦百七十六，计二万一千九百七十六丈，均用民力凡八万九千，溉田三千六百余顷。……（于侯官县）疏导渠浦六十九，沿襄百二十五里。"[②] 此外，嘉祐三年（1058 年）和淳熙年间（1174—1189 年）两度疏浚西湖，闽县、侯官、怀安三县承食水利民田总计一万四千四百五亩。[③] 其他诸县，如长乐县，"建炎初，陈可大宰是邑，大修塘埭坡湖，后四十八年，当乾道九年（1173 年），知县徐蕡延耆老讲究水利，为斗门（唐大和七年李茸所筑）及湖塘陂堰百四所，溉田二千八十三顷"；福清县的元符陂，于祥符、熙宁年间两度重修，"圳长七百余丈，溉田种千余石"。[④] 迄于南宋，大规模围海造田和兴修水利，福州耕地面积扩大，社会经济飞速发展，"民安土乐业，川原浸灌，田畴膏沃，无凶年之扰"。这一时期，双季稻种植开始得以推广，并引进了占城稻的种植，品种达 20多种。《三山志》引《闽清图经》载："早稻之种有六：曰晚占城、乌羊、赤城、圣林、清甜、半冬，而乌羊最佳；晚稻之种有十：曰晚占城、白荬、金黍、冷水香、梸仓、奈肥、黄矮、银城、黄香、银朱，而白荬、冷水香最甘香，奈肥独宜卑温最腴之地。糯米之种十有一：曰金城、白秫、黄秫、魁秫、黄薡秫、马尾秫、寸秫、騰

---

① 王应山：《闽都记》卷 15《西湖沿革》。
② 梁克家：《三山志》卷 15《版籍类六》。
③ 梁克家：《三山志》卷 4《地理类四》。
④ 梁克家：《三山志》卷 16《版籍类七·水利》。

秣、牛头秣、胭脂秣，而寸秣颗粒最长。"① 两宋时期，福州地区还大面积种植甘蔗和水果。宋仁宗时苏颂所编《图经本草》记载："甘蔗出于福州者，皮节红而淡。"《三山志》亦载：福州"甘蔗二种，短者似荻节而肥，长者可八九尺，似竹管"。② 因此，福州成为其时中国冰糖（又名"石蜜"或"糖霜"）产地之一，不过产量甚微。此外，还有白砂糖和红糖，均为福州土产，而民间最为普及的是红糖。至于水果，品种丰富，多达20多种，其中尤以荔枝最著，被宋人称为"果中皇后"，陈傅《瓯冶遗事》云："果有荔枝，花有末丽，天下所未尝有。"宋人蔡襄名著《荔枝谱》则云："福州种殖最多，延迤原野。洪塘水西，尤其盛处。一家之有，至于万株。城中越山，当州署之北，郁为林麓。暑雨初霁，晚日照耀，降囊翠叶，鲜明蔽映，数里之间，焜如星火。……初著花时，商人计林断之，以立券。若后丰寡，商人知之。不计美恶，悉为红颜者，水浮陆转。以入京师，外至北戎、西夏。其东南舟行新罗、日本、流球、大食之属，莫不爱好，重利以酬之。故商人贩益广，而乡人种益多。一岁之出，不知几千万亿，而乡人得饫食者盖鲜，以其断林鬻之也。"其时，福州荔枝品种之多，据《三山志》记载多达28种，有江家绿、绿核、圆丁香、虎皮、牛心、玳瑁红、琉黄、朱柿、蒲桃、蚶壳、白蜜、小丁香、大丁香、双髻小红、真珠、十八娘红、将军红、钗头、粉红、中元红、一品红、状元红、驼蹄、金棕、粟玉、洞中红、火山、星球红等，③ 尤以"江家绿为福州第一"。

两宋时期，福州经济在手工业方面的繁盛表现，则是纺织业、制瓷业、矿冶业等行业均有新的发展。据《三山志·土俗类三》载：两宋时期福州纺织业以传统的蕉布、纻布、麻布、葛布为主，丝织业则因"桑叶小，不甚宜蚕"受到一定限制。但是，1975年在

---

① 梁克家：《三山志》卷41《土俗类三·物产》。
② 同上。
③ 同上。

福州北郊南宋黄昇墓中出土了 300 多件丝织品，其中有一件牡丹花罗背心，仅 16.7 克重，质地轻薄，手感柔韧，表明丝织技术的发展在南宋已经处在较先进水平。福州的陶瓷业发展到宋代也有较高水平，从福清东张、闽侯尚干、闽清东桥等地发现的瓷窑看，瓷的品种有黑、白、青瓷等，窑址分布密集，规模也比较大。最能体现此期间福州陶瓷技术水平的是建于北宋元封五年（1082 年）的两座"千佛陶塔"，塔高 7 米，9 层，八角形，塔身雕刻有千尊莲花座佛及其他动物花木图案。原置于城门乡的龙瑞寺内，后移置于鼓山涌泉寺前。与我国其他地区的佛塔只有砖、石、木质结构相比，福州的陶塔则属罕见，也反映了宋代福州陶瓷业水平的发达。

福州的矿冶业在宋代也有较大发展，据《三山志·土俗类三》"铁"记载："宁德、永福等县有之，其品有三。……生铁……镭铁，亦谓之熟铁……刚铁。商贾通贩于浙间，皆生铁也。"[①] 其时，州及县拥有私营炉户 71 家，高炉年纳税约 3117 文至 6117 文，[②] 足见其时冶铁之规模。《榕城经闻》载：福州开元寺的铁佛，铸于北宋元丰六年（1083 年）以前，带座高 5.3 米，重约 5 万公斤，头部实心，号称我国东南地区最大的铁佛，是为宋代福州冶铁技艺之典型代表。

此外，宋代福州的制盐业较前代有新发展，早在唐代，福州就是国内重要的产盐地之一，在沿海产盐 6 县中福州据其 4。至宋代，"福清、长乐县见有盐户，连江、罗源、宁德、长溪边海，旧亦各有盐额（盐额，即官府所设盐场）"，[③] 其产量亦逐年增加，徐松的《宋会要辑稿》"食货"载：北宋初年（978—1022 年）福州六县产盐 5718245 斤，产量相当可观。

进入元代，福州农业经济较宋代有所倒退，主要有两方面原因：其一，由于战争导致人口大量减少，据前引《三山志》史料记

---

① 梁克家：《三山志》卷 41《土俗类三·物产》。
② 梁克家：《三山志》卷 14《版籍类五》。
③ 梁克家：《三山志》卷 41《土俗类三》。

载，淳熙九年有 320000 多户，至元代只有 179694 户，人口减少了 40% 多。其二，元朝是少数民族蒙古族建立的封建王朝，作为游牧民族统治者对于农业生产不够重视，耕地面积大大缩减，以福州所属永福（今永泰）和长乐为例：永福县在宋代田 2828 顷 35 亩，园 6693 顷 54 亩，元时只有田 1594 顷 20 亩，比宋时减少 1234 顷 15 亩，达 20%，园 5 顷 91 亩，减少 6687 顷，和宋时相比几近荒废。长乐县在宋代田 2004 顷 11 亩，元时 1120 顷 92 亩，减少 882 顷 19 亩，达 44%。① 与之相应的是水利建设在元代几乎陷于停滞，这一时期不仅未修建新的水利工程，而且许多原有的水利工程枢纽也荒废了。

　　元朝统治期间，福州的农业生产虽然遭到破坏而出现倒退，但是手工业与交通业则较宋代有所发展。手工业中丝织业的发展表现在文绣局的设立。《元史·成宗纪》云：大德元年（1297 年）二月，"减福建提举司岁织缎三千匹，其所织者加文绣，增其岁输衲服二百，其车渠带工别立提举司掌之"。曾任闽海道知事的范德机在其《闽州歌》中亦咏："去年居休匠五千，耗费府藏犹烟云"，足见文绣局规模之大。交通业的发展主要表现在桥梁建筑上，最值得称道的是万寿桥（今解放大桥）的改建。史载："万寿桥横跨南台大江，江广三里。旧为浮桥，屡修屡坏。宋元祐间（1086—1093 年），郡守王祖道置田一十一顷七十二亩，以备修桥之费。元时，田入头陀万岁寺。大德七年（1303 年），头陀王法助奉旨创造石桥，募民财以佐费，自帅宪以下，举饮助焉。醮水为二十九道，上翼以石栏，长一百七十丈有奇，南北构亭二，至治二年（1322 年）讫工，翰林学士马祖常为记，御史中臣亟曹立书匾刻石。"② 此桥是福建古代历史上最大的一座石桥。明天顺年间（1457—1464 年）和成化十七年（1481 年）两度重修。

①　朱维幹：《福建史稿》（上册），福建教育出版社 1985 年版，第 395—396 页。
②　黄仲昭修纂：《八闽通志》卷 17《地理》。

四 明清时期闽都商品经济的发展

明清时期福州经济发展最显著的特点是商品经济和对外贸易空前高涨。这与此期福州港的发展有着密切的关系。

早在宋代，福州就已经开辟了对外贸易的航线，蔡襄的《荔枝谱》中就有"外至北戎、西夏，其东南舟行新罗、日本、流球、大食之属"的记载。王象之《舆地纪盛》卷128《福州》引鲍祗诗中形容福州港之繁荣景象云："海泊千艘浪，潮田万顷秋。"至元代，福州港的对外贸易更为繁盛，意大利商人马可·波罗为护送蒙古公主远嫁波斯，于至元二十八年（1291年）路经福州，在其《游记》中写道："有一条大江（闽江）穿城而过，江面一点六公里，两岸簇立着庞大、漂亮的建筑物。在这些建筑物前面停泊着大批的船只，满载着商品……许多商船从印度驶达这个港口。印度商人带着各色品种的珍珠宝石，运来这里出售，获得巨大利润。"元代的福州港是仅次于泉州的福建第二大外贸港口。明代以降，随着郑和七下西洋以及与琉球贸易的频繁往来，福州港的地位逐渐提高，至明宪宗成化年间（1465—1487年）取代泉州港的地位而成为福建对外贸易的中心，福建管理对外贸易的"市舶司"也从泉州迁至福州。史载，永乐三年（1405年）至宣德八年（1433年），郑和率领庞大的船队七次下西洋，每次均泊船于福州长乐的太平港和闽江口的五虎门"伺风开洋"。据《长乐县志》载："太平港……本朝（明朝）永乐中，遣内臣郑和使西洋，海舟皆泊于此。"《八闽通志》卷4《地理》亦载："太平港，国朝永乐十一年，太监郑和通西洋，泊舟于此。"与此同时，许多来华进贡的使臣也大都选择福州港为转口口岸。福州港的知名度也因此大大提高，而与琉球贸易的频繁往来使福州港发展成为明代对外贸易中心。

琉球与福州一水之隔，位于福州东面的大海之中，二者直线距离1700里。早在隋炀帝大业三年（607年）曾派遣羽骑尉朱宽前往琉球招抚，未果。元朝建立后，至元二十八年（1291年）又派海船副万户杨祥往琉球招抚，仍无功而返。迨明洪武五年（1372 年）明太祖朱元璋派遣闽籍学者杨载赍诏往琉球国劝谕，终获成功。琉球国中山王察度首次派遣其弟泰期到中国朝贡，双方建立贡封国关系，是为中琉友好往来之始。泊乎清光绪五年（1879 年），日本以武力吞并琉球，改为冲绳县，历时 508 年。期间，中国册封琉球 23 次，仅有明一朝就达 15 次，而琉球来华朝贡则近百次之多，据《明实录》记载，明成化年间至嘉靖末年（1465—1566 年）琉球贡使来华就达 78 次。明清时期，双方往来贸易频繁，进出口商品林林总总，据粗略统计有 1134 种之多，其中，中国输往琉球的商品有 1084 种，琉球输入中国的商品有 50 种。[①] 有清一代，福州港仍是通往琉球的唯一港口，并且在沟通中国与东南亚、日本、朝鲜之间的贸易关系中占据重要地位。正是在与琉球的贸易往来中，福州逐渐发展成为福建的商品集散中心，诚如光绪《闽县乡土志》商务杂述 4 所载："八闽物产以茶、木、纸为大宗，皆非产自福州。然巨商大贾其营运所集必以福州为的。"其时，南台、洪塘是为福州最重要的集市贸易区。清乾隆时人潘思榘的《江南桥记》载："南台为福之贾区，鱼盐百货之薮，万室若栉。人烟浩穰，赤马余皇，估艑商舶，鱼蜃之艇，交往于其下。"明万历年间的林燫在其《洪山桥记》中云：洪塘码头"商舶北自江至者，南自海至者，咸聚于斯，盖数千家"。福州港对外贸易的繁荣景象由此可见之一斑。对外贸易的繁荣既仰赖于腹地商品经济的发展，反过来又进一步推动商品经济的发展，二者是互动关系。有明一代商品经济之繁盛见于明人王世懋的《闽部疏》记载，其文曰："凡福之缫丝，漳之纱绢，泉之蓝，福延之铁，福漳之橘，福兴之荔枝，泉漳之糖，顺昌之纸，无日不走分水关及浦城关，下吴越如流水，其航大海而去者尤不可计，皆衣被天下。"文中的"福"即是福州及其属县。明清时期，福州粮食生产的一大特色是番薯的引进和推广。番薯原产于美洲，西班牙

---

① 谢必震：《明清中琉航海贸易研究》，海洋出版社 2004 年版，第 92 页。

人占据吕宋时将其引进到吕宋岛，明万历年间（1573—1619年）由吕宋入闽。学术界普遍认为，番薯入闽及推广与福建长乐人陈振龙、陈经纶父子和福建巡抚金学曾等人的努力密切相关。阳思廉等纂万历《泉州府志》卷3物产云："番薯，种出夷岛，蔓生，多结根"，具有"不择肥瘠，不畏水旱"，"省力而获多"等特性，因此在福州各县乃至整个福建种植十分广泛。至清代中叶以后，福州地区民众多以番薯为食，不仅使困扰明清二代"产米不敷民食"的缺粮问题得到缓解，而且还起到"荒不为灾"的救荒作用。叶向高的《金薯歌并引》云："若遭旱潦凶欠相仍，至今三十年来，滨海相沿而不闻灾生，金公大造之功"，说的就是金学曾推广番薯种植后，福建沿海三十多年来未有荒灾。今福州乌石山上尚存清代建的先薯祠（亭）（见图3），即是为了纪念金学曾和陈振龙的。此外，明末清初，福州还引进了玉米、花生的种植。所有这些作物的引进都为福州经济的发展奠定了坚实的基础。关于缺粮问题，早在明代中叶起就已经出现，入清以后更加严重，其原因大致如下：人口的迅速增加，单季稻地区多于双季稻地区，缺乏大规模冬耕、荒地不耕、水利不修等。[①]

明清时期，福州手工业的发展尤以丝织业为著。据乾隆《福州府志》载：（明）弘治间（1488—1505年），"有林洪者，工杼柚，谓吴中多重锦，闽织不逮，遂改段机为四层，故名改机"。[②] 此外，制糖业、制盐业、造船业等手工业在这一时期也有长足发展。据乾隆《福州府志》卷26《物产二》载："蔗有两种：赤色，名昆仑蔗，白色，曰荻蔗。出福州以上，皮节红而丹，出泉、漳者，皮节绿而甘。其干小而长者，名菅蔗，又名蓬蔗。居民研汁煮糖，泛海鬻吴越之间。"[③] 制盐业发展突出表现在制盐技术的革新——埕坎晒盐法，即在海滨潮水线之处，砌埕坎，潮涨海水如埕坎内，经日

① 朱维幹：《福建史稿》（下册），福建教育出版社1986年版，第477—489页。
② 徐景熹主修：乾隆《福州府志》卷26《物产二》。
③ 同上。

图3　乌山先薯亭

光曝晒结晶成盐。① 技术的改进，食盐产量大大提高，明代福建共有7大盐场，而福州府就有2个，即海口场和半田场，清道光年间（1821—1850年）又增加了福清场。福州府的盐场不仅产量高，盐质亦佳。福州的造船业历史悠久，明代以来，对外贸易的兴盛刺激了造船业的发展。适时，福州的南台、河口、洪塘、连江、长乐、

---

① 唐文基主编：《福建古代经济史》，福建教育出版社1995年版，第446页。

福清等地均设有船厂，尤以制造册封舟著称。史载：嘉靖（1522—1566 年）以后，册封舟均在福州建造。"册封舟"主要是为出使琉球为起新国王举行册封之用。技术要求很高，与其他的船相比，册封舟的船体较大，通常是长为 10 丈—20 丈、宽为 2 丈—6 丈、深为 1 丈 3 尺至 2 丈 3 尺不等。用料也极为讲究，"封舟所用木，椇以枋，取其理直而轻也。舶以铁力，取其坚劲也。舰以松，取其沉实能久浸也。其他头尾艄、椇座、鹿耳、马口、通梁之类，皆须樟木为之，取其翕钉而坚实也"。①由此可见，"册封舟"具有形大、体轻、坚固、耐水的特点。明嘉靖至清同治年间（1522—1874 年），福州共造册封舟 11 艘，②反映了明清时期福州造船业的技术水平。

五　清末民初闽都经济的转型

鸦片战争后，福州被辟为"五口通商"口岸之一，外国资本的侵入使福州经济由传统向近代转化。

早在明朝末年，福州的商品经济就已经相当发达，"民多仰机利而食"，致使粮食生产日渐萎缩，经济作物的面积日益扩大，农业生产的专门化和农作物的商品化日趋明显。鸦片战争后，这种情况有了进一步发展，各种专业农户层出不穷，难以计数。农作物生产的目的不仅仅为了自给自足，在很大程度上是为市场服务，为销售而生产。《古今图书集成》卷 101 "食货典"记载：福清县 "民半逐工商为业"。农作物的商品化加强了农民与市场的联系，传统的实物地租渐渐为货币地租所取代，农业资本主义萌芽随之出现，导致封建的土地关系从根本上发生变化，从而动摇了封建社会的经济基础，推动了福州传统农业向近代转型。

在外国资本的强烈冲击下，福州传统手工业的发展也是举步维

---

① 谢必震：《明清中琉航海贸易研究》，海洋出版社 2004 年版，第 21—22 页。
② 同上书，第 23 页。

艰，旧有的家庭手工业生产方式难以为继，手工业者开始分化，资本主义的生产关系应运而生。以传统的手工纺织业为例，1888 年闽浙总督卞宝第纠集福州官员、乡绅、商民合力出资创办了一所使用简单手工机具的织布局，主要为手工业者提供原料和销售产品，所谓"招集织徒，市购织具，量给火食，限以三月学成，领机归织"，到 19 世纪末，福州闽侯尚干乡就有"大机坊备有布机三十部，小机坊也备有数部，都是雇用工人织布"，"工资，男工一日织三匹者，每匹七十五文，女工一日织二匹者，每匹六十文"。其时，福州及周围地区的手工织布机坊也已发展到 500 家左右，① 加速了该行业资本主义生产关系的发展。及至民国初年，福州的传统纺织业开始向半机械化、机械化过渡。

　　福州近代工业发轫于 19 世纪 60 年代开始的洋务运动，其标志是清政府在闽浙总督左宗棠的倡议下于同治五年（1866 年）在福州马尾创办的福建船政局，该局集轮船制造和培养船政人才于一体，包括马尾造船厂、福建船政学堂，它是当时中国最早使用机器生产的大型企业之一，也是清政府创办规模最大的一家造船厂。自 1867 年破土动工至 1907 年正式关闭停办，该船政局共造各类兵商轮船 44 艘，② 其式样从木质船到铁胁、钢甲船乃至鱼雷快艇，大体反映了福州乃至福建近代工业发展的水平。继福建船政局之后，清政府于 1869 年又设立"福州机器局"，至清末该局还发展成为一座小型工厂，雇佣工人数百名。在福州近代工业中，除清政府官办的工业企业外，还有外国资本和民族资本创办的一些工业企业，前者有英国资本于 1899 年在南台苍霞洲创办的"耀旺火柴厂"，俄国资本于 1872 年创办的"福州砖茶厂"，德国、日本等资本在福州港头创办的锯木厂。这些外资企业的创办，促进了福州近代工业的发展。后者有 1874 年由中国买办在福州创办的一家机器砖茶厂——悦兴隆砖

---

　　① 《中国近代手工业史料》第 2 卷，转引自林庆元主编《福建近代经济史》，福建教育出版社 2001 年版，第 97～98 页。

　　② 林庆元主编：《福建船政史稿》，福建人民出版社 1999 年版，第 441 页。

茶公司，这是福州乃至福建第一家近代民族工业企业。19 世纪 80 年代后，民族资本经营的近代工业逐渐增多，如 1887 年经左宗棠倡导于福州南台创办的制糖厂，之后又创办了机器面粉厂和纱厂等。20 世纪初又有福州电灯厂（1906 年）、迈罗罐头食品公司（1910 年）、华川制皂厂（1910 年）、福州电气公司（1911 年）等。[①]

　　总体言之，清朝末年福州近代工业企业，无论是官办还是外国资本或民族资本创办的，主要是以轻工业为主，且规模都不大，其结果大多以失败而告终。进入民国时期，福州近代工业有较快发展，企业数量增多，规模扩大，轻工业体系初步确立起来，民族资本特别活跃。其中，电力工业发展尤为突出。如：福州电气公司于 1911 年开办，当年 10 月即开始发电。此后的 10 年间先后三次增资，扩充设备，股本由开办时的 12 万元增至 100 万元，装机容量由 300 千瓦扩充至 2500 千瓦，成为福建省最大的电气公司。[②] 其他工业如木材加工业、一般食品加工业、粮食加工业等也开始使用机器生产，有了显著发展。

六　小结

　　纵观福州经济的历史发展，大体可归纳为三大特色：

　　其一，移民在福州经济的开发与发展中作用巨大。从某种意义上而言，福州是一个移民社会，自汉以来，中原地区的每一次动乱都造成中原汉人的大规模南迁，如：孙吴入闽，西晋永嘉之乱，东晋侯景之乱，南朝孙恩、卢循起义，唐朝中叶“安史之乱”，唐末黄巢起义，宋金对峙等。这样一来，一方面导致中原地区经济发展遭受破坏而出现停滞；另一方面为福州经济发展提供良好的契机，南迁入闽的汉人带来先进的生产工具和技术，促进了福州经济的发展，以致南宋时期，汉族已经成为福州居民的主体，无论是政治、

---

①　林庆元主编：《福建近代经济史》，福建教育出版社 2001 年版，第 161—164 页。
②　汪敬虞编：《中国近代工业史资料》第 2 辑下册，中华书局 1962 年版，第 825—826 页。

经济、文化各方面福州亦发展成为"东南全盛之邦"。

其二，经济成分中商品经济比较活跃，尤其是宋代以后，人口的剧增，商品经济的繁荣，福州成为著名的港口，对外贸易十分发达。

其三，近代工业发生较早，但规模不大，后劲不足。

福州经济发展的上述特色，归根结底是其独特的自然地理环境造成的。其利于经济发展的一面表现有二，一是因为在地理上偏处东南一隅，福州古代长期处在一个相对安定和平的环境中，每每中原地区频繁遭战火破坏时，福州地区的经济都能持续发展。二是因为东面临海，福州商品经济活跃，资本主义萌芽较早出现，进入近代以后即成为最早对外开放的城市之一，较早迈入近代化门槛，近代工业起步早，在全国起带头作用。然，其弊于经济发展的一面也表现在两个方面，一是由于高山阻碍，交通不便，福州古代经济发展长期处在较中原地区落后状态，这一情形直至唐代以后才得以改变。南宋以后商品经济的发达和对外贸易的繁荣又使其难以向内地辐射，从而限制其市场的拓展。二是因为土地贫瘠，资源匮乏，福州农业经济相对落后，使得福州在近代化进程中缺乏农业后盾，大型工业企业难以形成，制约近代工业企业的进一步发展。

第 二 章

文 化 渊 源

第一节　史前文化

一　新石器时代

迄今为止，福州地区尚未发现旧石器时代的遗存。据目前已有的考古资料表明，福州地区乃至福建省的新石器时代遗址是壳丘头文化遗址。该遗址位于平潭县平原乡南垅村，面积 200 多平方米。1985 年经考古工作者科学发掘，出土了一大批石器、陶器、骨器及少量贝器、玉器等遗物。其中石器主要是打制与磨光并存，尤以打制后稍加粗磨的石器为多。磨光往往只是在刃部或锋部，其他部位还留有打制的疤痕，① 种类有小型石锛、石斧、石刀、石杵、石臼、石球等。陶器以夹砂陶为主，陶土含砂量多且掺杂质；火候低下，烧成的陶器胎壁厚、质松、易碎，且成色不纯，胎壁厚薄不均；器型单调，主要有用于炊煮的釜类、罐类和用于盛食的盆类、碗类。骨器有凿、笄、匕、镞、锥、箭头等。贝器有"贝耜"（亦称"贝铲"），是利用较大的贝壳磨制而成，用于滩涂扒挖。玉器仅见一块装饰品玦。类似的文化遗存还有平潭的南厝场遗址、金门岛的富国墩遗址等，学术界把这类文化遗存统称为"壳丘头文化"。据推断，壳丘头文化的年代距今 7000 年左右，属新石器时代早期。

新石器时代福州地区最典型、最丰富的遗址是昙石山文化遗

---

① 福建省博物馆：《福建平潭壳丘头遗址发掘简报》，载《考古》1991 年第 7 期。

址，其位于福州市郊闽侯县甘蔗镇恒心村。自 1954 年以来，已组织对其进行了 8 次科学发掘，遗址的文化堆积层可分为上、中、下三层，出土了千余件文化遗物，包括陶器、石器、骨器、贝器、牙器、玉器等 6 大类、33 件。其中，中、下层的石器以磨制不太精细的小型石锛为主，且具有鲜明的地方特色，其"背部凸起，横剖面成等腰三角形"，① 这与北方以及相邻的江西、广东都有明显不同。还有石刀、石凿、石镞等；陶器以粗砂绳纹陶为主，器型有釜、壶、鼎、豆、杯、碗、罐、盆、杯、簋等，下层陶器以手制居多，中层则多为轮制。此外，尚有磨制精细的骨器、蚌器。学术界以昙石山遗址的中、下层为代表命名为"昙石山文化"，其文化特征与浙江良渚文化、广东石峡文化等有许多相似之处，据此推测，昙石山文化的年代距今 4000—5500 年，属新石器时代晚期。这类文化主要分布在闽江下游福建省东部沿海一带，闽侯庄边山下层、② 闽侯白沙溪下层、③ 福清东张下层④等遗址均属昙石山文化类型。昙石山文化与壳丘头文化一脉相承，二者承袭关系明显，具体表现为：石器均以小型石锛为主，器型极为相似，但昙石山文化表现出的制作工艺较壳丘头文化更为精细，种类更多。此外，二者均利用海生贝类制作器物，表明其居民"沿水而居"，都居于靠讨海为生的"贝丘文化"。

二　青铜时代

青铜时代又称铜器时代，是考古学上按照人类使用生产工具的发展阶段所划分的、介于石器时代和铁器时代之间的一个时代。世界上最早进入青铜时代的地区是两河流域，在公元前 2200 年左

---

① 卢美松：《闽中稽古》，厦门大学出版社 2002 年版，第 61 页。

② 福建省博物馆：《闽侯庄边山遗址 1982—1983 年考古发掘简报》，载《福建文博》1984 年第 2 期。

③ 福建省博物馆：《闽侯溪头村遗址第二次发掘简报》，载《考古》1984 年第 4 期。

④ 福建省文物管理委员会《福清东张石器时代遗址发掘报告》，载《考古》1965 年第 2 期。

右，至商代（公元前 16—前 11 世纪），中国的黄河、长江流域已经进入高度发达的青铜时代，直至春秋战国时期铁器的出现和广泛使用，青铜时代遂告结束。古闽地区由于铜矿资源贫乏，加之僻处东南一隅，境内重峦叠嶂，交通不便，难与中原的发达地区联系、交流，因此，进入青铜时代比中原地区稍晚，且"很不发达、数量很少、种类不多、制作不精"。①闽侯庄边山遗址上层类型（亦称"东张中层类型"）是福州地区早期青铜文化遗存的典型。该遗址位于闽侯县荆溪乡榕岸，1982—1983 年两次发掘，其文化堆积分上、下两层，下层与昙石山遗址下层相同，系以蛤蜊壳为主的堆积，属新石器时代文化层。上层以陶器为主，出土的陶片主要是橙黄陶、灰色硬陶和彩绘硬陶，陶片火候较高，质地较坚硬，纹饰有拍印篮纹、叶脉纹、斜线条纹等，有的器物在拍饰纹上又通体施以赭色陶衣或红、黑色彩纹，有的还在器物的口沿或肩部绘有斜三角纹图案。器型有樽、钵、罐、盘等，器物容量大，多以敞口圈、凹底为主要特征。据研究推断，此文化类型属于石器时代向青铜时代过渡时期，其年代距今 3500—4000 年，相当于中原地区的夏商时期。闽侯县昙石山遗址上层、福清东张遗址中层亦属这种文化类型。

福州地区青铜时代最典型的文化遗存是黄土仑遗址，该遗址位于闽江南岸闽侯县鸿尾乡石佛头村，1974—1978 年经多次发掘，清理了 19 座墓葬，出土或采集陶器、石器等文物标本近 200 件，发现陶器的烧制的火候很高，陶胎质地坚硬，器形种类繁多，纹饰典雅精美，造型奇特，别具一格，具有强烈的仿铜作风和浓厚的地方特色。根据遗址出土木炭标本的碳－14 年代测定，其年代距今 3000—3500 年，相当于中原地区商末周初时期，学术界称之为"黄土仑文化"。根据文物普查，黄土仑类型文化的分布主要以闽江下游为中

---

① 《福建南安发现青铜器和福建的青铜器文化》，载《考古》1978 年第 5 期，转引自曾凡《关于福建史前文化遗存的探讨》，载《考古学报》1980 年第 33 期。

心，遍布福建省大部分地区，包括闽北、闽东、闽西、闽中以及闽江、晋江、木兰溪流域的广大地区，已发现且较重要的地点有：福州、闽侯、政和、建瓯、光泽、崇安、福清、莆田、大田、南安、漳浦、福安、上杭诸县市。1957 年发掘的位于福州北部湖前乡的浮村遗址下层亦属黄土仑类型的文化遗址。黄土仑文化与昙石山上层类型文化或庄边山上层有明显的承袭关系，如圈、凹底陶器风格为黄土仑文化所承袭，纹饰与器形方面亦有诸多相似。黄土仑遗址"代表了闽江下游一种受中原商周青铜文化影响而具浓厚地方特色的文化遗存"。① 黄土仑陶器中，用于祭祀、饮宴的仿青铜礼乐酒器造型的器皿占有很大比例，仅酒器就有用于酿酒的体态高大的罐、坛，用于盛贮酒水的垒形器尊，用于斟酒的杯口壶、鬶形壶，用于酌饮的斛形杯、双耳杯、单錾杯等，而斛形杯在所发现的墓葬中几乎是每墓必备。还有陶鼓，也是模仿青铜鼓造型，在先秦史迹中被称为"土鼓"，专门用于祭祀农神。陶器装饰也广泛采用商周时期青铜器上流行的方雷纹和回纹。因此，福州地区的青铜文化深受中原文化的影响是毋庸置疑的。然而，黄土仑文化仍然是具有浓厚地方特色的文化，这一点在出土陶器的器形上表现尤为突出，如凸棱节状，柄下接喇叭形器座带圆饼座的瓠形杯，单錾鼓腹圈底罐以及杯口长颈宽肩双系壶等均为国内出土的器物中罕见。装饰工艺也表现出黄土仑文化的独特风格，如：折肩、起棱以及表面饰以数道平行竖槽的宽带状錾、耳、系、把的广泛应用，器身外拍印繁缛精细的变体雷纹和大块双线刻画回纹的组合纹饰，还有在器物的肩、腹、錾、耳部有捏塑的 S 形、卷云形、旋涡形附加堆饰和羊、虎、夔龙等动物形象的装饰，无不表现其制作工艺的精湛和浓厚的地方色彩。② 福州地区商周时期重要考古发现还有：福清东张遗址上层

---

① 福建省博物馆：《福建闽侯黄土仑遗址发掘简报》，载《文物》1984 年第 4 期。
② 同上。

西周原始瓷豆及青铜器残片、① 闽清阪东石门寨遗址东周釉陶豆②等。

上述考古研究成果表明，福州地区出土的史前文化遗存所存在的延续关系十分明显，颇具独特的地方风格，至黄土仑时期福州地区的社会经济已经有了相当程度的发展（从出土的酒器繁多反映出当时农业的发展和粮食产量的提高，谷物的剩余是酿酒的前提条件），迎来了福州地区文明的曙光，闽越族至迟于这一时期（即商末周初）正式形成。

第二节　闽越国文化

一　相关问题的探讨

1. 闽越之含义

闽越是族称，系我国古代南方百越族群的一支；闽越也是国名，通常指西汉初年中央王朝在秦闽中故地对先秦延续下来的闽越政权正式册封的异姓诸侯国，历 92 年（公元前 202—前 110 年），这在学术界几成定论。然对于闽越族之来源，学术界则是聚讼纷纭，莫衷一是。大体言之主要有如下三种异说：其一，南迁说。此说认为东越（秦汉时代的闽越国）乃春秋时为楚所灭被迫南迁的越国遗族。③ 其二，混合说。此说认为闽越族是由福建的土著（闽族）和会稽南来的客族（越族）混合而成。④ 其三，土著说。此说认为闽越族"主要由当地原始先住民发展形成"。⑤ 事实上，这里有一个

---

① 福建省文物管理委员会：《福清东张石器时代遗址发掘报告》，载《考古》1965年第 2 期。

② 福建省文物管理委员会：《福建闽清永泰新石器时代遗址调查》，载《考古》1965 年第 2 期。

③ 陈可畏：《东越、山越的来源和发展》，载《历史论丛》1964 年第 1 辑，第 161页。

④ 朱维幹：《闽越的建国及北迁》，载《百越民族史论集》，中国社会科学出版社1982 年版，第 116 页。

⑤ 陈国强等：《百越民族史》，中国社会科学出版社 1988 年版，第 177 页。

名物之辨的问题。"名"是指古代文献上的记载，"物"是指考古发现，二者有一致的地方，也有不一致的地方。之所以如此，因为文献记载主要以周至秦汉的文献为主，其以当时中原汉族政权所了解的情况与价值观作的记载，这里既有情况的模糊或残缺，又有价值观的偏颇；而"物"系指近代以来，特别是近几十年来的考古发现，然古物、古遗址的遗传与发现都带有偶然性与孤立性（或个别性）。因此，可能偏执于"名"或偏重于"物"，或仅偏重于一名一物或数名数物。只有将二者作一总体研究并辩证地考察，庶几更接近历史的真实。

从文献资料的记载看，"闽"、"越"出现的年代早于"闽越"。"闽"之称在先秦文献《山海经》第十《海内南经》有载："海内东南陬以西者，瓯居海中。闽在海中，其西北有山。一曰闽中山在海中。三天子鄣山在闽西海北。一曰在海中。"对这一段话后来解释甚夥，其分布地域大体在闽、浙、赣、粤地区，亦即中国的东南地区。后又有"七闽"之称。《周礼·夏官司马·职方氏》云："（职方氏）掌天下之图，以掌天下之地，辨其邦国、都鄙、四夷、八蛮、七闽、九貉、五戎、六狄之人民，与其财用、九谷、六畜之数要，周知其利害。"此处"七闽"亦当泛指中国东南地区文化特征相近的若干部族，"七"为虚数，不唯指七个方国，[①]与后来"百越"义同。可见，此时的"闽"既为地称，又为族名，皆用以泛指我国东南地区和该地区的族群。

"越"这个名称，学术界普遍认为源于殷商甲骨文中的卜辞"戉"。罗香林先生在其《中夏系统中之百越》中说："按越族之越，甲骨文作戉。"范文澜先生在其《中国通史》中亦疑殷墟出土的卜辞有关"戉"，即为"越国"。许慎《说文·戉部》："戉，斧也。"

---

① 学术界多依《周礼·职方氏》之"七闽"："祝融之裔，避难于濮。其后子孙入闽，分处其地，而为七，故曰七闽"而视"七闽"为闽族的七个支系或七个方国。清代蔡永兼《西山杂记》亦云："闽为七族，泉郡之畲家，三山之蛋户，剑州高山，邵武之武夷，漳岩之龙门潭，漳郡之兰太武，汀赣之客家，此即七闽也。"

"戉"本是石斧的一种，到了青铜时代和铁器时代则以金属制造而写作"钺"。殷代甲骨文卜辞中不乏记有越人有关之战事，如"□贞，戉不其来"、"□贞，戉获羌"、"□贞，戉不其获羌"等，[①] 春秋时仍有"戉王钟"、"戉王矛"、"戉王戈"等记载。可见，"戉"、"越"相通，是中原华夏族人对东南沿海地区使用"戉"（钺）这种工具或兵器的族群的一种泛称。蒙文通遗著《越史丛考》亦曰："越本国名，其族为'闽'，后亦用为族称，泛指古东南沿海之民族。"

战国秦汉之际又有"百越"之称用以泛指东南及南方地区越族各支系。"百越"首见于吕不韦《吕氏春秋·恃君篇》："杨汉之南，百越之际，敝凯诸夫风余靡之地，缚娄阳禺欢兜之国，多无君。"《汉书·地理志》亦云："粤地牵牛婺女之分野也。今之苍梧、郁林、合浦、交趾、九真、南海，皆粤分也。"颜师古注引臣瓒曰："自交趾至会稽，七八千里，百粤杂处，各有种姓，不得尽云少康之后也。"近人林惠祥先生则更为具体指出："百越所居之地甚广，占中国东南及南方，如今之浙江、江西、福建、广东、广西、越南或至安徽、湖南诸省。"[②] 应该说，"百越"一词的出现，表明：一方面，随着中原汉族势力向南的延伸，其对东南及南方越族的认识水平有所提高，已经注意到了越族群不同的各个支系，对其称谓亦更加具体、准确；另一方面，随着东南地区各少数民族的分化、组合，又逐渐形成了各个具体的民族。因此，这时候在相关史籍中便有了"闽越"、"东瓯"、"南越"、"西瓯"、"骆越"等称谓。其主要依据或以越族各支系所居不同的地理方位，如"东越"、"南越"、"东瓯"、"西瓯"等；或以越族各支系所特有的生活方式，如"骆越"（垦食骆田）等。此亦"闽"、"越"等概念由泛称到确指之进化，且多以两个字出现。

---

① 朱俊明：《古越族起源及与其他民族的融合》，载《百越民族史论集》，中国社会科学出版社 1982 年版，第 278 页。

② 林惠祥：《中国民族史》，商务印书馆 1936 年版，第 111 页。

此外，我们还注意到，在文献记载中，"扬越"也曾用作对东南地区少数民族的泛称。《尔雅·释地》："扬，越也。"《尚书·禹贡》："淮、海惟扬州。"古扬州地区为淮河以南、东海之滨，囊括中国东南地区。《吕氏春秋·有始篇》："东南为扬州，越也。"《史记·南越列传》："略定扬越，置桂林、南海、象郡。"贾谊《过秦论》则说秦"南取百越之地，以为桂林、象郡"。显然，此处"百越"即《史记》中之"扬越"。因此，《辞海·民族分册》认为："扬越"是指战国以后对分布于古扬州之域的越人的泛称。

相比较而言，"闽越"出现的年代较晚，其最早见于司马迁《史记·东越列传》："闽越王无诸及越东海王摇者，其先皆越王勾践之后也，姓驺氏。"后世"越族出于夏族"说即以此为本。

窃以为，在探讨闽越族之来源与形成时，首先需厘清"闽"、"越"、"闽越"三者之间的关系。与此同时，还应该注意到任何民族的历史发展都不是纯粹的、孤立的、静止的，民族融合是历史发展的趋势。

关于"闽"与"越"。如前所述，"闽"与"越"在先秦文献记载中，一开始都是用作对东南地区及该地区少数民族的泛称，"闽"稍早于"越"。春秋时期，越人中的于越部分统一了周围的一些越族部落，并在今浙江绍兴一带建立了越国，公元前473年，越国兼并了与它邻境的吴国，曾一度"横行于江淮东，诸侯毕贺，号称霸王"。[①]"越"大显于世，其称谓大有取代"闽"之势。殆战国晚期，中原汉族以"百越"来泛指我国东南和南方古代民族之后，"闽"作为族称的含义不再明显，而更多地表现为以闽江流域为中心，包括浙、赣、粤一部分地区的地域概称。秦置闽中郡，则进一步使"闽"在地理上开始具有了其方位的确定性。汉代闽越国的建立，闽江流域成为"闽"之中心区域便基本定型，以后"闽"则用以专指福建，成为地理名称。而此时之"越"，因越国之强盛，亦

---

① 《史记》卷41《越王勾践世家》。

具有了双重含义：其一仍旧为东南少数民族之泛称；其二则为越国之专称，是为"于越"、"勾越"、"大越"。

关于"闽"与"闽越"。大量文献资料和考古资料表明，"闽越"是在当地原始先住民"闽"或"越"的基础上发展形成的，作为百越族的一支，形成于距今3000多年前的商周时代。经过2000多年民族的演化，战国秦汉时期，为楚所灭，于越遗族被迫南迁，其中一部分融合到了闽越族，但是，闽越族之主体仍为土著居民。因此，"闽越"作为族称，先秦时期是指闽地（七闽地）的土著居民，战国至秦汉则是指闽地土著（闽族）与部分于越族（越族）的融合。《史记》中的"闽越"已经用来主要指福建的古代民族亦是无疑。值得注意的是，西汉史籍中往往以"闽"或"越"作为"闽越"之简称，易言之，西汉时代的中原人只把福建的闽越人，或称闽，或称越。如《汉书·严助传》有"闽王伏辜"、"闽王殒命"等提法，又有"虽得越王之首"、"虽举越国而虏之，不足以偿所亡"等，不一而足。上述表明：战国晚期，"闽"、"越"由泛称变成了专称，并有所确指，及于汉代，"闽越"则成为福建、浙南越族的专称。

2. 闽越国都地望之争

闽越国都"冶城"地望，自《史记》以来的2000多年间无有争议，历代学者均认为在今天的福州。及至1934年厦门大学叶国庆先生受疑古派影响发表了著名的《闽越地考》[①]一文，首先挑战闽越冶都"福州之说"的传统观点，并首倡闽越国都在浙江南部临海附近的章安。两年后又发表了《冶不在今福州辨》[②]进一步论证其闽越国都"浙南说"的观点。与之对峙的是中央研究院历史语言研究所的劳幹先生，撰文《汉晋闽中建置考》坚持闽越国都"冶城"即在今天的福州市。[③]由此引发了冶城地望之争，在学术界形成冶

---

① 《燕京学报》1934年第15期。
② 《禹贡》第6卷，1936年第2期。
③ 《"国立中央研究院"历史语言研究所集刊》第5本，第1分册，1935年版。

城"福州说"与"浙南说（章安论）"对峙局面。20 世纪 50 年代，随着福建武夷山市崇安城村汉城城址的发掘及闽北地区（邵武、建阳、浦城等地）一系列汉城遗址的发现，学术界又出现闽越冶都"闽北说"的观点。厦门大学陈国强、蒋炳钊先生发表的《对闽中郡治及冶都、冶县地望的一些看法》① 即认为冶城在"闽北浦城一带"。之后，陈国强、蒋炳钊、吴绵吉、辛土成等著《百越民族史》（中国社会科学出版社 1988 年版）基本沿袭此说。王振镛先生亦坚持认为"冶城不在福州，更不在浙江，而在今闽北崇安村"。② 80 年代末期以来，随着福州城市考古资料的进一步发现和闽越国都城研究的深化，学术界逐步指出"多冶论"的观点。如林忠干先生提出的"二晋二都说"，即认为东冶与冶县是闽越国前后两个时期的两座都城，"东冶"是闽越故都，在东汉时期称侯官，其地望在福州，冶县是闽越王余善建置的另一座都城，汉武帝平定闽越叛乱后沿袭为冶县，其地望即崇安城，③ 又如，黄展岳先生提出"二王二都说"，认为闽越国冶都在福州，崇安汉城是余善所筑的另一闽越都城。④ 90 年代中叶以后，随着福州城北至北部一带的屏山、新店古城等重要的闽越国遗址的发现，在大量文献资料支持的基础上又得到了考古资料的佐证，"福州说"的论点从而为多数学者所接受，有的学者因此亦对原来的认识作了修正，如中国社会科学院考古研究所的黄展岳先生就针对自己先前的观点，提出"崇安城村可能是余善新都，但不是正统的闽越国都东冶（或冶都）"，"东冶、冶县治所均在福州"，⑤ 并从"汉灭闽越的进军路线"、"福州的历史地理"、"考古资料"三方面进行考察加以论证。总之，学术界对闽越国地望虽存在"福州说"、"闽北说"、"浙南说"、"多冶论"等观

---

① 《厦门大学学报》（社会科学版）1981 年第 3 期。

② 王振镛：《论闽越时期的墓葬及相关问题》，载《福建文博》1990 年第 1 期。

③ 林忠干：《崇安汉城遗址年代与性质初探》，载《考古》1990 年 12 期。

④ 黄展岳：《闽越、南越和夷洲的比较研究》，载《福建文博》1990 年增刊。

⑤ 黄展岳：《闽越东冶汉冶县的治所问题》，载王培伦、黄展岳主编《冶城历史与福州城市考古论文选》，海风出版社 1993 年版。

点，然而，就目前已有史籍文献资料和考古出土材料而言，闽越国都“福州说”较其他诸说更具说服力。

二 闽越国文化

如前所述，闽越国包括先秦闽越国（大致于战国晚期至秦置闽中郡）和汉闽越国（公元前202—前110年）两个阶段。因此，闽越国文化从时间上说包括战国秦汉时期，其中心就在东冶（即今福州）。

目前学术界对闽越国史的研究尚停留在汉闽越国历史文化的探索上，并且已经取得了不斐的成就。杨琮先生的《闽越国文化》（福建人民出版社1998年版）对闽越国作了全面系统而深入的论述。然而，受文献资料和考古资料的制约，学术界对先秦闽越国的研究则较为零散，唯见鳞爪。不过，秦并天下以前，闽越国已经初具国家政权形式，并开始向阶级社会过渡应是无疑。其文化上则表现为一方面商周以来的地方文化特色得以传承；另一方面，受外来文化影响愈加明显。1960年以来，闽侯庄边山陆续发现9座战国晚期至西汉初年的楚墓颇具楚风，出土了大批的陶器，如：鼎、豆、壶、盆、琉璃壁等文物，表明楚人至迟于战国时期已经进入福建，并在福州地区定居，[①] 先进的楚文化与闽越文化发生了交流与碰撞。战国晚期越人中的一支于越人南下入闽，与当地土著融合成闽越族。越人以其先进的经济技术、政治组织和强大的军事力量，对闽都社会进行全面改造，造就出了战国末至西汉初年百余年闽越国崛起、鼎盛的局面。其影响至为深远。[②]

汉代闽越国建立后，作为汉中央王朝分封的异姓诸侯国。闽越国与西汉王朝属于藩臣关系。如《汉书·两粤志》：“两粤（闽越和南越——作者注）俱为蕃臣。”从历史上看，闽越王无诸任内，闽

---

① 林公务：《福建闽侯庄边山的古墓群》，载《东南文化》1991年第1期。
② 卢美松：《论闽族和闽方国》，载《闽都稽古》，厦门大学出版社2002年版，第15页。

越国与汉王朝的关系是和睦的、友好的，相互往来与交流比较频繁。无论是在政治制度，还是在城邑建设和宫室制度，无诸均效法中原，并采引秦汉文字，国家政权形态趋于成熟。① 在经济上，无诸大力引进并推广中原地区先进的铁器和农耕技术，从而使闽越国的社会生产得到较大的提高，促进了经济的迅速发展，推动了闽越族与汉族的融合和闽越文化和中原文化的融合，为其文化的繁盛奠定了基础。从福州地区发掘出土的这一时期的陶器、环首刀、五铢钱、铸剑遗址看，汉代闽越国时期，闽越文化已经在很多方面深受中原文化的影响，从而打破了此前封闭、孤立的发展局面，闽越文化开始了与中原汉族文化的互动与交融。这一进程伴随着东汉末年以来，中原汉族的几次大规模南迁，闽南乃至福建地区被纳入中原王朝政治一体化的格局，至唐宋闽都文化最终完成了与中原汉族文化一体化的整合而消融于其中，成为中华文化的一个重要组成部分。尽管如此，闽越文化的地域特色依旧是鲜明的，从出土的汉闽越国时代的陶器看，其种类繁多，有瓮、罐、钵、釜、盅、盂、瓿、壶、杯、盒、缸、匏壶、提桶、支座、香熏、三足盘、三足罐以及极个别鼎、甑等，其中很多器物的造型奇特、别致，多为我国其他地区罕见，因而，这一时代的陶器成为"闽越国文化因素中最具独立性的要素，是族文化的象征"。② 因此，战国闽越国文化是在先秦闽越文化的发展基础上，吸收大量外来文化（主要是中原汉族文化）因素而发展起来的，它既表现出与中原汉族文化变度的一致性，又保留了自身地域文化的独特性，是闽越族文化发展的一个高峰。③

三 闽越文化的特质及其成因

闽越文化，相对于中华文化而言是具有鲜明特色的地域文化或

① 杨琮:《闽越国文化》，福建人民出版社 1998 年版，第 468—469 页。
② 同上书，第 61 页。
③ 同上书，第 63 页。

地区性文化。地域文化之所以为地域文化，是由于各地域之间自然地理与人文环境的某些差异，这种差异形成了地域文化的某种特质。关于闽越文化的特征，自先秦以来的史籍文献多有记述。如《逸周书·王会解》："东越海蛤，瓯人蝉蛇，蝉蛇顺食之美，于越纳，姑妹珍，且瓯文蜃，共人玄贝，海阳大蟹，自深桂，会稽单黾。"《汉书·严助传》："越，方外之地，劗发文身之民也。……处溪谷之间，篁竹之中，习于水斗，便于用舟，地深昧而多水险。"《越绝书·越绝外传记地传》："以舟为车，以楫为马，往若飘风，去则难从……越之常性也。"司马迁在《史记·货殖列传》中亦云："楚越之地，地广人希，饭稻羹鱼，或火耕而水耨，果隋蠃蛤，不待贾而足，地势饶食，无饥馑之患，以故呰窳偷生，无积聚而多贫。"该传"正义"案："楚越水乡，足螺鱼鳖，民多采捕积聚，椎叠包裹，煮而食之。"《汉书·地理志》："江南地广，或火耕水耨。民食鱼稻，以渔猎山伐为业，故呰窳偷生，而亡积聚，饮食还给，不忧冻饿，亦亡千金之家。信巫鬼，重淫祀。"许慎《说文解字》："闽，东南越，蛇种。"《太平御览》卷四七《建安记》："（武夷山）半岩有悬棺数千。"后世多依古籍记载，将闽越文化的特征归纳为：崇拜蛇图腾，断发文身，习于水斗，便于用舟，山处水行，好食腥味，种植水稻，行悬棺葬，拔牙，行巫术等等，达20多种。应该说，上述闽越文化的特征涵盖了闽越族人所创造的物质文化和精神文化的各个领域，大体反映了闽越文化的基本面貌。但是，我们应该看到，闽越文化是一个有机的系统，它不是各种文化现象的简单拼盘，亦不是某些具体事物的排列组合，它应该是由众多文化具象彼此关联相互作用形成的一个体系。

　　所谓文化，即人化，是人类适应自然的产物，其核心是哲学，是价值观。这种价值观决定了文化的特质。而价值观是在生活、生产实践中产生的。

　　一般认为，价值是主客体在社会实践中产生的一种关系。详言之，价值就是作为主体的人的需求在实践中为客体的属性所满足的一种关系；反之，客体的属性不能满足主体的需求或阻碍、破坏满足这种需求之关系则为负价值。价值观念是这种关系在人的意识上的反映。随着价值关系认识的不断深化，价值观念也不断丰富，作为主体的人有从中提炼出不同种类、不同层次的标准、尺度和意义，最后凝练、升华为价值观。现在看来，某一特定的价值观不是简单的、单个的观点、原则或观念，而是一个标准、尺度和意义的系统。这里既有质的认定，又有度的把握。价值观一旦形成以后，一方面相对稳定，成为具体个人、集团、阶级、民族、国家以至整个社会的心理结构的导向因素、世界观的内涵、政治理论的基本原理，从而指导、规范、驱动人、人群、人类的社会实践活动；另一方面，随着人类实践活动的深入发展，人类的需求也在逐渐丰富化、精细化，与之相适应的价值观念也在更新、演化，而价值观念量变到一定程度必然导致价值观的质变。

文化是在一个特定的自然地理和人文地理环境中滋生演化的。地理环境对人的生活方式及禀性有着发生学意义上的塑造，之后的人文环境又使这一演化精细化与惯性化。当然，作为演化是一个潜移默化的沿革过程，也不排斥局部性的突变。这里，我们首先要对闽越文化赖以滋生演化的自然地理环境作一概述。

"闽越"所代表的地域范围大体与福建全境相吻合，其主要特征是多山、多水。福建省位于我国东南沿海，枕山面海，西北横亘武夷山脉，西南高耸博平山脉，东北绵延太姥山脉，东南则是茫茫东海。境内山岭耸立，丘陵起伏，河谷与盆地错落，地势呈东北—西南走向，海拔200米以上的丘陵山地占全省总面积的85%，素有"东南山国"之称。这样的环境，使福建交通不便，既与内陆腹地形成隔离之势，又使境内各区域处于相对隔绝状态，彼此间的往来不多，导致闽越区域成为一个相对独立和闭塞的系统，对其文化的形成产生了巨大影响。一方面，闽地土著文化能够保持相对独立的状态，呈现出浓厚的地方特色，如从其文化遗存看，无论是旧石器时代的漳州莲花池山文化，还是青铜时代的船棺文化，都表现出与中原文化显著不同的风格。汉代以后，随着中原汉人大规模南迁，闽越文化开始与中原文化融合、互动，这种地理环境又对福建形成古文化沉淀区提供了得天独厚的条件，大量的中原古风在这一地区得到较完整的传承和保留，使这一地区的文化呈鲜明的内陆文化特征，尤其是宋代以后，福建文化在保留闽越文化因子以及吸收和消化中原文化的基础上，形成了完备的理学体系——闽学，造成了福建古文化的一代昌盛，闽学亦由地方性学派一跃而成为具有全国影响力的主流文化。另一方面，由于闽地远离以黄河流域为中心的中原地区，长期被隔绝于中原先进文化发展的主流之外，其发展相对落后，进化亦缓慢，故能使闽越土著文化在相当长的一段时期内占据主导地位。虽然闽越文化自产生伊始，就深受中原文化及楚、吴文化等外来文化因素的影响，但是这种影响是十分有限的，即便迄于汉代中叶以后，闽越族人被北迁，中原汉人大规模南下，闽越族人逐渐融入汉族之中，闽越文化亦渐渐为中原主流文化所同化，而事实上，迟至唐代以后这种融合与同化才告结束。闽越文化在强势的主流文化笼罩下，其文化残余仍顽强地延续下来，考古资料表明，入迁福建的早期汉人均不同程度地吸收了当地闽越文化的因子，唐宋以后又被吸收整合融入了福建的移民社会及其文化体系中。

三面环山造成闽越文化发展的封闭格局，形成其内陆文化的特质，而东南临海却为其发展提供了广阔的海洋空间，从而造就其海洋文化的特质。福建海岸线绵长曲折，状如锯齿，北起福鼎沙埕港的虎鼻头，南至诏安宫江的西端，直线长约 535 公里，曲线长达 3324 公里，居全国第二位。由北而南拥簇着 125 个大小不同的天然港湾，其中湄州湾、三沙湾、罗源湾、沙埕港等都是我国罕见的天然深水良港。海岸线外侧有 1400 多个面积达 500 平方米以上的岛屿，较大的有平潭岛、东山岛、金门岛、厦门岛、琅岐岛。境内河流众多，共有 29 个水系，663 条河流，总长 12850 公里，河网密度之大全国少见，主要河流有闽江、九龙江、晋江、汀江、木兰溪等，素有"闽水泱泱"之说。自古以来，闽越就是"以舟为车，以楫为马"的民族，他们善于造船，长于操舟，创造了丰富多彩的、富有东南特色的"舟楫文化"。1975 年福建连江出土的独木舟，据考古研究是西汉早期当地闽越人通常使用的一种独木舟，[①] 表明闽越族人的舟船活动于西汉时期已经由河流向近海推进。武夷山地区出土的商周时代的船棺也说明了闽越族人使用舟船进行水上活动的事实。宋元以后直至明清，该地区海洋社会经济的强劲发展，海洋渔业与海上贸易强化了这一区域的海洋性特征，迄于近代推动了福建作为中西文化桥梁地位的形成，从而诞生了颇具全国影响力的"新学"。毫无疑问，闽越时代的"舟楫文化"充分体现其文化中的海洋性特质，实为后世福建海洋文化传统之滥觞。

总之，福建独特的自然地理环境，培育了闽越族人"山处水行"的生活方式和文化形态，衍生出以山海相交为特征的生态经济体系，创造了闽越文化内陆性和海洋性相结合的文化特质。

综上所述，闽都古文化的发展具有如下特征：

其一，相对中原地区而言，闽都古文化的发展较为迟缓，这主要是其独特的自然地理环境造成的，这种情形一直延续至唐代。

其二，商周时期闽越族形成，闽都古文化表现出鲜明的地域特色，但在一定程度上已经受到外来文化因素的影响。随着战国秦汉时期楚、越及中原汉族的南迁，闽都古文化开始从广度上、深度上与外来文化尤其是中原汉族文化融合与互动，从而推动了闽都古文化的发展与提高，至汉代闽越国时期达于鼎盛。也正是在这个时候，闽都古文化开始了与中原汉族文化一体化的进程，直至宋代最终完成。在这一进程中，闽都古文化的地域性因素逐渐成为"底层"并被"隐形化"，从而走上了主流化的轨道。[②]

其三，闽都古文化中蕴涵的内陆性与海洋性特质，对闽都文化的发展产生了深远的影响。

---

① 卢茂村：《福建连江发掘西汉独木舟》，载《文物》1979 年第 2 期。
② 黄向春：《"闽越概念"与福建地域文化研究》，载《闽越文化研究》，海峡文艺出版社 2002 年版。

第三章

宗 教 信 仰

　　宗教信仰是闽都文化的重要组成部分。作为一种古老而又普遍的社会现象，闽都宗教传统源远流长，历史悠久。在漫长的历史变迁中，闽都宗教历经沧桑而依然存在，虽然有所变革，但却延续了近两千年，并在上层建筑和意识形态的各个领域留下了不可磨灭的印记，对福州社会和文化的发展产生了不可否认的深广影响。毋庸讳言，不了解闽都宗教就不可能真正了解闽都的社会、政治、文化和历史。易言之，要了解闽都的历史文化、社会心理、价值观念和审美取向，就不能对其宗教信仰及其传统置之不理或一知半解。今天的福州存在道教、佛教、天主教、基督教、伊斯兰教等五大宗教。

第一节　道教

一　道教信仰的古老渊源

　　道教是中国本土的宗教，追溯其思想渊源，与古代巫觋文化密切相关。最古的是殷商时代的鬼神崇拜，继之是战国时期的神仙信仰，再后来就是东汉的黄老道。

　　《小戴礼·表记篇》中对殷商社会崇尚鬼神记载曰："殷人尊神，率民以事神，先鬼而后礼。"殷人所祭的"神"，即是自然之神，所祭的"鬼"，即是人的祖先。这一时期已经出现专门从事沟通鬼神和人类的使者——巫祝，掌管卜筮吉凶、祈福禳灾等祭祀活动。

到了战国时期，出现了许多记述神仙传说的著作，其中最早的著作当推庄、列之书。庄子的《逍遥游》和列子的《黄帝篇》中均有详细记载。逮秦始皇统一六国后，为求长生不死之药，还曾派徐福率童男童女三千人入海求仙丹，一去不返。与此相适应，战国末期社会上出现了一批专事鬼神之事的方士和方仙道。这种方士是由古代巫祝衍化而来的，又是后来的道士的化身。

汉初统治者鉴于秦"严刑峻法"导致二世而亡的教训，提倡与民休息，倡导黄老的"无为而治"，将黄老之学作为治国方略。到了东汉，黄老之学开始与"养生成仙"的宗教修持结合起来，从而进一步宗教化了。因此，从根本上说，道教是我国古代社会鬼神崇拜的延续和发展，道士就是古代巫祝、方士之遗绪。古代巫祝的占卜、祈祷，方士的候神、求仙，靡不为道教所承袭，道教所崇奉的天神、地祇、仙人，莫不由历代相沿流传而来。

道教在宗教信仰上的最大特点是神仙信仰，即认为就在这个世界上存在仙境、存在形体长生不死的活神仙，人们可以通过修持而登仙，在"仙境"可以过着超脱自在、不为物累的仙人生活，我国一些景色秀丽的名山大川也因此成为道教所宣称的"三十六洞天"、"七十二福地"的人间"仙境"。由此，名山大川便与道教结下了不解之缘。

福州是"东南山国"的一部分，高山深壑、幽谷川流、林木葱茏，历来是方士、道士的垂爱之地，吸引着他们来福州修炼传道。秦汉时期，福州就有方仙道和黄老道活动的踪迹，是为福州道教的前身。据《闽书·方外志·仙道》载：相传秦始皇二年（公元前245年），闽清人游三蓬辟谷不饮食，至汉昭帝时（公元前86—前74年）有人见到他在武夷山中。此外，还有庄君平，何氏九仙。《闽书·夷坚志》云："福有道人，尝见老叟，同室岁余，告之曰：'吾，庄君平也。'"关于何氏九仙的传说则见于《福建通志》、《闽书》、《仙游县志》、《九鲤湖志》等记载中。相传西汉武帝在位年间（公元前140—前87年），淮南王刘安挚友何氏娶张氏为妻，"生九子，目俱盲，独长者一目当额朗然如日。初亦从父客淮南，已而师大罗学辟谷法，劝父俱隐，不听。遂为诸真人前行，自九江入闽。始即鼓山（今福州于山）石竹（今属福清）居焉。月余游莆，谒胡道人，饮龙津庙中井水，眼尽开。胡曰：'子名已登金台玉堂，不患不仙。子其寻鸡子山往矣。……'九真乃西行六十里，至蕉溪结枫为亭而寓其间，已过鸡子城，经高平山，饮其泉，飘然欲举，复逾岭入湖（今仙游九里湖），则见重冈叠嶂，怪石交列，湖底云水潺潺，九真爱之，结庐以居，于是日炼药湖中。丹成，有九鲤鱼化为龙，白日乘之升天"。九仙跋涉入闽的传说在福建影响甚广，各地以九仙为名的胜迹亦多，仅闽都就有福州于山（旧名九仙山）上的九仙观、九仙阁，福清石竹山上的九仙阁等。九仙观（阁）也成为闽人历代祈梦之所，明人王世懋《游记》有云："闽人祈梦，以秋往九鲤湖，春往石竹山。石竹是九仙离宫，为行春治所耶。"

东汉时又有永泰人徐登与浙江东阳人赵炳斗道法以术疗病。据《后汉书·方术传》载："徐登者，闽中人也。本女子，化为丈夫。善为巫术。又赵炳，字公阿，东阳人，能为越方。时遭兵乱，疾疫大起，二人遇于乌伤溪水之上，遂结言约，共以其术疗病。各相谓曰：'今既同志，且可各试其能。'登乃禁溪水，水为不流。炳复次禁枯树，树即生荑，二人相视而笑，共行其道焉。登年长，炳师事之。贵尚清俭，礼神唯以东流水为酌，削桑皮为脯。但行禁架，所疗皆除。后登物故，炳东入章安，百姓未之知也。炳乃故升茅屋，梧顶而爨，主人见之惊惧，炳笑不应，既而爨熟，物无损异。又尝临水求度，船人不和之，炳乃张盖坐其中，长啸呼风，乱流而济。于是百姓神服，从者如归。章安令恶其惑众，收杀之。人为立祠室于永康，至今蚊蚋不能入也。"（炳故祠在今婺州永康县东，俗呼为赵侯祠，至今蚊蚋不入祠所。江南犹传赵侯禁法以疗疾云——笔者注）《福建通志》亦载："登修炼于茅山，后在永福（今永泰）高盖山上升。乡人于此望祀之，遂缘其名。"迄今永泰县高盖山名山室道院仍祀奉徐登、赵炳神位。

二 魏晋南朝闽都道教的萌发

学术界普遍以东汉顺帝时（126—144 年）出现"五斗米道"和"太平道"为道教之滥觞。

"五斗米道"是沛国丰人张陵于东汉顺帝时（126—144 年）在西蜀鹤鸣山（或作"鹄鸣山"，相传在四川大邑县内）创立的。据《后汉书·刘焉传》、《三国志·张鲁传》等记述，因为"从受道者，出五斗米"，所以人们称其为"五斗米道"。又因创始人张陵自称"天师"，故"五斗米道"又称"天师道"，张陵也被后来的道徒称为"张天师"。张陵死后，其子张衡继续行道，张衡死后又由其子张鲁继之。经过张陵到张鲁三代的传道，又加上与地方军阀势力的结合，"五斗米道"在巴蜀、汉中有很大的势力。据《三国志·张鲁传》载，张鲁"雄据巴汉垂三十年"，汉献帝建安二十年（215年）归降曹操，拜镇南将军，封阆中侯，邑万户。由此，"五斗米道"得以流传后世，蔚为中国道教之正统。

"太平道"是钜鹿人张角于东汉灵帝时（168—189 年）创立的，因崇奉《太平经》而得名。据《后汉书·皇甫嵩》载："张角自称'大贤良师'，奉事黄老道，畜养弟子，跪拜首过，符水咒说以疗病，病者颇愈，百姓信向之。角因遣弟子八人使于四方，以善道教化天下，转相诳惑。十余年间，众徒数十万，连接郡国，自青、徐、幽、冀、荆、杨、兖、豫八州之人，莫不毕应。遂置三十六方，方犹将军号也。大方万余人，小方六七千，各立渠帅。讹言：'苍天已死，黄天当立，岁在甲子，天下大吉'"，发动了东汉末年声势浩大的黄巾农民大起义。起义遭到曹操的镇压以后，"太平道"亦从此销声匿迹。

道教何时传入福州，史无明文记载，但是从有关史志记载看，道教至迟应在三国时期已经传入福州。据黄仲昭《八闽通志·寺观序》载，建于三国吴孙权治下的方山（福州五虎山，又称虎头山）洞元观，不仅是福州最早的道观，而且是福建所建的最早道观。一般来说，道士的传道活动往往要早于道观的建立。此外，见于记载的还有东汉末年、三国孙吴时在福州传道的著名道士介琰和往外省求道的福州籍道士董奉。介琰，不知何许人，住建安方山修炼。他曾师从白羊公杜泌学习"玄一无为"之法，能"变化隐形"。他往来东海，经过秣陵时，被吴国主孙权挽留礼待。孙权甚至为其"架宫庙"，"欲学其术"，介琰不授其术而被射杀，神犹在而人不见。董奉，字君异，福州侯官董乾村人（今属长乐市），约生于公元1—2世纪间。少治医学，医术精湛，他采集各种药物，通过动物实验，获得丰富知识，与南阳张机、谯郡华佗并称为"建安三神医"。葛洪《神仙传》卷10《董奉》详细记载了董奉的事迹：时为交州刺史的杜燮"得毒病死，已三日"，董奉"以三丸药内死人口中，令人举死人头摇而消之，食顷，燮开目动手足，颜色渐还，半日中能坐起，遂活"。至晚年，董奉隐居福山修炼，精通导引之术，他医德高尚，为人治病不取钱物，"使人重病愈者栽杏五株，轻者一株，如此数年，计得七万余株，郁然成林"。每年杏子成熟后，董奉便在树下盖草仓以杏换谷，赈济贫穷，供给行旅。后人称颂良医美德为"杏林春暖"，即源于此。后他"从峰顶上升，履迹存焉，人指其处曰'董岩'"。今长乐市东南十一都有他炼丹修道的遗址。后人在其杏林之故地置祠太一宫，宋真宗时（998—1022年）赐额大中祥符观，宋徽宗宣和年间（1119—1125年）敕封董奉为升元真人。

　　两晋时期，道教经过内部重大改革，逐渐从民间原始粗陋的宗教发展成较为完备成熟的官方正统宗教，最终成为足以与儒、释并立的、封建国家上层建筑和意识形态的一个重要组成部分之一。与此同时，西晋末年随着中原地区动乱加剧，北人大规模南迁入闽。据清乾隆《福州府志》引宋路振《九国志》载："晋永嘉二年（308年），中原板荡，衣冠始入闽者八族，林、黄、陈、郑、詹、邱、何、胡是也。"历史上称为"衣冠南渡"。这时入闽的中原人中有相当一部分定居在福州地区，他们饱受战乱之苦，背井离乡的身心创伤更让他们感到苦闷空虚，前途未卜，这在客观上为道教在福州的传播提供了有利条件。尤其是东晋末年，信奉"五斗米道"的孙恩、卢循起义声势浩大，旬日之间，从者数十万。元兴元年（402 年）至义熙元年（405 年），卢循率起义军进入福州等地，声势之大以致晋安太守张茂度和建安太守孙蝌之都接受他的符书，供其调役。终因时日旷久，寡不敌众，卢循战败身亡，其余部则漂泊江海之间，散落于福州地区沿海一带，这无疑对道教在福州地区的传播起到了推波助澜的作用。据载，这一时期入闽传道的著名道人有晋代的任敦和南朝的王霸。据徐燉《榕阴新检》载："晋太康中，道人任敦复入岩中，得传金丹秘诀。至唐天宝中升举于此（福州大鹏山），复名升山。"另一道人王霸善黄老之术，于南朝萧齐年间随其父王增渡江入闽，在福州的怡山、乌山和闽北的武夷山前后修炼十余年。史载：他每登怡山经宿乃返，在武夷山居住 16 年后回到福州旧居，于乌山凿井炼药，并能"点瓦砾为金"。时闽中遇灾，斗米千钱，他鬻金运米以济贫者。后他于所居的"皂荚树下蝉蜕而去"。此外，南朝刘宋时，金陵道士陆静修的再传弟子、茅山上清派的创始人之一陶弘景为了寻找炼丹的地方，"曾改名换姓，潜至现今浙江省的温州和福建省的福州"。①

随着入闽道士的增多，道士用以修养炼功、祈神斋醮的场所——道观也相继在福州建立起来。福州现存的道教宫观庙中，最早的是晋安郡首任太守严高于晋武帝太康年间（280—289 年）建立的福州冶山城隍庙。据梁克家《三山志》载："城隍庙，府治之东，古有之。元祐戊辰，长乐人林通作本县《图经》，内县东北城隍之神，西汉御史大夫周苛也，守荥阳，为项羽所烹，高祖休兵，思苛忠烈，乃令天下州县附城而立之庙，以时祀之。晋太康迁城，即建今所。"②福州城隍庙是福建省最古老的庙宇之一，仅比三国时期建于东吴赤乌二年（239 年）的全国首座城隍庙——芜湖城隍庙晚 40

---

① 王明：《论陶弘景》，载《道家和道教思想研究》，中国社会科学出版社 1984 年版，第 89 页。

② 梁克家：《三山志》卷 38《祠庙》。

多年，居全国第二。① 福州城隍庙在其 1700 多年的历史中，屡经修复、扩建和重建。史载：宋绍兴二十七年（1157 年），福州郡守沈调"增创堂守"加以扩建。南宋淳熙五年（1178 年）又添"更衣、肃仪"二亭。元代，二亭俱毁于兵燹。明成化十八年（1482 年），知府唐珣主持重修庙宇。正德十年（1515 年）改城隍庙外大门为华表，规模宏敞，焕然一新。万历十年（1582 年）庙门庑失火，不久又重建，并为城隍庙增春、秋二祭。清康熙二十年（1681 年）再次重修。乾隆十三年（1748 年）郡人何长浩又主持重修。此后里人相继修葺。② 民国初年，福州城隍庙的发展达到鼎盛，规模十分庞大，占地面积达 100 亩，几乎覆盖了整座冶山，因故，冶山又被称作"城隍山"。闽台两岸各府各县的百余座城隍庙，均由福州冶山城隍庙分灵而就。不过，今存福州城隍仅有鼓屏路瑞云巷原城隍庙群中"阴阳司"主殿，共三间，进深十多米。

福州城隍庙主祀汉代御史周苛，首开人格神为城隍的灵魂和象征之先河，其时，城隍神的功能主要是护城。宋代以后，城隍神的职责演变为司民而成为百姓的父母官。至明代，城隍神又增加祭祀生前受民间崇拜的清官循吏或仁人善士，并于洪武二年（1369 年）敕封福州城隍庙为"监察司民威灵公"，十七年（1384 年）革封号，称"福州府城隍之神"。清雍正年间（1723—1735 年）又改称"福建都城隍"。因而冶山城隍也称为"福州府城隍"、"福建都城隍"。庙内除主祀城隍神以外，还附祀生前受民间崇拜的清官循吏或仁人善士，福州城隍庙东面石刻自唐至明历代功臣名宦诸神碑共13 块，他们是：唐光禄大夫樊公之神、宋少师忠惠蔡公之神、知武冈军杨公之神、参知政事张公之神、直龙图阁孙公之神、将军卢公之神、烈士范公之神、元大尉忠献董公之神、行省都事蓝公之神、侍御史韩公之神、英义侯阚公之神、楚国公李公之神、明大夫汤公

---

① 《明史》卷 49《礼三》。
② 乾隆《福州府志》卷 14《坛庙一》。

之神。① 其祀典功能如明王介在《福州城隍庙碑》中所云:"每春秋仲月,有司合祭于山川坛,有事于厉,则位主于中镇,群祀焉。初,莅官者必先誓于神,而后视篆。其誓神之语,祀厉之文,皆太祖手自裁定。惓惓于礼乐幽明之治,盖欲神人合德,以祐国庇民,垂于万世也。"② 如果说,官府崇信城隍的目的在于"神人合德,以祐国庇民,垂于万世",那么,民间崇信城隍则主要看中城隍所具有的治理阴间、统辖百鬼、庇佑城内百姓平安之功能。因此,福州地区每年十月初一逢城隍爷生日,举办迎神赛会,人们将城隍塑像抬出,并随带庙内文武判官、牛爷、马爷、七爷、八爷等出巡游行,群众自娱自乐成为一种文化习俗。

三　隋唐五代闽都道教的兴盛与发展

隋、唐时期,国家的重新统一促进了政治、经济、文化的发展与繁荣,也为道教的传播创造了良好时机。不仅如此,此期统治者大力扶持、极力推崇道教,隋文帝的年号"开皇"即取自道经,唐朝皇族更是利用老子姓李,攀附同宗,尊老子为"圣祖",封为"玄元皇帝",自称"圣裔"。因此,道教在这一时期获得长足发展。不过,与全国道教的发展不太同步,福建省偏处东南一隅,远离中原,道教的发展在这一时期相对较为缓慢。直到唐中期以后,福建道教才有较快发展,福州也于此时开始逐渐成为福建的政治、经济、文化中心。据统计,唐建中年间(780—783 年)福建总户数达93535 户,人口数有 537472 人,而福州就占 39527 户、217877 人,约占福建总人口数的 40%。当时福建共有 11 个上县,其中福州就占了 5 个:闽县、侯官、长乐、福唐(今福清)、连江。这一时期福州的炼丹术最为兴盛,有的道士为寻找炼丹处所来到福州,而福州也有本地人为道士,民国《福建通志·道士传》载:连江人章寿

---

① 乾隆《福州府志》卷 14《坛庙一》。
② 同上。

"开元中的仙术,常斩蛟延平津中";闽县道士张标"有道术,能通冥府,每三五日辄卧如死,而体僵不冷,既苏,多说冥事";福州人符契元,"上都昊天观道士也。长庆初,德行、法术,为时所重"。《三山志》卷三十二载:"福清人刘尊礼,有方术。"

五代十国时期,道教得到割据八闽的王潮、王审知及其家族的推崇。早在王审知称闽王前,道士们就利用谶语为王氏政权大造舆论,宣称:"萧梁王霸者,王氏远祖也。居福州怡山为道士,常云吾孙当王于此方,乃为谶瘗坛下。"光启中(885—887年)烂柯道士徐元景劚地获其辞,解者遂以"潮水荡祸殃"谓王潮除祸殃,开基业;以"代代封闽疆"谓王潮、王审知称王八闽;以闽人谣云"潮水来,岩头没。潮水去,矢口开"谓陈岩死而王潮立,潮立而审知继之(矢口,"知"也)。通过这些谶语来证明王氏称王八闽是上天旨意。故此,王审知称王后十分优礼道教,道教也因此与王氏政权结下了不解之缘。王审知之后的各闽王无不笃信鬼神、道教之说,其中又以王延钧、王昶为甚,以致出现陈守元、徐彦朴、盛韬等道士干政、操纵政治甚至参与闽国统治集团的权力更替与分配之要务。《十国春秋·闽世家》载:王审知次子王延钧继位后,迷恋神仙之术,封闽县著名道士陈守元为"洞真先生",长兴二年(931年)六月发现原福州(王霸)"坛旁皂荚木久枯,一旦忽生枝叶",炼丹井亦"复有白龟浮出",便下令掘地而得石铭,有"王霸裔孙"之文,王延钧"以为应己",遂于坛侧"作宝皇宫,极土木之盛",并以道士陈守元为宫主。巫师徐彦朴、盛韬也备受宠信。同年冬十二月陈守元称宝皇之命,语王曰:"王避位受道,当为天子六十年。"王延钧竟深信不疑,"欣然逊位",并出家当道士,取道名"元锡"。即而复位,王延钧又遣陈守元问宝皇"六十年后将安归?"守元传宝皇语:'六十年后当为大罗仙人。'"[①] 徐彦朴亦附曰:"北庙崇顺王常见宝皇,其言与守元同。"王"益自负,始谋称帝"。龙启元年

---

① 《新五代史》卷68《闽世家·王审知》。

（933 年）春正月，王延钧听信道士诳言，诣宝皇宫受册、备仪卫、即帝位、更名鏻、国号闽，并"追谥审知为昭武皇帝，庙号太祖，立五庙，置百官，以福为长乐府"。王鏻称帝后对道士陈守元、徐彦朴、盛韬等更是言听计从，将他们奉若神明。五月，福州地震，王延钧再次听信陈守元之言避位修道二月，命其子继鹏掌管政事。王继鹏在陈守元等道士的支持下，日益权重，终于后唐清泰二年（935 年）发动兵变，弑父杀弟，即皇帝位，更名"昶"，建元"永和"。翌年，改元"通文"。

王昶即位后，"亦好巫，拜道士谭紫霄为正一先生，又拜陈守元为天师。而妖人林兴以巫见幸，事无大小，兴辄以宝皇语命之而后行"。① 对陈守元，王昶更是"信重之，乃至更易将相，刑罚，选举，皆与之议。守元受贿请托，言无不从，其门如市"。② 不仅如此，在陈守元的授意下，王昶大兴土木，下令建白龙寺、三清台，"以黄金数千斤铸宝皇及元始天尊老君像"，并且"日焚龙脑、薰陆诸香无算，作乐台下，昼夜不辍"，结果弄得"一国若狂"，后控鹤都将连重遇发动兵变，守元易服欲逃，被乱兵杀死在宫中。③

很显然，五代闽国时期道教在统治者的大力扶植下得到长足发展，道士地位甚殊，权力颇重，尤其是道教渗透到政治领域，操纵政治，左右政局，是为此期道教发展的一个显著特点。

隋唐五代时期，随着道教的发展与兴盛以及道士活动的频繁，其场所祠阁宫观也相继在福州建立。据《八闽通志》卷 75 "寺观"记载，主要有：罗源的洞宫天庆观，建于唐天宝七年（748 年），内有八仙亭。贞元年间（785—804 年）福建观察使李若初，于今福州西禅寺之南王霸旧宅建冲虚宫，塑任放（也称任敦）、董奉、徐登及王霸像，为"四仙祠"。闽王延翰重建。福清石竹山九仙阁建于唐大中元年（847 年）位于今东张水库东北侧的石竹山腰，初名灵

---

① 《新五代史》卷 68《闽世家·王审知》。
② 《资治通鉴》卷 279《后唐纪》。
③ 《十国春秋》卷 99《陈守元传》。

宝观，供奉何氏九仙。永泰高盖山名山室道院建于唐文德元年
（888 年），供奉徐登、赵炳二神像。侯官的紫极宫，建于唐乾宁五
年（898 年）。福州东岳庙，建于五代闽王审知时，供奉东岳（泰
山）大帝。经宋、明、清诸代扩建修葺，成为福州地区最大的道教
活动场所之一，又是福建全省"鬼王"之宫。怀安的虚夷宫建于五
代唐长兴二年（931 年）。

四　宋元时期闽都道教的鼎盛与分衍

北宋王朝的建立，结束了五代十国的分裂局面，国家的统一使
社会经济、文化得以发展，道教的发展亦于这一时期趋于鼎盛，这
是与宋朝的国策息息相关的。宋太宗赵光义为了掩饰其篡位的真
相，借助道士张守真等制造所谓玉帝降旨等故事，虚构他们的始祖
赵玄朗为道教尊神，以示宋代赵氏君权神授。据《宋史·礼志·吉
礼七》载：宋真宗于大中祥符五年（1012 年）十月，语辅臣曰：
"朕梦先降神人传玉皇之命云'先令授汝祖赵某授汝天书，令再见
汝，如唐朝恭奉玄元皇帝。'翼日，复梦神人传天尊言：'吾坐西，
斜设六位以候。'是日，即于延恩殿设道场。五鼓一筹，先闻异香，
顷之，黄光满殿，蔽灯烛，睹灵仙仪卫天尊至，朕再拜殿下。俄黄
雾起，须臾舞散，由西陛升，见侍从在东陛。天尊就坐，有六人揖
天尊而后坐。朕欲拜六人。天尊止令揖，命朕前，曰：'吾人皇九
人中一人也，是赵之始祖，再降，乃轩辕黄帝，凡世所知少典之
子，非也。母感电梦天人，生于寿丘。后唐时，奉玉帝命，七月一
日下降，总治下方，主赵氏之族，今已百年，皇帝善为抚育苍生，
无怠前志。'即离坐，乘云而去。"以后由于宋代统治阶级对外屈辱
于北方强敌，对内政治腐化，也常以天神意志来维护其统治地位，
并以此求神来自慰，道教因此得到特别的恩宠，俨然成为宋之国
教。北宋末年，宋徽宗崇道尤为突出，特别是到了政和至宣和年间
（1111—1125 年），他宠信道士王老志、林灵素等人，自称梦见老
子，要他振兴道教，自号"道君皇帝"。甚至仿官吏的品阶，设道

观道职，"置道官二十六等，道职八等"，① 以不同考试成绩，授予道士元士、高士、大士、上士、良士、方士、居士、隐士、逸士、志士等名号，最高的"金门羽客"，可自由出入禁宫。在徽宗的倡导下，天下各州大兴土木，道教宫观遍布各地，道教称盛一时。

据《八闽通志·寺观》记载，宋元间福州著名的道观大致如下：

闽县有于山九仙观和玄妙观。九仙观原为五代闽王宝皇宫旧址，北宋崇宁二年（1103 年）在于山之巅再建，号"天宁万寿"；南宋绍兴年间（1131—1162 年）改名为"报恩广孝"，寻复又改"广孝"为"光孝"；元至正初年改称"九仙观"；明代曾多次修建，永乐年间（1403—1424 年）太监郑和、正统年间（1436—1449 年）内使柴山、左布政使周颐俱尝修建，成化十八年（1482 年）镇守太监陈道复修建一新；清康熙年间（1662—1722 年）又重修。观内供奉何氏九仙、三清尊神（元始天尊、灵宝天尊、道德天尊）以及玉皇上帝、王天君、斗姥元君等。玄妙观建于北宋大中祥符三年（1010 年），初名"天庆观"，元至贞元年（1295 年）改今名。

怀安县有迎仙道院和西河道院。迎仙道院于南宋嘉定二年（1209 年）赐额，宋时迎玉蟾真人于此，故名。西河道院建于元大德九年（1305 年）。

长乐县有东华观和万寿道院。东华观建于北宋开宝元年（968 年）；万寿道院建于北宋宣和六年（1124 年），明成化十八年（1482 年）重修。

连江县有建于南宋景定三年（1262 年）的龙兴观和建于元至正四年（1344 年）的清隐院以及建于元至正十五年（1355 年）的三仙观。其东北保安里的卢山峰顶状如香炉，亦称香炉峰，被列为道教第七十一福地，《云笈七签·洞天福地》载："第七十一福地，卢山（香炉峰），在福州连江县，属谢真人治之。"

---

① 《宋史》卷 21《宋徽宗纪三》。

福清县有建于北宋元祐七年（1092 年）的福真观和建于北宋绍圣二年（1095 年）的灵宝观以及建于元至正二十七年（1367 年）的佑圣宫。

古田县有建于元代的金仙宫、瑞迹宫、嵩山道院、醴泉道院、栖真道院等。

这一时期道教的兴盛除表现在道观数量急剧增加以外，还体现在道教宗派分衍，著名道派相继诞生，并形成了独具地方特色的闾山三奶派。各派在福州的活动情况大略如下：

天师道，即是前述由张陵创立的道教宗派。其早期亦称"五斗米道"。南北朝时分为南、北天师道。张氏后裔又称"正一道"、"龙虎派"。元代以后，天师道为与新起的全真道争夺教权，便与上清、灵宝、净明各派逐渐合流，并归于以符箓为主的正一派中，道教亦正式分为正一、全真两大宗派，也是元代在福建影响最大的道教宗派，明代以后继续流传。据载：长乐人陈义高受学于龙虎山崇禧院李则阳，后随三十九代天师张嗣成至京入觐，归领福州冲虚宫。元至正三年（1343 年）制授陈义高"灵悟文字文泰法师、教门高士、龙虎山繁禧观提举知观事"。① 陈义高"早得仙术，元世祖召赐金币，归遇贫者悉分与之。又精兵机，晋王北征，命从行。时方烦暑，王欲试其术，召令降雪。陈义高斋沐飞符，麾之皂旗，雪纷纷下。后赐归，端坐而化"。② 又，王与敬"号秋崖，福州人。少游湖海，参访高真，留雷州。遇亢旱，祝祷大应。城中妖兴，夜闻人马声，与敬治之，顿灭。朝廷宣赐至道玄应通妙法师。至大二年（1309 年），奉旨还山护冲祐观"。

外丹派，又称外丹术、丹鼎派，即主张以人体之外的天然矿物或动植物作为药物，置于炉鼎内燃炼，制成丹药，服食以求长生、成仙。一般认为，外丹术产生于汉代，隋唐时达到鼎盛，入宋以后

---

① 陈旅：《龙虎山繁禧观碑铭》卷 10《安雅堂集》。
② 《闽书》卷 138《方外志·仙道》。

趋于衰微，在福建是诸道派中影响最大的一派。宋以前福州有介琰在方山，徐登、赵炳在永泰高盖山，董奉在福山，王霸在乌山，任放在大鹏山，章寿在凤山，林炫光在福清石竹山等地炼丹。元代还有松溪人吴华在闽县瑞岩修炼。

内丹派，是相对于外丹派而言的道派，主张以人体为炉鼎，以与生俱来的人体内精、气、神为药物，通过内炼成丹以求长生、成仙。该派兴起于唐末，盛于宋元，又分为南、北二宗，即金丹派南宗和北方的全真道。南宋白玉蟾与张伯端、石泰、薛道光、陈楠并称金丹派南宗五祖。白玉蟾，闽清人，师事陈楠九年之久，学得"金丹火候决"及"诸元秘法"，后炼丹于闽清梅城芹山，往返于罗源霍童、武夷、龙虎、天台、金华、九日等道教名山，广收门徒，从此，内丹法一改原来仅限于个人中的密传，开始形成了颇有影响的教团，并制定了严格的教规、教仪，也有了本派的宫观——靖观。据《海琼白真人语录》卷 2《鹤林法语》载：白玉蟾所治碧芝靖，其弟子彭耜治鹤林靖，彭耜之徒林伯谦治紫光靖。白玉蟾修道以炼内丹为主，承传金丹派南宗道法，兼传神霄雷法。他"自得道后，蔬肠绝粒"，① 道术高深。在内丹理论上白玉蟾以道学为主，融摄佛、儒，自成体系，著有《玉隆集》、《上清集》、《武夷集》等，其弟子将其著辑为《海琼玉蟾先生文集》，并又编有《海琼白真人语录》，南宗道法臻于成熟，白玉蟾亦被后世学者称为"道家南宗正统，丹鼎派中最杰出之仙才"，号称"南宗第五祖"。全真道的创始人为王喆，元以前主要流行于北方，元统一后，南北文化交流加强，全真道逐渐南传，不久传入福建，一些金丹派南宗纷纷合流于全真门下，但白玉蟾的南宗无论是教仪、教规与全真道都是有区别的。

灵宝派，注重劝善度人为旨归的道派。相传由晋代葛玄创立，

---

① 《道藏要集选刊》第六册《历世真仙体道通鉴》，上海古籍出版社 1989 年版，第 290 页。

南北朝曾盛极一时，隋唐时一度中衰，至宋代江西阁皂山出现了传授灵宝经箓的阁皂宗，灵宝派遂演变为阁皂宗。宋元间以民族气节著称的连江人郑思肖撰有《太极祭炼内法议略》三卷，详尽地阐述了灵宝祭炼亡魂之术，融摄内丹、雷法及儒、释之学，四十二代天师张宇初序其书，高度评价郑氏对灵宝派的贡献。元代，福州府人周颐真，"少遇西蜀异人，授以奇书及壬遁返闭之秘，因自号山雷子。后从开元观道士蔡术，嗣灵宝法，凡玄学运用，悉以《易》变通之。元统甲戌（1334 年）岁旱，郡人请祷，颐真默运电出袖中，雷雨随至"。① 福清石竹山建有灵宝观，祀真人林炫光。

神霄派，创立于宋徽宗年间（1101—1125 年），创始人王文卿，主张融合内丹与符箓而产生的新道派。该派鼓吹："天有九霄，而神霄为最高，其治曰府。神霄玉清王者，上帝之长子，主南方，号长生大帝君，陛下是也，既下降于世，其弟号青华帝君者，主东方，摄领之。己乃府仙卿曰褚慧，亦下降佐帝君之治"，② 宋徽宗欣然接受此神话，诏令天下建神霄玉清万寿宫，大力扶植神霄派。南宋时白玉蟾的道教金丹南宗兼传神霄雷法，撰写多种雷法著作，有力推动了神霄派在福建的传播，因此，宋元时期神霄派在福建影响颇大。长乐人陈通"与弟灵皆有道术，能驱雷雨除祟。宣和中召至京，符咒辄验。徽宗悦之，俱封以王爵"。③ 宋元之际，福州人欧阳器虚"善内炼精爱，结为婴儿，从顶上出入，冷然风御，倏忽千里而本身偃然在静室中若酣睡也"。④

清微派，融合上清、灵宝、道德（关令）、正一四派之传，兼尚内丹与符箓的新道派，因该派称其符箓雷法出于清微天元始天尊而得名。据说清微派创始于唐末，宋元间盛行于南方，与该派第十代宗师黄舜申的努力分不开。据《历代真仙体道通鉴续编》卷 5

---

① 《闽书》卷 138《方外志·仙道》。
② 《宋史》卷 462《方技传下》。
③ 《闽书》卷 138《方外志·仙道》。
④ 同上。

《黄雷渊传》载：黄舜申，字晦传，号雷渊，南宋宝祐年间
（1253—1258 年）出任检阅，以擅雷法而名闻京师，理宗亦曾召见，
赐号"雷囷真人"，元世祖忽必烈至元丙戌（1286 年）应召入阙，
赐号"雷渊广福普化真人"。学术界普遍认为黄舜申是清微派的集
大成者。福州府人张与玉"从黄宗师（雷囷），授雷法，得飞神御
气之妙。岁旱祈求立应"。福州府人张克真，"初至崇安光化寺，得
黄雷囷清微雷法。……福宁州旱，师投符龙湫，金鱼御人，顷刻雷
雨大作"。①

　　上述各道派均为外省传入，唯有闾山三奶派产生于福建。闾山
三奶派，是以虚无缥缈的闾山为圣地，以救生护产、保赤佑童、斩
妖捉鬼、祈雨等法术为特点，奉祀主神是闽县陈靖姑、连江李三
娘、罗源林九娘，俗称"三奶夫人"，故名。据《闽都别记》载：
闾山原位于福州"龙潭、番船浦一带，长江环住，与天宁寺对峙"，
山中住着许真人，陈靖姑十七岁入闾山学法，许真人"尽将诸法传
授，召雷驱电、唤雨呼风、缩地腾云、移山倒海、斩妖捉鬼、退病
除瘟诸法皆学精熟"。为此屡得封赐，南宋淳佑年间（1241—1252
年）被敕封为"崇福昭惠慈济夫人"，赐庙额"顺懿"，其影响迅速
扩大，从闽东北到浙南，许多县建立了临水夫人庙，成为有影响的
道派，信徒多为民间妇女，至今仍在闽台地区流传。

　　此外，北宋政和年间（1111—1117 年）刊印了我国第一部道教
总集——《政和·万寿道藏》，也是这一时期道教兴盛的表现。

　　一般而言，每一种宗教都有它的教义和经典，有些大的宗教，
经典很多，后世教徒们为了便于学习、钻研和保存，就把这些书籍
汇集成一部大的丛书，如佛教的典籍汇编称《大藏经》，亦称《大
藏》。道教的典籍汇编则称《道藏经》，亦称《道藏》。据记载，
《道藏》之名始于唐代，是包括道教经典与有关书籍的一部大丛书。
不过，道教典籍的编撰和整理早在南朝就已经出现。刘宋时道士陆

---

① 《闽书》卷138《方外志·仙道》。

修静广为搜集道书，编为《三洞经书目录》，总 1228 卷，其中除道经、符图以外，还包括了一些医药书籍，称得上道教自汉末创始以来的第一部道籍汇编，即《道藏》的最早结集。唐玄宗开元年间（713—741 年）下诏搜访道经，辑成 3744 卷，名之《开元道藏》。泊乎宋朝，道教发展达到鼎盛，如前所述，宋真宗和宋徽宗二帝在中国历史上以崇奉道教著称，此二人不仅在全国推崇道教，而且非常重视对道籍的编修。宋真宗时（998—1022 年）曾命王钦若领衔，张君房主持辑成道藏凡 4359 卷，装为 466 函，每函按照《千字文》的顺序编号，起于"天"字，止于"宫"字，故此，该道藏名为《大宋天宫宝藏》。张君房又摘其精要编为《云笈七签》，共 122 卷，所以，《云笈七签》有"小道藏"之称。宋徽宗时（1101—1125 年）又多次下诏搜访道教遗书，并设立经局派专人编校，在《天宫宝藏》的基础上增补至 5481 卷，540 函，于政和年间（1111—1117 年）交福州闽县天宁万寿观镂板，历 60 年完成，进于京师，故名《政和·万寿道藏》，是为我国第一部全部刻印的《道藏》。此后，金代金章宗时（1190—1208 年）、元初全真道士宋德方亦曾刊印《道藏》，均亡逸，我们今天能见到的是明代的《道藏》。

五　明清以后闽都道教的衰微与世俗化

明、清是中国封建社会的最后两个王朝，也是正统道教走向衰微的时期。

元末农民大起义推翻了元朝蒙古族的统治，1368 年朱元璋建立了明王朝。贫苦出身又当过僧人的朱元璋，深知宗教可以利用也可以号召群众的利弊，因此他一方面对道教尊崇扶持；另一方面对道教教团又采取了严格管理。由于明统治者偏爱可以"益人伦，厚风俗"的正一派，所以正一道的地位较元代大为提高，凌驾于全真之上。明太祖洪武元年（1368 年），封张正常为"正一嗣教真人"，命其统帅天下所有道教，食二品官俸。明成祖大修宫观，从此以后，明代帝王大都和道士有密切往来。明世宗崇道尤甚，自号"玄都境万寿帝君"，亲自斋醮，任命道士邵元节、陶仲文等担任朝廷重要官职，参与朝政，使政教发生更为密切的关系。许多道士被封为真人。到宪宗以后，这些真人高士充满都下。可见明代初期由于统治者对道教的重视，道教仍有一定程度的发展。明朝中叶以后，随着资本主义因素的萌芽，封建社会进入了它的衰落时期，作为封建社会意识形态之一的道教，也随之走向衰落。至清代，清廷统治者主要崇奉藏传佛教，对道教虽也有所利用，但远不如前朝。开国之初的顺治、康熙、雍正时期，满清贵族刚刚入关，为笼络汉族地主，一度对道教表示出一定的关心。乾隆以后，道教日益不为统治者所重视，其政治地位日渐下降，道光时停止张天师朝觐，把他的官职由二品降至五品，甚至其真人封号也被取消，正统道教不可避免地衰落下去。

明、清二代流行于福建的主要是由宋元符箓诸派总合的正一道。明代福州正一道士，继宋元之后与江西龙虎山天师府的关系更加密切，他们常到江西龙虎山天师府学道、任道职。《闽书·方外志》载："闽县人林靖乐，字纯素，儒道兼通，有祷辄应，任龙虎山宫事。永乐间赐道箓司佑演法，任武当、太岳、太和山大圣，南岩宫提点都督。"闽县人黄介通"龙虎山崇禧观道士。儒雅两全，有诗集行世"。又据张宇初《岘泉集》卷3记载，长乐人王乐丘，字亦显，19岁入龙虎山习道，礼崇禧院李见山为师。明洪武十四年（1381年），为太上清宫住持，任二年辞老。洪武二十二年（1389年）复任太上清宫提点，是年九月卒，享年75岁。又载长乐人张迪哲，字如愚，号朋山，16岁时入龙虎山学道，师事崇禧院孙山行，洪武十七年（1384年）为太上清宫提点，任四年，于洪武二十二年（1389年）卒，享年76岁。江西龙虎山天师府四十四代天师张宇清于明成祖永乐十六年（1418年）到福州闽侯洪恩灵济宫，为修建金箓大斋醮。①

----

① 福州市地方志编纂委员会：《福州市志》第8册，方志出版社2000年版，第39页。

　　清代 200 多年间，福州仅出现闽清人黄邦庠、黄法兴二位著名道士。据民国《福建通志·道士传》载：清道光二十八年（1848年）在积翠岩祈雨，俄顷，"大雨倾盆，溪流涨高丈余"。黄法兴"少读书，屡试不第。夜行于本乡师公坪拾得道教铜印一颗，乃弃儒习道，远近称之"。

　　至于全真道，在这一时期的福州少有突出表现，只传有陈铿韶"二十余丧妻，遂散家资，学长生术。时时至鼓山绝顶，默坐竟日，久能辟谷"。①

　　建于明清时期福州著名的道教宫观主要有：

　　闽侯青口镇青圃村的洪恩灵济宫，祀徐知证、徐知谔两兄弟，五代时人，均为南唐徐温之子，分别被封为江王、饶王，于五代后晋开运二年（945 年）仙逝于青圃金鳌峰下。"二王率师入闽，秋毫无犯，闽人德人"，立庙以祀。相传明成祖永乐年间（1403—1424 年）出征漠北，得病用药无效，昏迷中梦见二神前来授药，病顿愈。明皇回朝访得二神乃福州二徐真人，庙宇卑微，特遣大臣方文照率京师官匠前来营建。因此，永乐八年（1410 年）募众重修，殿宇 200 多间，宫墙环绕，富丽堂皇，完全按皇宫模式建造，故有"要看皇帝殿，先看灵济宫"之说。宫内御碑亭中竖有明成祖朱棣的永乐十八年（1420 年）所撰《御制洪恩灵济宫碑》，通高 6.5 米，宽 1.3 米，碑座高 1.9 米，为福建省现存最大的御制大理石碑。

　　福州仓山望北台真武殿则建于明嘉靖五年（1526 年），供奉主神玄天上帝镀金塑像，大殿左右两侧列有 36 尊大天君和 5 位灵公以及观音大士（慈航真人）等。

　　福州道山观建于清顺治年间（1644—1661 年），供奉吕祖等神位。

　　福州裴仙宫建于清道光、咸丰年间，供奉主神"霞府福德仙师广化大道端品裴大真人"，简称"裴真人"，又称"督署裴真人"。

────────────

① 《闽书》卷 138《方外志·仙道》。

《福州市志》第8册载：裴真人原名周简洁，浙江绍兴人，据传北宋英宗年间（1064—1067年）曾任福建督署衙内幕僚。生前辅政多施恩泽于民，政余广宣教化，劝人从善，从学者众。乃至道成，在督署旁大榕树下羽化。道众景仰，拜为裴先师，建宫以祀。

福州茶亭（又称接龙亭）照天君宫建于清代，正殿供奉主神照天君神像。据载：照天君原名照天柱，连江人，16岁削发出家。曾为福州东门"报国资圣禅院"住持，信众称其为"照上人"。后皈依道教，并为群众治病。后来因劳累过度，于昔日讲经传道、布施救人的榕树下仙逝。民间传说，照天柱羽化升天镇守南天门，故又称"南门照天君"。

与正统道教日趋衰微的同时，民间道教的活动却呈勃兴势头。一些道派逐步与佛儒等结合，形成了许多民间道教如黄天教、红阳教、八卦教等。此外，由于明代最初几个皇帝的提倡和支持，对城隍和真武的供奉也兴盛起来；又由于社会经济的发展，城镇工商业的繁荣以及航海事业的开展，民间对关帝、财神、妈祖的崇拜遍及全国，道教于此时趋于世俗化，与民间信仰融合在一起。这一时期在福州影响较大的道教俗神主要有：关帝、城隍、徐仙、瘟神、临水夫人等，关于这一问题，将在本章第六节"民间信仰"中专门论述。

六 闽都道教的文化建树与社会影响

综观道教在福州的历史发展，其文化建树大致表现为如下几个方面：

1. 道教经典及著作的编纂

《福州市志》第8册"宗教·道教"篇中列举了宋、元、明、清时期主要道士、学者著作以及福州现存经书，[①] 所有这些道书的

---

① 福州市地方志编纂委员会：《福州市志》第8册，方志出版社2000年版，第45—47页。

刊印和道教著作的流传，对道教的传播和普及无疑有着积极的推动作用。尤其是《道藏》作为一部大型丛书，所收书籍种类繁多，内容庞杂，其中以道教的经、论、戒律、符诀、法术、威仪、斋醮等有关的书籍为主，兼收儒家《周易》类、诸子类、医药类、天文历象类、占卜数术类等书籍，因此，其学术文化史的价值是不言而喻的。它不仅为我们研究道教史乃至道家思想提供了重要的、宝贵资料，而且对于其他学科如中国古代医药学、天文学、生物学、化学、冶金术等学科的研究也具有一定的参考价值。譬如，道教是以古代《老子》、《庄子》的哲学体系作为思想基础的，尤其是道家的宇宙观、人生观、方法论是道教宗教体系的理论基础，《道藏》中收录了大量道家经典，尤其是唐宋以后道家思想的传承与发展主要仰赖于道教理论家；又如，道家讲求炼丹，其中外丹黄白术就是中国古代的化学实验，《道藏》中所收的外丹书就具有丰富的中国古代化学史的内容。此外，道教神话传说中的神仙与仙境、鬼魅与精怪、道功与仙术等烘托出的神奇谲诡和色彩绚丽的意象，为中国古代文学史的发展带来了丰富的想象力和浪漫的审美情趣，有的道教著作文采极佳，歌咏山川美景，具有一定的文学价值。

2. 道教宫观的建造

如前所述，道教发展的一个重要标志是道教宫观的建造。所有这些宫观、石像、碑刻等无不反映福州道教发展的历史轨迹，更成为中华文化艺术宝库中的珍品。

3. 对民间信仰的影响

道教对社会生活最大的影响莫过于在民俗和民间信仰方面。历代出版的道教的戒律与法规以及劝善书无不对民间的道德生活产生深远影响，起着移风易俗的作用。如：白玉蟾的《道法九要》中所列举学道之人应遵循的原则，第一条就是"孝顺父母，尊敬师长"，并认为修炼成仙的前提条件是要做到忠、孝、仁、义。应该承认，用宗教道德导人向"善"，勿使为恶，要求学道之人积善、定念、修德、理身、精进等，与中国传统文化的精神是一致的，对社会的稳定、安宁也有一定的积极作用。当然，其消极影响亦不容忽视。

第二节　佛教

佛教产生于公元前 6 世纪的古代印度，相传创始人乔达摩·悉达多是迦毗罗卫城（今尼泊尔境内）释迦族净饭王的太子，29 岁出家，苦行 6 年，成道后被其信徒尊为"释迦牟尼"，意为释迦族的"圣人"，或"佛陀"（梵文 Buddha，意为"觉悟者"），简称"佛"。公元 1 世纪前后，佛教出现了大、小乘两教派，"乘"即"乘载"、"道路"之意，后期佛教自称为大乘（梵文 Mahayana），把前期佛教贬称为小乘。在传播过程中，小乘佛教南传至南亚、东南亚诸国：斯里兰卡、缅甸、泰国、柬埔寨、老挝等国，其中，泰国奉之为国教。大乘佛教北传：从帕米尔高原传到中国，再由中国传入日本、朝鲜、越南等国。据统计，目前全世界有佛教徒244800300 人，99% 以上在亚洲。[①] 佛教的经典称《大藏经》，其教义主要是四谛与八正道、十二缘起与三法印等。

大约在西汉末年、东汉初年的两汉之际，佛教开始传入中国，裴松之在《三国志·魏书·乌丸鲜卑东夷传》篇末注引曹魏鱼豢所撰《魏略·西戎传》曰："汉哀帝元寿元年（公元前 2 年），博士弟子景卢受大月氏王使伊存口受《浮屠经》"，是为明证。"浮屠"或"浮图"都是"佛陀"的早期译语，《浮屠经》，即《佛经》。佛教传入伊始仅仅是被当作一种方术在上层社会传播，人们常常将其与当时的显学——黄老之学相提并论，所谓"诵黄老之微言，尚浮屠之仁祠"，而中国历史上第一个信奉佛教的皇家贵族——东汉光武帝刘秀之子楚王刘英则是"晚节更喜黄老，学为浮屠，斋戒祭祀"。[②] 东汉中后期，佛教开始由以宫廷贵族为主的上层社会而广泛

---

① 黄心川、戴康生等：《世界三大宗教》，生活·读书·新知三联书店 1979 年版，第 137 页。

② 《后汉书》卷 24《楚王英传》。

普及于民间。作为中国历史上第一个信奉佛教的皇帝，汉桓帝"好神，数祀浮屠老子，百姓稍有奉者，后遂转盛"。① 又于"宫中立黄老浮屠之祠"，② "设华盖以祠浮屠、老子"。③ 至汉献帝则"每浴佛，辄多设饮饭布席于路，其有就食及观者且万余人"，④ 足见其时佛教信仰之盛况。不过，其时佛教活动唯限于中原与江淮一带，福建因僻处东南一隅，境内重峦叠嶂，远离发达的中原地区而难与之交流，故佛教传播的历史进程较中原地区稍晚且缓慢。

一 东汉两晋南朝佛教传入闽都及其初步发展

佛教何时传入福州，异说纷纭。有学者认为"佛教于东汉由陆路传入福建"，清代泉州人蔡永兼的《西山杂记》是此说的代表；也有学者认为公元前 2 世纪左右开始，西域滨海的"胡人"以奴隶、商人、艺人、佛教徒等身份，从海上入居中国东南沿海地区，从而把佛教带进中国。⑤ 据此，有学者认为"很有可能在东汉至东吴这一时期，经海路来华的西域僧人来福建活动并将佛教传入福建民间。不过，这一时期经海路传入中国东南沿海的佛教并没有获得发展。此后，福建与东南其他省份一样，其佛教是从中原向南传播发展起来的"。⑥

迄今为止，我们尚未发现任何历史的明文记载，但是，以福建各类方志记载中，福州地区于西晋太康年间（280—289 年）已经出现兴建寺院的活动。据福建现存最早的通志《八闽通志》卷75"寺观"记载：太康元年（280 年）建药山寺，太康三年（282 年）建灵塔寺，⑦ 此二寺均位于侯官县内。太康三年（282 年）又于怀安

---

① 《后汉书》卷88《西域传》。
② 《后汉书》卷30《襄楷传》。
③ 《后汉书》卷7《桓帝纪》。
④ 《后汉书》卷73《陶谦传》。
⑤ 李刚：《佛教海路传入中国论》，载《东南文化》1992 年第 5 期。
⑥ 王荣国：《福建佛教史》，厦门大学出版社 1997 年版，第 4 页。
⑦ 康武德二年（619 年）更名"灵塔台"。

县建绍因寺。① 因此，学界素有"闽寺始晋太康"之说。一般来说，寺院的兴建往往晚于佛教的初播，易言之，先有佛教的传入，后有寺院的兴建，故此，有学者认为"很可能在东汉至东吴期间，福建（包括福州——笔者注）民间已有佛教徒活动"。②

两晋时期，随着封建统治者解除汉魏以来不许汉人出家的禁令③以及西晋末年以来战乱频仍，广大民众为寻求精神寄托往往求助于宗教信仰，加之统治阶级大力支持、扶植佛教，因此佛教在中国得到较大发展。据唐法琳《辩正论》卷三载："西晋两京，合寺一百八十所，僧尼三千七百余人。东晋一百四载，合寺一千七百六十八所，僧尼二万四千人"，④ 足见佛教发展之速度。至南北朝时期，佛教在中国发展经历了两种不同命运，北方佛教在北魏太武帝、北周武帝的打击下，"一时绝其声迹"。⑤ 在南方佛教因备受南朝各代皇帝隆礼，呈现出一派欣荣景象，至梁、陈二代达到顶峰，而梁武帝萧衍是南朝所有帝王中崇佛最力者，几乎将佛教提高到"准国教"的地位。⑥ 据统计，刘宋，共有寺院 1913 所，僧尼 36000人。萧齐，共有寺院 2015 所，僧尼 32500 人。萧梁，共有寺院 2846所，僧尼 82700 余人。经过萧梁末年的战乱，到了陈朝，寺院减少为 1232 所，僧尼仍有 32000 人。可见，萧梁时期，无论是寺院还是僧尼数量均居最高峰，是南朝佛教的繁盛时期。⑦ 福州地区的佛教

---

　　① 唐肃宗乾元三年（760 年）防御使董玠上奏改名为"乾元寺"。

　　② 陈支平主编：《福建宗教史》，福建教育出版社 1996 年版，第 120 页。

　　③ 据《晋书·佛图澄传》载："佛，外国之神，非诸华所应祠奉。……汉代初传其道，唯听西域人得立寺都邑，以奉其神，汉人皆不得出家。魏承汉制，亦循前轨。"佛图澄是后赵统治者所尊奉的"大和尚"，他不仅大力发展佛教事业，而且还参与军政大事。正是在他的影响下，统治者才正式允许汉人可以出家为僧。

　　④ 转引自郭朋：《中国佛教思想史》（上卷）《汉魏两晋南北朝》，福建人民出版社 1994 年版，第 231 页。

　　⑤ 佛教在中国的传播与发展过程中，因与道、儒的碰撞而遭受过"三武一宗"的灭佛"法难"。"三武"：即是北魏太武帝、北周武帝、唐武宗；"一宗"：即是北宋徽宗，也有人认为是周世宗。

　　⑥ 严耀中：《江南佛教史》，上海人民出版社 2000 年版，第 89 页。

　　⑦ 郭朋：《中国佛教思想史》（上卷），福建人民出版社 1994 年版，第 531 页。

正是在西晋南朝各代佛教政策的影响下发展起来的，尤其是西晋末年以来中原汉人为躲避战乱大举南迁入闽，福州的佛教至南朝有了较大发展。主要表现在如下几个方面：

1. 寺院数量增加

寺院是佛教传布及其进行佛事活动的重要场所，寺院的建造是佛教发展水平的一个重要标志。南朝福州寺院建造情况与分布如表3—1所示。①

表 3—1　　　　　　　　　　南朝福州寺院建造与分布表

朝代	建造时间	寺名	地点	备注
宋	昇明三年（479 年）	明空寺	侯官县	据《八闽通志》、《三山志》载
齐	永明三年（485 年）	妙果寺	侯官县	据《八闽通志》、《三山志》载
梁	天监元年（502 年）	唐兴寺	闽县	据《八闽通志》、《三山志》载。《旧记》作天监三年
	天监三年（504 年）	临江寺	侯官县	据《八闽通志》、《三山志》载
	普通二年（521 年）	袁寺	怀安县	据《八闽通志》、《三山志》载。《三山志》：梁太守袁士俊之第，内有小山，时闻钟声，因名钟山。普通二年，舍以为寺，号袁寺。……大业二年，改为鸿业寺，寻为钟山寺。唐上元元年，更名福唐寺。大中四年更名大中寺
	普通五年（524 年）	佛力寺	闽县	据《八闽通志》、《三山志》载

① 资料来源：黄仲昭修纂《八闽通志》卷75《寺观》；梁克家修纂《三山志》卷33—36《寺观类一至四》。

朝代	建造时间	寺名	地点	备注
梁	大通元年 （527 年）	法林尼院	闽县	据《八闽通志》、《三山志》载。二志均云："闽之尼院（寺）自此始。"此说不妥。据《八闽通志》兴化府莆田县"永和尼院"条注："在郡城西二里许。旧志永和元年建。"东晋永和元年即 345 年。"永和尼院"比"法林尼院"早建182 年，应是闽中最早尼院
		祗洹（垣）寺	连江县	据《八闽通志》、《三山志》作"大通六年"，唐咸通年间更名"净安院"
	大通二年 （528 年）	灵隐寺	长乐县	据《八闽通志》、《三山志》载
		法建寺	福清县	据《八闽通志》、《三山志》载。唐咸通二年更名"天王寺"。
	大通四年 （530 年）	花山寺	侯官县	据《八闽通志》、《三山志》载
	大通六年 （532 年）	南涧报国寺	侯官县	据《八闽通志》载：唐乾宁二年王审知创天王殿，改号"南涧"，护国天王以其在南涧之旁，故名。据《三山志》：南涧寺……居士苏清以宅为之。唐乾宁二年，闽王创天王殿。三年，号南涧护国天王，合庵十二为寺，以居涧旁，故名
	大通年间 （527—534 年）	法建寺	福清县	据《八闽通志》载。《三山寺》作"大通三年"
	大同元年 （535 年）	灵山院	闽县	据《八闽通志》、《三山志》载
		凤林寺	福清县	据《八闽通志》载。《三山志》作"凤林院"

朝代	建造时间	寺名	地点	备注
梁	大同二年 （536 年）	闽光寺	闽县	据《八闽通志》、《三山志》载
		建宁寺	连江县	据《八闽通志》、《三山志》载
	大同三年 （537 年）	祥光龙华寺	闽县	据《三山志》载。《八闽通志》作"梁时建"
	大同五年 （539 年）	县山寺	长乐县	据《八闽通志》、《三山志》载
		净土院（寺）	闽县	《八闽通志》：唐武宗时废为"白马庙"。咸通中，撤庙为寺，号"东禅净土寺"。明成化三年重建改名"东禅宝降禅寺"。据《三山志》：州人郑昭勇捐宅为之。唐武宗废为白马庙。咸通十三年，号东禅净土。宋大中祥符八年，赐号东禅寺
	大同六年 （540 年）	大乘寺	闽县	据《八闽通志》、《三山志》载。唐大中十一年，合二寺为一，名为"大乘爱同寺"
	大同十二年 （546 年）	爱同寺	闽县	
	太清元年 （547 年）	象峰寺	长乐县	据《八闽通志》、《三山志》载
		皇恩寺	长乐县	据《八闽通志》、《三山志》载
		法涧院	长乐县	据《八闽通志》、《三山志》载。《三山志》：《旧志》作咸通四年。林渎舍地创
	太清三年 （549 年）	灵山寺	闽县	据《八闽通志》：旧属怀安。寻改"大云"，唐初改"龙兴"，开元二十六年改名"开元寺"。《三山志》同
		罗山寺	闽县	据《三山志》不载建造年代。开运二年为兴福寺，宋祥符中，改名"法海寺"。据《闽书·方城志》闽县"罗山条"

朝代	建造时间	寺名	地点	备注
陈	永定元年 （557 年）	林泉寺（院）	福清县	据《八闽通志》、《三山志》载
		岩泉寺		
		庐山寺		
		灵曜寺		
		灵曜院	福清县	据《三山志》载，宋天圣年间更名"延庆院"
	天嘉元年 （560 年）	方山寺	闽县	据《八闽通志》、《三山志》载
		太平寺	福清县	据《三山志》载
	天嘉二年 （561 年）	唐安寺	侯官县	据《八闽通志》、《三山志》载
		钟山寺	福清县	据《八闽通志》、《三山志》载
		宝林寺	福清县	据《八闽通志》、《三山志》载
	天嘉三年 （562 年）	灵应寺	福清县	据《八闽通志》、《三山志》载
		升山灵岩寺	怀安县	据《八闽通志》载
		华林寺	闽县	据《三山志》载，《八闽通志》作"陈天嘉中建"
	天嘉六年 （565 年）	藏寺	连江县	据《八闽通志》、《三山志》作"□藏寺"
	太建元年 （569 年）	陈棋寺	闽县	据《八闽通志》、《三山志》载
		塔林寺	闽县	据《八闽通志》。《三山志》"方山寺"条：《旧记》有塔林寺，在方山下，太建年置
		超功院	闽县	据《八闽通志》、《三山志》载
		寻山庵	侯官县	据《八闽通志》载。《三山志》：《旧记》作"寺"
		方乐寺	福清县	据《八闽通志》、《三山志》载
		光严寺	长乐县	据《三山志》载。《八闽通志》作"光岩寺"，"陈太建九年建"
	太建二年 （570 年）	景尼院	怀安县	据《八闽通志》载。《三山志》作"景星尼院"
	太建五年 （573 年）	兴国寺	长乐县	据《八闽通志》载。《三山志》：《旧记》太建年置

续表

朝代	建造时间	寺名	地点	备注
	至德元年 （583 年）	安善寺	连江县	据《八闽通志》、《三山志》载
陈	陈时 （557—589 年）	信首寺	侯官县	《八闽通志》作"怡山西禅长庆寺"隋末废。唐咸通八年重建。寻改名"清禅"，又改"延寿"，又改"长庆"，宋景祐五年赐号"怡山长庆寺"。明宣德二年重建。《三山志》"西禅寺"条：号怡山，一名城山，寺压其上，古号信首，即王霸所居。隋末废圮。咸通十年改名"清禅"，寻又改延寿。后唐长兴中，闽王延钧奏名长庆。景祐五年，敕号怡山长庆。然，二志均未载建造年代。据《闽书·方域志》载：信首寺"仙人王霸上升地。霸，梁时人……"故定信首寺为陈时（见王荣国《福建佛教史》，厦门大学出版社 1997 年版，第 25 页）

从表 3—1 中可以看出南朝时期福州佛教的发展有如下三个特点：

其一，福州佛教的发展与整个南方佛教发展趋势一致，梁、陈二代居高峰，在共建的 51 所寺院中各占 25 所、24 所，这与梁、陈二代统治者大力支持与扶植佛教的政策分不开，诚如东晋名僧道安（314—385 年）所言："不依国主，则法事难立。"①

---

① （梁）释慧皎撰、汤用彤校注《高僧传·道安传》，中华书局 1992 年版，第 176 页。

其二，福州地方官员和社会上民间人士的支持是推动福州佛教发展的重要力量，很多寺院就是由当地官员和富户舍宅捐资而建成，如怀安县的袁寺、侯官县的南涧极国寺、闽县的净土寺等。

其三，福州佛教发展是由侯官、闽县而逐渐播散及沿海各县，宋、齐二寺均居侯官县，梁时 25 所寺院中，闽县占 11 所，至陈时，则集中于福清县，仅永定元年就建造了 5 所，终陈朝之世共建 10 所，成为福州佛教传播的重点区域。

2. 塔的建造和女众出家

塔，又称"佛塔"，起源于印度，梵语"窣堵坡"或"塔婆"（stūpa），晋宋译经时造为"塔"字，我国古代则通常称之为"浮屠"。塔是佛教寺院的重要组成部分，内藏有"舍利"，是佛教徒崇拜的对象。随着佛教的传播和寺院的兴建，塔的建造也开始出现。据《三山志》卷 33《寺观类一》载："闽之浮屠，始于萧梁，高者三百尺，至有倍之者，峻相望。"

尼院的出现是女众出家的重要标志，梁大通元年建造的闽县的法林尼院当为福州地区第一家尼院，表明福州女子出家为尼至迟于梁朝已经出现。

3. 真谛驻锡闽县佛力寺从事译经、讲经活动

随着佛教在中国的传播与发展，外国和我国西域地区来内地的僧人日益增多，译经、讲经活动也日趋兴盛。陈朝初年僧人真谛来到闽中译经、讲经，成为当时福州佛教界的一大盛事。

真谛（449—569 年），原名拘那罗陀（也译作"拘那罗他"），精通大乘佛教，佛教史上一般都称之为"真谛"，是与东晋时的鸠摩罗什、唐代的玄奘、唐"开元三大士"之一的不空齐名的中国佛教史上"四大译师"之一。① 据《续高僧传·真谛传》记载，他一

---

① 郭朋：《中国佛教思想史》（上卷）《汉魏两晋南北朝》，福建人民出版社 1994年版，第 647 页。

一说为：罗什、真谛、玄奘、义净为中国佛教史上四大翻译家（王荣国：《福建佛教史》，厦门大学出版社 1997 年版，第 36 页）。

生所出经、论、记、传，64 部，合 278 卷。梁大同十二年（546
年）八日，应梁武帝之邀，从扶南国（今柬埔寨）来到广州。两年
后，于梁太清二年（548 年）抵梁都建康（南京），深受梁武帝礼
敬。方欲译经便遭侯景之乱，乱后乃颠沛流离辗转南方各地。追陈
武帝永定二年（558 年）入闽，因"道信虔请"挂锡闽县佛力寺开
始译业、讲经。两年后，来到南安郡欲候船回国，约住五个月，重
译了佛教名著《金刚经》。天嘉三年（562 年）离开南安郡，不意
"泛舶西行，业风赋命，飘还广州"，宣帝太建元年（569 年）入寂
于此。

二　隋唐五代闽都佛教日趋繁荣

隋唐五代是福州佛教日益走向繁荣的时期。这一时期，各代帝
王均不同程度地采取支持与扶植佛教的政策，为佛教的发展提供了
政治保障，至唐末五代，福州地区出现崇佛热潮，佛教的发展出现
繁荣景象。

1. 寺院建造增多

寺院作为佛教传布及进行佛事活动的场所，其建造数量反映了
佛教的发展水平。581 年，北周重臣杨坚建立隋朝，是为隋文帝。
为维护其政治的长治久安，隋文帝曾于仁寿年间（601—604 年）先
后三次下诏在全国 131 州总共修建 131 座舍利塔，与此同时，建寺
工程也十分浩大，据唐法琳《辩正论》（卷三）载："自开皇之初
（581 年），终于仁寿之末（604 年）……海内诸寺，三千七百九十
二所。"① 总之，隋文帝一代，全国各地可谓"寺塔林立"。

不过，有隋一代，福州的佛教发展速度并不快，个中缘由有
二：一则隋朝国祚短蹙，仅 37 年；二则福建地区迟至隋统一以后才
被正式纳入隋统治范围，隋文帝的佛教政策在福建推行较中原为

---

① 转自郭朋《中国佛教思想史》（中卷）《隋唐佛教思想》，福建人民出版社 1994
年版，第 13、14 页。道宣《大唐内典录》（卷五）则说：开皇、仁寿间，"崇辑寺宇，
向有五千"。

晚，因此，从史籍记载看，福州地区在隋代仅建造寺院 5 所，即：连江县内 4 所——双林寺，建于仁寿元年（601 年）；龙卧寺，建于仁寿三年（603 年）；大中玉泉寺，建于大业元年（605 年）；西林寺，建于大业二年（606 年）。闽县 1 所——香林寺，建于开皇十年（590 年）。① 不过，相对于福建其他地区而言，福州佛教的发展在隋代仍为整个福建重心，占当时全省 12 所寺院的 41%。②

　　唐朝建立后，从高祖李渊至哀帝李祝，有唐一代 290 年的 21 个皇帝中，除武帝李炎以外，其余 20 位皇帝大多对佛教采取积极利用与扶持的态度，有的甚至非常佞佛、媚佛。在这一方面，宪宗李纯（806—820 年）为诸帝中最著者。史载：元和十四年（819 年）正月，诏"迎凤翔法门寺佛骨至京师，留禁中三日，乃送诸寺，王公士庶奔走舍施如不及"，③ 掀起唐代历史上崇佛狂潮。据司马光《资治通鉴》卷 248《唐纪六十四》载，会昌五年（845 年）四月，武宗为灭佛教作准备，敕祠部检括天下佛寺、僧尼，结果是：全国大中寺院 4600 所，小庙宇（招提、兰若）40000 所，僧尼 260500 人。这一数字亦可从武宗灭佛结果得到印证："其天下所拆寺四千六百余所，还俗僧尼二十六万五百人，收充两税户，拆招提、兰若四万余所，收膏腴上田数千万顷，收奴婢为两税户十五万人。"④ 足见武宗以前唐朝佛教发展之盛况。会昌法难后，佛教信仰势力受到严重削弱，有的教派甚至在这次打击后一蹶不振。及至唐宣宗大中元年（847 年），下令恢复佛教，佛教信仰才得以恢复与发展，宣宗之子懿宗李漼即位后于咸通十四年（873 年）重演迎佛骨一幕，一时间，举朝佞佛，仪式之隆盛较宪宗有过之而无不及，懿宗甚至"奉佛太过，常于禁中饭僧，亲为赞呗"。⑤ 史载："佛骨至京，自开元门达

---

① 黄仲昭：《八闽通志》卷 75《寺观》
② 王荣国：《福建佛教史》，厦门大学出版社 1997 年版，第 44 页。
③ 《旧唐书》卷 15《宪宗纪下》。
④ 《旧唐书》卷 18《武宗纪》。
⑤ 《旧唐书》卷 178《赵隐传》。

安福门，彩棚夹道，念佛之音震地。"① 司马光《资治通鉴》卷 252
载："广造浮图、宝帐、香舆、幡花、幡盖以迎之；皆饰以金玉、
锦绣、珠翠。自京城至寺三百里间，道路车马，昼夜不绝。夏，四
月，壬寅，佛骨至京师，导以禁军兵仗、公私音乐，沸天烛地，绵
亘数十里！仪卫之盛，过于郊祀；元和之时，不及远矣！富室夹道
为彩楼及无遮会，竞为侈靡。上御安福门，降楼膜拜，流涕沾臆！
赐僧及京城耆老尝见元和事者金帛。迎佛骨入禁中三日，出置安
国、崇化寺。宰相已下，竞施金帛，不可胜纪。"

在举国上下崇佛成风的情形下，福州佛教于唐代也有较大发
展，具体表现为寺院数量增多，寺院规模扩大。据《三山志》载：
"唐自高祖至于文宗，二百二十年，寺止三十九，至宣宗乃四十一，
懿宗一百二，僖宗五十六，昭宗十八。穷殚土木，宪写宫省，极天
下之侈矣。"② 从记载中看，有唐一代福州建造佛寺达 256 所。③ 值
得注意的是，福州寺院的建造主要是在会昌法难后，即从宣宗至昭
宗四朝，共建 217 所。由此可见会昌法难对福州佛教的冲击较小。
究其原因，大致有二：其一，福建远离中原，且境内多丘陵山地，
佛寺多"山居阛阓，磅礴隐降，占形胜之中"，被捣毁不易；其二，
中唐以后，统治阶级内部出现了两股离心力量——中央的宦官势力
和地方的藩镇势力，唐王朝力量被大大削弱，因此，中央王朝的排
佛政策在地方得不到有效执行，许多禅师名僧在法难中幸免，许多
僧人也未尽被勒令还俗。此期，福州佛寺的规模也比较大。如建于
南朝萧梁大通六年（532 年）的侯官南涧寺在唐昭宗乾宁三年（896
年）改称南涧护国天王寺，是合十二庵为之；④ 建于唐懿宗大中十

---

① 《旧唐书》卷 19《懿宗纪》。

② 梁克家：《三山志》卷 33《寺观类一·僧寺》。

③ 有学者统计为 288 所，见王荣国《福建佛教史》，厦门大学出版社 1997 年版，
第 47 页；也有学者统计为 242 所，见陈支平主编《福建宗教史》，福建教育出版社 1996
年版，第 136 页。

④ 《三山志》卷 33《寺观类一》。

一年（869 年）的长乐竹林寺则是"修篁千亩"，共三十六庵；① 建于唐懿宗咸通十一年（870 年）的侯官雪峰崇圣禅寺（院）是诸寺中规模最大的，仅蓝文卿一人就"舍田七千余亩，房屋五百间"，号称"南方丛林第一"。② 明人徐㶿《雪峰志》卷 8 对此记载较详：蓝文卿咸通十一年（870 年），舍屋宇亭榭三百余间，米仓十二间，庄田二十所，水牛三百六十头，诸庄田地林界，各有契书分明，其田总计二千五百八十石有零，收米一万一百石有零，又税钱二十四贯有零。咸通十二年（871 年），遣男应潮再舍田庄（数目未详）。③ 诸方的施舍与捐赠，对雪峰禅院的繁盛起了重要作用，至五代闽国时期该寺院发展成为中国江南一大禅窟。

五代时期中国再度陷入南北分裂，佛教在中国的发展经历"三武一宗"法难以后，其发展中心由北方转到了南方，南方的扬州、杭州、广州和福州成为当时中国几个佛教最活跃之地。④ 后人描述道："五代之间，诸侯割据，天下瓜剖，训练士卒，更相吞噬，而佛法独盛于其时，以国王、大臣犹能倾心奉道人，重法故也。当是时孟氏起西蜀，钱氏据浙右，李氏守江南，以至闽之王氏，皆严塔庙，崇圣教，延请高僧，咨求法要。"⑤ 足见南方诸国崇佛之风气。

福州在五代时期经历了闽国（893—945 年）、吴越（947—978 年）的统治。统治者对佛教的重视与扶植，使得福州佛教在这一时期较前代有了很大发展，寺院数量剧增。据《三山志》载："王氏入闽，更加营缮，又增寺二百六十七，费耗过之。自属吴越，首尾才三十二年，建寺亦二百二十一。"⑥ 终五代时期，兴建寺院凡 488

---

① 《三山志》卷 35《寺观类三》。
② 王应山：《闽都记》卷 22《郡西北侯官胜迹》。
③ 转引自陈支平主编《福建宗教史》，福建教育出版社 1996 年版，第 138 页。
④ 陈支平主编：《福建宗教史》，福建教育出版社 1996 年版，第 143 页。
⑤ 王廊：《鼓山涌泉寺新修忠懿王祠堂碑》，《开闽忠懿王氏族谱》，转引自徐晓望《闽国时期的福州宗教》，载《闽都文化研究》（下册），海峡文艺出版社 2006 年版，第 454 页。
⑥ 梁克家修纂：《三山志》卷 33《寺观类一》。

所，加上前此的寺庙，福州在五代时期共有寺院 781 所。

2. 大力兴造佛塔

早在南朝时期福州就已经开始建造佛塔，所谓"闽之浮屠，始于萧梁，高者三百尺，至有倍之者，峻相望"。① 唐末黄巢农民战争中，所建佛塔焚殄无遗，五代时期，闽王审知逐渐修复并新建，著名的有 7 座：寿山塔，天复元年（901 年）王审知在扩建城池的同时重建，为 7 层木塔；定光塔，王审知为其父母兄长荐冥福，于九仙山（今于山）山麓而建，又名"报恩定光多宝塔"，即今白塔；（见图 4）神光塔，唐大中十一年（857 年）创建，初名"报恩塔"，咸通九年（868 年）敕号"神光之塔"，乾符五年（878 年）毁于黄巢农民战争，开平年间（907—910 年）闽王审知复建；定慧塔，早在南朝普通二年（521 年）梁太守袁士俊舍宅建大中寺（又名袁寺），于寺内建定慧塔，后遭兵燹，开平年间闽王审知复建；新塔，五代梁乾化二年（912 年）王审知于安福寺内所建；育王塔，王审知部属琅琊安远使募缘架造；崇妙保圣坚牢塔，永隆三年（941 年）王审知儿子延曦为自己及眷属、臣下祈福，在乌石山"无垢净光塔"遗址上所建，即今乌塔。（见图 5）② 宋人谢泌诗中"城里三山千簇寺，夜间七塔万枝灯"即是指福州佛教兴盛的情景。

3. 广度僧人，僧尼数量剧增

唐五代时期，福州不仅寺多，而且僧多。据载，唐天复二年（902 年）闽王审知先后于福州大中寺、乾元寺开戒坛，分别度僧 2000 人、3000 人，共计 5000 人。其子鏻，天成三年（928 年）又于太平寺开戒坛，度僧 20000 人。③ 延曦即位后，又度僧人 11000 人。④ 据统计，王氏据闽时期，福州僧尼达 6 万多人。⑤ 宋代理学家

---

① 《三山志》卷 33《寺观类一》。

② 参见《三山志》卷 33《寺观类一》；乾隆《福州府志》卷 16《寺观一》；《福州乡土文化汇编》"地理"之五"七塔高标闽王都"。

③ 《三山志》卷 33《寺观类一》。

④ 司马光：《资治通鉴》卷 282《后晋纪》。

⑤ 福州市地方志编纂委员会：《福州市志》第 8 册，第二编"宗教"。

图 4　白塔

黄幹撰文曰："闽中塔庙之盛甲天下。家设木偶，绘像堂殿之属，朝夕事之。髡其首，而游于他州者，闽居十九焉。"又有诗曰："山路逢人半是僧。"① 福州成为名副其实的"佛国"。

4. 铸造佛像，缮写佛经

王审知任节度使期间于唐天祐三年（906 年）为开元寺铸金铜

────────────────

① 转引自乾隆《福州府志》卷 24 "风俗"。

图 5 乌塔

像一尊，丈六；铸菩萨像二尊，丈三，铜为内肌，金为外肤，一泻而成。① 费铜六万斤，黄金三百两。后又于后唐同光元年（923 年）于福州西南"张炉冶十三所，备铜腊三万斤，铸释迦弥勒像"。② 王审知"隆礼"佛教由此可见一斑。此外，王氏父子还十分重视缮写佛经，后唐同光元年（923 年）王审知"泥金银万余两，作金银字四藏经各五千四十八卷，旃檀为轴，玉饰诸末，宝幽朱架，内龙脑其中，以灭蠹蟫"。③ 王延钧称帝后，"缮经二百藏"。④

　　由上述可见，福州佛教于五代时期的繁荣发展，以王审知治闽时为著。

　　① 《福建通志》卷 264《寺观》，引唐人黄滔《丈六金身碑》；又黄滔《黄御史集》卷 5。
　　② 《三山志》卷 33《寺观类一》"怀安太平寺"条。
　　③ 同上。
　　④ （清）吴任臣：《十国春秋》卷 91《闽二·惠宗本纪》。

5. 佛教宗派的创立①

宗派佛教始于隋而盛于唐，是佛教中国化的标志。主要宗派有天台宗、三论宗、唯识宗、华严宗、禅宗、密宗、净土宗、律宗。

天台宗：是中国佛教史上第一个宗派，创立于隋朝，创始人智顗（538—597 年），因其住在浙江天台山国清寺，故名。主要依据《法华经》和智顗所著《法华玄义》、《法华文句》、《摩诃止观》等，因此，该宗又名"法华宗"。

三论宗：创立于隋朝，创始人吉藏（549—623 年），以罗什传译的《三论》为立宗依据，故名。在隋唐各佛教宗派中，该宗是一个短命的宗派，可以说是"一世而斩"，吉藏之后便衰微下去。

唯识宗：开创于唐代名僧玄奘（602—664 年），完成于其弟子窥基（632—682 年），所依主要经典有《解深密经》、《瑜珈师地论》、《成唯识论》和窥基所著《成唯识论述记》等。该宗依《解深密经》说明诸法事相，故又名"法相宗"。又因玄奘、窥基长期住在长安慈恩寺，故又被称为"慈恩宗"。在唐太宗、高宗父子两代的大力支持下，也因玄奘、窥基师徒二人的积极努力，该宗在唐代盛极一时。但是，由于它脱离信徒群众，过于注重烦琐的理论思辨，因此，窥在去世后便衰萎下去，成为继三论宗之后第二个"短命"宗派。

华严宗：实际创立者是唐初和尚法藏（643—712 年），以《华严经》为主要经典，故名。因法藏字贤首，故亦称贤首宗。该宗因受到武则天的青睐，一度盛行全国。

禅宗：是唐中叶以后中国最有势力的佛教宗派。"禅"是梵语"禅那"音译的略称，意为"静虑"或"思维修"，是佛教僧侣主义的一种基本功。按传统的说法，它的创始人是南北朝时来华的南印度僧人菩提达摩（？—536 年），据净觉所撰《楞伽师资记》

---

① 参见郭朋《中国佛教思想史》（中卷），《隋唐佛教思想》，福建人民出版社 1994 年版。

中所提出的禅宗"法系"，即是求那跋陀罗—菩提达摩—慧可—僧璨—道信—弘忍—神秀（玄赜、老安）—普寂……事实上，禅宗是唐中期和尚慧能创始的。慧能以前，只有禅学，没有禅宗。慧能的弟子所著《六祖坛经》是研究禅宗的重要资料。慧能死后，禅宗分成五个较大的支派：沩仰宗、临济宗、曹洞宗、云门宗、法眼宗。

密宗：是唐开元年间（713—741年）被称为"开元三大士"的印度僧人善无畏（637—735年）、金刚智（669—741年）、不空（705—774年）通过翻译印度密教经典而开创的。其主要经典是《大日经》，全称为《大毗卢遮那成佛神变加持经》，"毗卢遮那"是"日"的梵语。在密教经典里，真言、咒语是主要的传教语言，因此，密宗也被称为"真言宗"。由于其教义与中国传统的伦理观念发生抵触，因此，"开元"之后，它便很快夭折。之后，其以"东密"的面貌流行于日本，以"藏密"的面貌流行于我国藏、蒙地区，与西藏原始宗教"本教"相结合，而后形成喇嘛教，并有红教——宁玛派、花教——萨迦派、白教——噶举派、黄教——格鲁派等主要教派。

净土宗：早在唐以前就已经有净土思想的传播，如东晋的慧远（334—416年）、北魏的昙鸾等，都是极力提倡"往生净土"的人，尤其是慧远，因避中原战乱辗转南迁，至江西庐山定居，后于庐山东林寺集僧俗123人结为"莲社"，"建斋立誓，共期西方"，被后来净土宗人追奉为"初祖"。事实上，净土思想成为一宗，是在唐代，奠基者是唐初和尚道绰（562—645年）和善导（613—681年）。该宗主要经典是《净土三经》，即《无量寿经》、《观无量寿经》、《阿弥陀经》。其在教义和仪式上都十分简单，只需"面西"而坐，反复诵念"南无（梵文 nāmas 的音译，即致敬、皈依的意思）阿弥陀佛"，死后灵魂就可被阿弥陀佛接引，进入西方"净土"（极乐世界），所以信徒大多来自下层群众，是中国佛教宗派中颇具影响力的一支宗派。

　　律宗：律，即戒律。佛教传入中国后，至南北朝时期已经有不少僧人研习佛教律典，如《十诵律》、《四分律》、《五分律》、《摩诃僧祗律》等，迄于唐代，著名的佛教史传学家道宣（596—667年）在南北朝以来僧人们对诸律的研究成就的基础上，以《四分律》为主开创了律宗。因道宣晚年居住在终南山，故律宗又名"南山宗"。

　　上述佛教各宗派大都在福州流行过，其大致情形如下：

　　法华宗（天台宗）：在唐代，福州不仅有以"法华"命名的寺院，而且有僧人修持《法华经》。如闽县"东山圣泉院"，唐景龙元年（707年）建寺，旧名"法华"，先天二年（713年）立今额。①宋人赞宁《宋高僧传》卷19《唐福州爱同寺怀道传·附智恒》记载，唐时福州有"智恒继居法华院，即怀一弟子也。道行与师相埒"。又曰：福州爱同寺僧怀道"泊至德二年（757年），令弟子僧常持《法华经》，不舍昼夜"。

　　华严宗：据记载，侯官神光寺内有华严岩，唐"大足中（701年）有僧持《华严经》于此，一夕雷雨大震，擘石为巨室，僧遂宴坐其间"。②又，闽院鼓山涌泉院，唐"建中四年（783年），龙见于之灵源洞，从事裴胄曰：神物所蟠，宜寺以镇之"。后有僧灵峤诛茅为台，诵《华严经》而龙不为害，因号曰华严台，亦以名其寺。梁开平二年（908年），闽王审知复命僧神晏居焉，号国师馆，徒千百五，倾国资给之。③再有，长乐县竹林寺，唐大中十一年（857年）置，内有36庵，其中有"华严"，"皆唐末同兴"，北宋"庆历中（1041—1048年）并为禅寺，庵始废"。④按照佛经记载，华严宗与支提山有关。《华严经·菩萨住处品》云："东南方有山名

　　① 黄仲昭修纂：《八闽通志》卷75《寺观》；亦见梁克家修纂《三山志》卷33《寺观类一》。

　　② 梁克家修纂：《三山志》卷33《寺观类一》。

　　③ 同上。

　　④ 梁克家修纂：《三山志》卷35《寺观类三》。

曰支提，现有天冠菩萨与其眷属一千人俱常住说法。"梁克家《三山志》卷37《寺观类五》宁德县"支提政和万寿寺"条记载：支提山，东有童峰双峙，壁立无际，次则莲华石、甘露池；西有神僧石窟、葛公仙岩；南有苏溪带绕，鹤岭襟联；北有菩萨、紫帽二峰相望。佛书谓有菩萨，名曰天冠，与其眷属一千人俱，即兹山也。旁有瀑布，乡民每遇亢旱，辄于北面遥祷。山下旧有神祠，咸通间（860—873年）已废。［按：有咸通九年（868年），僧好德为《支提山记》云："乡民但谓之六洞天，未知是菩萨之号。昔则天朝有僧，号元表，不知何时人，以花桐木函二只，盛《新华严经》八十卷，躬自赍荷，来寻兹山，乃卜石窟而居。其窟高可百寻，深广百二十丈，下平若镜，上方若凿。时有保福寺僧惠平，因游兹窟而得之，迎出山下。］钱氏起废为寺，号大华严。"

律宗：前述高僧怀道、怀一均以律宗为本兼修法华宗。据《三山志》记载，分别建于梁大同六年（540年）、大同十二年（546年）的闽县大乘寺、爱同寺，"皆律寺。……唐神龙中（705—706年），律师怀道、怀一相继居之"。[1] 唐末，威武军节度副使王审知曾延请律宗名僧宣壹到福州开元寺主持戒坛。

净土宗：见于史籍记载的净土宗寺院有闽县"东禅院"，梁大同五年（539年）州人郑昭勇捐宅为之，在白马山上，旧名净土，唐武宗废为白马庙。咸通十三年（872年），郡人迎僧惠筏居之。及夜禅定，有戎服若拜而辞者，是夕或见白驷乘之。观察使李景温因撤祠为寺，号东禅净土。钱氏号东禅应圣。[2] 又，建于唐大顺二年（891年）怀安县的白莲院、莲花院[3]亦为净土宗在福州流传的产物。此外，这一时期各种用于祈福、积功德的塔的建造也体现了净土宗在福州的盛行。著名的塔有：福建观察使柳冕为唐德宗李适祝寿祈福，于贞元十五年（799年）在福州乌石山建造的"无垢净光

---

① 梁克家修纂：《三山志》卷33《寺观类一》。
② 同上。
③ 黄仲昭：《八闽通志》卷75《寺观》。

塔"，此塔毁于黄巢农民战争中，唯有塔碑遗留下来，竖在乌石山"崇妙保圣坚牢塔"旁。福建威武军节度使王审知为父母兄长荐冥福，于天祐元年（904 年）在福州于山建造的"报恩定光多宝塔"。王审知少子延曦为自己及眷属、臣下祈福，于永隆三年（941 年）在"无垢净光塔"的遗址上建造的"崇妙保圣坚牢塔"。

密宗：最有名的寺院是福清县的灵石俱胝院，唐大中元年（847 年）置。先是唐武宗时，僧元修始庵于此，诵七俱胝咒治疾祟。后深入岩谷中，人以为遁去矣。有蔬甲泛流而下，乃沿源访而得之。再往，则庐已虚矣，盖避会昌禁也。宣宗时（847—858 年），出诣阙，贡金买山，始创精舍，名翠石院。至是赐今额。① 《福清县志》亦载："释俱胝，讳元修，初武宗时，结庵于灵石山，常诵七俱胝咒，故名。乡人有疾祟，辄请治之。"会昌法难发生，避于深谷之中，宣宗四年（850 年）出山，"贡金买山，始创精舍，名翠石院"。后赐额"灵石俱胝院"。②

禅宗：是这一时期佛教诸宗派中在福州影响最甚的一支，且名僧辈出。前述慧能以后禅宗五派多与闽僧有关，正如民国《福建通志》所云："福建唐代高僧天下莫盛焉。而五代及宋由此选，方兴未艾也。"③

百丈怀海：福州长乐人，马祖道一的弟子。因所居新吴（今江西奉新县）大雄山岩峦峻极，高至千尺许，有"百丈山"之称，故时称怀海为"百丈怀海"。怀海居百丈山不足一月，四方"禅客无远不至，堂室隘矣"。④ 怀海传法 20 余年，对佛教最大的贡献是制定了《禅门规式》，对禅宗寺院的僧职、制度、仪式等作了规定，为全国各地禅院所效仿，后世亦称《百丈清规》。宋人赞宁在其《宋高僧传》卷 10《唐新吴百丈山怀海传》评价道："自汉传法，

① （宋）梁克家修纂：《三山志》卷 36《寺观类四》。
② 饶元鼎等：《福清县志》卷 13《人物志·仙释》。
③ 陈衍等：民国《福建通志》、《福建高僧传》卷 1。
④ （宋）赞宁：《宋高僧传》卷 10《唐新吴百丈山怀海传》。

居处不分禅律，是以通禅达法者，皆居一寺中，院有别耳。至乎百丈立制，出意用方便，亦头陀之流也。矫枉从端，乃简易之业也。……天下随之者，益多而损之少故也。谥海公为大智。"

沩山灵祐：福州长溪（今霞浦县南）人，是百丈怀海的"上首"弟子，后定居于湖南潭州（今长沙市）大沩山定居，故被称为"沩山灵祐"。灵祐弘法40余年，与其弟子慧寂（因住袁州——今江西宜春仰山，故又称仰山慧寂）共同开创了禅宗五派之一的沩仰宗。

黄檗希运：福州福唐（今福清市）人，百丈怀海的法嗣弟子。据传，唐宪宗年间（806—820年），希运受百丈怀海"印可"，住持福清黄檗山寺。希运得法弟子较多，其中义玄（今山东曹县人）受黄檗希运印可往河北镇州（今保定市）临济建寺弘法，开创"临济宗"，成为晚唐出现的禅宗五派之一。

雪峰义存：泉州南安人，"家世奉佛"，12岁出家于莆田玉涧寺，17岁剃度，32岁于幽州（治所在今北京城西南）宝刹寺受具足戒。后云游四方，参禅说法。咸通年间（860—873年），义存返回福建住持古田象骨山，因象骨山冬雪夏寒，乃改名"雪峰"，故又名"雪峰义存"。从此，"师（即义存）以山而道俟，山以师而名出。天下之释子，不计华夏，趋之若召"。[1] 中和二年（882年），唐僖宗李儇封义存为"真觉大师"，赐额"应天雪峰禅院"。雪峰义存遂成为国内享有盛名的禅院，雪峰禅院亦成为江南禅宗名刹，"四方名僧争趋法席者不可胜算矣。冬夏不减一千五百"。[2] 义存在闽弘法近40年，得法弟子尤多，普济《五灯会元》中立传者就有45人，其中在福州传法的就有玄沙师备、长庆慧棱、鼓山神晏、安国院弘瑫、大普山玄通、长生山皎然、仙宗行瑫、莲花山永福从弇、南禅契璠、永泰和尚、古田极乐元俨、芙蓉山如体等人。创立

---

① （宋）赞宁：《宋高僧传》卷12《唐福州雪峰广福院义存传》。
② 同上。

于五代时期的禅宗五派之云门宗（云门文偃）和法眼宗（法眼文益）亦出自雪峰义存一门，此二派均视义存为祖师，以雪峰寺为其祖寺。正所谓"雪峰道也恢廓乎！"①

玄沙师备：福州闽县人，30岁出家，与义存本为师兄弟，但敬义存如师，故旁人视其为义存的大弟子。义存往象骨山创寺传法，师备与其"同力缔构"。出道后，师备往福州罗源玄沙院传法，故名玄沙师备。师备弘法30多年，四方禅者"皆望风而宾之"。其得法弟子中罗汉桂琛，即为法眼宗文益之师。

长庆慧稜：浙江杭州盐官人，13岁出家，受戒后，辗转各地至雪峰，拜义存为师，随义存参学30年。出道后被泉州刺史王延彬迎请到泉州住持招庆寺，后又转任福州长庆寺（今西禅寺）住持，闽王审知赐号"超觉大师"。其得法弟子以福州僧人为多。

鼓山神晏：河南汴州（今开封）人，出家后游方各地寺院，后参谒雪峰，受义存启悟。义存与之印可，成为义存重要弟子之一。后梁开平二年（908年），闽王审知创鼓山禅院，礼请神晏住持鼓山，号"定慧大师"，后王延钧加号"广辩圆觉兴圣国师"。

罗汉桂琛：常山人，是义存法嗣玄沙师备的得法弟子。因住持漳州地藏院，被称为"地藏桂琛"。后迁居漳州罗汉院，故亦称其为"罗汉桂琛"。其得法弟子最著名者为禅宗五派之一法眼禅宗创始人文益。故此，法眼文益是为义存之三传弟子。

综上所述，隋唐五代时期，福州寺院佛塔的建造、僧尼的数量都超过了前代，尤其是佛教宗派的创立与传播亦在此期呈现出一派繁荣景象。

三　两宋时期闽都佛教鼎盛

两宋时期福州佛教的发展在唐末五代的基础上更加兴旺，趋于鼎盛。

---

① （宋）赞宁：《宋高僧传》卷12《唐福州雪峰广福院义存传》。

1. 寺院多、僧尼多、寺田多

据《三山志》记载，入宋以来，"富民翁妪，倾施赀产，以立院宇者亡限。庆历中（1041—1048 年），通至一千六百二十五所"。后因种种原因，寺院有所减少，但是，"绍兴（1131—1162 年）以来，止一千五百二十三。今州籍县申犹一千五百四"。① 而且，寺院建造的十分华丽堂皇，"祠庐塔庙，雕绘藻饰，真侯王居"。②《八闽通志》亦曰："自吴孙权……寺观始蔓延诸郡以及于闽。历晋、宋、齐、梁而始盛，又历隋唐以及伪闽而益盛，至于宋极矣！名山胜地多为所占，绀宇琳宫罗布郡邑。"③ 可见，两宋时期福州寺院建造数量空前，表明佛教发展之兴旺。

大造寺院必然广度僧人，据载，南宋建炎四年（1130 年），福州开元寺"沙弥受戒至 3948 人"。同年，福州景星尼院"新尼受戒至 398 人"。绍兴元年（1131 年），开元寺"受戒 570 人"，天宁寺"受戒 728 人"。④ 福州僧尼之多名闻天下，以至"缁衣在处如云屯"。

由于宋朝统治者的大力扶持，寺院占有大量土地，拥有大量房产，经济力量相当雄厚。据《宋会要辑稿·食货六一·官田杂录》记载，南宋时，仅福建路，寺院的田产收入，除缴纳两税和供应寺僧需用之外，每年尚有盈余三十六万五千多贯。据统计，福州的寺田之多，"直民田五之一"。⑤

2. 刊刻佛经

如前所述，五代时期王审知父子就已经十分注重佛经的缮写。宋代以来，福州寺院又获皇帝恩赐经书，咸平六年（1003 年），怀安乾元寺受赐"御书一百二十三卷。御制：《心轮偈颂》十四卷、

---

① 梁克家修纂：《三山志》卷 33《寺观类一》。
② 同上。
③ 黄仲昭修纂：《八闽通志》卷 75《寺观》。
④ 梁克家修纂：《三山志》卷 33《寺观类一》。
⑤ 梁克家修纂：《三山志》卷 10《版籍类一·户口》。

《秘藏详》三十卷、《逍遥咏》十一卷、《缘识》五卷、《青龙疏》六卷、《秘阁赞》、《九弦琴》、《阮歌》、《喻言》、《双钩书》、《圣教序》、《心轮图》、《无名说笔法》、《日行诚有益无法帖》十二卷、《大字诗》三卷、《益铭四体五体书》二卷。草书:《孝经千字文》、《孤城诗颠草书》、《急就章笔法歌》、《杂字》九轴、《故实》九轴。八分字:《千字文》、《故实》、《真定王碑》。飞帛:《帝佛二字杂言》、《元注杂言》、《有注不假诗》、《远看诗》"。①

随着宋代雕刻佛经的发展,福州也成为全国著名的刻经地之一。吕澂先生在其《中国佛教源流略讲》中论述道:"宋代三百余年间官私刻藏凡有五种版本。……第一种为官版……也称蜀版。……第二种是在福州私刻的东禅等觉版。此版乃为便利距汴京稍远的各寺院的需求而发起,元丰初(1078 年)由禅院住持冲真等募刻,到崇宁二年(1103 年)基本刻成,请得政府允许给予《崇宁万寿大藏》的名称。其后还补刻了一些《贞元录》经和入藏著述,到政和二年(1112 年)结束,共得五百六十四函,五千八百余卷。② 第三种是福州私刻的开元寺版。即在东禅版刻成的一年,福州人士蔡俊臣等组织了刻经会支持开元寺僧本悟等募刻。这从政和二年(1112 年)到绍兴二十一年(1151 年)经四十年,依照东禅版的规模刻成(南宋隆兴初曾补刻两函)。"③ 开元寺版大藏经名《毗卢大藏经》共 595 函,1451 部,6132 卷。今福州市开元寺附近"经院巷",俗称"金钱巷",相传就是宋代刻《毗卢藏》的作坊故址。④

《崇宁藏》和《毗卢藏》的刻成,体现了福州佛寺的雄厚实力,也反映了宋代福州佛教的繁盛。后世将《崇宁藏》和《毗卢藏》统

---

① 梁克家修纂:《三山志》卷 33《寺观类一》"怀安乾元寺条"。
② 南宋乾道、淳熙间(1165—1189 年)又补刻十余函。王宋国先生认为:先后共刻 580 函,1440 部,6108 卷(参见王荣国《福建佛教史》,厦门大学出版社 1997 年版,第 290 页)。
③ 吕澂:《中国佛教源流略讲》,中华书局 1979 年版,第 387—388 页。
④ 王荣国:《福建佛教史》,厦门大学出版社 1997 年版,第 291 页。

称为《福州藏》，两藏累计达 12240 卷，其版式为后来许多大藏经所效仿。吕澂《中国佛教源流略讲》中谈到的宋代五种版本之一的"思溪版"，就是"受着福州东禅版完刻的刺激而发起的。……内容依据福州版而略去一般入藏的著述……"。①

3. 佛教宗派的演变

入宋以后，佛教的发展可谓禅宗一统天下，其他佛教宗派无论是名僧的影响，还是法系的传承均远逊于禅宗。兹以宋人普济《五灯会元》的相关记载，主要介绍禅宗各派在福州的发展概况。

曹洞宗：该宗在福州传法的著名禅师主要有：福州普贤院善秀禅师，② 福州龟山院义初禅师，③ 清了禅师、④ 庆预禅师⑤相继为福州雪峰寺第 16 代、17 代住持并于此传法，庆预禅师的法嗣慧深禅师⑥在雪峰寺任首座。

法眼宗：该宗在福州传法的著名禅师主要有：福州广平院守威禅师，⑦ 福州严峰院师术禅师，⑧ 福州玉泉院义隆禅师，⑨ 福州宁德支提山雍熙寺隆辩禅师，⑩ 福州长溪保明院道诚禅师⑪等。

云门宗：该宗初创于五代时，得法弟子多在闽境外传法。入宋以后开始于闽中盛行，且以福州为主。主要有：福州雪峰寺象敦禅师，⑫ 福州广明院常委禅师，⑬ 福州广因院择要禅师，⑭ 福州中际寺

---

① 吕澂：《中国佛教源流略讲》，中华书局 1979 年版，第 387—388 页。
② （宋）普济：《五灯会元》卷 14《普贤善秀禅师》。
③ （宋）普济：《五灯会元》卷 14《龟山义初禅师》。
④ （宋）普济：《五灯会元》卷 14《长芦清了禅师》。
⑤ （宋）普济：《五灯会元》卷 14《大洪庆预禅师》。
⑥ （宋）普济：《五灯会元》卷 14《雪峰慧深首座》。
⑦ （宋）普济：《五灯会元》卷 10《广平守威禅师》。
⑧ （宋）普济：《五灯会元》卷 10《严峰师术禅师》。
⑨ （宋）普济：《五灯会元》卷 10《玉泉义隆禅师》。
⑩ （宋）普济：《五灯会元》卷 10《支提隆辩禅师》。
⑪ （宋）普济：《五灯会元》卷 10《保明道诚禅师》。
⑫ （宋）普济：《五灯会元》卷 15《雪峰寺象敦禅师》。
⑬ （宋）普济：《五灯会元》卷 15《广明常委禅师》。
⑭ （宋）普济：《五灯会元》卷 16《广明择要禅师》。

可遵禅师，① 福州衡山院惟礼禅师，② 福州天宫院慎微禅师，③ 福州妙峰寺如璨禅师，④ 福州大中寺德隆海印禅师，⑤ 福州地藏院守恩禅师，⑥ 福州雪峰寺思慧禅师，⑦ 福州越峰院粹珪禅师，⑧ 福州鼓山院体淳禅师，⑨ 福州雪峰寺宗演禅师，⑩ 雪峰寺大智禅师，⑪ 雪峰寺隆禅师，⑫ 西禅寺慧舜禅师⑬等。

临济宗：该宗在宋代发展颇快，北宋中叶，临济义玄的六传弟子石霜楚园门下发展出了杨歧方会和黄龙慧南两个支派，即"黄龙派"和"杨歧派"，是为宋代禅宗发展的重大变化，此后便有禅宗"五家七宗"之说。不过，从思想体系上而言，此二派与临济宗并无二致，惟此二派门下出了一些颇具影响力的禅师自立门户而稍异于众。黄龙派与杨歧派的兴起，使本来意义的临济宗的影响渐趋衰微沉寂。进入南宋以后，黄龙派的影响被杨歧派所取代，而且，杨歧派发展到第四代昭觉克勤时，其门下又分出径山派（宗杲创立）和虎丘派（昭隆创立），杨歧派的影响更盛。后来，杨歧派恢复了临济宗的旧称，因此南宋以后，临济宗实为杨歧派。从记载上看，临济宗在福建影响地区甚广，持续时间亦长，其中心仍在福州。主要禅师有：福州白鹿山院显端禅师，⑭ 福州长庆寺惠暹禅师，⑮ 福州

① （宋）普济：《五灯会元》卷 16《中际可遵禅师》。
② （宋）普济：《五灯会元》卷 16《衡山惟礼禅师》。
③ （宋）普济：《五灯会元》卷 16《天宫慎微禅师》。
④ （宋）普济：《五灯会元》卷 16《妙峰如璨禅师》。
⑤ （宋）普济：《五灯会元》卷 16《大中德隆海印禅师》。
⑥ （宋）普济：《五灯会元》卷 16《地藏守恩禅师》。
⑦ （宋）普济：《五灯会元》卷 16《雪峰思慧禅师》。
⑧ （宋）普济：《五灯会元》卷 16《越峰粹珪禅师》。
⑨ （宋）普济：《五灯会元》卷 16《鼓山体淳禅师》。
⑩ （宋）普济：《五灯会元》卷 16《雪峰宗演禅师》。
⑪ （宋）普济：《五灯会元》卷 16《雪峰大智禅师》。
⑫ （宋）普济：《五灯会元》卷 16《雪峰隆禅师》。
⑬ （宋）普济：《五灯会元》卷 16《西禅慧舜禅师》。
⑭ （宋）普济：《五灯会元》卷 12《白鹿显端禅师》。
⑮ （宋）普济：《五灯会元》卷 12《长庆惠暹禅师》。

栖胜院继超禅师。①

　　临济宗分化出的黄龙派在福州传法的禅师主要有：福州玄沙院合文禅师，② 福州兴福院康源禅师，③ 福州宝寿寺最乐禅师，④ 福州广慧院达杲禅师，⑤ 福州雪峰东山慧空禅师，⑥ 福州东禅寺从密禅师，⑦ 福州普贤院元素禅师，⑧ 福州鼓山别峰祖珍禅师，⑨ 福州鼓山山堂僧洵禅师⑩等。

　　临济宗分化出的杨歧派在福州传法的禅师主要有：福州玄沙院僧昭禅师，⑪ 福州清凉院坦禅师，⑫ 福州中际寺善能禅师⑬等。杨歧派分出径山派和虎丘派以后，又有：福州西禅寺鼎需禅师，⑭ 福州东禅寺思岳禅师，⑮ 福州西禅寺守净禅师，⑯ 福州玉泉院昙懿禅师，⑰ 福州雪峰崇圣寺蕴闻禅师，⑱ 福州鼓山院宗逮禅师，⑲ 福州鼓山木庵安永禅师，⑳ 福州天王寺志清禅师，㉑ 福州乾元寺宗颖禅师㉒等。

① （宋）普济：《五灯会元》卷12《栖胜继超禅师》。
② （宋）普济：《五灯会元》卷17《玄沙合文禅师》。
③ （宋）普济：《五灯会元》卷17《兴福康源禅师》。
④ （宋）普济：《五灯会元》卷18《宝寿最乐禅师》。
⑤ （宋）普济：《五灯会元》卷18《广慧达杲禅师》。
⑥ （宋）普济：《五灯会元》卷18《雪峰慧空禅师》。
⑦ （宋）普济：《五灯会元》卷18《东禅从密禅师》。
⑧ （宋）普济：《五灯会元》卷18《普贤元素禅师》。
⑨ （宋）普济：《五灯会元》卷18《鼓山祖珍禅师》。
⑩ （宋）普济：《五灯会元》卷18《鼓山僧洵禅师》。
⑪ （宋）普济：《五灯会元》卷19《玄沙僧昭禅师》。
⑫ （宋）普济：《五灯会元》卷20《清凉坦禅师》。
⑬ （宋）普济：《五灯会元》卷20《中际善能禅师》。
⑭ （宋）普济：《五灯会元》卷20《西禅鼎需禅师》。
⑮ （宋）普济：《五灯会元》卷20《东禅思岳禅师》。
⑯ （宋）普济：《五灯会元》卷20《西禅守净禅师》。
⑰ （宋）普济：《五灯会元》卷20《玉泉昙懿禅师》。
⑱ （宋）普济：《五灯会元》卷20《雪峰蕴闻禅师》。
⑲ （宋）普济：《五灯会元》卷20《鼓山宗逮禅师》。
⑳ （宋）普济：《五灯会元》卷20《鼓山安永禅师》。
㉑ （宋）普济：《五灯会元》卷20《天王志清禅师》。
㉒ （宋）普济：《五灯会元》卷20《乾元宗颖禅师》。

沩仰宗：该宗自五代闽国灭亡后其法脉传承已不见于佛教史籍记载。故其在福州的传法活动难以明了。不过从《三山志》只鳞片爪的记载中可以推测"沩仰宗在宋代福州所属的连江、长溪一带可能还有余绪"。①

四　明清时期闽都佛教式微与远播

明清时期是中国封建社会的后期，专制主义中央集权达到极端化发展。历代皇帝无不尊经崇儒，立程朱理学为正统，强化儒家思想在治国安邦中的作用，朱熹注释的"四书"、"五经"成为官定读本和科举取士的准绳。明太祖朱元璋曾下令，学者讲学"一宗朱子之学"，"非濂、洛、关、闽之学不讲"。洪武二年（1369 年）明确规定："国家取士，说经者以宋儒传注为宗。"明成祖永乐十三年（1415 年），命翰林学士胡广等编纂《五经大全》、《四书大全》、《性理大全》，颁行天下，程朱理学遂成为天下士人研习的基本内容，入仕显身的主要途径。清军入关后，承袭明制，顺治元年（1644 年）便袭封孔子第 65 代孙孔允植为"衍圣公"，次年，"更国子监孔子神位为大成至圣文宣先师孔子"。② 康熙继统，"诏举博学鸿儒，修经史，纂图书，稽古右文，润色鸿业，海内彬彬向风焉"。③ 乾隆朝"博采遗籍，特命辑修《四库全书》……经籍既盛，学术斯昌，文治之隆，汉、唐以来所未逮也"。④ 在隆礼儒学同时，明清统治者也十分注重对佛教的扶持与利用，但在更大程度上对其作了严格限制。明太祖朱元璋于洪武二十四年（1391 年）"清理释、道二教，限僧三年一度给牒。凡各府、州、县寺、观，但存宽大者一所，并居之。凡僧、道、府不得过四十人，州三十人，县二

---

① 王荣国：《福建佛教史》，厦门大学出版社 1997 年版，第 224 页。

② 《清史稿》卷 4 《世祖本纪》。

③ 《清史稿》卷 145 《艺文志一·经部》。

④ 同上。

十人。民年非四十以上、女年非五十以上者，不得出家"。① 此外，
明王朝还将佛教寺僧分为禅、讲、教三类。《释氏稽古略续集》卷2
载："其禅，不立文字，必见性者方是本宗。讲者，务明诸经旨义。
教者，演佛利济之法，消一切现造之业，涤死者宿作之怨，以训世
人。"又对经忏价格、试僧、给牒等制度作了严格规定。清王朝对
佛教的限制则明确列入《大清律例》，《户律·户役·私创庵院及私
度僧道》规定："凡寺观庵院，除现在处所外，不许私自创建、增
置，违者杖一百，僧道还俗，发边远充军，尼僧、女冠入官为奴。
若僧道不给度牒，私自簪剃者，杖八十；若由家长，家长当罪。寺
观住持及受业师私度者，与同罪，并还俗。"毫无疑问，明清统治
者对佛教的限制政策，是导致此期佛教式微的重要原因。然而，就
佛教本身而言，其在中国传播过程中的日益世俗化以及唐宋以来合
流于儒、道之中，也是明清时期佛教衰落不可忽视的原因。前者是
外因，后者是内因。

　　佛教在中国的传播过程中，由于不同信徒的宗教行为表现出不
同的存在形态，有学者将之区分为雅文化层次的经典佛教和俗文化
层次的民俗佛教。所谓经典佛教，是指以经典为中心对教义有全面
切实理解和把握的、在知识程度较高的教徒中流行的佛教层次；所
谓民俗佛教，则是指以偶像崇拜为中心和求福求运为主要特征、在
知识程度较低的教徒中信奉流行的佛教层次。② 从佛教在中国的传
播发展趋势看，民俗佛教日渐占主导，世俗化日趋明显，为了迎
合、吸引广大的信徒，民俗佛教不惜与道教合流，按照中国传统的
伦理观念，对原始佛教的教义与教理不同程度地改造和歪曲。这样
一来，一方面，佛教在中国文化的土壤中适应、扎根，得到广泛的
传播、流传，以致"家家阿弥陀，户户观世音"，显示出顽强的生
命力；另一方面，佛教在向民间渗透的过程中，一些僧尼大量吸收

---

① 《明史》卷74《职官三》。
② 顾伟康：《论中国民俗佛教》，载《上海社会科学院学术季刊》1993年第3期。

"巫术"以满足百姓祈福禳灾的需要，致使佛教偏离"正统"的轨道，其固有的严肃性、神圣性、崇高性随之丧失。因此，有学者指出："宗教的危机首先表现在世俗化过程中。"① "人们常常看到宗教堕落退化而成为巫术。"②

佛教在中国民间普及的同时，也十分注意向封建统治集团靠拢，利用统治者的力量推广、扩大其影响，诚如晋代名僧道安所言："不依国主，则法事难举。"佛教从汉代传入中国后，先后同黄老之学、老庄之说、程朱理学相互交融，至宋代达到佛儒同源，释孔一家，佛教"唯我独尊"的地位随之丧失，佛教思想也因日益混杂的儒、道之说而变得"面目全非"，佛教衰落不可避免。

具体到福州而言，明清时期佛教的衰微还受到明代中叶"倭患"和清初"迁界"影响。

据陈寿祺等撰道光《福建通志》卷 267《明外纪》载，明嘉靖三十六年（1557 年）、三十七年、三十八年、三十九年福州先后四次遭倭寇侵扰，"四郊被焚，火照城中，死者枕藉，南台及洪塘民居，悉为灰烬"，许多寺院也因此被毁。如福州于山白塔寺，福清黄檗寺，霞浦建善寺和法华寺等均未逃过倭患厄运。③ 清初，福建沿海又成为反清复明的基地，战乱频仍，清军攻入福建后，顺治十八年（1661 年）遂颁布"迁界令"，福州许多寺院或毁于兵燹或荒芜废弃。有明一代，经朝廷下令归并以及遭倭患侵扰，至弘治年间（1448—1505 年），福州已废寺院 646 所，其中福清 174 所，闽县 136 所，古田 104 所，闽清 82 所，长乐 64 所，侯官 40 所，罗源 37 所，连江 5 所，怀安 4 所。新增寺院仅 18 所，其中闽县、侯官、福清、古田县各 1 所，闽清、罗源县各 4 所，连江 6 所。清统治的 260

---

① ［苏］亚布洛柯夫：《宗教社会学》，转引自严耀中《江南佛教史》，上海人民出版社 2000 年版，第 327 页。

② ［美］埃里克·J. 夏普：《比较宗教学史》，转引自严耀中《江南佛教史》，上海人民出版社 2000 年版，第 318 页。

③ 王荣国：《福建佛教史》，厦门大学出版社 1997 年版，第 297 页。

多年间（1644—1911 年），福州市增寺也仅 71 所。其中长乐 27 所，侯官 9 所，闽清 8 所，永泰 7 所，连江 7 所，罗源 5 所，平潭 4 所，闽县 3 所，福清 1 所。①

明清时期福州佛教衰微，除表现为寺院剧减外，还反映在佛教宗派的沉寂。

入明以后，佛教各宗派大多已经湮灭无闻，徒具形式而已，而盛极一时的禅宗也只剩下临济、曹洞二家尚存一定势力，正如道霈《最后语序》中所言："五宗者，沩仰、云门、法眼三宗，与宋运俱终，其传至今日者，唯临济、曹洞二宗。"② 当时福州鼓山、雪峰寺、西禅寺均为此期曹洞宗的重要道场，且以鼓山为著。明天启年间（1621—1627 年），无异元来禅师和永觉元贤禅师先后住持福州鼓山，重兴鼓山涌泉寺。清顺治十五年（1658 年），元贤法嗣道霈禅师继元贤主持鼓山寺，期间，鼓山兴盛一时，成为东南大法窟。此后又有恒涛大心禅师，唯静道安禅师，圆玉兴五禅师等传法于鼓山。而曹洞宗在雪峰寺传法的主要有正映禅师及其法嗣远芷禅师，师徒二人先后为雪峰寺第 67 代、第 69 代住持。③ 明清时期，临济宗在福州的主要道场有：福清黄檗寺、福州雪峰寺、长乐龙泉寺等，以黄檗寺为最。早在元末明初，智顺禅师曾在福州东禅寺、雪峰寺传法，后临济宗一度沉寂。迨明崇祯年间（1628—1644 年），圆悟禅师及其法嗣通容禅师先后住持福清黄檗寺。"黄檗宗风，于斯始振"，"衲子无远近，望风率至"。崇祯十年（1637 年）隐元继主黄檗寺，则更是"衲履盈室，大振临济之风，中兴黄檗之道"，④黄檗寺成了东南沿海一大名刹，隐元被誉为"黄檗中兴之主"。⑤

---

① 福州市地方志编纂委员会：《福州市志》第 8 册，方志出版社 2000 年版，第 60 页。

② 转引自郭朋《中国佛教思想史》（下卷）《宋元明清佛教思想》，福建人民出版社 1995 年版，第 252 页。

③ 王荣国：《福建佛教史》，厦门大学出版社 1997 年版，第 305—310 页。

④ （清）隐元：《黄檗山寺志》卷 2《寺》

⑤ 王荣国：《福建佛教史》，厦门大学出版社 1997 年版，第 310—312 页。

至于佛教其他各宗则是奄奄一息，若存若亡。唯净土宗尚有一定影响，并与禅宗相伴流行，混杂融合。很多禅僧也是禅净双修，民间出现的形形色色的"莲社"也是禅净相混，由此反映了明清时期佛教的世俗化、民间化的趋势。有学者指出"净土思想的流行是佛教在中国异化过程中的一个重要环节"。①

为了摆脱困境，福州佛教开始向海外传播，此亦为明清时期福州佛教发展的一大特色。

隐元东渡日本：隐元，俗姓林，名曾昺，号子房，法名隆琦，明万历二十年（1592 年）出生于福建省福清县万安乡灵德里（今上迳乡）东林村的一个贫苦农民家庭，幼年辍学，以耕樵为业。因生"慕仙佛之念"，于明万历四十八年（1620 年）在福清县黄檗山万福寺正式剃度出家，拜鉴源禅师为师，受法号"隐元"。明崇祯九年（1636 年），隐元禅师继鉴源、慧隐之后任黄檗山万福寺法座，成为临济宗第 32 世传人，时年 46 岁。此后，隐元督理黄檗山万福寺达 17 年之久，期间，他"大振临济之风，中兴黄檗之道"，被誉为"黄檗中兴之主"，黄檗寺也因此成为当时东南沿海一大名刹和临济宗之重镇，门下之盛，无与伦比，以致扬名日本。清顺治十一年（1654 年）五月十日，隐元禅师受日本长崎兴福寺（与当时的福济寺、崇福寺号称"唐三寺"，均由中国僧人兴建）住持、中国杭州僧人逸然禅师的邀请，率领弟子独言性闻、慧林性机、大眉性善、惟一道实、独吼性狮、独湛性莹、南源性派、雪机定然、古石性荣等 30 多人从黄檗山前往厦门，六月二十一日从厦门乘坐郑成功的船只扬帆东渡日本，同年七月五日抵达长崎。

隐元抵达日本后，先后在长崎崇福寺、摄津（今大阪）普门寺传法。在日本 20 年，隐元受到日本社会各阶层敬仰，上至日本天皇、公卿、贵族、武士，下至普通百姓，纷纷皈依隐元门下，他开创的"黄檗宗"成为与日本佛教临济宗、曹洞宗鼎立的三大宗派之

① 严耀中：《江南佛教史》，上海人民出版社 2000 年版，第 327 页。

一。目前日本佛教界崇奉黄檗宗的达 2500 多万人，寺院 500 多座。① 清康熙十二年（1673 年）隐元在日本去世，为纪念隐元在日本立宗传法活动，日本天皇先后授予他"大光普照国师"、"佛慈广鉴国师"、"经山首出国师"、"觉性圆明国师"、"真空大师"等称号。继隐元开山之后，在相当长的一段时间内，日本黄檗山万福寺的住持多为中国僧人出任，而福州僧人慧林性机、高泉性潡、千呆性安、灵源道胍先后为第 3 代、第 5 代、第 6 代、第 9 代住持。此外，东渡日本于黄檗山居住弘法的禅师还有南源性派、独吼性狮、即非如一等。

晚清以后，福州佛教开始向东南亚诸国传播，并在新加坡、马来西亚等国创建廨院。清光绪年间（1875—1908 年），福州怡山西禅寺监院微妙禅师数次前往新加坡、马来西亚、缅甸、菲律宾、泰国等地弘法，同时为重建怡山西禅寺募款。光绪二十四年（1898 年），其弟子贤慧、性慧兄弟二人至新加坡。他们在福建省南靖县籍华侨巨商刘金榜的襄助下，在莲山创建双林寺，作为福州怡山西禅寺的廨院，贤慧禅师为首任住持。之后，双林寺住持亦为西禅寺僧，依次有性慧、明光、敬亮、兴辉、福慧、证明、碧辉、增慧、普亮、松辉、高参、永禅、谈禅诸师。② 清光绪十一年（1885 年），福州鼓山涌泉寺住持妙莲及本忠、善庆两禅师应马来西亚槟城华侨之邀请前往弘法，光绪十七年（1891 年）妙莲禅师在槟城创建极乐寺，作为福州鼓山涌泉寺的廨院，妙莲禅师为首任住持。此后，其住持亦由鼓山涌泉寺一系僧人承传。光绪三十年（1904 年）妙莲禅师还进京请《龙藏》两部，一部即藏于极乐寺中。同年，妙莲禅师返鼓山，由本忠禅师继席。本忠禅师组织的念佛莲社，成为南洋群岛最早的莲社。清光绪二十七年（1901 年）福州雪峰崇圣寺住持达

---

① 何桂春：《万福禅寺和隐元传教日本》，载《福建师范大学学报》1988 年第 4 期。

② 福州市地方志编纂委员会：《福州市志》第 8 册，方志出版社 2000 年版，第 72 页。

本禅师赴马来西亚槟城等处弘法募化，为修建雪峰寺募款。①

　　总括上述，晚清以前，福州佛教主要向日本传播，以黄檗宗隐元禅师为代表，推动了日本禅宗的革新与发展，并对日本江户时代的思想文化产生了深远影响，被日本学术界誉为"黄檗文化"。晚清以后，福州佛教主要向东南亚诸国传播，其方式主要是劝缘募捐，一方面对于本地重建、修复寺院、振兴佛教有着积极作用；另一方面对东南亚诸国的宗教信仰与文化也产生了重要影响。

第三节　伊斯兰教

　　伊斯兰教产生于公元 7 世纪初的阿拉伯半岛，我国亦称回教、天方教、清真教。创始人穆罕默德（570—632 年）出生在麦加城古莱什部落的哈希姆家族。610 年，40 岁的穆罕默德宣称得到"安拉"的"启示"，遂以"安拉使者"的名义采取秘密的方式开始了伊斯兰教的传教活动。"伊斯兰"是阿拉伯语 Islam 音译，意为"顺从"、"和平"，其教徒被称为"穆斯林"（Muslim），意为"顺从者"、"和平者"。622 年，穆罕默德出走叶斯里卜，其后继者遂将叶斯里卜改名为"麦地那·奈比"，意为"先知之城"，并将 622 年定为伊斯兰教历（亦称回历或希吉来历，"希吉来"意为"迁徙"）纪元元年。《古兰经》是伊斯兰教的根本经典，"古兰"是阿拉伯语 Qur'an 的音译，意为"诵读"或"读物"，传入中国后又译作《古尔阿尼》、《可兰经》、《古兰真经》、《宝命真经》等，是穆罕默德在 23 年的传教过程中陆续宣布的"安拉启示"的汇集。《圣训》是仅次于《古兰经》的伊斯兰教基本经典，是先知穆罕默德及其认可的教门弟子传教、立教的言行辑录，是对《古兰经》基本思想的阐释。《圣训》又称作"逊奈"（即行为、常道），中国穆斯林学者

---

　　①　福州市地方志编纂委员会：《福州市志》第 8 册，方志出版社 2000 年版，第 72 页。

也译作《圣谕》。① 伊斯兰教经典深受犹太教、基督教教义的影响，宣称：安拉是宇宙中唯一的真神，能创造万物，主宰一切且全知全能，而穆罕默德则是安拉的使者。我国穆斯林把安拉称为"真主"。伊斯兰教派繁多，主要有逊尼派和什叶派两大教派。逊尼派又称逊奈派或大众派，被认为是伊斯兰教的正统派，是伊斯兰教中信徒最多、分布最广的一个教派，人数约占全世界穆斯林总人口的85%以上，主要分布在北非、埃及、巴勒斯坦、叙利亚等地，中国的穆斯林绝大多数属于此派。什叶派主要分布在伊朗、伊拉克、巴基斯坦、印度、土耳其、阿富汗、黎巴嫩、沙特阿拉伯、也门、巴林等地区，因其崇尚绿色（象征和平），中国史书上称之为"绿衣大食"（"大食"是唐代史籍对阿拉伯帝国的称谓，其后则演变为对阿拉伯及伊斯兰教化的波斯人的泛称，并逐步扩大为含有穆斯林之意）。目前，全世界穆斯林约有55000万人，② 什叶派穆斯林约有8000多万人。③ 在一些国家伊斯兰教还被定为国教。

　　一般认为伊斯兰教传入中国主要有两条线路：一条是通过陆上丝绸之路，经回纥传入内地；一条是通过海路传到我国沿海广州、泉州、扬州等地。至于伊斯兰教传入中国的具体时间，则众说纷纭，莫衷一是。目前，学术界较具代表性的说法有5种：隋开皇中说、唐武德中说、唐贞观初年说、唐永徽二年说、8世纪初年说。④在我国56个民族中，有回族、维吾尔族、哈萨克族、乌兹别克族、塔吉克族、塔塔尔族、柯尔克孜族、保安族、撒拉族、东乡族等10个民族先后信仰伊斯兰教。⑤

---

　　① 米寿江、尤佳：《中国伊斯兰教简史》，宗教文化出版社2000年版，第17、24页。
　　② 黄心川、戴康生等：《世界三大宗教》，生活·读书·新知三联书店1979年版，第53页。
　　③ 米寿江、尤佳：《中国伊斯兰教简史》，宗教文化出版社2000年版，第40页。
　　④ 同上书，第60—62页。亦见于金宜久主编《伊斯兰教概论》，青海人民出版社1987年版，第330—334页。
　　⑤ 金宜久主编：《伊斯兰教概论》，青海人民出版社1987年版，第330页。

一　伊斯兰教在闽都的历史发展

伊斯兰教何时传入福州，迄今尚无定论，不过，从各种史籍记载看，唐五代时期，福州与泉州作为福建两大对外贸易港口，与海外诸国贸易往来十分频繁，尤其是闽王审知治闽时期，开辟甘棠港为福州港的外埠港，海船进出畅通无阻，蛮舶至福州城下，福州港成为"东闽盛府，百货所聚"，画鹢争驰、商贾云集的著名商港。特别是这一时期，世界格局也发生了变化，阿拉伯人经过长达一个多世纪的对外扩张，终于公元 8 世纪前半叶形成地跨欧、亚、非三大洲的大帝国，完全控制了中亚地区，切断了唐朝通西域的陆路交通。从此，海路取代陆路，成为中外经济交流的主要渠道，福建因此成为海外交通的重要门户，大批波斯、阿拉伯商人由海道前来中土，沟通了与中国东南沿海的贸易关系，一时间，"闽越之间，岛夷斯杂"。据此，以经商为主要目的的穆斯林于这一时期进入福州亦是无疑。

随着唐宋时期来华的穆斯林客商与日俱增，有的便长期侨居在东南沿海诸城市，被当地人称为"蕃客"，他们所聚居的地区被称为"蕃坊"或"蕃市"。蕃坊内的最高领袖是"都蕃长"或称"蕃长"，一般由年高德劭的穆斯林担任，其主要职责是管理蕃坊内部的一切事务。蕃坊内有养育院、市场、公共墓地、清真寺，穆斯林的宗教信仰、习俗在蕃坊内得到保障。有的蕃客久居中国以后，加入中国籍，娶汉女为妻，所繁衍的子孙后代，被称为"土生蕃客"。他们虽然始终保持着自己的宗教信仰和生活习惯，但随着时间的推移和社交活动范围的扩大，受汉族文化的影响日益加深，成为元代以后回族共同体的一个组成部分。总体上说，唐宋时期伊斯兰教仅仅存在于蕃坊内，并不对外人传教，人数也不多，因此对整个中国社会的影响并不大。①

---

①　米寿江、尤佳：《中国伊斯兰教简史》，宗教文化出版社 2000 年版，第 63—65 页。

　　降至元朝统治的 90 多年（1279—1368 年）间，伊斯兰教在中国的发展进入了一个全新的历史阶段。13 世纪初，成吉思汗（1162—1227 年）及其子孙三次西征，吞并中亚。在征服南宋统一中国的过程中，元世祖忽必烈（1260—1294 年）组织了一支包括信奉伊斯兰教的阿拉伯人、波斯人、中亚人在内的"西域亲军"随之东来。战后，这些人就地屯聚牧养，分驻在全国各地，尤以西北为多，他们大多是只身东来，定居各地后遂与当地居民婚娶相通，繁衍子孙，逐渐形成中国穆斯林，被称为"回回"。"回回"一词最早见于北宋人沈括的《梦溪笔谈》，指公元 7 世纪以来唐人所称的"回纥"或"回鹘"。由于唐宋时期回族尚未形成，因此，"回纥"或"回鹘"同伊斯兰教没有关联。南宋以来，"回回"主要泛指西域穆斯林民族、国家和地区。蒙元时期，"回回"则指迁居中国的中亚、波斯、阿拉伯等信仰伊斯兰教的诸族人。元宪宗二年（1252 年）统计户籍时，开始使用"回回户"，于是，"回回"一词成为元代中原地区信仰伊斯兰教的穆斯林的专门族籍名称，并延续下来，直到今天仍作为"回族"的别称被广泛使用。前述唐宋时期的"土生蕃客"即是中国最早的回回先民，历经宋、元，至明代回族正式形成。[①]

　　"回回"对元朝开国有功，所以其地位仅次于蒙古人，高于汉人和南人，穆斯林上层受到元朝统治者的重用而跻身于统治者行列。穆斯林的政治、经济、军事、文化影响随之迅速扩大，人口剧增，形成"大分散"（即散布于全国城乡各地）、"小集中"（即全国各地的回族人一般都居住于清真寺附近）的地域特点，有"元时回回遍天下"之说。[②] 伊斯兰教随之扩及全国各地，成为与佛教、道教并驾齐驱的"清教"、"真教"。福州的伊斯兰教在这一时期也有较大发展，福州的清真寺和穆斯林公墓皆创建于元代。

　　福州清真寺，又名真教寺，位于今八一七北路，坐西向东，三

---

① 米寿江、尤佳：《中国伊斯兰教简史》，宗教文化出版社 2000 年版，第 79 页。
② 《明史》卷 332《撒马尔罕传》。

进，面积约 2200 平方米。寺大门已于 20 世纪 50 年代初扩建马路时拆除，原大门上的"清真寺"花岗岩石碑尚保存寺中。寺第三进大门的门楣横嵌绿辉岩阴刻阿拉伯文。"清真言"，书为"万物非主，唯有真主，穆罕默德是真主的使者"。"清真言"是伊斯兰教信仰总纲。寺内有宽敞的天井，四面环绕庑廊，上有廊盖。穿过天井，进入礼拜殿，殿顶盖为中国传统的重檐式。整个寺的建筑类似中国四合院，同西安化觉寺、昆明正义路清真寺、北京牛街清真寺的布局。大殿正门放置一尊大型铜香炉，高 0.5 米，外径 0.73 米，内径 0.65 米。炉腰雕刻一圈阿拉伯文《古兰经》，属于明代的遗物。[1]殿外有石廊，竖明代汉文碑刻 2 方、清代碑刻 4 方。明碑之一是明嘉靖二十八年（1549 年）《重建清真寺记》。据碑文记载，清真寺"始建于唐贞观二年（628 年），其址在城南侯邑官贤之界，东临官衢，西抵邑庠，南至民房，北依万寿，纵深计三拾余丈……迨元至正时（1341—1368 年）堂宇倾圮，廉访使张君孝思捐俸重辑。"碑文还记载了嘉靖年间（1522—1566 年）又有萨琦、赵荣、马庆、马澄等先后对福州清真寺进行修茸。上述记载目前已无据可考。

现存的福州清真寺系明嘉靖年间穆斯林张洪倡议，由古里国使臣葛卜满的后裔葛文明主持重建。古里国即今印度西海岸的卡利卡特，是中国、爪哇、锡兰、马尔地甫、阿拉伯等国商人的汇集地，也是世界大商港。《明史》卷 326《外国列传七·古里传》载："古里，西洋大国。西滨大海，南距柯枝国，北距狼奴儿国，东七百里距坎巴国。自柯枝舟行三日可至，自锡兰山十日可至，诸蕃要会也。永乐元年（1403 年）命中官尹庆奉诏抚谕其国，赍以彩币。其酋沙米的喜遣使从庆入朝，贡方物。三年达南京，封为国王，赐印诰及文绮诸物，遂比年入贡。郑和亦数使其国。……其国，山多地瘠，有谷无麦。俗甚淳，行者让道，道不拾遗。……国中半崇回

---

① 　陈达生：《伊斯兰教早期传入福州考》，载《闽都文化研究》（下册），海峡文艺出版社 2006 年版，第 530 页。

教，建礼拜寺数十处。七日一礼，男女斋沐谢事。午时拜天于寺，未时乃散。王老不传子而传甥，无甥则传弟，无弟则传于国之有德者。国事皆决于二将领，以回回人为之。""宣德八年（1433年），其王比里麻遣使偕苏门答剌等国使臣入贡。其使久留都下，正统元年乃命附爪哇贡舟西还。自是不复至。"葛卜满就是永乐年间（1403—1424年）定居福州的使臣，其后裔分布在福州和泉州。《重建清真寺记》载："嘉靖辛丑（1541年）灾于回禄，时有隐溪张君洪者，懋著行能，享有官服，遂慨然思有以创之，迺精心主缘，经制筹画，谋于古里国使臣葛卜满之裔文明者。文明曰吾宗自永乐以来，世受丰禄，祝圣之场吾奚客懈哉，即董率其二。"自嘉靖二十年冬至二十八年夏（1541—1549年），历时9年清真寺告成。建成后的清真寺"栋梁橼角，金象辉煌，视昔时尤为奠丽也。寺既重华，道尤隆盛"。可见，元、明之际，福州伊斯兰教颇为盛行。之后，清代曾于康熙五十九年（1720年）、乾隆二十二年（1757年）、嘉庆十七年（1812年）、道光二十三年（1843年）四次重修福州清真寺，分别记载于寺内四方清代碑刻上。民国十一年（1922年）所立《修清真寺碑记》亦记载了穆斯林捐资修寺事迹。新中国成立后，1952年清真寺大殿重新翻修，1979年又再次全面维修。

穆斯林公墓位于福州西北郊井边亭附近象山南北坡，为历代穆斯林墓葬区，当地穆斯林称之为"清真总墓"。象山脚下有一座被称为"圣人墓"的墓亭，坐北朝南，呈正方形，每边长8米，壁高4.6米，基部用花岗岩叠砌，墙身用大青砖，近屋檐处改用小青砖叠砌，屋顶作悬山顶。亭内地面铺长条石板，中央原安放一座伊斯兰古墓，墓盖三层雕刻卷云纹图案。据考证，原有的屋顶属于圆拱顶，与广州宛葛思圣墓、泉州灵山圣墓、扬州普哈丁圣墓的屋顶结构形式一致，后坍塌改为悬山顶。[1] 亭内北墙上嵌着一方花岗石横

---

① 陈达生：《伊斯兰教早期传入福州考》，载《闽都文化研究》（下册），海峡文艺出版社2006年版，第528页。

匾，高 0.46 米，宽 1.6 米，阴刻汉字"西域武公舍黑之墓"，落款
"道光丙午年"。"舍黑"是阿拉伯文音译，意为德高望重的长老。
南墙上另嵌着一方油页岩石碑，高 0.85 米，宽 0.4 米，阴刻三行楷
书："乾隆二年岁次丁巳季春吉旦。特简福建台澎水陆等处地方挂
印总兵官，署都督佥事仍带记录一次，陕西宁夏马骥捐资重修。"
马骥是宁夏回族人，清乾隆元年（1736 年）任福建台澎镇挂印总兵
官（驻台湾），乾隆二年（1737 年）任福宁镇总兵官，乾隆七年
（1742 年）任汀州镇总兵官、海潭镇总兵官（驻福清）。清代宁夏
设府辖属陕西。悬山式墓顶即为他所重修。① 亭墙四壁正中各辟弧
形顶拱门，形制大小相同，门高 2.57 米，宽 1.5 米，拱券之下门楣
各嵌阿拉伯文尖拱顶碑石一方，碑高 0.48 米，宽 0.51 米，其形状
与宋元时期泉州伊斯兰墓碑石相同。南面碑石用辉绿岩，东、西、
北三面门楣间碑石用花岗岩。北拱券碑刻的阿拉伯文的译文是：
"至高无上的安拉说：凡是生灵都要尝死的滋味。艾米尔·阿莱丁，
愿安拉照耀他墓穴。于伊斯兰历七零五年十一月三日（即 1306 年 5
月 7 日，元大德十年四月五日）。'我从大地创造你们，我使你们复
返于大地，我再一次使你们从大地复活。'"南拱券的碑上混刻着阿
拉伯文和波斯文，译文是："四行诗：尘世的生命十分短暂，我们
将回归阴宅；有一位王子每日在召唤，死亡吧，在废墟上重建。艾
米尔·阿莱丁之子于伊斯兰历 705 年建墓，后毁，如今于伊斯兰历
903 年（1497 年，明弘治十年）重建。"②

　　从上述碑刻中得知：墓主是艾米尔·阿莱丁，是位德高望重的
长老，1306 年归真后葬于此，其子同年建墓；后来墓毁，1497 年重
建，1737 年马骥重修。

　　除圣人墓外，福州又于 20 世纪 70—80 年代先后发现元代墓碑

　　① 福州市地方志编纂委员会：《福州市志》第 8 册，方志出版社 2000 年版，第 132
页。

　　② 陈达生：《伊斯兰教早期传入福州考》，载《闽都文化研究》（下册），海峡文艺
出版社 2006 年版，第 528 页。

1块、墓石2方。

墓碑是1979年维修清真寺发现的。碑高0.69米，宽0.27米，厚0.08米，底部正背双面浮雕莲花托座。正面中部雕刻阿拉伯文标明死者及其世系为："艾米尔·盖阿利·纳乌勒·拉迈丹……拜克尔·本·艾米尔·哈桑·本·凯姆海迈特克·本·达勒·胡阿吉，花剌子模，① 卒于伊斯兰历766年斋月3日。"碑框外两侧刻竖行汉文："奉政大夫福建等处行中书省左右司员外郎忽不鲁花之墓"。碑背面刻汉文："死者汉文名字忽不鲁花，官至五品，死亡日期元至正二十五年五月四日（1365年5月24日）。"② 由此可知，死者艾米尔·哈桑，汉名忽不鲁花，是花剌子模国籍穆斯林，元至正（1341—1368年）时任奉政大臣福建等处行中书省左右司员外郎，1365年死后安葬于福州。

两方墓石是1986年在南京军区福州总医院后山发现，为长方形花岗石，正面琢成平面，各阴刻阿拉伯文。其中一块长2.23米，宽0.75米，厚0.2米，阿文译文为："真主啊！我从这凄寂的安息地，黑暗的墓穴中重归于你。"另一块长2.25米，宽0.75米，厚0.2米，阿文译文为："以安拉为名义赐福安拉的后裔。"经行家鉴定，这两方墓石分属不同的墓穴，阿文书法体与前述"舍黑"墓相似，属元代穆斯林墓葬石刻。③

从上述福州伊斯兰教的遗迹和文物看，元代福州伊斯兰教十分盛行，穆斯林数量也不少，因而创建了清真寺和墓葬区。

明、清时期，伊斯兰教在中国的发展渐趋衰微，这主要与明、

---

① 花剌子模国位于中亚，曾为伊斯兰强国之一，极盛时版图东至阿姆河，西抵里海，1220年为蒙古人所灭。宋元时期，花剌子模穆斯林沿海陆来华经商和随蒙古军征战来华定居者为数不少。《新唐书》卷221《西域传·康传》称该王国为"火寻"、"过利"，"火寻，或曰货利习弥，曰过利，居乌浒水之阳。东南六百里距戊地，西南与波斯接，西北抵突厥曷萨"。《元史》卷63《地理志六·西北地附录》始称"花剌子模"。

② 福州市地方志编纂委员会：《福州市志》第8册，方志出版社2000年版，第132页。

③ 同上。

清统治者的政策以及伊斯兰教中国化有关。

明王朝（1368—1644 年）是在推翻蒙元帝国的民族统治后，重新建立起的以汉族地主阶级为政治核心的封建王朝。出于王朝建立和稳定统治的需要，明王朝对少数民族采取同化、怀柔政策。洪武五年（1372 年）朱元璋下诏居于中国的蒙古色目人，许与中国人结婚，但不许本族类自相嫁娶。这一政策一方面为穆斯林与外族通婚提供了方便，促进了自唐、宋以来出现的中国穆斯林共同体——回族的最终形成；另一方面，伊斯兰教穆斯林本来的民族特色因为逐渐被同化而发生变化。

清朝统治的近 300 年（1616—1911 年）间，满族统治者对信仰伊斯兰教的各民族多采取歧视、压制政策。有清一代，伊斯兰教各民族的反清斗争也是此起彼伏，如顺治五年（1648 年）回将米喇印、丁国栋在甘肃举兵，乾隆四十六年（1781 年）和四十九年（1784 年）苏四十三和田五领导的陕甘撒拉族、回族起义，19 世纪中叶云南回族杜文秀领导的回、汉、彝、白各族联合起义，同治三年（1864 年）、四年（1865 年）间维吾尔族人民在新疆各地发生的大规模武装起义。[①] 所有这些武装起义都从侧面反映出了伊斯兰教在清朝低下的社会地位以及受压迫的事实，与元代优越的处境已不可同日而语。此外，明、清二朝采取的闭关锁国政策在很大程度上也限制了伊斯兰教的传播。

明、清时期，伊斯兰教发展的一个特色即是其中国化特征日趋明显。伊斯兰教自唐代传入中国，历经宋、元逐渐发展到顶峰，明、清以后，伊斯兰教出现了明显的中国化趋势，主要表现在明末清初开展的"以儒诠经"的译著活动，即以儒家宋明理学的某些义理阐释伊斯兰教的教义、教律，译著者多为学通"四教"——儒家思想、佛教、道教、伊斯兰教的学者，由此儒家的伦理道德观念及行为准则渐渐渗透到伊斯兰教文化习俗之中，导致伊斯兰教无论是

---

① 金宜久主编：《伊斯兰教概论》，青海人民出版社 1987 年版，第 345—346 页。

外部表现形式,如建筑风格、宗教节日、宗教习俗等,还是教义、礼仪都深深打上中国传统文化的烙印,伊斯兰教成了真正意义上的中国伊斯兰教。①

在福州,明、清时期伊斯兰教的发展远不如元代,但仍有不少穆斯林从西北、江南一带迁居福州,如田、时、贤、马、兰、常、沙、胡、刘、李等姓就是从甘肃、河南、山东、安徽、云南移居的。还有蒲姓,早在元代,蒲寿庚长期担任泉州提举市舶使,据《蒲氏族谱》记载,自明初开始,蒲氏后裔由泉州迁往省内各地,其中有的迁来福州。清同治时期(1862—1874年)福州的回民尚有千户左右,节日之夜,清真寺灯光辉煌,诵经不绝,伊斯兰教的景况于此可见之一斑。长期以来,福州穆斯林均世代居住在清真寺周围,20世纪60年代以后,开始散居福州各地,据福州市民族主管部门统计,截至1986年福州市区回、维吾尔、柯尔克孜等族穆斯林有313户728人,1990年增至450户1080人。②

二 奉教活动

目前,我们虽然没有发现有关福州穆斯林奉教活动的专门记载,但可以肯定的是,福州穆斯林的奉教活动与伊斯兰教的基本信仰及其在中国传播过程中的演化情形不会有太大的差异,兹简要介绍如下:③

按照《古兰经》和《圣训》规定,伊斯兰教有六大信仰和五项功课。

六大信仰:

信安拉真主,即绝对相信安拉是宇宙间独一无二的真神(真正

---

① 米寿江、尤佳:《中国伊斯兰教简史》,宗教文化出版社2000年版,第172—177页。

② 福州市地方志编纂委员会:《福州市志》第8册,方志出版社2000年版,第128—129页。

③ 金宜久主编:《伊斯兰教概论》,青海人民出版社1987年版,第87—104页。

的主宰者）；

信天使，即为安拉所创造，为安拉差遣的天神或天仙；

信使者，即是受安拉之命，领受安拉"启示"而做出预言的先知或圣人；

信经典，《古兰经》是唯一神圣的，最完美无缺的经典，所有穆斯林须予确信和遵行；

信前定，穆斯林须深信一切自然的、社会的现象皆由安拉预先安排；

信末日（后世），安拉根据"天使"对每个人今世善恶行为的记录，逐个进行最后的审判，以决定他们在后世的归宿（或升入天园，或打入火狱）。

五项功课：

念，即念诵"清真言"——"万物非主，唯有真主，穆罕默德是真主的使者"，也称作信仰表白。

礼，通称"礼拜"，即忠实的穆斯林要定时朝麦加克尔白方向，向真主拜祷，大致分为四类：日礼——每日五次，亦称"五时拜"，即晨（破晓时）、晌（正午过后）、晡（日偏西至落日前）、昏（黄昏，日落至天黑间）、宵（入夜）。聚礼——每周一次，每周五午后集体礼拜，亦称"主麻"。会礼——每年两次，分别在开斋节和宰牲节，开斋节是伊斯兰历十月一日，我国穆斯林称"肉孜节"；宰牲节是伊斯兰教十二月十日，又称古尔邦节，阿拉伯文意为"献牲"，皆在日出后至正午间举行。殡礼——为亡人向真主祈祷的集体礼拜，与其他礼拜不同，殡礼没有鞠躬和叩头，参加者均站立在洗净之亡人一侧，面向克尔白。

斋，即斋戒，俗称"封斋"或"把斋"，每年伊斯兰历9月全月斋戒，限于东方发亮起，到日落时止，夜间一切仍照常。坚持斋戒的穆斯林只能在黎明前和日落后吃饭喝水，白天禁止饮食、抽烟、咀嚼或吞咽任何外物，禁止性交或有任何非礼行为。

课，即纳天课，是伊斯兰教具有慈善性质的一种"施舍"。凡穆斯林除正常开支外，其盈余财产皆按不同的课率完纳天课，每年一次，施天课者不得把天课交付给自己所供养的亲属，夫妻间也不能相互交付天课。

朝，通称朝觐，即朝拜真主，觐谒天房之意，凡有条件的穆斯林一生中最少一次去麦加朝觐，条件不允许者也可由别人代朝。这是一种比较复杂而繁重的宗教礼仪。大致有大朝和小朝两类，大朝亦称正朝，是指在伊斯兰历十二月八日至十二日穆斯林举行的集体朝觐。小朝亦称副朝，一年四季里其他的时日朝觐麦加。

随着伊斯兰教中国化进程的展开，中华传统文化与阿拉伯伊斯兰教文化相互融合，形成中国特色的伊斯兰教。反映在清真寺大殿的建筑上，阿拉伯、中亚地区伊斯兰教国家的圆顶型建筑被殿宇式的四合院建筑所取代，而且门前有照壁，寺内建筑多雕梁画栋，悬匾挂联等。在宗教节日上，伊斯兰教传统的三大节日之一"宰牲节"被中国穆斯林俗称为"忠孝节"；"圣纪节"（伊斯兰教历三月十二日）则不限于三月十二日，其仪式也有所改变，更迎合中国传统文化的习俗。尤其是在教义上，儒家的"三纲五常"思想被中国穆斯林运用于对伊斯兰教经典的解释，提出"五典说"和"二元忠诚"的思想，他们将"五典"称作"五常"，认为伊斯兰教的"五功"是完成天道，"五典"则是完成人道，二者互为表里，互为补充。"二元忠诚"则将忠于真主和忠于君父相结合，从而将神权与王权巧妙地结合起来，外来的伊斯兰教被彻底改造成了中国的伊斯兰教。

第四节　基督教

基督教产生于公元 1 世纪巴勒斯坦地区，是由犹太教①演变而

---

　　① 犹太教是世界各地犹太人的宗教，产生于公元前 5—6 世纪的迦南（今巴勒斯坦）地区。迦南人称犹太人为"希伯来人"，意为来自河（幼发拉底河）那边的人。故此，希伯来人又为犹太人的别称，犹太人的文字也称希伯来文，希伯来文化主要指犹太教文化，其文化结晶是圣经——《旧约全书》。希伯来人又称以色列人，犹太教是以色列人的国教。

来的、信仰上帝和"救世主"（上帝之子）的宗教，创始人是耶稣基督。耶稣是希腊语 lesous 的音译。基督源于希腊文 christos，意为上帝派遣的救世主，是基督教对耶稣的专称，希伯来文为 māshiah，即弥赛亚。基督教声称，耶稣出生于罗马奥古斯都时代（公元前 27 年—公元 14 年）的犹太伯利恒的一个木匠家庭，其母是童贞女玛利亚，"因圣灵降孕"生下耶稣。自 30 岁起，耶稣开始在加利利和犹太地区传教显灵，被犹太教视为"异端"而遭到犹太教祭司和罗马地方当局嫉恨，后因其十二个门徒之一犹大的出卖，被以"谋反罗马"的罪名送交罗马帝国驻犹太总督彼拉多处，钉死在十字架上。死后又复活，再升天，并将复临人间建立理想的"上帝之国"。后来，耶稣受难的十字架成了基督教信仰的标志，公元纪年亦以耶稣诞生之年为公元元年。

基督教主要有三大教派：东正教（Orthodoxia），亦称正教或希腊正教，主要流行于前苏联、保加利亚、南斯拉夫、罗马尼亚、希腊、塞浦路斯，在中东、叙利亚、黎巴嫩等国也有一部分教徒，目前全世界东正教信众约有 8500 万人。天主教（Roman Catholicism），亦称罗马公教或"加特力教"，别称"旧教"，主要流行于意大利、西班牙、葡萄牙、法国、比利时、奥地利、波兰、匈牙利、加拿大以及拉美各国，美国、英国的爱尔兰、德国的南部地区、荷兰的小部分地区、菲律宾、毛里求斯、加蓬、布隆迪、安哥拉、斯威士兰、留尼汪岛等地区也有一部分教徒，总数约 54000 万人。新教（Protestantism）是在 16 世纪欧洲宗教改革运动中脱离天主教而产生的教派，在我国又称基督教或耶稣教，在西方一般称"抗罗宗"或"抗议宗"，因对罗马公教持抗议态度，不承认罗马主教的教皇地位而得名，主要流行于美国、英国、加拿大、德国北部、瑞士、斯堪的纳维亚各国、芬兰、澳大利亚、新西兰以及南非等国，信众总数约 32000 万人。新教中又有三个主要派别——路德教派（主要分布在德国北部、北欧和美国）、加尔文教派（主要分布在瑞士、荷兰、英国、美国等）、圣公会派（或称安立甘派，主要分布在英国、美国等地）。目前，全世界共有基督徒约 95000 万人，分布在全球 150 个国家和地区。[①]

基督教的经典是《圣经》，包括《旧约全书》和《新约全书》两部分，其教义主要包括"三位一体说"（圣父、圣子、圣灵三位一体）、"原罪与救赎说"、"天堂地狱说"、"逆来顺受说"等。

一 基督教传入中国——唐代景教和元代"也里可温"

1. 景教

基督教最早传入中国大约是在我国封建社会全盛时期的唐代。[②] 基督教最早传入中国的一支，是公元 5 世纪被罗马教会判为异端的聂斯托利派（Nestorianism）。该派创始人聂斯托利（Nestorius，380—451 年）原系叙利亚西部安提阿（Antioch）近郊隐修院修士，428 年出任君士坦丁堡主教。聂斯托利派传入中国后，被称为"景教"，首次出现在唐德宗建中二年（781 年）所立景教碑文中。其意如碑文所说："真常之道，妙而难名，功用昭彰，强称景教。"中国天主教徒李之藻称："命名景教，景若，大也；照也，光明也"，即"景教"取"正大光明之宗教"之意，[③] 不过，唐太宗贞观十二年（638 年）诏令称之为"经教"，唐玄宗天宝四年（745 年）诏令则称"波斯经教"。此外，唐代还流行称之为大秦教、弥尸诃教。

但是，在 17 世纪以前并无人知道基督教在唐时已经传入中国，迨明天启五年（1625 年），西安西南的盩厔（今陕西省周至县）出土了一块"大秦景教流行中国碑"，人们才得知基督教聂斯托利派的教士于唐贞观九年（635 年）来到中国。该碑现存于西安陕西省

---

① 黄心川、戴康生等：《世界三大宗教》，生活·读书·新知三联书店 1979 年版，第 13—14 页。

② 不过，欧洲天主教中普遍流传圣多默（St·Thomas）的传说：早在公元初年即中国东汉时期，耶稣的十二个门徒之一圣多默从圣地耶路撒冷出发，东行至波斯、阿拉伯，经海路至印度而后辗转到中国传教，印度马拉巴尔教会的文献中记载了这一史实。由于缺乏其他有说服力的史料佐证，这一传说不为学术界认同。

③ 晏可佳：《中国天主教简史》，宗教文化出版社 2001 年版，第 8 页。

博物馆，碑高 2.36 米，宽 0.86 米，厚 0.25 米，上端刻有飞云和莲台烘托的十字架，围有一种名"螭"的无角之龙，左右配有百合花。碑底和两侧有 70 位景教教士的古叙利亚文题名，碑文作者景净是景教教士，教名亚当（Adam），曾任"中国教父"、"乡主教"、"长老"等。①

据碑文记载，唐贞观九年（635 年），大秦（波斯）国大德（主教）阿罗本"占青云而载真经，望风律以驰艰险"来到唐朝京都长安，受到唐太宗的礼遇。宰相房玄龄奉旨率仪仗队到西郊迎接，并蒙唐太宗李世民召见获准在宫廷翻译圣经。三年后，即贞观十二年（638 年），唐太宗诏令："道无常名，圣无常体，随方设教，密济群生。波斯僧阿罗本远将景教，来献上京。详其教旨，玄妙无为。观其元宗，生成立要。济物利人，宜行天下"，②遂诏朝廷出资于长安义宁坊建造"大秦寺"，准许公开传道，适时有教士者 21 人。《唐会要》称阿罗本为"波斯僧"，表明其时史官对景教不甚了解，常误以为是佛教的一个宗派。

景教寺原称"波斯寺"。唐玄宗天宝四年（745 年）诏曰："波斯经教，出自大秦。传习而来，久行中国。爰初建寺，因以为名。将欲示人，必修其本。其两京（指长安和洛阳）波斯寺，宜改为大秦寺。天下诸府郡置者，亦准此。"③

景教在中国唐朝传入，经唐太宗、高宗、玄宗、肃宗、代宗和德宗六帝优待，前后活跃了 200 多年，一度出现"法流十道，国富元休；寺满百城，家殷景福"（唐朝把全国行政区划为十道，故十道即全国之意）的盛况，不少景教教士还在朝廷和军队中担任要职。在其传播 210 年后，中国历史上发生了唐武宗"灭佛"事件，因事件发生在会昌五年（845 年），故称"会昌法难"。景教在会昌

---

① 周燮藩、牟钟鉴等：《中国宗教纵览》，江苏文艺出版社 1992 年版，第 194 页。
② 《唐会要》卷 49。
③ 同上。

法难中也受到冲击，"其大秦（景教）、穆护（祆教）① 等祠，释教既已厘革，邪法不可独存，其人并勒还俗，递归本贯，充税户。如外国人，送还本处收管"。② 878 年，黄巢攻陷广州，侨寓城内的基督教徒、犹太人、穆斯林、祆教徒均遭驱杀，景教从此在我国内地遭到禁绝。但是，在边疆地区却持续了相当长的一段时期，一直断断续续延至清代。会昌法难标志着基督教传入中国的第一次尝试以失败而告终。

从记载上看，唐代景教基本上局限在中国北方，偏处东南一隅的福州至今尚未发现有关景教流传的任何记载。

2．"也里可温"

13 世纪，蒙古人成吉思汗及其后裔凭借他们举世闻名的武功，东征西讨，建立起了横跨欧、亚两洲的大元帝国，东西交通的贯通以及大量中亚民族的内迁，流行于西亚地区的景教又在我国境内复兴，不少景教徒还成为蒙元帝国的达官贵人和皇亲国戚。与此同时，罗马天主教派"方济各会"（Franciscans）传教士也来到元朝国都汗八里（Cambalec，今北京）开设教堂进行传教活动。蒙元统治者将这两派的基督教统称为"也里可温"，这是基督教进入中国的第二次尝试。据陈垣先生引清代《敕定辽金元史语解》的解释，"也里可温"是蒙古语，其意为"福分人"或"福缘人"，转义为"有福缘之人"或"奉福音之人"。有元一代，也里可温始终备受尊崇，因而得到广泛传播，北京、宁夏、镇江、扬州、杭州、温州、泉州等地均设有教堂，因其教堂均敬十字架，故又称"十字教"或"也里可温十字寺"。不仅如此，元帝国与罗马教廷一直保持信使来往，至元二十六年（1289 年），元世祖忽必烈诏设专管基督徒的宗教行政机构——"崇福司"。史载："崇福司秩二品，掌领马儿哈昔（主教和长老）、列班（司铎和修士）、也里可温十字

---

① 唐时，有三个外来宗教，即景教、祆教、摩尼教，都来自波斯，而且几乎同时传入中国，唐人一时分辨不清，统称为"波斯胡教"，也称"三夷教"。

② 《旧唐书》卷18《武宗纪上》。

寺祭享等事。"延祐二年（1315 年）崇福司升格为"院"，"置领院事一员，省并天下也里可温掌教司七十二所，悉以其事归之。七年（1320 年），复为司"。①适时，崇福司与宣政院（专管佛教的行政机构）、集贤院（专管道教的行政机构）并称为三大主管宗教机构。元代也里可温在江南沿海等地的传播与繁盛实与其时海上交通的发达息息相关。宋元之际，福建的泉州港（时称"刺桐港"，因港内外盛开美丽的刺桐花而得名）海外交通之发达冠居全国之首，也里可温教徒的人数亦居全国前列，仅次于北京的天主教区，成为与北京并列的天主教在中国传播的据点，据估计，当时泉州教区奉教人数达 1 万人左右，②罗马教皇因此向北京和泉州两地的教堂任命了主教。大量的文献史料、出土碑刻、遗留建筑等均有力证明并再现了元代泉州也里可温（包括景教和天主教）传播发展的盛况。

元代基督教除在泉州传播以外，是否进入福州，目前尚无确切记载。唯明末清初（1633—1669 年）传教士安顿尼乌斯·马利亚的手稿《中国教派志》中有一段记载，表明元代闽东一带也有基督教的传播。其文曰：在福建省海岸靠近福宁州的一座小山上，我进入一座像是很古的庙宇，主祭坛上有三座神像，其中一神（如一般所画救世主模样）掌上持一小球，球上有一精美十字架，我把它掰下来带走了。主祭坛右侧祭坛上有一浮雕，是一个妇女形象，披风散开从头盖过双臂，左右下方有数个小女孩，手握手，仰面望着那个像圣母玛丽亚的妇女，她敞开披风覆盖她们，犹如圣母玛丽亚经常被画成的那种形象。上述小人中有一个一手持另一精美的镀金十字架。所有这些充分证明中国有过一种古代基督教。③该记载属孤证，因此元代福州有否基督教的传播尚不得而知。

---

① 《元史》卷89《百官志五》。

② 陈支平、李少明：《基督教与福建民间社会》，厦门大学出版社 1992 年版，第 4 页。

③ 同上。

随着蒙元帝国的覆灭，也里可温逐渐绝迹，基督教传入中国的第二次尝试仍未能在中国扎下根来，亦以失败而告终。

二 明末清初闽都天主教的发展

1. 明朝中叶天主教在中国复苏

元朝灭亡后，天主教在中国的传播一度沉寂下去。迨明朝中叶随着欧洲 14—16 世纪新航路的开辟，葡萄牙殖民势力的东来，天主教在中国又重新获得传教的机会，这是基督教继唐、元之后第三次在中国的传教。这一时期，天主教的耶稣会、方济各会、多明我会等相继传入中国。方济各会（Ordo Franciscanorum），一译"法兰西斯派"，是天主教托钵修会①主要派别之一。1209 年意大利人方济各（Francesco d'Assisi, 1181—1226 年）所创，会士互称"小兄弟"，故又名"小兄弟会"（Ordo Fratrum Minorum）。1294 年约翰·孟特高维诺（Joan du Monte Gorvino, 1247—1328 年）首先将该会传入中国，并在元大都建造了第一座天主教堂，揭开了罗马天主教在华传教的序幕。元朝灭亡后，其影响衰颓下去。迄于 17 世纪再度传入中国。

多明我会（Ordo Dominicanorum），一译"多米尼克派"，天主教托钵修会主要派别之一。因注重传道活动，又称"传道兄弟会"。1215 年西班牙人多明我（Domingo de Guzman, 1170—1221 年）所创。会士戴黑色风帽，称"黑衣修士"。1631 年传入中国。

耶稣会（Societas Jesu）是天主教主要修会之一。面对宗教改革

---

① Ordo Mendicus，亦译"乞食修会"。天主教修会之一，始于 13 世纪。当时仅有加尔默罗会、方济各会、多明我会、奥斯定会四个修会，后续有增加。初期规定修会不置恒产，会士提倡过清贫节欲的生活，麻衣赤足，以托钵乞食为生，故名（《辞海》上册，上海辞书出版社 2000 年版，第 685 页）。

修会是天主教修士、修女组织。早期修会导源于古代修士的聚居隐修，称"隐修修会"。公元 6 世纪以后，其组织形式逐渐确立，以隐修院为活动中心，并拥有大量地产，故称为隐修院修会。托钵修会创立后，无论是活动范围还是组织体制均与隐修院修会不同。隐修院修会在隐修院内活动，多以本院院长为最高领导人，托钵修会则进入社会各阶层，而在各地院长之上还有省会长和总会长，总会长直接隶属于教皇（《辞海》上册，上海辞书出版社 2000 年版，第 1892 页）。

运动以后基督教新教的兴起，罗马天主教在欧洲失势，为摆脱困境，罗马教廷一方面对原有的修会进行整顿、改革；另一方面鼓励创建新的修会，图谋向东方发展新的教区。于是，旨在反对欧洲宗教改革运动的耶稣会应运而生。该会是 1534 年西班牙贵族圣依格纳修·罗耀拉（St. Igntius Loyola, 1491—1556 年）在巴黎创办。该会仿效军队纪律制定严格会规，故亦称"耶稣连队"。

在上述天主教各修会中，耶稣会在中国的影响，势力最大，收获也最多。第一个希图进入中国的耶稣会士是享有"远东开教之元勋"之称的西班牙人方济各·沙勿略（Francisco Xavier, 1506—1552 年）。1551 年，沙勿略经印度、日本，辗转到广东台山县正南的上川岛，希望能由此进入中国内地传教。然而，当时正值倭寇骚扰中国海岸，闽、粤海岸海盗充斥，明政府为此实行海禁政策，沙勿略希望落空，1552 年病逝于上川岛。

中国耶稣会的开创者是意大利人利玛窦（Matteo Ricci, 1552—1610 年），他改变原来的传教策略，开始深入了解中国传统文化，认真学习汉语，效仿中国生活方式、礼仪习俗，结交当地名公巨卿，俨然"西儒"。其交游日广，人多乐以相亲，受其感召者，大不乏人，足迹遍及北京、南京、南昌、韶州，在他逝世的时候，受洗入教的中国教徒达 2000 人。①

随着利玛窦在华传教的成功，天主教的势力开始渗入福建地区。明末清初，福州天主教开始发展起来，艾儒略成为耶稣会入闽传教第一人。②

2. 明末清初闽都天主教的发展

艾儒略（P. Giulio Aleni, 1582—1649 年）是意大利籍天主教耶稣会传教士。1610 年抵澳门，由于暂时无法进入中国内地传教，他便逗留澳门学习中文并教授数学。1613 年，艾儒略获准进入内地，

---

① 晏可佳：《中国天主教简史》，宗教文化出版社 2001 年版，第 45 页。
② 第一个入闽的耶稣会士是 1616 年因南京教案而来闽避难的葡萄牙人罗如望（Jean de Rocha）。

经河南，赴北京，结识了明末著名士大夫徐光启，[①] 后应徐之邀请南下上海、扬州、杭州一带传教。南京教案[②]发生后，避难杭州。之后又往陕西、山西等地传教。明天启四年（1624 年）当朝宰相叶向高（福建福清人）致仕归里，途经杭州，艾儒略入谒，二人相见恨晚，叶力邀艾氏入闽，艾氏"亦有载道南来之意，乃同舫而来"。次年，艾儒略应邀参加福州书院的一次集会，主持人以"天命之谓性"为题要求艾氏作答。艾儒略借题发挥，将中国传统的儒学与基督教教义相结合，力证儒教之"天"即耶教之"上帝"，赢得闽中士子的信赖和欢迎，是为天主教传入福州之滥觞。据费赖之《入华耶稣会士列传》称："儒略既至，彼乃介绍之于福州高官者，誉其学识教理皆优，加之阁老叶向高为之吹拂，儒略不久遂传教城中，第一次与士大夫辩论后，受洗者 25 人，中有秀才数人。"

在艾儒略的努力下，天主教在福州迅速发展起来。1625 年首批受洗者 25 人，至明崇祯八年（1635 年）福州城内有天主教友700—800 人，[③] 传教范围扩展到福州府属各县。1625 年，叶向高的长孙叶益蕃和诸教徒捐资兴建了福州第一座天主堂，亦称"三山堂"或"福堂"。该教堂位于福州城南门宫巷，其建筑风格与中国寺庙类似，十分中国化。除天主堂外，还有敬一堂、景教堂。

随着天主教的传播，耶稣会还刻印出版了许多国内外颇具影响力的汉文著作，如：利玛窦《天主实义》与《二十五言》，庞迪我《七克》，利玛窦与徐光启《辩学遗牍》，艾儒略《西学凡》和《圣

---

① 徐光启（1562—1633 年），因仰慕利玛窦，1603 年始研究利玛窦《天主实义》后颇得领悟，遂领洗于南京罗如望神甫，取圣名"保禄"，成为中国最早的天主教徒之一，与浙江的李之藻（1565—1630 年）、杨廷筠（1557—1625 年）被称为中国早期天主教的三大柱石（晏可佳：《中国天主教简史》，宗教文化出版社 2001 年版，第 48 页）。

② 发生于 1616 年，是基督教在华遭遇的四次教案之一，为南京礼部侍郎沈漼所兴。其余三次分别为 1659—1665 年由杨光先发起的钦天监教案，亦称"历狱"；1900 年由刚毅、毓贤发起的义和团之役，即庚子教案；1922 年非教同盟（全称为"非基督教学生同盟"），即青年学生的反基督教运动。

③ 福州市地方志编纂委员会：《福州市志》第 8 册，方志出版社 2000 年版，第 101页。

梦歌》，高一志《圣人行实》、《四末》、《圣母行实》、《则圣十篇》，艾儒略《弥撒祭义》、《涤罪正规》、《几何要法》、《熙朝崇正集》，罗雅各《圣记百言》，杨廷筠《天释明辩》，艾儒略《性学觕述》、《五十余言》、《三山论学记》，龙华民《圣若撒法始末》等，其中，天主教读物就多达 10 余种，福州成了明末耶稣会刻印出版汉文著作的中心之一。①

　　于上述可见，艾儒略在福州传教成果巨大。究其所获成功之原因，归根结底是其传教策略得当。综观艾儒略在福州传教的 25 年中，其所采取的策略主要有四点：其一，借用中国儒家思想和传统思想，力求使基督教信仰与之相适应，具体表现即是奉行利玛窦"合儒"、"补儒"、"匡儒"之传教策略，在尊重中国传统文化的前提下实现"耶儒合流"。其二，充分利用各种知识，为阐扬基督教教义服务。艾儒略凭借其对中国传统文化的熟谙和对西方科技知识的精通，通过介绍西方科学技术达到传播基督教的目的。陈衍在其著《嘉客记》中称，艾儒略"以西音读中土经史，淹贯研穷，有如宿习。工天文、历日，其数学尤妙，虽大泽浩渺，望而算之，分寸不谬也"。徐宗泽先生编著的《明清间耶稣会士译著提要》就著录了艾氏编著 26 种，其中《西学凡》、《几何要法》、《西学问答》、《职方外纪》即为著名的科教读本。惟其如此，艾儒略被闽人誉为"西来孔子"。其三，将传教活动与社交活动相结合，充分发挥士大夫在传教中的作用。艾儒略到福州后，通过以诗会友、学术交流，深入福州社会各阶层广交朋友，无分贫富贵贱，一视同仁。据李九标《口铎日抄》卷 1 记载，早期在福州受洗入教的有刘良弼、王子荐、陈克宽、林志伊、林子震、陈汝调、陈克生及福清的林一隽、李九标、李九功和建宁的李嗣玄，其中林一隽是第一位受洗入教者。这些早期皈依的教徒大多是下层文人，在地方上稍有名气。叶向高去世后，艾儒略的传教活动与李九标、李嗣玄等人的鼎力相助

---

① 林金水：《艾儒略与明末福州社会》，载《海交史研究》1992 年第 2 期。

分不开。其四，注意结交当地官吏、乡贤，确保传教得到当地政府的支持而顺利开展。艾儒略每至一地必先拜谒地方官，在前述第一次辩论的成功，与叶向高的"吹拂"分不开，之后，他又结交了福建巡抚张肯堂、福建督学使周之训，与他们交情颇善。①

除艾儒略以外，明灭亡（1644 年）之前来福州传教的耶稣会士还有葡萄牙人卢安德（Andrius Rodamina，1626 年抵福州）、葡萄牙人林本笃（Bento de Matos，1630 年抵福州）、葡萄牙人卢纳爵（Ignacio Lobo，1631 年抵福州）、葡萄牙人傅汎际（Francisco Furtado，1634 年抵福州）、葡萄牙人阳玛诺（Manuel Dias，1638 年抵福州）。②

随着天主教耶稣会传教活动在福建的展开，1632 年西班牙多明我会和方济各会③的传教士也相继从菲律宾进入福建。入闽后，他们一改耶稣会在华传教策略，极力反对中国教徒祀孔祭祖，激起当地群众强烈不满和反抗，崇祯十年十一月初一（1637 年 12 月 16日），福建巡海道施邦曜首先在福州城张布《示禁传教》通告："示仰地方军民人等知悉：凡有天主教夷人在于地方倡教煽惑者，即速举首驱逐出境，不许潜留，如有保内士民私习其教者，令其悔改自新；如再不悛，定处以左道惑众之律，十家连坐并究，决不轻贷。"④ 初五日（12 月 20 日）福建提刑按察司徐世荫和福州知府吴起龙也贴出告示，严禁民间"传习邪教"（天主教）。《福州府告示》曰："如近日杨玛诺、艾儒略辈，以天主教首，簧鼓人心。非觉发之早，驱逐之速，渐不可知矣。虽已押出境，仍恐邪党未消，

---

① 林金水：《试论艾儒略传播基督教的策略与方法》，载《世界宗教研究》1995 年第 1 期。

② 林金水主编：《福建对外文化交流史》，福建教育出版社 1997 年版，第 214—215 页。

③ 此二会是 13 世纪初成立的天主教最早的修会。他们提倡过清贫生活，会士衣麻跣足，托钵乞食，因此人们又把这二会称作托钵修会（林金水主编：《福建对外文化交流史》，福建教育出版社 1997 年版，第 214—215 页）。

④ 福州市地方志编纂委员会：《福州市志》第 8 册，方志出版社 2000 年版，第 86 页。

去向复入，更为厉阶。尔家甲人等，以后严加防察，如有天主教艾儒略、杨玛诺等开无为教首来省城者，许即禀官严拿究治。如容隐不举，事发一体连坐。"① 公示张贴后，福州反对天主教士人相互串联，呼朋辟邪，撰文临揭，如周之夔之《破邪集序》、陈候官之《辩学刍言》、黄紫宸之《辟邪解》、黄问道之《辟邪解》、曾时之《不忍不言序》等，1638 年 11 月福州府左中右三卫千百户掌印李维垣与福州府闽、侯二县儒学生员陈圻、林浩、王德竣、陈周祚、蔡在新、陆之珍、李朝宗，布衣田正登、刘国祁、涂维秉、高登相、李铨等联合署名发表《攘夷报国公揭》，该公揭联系西方殖民主义者侵占澳门、台湾等事实，揭露天主教传入之害。称天主之夷"天启初貌旨复入，布满天下，煽惑交结，基于万历之时。似不普中国而变夷狄不已也。且吞我属国吕宋及咬留巴（即雅加达）、三宝颜、窟头郎等处，复据我香山澳、台湾鸡笼、淡水，以破闽粤之门户。一旦外犯内应，将何以御"？② 在持续一年的"辟邪"浪潮中，福州天主教一度转入低潮，艾儒略等耶稣会士被迫离开省城藏匿于乡间，福州天主堂亦遭封禁。

明崇祯十七年（1644 年），清兵入关，明亡，是年为顺治元年。翌年，明唐王朱聿键在福州称帝，改元"隆武"。为借助天主教势力恢复其统治地位，隆武帝登基之初便在福州召见了意大利籍耶稣会士毕方济（Francesco Sambiaso），适时任首辅的黄道周和掌握兵权的郑芝龙均为天主教徒，于是毕氏通过黄、郑促使隆武帝下诏"禁止教外臣民无端攻击天主教"，又嫌"三山堂"狭小，"遂发帑金谕令重修。不数月堂工告竣，立牌坊于堂门前，大书'敕建天主堂'五字。又悬匾于堂上曰：'上帝临汝。立碑记其事'"。③ 由于

---

① 《圣朝破邪集》卷 2，转引自林金水《艾儒略与明末福州社会》，载《海交史研究》1992 年第 2 期。

② 李维垣等：《攘夷报国公揭》卷 6，转引自林金水《艾儒略与明末福州社会》，《海交史研究》1992 年第 2 期。

③ 肖若瑟：《天主教传行中国考》卷 5，转引自福州市地方志编纂委员会《福州市志》第 8 册，方志出版社 2000 年版，第 87 页。

南明隆武政权的支持和保护，天主教的社会地位被提高到"自万历利玛窦传人以来从未有过的地位"，福州天主教传播趋于鼎盛。

入清以来，天主教传播在中国得到较大发展，这主要归功于耶稣会士始终遵循利玛窦开创"耶儒合流"的传教策略，并利用其历代科技之专长为清廷服务，在修历、造炮、平定"三藩之乱"、订立《中俄尼布楚条约》等方面为清廷作出贡献，故深得统治者优容、宠眷、重用，其中，汤若望（Johann Adam Shall Von Bell，1591—1666 年）和南怀仁（Ferdinand Verbiest，1623—1688 年）是诸耶稣会士最得荣宠者。早在多尔衮入京之际，便下旨"恩准西士汤若望等安居天主堂，各旗兵弁等人毋许阑入滋扰"。顺治帝对汤若望更是宠幸有加，在他临朝亲政当年（1651 年）一天内连续加封三次，汤若望从"通议大夫"到"太仆寺卿"再到"太常寺卿"，从正五品一跃而为正一品。1652 年钦赐汤若望所建南堂（欧式教堂）匾额一块，上书"钦崇天道"。1653 年，颁圣谕赐号"通玄教师"（后为避康熙玄烨之讳，改为"通微教师"）。1654 年又赐阜成门外腾公栅栏旁土地为汤若望墓地之用。1657 年授汤若望"通政使司通政使加二级又加一级"并赐"通玄佳镜"匾额，撰《御制天主堂碑记》，称赞汤若望修历"任事有年，益勤厥职"，对"若望入中国已数十年而能守教奉神，肇新寺宇，敬慎蠲洁，始终不渝，孜孜之诚"表示宽容与理解。[1] 顺治一朝虽无明确传教谕旨，但顺治帝对汤若望的恩宠，大大提高了天主教在中国的地位，激发了天主教士传教热情，推动了中国天主教的传播。

1661 年，年仅 6 岁的玄烨即位，年号康熙，实权为辅政大臣鳌拜等人掌握，适时正值杨光先发动"历狱"，汤若望等传教士蒙难，1664 年汤若望被革除一切公职，1666 年病逝。1669 年康熙亲政，即着手"历狱"的平反。任命传教士南怀仁为钦天监副监，将杨光先革职查办，准许"历狱"中被遣发广东的 26 名传教士各归本堂，

---

[1] 晏可佳：《中国天主教简史》，宗教文化出版社 2001 年版，第 75 页。

并为汤若望昭雪，不仅恢复其"通微教师"的称号，并亲撰祭文，曰："皇帝谕祭原任通政使司通政使，加二级又加一级，掌钦天监印务事，故汤若望之灵曰：鞠躬尽瘁，臣子之芳踪。恤死报勤，国家之盛典。尔汤若望，来自西域，晓习天文，特畀象历之司。爰锡通微教师之号。遽尔长逝，腾用悼焉。特加恩恤，遣官致祭。呜呼，聿垂不朽之荣，庶享匪躬之报。尔有所知，尚克歆享。康熙八年十一月十六日。"① 康熙帝对天主教的优容使得一度因历狱受挫的天主教传播得到恢复。南怀仁主持钦天监工作，颇得康熙帝宠信。关乎此，于康熙帝为 1688 年病殁的南怀仁御制碑文中可见之一斑。其文曰："朕维古者立太史之官，守典奉法，所以考天行而定岁纪也。苟称厥职司，授时之典，实嘉赖之。况克殚艺能，有资军国，则生膺荣秩，殁示褒崇，岂有靳焉。尔南怀仁，秉心质朴，肆业淹通，远泛海以输忱，久服官而宣力；明时正度，历象无忒，望气占云，星躔式叙；既协灵台之掌，复储武库之需。罩运巧思，督成大器，用摧坚垒，克裨戎行；可谓莅事惟精，奉职弗懈者矣。遽闻溘逝，深切悼伤，追念成劳，赐名勤敏。呜呼！锡命永光乎重壤，纪功广示于遐陬，勒以贞珉，用垂弗替。"② 康熙三十一年（1692 年）针对浙江巡抚张鹏翮出示禁习天主教引起抢掠教堂、压迫教友之事，康熙遂命满汉大臣议奏，国舅佟国纲迎合上意，具题如下："臣等会议，查得西洋人仰慕圣化，由数万里航海而来，现今治理历法，用兵之际，力进军器火炮，盖往俄罗斯，诚心效力，克成其事，劳绩甚多。各省居住之西洋人，并无为恶乱行之处，又并非左道惑众，异端生事。喇嘛僧等寺庙，尚容人烧香行走，西洋人并无违法之事，反行禁止，实属不宜。相应将各处天主堂俱照旧留存，凡进香供奉之人，仍许照常行走，不必禁止。臣等未敢擅便，谨具题请旨。"帝即批示："依议。"③ 从此，天主教传教士获

---

① 晏可佳：《中国天主教简史》，宗教文化出版社 2001 年版，第 81 页。
② 王治心：《中国基督教史纲》，上海古籍出版社 2004 年版，第 110 页。
③ 同上书，第 111 页。

得了在中国自由传播天主教的权利，该谕旨成为天主教在华传播的一个有利机遇，被当时传教士视为"期待已久的基督教宽容敕令"。①

正是顺治、康熙二帝对天主教的理解与优容，天主教在中国较前代有明显发展，截至康熙四十年（1701 年）全国已有 229 座教堂，分布在全国各地来自不同修会的外国传教士有 103 人，中国教徒人数达 30 万人。②

这一时期，福州天主教的发展时起时伏。清军入闽初几年中，由于郑成功将福建作为反清复明的基地，与清军对峙，军事形势的变化无常在很大程度上制约了福州地区天主教的传播。追顺治十二年（1655 年）都察院都御使兼闽浙巡抚、天主教徒佟国器（南京人，顺治正宫皇后之从弟、康熙外祖佟国赖之侄）来闽视察，赠俸银重建福州天主堂（三山堂），并亲撰《福建重建圣堂碑记》。碑文中说："今天子定鼎之初，以汤子道未，擢太常寺卿，兼司天监，治历明时，咨诸会士，分寓四方，测度阐学。而何子德川乃复入闽，于福州省会，建堂瞻礼。余因思，中国居亚细亚洲十之一，而亚细亚又居天下五洲之一，东海西海，心同理同，敬天主爱人之说，皆吾人践修之所不能外也。而西士不惮险阻风波，来相勤勉者，岂有他哉？亦惟其教以敬天地之主为宗。故以爱天主所爱之人为务焉耳，爱为之捐资鸠工，开其旧基，焕其堂宇，崇奉天主耶稣与圣母天神，永为会士阐道之所，与闽之士大夫，暨四方昭事君子，瞻像究心焉。"③ 文中对天主教褒扬有加，推动了福州天主教的发展。然而，康熙初年发生的"历狱"波及福州，天主教在福州的传播又受挫，在榕的外国传教士奉上谕全部被押解到广州，教堂被

---

　　①　［英］J. 洛克曼：《耶稣会士游记选》（1698—1711 年）第 2 卷，转引自晏可佳《中国天主教简史》，宗教文化出版社 2001 年版，第 87 页。

　　②　晏可佳：《中国天主教简史》，宗教文化出版社 2001 年版，第 93 页。

　　③　《天主教传行中国考》，河北献县天主堂 1937 年，第 271—272 页；转引自林金水主编《福建对外文化交流史》，福建教育出版社 1997 年版，第 212 页。

改作庙宇。康熙亲政后历狱得到平反昭雪，天主教在福州的发展始有所复苏，康熙二十年（1681 年）在福州传教的葡萄牙耶稣会士李西满（Rodrigues Simao，1645—1704 年）发现方济各会士万济国（Franciscus Varo）数年前针对中国礼仪所写的《辩祭》一书，认为该书轻率地将中国天主教徒"祀孔祭祖"的行为视为"异端"，是不尊重中国传统文化，也不利于天主教在中国的传播，遂发动福州天主教徒批判该书。福清教徒李九功之子李良爵发表了《〈辩祭〉参评》，质疑《辩祭》中曲解中国传统习俗的观点，在福建省各地引起很大反响。省内士大夫教徒中的有识之士积极参与这场辩论，李西满尊重中国文化传统的态度也受福建天主教徒的欢迎，从而缓和了福州地区因礼仪之争一度紧张的民教关系。康熙三十一年（1692 年）允许天主教徒自由传教的谕旨颁布后，福州天主教迎来了新的发展机遇。清康熙三年（1664 年），福州府天主教友达 2000 人，[①] 福州、兴化、连江、长乐有大堂 5、会所 8。[②] 顺治、康熙二朝来福州的传教士亦较明代增多，著名的耶稣会士有何大华（Antonio de Gouvea，1592—1677 年）、郎安德（Andre Ferrao，1625—1661 年）、柏应理（Philippe Couplet，1622—1693 年）、穆若瑟（Jose Monteiro，1646—1720 年）、骆保禄（Giampaolo Gozani，1659—1732 年）、薄贤士（Antoine Beauvollier，1657—1708 年）、利安国（Giovanni Laureati，1666—1727 年）等。[③] 康熙三十二年（1693 年）以后，由于天主教内部各修会间关于中国礼仪之争日趋激烈，清政府与罗马教廷关系恶化，导致康熙五十九年（1720 年）的"禁教"，历雍正、乾隆、嘉庆、道光四朝，至道光二十六年（1846 年）发布弛教令，长达 120 多年，天主教在福州的传播趋于低潮。

---

① 福州市地方志编纂委员会：《福州市志》第 8 册，方志出版社 2000 年版，第 101 页。

② 同上书，第 96 页。

③ 林金水主编：《福建对外文化交流史》，福建教育出版社 1997 年版，第 215 页。

3. 百年禁教下的闽都天主教

天主教作为与中国传统文化有着不同的文化内涵的西方文化，在中国的发展并非一帆风顺。早在17世纪初年，天主教传入中国伊始，中国士大夫内部就存在一股排斥乃至敌视天主教的力量，前述的"南京教案"和"历狱"是为明证。与此同时，天主教内部、各修会之间对于中国传统文化的认识以及在华的传教策略亦存分歧而分成两派：一派认为在华传教应尊重中国传统文化，迎合儒家思想，允许中国教徒敬孔、祭祖，利玛窦是这一策略的开创者；一派则强调天主教教义至上，无视中国传统文化，反对中国教徒敬孔、祭祖，1610年利玛窦去世不久，继任耶稣会中国传教区区长的龙华民（Long Obardi）即为此派代表。由此，引发了长达一个世纪之久的、天主教史上著名的"中国礼仪之争"。这场论争至康熙三十二年（1693年）渐入高潮，起因是当年法国巴黎外方传教士、福建教区宗座代牧（主教）颜珰（Carolus Maigrot，亦作"阎当"）对其所辖的福建教区发布的一封严禁福建教徒"敬礼"、"祭祖"的"牧函"。这封牧函包括七条禁令，明令教区禁用"天"和"上帝"的字眼，一律只用"天主"名称，凡教堂悬挂"敬天"匾额立即取消，禁止每年两次祭孔祭祖的隆重典礼，废除为亡者所立牌位等。颜珰的"牧函"得到罗马教徒的支持。康熙四十四年（1705年），罗马教皇克雷芒（Clement）十一世派遣教廷公使意大利人多罗主教（Charles Maillard de Tournon，1667—1710年）为首的使团到中国交涉。次年，康熙在召见多罗时御批斥责颜珰"愚不识字，擅敢妄论中国之道"，又批"既不识字，又不善于中国语言，对话须用翻译，这等人敢谈中国经书之道，像站在门外，从未进屋的人，讨论屋中之事，说话没有一点根据"。[①] 之后，颜珰即被驱逐出境。同时，康熙又下谕旨：凡是愿意在中国传教的传教士必须向内务府申请"印

① 方豪：《中国天主教史人物传》（中册），中华书局影印本，第324页；转引自陈支平编《福建宗教史》，福建教育出版社1996年版，第396页。

票"，不从者一律驱逐出境。罗马教徒却无视这一切，再次颁布"禁约"教谕，并任命嘉乐（Carlo Ambrogio Mezzabarba）再度来华交涉。康熙五十九年（1720年）二月，嘉乐使团抵达北京，康熙帝看了"禁约"之后颇为震怒，于"禁约"上亲加朱批："览此告示，只说得西洋人等小人，如何言得中国之大理。况西洋人等，无一人通汉书者，说言议论，令人可笑者多。今见来臣告示，竟与和尚道士异端小教相同。彼此乱言者，莫过如此。以后不必西洋人在中国行教，禁止可也，免得多事。"① 此为中国天主教史上百年禁教之始。雍正即位当年（1723年）闽浙总督满保奏疏："西洋人在各省盖起天主堂，潜住行教，人心渐被煽惑，毫无裨益。请将各省西洋人，除送京效力外，余俱安插衙门。"礼部复议："应如所请，天主堂改为公所，误入其教者，严行禁饬。"② 次年，雍正正式批准礼部复议，着令各省凡是信奉天主教的中国人一律放弃信仰，否则将处以极刑，各西洋教士限半年内离境。从此，天主教在中国的势力一蹶不振，传教活动基本上转入地下。康熙禁教后不久，一位来华的法籍耶稣会士宋君荣（Antoine Gaubil）对当时中国天主教的衰败景象作了如此描述："我来到中国只有几个月，当我看到传教士工作在不久前还是那样充满希望，竟然落到如此可悲的地步：教堂已成为虚墟，教徒已鸟兽散，传教士被驱逐并集中到广州，中国惟一开放的口岸，不许进入内地，天主教本身已几乎遭到禁绝。"③

康熙末年后的百年禁教，福州天主教也难逃厄运。福州天主堂（三山堂）被改为关帝庙，所有教徒被扣押并勒令退教，耶稣会士陆续撤离福州。乾隆十一年（1746年）发生了著名的福建教案，曾

---

① 杨森富：《中国基督教史》，台湾商务印书馆1963年版，第139页；转引自陈支平编《福建宗教史》，福建教育出版社1996年版，第397页。

② 《清实录》第7册，转引自林金水主编《福建对外文化交流史》，福建教育出版社1997年版，第268页。

③ 江文汉：《明清间在华的天主教耶稣会士》，知识出版社1989年版，第69页。

被雍正驱逐出境的西班牙多明我会士桑·白多禄（Petrus Sanz）于乾隆三年（1738年）潜回福安，1746年会同费若望（Joaanners Alcobel）、德方济各（Franciscus Serrano）、华若亚敬（Joachim Royo）、施方济各（Franciscus Diaz）等秘密传教被告发，解往福州。同案被捕的还有5名天主教修女和9名教徒。同年，白多禄被处以斩刑，其余教士处以绞刑，中国教徒流放，修女从轻发落，此次教案进一步打击了福州天主教。

三 鸦片战争后闽都天主教的复苏

1840—1842年的鸦片战争是中国近代史的开端，西方殖民者用坚船利炮撞开了中国的大门，强迫清政府签订了一系列不平等条约，从中攫取了割地、赔款、开埠、传教等种种特权，中国开始沦为半殖民地半封建国家。

1842年中英《南京条约》签订后，西方的教会热烈欢呼"一个崭新的时代已经来临"，"为中国皈依基督的光明前景而同心感恩称颂上帝"。于是，在中国沉寂了百余年的天主教，凭借不平等条约的保护得以复苏，并进入了一个新的发展阶段。1842年中英《南京条约》明确规定："耶稣天主教原系为善之道。自后有传教者来至中国，一体保护。"①之后，法国特使拉蕚泥又进一步提出弛禁天主教的要求，两广总督耆英在拉蕚泥的威逼利诱下，上疏道光皇帝，为此，道光二十六年（1846年）又颁谕旨："前据耆英等奏，习学天主教为善之人请免治罪，其设立供奉处所，会同礼拜、供十字架图像、诵经讲说，毋庸查禁，均已依议行矣。天主教既系劝人为善，与别项邪教迥不相同，业已准免查禁。此次所请，亦应一体准行。所有康熙年间各省旧建之天主堂，除已改为庙宇民居者毋庸查办外，其原旧房屋尚存者，如勘明确实，准其给还该处奉教之人。至各省地方官接奉谕旨后，如将实在习天主教而并不为匪者滥

---

① 晏可佳：《中国天主教简史》，宗教文化出版社2001年版，第140页。

行查拿,即予应得处分。其有借教为恶及招集远乡之人勾结煽诱,或别教匪徒假托天主教之名借端滋事,作奸犯科,应得罪名俱照旧例办理。仍照现定章程,外国人概不准赴内地传教,以示区别。"①此谕旨是康熙末年百年禁教以来,天主教正式弛禁的标志,从此,天主教重新获得在通商口岸自由传教的权利。第二次鸦片战争(1856 年)以后,西方殖民者又强迫清政府签订了一系列不平等条约,传教士在华权益迅速扩大,不仅可以进入中国内地自由传教并享有"保教权",而且还可以在中国各地自由购置产业。如:1858年的《中俄天津条约》规定:"中国既知天主教无妨国体,能守互相和好之道,于所属之人不可因奉行此教而致有欺侮。其在中国奉教之人,尤宜一体矜恤,且中国传教人等,并非谋利之徒,亦应善为看视。况既准传行此教,于一切通商口岸以及州县地方,均不得禁止。其传教之人,或由俄领事官,或由边界官,领取执照,作为自己保结。"《中法天津条约》亦规定:"天主教原以劝人行善为本,凡奉教之人全获保护身家,其会同礼拜颂经等事概听其便;凡按第八款备有盖印执照安然人内地传教之人,地方官务必厚待保护。"1860 年的《中法北京条约》进一步规定:"应如道光二十六年正月二十五上谕,即颁示天下黎民,任各处军民人等,传习天主教,会合讲道、建堂、礼拜。且将滥行查拿者,予以应得处分。又将前谋害奉天主教者之时,所充之天主教堂、学堂、茔坟、田土、房廊等件,应赔偿交还法国驻劄京师之钦差大臣,转交该处奉教之人,并任法国传教士,在各省租买田地,建造自便。"②

　　毋庸置疑,鸦片战争以后一系列不平等条约的签订,为天主教提供了新的机遇,使之获得前所未有的发展。到 1858 年天主教的传教活动已经遍布全国各地,1870 年全国天主教徒人数达 369411 人。

---

　　① 《教案奏议汇编》,转引自陈支平主编《福建宗教史》,福建教育出版社 1996 年版,第 404 页。

　　② 晏可佳:《中国天主教简史》,宗教文化出版社 2001 年版,第 142—143 页。

至 1896 年或 1897 年，罗马传信部统计，中国天主教徒 532448 人。①
迄中华人民共和国成立前夕，我国天主教号称有教徒 300 万人，教
区 140 个，修会 98 个，教堂约 15000 座。②

在这一背景之下，福州作为最早开放的五口通商之一，天主教
势力很快得以复苏，并获得空前发展，教堂数量剧增。

道光二十八年（1848 年）西班牙多明我会在福州南门兜澳尾巷
建堂，这是福州市区现存最古老的天主堂，为中西合璧式双塔楼建
筑。教堂面积 507.8 平方米，可容千余人。最初，该堂为天主教福
建代牧区驻榕办事处；清光绪九年至宣统三年（1883—1911 年）为
天主教福建北镜代牧区③主教座堂兼福州多明我会会堂；民国元年
（1911 年）至民国二十一年（1932 年）专作福州多明我会会堂；自
民国二十二年（1933 年）起，改作澳尾巷铎区本堂。该堂奉玫瑰圣
母为主保，传教范围为洋头口以北至安泰杆以南。

同治三年（1864 年）福州天主教会通过法国驻福州领事馆，照
会福州府要求归还"三山堂"，又迫使福州府在南台岛泛船浦菖蒲
墩购买民地 4 亩多作为抵偿。同治七年（1868 年），教会于此地建
起了泛船浦天主堂，并将福州铎区总堂从南门澳尾巷迁于此，故称
"泛船浦总堂"。该天主堂原为木构单层建筑。宣统三年（1911 年）
起改作福州教区主教座堂。民国二十一年（1932 年）由宋金铃主教
募集 10 万银元重建，翌年落成，此即现存的泛船浦天主堂。该堂奉
圣多明我为主保，原传教范围为南台岛仓前桥以东。新建的泛船浦
总堂为钢筋水泥砖木混合结构，单塔楼仿哥特式建筑，塔尖距地面
31.2 米，塔楼上装有报时大钟，钟声可传十里之外。堂身十字形，

---

① 赖德烈：《中国基督教传教史》，麦克米伦出版社 1929 年版，第 329 页；转引自
晏可佳《中国天主教简史》，宗教文化出版社 2001 年版，第 158 页。

② 黄心川、戴康生等：《世界三大宗教》，生活·读书·新知三联书店 1979 年版，
第 48 页。

③ 清光绪九年（1883 年）福建代牧区分为北镜和南镜。北镜代牧区活动中心在福
州，范围为福州、福宁、延平、邵武、汀州、兴化七府；南镜代牧区中心在厦门，范围
为泉州、漳州、台湾三府及龙岩、永春二州。

长 60.2 米，宽 19.5 米。面积为 1371.4 平方米，可容 2000 余人。堂内顶部作拱形穹隆，缀以星辰，四周镶有彩色玻璃。该堂面对闽江，气势宏伟，是全省最大的天主堂。

光绪二十五年（1899 年）清政府在《接待教士事宜数条》中规定："主教其品位与督抚相同，应准其请见总督"、"自督抚司道府厅州县各官，亦按品秩，以礼相待"，赋予外国传教士极高的政治特权，从而促进了传教事业的进一步发展。其时，西班牙多明我会士苏玛素（Salvador Masot）任福建北镜代牧区主教，在其任内，仅 10 年时间，福州城区就增设了鼓楼区定远桥堂（即今西门堂前身）、在前述台江区澳尾巷办起了圣若瑟大修院、郊区北门外北库巷置仁爱堂、于马尾营盘顶创办仁慈堂。截至辛亥革命（1911 年）前夕，福州府各属县也相继建堂，总数达 30 多个，著名的有：

福清城关天主堂，坐落于福清融城利桥街，建于清光绪二十三年（1897 年），仿哥特式建筑，面积约 400 平方米，可容 500—600 人。

长乐城关天主堂，坐落于长乐复兴路二峰巷。始建于清光绪三十二年（1906 年），中西合璧式建筑，原堂面积 200 平方米，1992 年重建，堂身呈十字形，面积达 800 多平方米，钟楼高 28 米，是现代化无柱式教堂建筑，是目前全省第二大天主堂。

平潭城关天主堂，坐落于平潭城关江仔口，始建于清光绪十五年（1889 年），原堂面积约 200 平方米，单层中式建筑。

闽侯南屿天主堂，坐落于闽侯南屿镇南溪村，建于清光绪二十六年（1900 年），单层中式建筑，面积约 200 平方米。

连江城关天主堂，坐落于连江城关建国路，建于光绪二十七年（1901 年），中式建筑，面积约 200 平方米。

罗源城关天主堂，坐落于罗源城关歧阳村，始建于清光绪六年（1880 年）。民国初年毁于飓风，民国十六年（1927 年）重建，中西合璧式建筑，面积约 400 平方米，可容 500—600 人。

　　闽清六都天主堂，坐落于闽清六都镇车墘村，建于清光绪二十九年（1903 年），中西合璧式建筑，面积约 200 平方米。

　　永泰城关天主堂，坐落于永泰城关北门旋马弄，建于清光绪十七年（1891 年），中西合璧式建筑，面积约 120 平方米。①

　　天主教的发展除表现在教堂的兴建方面，还体现在信教人数的增多，光绪九年（1883 年）福州地区天主教约 5000 人，民国四年（1915 年）达 10000 人。为便于管理，福州地区自清光绪九年（1883 年）始设常驻主教，外国神甫人数截至辛亥革命前已多达 10 余人，本地籍的神甫也有 10 多人。② 前述主教苏玛素即为鸦片战争后中兴福州天主教的关键人物。

　　进入民国时期（1911—1949 年）福州天主教继续发展，截至民国三十八年（1949 年），福州地区天主堂所增至 106 处，其中教堂 25 个、公所 81 个，仅福州市区就有教堂 9 所。民国十二年（1923 年），天主教福建北镜区分出福州代牧区，民国十八年（1929 年）和民国二十年（1931 年），先后又从福州代牧区中分离出建瓯、邵武两个牧区。民国三十五年（1946 年）福州代牧区改称福州总主教区，升格为天主教福建教省教务领导机构。其教务管辖范围自民国二十年以来不曾变动，即包括今福州市区 5 区 2 市 6 县及古田和闽北的 8 个县市。至民国三十八年（1949 年），福州教区共有教友 39115 人，仅福州市区就有 13000 余人；神甫 48 人（中国籍 26 人，西班牙籍 22 人），赵炳文是福州天主教历史上第一位总主教，也是福州教区最后一任外籍主教。1953 年福州地区外国传教士全部离境，福州天主教神职人员始得以 100% 中国化。③

---

①　福州市地方志编纂委员会：《福州市志》第 8 册，方志出版社 2000 年版，第 88、97—99 页。

②　同上书，第 100 页。

③　同上书，第 89、95、97、101 页。

四　鸦片战争前后闽都基督教（新教）的发展

新教传入中国较天主教、东正教①为晚，学术界普遍认为嘉庆十二年（1807 年）英国伦敦布道会派遣东印度公司秘书罗伯特·马礼逊（Robert Morrison）来华，是新教开始传入中国的标志。马礼逊系英国诺森伯兰人，1804 年入伦敦布道会，1807 年被按立为牧师，同年 9 月抵达中国广州，成为第一个到中国的新教传教士。其时，清政府采取禁教政策，马礼逊只能假托经商之名逗留广州，尚不能公开传教，传教活动也仅限于编著宣教小册子。直至 1840 年，在华的新教传教士只有 20 人，分别代表 4 个差会。② 30 余年中所收信徒也不满百人。③

鸦片战争后，新教传教士在一系列不平等条约的庇护下，络绎来到中国，传教活动亦由通商口岸延伸到中国内地，各宗派的传教区域遍及全国各地，据统计，1858 年新教传教士仅 81 人，至 1898 年增至 1296 人。④ 中华人民共和国成立前夕，我国新教徒约 100 万人，大小宗派 70 个，教堂 20000 余座。⑤《中国与普世教会共同塑造世界》称，基督教在历史上曾四次入华，第三次是 16—17 世纪的明末清初，天主教耶稣会士进入中国甚至深入中国宫廷……在基督教传播的历史上，从未遇到过需要如此反复多次、重新开始传教的国家。而且，至少前三次重新开始时都要完全从头做起，唯有第四次传教运动能稍稍借助于以前打下的基础。⑥ 鸦片战争后新教的

---

① 1715 年俄国政府根据沙皇彼得一世的指令向中国派出第一个传教士团——北京东正教会，是为东正教传入中国之始。

② 差会，是西方各国基督教新教派遣传教士对外进行传教活动的组织，产生于 17 世纪中叶。初期的差会有些由殖民国家政府直接主持，19 世纪以来形式上多由各宗派所属教会办理，也有一些独立组织，一般都受到本国政府和财团的支持和赞助。

③ 周燮藩、牟钟鉴等：《中国宗教纵览》，江苏文艺出版社 1992 年版，第 244 页。

④ 同上书，第 245 页。

⑤ 黄心川、戴康生等：《世界三大宗教》，生活·读书·新知三联书店 1979 年版，第 48 页。

⑥ 转引自周燮藩、牟钟鉴等《中国宗教纵览》，江苏文艺出版社 1992 年版，第 241 页。

传入即是基督教第四次传入中国。

福州于 1842 年中英《南京条约》中被辟为"五口通商"口岸之一，条约签订后，新教传教士蜂拥而至，其中影响较大的主要有美部会、美以美会和安立甘会。

美部会是美国国外布道部的简称，属美国公理宗（Congregation）该会派到福州的第一位传教士是杨顺（Stephen Johnson）。1847 年 1 月 2 日杨顺乘鸦片船由暹罗抵达福州，成为福州第一位新教传教士。[①] 同年 9 月，美部会又派弼来满夫妇（Lyman B. Peet）来到福州。他们以中洲为立足地，在江南桥畔赁屋传教。翌年，美部会的第二批传教士抵达福州，有摩怜（Caleb C. Baldwin）夫妇、简明（Seneca Cummings）夫妇和历浃（William L. Richards），传教中心开始扩展到南台铺顶保福山（今吉祥山），附设保福山学校。此后一直到 1856 年，美部会先后派到福州的传教士有卢公明（Justus Doolittle）夫妇、夏查理（Charles Hartwell）夫妇、吴思明（Simeon F. Woodin）夫妇、杨顺太太等。1858 年，在杨顺、弼来满夫妇的努力下，美部会在福州铺前顶修建救主堂（今铺前堂），成为美部会在福州的第一座基督教堂。从此，美部会的传教活动由福州城外发展到城内，并扩展到周边各县，1864—1865 年，长乐、永泰相继被开辟为新的传教地，并于太平街、梅花、长邑、永泰、南屿等地兴建教堂，美部会的影响逐渐扩大。

美以美会是新教传教福州的又一大差会，属北美卫斯理宗，又名卫理公会。该会派到福州的第一批传教士怀德（Moses C. White）夫妇和柯林（Judson Dwight Collins）于 1847 年 4 月 15 日乘大帆船"赫伯尔"（Heber）号由美国波士顿起航，9 月 7 日抵达福州。翌年，又有麦利和（Robert S. Maclay）、喜谷（Henry Hickok）夫妇来

---

① 也有学者认为，最早到达福州的基督教新教传教士是普鲁士人古兹夫，他受尼德兰基督教会派遣，于 1832 年抵达福州，通过医疗活动向福州民众散发基督教小册子，福州人民的态度十分友好（李玲：《最早到达福州的基督教传教士》，载《福建史志》1997 年第 1 期。不过，新教在中国公开传教当是在鸦片战争以后）。

到福州，于南台茶亭附近租赁民屋为布道所。1856 年，麦利和于茶亭建真神堂，成为美以美会（卫理公会）东亚第一堂。同年 10 月，又于仓山建天安堂，并成立美以美会福州教区，以该堂为活动中心。1857 年长乐商人陈安在天安堂受洗入教，成为美以美会在福州的第一位教徒，也是新教传入福州 10 年来的第一位教徒。至此，美以美会在福州真正立足，福州成为美以美会的宣教中心。至 1860 年，两堂（即真神堂和天安堂）教徒已有 54 名。① 福州逐渐发展成为美以美会向国内其他地方和东亚其他国家传教的基地和中心。② 1867—1872 年，该会即派出传教士到江西九江以及北京传教，成立九江、北京宣教区。与此同时，美以美会传教士还通过创办学校、创建书局推动传教事业的发展。

安立甘会是新教传入福州的第三大差会，又称圣公会、英布道会，属英国安立甘宗。该会传入福州始于 1850 年 5 月传教士杰克逊（Robert David Jackson）和威尔顿（William Welton）抵达福州。起初，他们租住乌石山庙宇。后因"神光寺事件"③ 遭当地士绅驱逐，被迫移居城外。五年后，即 1855 年，安立甘会才派出第二批传教士方理（Matthew Fearnley）和柯（Francis McCaw）夫妇，在福州街头传教。1858 年，史密斯（George Smith）夫妇来到福州，与 1861 年抵榕的柯林斯（William Collins）在驿前桥、安泰桥设布道所。1861 年，第一批安立甘教徒受洗入教，安立甘会在福州的传教活动开始有所起色。1862 年英国传教士胡约翰（John Richard Wolfe）来到福州后，在南后街建萃贤堂，成为安立甘会（圣公会）在福州第一堂。安立甘会的传教事业逐渐发展起来。1864 年金亚德（Arthur William Cribb）夫妇到福州布道，并修建福州北门道源堂。从此，圣公会获得较快发展，其影响扩展到连江、罗源、古田、屏南、宁德、福清、兴化、建瓯、建阳、崇安、松溪、浦城等地。1871—

---

① 林金水主编：《福建对外文化交流史》，福建教育出版社 1997 年版，第 393 页。
② 同上书，第 394 页。
③ 详见本章"五、基督教与福州社会的冲突"。

1872 年，受洗入教者 150 人，教徒 800 人，1875 年该会教徒达 1200 人，成为居全国首位并闻名于国际的教区。①

新教在福州的发展除上述由外国人控制的"三大公会"以外，还有国人自己创立的教会，主要有基督复临安息日会、真耶稣教会和基督徒聚会处。

基督复临安息日会简称"安息日会"，19 世纪 40 年代产生于美国，1904 年由南洋华侨郑提摩太传到厦门屿，1911 年由厦门人郭子颖牧师传至福州，民国三年（1914 年）于南营赁屋设会堂，次年于大墙根购地建礼拜堂，名为福音堂，是该会在福州最大的教堂。

真耶稣教会由中国教徒魏保罗于 1917 年在北京首创。1923 年该会派教徒张巴拿巴（又名张殿举）到福建传教，设教于福州大根路，1928 年由教徒集资在大根路建造了福州第一座真耶稣教堂，并以福州为中心向省内外和海外传播。

基督徒聚会处于 20 世纪初由英国传入福州，此后即以福州为中心向省内外扩展。该教派因其组织严密、教规森严，以小群形式发展信徒，故在福建发展较快，中华人民共和国成立前夕，该教派的信徒分布在福建的 29 个县市。②

五　基督教与闽都社会的冲突

鸦片战争以后，西方传教士凭借不平等条约的签订，攫取了在华种种特权，从而使得宗教一开始就具有了强加于人的侵略成分。同时，基督教作为西方文化的重要内容，是有别于中华传统文化的异质文化，在其渗透到中国社会的过程中必然引起与本土文化的碰撞与冲突，导致中国民众普遍的抵触情绪和反抗心理，引发教会势力与民间社会的冲突，这就是通常所说的"教案"。伴随基督教传入福州，福州人民掀起了此起彼伏的反洋教斗争，较为著名的有

①　林金水主编：《福建对外文化交流史》，福建教育出版社 1997 年版，第 395 页。
②　陈支平主编：《福建宗教史》，福建教育出版社 1996 年版，第 416 页。

1869 年的"川石山教案"和 1878 年的"乌石山教案"。

川石山教案是 1868 年以王有树为首的乡绅、乡民反对英国传教士胡约翰（John Richard Wolfe）在川石山租屋建堂引发的民教冲突。川石山是位于福州闽江口五虎屿附近的一座小岛，早在同治五年（1866 年）英国传教士欲购闽安镇登高寨建堂，其时赋闲在家的原四川夔州知府王有树得知后便率当地乡绅民众呈报官府阻止此事，理由是"其地高踞，遥瞰海口，北岸炮台即在其下，实占要害"。① 两年后，即 1868 年英国传教士又串通岛民陈道松将私自开垦的川石山地永远租给教会并订立租约。王有树等人知悉后，认为"其地附近五虎山属海口要塞范围，更不能授人以险，且华洋杂处，必启争端"。② 遂再次联合琅岐、亭头、琯头绅民呈请官府制止。然而，胡约翰全然不顾当地群众反对，执意兴工，以致当地乡民"张贴告白，共图拆毁，其势汹汹"，并"驱打工匠，不许兴造"。③ 为此，英国海军派水兵登陆示威，与当地群众发生冲突，乡民王克明在混战中毙命，王有树的家亦遭捣毁，其弟也在英军胁迫下立约："不问何人阻挠买地，或破坏建屋者，皆责偿洋银万元。"④ 时任福建巡抚卞宝第力主与英方强硬交涉，严惩不法传教士，但闽浙总督英桂却迫于英国领事压力，认为"洋人在各口租地盖屋，为条约内准行之事"，"未便强阻"，⑤ 下令乡人撤防，洋人亦将约字缴还。1879年，英领事在民众的压力下交还了契约，长达 10 年之久的川石山教案终告结束。

乌石山教案发生于清光绪四年（1878 年），历时 3 年多，是福州乃至福建颇具影响的一桩教案。教案的起因与川石山教案相似。

---

① 《川石山地教案资料》，转引自林金水主编《福建对外文化交流史》，福建教育出版社 1997 年版，第 456 页。

② 《筹办夷务始末》（同治朝）卷 65，中华书局 1979 年版，第 3—4 页。

③ 同上书，第 4 页。

④ 《川石山地教案资料》，转引自林金水主编《福建对外文化交流史》，福建教育出版社 1997 年版，第 456—457 页。

⑤ 《筹办夷务始末》（同治朝）卷 65，中华书局 1979 年版，第 5 页。

乌石山坐落于福州城内。道光三十年（1850 年）英国基督教安立甘会（圣公会）传教士杰克逊（Robert David Jackson）和威尔顿（William Welton）至福州传教时即看中此地，请求当时英国驻福州领事代办金执尔替他们在乌石山下的神光寺租屋二间。二人住下后遂将此地作为传道之所，由此激起福州民众公愤而引发"神光寺事件"，时任福建巡抚徐继畲照会英国驻香港总督文翰（S. G. D. Bonham）和英国驻福州领事星察理（Chas. H. Sinclair），迫使传教士退租并迁出神光寺，改租道光观左侧房屋居住。随着教会势力的发展，1855 年，威尔顿等人又设法向道士陈园成租下道观的一块空地建造房屋。1866 年传教士胡约翰到福州主持教务。翌年，胡约翰私自从轿夫王上升父子处购得乌石山道观公地，擅自高筑围墙，侵占道路，引起周边绅耆民众的反抗。加之同治（1862—1874 年）、光绪（1875—1908 年）年间"闽省水灾、火灾连年叠见"，大家都"归怨于洋楼高耸，损伤阖省风水"。[①] 1878 年，胡约翰又侵占公地，添盖洋楼，于围墙内雀舌桥附近修建"神学书院"，共建三座楼房，且一座比一座高大，最终引起乌石山一带居民群众、乡绅士人的强烈反对。以举人林应霖为首的 100 余名士绅怒起反教。福建巡抚丁日昌闻讯后，主动与英国领事星察理商议，要求胡约翰归还乌石山，并以城外南台下渡原电线局对换，另贴洋银5000 元作为修造费，却遭到胡约翰的断然拒绝，胡甚至扬言"放弃乌石山，就意味着放弃了整个教务"。福州官府迫于民众压力，采取果断措施，亲临工场，遣走工匠，迫其停工，并会同英国领事前往现场会勘地界，结果证明英国传教士在雀舌桥边所建洋楼确系侵占。胡约翰恼羞成怒破口谩骂，甚至举手驱逐现场围观群众，导致群情激奋，顿时聚集了一万余人拥至雀舌桥，将教士侵占公地而增建的三座洋楼全部拆毁并放火焚烧。

---

① 《教务教案档》第 3 辑，转引自林金水主编《福建对外文化交流史》，福建教育出版社 1997 年版，第 453—454 页。

教案发生后，星察理向闽浙总督何璟提出控告，声称要为英国传教士申冤。英驻华公使傅磊斯（Hugh Fraster）照会清政府总理衙门，提出如下要求：一、胡教士所受委屈之处必须申冤；二、此事动手者固须严拿惩办，而主使者尤要查办；三、教士之地基如有界线不清之处，地方官与英领事官会同勘履；四、焚毁房屋应赔补。① 丁日昌奉旨查办此案，几经交涉，1879 年 3 月 17 日作出判决：一、将不候官断，擅自主使及携取砖块擅自毁屋之武生董经铨、侯得忠、林依奴等办以斥革徒流等罪。二、傅绍銮等九名，不候官断，擅自随同毁拆，办以枷杖。三、教官林应霖虽无主使之据，然临时不能劝止，亦应摘去顶戴，停委三年。其余弹压不力之文武地方官，均分别摘顶、撤委、记过。四、赔偿损失杂物洋银 1045 元。同时闽浙总督何璟出示晓谕。至此，焚烧洋楼案暂行平息。之后，丁日昌再次与英方交涉，提出以南台下渡原电线局作为交换，要求英方归还乌石山租地。双方最终达成协议：教会向当地官府租赁原电线局房地，每年纳租银 350 元，期限 20 年。1880 年 3 月，外国传教士全部迁出乌石山，教堂拆除，恢复旧日庙观。至此，长达 3 年之久的乌石山教案终于了结。

上述民教冲突反映了西方宗教教义、教规与中国传统文化、民间习俗的差异，表面上看冲突多由当地民众挑起，实质上反映了当地人民对西方传教士倚仗强权欺凌百姓的一种敌视心理，这种冲突不仅仅局限在宗教观念方面，而是与中国人的反抗殖民侵略结合在了一起。由于清政府的腐败、无能，民教冲突大多以当地政府的妥协而告终。但是，从教会本身而言，这种冲突在一定程度上也大大制约了其传教事业的顺利发展。

六　基督教对闽都社会的影响

综观基督教在福州的传播，自艾儒略始至今已有 380 多年的历

---

① 《教务教案档》第 3 辑，转引自林金水主编《福建对外文化交流史》，福建教育出版社 1997 年版，第 455 页。

史，其发展道路虽然是曲折的，如前述发生在明末清初和鸦片战争以后的"教难"，但是对福州的社会影响也是深远的。

　　明末清初以艾儒略为代表的天主教耶稣会士遵循利玛窦制定的传教路线，尊重中国传统习惯、道德伦理，着力于天主教教义与中国儒家学说相结合的传教方法，以介绍西方科学技术知识及其他世俗文化知识为手段，赢得福州士大夫的认同，其传教活动较为顺利且颇见成效，既达到了传播基督教福音的目的，向福州人传播了西方基督教教义和思想，又揭开了福州与西方文化接触、对话、交融的历史序幕，开启了西学东渐的先河。在此意义上，耶稣会士不愧为中西文化交流的使者，"三山论学"① 是为西学传入福州之滥觞。艾氏在福建传教期间（1625—1649 年）一方面向世人介绍基督教的教义和思想；另一方面著书立说，广泛介绍西方天文、物理、数学、地理等西方科学技术知识，据说，当时"艾氏说有 7000 余部入中国"，徐宗泽先生编著的《明清间耶稣会士译著提要》著录了艾氏编著 26 种，其中属于科教性质的著作有《西学凡》、《几何要法》、《西学问答》、《职方外纪》等 4 种。② 其中《西学凡》地位尤高，1623 年该书在杭州刊印问世后，1628 年李之藻将它收入在第一部天主教丛书《天学初函》的理编，1782 年又被收入《四库全书》，1940 年耶稣会诞生 400 年之际，徐宗泽将其收入所编《明清间耶稣会士译著提要》中。关于《西学凡》的"凡"，即是"概要"、"大略"之意，"是一本欧西大学所授各科之课程纲要"，③ 也是耶稣会士用中文写的第一部介绍西方教育的专著，其中关于西学六科（文科、理科、医科、法科、教科、道科）的介绍尤为重要。

----

　　① 发生于明天启七年（1627 年），明末阁老叶向高与意大利耶稣会士艾儒略之间就生死问题展开的一场辩论，持续 2 天，参加者有明末福州著名诗人观察曹学佺等福州士大夫，论学的内容如泉州苏茂相所说："《三山论学记》者，泰西艾子与福唐叶相国辨究天主造天地万物之学也。"（艾儒略：《三山论学记》苏序，转引自林金水主编《福建对外文化交流史》，福建教育出版社 1997 年版，第 245 页）

　　② 方宝川：《叶向高、艾儒略与西学初入福建》，载《福建史志》1997 年第 6 期。

　　③ 徐宗泽：《明清间耶稣会士译著提要》，中华书局 1989 年版，第 289 页。

《西学凡》开宗明义地写道："极西诸国，总名欧逻巴者，隔于中华九万里。文字语言，经传书籍，自有本国圣贤所纪。其科目考取，虽国各有法，小异大同，要之尽于六科。"① 该著系统地介绍了西方教育中自然科学和人文科学的学术体系以及对科学教育的重视，向中国知识分子阶层传播了西方的科学方法论②，对后世中国教育改革产生了深远影响。

明末清初称得上是福州基督教的黄金时代，尽管期间也有一些冲突，但大体上传教事业在福州的发展还是顺利的。

随着中国礼仪之争的展开，中西文化之间的冲突愈演愈烈，最终导致清政府实施"禁教"政策，福州基督教的发展走向低潮。

鸦片战争以后，基督教传教士凭借一系列不平等条约的庇护迫使清政府开教，百年禁教一朝剧解，西方传教士重新获得进入中国自由传教的权利。他们借助于在中国获得的巨额赔款，通过兴办学校、医院、出版等事业扩大基督教在华影响。基督教（新教）三大差会在福州的兴学、施医、办刊等活动对福州近代教育兴起、医疗事业的开展以及与西方文化的沟通与交流等方面均产生了积极影响。具体情况如表3—2所示。

表3—2　　　　　　　三大差会在福州兴办的学校③

差会	学校名称	创办时间	创办人	地点
美部会	福音精舍	1853 年	卢公明	福州南台
	格致中学	1853 年	卢公明	福州于山
	文山女塾	1854 年		福州保福山
	文山女中	1854 年	卢公明	福州铺前顶

① 转引自肖朗《近代西方教育导入中国之探源——艾儒略与明末西方教育的导入》，载《河北师范大学学报》1999 年第 1 期。

② 同上。

③ 参见林金水主编《福建对外文化交流史》，福建教育出版社 1997 年版，第 423—426 页。

续表

差会	学校名称	创办时间	创办人	地点
美以美会	男塾	1848 年	柯林	福州
	女塾	1850 年	麦利和之妻	福州仓前山
	保灵福音院	1852 年		福州
	毓英女子初中	1859 年	娲氏姐妹	福州仓前山
	英华中学	1881 年	武林吉	福州仓前山
	超古毓馨联中	1892 年		古田
	融美中学	1892 年	亨利	福清
	培青初中	1894 年		长乐
	天儒中学	1894 年		闽清
	毓贞初级中学	1894 年	班芝馨	福清
	岚华中学	1907 年	贵玛丽亚	平潭
	华南女子文理学院	1908 年		福州
	进德女中	1915 年		福州花巷
圣公会（安立甘会）	陶淑女子小学	1864 年		福州仓前山
	陶淑女中	1874 年		福州仓前山
	三一中学	1876 年	万拔文	福州仓前山
	史荦伯初中	1890 年	史荦伯	古田
	福州塔亭护士学校	1902 年		福州
	惠乐生护士学校	1912 年		福清

　　1912 年，英国圣公会万拔文将圣马可医院、广学书院和榕南两等小学合并成立福州三一学院，与格致、英华同列为福州著名的教会学院。1915 年，美以美会、圣公会、中华基督教会、归正会在福州联合创办福建协和大学，与华南女子文理学院并列为 20 世纪初福建的两所高等院校。

　　除兴办学校，各差会还创设医院作为传教的手段。具体情况如表 3—3 所示。

表 3—3 福州教会医院①

医院名称	所属教会	所在地
柴井医院 Christ's Hospital	圣公会	福州城内
塔亭医院 Foochow Native Hospital and Dispensary Hon. Medial Officers	中华基督教会	福州塔亭
马高爱医院 Magaw Memorial Missionary Hospital	美以美会	福州
罗星塔医院 Pagoda Hospital		福州马尾
圣经妇幼医院	中华基督教会	福州花园路
协和医院 Union Hospital（1936 年圣教医院与马高爱医院合并而成）		福州
惠爱医院	圣公会	福清
惠乐生女医院 I. F. Harrison Hospital	美以美会女布道会	福清
利新田医院 Woolston Memorial Hospital	美以美会	福清龙田
普爱女医院	圣公会	福清高山
基督教西医院 Cliff Memorial Hospital	美以美会	平潭
怀礼医院 Wiley General Hospital	美以美会	古田
白塔癫医院		古田三保
圣教医院 Diongloh Hospital	中华基督教会	长乐
亨通医院	中华基督教会	永泰
普孺医院	圣公会	连江西门外
善牧医院 Nathan Sites Memorial Hospital	美以美会	闽清
潘美顾女医院 Pantin Mabel Hospital	圣公会	屏南棠口
妇幼医院	圣公会	宁德西门外
圣教女医院 Christ's Doctrine Hospital		

与此同时，教会的出版事业也有很大发展。1859 年美以美会美

---

① 参见林金水主编《福建对外文化交流史》，福建教育出版社 1997 年版，第 449—451 页。

国总布道会拨款 5000 美元作为福州差会出版榕腔圣经之用，创设美华书局，购置了一部华盛顿印刷机和其他印刷工具中英文铅字。1862 年在传教士麦利和主持下，美华印书局建成。在其初兴的 20 年间，"印刷之速率甲于全国。每年印就圣教 11 万本，他杂书称是。……年有利润收入，以充为印书局之资本，则其事业之盛大可知矣"。① 以报刊发行量看，《中华归主》一书中统计了 1909—1911 年三年全国报刊发行量居前几位的城市，依次为：北京、上海、广州、福州。在中华人民共和国成立以前，仅福州美以美会所办刊物就有《中文月刊》、《教务杂志》、《小孩月报》、《郇山使者》（后先后改称《闽省会报》、《华美报》、《华美教保》）、《清英教会报》、《书社月旦》、《醒社月报》、《卫理》等，② 其他教会办的还有《道南半月刊》、《圣公会季刊》、《福州青年》、《协大学报》、《闽中会刊》、《协进公刊》、《华南学院校刊》、《福州中国基督教徒联合会年刊》、《复兴季刊》、《勉励会》等。③ 1901—1920 年间发行福州方言圣经 9000 余册④。

第五节　民间信仰

所谓民间信仰是指"民间流行的对某种精神观念、某种有形物体信奉敬仰的心理和行为。包括民间普遍的俗信以至一般的迷信"。⑤ 它是以社会下层民众为信众主体、广泛流传于民间却从未受到官方认可和礼遇的一种宗教形式，与官方的、正规的宗教信仰相

---

① 《福州美以美年会史》（1936 年），转引自林金水主编《福建对外文化交流史》，福建教育出版社 1997 年版，第 436 页。

② 林金水主编：《福建对外文化交流史》，福建教育出版社 1997 年版，第 442 页。

③ 《福州美以美年会史》（1936 年），转引自林金水主编：《福建对外文化交流史》，福建教育出版社 1997 年版，第 442 页。

④ 福州市地方志编纂委员会：《福州市志》，第 8 册，方志出版社 2000 年版，第 122 页。

⑤ 《辞海》（下册），上海辞书出版社 1999 年版，第 5120 页。

比，民间信仰具有自发性与随意性、不规范性与不确定性的特征。[①]
具体表现在：民间信仰没有像宗教教会、教团那样固定的组织机
构，没有像宗教那样特定的至高无上的崇拜对象，没有形成任何宗
派，没有形成完整的伦理的、哲学的体系，没有像宗教那样特定的
法衣法器、仪仗仪礼，没有像宗教那样进行活动的固定场所（如寺
庙、宫观和教堂）等方面。[②] 不过，我们也应该看到，产生于原始
氏族社会时期的中国民间信仰在历数千年的历史发展过程中，不断
援引或借鉴许多官方的、正规宗教信仰的做法而日渐系统化；反
之，官方的、正规宗教为赢得更多的信徒，在其传播过程中也常常
迎合或附会民间信仰的内容而日渐世俗化，尤其是明清以后，释、
道、儒三教合一，民间信仰与正规宗教相互影响、渗透，大批道
士、神仙以及佛教俗神（包括一些世俗化的菩萨或具有某些“法
力”或“灵异”的僧尼）纷纷成为民间信仰的崇拜对象，从而使二
者关系变得复杂、模糊难辨。因此，我们在研究这一问题时，不能
一概而论。

　　民间信仰作为一种文化形态，其产生与发展都受到特定的自然
地理环境和社会历史条件的制约，福建的民间信仰根植于福建的土
壤具有其独特性。学术界对此问题的研究已经取得不斐成果，既有
个案研究（相关论文已达数百篇），又有整体研究（如林国平、彭
文宇合著：《福建民间信仰》，福建人民出版社 1993 年版；徐晓望
著：《福建民间信仰源流》，福建教育出版社 1993 年版）。福州是福
建省会，其历史文化的发展具有福建的历史文化的共性，也有其独
特性。总体上看，福州影响较大的民间信仰的神灵主要有关帝、城
隍、徐仙、瘟神、临水夫人等，在这里，我们主要介绍城隍信仰和

---

① 也有学者归纳为“三多”——多样性、多功利性、多神秘性。（乌丙安：《中国
民间信仰》，上海人民出版社 1996 年版，第 12 页）；还有学者认为中国民间信仰的特征
除“三多”以外，还具有自发性、多变形，或曰不确定性（贾二强：《唐宋民间信仰》，
福建人民出版社 2002 年版，第 3—5 页）。

② 参见乌丙安《中国民俗学》，辽宁大学出版社 1985 年版，第 242—245 页。

临水夫人信仰。

一　闽都城隍信仰

城隍信仰是古代中国对城市保护神——城隍神的信仰，在民间有着极其广泛的影响。城，本指都邑周围的城垣；隍，即护城河。许慎《说文解字》曰："城，以盛民也"；"隍，城池也。有水曰池，无水曰隍"。据考，有关城、隍的记载最早出现在《易经》中，其《泰卦》曰："城复（覆）于隍，勿用师。""城隍"一词连用见诸正史则始自《后汉书·班彪传》："时京师修起宫室，浚缮城隍。"在这里，"城隍"是为城池之本义。

从起源上看，学术界普遍认为城隍祭祀始于周代的蜡祭。孔颖达疏：蜡祭是"合聚万物而索飨之"。在周代，每年十二月都会举行对与农事有关的八种神灵的祭祀活动，一方面，酬谢各位神灵在当年农事所获丰收中的功劳；另一方面，祈求各位神灵来年再予保佑农事丰收，这种祭祀活动被称作"八蜡"，亦作"蜡祭"。①《礼记·郊特牲》载："天子大八蜡……祭坊与水庸，事也。"郑玄注曰："（周天子）所祭有八神"，其中就有"坊与水庸"。孔颖达疏："坊者，所以蓄水，亦以障水。水庸者，所以受水，亦以泄水。""坊，堤也"；"水庸，沟也"。② 由此，周代所祭"坊与水庸"即是城墙与护城河，是针对城隍建筑物本身的祭典，这种祭祀属于人类最初始的自然神崇拜，源于"万物皆有灵"的观念。至于将城隍当作独立的人格神加以崇拜则始于汉代，据宋人林通所著《长乐图

---

① 不过，有学者认为城隍祭祀始于周代的说法"失之牵强"，提出："从文献中看，城隍大约出现在南北朝时，最早记载祈祷城隍的实例就见于此时，当然其产生时代可能还会略早一些。"（贾二强：《唐宋民间信仰》，福建人民出版社 2002 年版，第 100 页）陈支平先生亦认为"城隍之祀始于六朝"（陈支平主编：《福建宗教史》，福建教育出版社 1996 年版，第 57 页）。还有学者提出："城隍信仰，据说是六世纪的南朝梁末，在长江中部流域乃至汉水流域，在筑城技术的南下和当地土俗的人格神信仰相结合的基础上，作为城市的军事性守护神形成的。"（［日］滨岛敦俊文：《明清江南城隍考——商品经济的发达与农民信仰》，沈中琦译，载《中国社会经济史研究》1991 年第 1 期）

② 陈戍国：《礼记校注》，岳麓出版社 2004 年版，第 184—186 页。

经》记载："（福州城隍）庙之神乃西汉御史周苛也。守荥阳，为项羽所烹。高祖既即位，思苛忠烈，令天下郡县各附城立庙祀之。城隍之祀，疑始于此。"① 而修建专门的祠庙供奉城隍神则是三国时期的事。赵与时《宾退录》卷 8 记载：孙吴政权于赤乌二年（239年）所建安徽芜湖城隍庙是全国最早的城隍庙。②

　　然，真正见诸正史记载的城隍神祠与城隍祭祀是在南北朝时期。《北齐书·慕容俨传》载："（天保）六年（555 年），梁司徒陆法和、仪同宋蒟等率其部下以郢州城内附。时清河王岳帅师江上，乃集诸军议曰：'城在江外，人情尚梗，必须才略兼济，忠勇过人，可受此寄耳。'众咸共推俨，岳以为然，遂遣镇郢城。始入，便为梁大都督侯瑱、任约率水陆军奄至城下。俨随方御备，瑱等不能克。又于上流鹦鹉洲上造荻洪竟数里，以塞船路。人信阻绝，城守孤悬，众情危惧，俨导以忠义，又悦以安之。城中先有神祠一所，俗号城隍神，公私每有祈祷。于是顺士卒之心，乃相率祈请，冀获冥佑。须臾，冲风倏起，惊涛涌激，漂断荻洪。约复以铁锁连治，防御弥切。俨还共祈请，风浪夜惊，复以断绝，如此者再三。城人大喜，以为神助，瑱移军于城北，造栅置营，焚烧坊郭，产业皆尽。"此为迄今发现正史中最早、也是最为明确关于城隍神祠的记载。从这段记载中可以看出，城隍信仰在当时影响较大，城隍神在民众心中已经占据了较重要的地位，城隍神的基本职责是守护城池。同时期关于城隍祭祀的记载还见于《南史·梁武帝诸子传》："大宝元年（550 年），纶至郢州，刺史南平王恪让州于纶，纶不受。乃上纶为假黄钺、都督中外诸军事。纶于是置百官，改听事为正阳殿，内外斋省悉题署焉。而数有变怪，祭城隍神，将烹牛，有赤蛇绕牛口出。"从目前已有的史料记载看，"早期的城隍信仰，应

---

① 转引自黄仲昭修纂《八闽通志》卷 58《祠庙》。据宋人赵与时《宾退录》卷 8载：江阴城隍庙亦供周苛。

② 有学者认为此说"于前代文献无征，不足据"（贾二强：《唐宋民间信仰》，福建人民出版社 2002 年版，第 100 页）。

该出现在长江流域，即城隍崇拜极可能起源于南方，而逐渐遍及南北各地的"，① 这与"吴俗畏鬼"的传统不无关系。

福州地处中国东南部，东面临海，西、北、南三面环山，商周时期形成了当地土著——闽越族，深受与之邻近的江南文化影响，② 所谓"闽俗好巫尚鬼"。因此，闽地城隍信仰产生较早，据《八闽通志》、《三山志》等史籍记载，福州最早的城隍庙建于晋武帝太康年间（280—289 年），唐宋时期，福州城隍信仰得到较大发展与普及，至明清时期达到鼎盛，并随着闽人的对外移民远播中国台湾、东南亚等地区。

1. 福州城的兴建与城隍信仰的产生——汉魏晋时期

城隍信仰的核心是城隍神，其产生与城池的兴建、发展有着密不可分的关系。福州最早的城池谓"冶城"，是闽越王无诸于汉高帝五年（公元前 202 年）依冶山而建，故名。西晋太康三年（282年），晋武帝于冶城设晋安郡，首任太守严高"顾视险隘不足容众，遂改筑子城"，③ 并创建了城隍庙。据宋人梁克家《三山志》载：

---

① 贾二强：《唐宋民间信仰》，福建人民出版社 2002 年版，第 101 页。

② 一般说来，江南文化对闽越地区的影响主要是通过移民实现的，秦汉时期史籍记载较为明确的江南地区移民入闽主要有三次：

第一次是战国晚期，为楚所灭的越国后裔中有一支南奔入闽，与当地土著逐渐融合。

第二次是西汉中、后期，闽越国（公元前 202 年受封于汉中央王朝的异姓诸侯国）与汉廷关系恶化，导致元封元年（公元前 110 年）"国除"，随后汉武帝又以"东越狭多阻，闽越悍，数反覆，诏军吏皆将其民徙处江淮间。东越地遂虚"。（《史记·东越列传》；《宋书·州郡志二·江州》亦载："汉武帝世，闽越反，灭之，徙其民于江、淮间，虚其地。"）至汉昭帝始元二年（公元前 85 年），闽越遗民"有遁逃山谷者颇出，立为冶县，属会稽"（《宋书·州郡志二·江州》）。东汉光武帝建武二年（公元 26 年），设东部侯官都尉，仍属会稽郡，守员大多来自江浙。

第三次是东汉末年、三国时期，崛起于江东的孙吴集团为控制闽中地区，从建安元年（196 年）至吴太平二年（257 年）先后五次对闽用兵，期间，大量江南兵士定居闽中。

毫无疑问，江南居民南迁入闽，必定将其生活习俗和宗教信仰带到闽中地区，对当地的民间信仰包括城隍信仰产生了深远影响。

③ 徐景熹主修：乾隆《福州府志》卷 47《名宦二》。

梁克家的《三山志》卷 4《地理类四·子城》亦载："晋太康三年，既诏治郡，命严高治故城，招抚昔民子孙。高顾视险隘，不足以聚众，将移白田渡，嫌非南向，乃图以咨郭璞。璞指其小山阜，曰'是宜城，后五百年大盛'。于是迁焉。"

"城隍庙，府治之东，古有之。……晋太康迁城，即建今所。"① 福州城隍庙不仅是福建省最古老的城隍庙，而且也是现存全国最早的城隍庙之一，在其1700多年的历史中，屡经修复、扩建和重建。史载：宋绍兴二十七年（1157年），福州郡守沈调"增创堂守"加以扩建。南宋淳熙五年（1178年）又添"更衣、肃仪"二亭。元代，二亭俱毁于兵燹。明成化十八年（1482年），知府唐珣主持重修庙宇。正德十年（1515年）改城隍庙外大门为华表，规模宏敞，焕然一新。万历十年（1582年）庙门庑失火，不久又重建，并为城隍庙增春、秋二祭。清康熙二十年（1681年）再次重修。乾隆十三年（1748年）郡人何长浩又主持重修。自后里人相继修葺。② 民国初年，福州城隍庙的发展规模十分庞大，占地面积达100亩，几乎覆盖了整座冶山，因故，冶山又被称作"城隍山"。不过，今存福州城隍庙仅有鼓屏路瑞云巷原城隍庙群中"阴阳司"主殿，共三间，进深十多米。

由于资料缺乏，迄今尚未发现对这一时期福州城隍祭祀活动的具体记载，而且，此后近300多年亦未发现再有兴建城隍庙的记载。

2. 闽都城隍信仰的发展与普及——唐宋时期

降及唐代，城隍信仰有了较大发展，城隍庙遍及江南地区。宋人李昉《太平广记》卷303《宣州司户》条引《纪闻》曰："吴俗畏鬼，每州县必有城隍庙。"不过，唐朝初年，城隍尚未列入国家正祀。李阳冰乾元年间（758—759年）任缙云县令，曾因天旱，于乾元二年（759年）到本县城隍庙祈雨，作《缙云县城隍神记》，文曰："城隍神，祀典无之。吴越有之，风俗水旱疾疫必祷焉。""安史之乱"以后，城隍信仰在全国范围得到广泛传播，各州郡皆有城隍，诚如明人张以宁《增广城隍庙记略》所云："郡邑皆有城隍祠，由唐始。"城隍神的职能亦由以前单一的城池保护神扩展到

---

① 梁克家修纂：《三山志》卷8《公廨类二·祠庙》。
② 徐景熹主修：乾隆《福州府志》卷14《坛庙一》。

主管生人亡灵、水旱疾疫等范围，成为影响城市人民生活的重要神灵，各级官吏、文人举子很快成为城隍信仰的主体，城隍祭祀活动也比较频繁，撰文祭祀城隍在当时亦是蔚然成风，继张说《祭荆州城隍文》之后，羊士谔、张九龄、韩愈、李商隐、杜牧等均有"祭城隍文"问世，被誉为"诗圣"的杜甫更有"十年过父老，几日赛城隍"之诗句传世。唐末五代时期，城隍神已经有了自己的封号，据宋人王钦若《册府元龟》卷34《帝王部祭祀三》载：杭州城隍神封顺义保宁王，湖州城隍神封阜俗安城王，越州城隍神封兴德保阖王，鄂州城隍神封万胜镇安王，等等，城隍神作为国家正神地位正式确立起来。

宋代是中国历史上重要的造神时代，在帝王的表彰与提倡下，城隍信仰的发展与普及大大超过前代，大致表现在如下四个方面：

其一，城隍神庙遍布全国各地。赵与时《宾退录》卷8载："今其祠几遍天下，朝家或锡庙额，或颁封爵，未命者，或袭邻郡之称，或承流俗所传，郡异而县不同。至于神之姓名，则又牵强附会，各指一人。"福州府于这一时期所建城隍庙共5所：建于宋景德年间（1004—1007年）的古田县城隍庙、建于宋康定元年（1040年）的福清县城隍庙、建于宋元祐二年（1087年）的长乐县城隍庙、建于宋乾道九年（1173年）的连江县城隍庙、罗源县城隍庙亦建于宋代。[①]

其二，城隍祭祀被纳入国家祀典。《宋史·礼志八》曰："自开宝、皇祐以来，凡天下名在地志，功及生民，宫观陵庙，名山大川能兴云雨者，并加崇饰，增入祀典"，各级官员每年都要按时举行祭祀城隍的仪式。曾任宁德县主簿的陆游在《重修城隍庙记》亦云："自唐以来，郡县皆祭城隍，至今世尤谨，守令谒见，其仪在他神祠上。社稷虽尊，特以令式从事，至祈禳投赛，独城隍而已，

---

① 黄仲昭修纂：《八闽通志》卷58《祠庙》。

则其礼顾不重欤!"① 由此可见，城隍祭祀深受各地方官重视，其礼重于他神，是各郡县最重要的祭祀活动之一。

其三，城隍神的人格化基本定型，无论是现实中还是历史上凡"有功烈于民，能御大灾、捍大患者，殁则祀"。有宋一代，国难当头，战乱频仍，因此，城隍神大多由当地忠臣烈士充任并得到朝廷封号。如福州城隍庙所祭之神主要有汉代忠烈周苛、宋代名臣蔡襄等。此外，开疆拓土、创建城邑的杰出人物亦被当做城隍神受到祭祀，如古田县城隍庙所祭之神刘疆，宋人余发林在《城隍庙记略》中载："神姓刘，名疆。世生此土。唐开元间，始与其徒，以其地请于天子而立县。玄宗嘉其忠顺，仍使掌县事。未几，纳职请吏于朝。偕其子弟族人，退居以俟朝命。天子不欲夺其志，诏有司叙其功德，加封其爵，使食禄于家。疆天性仁厚，友爱诸弟，延及其下。殁后，邑人思之，为立庙，号宁境。岁时祭之，感应如响，庙貌至今犹存，咸称为古田拓主庙。累加封赠。至宋谥为顺宁正应侯，夫人林氏号顺应左夫人，郑氏号正宁右夫人，父母子弟同享庙食至今，可谓远也已。呜呼! 如侯者，忠君仁民，保族安身，生为民主，殁为神宗，不亦人杰矣哉!"②

其四，城隍神的职掌范围进一步扩大，并被纳入一个与人间官僚系统相对应的阴间职官系统——神道系统。宋代城隍神除具有前代城隍神对外捍卫城池安全，对内职掌人民福祉的基本职能外，其神通还被扩大到当地各项事物之中，俨然百姓心目中无所不能的父母官而被赋予了掌管冥籍——亡灵户籍的职责，其所具有的阴间审判功能使其司法神形象日渐明朗，所谓"鉴察民隐，赏善罚恶，以补充阳间司法的疏漏与不足"。③ 宋人庄绰的《鸡肋篇》就有关于城隍审理亡人的记载，读竟自明，兹不迻录。

元代基本沿袭宋制，但较宋时城隍信仰更为普及。元世祖至元

① 陆游:《渭南文集》卷17《宁德县重修城隍庙记》，中华书局1976年版。
② 徐景熹主修:乾隆《福州府志》卷15《坛庙二》。
③ 李祖基:《城隍信仰与台湾历史》，载《台湾源流》1998年12月第12期。

七年（1270 年），元大都建成后即在大都城西南"建城隍之庙，设像而祀之，封曰佑圣王"，此为国家级城隍之始，城隍神也一跃而成为国家的守护大神。大都城隍庙成为元朝大都官民上下共同礼拜的场所，一如元代虞集《大都城隍庙碑》所云："自内廷至于百官庶人，水旱疾疫之祷，莫不宗礼之。"元文宗天历二年（1329 年）八月又"加封大都城隍神为护国保宁王，夫人为护国保宁王妃"，①城隍夫人的封赐由此始。终元之世，城隍神庙之普及可谓空前，即使是偏远的郡县城隍庙也是无处不见。元人余阙《青阳集》卷 4《安庆城隍庙显忠灵佑王碑》称："今天子都邑，下逮郡县，至于山夷海峤、荒墟左里之间，无不有祠。"不过，有元一代，有关闽人祭祀城隍的记载甚少，具体情形不得而知。

3. 闽都城隍信仰的鼎盛与远播——明清时期

明清时期，在各代封建帝王的提倡与扶持下，城隍信仰达到极盛，城隍信仰形成天下通制，全国各府州县均设城隍庙，乃至卫所、要隘都有城隍庙，城隍信仰进一步普及。其特色表现有四：

其一，城隍神地位提高，并构建起了完整的城隍信仰体系。明初，天下大定，明太祖朱元璋便着手对城隍之祀加以整饬，重新统一全国各地城隍的封号，确定其级别。史载：洪武二年（1369 年），礼官言："城隍之祀，莫详其始。先儒谓既有社，不应复有城隍。故唐李阳冰《缙云城隍记》谓'祀典无之，惟吴、越有之'。然成都城隍祠，李德裕所建，张说有祭城隍之文，杜牧有祭黄州城隍文，则不独吴、越为然。又芜湖城隍庙建于吴赤乌二年，高齐慕容俨、梁武陵王祀城隍，皆书于史，又不独唐而已。宋以来其祠遍天下，或锡庙额，或颁封爵，至或迁就傅会，各指一人以为神之姓名。按张九龄《祭洪州城隍文》曰：'城隍是保，旺庶是依。'则前代崇祀之意有在也。今宜附祭于岳渎诸神之坛。"乃命加以封爵。京都为承天鉴国司民升福明灵王，开封、临濠、太平、和州、滁州

---

① 《元史》卷 33《文宗纪二》。

皆封为王。其余府为鉴察司民城隍威灵公，秩正二品。州为鉴察司民城隍灵佑侯，秩三品。县为鉴察司民城隍显佑伯，秩四品。衮章冕旒俱有差。命词臣撰制文以颁之。① 这是明代册封城隍神规模最大的一次，县级以上的城隍神都有了自己的封号。因之，福州城隍庙亦于洪武二年（1369 年）被敕封为"鉴察司民威灵公"。洪武三年（1370 年），又下诏"去封号，止称某府州县城隍之神"。② 故此，福州城隍庙于洪武十七年（1384 年）革封号，唯称"福州府城隍之神"。庙内除主祀城隍神以外，还附祀生前受民间崇拜的清官循吏或仁人善士，福州城隍庙东面石刻自唐至明历代功臣名宦诸神碑共 13 块，他们是：唐光禄大夫樊公之神、宋少师忠惠蔡公之神、知武冈军杨公之神。参知政事张公之神、直龙图阁孙公之神、将军卢公之神、烈士范公之神、元大尉忠献董公之神、行省都事蓝公之神、侍御史韩公之神、英义侯阚公之神、楚国公李公之神、明大夫汤公之神。③ 清雍正年间（1723—1735 年）又改称"福建都城隍"。因此，冶山城隍也称为"福州府城隍"、"福建都城隍"。另，据民国《福建通志》载："（闽县）城隍庙在府城隍庙东庑"；"（侯官）城隍庙在府城隍庙西庑"。可见，冶山城隍兼省、府、县三级城隍于一体。④ 清承明制，城隍信仰仍盛，唯都城隍有二，分别设在北京和沈阳。

其二，城隍神功能突出表现为"鉴察司民"的职能，城隍神逐渐成为封建统治阶级统治人民的精神工具。关于这一点，从上述对各级城隍的封号即可见之一斑，不赘述。

其三，城隍祭祀活动更为规范化、制度化。洪武三年（1370 年）以后，朝廷又对城隍祠及其祭祀作了规定："令各庙屏去他神。定庙制，高广视官署厅堂。造木为主，毁塑像异置水中，取其泥涂

① 《明史》卷 49《礼志三》。
② 同上。
③ 徐景熹主修：乾隆《福州府志》卷 14《坛庙一》。
④ 杨彦杰：《福州城隍庙与闽台城隍信仰》，载《东南学术》1998 年第 5 期。

壁，绘以云山。"① 对于城隍祭祀，其礼制如《明会典》卷86《礼部·祭祀七》所载："风云雷雨山川城隍之神凡各布政司府州县，春秋仲月上旬，择日同坛祭，设三神位，风云雷雨居中，山川居左，城隍居右。若府州县则称某府某州某县境内山川之神，某府某州某县城隍之神。"清制亦同，规定："各省府、州、县神只位次，正中云、雨、风、雷，左山川，右城隍。"② 根据这一仪规，福州城隍庙"每春秋仲月，有司合祭于山川坛，有事于厉，则位主于中镇，群祀焉。初，莅官者必先誓于神，而后视篆。其誓神之语，祀厉之文，皆太祖手自裁定。惓惓于礼乐幽明之治，盖欲神人合德，以祐国庇民，垂于万世也"。③ 由此可见，官府崇信城隍的目的主要是通过"与神共治"以达到"祐国庇民，垂于万世"的效果。因此，各级新官员上任，必先到当地城隍庙致祭设誓，与神盟约，而后履新，其仪式肃然有序。然而，对于普通百姓而言，之所以崇信城隍则主要看中城隍所具有的治理阴间、统辖百鬼、庇佑城内百姓平安之功能。惟其如此，祭祀城隍的仪式则表现出娱乐化、世俗化的色彩。福州地区每年十月初一逢城隍诞辰，都要举办迎神赛会，人们将城隍塑像抬出，并随带庙内文武判官、牛爷、马爷、七爷、八爷等出巡游行，热闹非凡，成为群众自娱自乐的一种文化习俗。

其四，城隍信仰开始随着闽人的对外移民逐渐远播到台湾、东南亚等地区。明清时期，福建掀起了大规模对外移民浪潮，闽人不仅向周边省份广东、江西、浙江等地移民，而且还漂洋过海，移居海外，并将他们的宗教信仰带到了这些地区。据史料记载，中国台湾第一座城隍庙是明末郑氏政权兴建的台南府城隍庙，④ 而且台湾的城隍庙也大多由福建分香而来，"台湾人自认其大小49座城隍

---

① 《明史》卷49《礼志三》。
② 《清史稿》卷82《礼志一》。
③ 徐景熹主修：乾隆《福州府志》卷14《坛庙一》。
④ 杨彦杰：《福州城隍庙与闽台城隍信仰》，载《东南学术》1998年第5期。

庙，皆源自大陆，根于福州冶山都城隍"。① 20 世纪 90 年代以来，不断有台湾岛内的同胞组织进香团到福州城隍庙谒祖进香。如 1990 年台南县保安宫首次组团到福州城隍庙谒祖敬香。之后，南投县竹山镇的灵德庙曾于 1991 年、1992 年、1998 年先后三次组团来到福州，敬谒城隍祖庙。据说，灵德庙的城隍是从福州分灵过去的。②

不仅如此，福建的城隍信仰还随着华侨移居东南亚地区得到广泛传播。据李天锡先生考证，华侨吴让的儿子吴天成于清道光二十二年（1842 年）所建泰国宋卡城隍庙是目前有据可查的东南亚地区乃至海外最早的城隍庙，可能是福建海澄县城隍庙的分灵。③ 李先生还提及，建成于清光绪三十一年（1905 年）的新加坡都城隍庙内所供神像很可能是曾于福州古山受戒的瑞于上人从福州奉请到新加坡的，④ 其城隍信仰与福州城隍的关系亦可见之一斑。此外，印度尼西亚、越南、马来西亚、缅甸、泰国等地也都有许多祖庙在福建的城隍庙，因此，近年来有不少海外城隍庙组团来到福建寻根谒灵。

4. 结语

综上所述，福州城隍信仰的产生与福州城的建立、发展息息相关，其发展轨迹与全国城隍信仰的发展大体一致，在其发展过程中，城隍神的职能不断扩展，由最初的护佑城池逐渐派生出"鉴察司民"的新职能，成为历代封建统治者用以统治人民精神生活的工具。晚近以后，城隍神完全成为一尊民俗神，与安邦定国的本原宗旨相去甚远，与行政系统的关系日渐疏离，而且日益受到主流文化观念的抑制而衰落下去。

二 临水夫人信仰

临水夫人，俗名陈靖姑（又名陈进姑、陈员姑、陈静姑），小

---

① 卢美松：《福建城隍文化渊源探略》，载《闽中稽古》，厦门大学出版社 2002 年版，第 468 页。
② 杨彦杰：《福州城隍庙与闽台城隍信仰》，载《东南学术》1998 年第 5 期。
③ 李天锡：《华人华侨民间信仰研究》，中国文联出版社 2004 年版，第 79 页。
④ 同上书，第 81 页。

名陈十四，民间称之娘奶、奶娘、夫人奶、临水奶、陈十四娘娘、大奶夫人等。宋代以后，陈靖姑受到朝廷敕封，历代统治者均为其加封，因此，陈靖姑的尊称或封号甚多，如：顺懿夫人、慈济夫人、临水陈夫人、天仙圣母、临水陈太后、顺天圣母、碧霞元君等。相传，陈靖姑出生于闽县（今福州）藤山下渡乡小岭村（今仓山下藤路一带），在古田临水洞显灵成神，被视为闽东与闽江流域第一保护神。学术界普遍认为临水夫人的信仰形成于唐朝后期，其依据主要以明洪武年间（1368—1398年）古田人张以宁所撰《古田县志》中的《临水顺懿庙记》，其时传播范围主要是在闽北与闽东两大区域，即以福州方言为主的方言区域。宋淳佑年间（1241—1252年），陈靖姑受到朝廷敕封为"顺懿夫人"（一说此封号为闽王鏻所封）之后，临水夫人的崇拜活动开始升级，其信仰范围随之扩展，有关陈靖姑的灵异传说亦日趋完善。迨明、清时期，临水夫人屡受朝廷敕封，神阶一直达到极顶的"圣母"、"太后"，足以与福建的另一女神莆田湄州的妈祖林默娘相媲美，其信仰范围也辐射到浙江南部、江西东北部。清末鸦片战争后，福州被辟为"五口通商"口岸之一，临水夫人的信仰随着福州地区的移民漂洋过海传播到了台湾、东南亚一带。由于陈靖姑的信仰历史悠久，影响广泛，因此，学术界十分重视对陈靖姑文化的研究并已经取得一定的成果。但总体上看，学者们多侧重于对临水夫人信仰有关的民俗活动的研究，或将之依附于闽台两岸民间信仰的比较研究中，缺乏系统性的研究。

1. 关于临水夫人的传说与信仰

临水夫人的信仰在很大程度上是依靠临水夫人的传说传播开的。但是，在目前所能见到的方志文献中，有关临水夫人的传说生平事迹却各有差异，在经民间历代信众不断加工以后，明朝中后期逐渐形成了两种具有代表性的说法。

（1）关于临水夫人的生卒时间，主要有唐代说和唐末五代说

持唐代说的学者认为，临水夫人生于唐大历元年（766年）或

二年（767 年），卒于贞元五年（789 年）或六年（790 年）。此说的主要依据是明洪武年间（1368—1398 年）古田人张以宁所撰《古田县志》中的《临水顺懿庙记》。明代颇有影响的两部福建地方志何乔远的《闽书》、黄仲昭的《八闽通志》均主此说。这一说法亦为目前学术界大多数学者所采纳。

持唐末五代说的学者认为，临水夫人生于唐末天祐元年（904 年）或二年（905 年），卒于五代后唐天成二年（927 年）或三年（928 年）。主要依据是明万历年间（1573—1619 年）陈鸣鹤的《晋安逸志》，同时代的《绘图三教源流搜神大全》及清代康熙年间（1662—1722 年）吴任臣的《十国春秋》和道光、咸丰年间（1821—1861 年）施鸿保的《闽杂记》均主此说。此外，众所周知的清人里人何求所编《闽都别记》以及来历不明却影响甚广的《临水平妖记》亦持此说。

除上述两种主流说法外，有关的著作中也偶见宋代说。不过这一说法基本上为学术界所否定。

从根本上说，对临水夫人生活的时代所发生的争论，反映了临水夫人信仰由粗陋细碎而精致完整的传播过程。

（2）关于临水夫人的信仰传播

据《古田县志》载："古田东去邑三十里，其地曰临川，庙曰顺懿，其神姓陈氏，肇基于唐，赐敕额于宋，封顺懿夫人。英灵著于八闽，施及于朔南。事始末具宋知县洪天锡所树碑。皇元既有版图，仍在祀典，元统初，浙东宣慰使都元帅李允中实来谒庙，瞻顾咨嗟，会广其规，未克就事。及至正七年，邑人陈遂尝掾大府，慨念厥初状神事迹，申请加封。廉访使者亲核其实，江浙省臣继允所请，上之中书省。众心喁喁，翘俟嘉命。会遂以光泽典史需次于家，于是致力庙宫祗迓殊涯，帅诸同志请于监邑承务公观，由典史魏薛上下翕合，抽俸倡先，雄资巨产，闻义悦从。襘襀祈祷，远迩来者，欢欣乐施。遂斥金楮，鸠工徙新，作香亭外内者二六，神祠、生成宫各一。重修仪门、前殿、后寝、梳妆之楼，下马饮福之亭，像设会饰丹漆，枵堄之工，咸极精致。前甃石垣，以翼龙首。后浚水渠以杀潦势。又辟生祠以报承务公之德。经始于丁亥，迄戊子春落成。壮丽辉焕，怵心骇目，邑之耆老敬祭耸观，以为有庙以来，未观斯盛。殆山川炳灵，明神垂鉴，待人兴时，勃然奋兴者也，请为记之。"该碑记中明确记载了临水夫人信仰的形成与传播范围，但对于临水夫人的具体事迹却只字未提，不能不说是一个遗憾。稍后的《晋安逸志》则在这方面有较为完整的记述，后世有关临水夫人的身世、生活背景及其灵异事迹多以此为本。殆及明清之际，临水夫人的传说更臻完善。清人里人何求所纂长篇巨著《闽都别记》约有洋洋 20 万字描述临水夫人的传说事迹，是目前所见诸著中之最。该著在《晋安逸志》的基础上，糅进了释、道、儒三教的精神，将临水夫人塑造为三教合一的女神，其神性功能也与三教精神相吻合，从而为临水夫人的信仰赢得了更多的信众，其信仰范围进一步扩展。这是福州民间信仰乃至全国各地民间信仰发展的一个趋势，具有普遍性。

《闽都别记》中关于临水夫人的传奇荦荦大端如下：

相传福州南台下渡有一陈姓人家，夫陈昌，妻葛氏，久未生育。一日，夫妻二人来到鼓山喝水岩观音像前祈祷，适逢观音菩萨为解泉州巡检宋忠修筑洛阳桥缺少工银之急，化身前往救助，不料一根头发落入闽江中，变成一条白蛇由西北方向而逝，观音菩萨在空中慧眼遥观，料定此白蛇日后会成精作怪，祸害人间，便咬破手指，将滴血向西北方向弹送人家投胎为女以收此蛇。是日，葛氏回家即梦吞红云而孕，翌年产下一女，临盆之时，异香满室，取名靖姑。[①]

陈靖姑自幼聪明伶俐，3 岁能念观音经咒，7 岁攻易传，11 岁随母看经说道，15 岁避婚往闾山拜许真君为师诚心学法，"真人爱之，尽将诸法传授，召雷驱电、呼风唤雨、缩地腾云、移山倒海、斩妖捉鬼、退病除瘟诸法皆学精熟。惟不学扶胎救产、保赤佑童。真人问：'何不学？'靖姑曰：'不出嫁之室女怎便入人秽室，故不学也。'"三年后，陈靖姑学成拜别师傅回家，"真人赠宝剑与符，并遣王、杨二太保半空中随护，亲送至法门口。令直遁而去。靖姑出户，行二十四步，因师傅犹在门首，回头顾之曰：'师傅请进。'真人以手招之曰：'且慢，且慢，再学了扶胎救产回去。'靖姑曰：'不学。'真人又曰：'既决意不学，至二十四岁不可动法器。切记勿忘！'靖姑领命而别。"①

靖姑回到家中，遵父母之命与古田县教官刘勋之子刘杞莲完婚。婚后奔走福州各地，降妖伏魔，治病救人，遐迩闻名。靖姑24岁怀孕居家，恰巧闽中大旱，禾苗枯萎，闽王命靖姑堂兄陈守元道官求雨，未果，闽王甚怒，欲焚诸道士，守元不得不求助于靖姑。为祈雨解旱，造福百姓，靖姑不顾身怀有孕和真人的告诫，脱胎陈府，乘席前往龙潭角作法求雨。俄顷，乌云密布，大降甘霖，施泽万民。"是日，（长坑）鬼闻夫人来祈雨，有胎寄母家樨下，又在江中作法，遂同蛇首潜入下渡陈家，盗胎与蛇食之，仍至江中伏于水底侦害夫人。夫人祈降甘霖已足，忽腹中胎毁血崩，不胜疼痛。洋坪将沉，看见蛇首在水底拖坠，夫人知被暗算，奈神散体软，听之拖坠。忽天上降鸭三个，衔洋坪席浮起，夫人已坠在水复浮，因洗清净，复整精神。那鬼与蛇头见夫人仍能施法，即同逃走。夫人追之，鬼走无踪，惟拿住白蛇首坐于胯下，骑回临水宫。因坠胎落水，风寒侵入脏腑，未学救产之术，不能自救，割骨还父，割肉还母，只将指血咬出，弹送归还南海，遂坐蛇头而化。"② 临终诀云："吾死后不救世人产难，不神也。"③ 故其灵魂重生后又返闾山恳求许真人再传救产保胎之法，以救天下女界难产。学成后复归古田临

---

① 里人何求：《闽都别记》（上），福建人民出版社 1987 年版，第 141 页。
② 同上。
③ （民国）《古田县志》卷 23《祠祀志》。

水，"凡有人间胎产，远近呼之必到拯救"。①

陈靖姑成为神祇后，到处显灵为民除害，造福百姓，当地百姓立庙祭祀，从而为临水夫人的传播创造了有利条件。及至宋代，建宁人徐清叟的儿媳难产幸得临水夫人救助，故奏请朝廷对临水夫人赐庙额、敕封号，成为推动临水夫人信仰广泛传播的重要环节。据明嘉靖《建宁府志》载："浦城徐清叟，子妇怀孕十七月不产，举家忧危。忽一妇女踵门，自言：'姓陈，专医生产。'令徐别治有楼之屋，楼心穿一穴，置产妇于楼上；仍令备数仆，持杖楼下，待物坠地即捶死之。既而，产一蛇，长丈余，自穴而下，群仆捶杀之。举家相庆，酬以礼物，俱不受，但需手帕一方，令其亲书：'清叟赠救产陈氏'数字。且曰：'吾居古田县某处，左右邻等人，翌日若蒙青眼，万幸！'出门不见。后清叟知福州，忆其事，遣人寻访所居。邻居告知，'此间只有陈夫人庙，尝化身救产。'谛视之，则所题手帕已悬于像前矣。人归以报，徐为请于朝，加赠封号，宏新庙宇焉。"朝廷封号后，临水夫人的信仰范围迅速扩大，由古田县播散到四周。正如万历《道藏》本《搜神记》所载："宋封顺懿夫人，代多灵迹，今八闽人多祀之者。"晚清施鸿保的《闽杂记》卷五《陈夫人》亦载："陈夫人亦称临水夫人，闽中各郡县皆有庙，妇人奉祀犹谨。"《闽都别记》第一二八回载："临水夫人香火如此显应，各处之人家或患邪或得病，皆去临水宫请香火。即无事之家，亦去请香火装入小袋内供奉，以保平安。路上来往不绝，龙源庙内日夜喧腾，拥挤不开，恃强先请，至于口角打架，无日不争。"临水夫人信仰之盛况由此可见一斑。这也表明，临水夫人信仰已成为当地民众人生过程以及当地乡土社区文化中的一个重要组成部分。据统计，清代霞浦县城乡有临水夫人庙9座，连江县5座，福安县9座，古田仅城关就有6座，福州城内有13座。②

---

① 里人何求：《闽都别记》（上），福建人民出版社1987年版，第418页。
② 林国平主编：《福建省志·民俗志》，方志出版社1997年版，第306页。

2. 与临水夫人信仰有关的民俗活动

千百年来，随着临水夫人信仰的传播，在福州—古田一带以至整个临水夫人信仰圈中，逐渐形成并保留了许多与临水夫人传说有关的民俗活动。这些民俗活动构成了这些地区人们文化生活的一部分，它们沉淀在人们的无意识之中，并在某种程度上成为指导人们行为的规范以及对某些行为的解释。由于临水夫人的主要职能是保赤佑童、救产扶胎，因此，反映在民俗活动中的林林总总主要与妇女、儿童有关。兹将学术界的研究成果综合如下：

（1）嫁娶。相传临水夫人 18 岁结婚后屡遭磨难，称"十八难"，24 岁与白蛇精、长坑鬼斗法身亡，称"二十四坐化"，故当地女子大多不愿选择在 18 岁和 24 岁结婚，以免婚后不吉利。

（2）请花。相传临水夫人庙前的百花桥堆红拥白，红白花争奇斗妍，旧时人们以为世人皆从百花桥转世而来，红花转世人间为女子，白花转世人间为男子，百花桥便成了主人间繁衍的地方。每年农历正月十五（临水夫人的诞辰），新婚未育的女子便前往临水夫人庙中采一朵供在香案上的花，谓"请花"，意为"带子回家"或祈求"开花结果"。如想要男孩，就请白花，想要女孩，就请红花。对此，民国《藤山志》卷九《礼俗志》有云："元宵前，家家祭祖，相传是日为塔亭临水奶诞辰。女子出嫁数年未曾生育者，多有入庙求嗣。祷祝毕，取其神前花瓶内一枝花归，谓之请花。"若当年请而不孕，则来年再请。若久请不孕，有的女子则会把供于殿前的各类绣花鞋选脱一只藏于肚兜袋里带回家供奉，俗称"请鞋"。如果获应，须到庙里还愿，请花者要偿花两枝，请鞋者要新绣一双小鞋挂于殿前。

（3）保胎。怀孕女子多到临水夫人庙中请保胎符，祈求临水夫人保佑胎儿平安。

（4）助产。孕妇临产时，其丈夫或家人便到临水夫人庙或请香灰或神像供奉于产房，以便请临水夫人坐镇保婴。婴儿平安降生，须办酒席感谢临水夫人鸿恩，并将神像送还宫中，称"回銮"，新生儿从此便有了"奶娘的孩子"这一称谓，以求获得临水夫人的保佑。这种关系一直保持到孩子16岁，通过举行成丁礼才解除。

（5）洗三旦和开冲。婴儿生下来的第3天，谓"三旦"，由接生婆或老年妇女为新生儿洗第一次澡，称"洗三旦"。这一天需用糯米饭供奉临水夫人。第14天要到临水夫人庙烧一种上面印有"禁冲"的纸钱，称"开冲"。

（6）过关。旧时，因生活条件和医疗条件落后，婴儿死亡率高，乡民以为这是邪煞所致，须由道士作法过关，以免病灾和死亡。因此，每到正月十五临水夫人诞辰，各地百姓都举行"请奶过关"的活动。据《福州地方志》载："以竹支架，用纸糊做城门形，由道士穿'娘奶'法衣，口吹号角，引护小孩过关，意为如此小孩便易成长，一直到十六岁为止。"

（7）收惊。小孩有时会出现癫狂受惊的现象，乡民以为这是魂魄离体，为夺回小孩魂魄，须请女巫念《陈靖姑咒》。民间还流传各种收惊符。

（8）灿斗礼。旧时，由于中国人传统的宗嗣观念，男孩尤受重视，加之医疗条件差的情况下常常缺医少药，人们往往寄希望于神灵保子平安。因此，在临水夫人的信仰圈中，这类事便主要求助于临水夫人。每逢正月十五临水夫人诞辰，即于灿斗（斗灯）内依家中未满16岁的男孩数置放若干个木制小人（俗称"童子弟"），由法师作法，鸣角摇铃将"灿斗"放在小孩床上，待灿斗内的"流芳灯"自行熄灭，表示大吉大利后才收起。

（9）出幼。据载："民间男女，年十六，延巫设醮，告成人于神，谓之做出幼。"①

凡上述活动，在祭祀时供品一律用鸡而不用鸭，妇女"坐月子"期间亦忌吃鸭和鸭蛋，只吃鸡和鸡蛋。此举与临水夫人脱胎祈雨遇难时，鸭子救临水夫人有功，是临水夫人的救命恩人这一传说

---

① 徐景熹主修：乾隆《福州府志》卷24《风俗》。

有关。正所谓"今祭大奶，诸物皆用，惟鸭不用，因鸭有衔席之德故也"。①

总之，明清以后，临水夫人的信仰在福建、浙江、台湾以至东南亚等地已经成为一种重要的民间信仰，并与这些地区人们的生活交融在一起，成了这些地区文化的一个组成部分，每年正月陈靖姑诞辰之际，台湾、浙江、福建各地的香客们纷纷组团到古田县临水宫祖庙进香礼拜。在台湾，临水夫人通常被称为"注生娘娘"，几乎各县市都有祭祀。以临水夫人为主神的庙宇有 17 座，陪祀临水夫人的庙宇有 72 座。②

三　闽都民间信仰的特色

1. 从神话系列看，闽都民间信仰极富女性特色，属于典型的女神崇拜

我国素有女神信仰的传统，很多地方都有女神崇拜。但是，像福州地区临水夫人信仰所形成的女神系列在中国其他地区却极为罕见。这主要表现在两个方面：其一，以临水夫人陈靖姑为中心形成的一个庞大的女神系列——36 宫婆。她们分别是：福州府古田县陈大娘、延平府顺昌县黄莺娘、福宁府宁德县方四娘、兴化府莆田县柳蝉娘、建宁府瓯宁县陆九娘、福州府长乐县宋爱娘、泉州府晋江县林珠娘、漳州府漳浦县李枝娘、汀州府连城县杨瑞娘、邵武府泰宁县董仙娘、福州府福清县何莺娘、龙岩州漳平县彭英娘、建宁府建阳县罗玉娘、泉州府南安县吴月娘、福州府罗源县郑桂娘、福宁府福鼎县张春娘、建宁府浦城县王七娘、福州府侯官县倪凤娘、汀州府长汀县包云娘、福州府闽县孙大娘、福宁府宁德县赵娥娘、兴

---

① 里人何求：《闽都别记》（上），福建人民出版社 1987 年版，第 418 页。

② 林国平：《闽台民间信仰源流》，福建人民出版社 2003 年版，第 119 页。

有学者认为：在台湾的民间信仰神明，既有临水夫人，又有注生娘，她们是独立的两尊神祇。前者俗称临水奶，祭典在正月十五日，信奉者多为福州籍移民；后者俗称注生妈，祭典在三月二十日（陈元煦、张雪英：《关于郭圣王、临水夫人研究中的几个问题》，载《福建师范大学学报》1998 年第 1 期）。

化府仙游县周五娘、福州府连江县程二娘、福州府闽县叶柳娘、永
春州德化县铁春娘、福州府永福县云燕娘、泉州府惠安县聂六娘、
邵武府光泽县刘娇娘、福州府侯官县翁金娘、建宁府政和县潘翠
娘、福州府闽清县凌艳娘、泉州府同安县邓三娘、福州府闽清县朱
巧娘、延平府南平县金秀娘、泉州府安溪县树梅娘、福宁府霞浦县
胡大娘。有学者称："在中国其他地区，至今尚未发现同类的女神
系列。"① 其二，临水夫人及其手下的众女神是闽中的祈子之神和儿
童的保护神，是典型的母亲神灵，有关其灵异事迹的传说中母爱特
征尤著。《闽都别记》具载，不烦迻录。究其原因，实与福州独特
的自然地理环境分不开。

《汉书·地理志》载："凡民函五常之性，而其刚柔缓急，音声
不同，系水土之风气，故谓之风；好恶取舍，动静亡常，随君上之
情欲，故谓之俗。"可见，古人就已经明白自然地理环境对一个地
区的民俗民风具有决定性的影响。

福州，地处闽江下游平原，三面环山，一面临海，境内山岭耸
立，丘陵起伏，河谷、盆地交错分布，"城在山之中，山在城之内"
就是福州最典型的地理特征。过多的崇山峻岭阻隔了福州与内陆的
联系及向内地的开发，缺乏广阔的平原又使得大面积的粮食种植业
难以发展，因此向海外延伸以求发展成为福州的传统。早在东汉
时，福州就有了直通越南的航道，唐朝以后诸代均有不少居民向海
外谋生，他们或经商、或逃避战乱和自然灾害。鸦片战争后则是以
"卖猪仔"等形式，导致大量青壮年劳力外流，这就使得留守家乡
的妇女不得不承担起各种家务劳动，甚至还得像男人一样种田、经
商和做其他苦力活。何乔远的《闽书》卷八三《风俗》中载：
"《隋志》，豫章之俗，衣冠之人，多有数妇，暴面市廛，竞分铢给
夫，以为不雅，而不知瘠土小民非是无所得食。"清道光年间的
《福建通志》亦载："（福州府）人勤于治生，田则夫妇并作。"闽

---

① 徐晓望：《福建民间信仰源流》，福建教育出版社 1993 年版，第 338 页。

地妇女甚至还从事一向被视作男性专利的抬轿业。正是因为男子外出谋生，妇女在家承担了一切工作，是家中的栋梁，因此，闽人潜意识中也就普遍存在尊重女性的观念，闽地妇女的地位较其他地区的妇女为高，民间信仰中的女神崇拜及女性特色也较其他地区为著。

2. 从神性功能看，闽都民间信仰具有明显的实用性和功利性特征

民间信仰由于主要是下层群众的宗教活动，它往往与人们日常的生产、生活紧密相连，广大民众参加这一类的宗教活动最根本的目的就是祈福禳灾，因此民间信仰不可避免地具有了实用的、功利的色彩，这是福建乃至全国各地区民间信仰的共同特征，临水夫人信仰固不可例外。前述临水夫人所具有的保赤佑童、救产扶胎之功能即反映了福州地区广大妇女这种实用、功利的信仰心态。不仅如此，福州的广大信众还根据自己的需要赋予临水夫人其他的功能，使其神性功能得到延伸而呈福州的地方特色。应该看到，这种将民间神祇的功能不断延伸使之成为多功能神祇的做法，在福建的民间信仰中具有普遍性，也正是神性功能的延伸在某种程度上促进了这一信仰形态的传播与发展。从临水夫人诸多的神性功能看，我们不难发现其鲜明的地方特色。兹举一、二论析之。

（1）平妖斩蛇

福州人与蛇的不解之缘，与福州的自然地理条件有关。

福州位于北纬 25°15′—26°39′，东经 118°08′—120°31′，气候类型属亚热带海洋性季风气候。在这种气候条件下，四季温热潮湿，加之地形以山地、丘陵为主，非常适于蛇类繁衍活动，是多蛇的地区。闽人素来对蛇有两种认识：其一，认为蛇是"灵物"，将之作为图腾加以崇拜。汉代时，闽越族人被视作"蛇种"，许慎在《说文解字》中释"闽"曰："闽，东南越，蛇种也。"因此，闽人自古以来就有崇蛇的习俗。施鸿保《闽杂记》载：福州农妇多戴银簪，长五寸许，作蛇昂首状，插于髻中间，俗名"蛇簪"。彭光斗《闽琐记》亦载：福州妇女盘头，其状远看好似黑蛇盘曲。许多地方还

建有蛇王庙或蛇王宫，亦称"青公庙"。其二，认为蛇是人类的天敌。据调查，至今福建尚有蛇 79 种，几乎占全国现生蛇种数的一半。其中毒蛇有 27 种，约占全国现生毒蛇种数的 60%。[①] 在毒蛇多、蛇患多的自然环境下，百姓希望有为民除害驱蛇、斩蛇的人，临水夫人因此被福州地区的信众赋予了这一神性功能。当然，从崇蛇到斩蛇，还反映了福州历史文化的发展与变迁，体现了福州本土文化与中原文化由冲突到融合的历史进程。

福州 2200 多年的历史在某种程度上可以说是中原文化与闽越文化相互交融的历史。从历史上看，中原人入闽始于汉代，之后较大规模的南迁主要有四次：第一次是西晋"八王之乱"期间，据乾隆《福州府志》引宋路振《九国志》载："晋永嘉二年（308 年），中原板荡，衣冠始入闽者八族，林、黄、陈、郑、詹、邱、何、胡是也。"第二次是唐天宝年间（742—755 年），"安史之乱"导致中原地区战乱频仍，远在东南一隅的福州又成为北方人民避乱南迁的乐土，"奔闽之僧尼士庶"一次达 5000 人。第三次是唐末五代时期随王氏兄弟（王潮、王审邽、王审知）入闽将士有 36 姓，达 3 万余人。第四次是北宋靖康年间（1126 年），金兵大举南侵，北方人口又一次形成南迁移民高潮，至此，福州已经成为以汉族人为主的地区。毋庸置疑，中原汉族南迁，既带来了先进的生产技术，也带来了中原汉族的文化，其中包括民风习俗。我们认为，闽越族由自古以来的崇蛇习俗转而赋予本地区神祇以斩蛇平妖的功能，从本质上体现了汉族与闽越族在融合同化过程中在宗教上的冲突。另一方面，对广大汉族来说，毒蛇的危害迫使他们企图借助神力去征服它，但是对蛇的恐惧心理又使得他们对之加以崇拜，从而使闽越族的蛇图腾崇拜又沉淀在汉民族的宗教意识之中。

（2）脱胎祈雨

如上所述，福州地处亚热带，属海洋性季风气候。入夏，福州

---

① 林国平、彭文宇：《福建民间信仰》，福建人民出版社 1993 年版，第 53 页。

气候持续高温，旱情频发。大海与高山峻岭的自然地理环境又严重阻隔了福州与中原地区的联系，使得这一地区的文明进化程度较低，水利设施相对落后，一旦大旱就会对农业生产造成巨大破坏，甚至颗粒无收。人们对此束手无策，只好求助于神明。除了传统的雨神龙王，各地还赋予本地区的神祇以呼风唤雨的功能。据统计，福建民间信仰中具有掌管水旱职能的神灵约占总数的 70% 以上。[①]临水夫人脱胎祈雨的灵异事迹便是福州地区的信众对这一信仰的实用性、功利性心理的具体体现。

3. 从信仰系统看，闽都民间信仰属于兼具释、道、儒三教品质的多神教系统

学术界通常将世界上的宗教分为一神教和多神教两大系统。顾名思义，一神教即是认为只有一个神存在并加以崇拜的宗教。犹太教、基督教、伊斯兰教都是典型的一神教。一神教有两个基本特征：第一，认为本教所信奉之神是创造并主宰世界而无所不在、无所不能、无形无像的精神体；第二，不否认其他精神体如天使、魔鬼的存在，但认为它们不是"创造者"，而是"被创造者"，故不能成为神，也不作为崇拜对象。多神教则不同，它是信奉诸多神灵的宗教，相信众多神灵的存在并对它们加以崇拜。由于中国文化具有"兼容并蓄"的品质，汉代中叶以后独尊的儒家思想又具较强的包容性，反映在民间信仰上即是多种宗教混杂。唐宋以来，逐渐形成释、道、儒三教相互渗透、相互依存的局面，对中国宗教文化产生了深刻影响。明清时期，"三教一家"、"三教会同"的思潮日益高涨，定型于明代的有关临水夫人的传说不可避免地打上了这一思潮的烙印，人们将释、道、儒的精神充实和附会临水夫人的种种灵异事迹，从而使这一信仰逐渐演化为兼具释、道、儒品质的多神教信仰形态，这种演化也从另一层面反映了中原文化对闽越文化的渗透。只消翻开《闽都别记》，体现这一

---

① 林国平、彭文宇：《福建民间信仰》，福建人民出版社 1993 年版，第 76 页。

信仰特征的叙述比比皆是，兹不赘录。应该说，临水夫人具有的三教合一的品质是当时社会思潮的反映，是广大信众实用性、功利性信仰心理的必然结果。但是，临水夫人的多神教身份在某种程度上又从各个方面满足了不同阶层的需求，从而推动了这一信仰形态的广泛传播。

四　闽都民间信仰中的其他神祇

除临水夫人，城隍神以外，徐仙、瘟神、照天君、白马三郎、水部尚书等亦为福州地区主要神祇，在福州民间信仰中具有一定影响。

1. 徐仙

即二徐，徐知证、徐知谔两兄弟，五代时人，徐温之子。徐温养子李昇（徐知诰）即南唐帝位，为报养育之恩，封知证为江王，知谔为饶王。相传后晋开运二年（945 年），二王率兵入闽，屯兵福州城南九十里的梁山（又名金鳌峰），秋毫无犯，深受闽人慕戴，遂"相率建生祠山北，图像奉之。一日，谓众曰：'不忍汝违，来岁当别'。及期，相继化去。未几，神降于人，言：'并奉帝命，列职斗官，以祐下土'。于是闽人立灵济庙祀之"。① 据载：宋太平兴国八年（983 年），里人方珏立祖庙于芝屿。大中祥符元年（1008年），又立庙于潢溪。政和七年（1117 年），潢溪庙废，遂迁至金鳌峰下。② 宋端平三年（1236 年），宋理宗诏封知证为"九天金阙明道达德大仙显灵博济真人"，封知谔为"九天玉阙宣化扶教上仙昭灵博济真人"。故此，二徐又称"徐真人"、"灵济真人"。明永乐十五年（1417 年），成祖朱棣"寝疾，试药罔效，梦神自海滨来见，寻愈。明礼官上言：'闽中有灵济庙，二真君应祷有灵'"。于是，诏加封知证为"清微洞玄冲虚妙应慈惠洪恩真人"，加封知谔

① 何乔远：《闽书》卷 2《方域志·梁山》。
② 王应山：《闽都记》卷 13《郡东南闽县胜迹·灵济宫》。

为"高明弘静冲淡妙应仁惠洪恩真人"，"敕闽有司大新庙宇，虔洁香火，春秋祭祀，岁易时衣，给洒扫五户"，并御制碑文，系以诗曰："天产英灵为世杰，出入幽明犹一觇。生著勋劳保瓯粤，没为明神崇伟烈。茫茫海甸倚茈樾，雨旸寒燠调以燮。冬无凌竞夏无旸，冷气远殄靡飔飀。下稔高黍岁穰杰，驱扫不祥定妖孽。晨钟暮鼓乐鬌鬑，卓彼鳌峰峻且巀。蜿蜒回抱天造设，春兰荐芳秋菊秘。寒泉白石漱清洁，神之游兮羽葆翳。飞云翩翩道幢节，欻来忽往灵俆俆。呼吸响应速以偈，济利溥博无时歇。四时报享繁献醵，卫朕之力畴与埒。维矢铭心与刻骨，书恩著德勒坚碣，垂示万古昭日月。"① 宣德十年（1435年），明宣宗朱瞻基又在已有封号上加封知证"护国庇民崇福洪恩真君"，加封知谞"辅国祐民隆福洪恩真君"。成化二十二年（1486年），明宪宗朱见深再次加封知证为"九天金阙总督魁神洪恩灵济慈惠高明上帝"，知谞为"九天玉阙总督罡神洪恩灵济仁惠宏净上帝"，且"五年一遣使下闽中，赍送黄衣。三年一送红衣，换袍焚化。复加封温为高上神主慈悲神父圣帝，母与妃皆称无君"。② 由此，二徐又有了"洪恩真君"之称谓，神格上升为"上帝"。不仅如此，明英宗朱祈镇还于正统元年（1436年）下诏修建京城灵济行宫。迨成化二十一年（1485年）秋，明宪宗又下诏加以扩建，其规制如《徐仙真录》卷3《御制重修洪恩灵济宫碑》所载："正为玄都，紫府前后二殿，中为穿堂，堂前为轩，后殿左右为无极、通灵二殿，前后东西列威虚、明闸、显佑、高玄四殿，殿各翼以画廊，殿之前为大闸威门，旁东西有辟门二、前列碑亭四、钟鼓楼二、琉璃砖纸楼二。又前为天枢总门，旁东西亦辟门。又前为山门，匾曰'洪恩灵济宫'。旁东西亦辟门，门内列云板钟鼓二、幡竿二、井亭二、门房二、神库二、厨一、法堂、道房、方丈东西以间，计总三百五十有奇。周围缭以坚垣，以丈计长八十三又五尺，广五

---

① 乾隆《福州府志》卷14《坛庙一·灵济宫》，同何乔远：《闽书》卷2《方域志·梁山》。

② 何乔远：《闽书》卷2《方城志·梁山》。

十七又八尺，山门外蓬莱阆苑，二牌坊东西对峙。南蔽高垣，延袤五十七丈许。垣之南为灵济桃源堂，堂庑房舍若干楹，亦缭以垣。"与此同时，京城灵济宫道士，还制作了一整套祭祀科仪，如《洪恩灵济真君自然行道仪》、《洪恩灵济真君自然朝仪》、《洪恩灵济真君集福宿启仪》、《洪恩灵济真君集福早朝仪》、《洪恩灵济真君集福午朝仪》、《洪恩灵济真君祈谢设醮科》、《洪恩灵济真君礼愿仪》、《洪恩灵济真君璇玑七政星灯仪》等等。其规模之宏伟，规制之完备，礼遇之隆厚，在各地方神灵中亦是罕见。

由于明朝历代皇帝的大力推崇，徐仙信仰在福建的影响迅速扩大，盛极一时。据《徐仙真录》卷1《香火源流》载："灵济香火遍及一方，当时人物繁盛，随处立庙，如玉水、清江、桂宫、岳山、玉坂、富山、旗龙、新安、江尾、石舍、蓬山，青布（今闽侯县青圃）之西南北至白鹿合山，福藏、护法、迦蓝殿庙，虽异香火，皆本于祖宫，其实洪恩祖宫之一源也。各祠将帅不同，乃立庙时随真君所遣。"福建灵济宫道士亦制作斋醮科仪，如《乐章》、《庆赞丹悃》、《祭祀仪注》、《真君琼科》、《七政星科》、《仙妃秘典》、《竖幡科》等。近年来，二徐真人的祖庙，已被修茸一新，建筑面积2000多平方米，宫左有明朝御制碑，上覆碑亭。大殿内供奉二徐真人外，还供奉边、许、赵、查、魏、马、刁、岳大元帅和魏少爷、郑都总管等。每逢七月十五徐知谔生日、九月十七徐知证生日以及五月初五魏大元帅生日、九月二十一郑总管生日，当地群众都要举行隆重祭典并演戏醮神，香火极盛。前来进香礼拜者数以万计，徐仙信仰在当地的影响可见之一斑。

2. 瘟神（五帝）

福州地处亚热带，气候温热，是疾疫多发区。史籍中对瘟疫流行福建的记载俯拾皆是，每每"瘟疫一起，病者十人九死"，给当地百姓的生存造成严重威胁。在古代医疗卫生条件落后的情况下，人们面对瘟疫的肆虐无能为力，只好求助神灵，希冀通过敬神达到驱逐瘟疫的目的。瘟神崇拜由此产生。

　　福州的瘟神为"五帝"。《乌石山志》卷9《志余》载："榕城内外，凡近水依寺之处，多祀疫神，称为涧，呼之为殿，名曰五帝，与之以姓曰张、钟、刘、史、赵。"施鸿保《闽杂记补遗》亦载："福州俗最敬五帝，以为瘟疫之神。城中庙凡五处，东西南北中，皆称五涧五帝，姓则张、钟、史、刘、赵也。"郭白阳《竹间续话》记载更详细，曰："福州淫祀以五帝为最，俗有九庵十一涧之称，九庵者，复初、崇圣、广慧、明真、龙津、茶亭、路通、蛤埕及九福地也。十一涧者，东涧、西涧、南涧、北涧、汤涧、水涧、井涧、芝涧、嵩山涧、钟山涧（一说玉小涧）及大西涧也。皆因地而名。五帝之姓为张、钟、刘、史、赵，又号显应宣扬振五灵公。"由于人们对瘟疫的恐惧，因而五帝的形象也十分独特，"其貌狰狞可畏，殿宇焕俨，过其前者，屏息不敢谛视"。①

　　福州祭祀五帝的仪式十分繁缛，《榕城纪闻》曾详尽记载了明崇祯十五年（1642年）的一次活动："二月疫起，乡例禳土神，有名为五帝者。于是，各社居民鸠集金钱，设醮大傩。初以迎请排宴，浙而至于设立衙署，置衙役，收投词状，批驳文书，一如官府。而五帝所居，早晚二堂，一日具三膳，更衣晏寝皆仿人生礼。各社土神忝谒有期，一出则仪仗丰舆印褖笺简，彼此忝拜，有中军递帖到门走轿之异。更有一种屠沽及游手之徒，或扮鬼脸，或充皂隶，沿街迎赛，互相夸耀。继作纸舟，极其精致，器用杂物，无所不备。兴工出水，皆择良辰，如造舟焉。出水名曰'出海'，以五帝逐疫出海而去也。是日，杀牛宰猪，向舟而祭。百十为群，鸣锣伐鼓，锣鼓十面，鼓亦如之。与执事者，或摇旗，或扶舟，喊呐喧阗，震心动魄。当其先也，或又设一傩，纸糊五帝及部曲，乘以驿骑，旋绕都市四周。执香随从者数以千计，皆屏息于烈日中，谓之'请相'。及舟行之际，则疾趋恐后，蒸汗如雨，颠踬不测，亦所甘心。一乡甫毕，一乡又起，甚而三四乡、六七乡同日行者。自二月

---

① 徐景熹主修：乾隆《福州府志》24《风俗》。

至八月，市镇乡村日成鬼国，巡抚张公严禁始止。"福州五帝庙分布很广，城乡皆有，每逢五月初五神诞日，"前后月余，酬愿演剧，各庙无虚日，即无疾之人，亦皆奔走呼吁，惟恐怨恫获罪谴"。① 每当瘟疫之疾流行，各地祭祀活动尤盛。明代谢肇淛在《五杂俎》卷6中说："闽俗最可恨者，瘟疫之疾一起，即请邪神，香火奉事于庭，惴惴然朝夕礼拜，许赛不已。一切医药，付之罔闻。……谨闭中门，香烟灯烛，帡幪蓬勃，病者十有九死。即幸而病愈，又令巫作法事，以纸糊船，送之水际。船出，人皆闭户避之。"② 《乌石山志》卷4《祠庙》亦载："闽中乡社多奉五帝，五、六月间，昼夜喧呼，奉神出游，所谓'请相出海'。"所谓"出海"是福州五帝信仰中驱送瘟神的主要方式。施鸿保《闽杂记》卷7《出海》曰："出海，驱遣瘟疫也。福州俗，每年五六月中，各社醵钱扎竹为船，糊以五色绫纸，内设神座及仪从供具等，皆绫纸为之，工巧相尚，有费数千缗者，雇人舁之，鸣锣挝鼓，肩各庙神像导之海边焚化。"《乌石山志》卷3《寺观》也载："出海剪彩为舟，备食鬼起居诸物并神鬼所请之相，纳于舟中，鼓噪而焚于水。次以祭祀，毛血贮木桶中、数人负之而趋，谓之'福桶'。"《福州乡土文化汇编》"民俗"篇中记载：出海，是迎神之一种，多由大涧殿为之，如西涧、南涧。五帝所居的涧殿下属有阴阳司、良愿司、巡按司、水菜司、掌库司、巡坞司等，体制俨如官府。涧殿执事的曰"大堂"，大堂设总理，多由当地豪绅巨贾充任，其余引事，各有专人。每年五月初六开堂，费用向商店、居民募集。开堂办理"请将"。所谓"请将"就是迎五帝，五帝之中唯赵帝是软身，其余都是土身。故迎五帝，实际上只有赵帝抬出来游村。游村的排场有：高点、执事牌、京鼓、马上吹、大班、鼓班、轿班、番担、花担、看担、看马、看轿、香炉、八将、十番等，也有各乡各里出动的"塔骨"神将。由

---

① 徐景熹主修：乾隆《福州府志》24《风俗》。

② 同上。

于五帝迎会在五六月间，故亦称"六月会"。"出海"，是用板和竹扎成龙船形式，长可数丈，外糊以五色绫纸，龙首下扎一锡珠，以彩绳联结珠上，出舟时，两人牵彩绳，如拉纤状，舟由数十人抬之，一路呐喊，一直抬到河边或江边，南涧到大桥下，西涧到洪山桥。舟中设神座，并放各商家供献的食物、器具。各商家用薄板彩扎制成小柜台，上列该店的货物小件，如南北京果、百货棉布、鸡鸭鱼肉、日用杂品等，摆列其中，号为 36 间店，也称为"办水菜"。龙舟之后，一人挑着一担木桶，内储猪血、鸡毛等污秽之物，号称"福桶"。意即搜集来的疫鬼，都已装在桶内。挑"福桶"的人是在神前许愿，自愿担任这一差役的，每年都有几人争着要挑。据说挑这"福桶"一年可得平安。所以要在神前抽签决定。抽签形式是总理在神前设案，两旁站着人装成的八将。站班左首的白无常手持铁链；右首的黑无常手执勾魂牌。其余的人执头板，有的执藤鞭，都是面目狰狞，形态横恶，十分可怖的。抽签结果，中签的，白无常立即将铁链挂上这人的头项，与黑无常将其拖进暗殿关闭。出海放出来挑"福桶"的随着龙舟后面，由八将押送，先行黑白二无常，后随诸神将，直达江边。还有一人挑稻草，到江边后，将龙舟和"福桶"推入江中，举火焚烧，意即将疫鬼驱逐到海上，乡间即可得到太平。迎五帝分"请将"和"出海"两日。"请将"是游乡（迎会），比较热闹，人们都要出来观看；"出海"都在夜间进行，队伍过处，家家关门闭户，无人敢看，是怕冲撞鬼神，惹上晦气。①

由是观之，瘟神在福州地区地位极高，影响很大，老百姓为之花费亦相当可观。"疫气流染，则社会争出金钱，延巫祈祷，谓之禳灾"。为破陋俗，节约百姓钱财，清代康熙三十九年（1700 年），福州知府迟惟城"毁五帝庙，撤其材以葺学官，民再祀者罪之"。

---

① 黄启权主编：《福州乡土文化汇编》，福州对外文化交流协会、台湾《罗星塔》月刊社 1990 年版，第 229—230 页。

然而，迟惟城死后不久，"庙貌巍然，且增至十有余处，视昔尤盛"。清代查慎行《福州太守毁淫祠歌》写道："八闽风俗尤信巫，社鼠城狐就私昵。巫言今年神降殃，疬疫将作势莫当。家家杀牛碟羊豕，举国奔走如风狂。迎神送神解神怒，会掠金钱十万户。旗旄夹道卤簿驰，官长行来不避路。忽闻下令燔妖庐，居民聚族初睢盱。青天白日鬼怪遁，向来祗奉宁非愚。嗟嗟！千年陋习牢相纽，劈正须烦世灵手。"①

3. 照天君

这是福州城内南门兜、茶亭一带百姓信仰的民间神祇。该信仰与榕树崇拜密切相关。福州自宋代以来广植榕树，素有"榕城"之称。榕树高大茂盛、盘根曲干、须髯垂地之形状，令人倍感神秘。民间广泛流传"千年古树会成精"的说法，榕树崇拜便由此产生。相传鸦片战争前后，福州南门兜澳尾巷一带河塘交错，有一条用石条铺成的小路穿过河塘进入帮边村，这条小路中段矗立4棵古榕树。由于这里地势凹凸不平，夜里时常有路人掉入河塘溺死。于是，巫师们趁机编造神话，声称有一天夜里，有人行至榕树下时，突然出现一团火光照得路面隐约可见，此后夜夜如此，不再有人落水溺死。这一说法为当地百姓深信不疑，认为是榕树神用神火为行人照路，于是就在大榕树下搭建一座神龛，烧香礼拜。后来又将榕树神加以人格化，塑造一男性神仙塑像加以礼拜。最初，此神仙并无名号，乡人只称之为天君，后来为了区别于福州其他地方的天君，将之取名"照天君"，寓意以神火为行人照路。不久，民众又将神像迁至离榕树不远处的接龙亭加以供奉。近年来，此处香火日盛，附近百姓尤为虔诚，甚至在家中供奉照天君的塑像，朝夕烧香礼拜。每年农历七月十九日照天君诞辰，这里便举行隆重祭典，前来接龙亭礼拜的人如潮涌，几乎成了南

---

① 徐景熹主修：乾隆《福州府志》24《风俗》。

门、茶亭一带居民的节日。①

4. 水部尚书

即南宋忠臣陈文龙，人称尚书公。陈文龙系福建莆田人，初名子龙，后改文龙，字德刚，后改君贲，别号如心，咸淳进士。宋恭帝德佑二年（1276 年），端宗赵昰称制福州，陈文龙为参知政事。元兵入闽后，端宗出走，余众皆降，唯独陈文龙率兵抵抗，终因寡不敌众，失败被捕，押送杭州，绝食饿死，葬于杭州西湖智果寺。后人感念其忠，立庙祀之。福州民间对陈文龙的信仰较浓，水部、坞尾、三保、四保、阳岐等地均有尚书庙，但阳岐尚书庙（见图 3）是福州最古老的水部尚书庙，又称"祖庙"，并有迎尚书公（迎神）、迎尚书船（迎船）、迎年、避债戏等民俗活动。迎尚书公是每年正月十五日在阳岐一带抬出尚书公神像出巡。迎尚书船则是每年正月十一日至十八日在乌龙江两岸各村举行。迎年则有大、小年之分，而大年还伴有"出海"活动。尚书"出海"与五帝"出海"不同，尚书出海的龙舟构造比较讲究，是用木板钉成，绘以彩画，中间也设有神座和三十六间店；出海时将船放出大桥下，随波任其漂流，称为"状元船"，沿江各乡遇到"状元船"漂至该乡便将其迎入进行庆祝。江边、高湖、浦下等乡，因地处江边，潮汛关系，年年都会遇到"状元船"，因而年年有迎尚书的庆典，演戏谢神，尔后再将船放入水中任其漂去，直到漂出海外，漂散而止。福州诸尚书庙中，尤以迎三保龙潭尚书公为热闹，有歌谣为证："路上人山共人海，去看南台迎尚书，这边茶亭十番过去，铺前顶看马许边过去。伙贩街轿班威风八面，沧州庵八将全市有名。来到二保共三保，一路只见人挤人。高个子一挤就曲背，矮子不起步会爬高。肥人挤了流弱汗，瘦人一挤骨头松。癫子一挤头就痒，缺嘴一挤涎就流。弯背挤像元宝锭，食酒醉挤得满街'加刘'，老人一挤

---

① 林国平、彭文宇：《福建民间信仰》，福建人民出版社 1993 年版，第 68 页。

气就喘，伲子哥一挤大啼嘛。"① 台江万寿尚书庙则因除夕夜演
"避债戏"而名闻福州民间，是为水部尚书信仰中别具特色的一项
民俗活动。

图 6　阳岐水部尚书庙

① 黄启权主编：《福州乡土文化汇编》，福州对外文化交流协会、台湾《罗星塔》
月刊社 1990 年版，第 231—232 页。

第 四 章

闽都教育

教育作为人类教导人、培育人的一种特有的社会活动，产生于人类社会参与社会生活的需要和人类自身身心发展的需要。诚如我国著名的教育理论家杨贤江在其著《新教育大纲》中所言："自有人生，便有教育。因为自有人生，便有实际生活的需要。不过人生的需要，随时随地有不同；教育的资料与方法也跟着需要有变迁。这种变迁的根源，就存在于社会的经济结构的转易。"[①] 从历史发展看，教育经历了原始教育和学校教育两个阶段。据目前已有的考古资料表明，1965 年在云南元谋县境内发现的猿人牙齿化石，称"元谋人"，是迄今发现的中国最早的人类，科学测定距今大约 170 万年以前，因此，中国的原始教育即发端于 170 万年前。这种原始教育与当时原始社会生活的需要和人类自身生产的需要相应，其最大的特点是教育尚未从社会生产、生活中分离出来，没有专门从事教育的场所和人员，教育只是在生产、生活中通过言传身教的方式进行，其内容以生活经验为主，包括生产劳动与生活习俗、原始宗教与原始艺术、体格与军事训练等方面。

随着生产力水平提高，社会经济、政治发生变革，推动了教育的变化。氏族公社末期，文字的产生促进了学校教育的萌芽。[②] 夏、

① 《杨贤江教育文集》，教育科学出版社 1982 年版，第 414 页。
② 古史中关于学校萌芽有多种传说，一般称学校为"成均"、"庠"。《周礼·春官·大司乐》："大司乐掌成均之法，以治建国之学政，而合国之子弟焉。"《礼记·文王世子》："三而有一焉，乃进其等，以其序。谓之郊人，远之于成均以及取爵于上尊也。"郑玄注："董仲舒（《春秋繁露》）曰：五帝名大学曰成均。"《礼记·学记》："古之教者，家有塾，党有庠，术有序，国有学。"孔颖达疏："庠"，学名也，于党中立学教闾中所升者也。后人多以"庠"谓乡学，以"成均"谓大学。

商、西周学校教育的产生标志着中国具有真正严格意义上的教育开创。《孟子·滕文公上》："夏曰校，殷曰序，周曰庠，学则三代共之，皆以明人伦也。人伦明于上，小民亲于下。有王者起，必来取法，是为王者师也。"

就福建而言，原始教育亦以福建先民在这块土地上开始生活、生产之时为发端。据目前已有考古发现，早在距今 18 万年前的旧石器时代，福建境内已有古人类居住，[①] 因此，福建的原始教育始于 18 万年前。福州地区迄今尚未发现旧石器时代遗存，考古资料表明，平潭壳丘头文化遗址是福州最早的文化遗存，经科学测定，其年代为距今 7000 多年前的新石器时代，"闽族"人为当时的土著居民，故福州的原始教育当发源于 7000 年前。从总体上看，福州的教育迄至唐代以前都较中原地区和邻近省份的发展为落后，这是由于福州负山面海的自然地理环境造成福州远离京师，与发达的中原地区交往不便所造成的。如前所述，中原地区早在夏、商、周时期已经开创了学校教育，而福州乃至福建的学校教育则迟至两晋南北朝时期才产生，并且是伴随着中原汉族大举南迁入闽的进程产生、发展起来的。唐、五代时期，福州地区得到全面开发，社会经济有了长足发展，学校教育因之迅速发展起来。至宋代，福州教育走向繁盛，整个福建地区在当时成为"东南全盛之邦"、人文荟萃之地。迨及晚清，鸦片战争爆发，福州成为五口通商口岸之一，马尾船政学堂和教会学校的创办，福州一举成为国内较早引进西式教育的地区之一，开中国近代教育之先河。总之，福州的教育从历史发展上看，产生较中原地区为晚，但发展较快，尤其是近代教育颇具特色。

---

① 三明万寿岩旧石器时代洞穴遗址是福建迄今发现最早的旧石器时代洞穴遗址，经科学测定，其年代距今 18 万年前（参见福建省博物馆、三明市文物管理委员会、三明市博物馆《三明万寿岩发现旧石器时代遗址》，载《福建文博》2002 年第 2 期）。

第一节 两晋南朝时期闽都教育的萌蘖

两晋南朝时期，中原地区战乱频仍，永嘉之乱、侯景之乱导致大批汉族南迁入闽，史称"衣冠南渡"或"八姓入闽"。入闽汉人带来了中原地区先进的生产技术和发达的文化教育，推动了福州教育的产生。史载，福州乃至福建最早的学校创设于南朝刘宋政权时期（420—479 年）。据民国陈衍《福建通志·名宦》卷 1 载：刘宋元帝元嘉年间（424—453 年），河南光州人阮弥之任昌国（即晋安郡，今福州）太守，"昌国初为蛮地，俗不知学，弥之教稼穑，兴学校"，以至当时社会出现"家有诗书，市无斗嚣"的景象。又，据《南史》卷 70《虞愿传》载："及明帝立，以愿儒吏学涉……出为晋平①太守，在郡不治生产。……在郡立学堂教授。……为政廉平，人怀其惠"。后琅琊王秀之为郡，与朝士书："此郡承虞公之后，善政犹存，遗风易遵，差得无事。"② 复又，乾隆《福建通志》（四库本）卷 19《名宦》：齐时（479—502 年）东海（今山东郯城）王僧孺（与沈约、任昉同为当时三大藏书家）"为晋安丞，除候官令"，建武（494—497 年）初始安王萧遥光为扬州刺史，奉诏举士，其荐表有曰："前候官令王僧孺，理尚栖约，思致悟敏，既笔耕为养，亦佣书成学。"

整体言之，两晋南朝时期福州教育尚处在初始状态，地方官学时续时断，若有若无，并无定制，一般由地方官自行创办，因此，地方官员对教育的态度直接影响教育的发展。③

---

① 刘宋明帝泰始四年（468 年），改晋安为晋平，即今福州。
② 《南齐书》卷 53《虞愿传》所载略词。
③ 黄政：《宋代福建省教育史话》，见福建省教育史志编写办公室《福建省教育史志资料集》第 6 辑，1991 年 12 月。

第二节　隋唐五代时期闽都教育的发展

581 年，杨坚取代北周建立隋朝，是为隋文帝。589 年，隋统一全国，承北齐学制，从中央到地方推行官学教育，规定："每岁以四仲月上丁，释奠于先圣先师，年别一行乡饮酒礼。州郡学则以春秋仲月释奠。州郡县亦每年于学一行乡饮酒礼。学生皆乙日试书，景日给假焉。"① 文帝还"整万乘，率百僚，遵问道之仪，观释奠之礼。……超擢奇俊，厚赏诸儒，京邑达乎四方，皆启黉校。齐、鲁、赵、魏，学者尤多，负笈追师，不远千里，讲诵之声，道路不绝。中州儒雅之盛，自汉、魏以来，一时而已"。② 与中原教育之盛况相比，福建地区则相对滞后。有隋一代，因州郡合并，福建唯设一州，即泉州，治所在闽县。因此，其时是否设立州（郡）学，尚未发现明文记载。617 年，李渊代隋，建立唐朝。武德五年（622年），唐将王义童平闽，任泉州刺史兼都督，开始了对福建的统治。随着唐朝对福建的开发由北而南全面推进，福建的经济得到长足发展，推动了文化教育事业的展开。

福州是福建开发较早的州郡，早在两晋南朝，学校教育即已产生。隋唐以来，随着中原汉族大举南迁入闽，福州人口剧增，衣冠士人云集，对当地民智的开启和人文素质的提高有着积极意义。尤其是唐朝后期，李椅、常衮的兴学活动，促进了福州教育的长足发展。关于福州府学（州学）设置的具体年代尚不可知，但据《三山志》、③ 《八闽通志》④ 所载，可以断定福州府学当在大历年间（766—779 年）以前设立。至于李椅、常衮兴学活动，史载较详。

---

① 《隋书》卷9《礼仪志四》。
② 《隋书》卷75《儒林传》。
③ 《三山志》卷8《公廨类·庙学》："庙学，旧州西北一里，唐大历七年，观察使李锜移城南。"按："李锜"疑是"李椅"之误。
④ 《八闽通志》卷44《学校·福州府》："府学在府城南兴贤坊内。旧在子城西北一里许，唐大历间，观察使李椅移建今所。"

李椅福州兴学主要依据与李椅同时代文人独孤及所撰《福州都督府新学碑记》。其文载：李椅，唐宗室，代宗大历七年（772年）冬十一月任御史大夫持节都督福、建、泉、漳、汀五洲（即福建全境），大历十年（775年）秋九月逝于任上，李椅在福建的三年，将兴修学校作为第一要务，他始至福州，"未及下车，礼先圣先师"，"是以易其地，大其制，新其栋宇，盛其俎豆。俎豆既备，乃以五经训民。考教必精，弦诵必时。于是，一年人知敬学，二年学者功倍，三年而生徒祁祁，贤不肖竞劝。家有洙泗，户有邹鲁，儒风济济，被于庶政"。"由是海滨之人，以不学为耻，州县之教达于乡党，乡党之教达于众庶矣。"李椅的兴学活动为时人称颂："易俗移风，经始頖宫。百堵皆兴，孔堂崇崇。……比屋为儒，俊造如林，缦胡之缨，化为青衿。"

李椅之后，唐德宗建中元年（780年），前宰相常衮任福建观察使，再次展开兴学活动。《新唐书》卷150《常衮传》载："常衮，京兆人，天宝末及进士第。……建中初，杨炎辅政，起为福建观察使。始，闽人未知学，衮至，为设乡校，使作文章，亲加讲导，与为客主钧礼，观游燕飨与焉，由是俗一变，岁贡士与内州等。卒于官，年五十五，赠尚书左仆射。其后闽人春秋配享衮于学官云。"对此，《新唐书》卷203《欧阳詹传》亦载："及常衮罢宰相为观察使，始择县乡秀民能文辞者，与宾主钧礼，观游飨集必与，里人矜耀，故其俗稍劝化。"常衮因此被后人尊为"兴闽文学之圣人"。

李、常二人的兴学活动，使得福州"佫初奋于学"，① "贞元、元和间，学者益盛"。②

除了府（州）学的设立，还设有县学。《八闽通志》卷44《学校·福州府》："长乐县学，在县治东兴贤坊内。唐乾符四年（877

---

① 徐景熹主修：乾隆《福州府志》卷24《风俗》。
② 梁克家修纂：《三山志》卷8《公廨类二·庙学》；《八闽通志》卷44《学校》之"序言"亦曰："闽人知学虽已久，至衮大兴学校而始盛也。自时厥后，闽之文物骎骎与上国家。"

年）建。"

　　州、县学的设立，推动了福州教育的发展，其突出表现即是及进士第的人数有明显增加。众所周知，入隋以来，科举制度成为中国封建社会主要的选士制度，教育也服务于科举考试，因此，科名的多寡在一定程度上反映了一个地区的文化水平和教育程度的高低。福州"自唐神龙迄后唐天成二百二十有三年，擢进士者三十六人。"[①] 然，细考诸方志，实得 43 人，兹列表 4—1 如下：

表 4—1　　　　　　　　　　　　　福州唐代进士科名表

姓名	及第时间	籍贯	资料来源
薛令之	神龙二年（706 年）	长溪	《三山志》
陈通方	贞元十年（794 年）	闽县	《三山志》、《八闽通志》
陈诩	贞元十三年（797 年）	闽县	《三山志》、《八闽通志》
邵楚苌	贞元十五年（799 年）	闽县	《三山志》、《八闽通志》
陈颜博	元和五年（810 年）	闽县	《三山志》、《八闽通志》
陈去疾	元和十四年（819 年）	侯官	《三山志》、《八闽通志》
欧阳衮	宝历元年（825 年）	闽县	《三山志》、《八闽通志》
林简言	大（太）和四年（830 年）	福清	《三山志》、《八闽通志》
侯固	大（太）和九年（835 年）	闽县	《三山志》、《八闽通志》
李涝	开成三年（838 年）	闽县	《三山志》、《八闽通志》
萧膺	开成三年（838 年）	侯官	《三山志》、《八闽通志》
林鸥	开成三年（838 年）	长乐	《闽书》、道光《福建通志》
郑诚	会昌二年（842 年）	闽县	《三山志》、《八闽通志》
林滋	会昌三年（843 年）	闽县	《三山志》、《八闽通志》
陈纳	会昌四年（844 年）	闽县	《三山志》、《八闽通志》
陈铺	会昌四年（844 年）	闽县	《三山志》、《八闽通志》
林勖	大中元年（847 年）	侯官	《三山志》、《八闽通志》

---

　　① 梁克家：《三山志》卷 26《人物类一·科名》。

姓名	及第时间	籍贯	资料来源
侯岳	大中十二年（858 年）	闽县	《三山志》、《八闽通志》
薛承裕	咸通二年（861 年）	闽县	《三山志》、《八闽通志》
王棨	咸通二年（861 年）	福清	《三山志》、《八闽通志》
欧阳琳	咸通七年（866 年）	闽县	《三山志》、《八闽通志》
连总（樬）	咸通九年（868 年）	闽县	《三山志》、《八闽通志》
欧阳玭	咸通十年（869 年）	闽县	《三山志》、《八闽通志》
林慎思	咸通十年（869 年）	长乐	《三山志》、《八闽通志》
陈谠	乾符二年（875 年）	侯官	《三山志》、《八闽通志》
郑隐	乾符二年（875 年）	福清	《三山志》、《八闽通志》
林嵩	乾符二年（875 年）	长溪	《三山志》
林徽	乾符二年（875 年）	长乐	《闽书》
陈蜀	乾符五年（878 年）	闽县	《三山志》、《八闽通志》
倪曙	中和五年（885 年）	侯官	《三山志》、《八闽通志》
林裦	大顺元年（890 年）	闽县	《三山志》、《八闽通志》
张莹	大顺元年（890 年）	连江	《三山志》、《八闽通志》
陈鼎	大顺二年（891 年）	福清	《三山志》、《八闽通志》
黄璞	大顺二年（891 年）	侯官	《三山志》、《八闽通志》
曹愚	景福二年（893 年）	长溪	《三山志》
黄诜	乾宁二年（895 年）	侯官	《三山志》、《八闽通志》
沈崧	乾宁三年（896 年）	闽县	《三山志》
翁承赞	乾宁三年（896 年）	福清	《三山志》
卓云	乾宁四年（897 年）	长乐	《三山志》、《八闽通志》
翁承裕	光化三年（900 年）	福清	《八闽通志》
郑希颜	天复元年（901 年）	闽县	《闽书》
柯崇	天复元年（901 年）	闽县	
何瓒	唐末	闽县	《闽书》、《新五代史·何瓒传》

上述进士及第人员中存疑者三人：一为翁承裕明经及第为进士及第，《八闽通志》卷46《选举·科举·福州府》翁承裕下注云："福清人。按《莆田志》，承裕于是年明经释褐，而《寰宇志》以为裴格榜，恐误。"二为林勖"大中五年开元礼登科"为进士及第。《三山志》卷26《人物类一·科名》林勖下注云："字公懋，闽县人。大中五年，开元礼登科。终吉州刺史。"三为黄诜登拔萃科为进士及第。《三山志》卷26《人物类一·科名》黄诜下注云："字仁泽。登拔萃科。璞之子。终左宣义郎、节度巡察判官。"

从上述进士及第情况看，福州教育在唐朝中后期有明显进步，但从整体上看，福州教育仍落后于中原地区，据统计，终唐之世全国录取进士共6642人，① 福州尚不及1%。

五代闽国时期（893—945年），由于大批中原文人儒士躲避战乱流寓福州以及王氏政权采取礼贤下士、兴文重教的政策，福州教育于此期有了较大发展。清人陈云程《闽中摭闻》卷1《八族入闽》载："王氏据有全闽，虽不知书，一时浮光士族，与之俱南。其后折节下士，开四门学，以育才为急，凡唐宋士大夫避地而南者，皆厚礼延纳，作招贤院以馆之，闽之风声，与上国争列。"②

唐景福二年（893年），王潮占领福州，各地武装纷纷归附，唐王朝遂升王潮为福建观察使。乾宁元年（894年），王潮"乃作四门义学，还流亡，定赋使用，遣吏劝农，人皆安之"。③ 乾宁四年（897年），王潮病卒，审知代立。史载：王审知"怀尊贤之志"，"酷好礼下士"，④ "招贤下士有吐哺之风"，于福州设招贤院，广纳人才，延揽中原文学之士，"王淡，唐相溥之子；杨沂，唐相涉从弟；徐寅，唐时知名进士，皆依审知仕宦"，⑤ 由于王审知"怀尊贤

---

① 刘海峰、庄明水：《福建教育史》，福建教育出版社1996年版，第20页。
② 转引自徐晓望主编《福建通史》第2卷《隋唐五代》，福建人民出版社2006年版，第245页。
③ 《新唐书》卷190《王潮传》。
④ 吴任臣：《十国春秋》卷90《闽一》。
⑤ 《新五代史》卷68《王审知传》。

之志，宏爱客之道"，使得"四方名士，万里咸来"，[①] 并感到"安
莫安于闽越，诚莫诚于我公"。[②] 为培养人才，王审知号召各地"广
设庠序"，"以学校之设，为教化之原"，使府有府学，县有县学，
乡僻村间有私塾；又采纳翁承赞的建议，"建四门学，以教闽士之
秀者"，知名人士黄滔等人担任"四门博士"，这样一来，"幼已佩
于师训，长皆置于国庠。后造相望，廉秀特盛。……乡校皆游，童
蒙来求，雅道靡靡，儒风优优"。[③] 宋人钱昱在《重修忠懿王庙碑》
盛赞王审知兴文重教之功绩，曰："兴崇儒道，好尚文艺，建学校
以训海，设厨馔以供给。于时兵革之后，庠序皆亡，独振古风，郁
更旧俗，岂须齐鲁之变，自成洙泗之乡。"[④]

由于五代时期中原战乱频仍，闽人北上参加科考不便，故此期
及第进士唯陈保极一人。《三山志》、《八闽通志》俱载：陈保极，
闽县人，后唐天成三年（928 年）及第。

第三节　两宋时期闽都教育的繁盛

两宋时期福州教育在唐末五代的基础上有了很大发展，至南宋
达于繁盛。张宁在《谕除知福州府到任表》中说："忆昔瓯粤险远
之地，今为东南全盛之邦。"徐景熹《福州府志》卷 24《风俗》亦
云："至宋朱子绍濂洛嫡传，福郡尤多高第，弟子阐明圣道，弦诵
互闻。盖向之习染，悉湔洗无留遗矣。自兹厥后，风气进而益上，
彬彬郁郁，衣冠文物之选，遂为东南一大都会。古所称海滨邹鲁，
至今日而益验矣。"这一时期，福州教育的繁盛主要表现在州县官
学遍布、书院勃兴、人才辈出等方面。

---

① 徐景熹主修：乾隆《福州府志》卷 14《坛庙一·忠懿王庙》。
② 黄滔：《黄御史集》卷 5"丈六金身碑"。
③ 于兢：《琅琊忠懿王审知德政碑》，转引自徐景熹主修乾隆《福州府志》卷 14
《坛庙一·忠懿王庙》。
④ 同上。

一 州县官学①普遍设立

福州州县官学的发展主要是在北宋三次兴学②高潮之后。据《八闽通志》卷44《学校·福州府》、《八闽通志》卷45《学校·福宁州》载，宋代除府学外，所辖各县均设学，所载如下：

福州府学，唐大历间，观察使李椅移建今所。唐乾宁元年（894年），王潮于州四门置义学。五代梁龙德元年（921年），王审知置四门学，以招徕四方之秀。吴越时（947—978年）作新宫，号使学。宋太平兴国中（976—983年），转运使杨克让始作孔子庙。景祐四年（1037年），权州事谢微表请于庙立为府学，从之。诏下，微适罢去，郡守范亢、许宗寿踵其事，历五年乃成。有九经阁、三礼堂、黉会、斋庐、旁翼两庑，庖次井饮，百用皆给。熙宁三年（1070年）灾。郡人韩昌国、刘康夫等二百人请自创建，郡守程师孟许之。既而属县之士皆如昌国请，不一月，集钱三百万，为门，为殿，为公堂，环列十斋，以居学者。公堂之后，又别为室以藏书，为堂以讲议，为斋以处师友，盖合百有三十间。仍表请更定圣贤像制。元祐八年（1093年），郡守王祖道复斥东西序之北二百四十尺，增斋舍为二十。而小学在中门外之左，客次在中门外之右。旧庙学门皆西出，至是改建外门，直中门之南。崇宁元年（1102年），行舍法，始自朝廷选择教授增养士之额，益广为三百五十一

---

① 宋代地方行政机构为三级：第一级为路；第二级为州、府、军、监；第三级为县。一般而言，路不直接设学，仅置学官管辖所属各学校。因此宋代地方官学只有两级，即州学（府官、军学、监学）和县学。

② 第一次为"庆历兴学"，发生于宋仁宗庆历四年（1044年），由范仲淹主持，主要内容是诏令天下"州县皆立学"。第二次为"熙宁兴学"，发生在宋神宗熙宁年间（1068—1077年），由王安石主持，进一步强调各州县设学。第三次为"崇宁兴学"，发生在宋徽宗崇宁年间（1102—1106年），由蔡京主持，主要内容依旧是令天下州县置学，县设小学，并颁布《州县学敕令格式》。同时将熙宁兴学时所创立的中央太学"三舍法"推行到州县学之中。所谓"三舍法"指"上舍、内舍、外舍"。"三舍法"规定县学生学习三年成绩合格者升入州学，州学生每三年根据考试成绩升入太学不同的斋舍。成绩上等者升上舍，中等者升下等上舍，下等者升内舍，其余升外舍（《宋史》卷157《选举志三》）。

区，为堂三，为斋二十有八。后罢舍法，省斋为十有二。嘉熙元年（1237 年）重建棂星门。景定四年（1263 年）毁。明年（1264年），帅守王镛撤唐安寺材，建礼殿；撤城南禊游亭，建养源堂于殿之东北，创奎文阁于堂之北；复构戟门及棂星门，而别立学门于其东，凿泮池而桥其上。桥之西为米廪，北为中门，中门之西北为钱粮司。又西为守宿房、祭器库。北为学厅。厅之北列横廊三重，前廊之中为中亭。廊各五斋。

闽县县学，在府治东南罗山之麓，宋庆历中（1041—1048 年）始建。治平元年（1064 年）修。熙宁中（1068—1077 年），邑令方叔完重建。崇宁初（1102—1106 年），舍法行，寓于府学，后复旧。

侯官县学，在府治南、县治之东。宋庆历中建，寻复修之。熙宁九年（1076 年）县令方叔完建礼殿于讲堂之西，并塑像其中。崇宁舍法行，亦寓府学，后复旧。景定四年（1263 年），礼殿毁，寻建。

怀安县学，在府治西，宋大中祥符四年（1011 年）主簿陆柬始建庙于石岊旧县治之东隅，嘉祐二年（1057 年）知县樊纪移于县西，建礼殿、学宫、讲堂、斋室咸备。及舍法行，增至八十一区。建炎中（1127—1130 年）毁于建寇。绍兴初（1131—1162 年）改创县东，为斋三。宝庆三年（1227 年），知县徐琢重修。

长乐县学，在县治东兴坊内。唐乾符四年（877 年）建。宋邑宰董渊、吴仲举、萧竑、施闻相继缮治，卒莫能就。元祐三年（1088 年），袁正规宰邑亟议修建。邑人林通者作县图经，命鬻之，得钱二十万。县之富民皆相与殚力，乃仍旧殿新之。背殿有堂，翼以两序，为斋十二。崇宁初，舍法行，增至五十三区。淳熙间（1174—1189 年）斋省为三。

连江县学，旧在县治东，宋嘉祐三年（1058 年）知县朱定修庙为学，政和初（1111—1117 年）广之，凡四十三区，有善养堂，为斋凡三。绍兴八年（1138 年）知县林觉移建今所，背长汀，面云居；邑人林日华率陈元礼、林芘、林镎等缯钱万有奇助之。重门修廊，巍殿中峙，有翻经阁，驾说堂，更为四斋。……殿之后为进德堂，堂之上为稽古阁。增斋为六。嘉祐二年（1057 年），邑宰赵汝训增筑尼山于学宫之后。宝庆三年（1227 年），邑宰郑沉凿泮池于戟门之外。咸淳八年（1272 年），邑宰宋日隆新风池坊于棂星门之前。

福清县学，在县治之东。旧先圣像寓于三礼堂，邑人提举游冠卿舍地创庙。宋元丰元年（1078 年），复广庙地建学。元祐六年（1091 年）知县方叔完又广而新之，市钱塘书籍储于经史阁。崇宁初，增至八十四区，为斋三。淳熙元年（1174 年），知县刘墩增斋为四。

古田县学，在县西隅。旧在县东，宋景德二年（1005 年），邑宰李堪撤佛宫，毁淫祠，取其材创建庙学，塑先圣十哲及绘诸从祀像。嘉祐二年（1057 年）邑令陈昌期修。崇宋初增至九十一区，建九经阁、会道堂，左右序为斋八，外为小学。绍兴元年（1131 年）毁于建寇，乃寓于佛宫。三年（1133 年）邑令周彦耀始创于县西郊。七年（1137 年）诸生林好古、陈鬲、卓冠与其邑人衷金钱百余万，请还学于景德旧址。邑令郑观、帅宁张浚许之。岁终告成，堂殿斋舍具备。二十四年（1154 年）邑令汤选始移建今所。

永福县学，在县治东。宋崇宁元年（1102 年）修，凡五十二区，有养士堂，为斋凡三，建炎三年（1129 年）毁。绍兴（1131—1162 年）初，邑宰陈炎重建粗完，更为四斋。乾道间（1165—1173 年）邑宰谢芘大而新之。后复毁。邑宰侯至果重建讲堂。端平三年（1236 年）邑宰舒复宗营缮始备。宋末又毁于兵。

闽清县学，在县治之东南。宋景德四年（1007 年），县令史温即废廪地，创礼殿，塑先圣十哲像，仍图六十子及大儒像于壁。构堂一、阁五、讲堂一。又有谈经楼三、礼堂、祭器库、严奉轩。绍圣二年（1095 年）祝亚为宰，陈旸初擢制科第一以归，与邑人协力新之。又作堂以祀其兄祥道。崇宁初，舍法行，增为四十一区。有稽古阁，为斋凡四。淳熙五年（1178 年）毁，明年重建经史阁，为斋十二。宝祐元年（1253 年）复毁。四年（1256 年）重创未备。

罗源县学，在县治东南百二三十步。旧在四明寺南，宋庆历八年（1048 年）邑宰陈俛建，延郡人郑穆为师，以劝民学。元祐六年（1091 年），邑宰袁符及士民倪昱奏请迁今所。崇宁初，增至九十九区，有议道堂，为斋凡九，外立小学。建炎间（1127—1130 年）毁于建寇，寻复创。绍兴初，主簿廖睍大加修建。嘉定九年（1216 年），邑人大谏黄序又拓其基而改创之。其后，邑人祭酒张磻复增创文星堂于学之西序。

长溪县学，在县治东南。旧在县治东保明寺之左，庆历三年（1043 年）知县杜枢徙今所，筑菱湖地创建。旧学基遂为保明寺所有。元祐二年（1087 年），知县马康侯又迁于县东门外，以建善寺地为之。大观二年（1108 年）知县叶安节更建殿宇。嘉泰三年（1203 年）知县姚迥、嘉定九年（1216 年）知县江润祖、淳祐七年（1247 年）知县许铸、咸淳五年（1269 年）知县赵时贯、七年（1271 年）知县李季可俱尝修葺。

宁德县学，在县治之东南。宋嘉祐三年（1058 年）创建。崇宁二年（1103 年）增为四十区，有敷教堂，为斋四。乾道六年（1170年）县丞卢觉重修。七年（1171 年）知县徐磐建小学。淳熙二年（1175 年），知县赵善悉改建大成殿于明伦堂之西。殿之南为棂星门。淳熙八年（1181 年）知县徐梦发更新之。嘉定三年（1210 年）知县周茂良凿泮池于棂星门之内，而桥其上。五年（1212 年）摄县事闽县丞黄克宽增建戟门于棂星门之北。

福安县学，在县治东南。旧在县西南蠹湖之上，宋淳祐五年（1245 年），知县郑黼经划其方位，左为庙，右为学，先建讲堂直舍。八年（1248 年）知县林子勋建文庙东西庑、戟门并明伦堂、斋舍、库廪，学制始备。

从上述记载看，宋代福州教育有如下特点：其一，宋代福州州县学共计 14 所，福州所辖各县均设立学校，且多于北宋兴学高潮之后设立；其二，所立学校大多依托孔庙所在地，在庙学的基础上修建，实行庙学合一。崇宁行三舍法后，各学建筑规模迅速扩大，除县学内附设小学外，其建筑大多包括大成殿、经史阁、崇圣祠、明伦堂、讲堂、斋舍、泮池、祭器库、米廪、馔堂等，兼有祭祀、[①]教学、藏书以及社会教育多种功能，成为地方文化教育的中心和培养治才的主要基地，也是朝廷崇尚儒术，以儒家思想统治社会的一个明显标志；[②] 其三，各学多有私人捐赠，如福州州学、长乐县学、连江县学、福清县学、古田县学、闽清县学等；其四，福州为州治所在地，集州学、闽县县学、侯官县学、怀安县学于一城，几经扩建，规模庞大，熙宁元年行舍法后，"增养士之额，益广为三百五十一区，为堂三，斋二十有八"，成为福建最大的地方官学。至于各县学的学额，庆历四年（1044 年）诏诸州皆立学，县有士子 200 人以上亦设学。而实际上各学规模与生员数始终在起伏变化。以福州州学为例，熙宁以前，养士岁才十数人，元丰（1078—1085 年）初，始增至数十。元祐八年（1093 年）王秘监祖道始至，岁补生员 500。崇宁元年（1102 年）舍法行，始自朝廷选择教授，增养士之额。其后舍法罢，寻省为养士 200 人。绍兴十年（1140 年）张丞相浚增养士 240 人。乾道元年（1165 年）王参政之望定 300 人为额。[③]

学校的经费主要来源于学田，而学田或由官赐，或籍没寺庙产业而得，或靠私人捐赠。史载，仁宗即位初，赐兖州学田，[④] 是为宋朝向地方官学赐学田之始。[⑤] 之后，仁宗景祐年间（1034—1037 年）又规定，凡新建或虽建而无学田之州学，均赐田 5—10 顷，[⑥]学田遂作为一种制度被确定下来，有力地推动了地方官学的发展，这一制度历元、明、清三朝相沿不改。

① 孔子春秋二祭，行释奠礼，由学官主办，地方长官主持，参加者包括官学全体生员和地方各界人士。

② 黄政：《福建宋代教育史话》，见福建省教育史志编写办公室编《福建省教育史志资料集》第 6 辑，1991 年 12 月。

③ 梁克家修纂：《三山志》卷 8《公廨类二·庙学》。

④ 《宋史》卷 157《选举志三·学校试》。

⑤ 一说真宗乾兴元年（1022 年）向兖州州学赐学田十顷，是宋朝向地方官学赐学田的开始（见孙培青主编《中国教育史》，华东师范大学出版社 1992 年版，第 346 页）。

⑥ 郭宝林：《北宋的州县学》，载《历史研究》1988 年第 2 期。

据载，福州州学旧管田76顷78亩1角14步，园地、山林、屋基、埕池、塘坂等125顷45亩2角32步，房廊屋68间，屋地基12所。续添田园、沙洲地17顷50亩3角38步，屋18所，庵基地1所。有宋一代，赐福州州学学田不乏史载。如：仁宗景祐四年（1037年）赐田5顷；神宗熙宁三年（1070年）给公田10顷；徽宗崇宁三年（1104年）拨诸系官田、宅、常平户绝等田，以充学费。

除官赐学田外，亦有籍没寺庙产业者，如：元丰（1078—1085年）初，孙司谏觉守是邦，会安福寺僧犯法，籍没其田，请于朝以资养士；绍兴十年（1140年），张丞相浚上言：“宁德有浮屠氏田36顷60有2亩，籍没岁久，乞以其田为赐”。诏从之。① 不过，各县学的情况则有所不同，所获学田和其他资产数额亦甚为悬殊。据《三山志》载：

> 闽县田14顷2亩3角59步，园地等18顷61亩2角；租课钱1459贯29文，白米465石4斗7升。侯官县田14顷19亩1角51步3分，园地32顷46亩1角58步7分9厘；租课钱1396贯366文，白米665石8升3合，糙米22石6斗。怀安县田4顷35亩1角3分1厘，园地36顷63亩17步4分1厘，屋基地1所；租课钱130贯939文，白米220石3斗，糙米24石4斗9升2合，谷55石6斗，小麦1石7斗6升6合，红豆8斗8升6合。福清县田2顷70亩50步，园地3顷20亩1角31步；租课钱19贯26文，白米104石4斗1升，糙米1斗，大麦、占谷、黑豆共53石9斗6升7合。长溪县田4顷36亩1角18步，园地22顷83亩2角41步5分2厘；租课钱62贯807文，白米87石3斗3升2合。古田县28角43步4分，园地1角54步9分；租课钱25贯280文，白米11石2斗9分。

---

① 梁克家修纂：《三山志》卷12《版籍类三·赡学田》。

连江县田 88 亩 2 角 35 步，园地 1 顷 4 亩 3 角 33 步；租课钱 4 贯 180 文，白米 39 石 1 斗 6 升 2 合 7 勺。长乐县田 16 顷 37 亩 1 角 11 步 4 分 8 厘，园地 13 顷 60 亩 3 角 42 步 2 分 4 厘；租课钱 906 贯 988 文，麦、豆、谷 19 石 8 斗 7 升 2 合 2 勺，糯米 161 石 9 斗 6 升 7 合，上草 2652 束，麻皮 18 斤。永福县田 2 顷 90 亩 42 步，园地 7 顷 74 亩 2 角 58 步；租课钱 3 贯 737 文，白米 103 石 7 斗 1 升。闽清县田 99 亩 3 角 53 步 9 分 5 厘，园地 5 顷 24 亩 2 角 36 步 8 分；租课钱 1 贯 613 文，白米 24 石 1 斗 9 升 8 合，油麻、青豆、粟谷、大麦、芋共 1 石 9 斗 4 升，荞草 3 束。罗源县园地 1 顷 50 亩 3 角 41 步；租课钱 1 贯 92 文。宁德县田 13 顷 96 亩 3 角 38 步，园地 14 顷 84 亩 1 角 14 步；租课钱 89 贯 214 文，白米 145 石，芋、�𦳭、谷共 5 斗 5 升。①

　　从上述记载中可以看出：各县学学田、资产收入不一，其中闽县、侯官、长乐县学状况良好，宁德、怀安、长溪、永福县学次之，古田、连江、闽清县学较差，罗源县的情况最差，不仅 1 亩学田没有，而且其他资产亦缺。其缘由一则可能是地方政府未按诏令划拨，另则可能是学田被侵占。《三山志》中就有关于对侵占学田者加以处罚的记载："闽之民有盗买旧学田一顷六亩者，檄本学以其直取之。及先籍黄冠私田凡六十亩，岁获通千缗，并归于学，乃益养士三百人。"②

　　各学课程以教授儒家经典为主，《宋史》卷 167《职官志七》曰："庆历四年，诏诸路州、军、监各令立学，学者二百人以上，许更置县学。自是州郡无不有学。始置教授，以经术行义训导诸生，掌其课试之事，而纠正不如规者。"从皇祐至淳祐年间（1049—1252 年），福州州学教授共 7 人，分别是：陈烈（皇祐年

---

① 梁克家修纂：《三山志》卷 12《版籍类三·赡学田》。
② 同上。

间，1049—1053 年）、周希孟（嘉祐年间，1056—1063 年）、庄柔正和张读（均为崇宁年间，1102—1106 年）、张洙（绍兴年间，1131—1162 年）、刘翔、缪烈（淳祐年间，1241—1252 年）。① 其具体设置过程则见于《三山志》卷 23《秩官类四·州司官》记载："皇祐中，诏陈烈教授本州。嘉祐二年，复诏以周希孟为教授。元丰元年，福建路惟建州置教授一员。二年，州奏乞置教授，乃令州举曹官或职官一员兼。三年，孙觉奏差司法王裕。元祐二年，复授孙烈。是时，特使掌教，未为员阙。崇宁元年，诏大郡或举人多处置二员。五年，教授二人。寻减一员。大观元年，诏东南州郡举士至六七百人处添置一员。既而提学司以福州养士至千人，请添置一员为三员。政和学制，福州教授两员，弓马教谕一员，宣和减罢，留一员。绍兴十四年，州乞特添差陆祐，十八年，添差一员，二十六年省。"此段记载表明福州州学所设教授于"庆历兴学"之后，员额 1—3 人不定，随养士多少而增减，有时是兼职。政和年间（1111—1117 年）曾设弓马教授，掌骑射、习武之事，由此说明各学除主修儒家经典之外，兼有习射、习武活动。其时，各学普遍设有射圃作为生徒习射、习武之地。史载："淳熙中，命诸生暇日习射，以斗力为等差。"② 福州州学射圃于淳熙四年（1177 年），由陈丞相俊卿始创，南北十三步，东西五十步有奇。仍创亭以序宾。③ 长乐、连江、福清、永福、闽清、罗源县学亦建有射圃。④

宋朝地方官学除州县学外，还有两种较为特殊的官学——宗学和蕃学。

宗学，是皇室子弟的学校。宋朝于景祐二年（1035 年）始置宗学，由大宗正司专门管理。规定："凡诸王属尊者，立小学于其宫。其子孙，自八岁至十四岁皆入学，日诵二十字。……熙宁十年

---

① 黄仲昭修纂：《八闽通志》卷 31《秩官·历官·福州府》。
② 《宋史》卷 157《选举志三·学校试》。
③ 梁克家修纂：《三山志》卷 8《公廨类二·庙学》。
④ 黄仲昭修纂：《八闽通志》卷 44《学校·福州府》。

（1077 年）始立《宗子试法》。凡祖宗祖免亲已受命者，附锁厅试；自祖免以外，得试于国子监。礼部别异其卷而校之，十取其五，举者虽多，解毋过五十人。廷试不得与进士同考。年及四十、掌累举不中，疏其名以闻而录用之，其官于外而且不愿附各路锁试，许谒告试国子监"。① 崇宁三年（1104 年），因宗子日多遂置南外宗正司于南京（今商丘），西外宗正司于西京（今洛阳）。"两京皆置敦宗院，院皆置大、小学教授。"② 宋王朝南渡后，南外移镇江，西外移扬州。绍兴三年（1133 年），西外移于福州，南外移于泉州，宗学遂成为福州教育的重要组成部分。其时，西外宗正司衙署在福州太平寺，隔壁的庆城寺为宗官寓所，敦宗院居寺西南，宗学教授居寺东北。③

蕃学，亦为番学。宋朝所设供外族或异国人读书的学校。"熙宁八年（1075 年）三月戊戌，知河州鲜于师中乞置蕃学，教蕃酋子弟，赐田十顷，岁给钱千缗，增解进士二人，从之。"④ 不过，蕃学主要设于海外贸易较为兴盛的泉州和广州。福州未有蕃学。

二　书院勃兴

书院是我国古代一种特殊的教育机构，其名始见于唐朝，包括官府和私人创设两种形式。唐玄宗开元六年（718 年）乾元院更号丽正修书院，十三年（725 年）改丽正修书院为集贤殿书院，并设有"学士、直学士、侍读学士、修撰官，掌刊辑经籍。凡图书遗逸，贤才隐滞，则承旨以求之。谋虑可施于时，著述可行于世者，考其学术以闻"。⑤《旧唐书》卷 43《职官二》亦载：集贤殿书院"集贤学士之职，掌刊辑古今之经籍，以辨明邦国之大典。"可见，

---

① 《宋史》卷 157《选举志三·学校试》。
② 同上。
③ 黄政：《宋代福建教育史话》，福建省教育史志编写办公室：《福建省教育史志资料案》第 6 辑，1991 年 12 月。
④ 《宋史》卷 15《神宗纪二》。
⑤ 《新唐书》卷 47《百官志二》。

唐朝官府所设书院主要作为藏书、修书、校书之地。

私人创建的书院大多以个人名字命名，也有的以书院所在地命名，是士子读书治学之地。《全唐诗》的诗题中列举的 11 所书院中有：李秘书院、杜中丞书院、费君书院、李宽中秀才书院等，即是直接以人名称谓；又有：南溪书院，即以地名称之。① 从历史记载上看，唐朝私人创建的书院中有的已经出现聚徒授学的活动，如：江西吉水县的皇寮书院，"刘庆霖建以讲学"；福建漳州府松州书院，"陈珦与士民讲学处"；江西九江府德安县义门书院，"陈衮即居左建立，聚书千卷，以资学者，子弟弱冠，皆令就学"；江西奉新县梧桐书院，"罗靖、罗简讲学之所"。② 由此表明这类书院具有了教育组织的萌芽。

书院作为一种教育制度正式形成于北宋。北宋承五代丧乱，官学遭到毁坏，庠序失教，士子失学，加之北宋初年所推行的文教政策重取才，轻养才，学校教育未得到应有的重视，官学未及时修复，正是在这种情形下，作为具有私学特色的书院沛然兴起。诚如朱熹在其文《衡州石鼓书院记》一文中所说："前代庠序之教不修，士病无所于学，往往相与择胜地，立精舍，以为群居讲习之所。"吕祖谦的《鹿洞书院记》亦云："国初，斯民新脱五季锋镝之厄，学者尚寡，海内向平，文风日起，儒生往往依山林，即闲旷以讲授，大率多至数十百人。"宋初著名的四大书院或六大书院③就是私人创建的书院，并不断受到官府的资助和支持而日渐发展起来的。书院制度的发展在南宋达到鼎盛，并为元、明、清三朝沿用，是中国古代教育制度的重要组成部分，讫至清光绪二十七年（1901 年）改全国省、县书院为学堂，书院之名遂废，书院制度亦告终结。

---

① 转引自陈元晖、尹德新、王炳照编著《中国古代的书院制度》，上海教育出版社 1981 年版，第 5 页。

② 同上书，第 8 页。

③ 宋初素有"天下四大书院"之说，但各书记载，略有所异。王应麟的《玉海》以白鹿洞、石鼓、应天府、岳麓为四大书院。学界一般认为宋初著名书院有六：白鹿洞、岳麓、应天府、石鼓、嵩阳、茅山书院。

福州书院于宋代开始创立，至南宋大盛。其情况大略如表 4—2
所示。

表 4—2　　　　　　　　　宋代福州书院一览表

书院名称	所在地	创建纪要	资料来源
鳌峰书堂	闽县	状元陈诚读书处	《八闽通志》卷 44 《学校·福州府》
龙首涧书堂	闽县	状元许将尝肄业于此	《八闽通志》卷 44 《学校·福州府》
拙斋书院	侯官县	宋儒林之奇与其徒吕祖谦讲道处	《八闽通志》卷 44 《学校·福州府》
三山书院	侯官县	宝祐二年（1254 年）提刑王似创建	《八闽通志》卷 44 《学校·福州府》
古灵书院	侯官县	宋儒陈襄读书处	《八闽通志》卷 44
德成书院	长乐县	宋乾道间（1165—1173 年）建。为唐水部林慎思读书处，所构堂祀之。宋朱子尝寓其中，以为先生德成于此，因名其室，曰德成	乾隆《福州府志》卷 11《学校·长乐县学》
龙峰书院	长乐县	宋儒刘砥、刘砺读书处，朱子避学禁寓此，二刘从而受业	乾隆《福州府志》卷 11《学校·长乐县学》
蓝田书院	长乐县	宋绍兴（1131—1162 年）中，邑人陈坦然建	乾隆《福州府志》卷 11《学校·长乐县学》
龙江书院	福清县	其始，莫详何人所建。宋宣和六年（1124 年）镇官陈邻重修，附以书堂数楹。后王苹、林光朝、林亦之、陈藻四先生相继讲授于此	《八闽通志》卷 44 《学校·福州府》

书院名称	所在地	创建纪要	资料来源
石塘书院	福清县	宋林公遇讲学之地。景定四年（1263年）建	《八闽通志》卷44《学校·福州府》
溪山书院	古田县	宋淳化二年（991年）	乾隆《福州府志》卷11《学校·古田县学》
浣溪书院	古田县	宋时建。中有夫子庙，朱文公书匾	《八闽通志》卷44《学校·福州府》
螺峰书院	古田县	宋时建，为朱子、黄翰讲学处	《八闽通志》卷44《学校·福州府》
嵩高书院	古田县	宋时建	《八闽通志》卷44《学校·福州府》
魁龙书院	古田县	宋时建	《八闽通志》卷44《学校·福州府》
东华精舍	古田县	宋时建	《八闽通志》卷44《学校·福州府》
兴贤斋	古田县	朱文公门人余范建，文公为名其匾曰"兴贤斋"	《八闽通志》卷44《学校·福州府》
西斋	古田县	朱文公门人余隅、余范读书之所，其匾亦文公所书	《八闽通志》卷44《学校·福州府》
东山书院	长溪县	宋淳祐十一年（1251年），邑儒林仲明建为读书之所	《八闽通志》卷45《学校·福宁州》
草堂书舍	长溪县	唐林嵩读书之所	《八闽通志》卷45《学校·福宁州》
来青书院	宁德县	姚周族创	《八闽通志》卷45《学校·福宁州》

从表4—2可以看出，福州书院名称不一，大多名书院，也有称

斋、书堂、精舍者。① 书院的开办者多为儒生，即早期的理学家，如古田县，在朱子门人余隅、余范等人的竭力倡导下，创建了8所书院（斋），时称"古田八斋"，从学者甚众。南宋理学大盛，私人讲学之风日炽，书院亦盛于其时，因此，福州书院多创建于南宋。由此表明书院的发展与理学的兴盛息息相关，书院的主要活动便是传习理学，适时，书院几乎取代了官学的地位成为主要的教育机构。

在福州众多学者之中，尤以侯官县陈襄、陈烈、周希孟、郑穆四人为著，时称"海滨四先生"，与"宋初三先生"胡瑗、孙复、石介一道开宋朝道学之始，为闽中理学之先。据《福州府志》载：陈襄，字述古，与陈烈、周希孟、郑穆为友。时学者沉溺于雕琢之文，所谓知天尽性之说，皆指为迂阔，而莫之讲。四人者始相与倡道于海滨，闻者卒从而化，谓之四先生。陈烈，字季慈。性介僻，笃于孝友。学行端饬，动遵古礼。里中人敬之，冠昏丧祭，请而后行，从学者常数百。贤父兄训子弟，必举烈言行以示之。周希孟，字公辟。通《五经》，尤邃于《易》。知州刘夔、曹颖叔、蔡襄皆亲至学舍质问经义。有《诗义》、《春秋》并《文集》。郑穆，字闳中。性醇谨好学，读书至忘栉沐，进退容止必以礼，门人千数。② 嘉祐元年（1056年）枢密直学士蔡襄再知福州，③ "备礼招延（四先生），海诸生以经学"，④ 有力地推动了福州文化教育的发展。迨及南宋，福州已经成为"理学之邦"、"海滨邹鲁"。吕祖谦《冶

---

① 有学者认为，书院和精舍（精庐）开始并不是一回事，精舍（精庐）的名称在先，书院在后，早在东汉时期，就有人称自己讲读的地方为精舍或精庐，《后汉书》中不乏记载。其后，禅师道士将其传经授道之地称作精舍，到了唐代，"精舍"之名已普遍用于佛、道、儒各家，甚至佛、道比儒用得更多。"书院"之称则多见于儒，不曾有佛、道称书院者。不过，正如唐代之后佛、道思想对儒家思想有重要影响一样，精舍对书院也有重要影响。尤其是佛教禅林的影响，佛教徒往往在山林名胜之处建禅林精舍，书院亦多依傍山林名胜而建，显然是受到禅林的影响（参见陈元晖、尹德新、王炳照编著《中国古代的书院制度》，上海教育出版社1981年版，第9—12页）。

② 徐景熹主修：乾隆《福州府志》卷50《人物二·列传侯官》。《宋史》卷321《陈襄传》、卷458《隐逸传·陈烈传》、卷347《郑穆传》亦同。

③ 蔡襄第一次知福州是庆历四年（1044年）。

④ 《宋史》卷320《蔡襄传》。

城》诗："路逢十客九青衿，半是同袍旧弟兄。最忆市桥灯火静，巷南巷北读书声。"龙昌期《福州》诗："是处人家爱读书。"陈植诗："行到人家尽读书。"① 福州学风之浓、学生之多由此可见一斑。

除官学和书院外，两宋时期福州教育还出现各种民间自发自愿组织的教学形式，如乡学、书社等。《三山志》卷40《土俗类二》"入学"条载：每岁节既五日，各遣子弟入学。……凡乡里各有书社，岁前一二月，父兄相与议，求众所誉，学识高，行谊全，可以师表后进者某人，即一二有力者，自号为鸠首，以学生姓名若干人，具关子，敬以谒请，曰："敢屈某人先生来岁为子弟矜式，幸甚。"既肯可，乃以是日备礼延致，诸子弟迎谒再拜，惟恐后。远近闻之，挈箧就舍，多至数百人，少亦数十人，间有年四五十不以老为耻，月率米钱若干，送为司计，为掌膳给赡饮食。先生升堂，揭立规矩，有轻重，罚至屏斥凡五等，曰："不率者视此。"诸生欲授何经，乃日就讲席唱解敷说。旬遇九日，覆问之，常以岁通一经。若三日、八日则习诗赋，若经义与论策，讲题命意，有未达，点削涂改，俾自入绳墨。

可见，这类书社的组织形式比较正规，教学程序也比较完整，教学内容主要有诗赋、经义、论策，学生人数不定，多至数百人，少亦数十人。程师孟诗云："城里人家半读书"，"学校未尝虚里巷"也是大致可信。

三 人才辈出

宋朝统一全国之后，采取"兴文教，抑武事"的文教政策，并承唐制，以科举取士，宋太祖开宝六年（973年）又以殿试为常制。太宗即位后，思振淹滞，谓使臣曰："朕欲博求俊彦于场中，非敢望拨十得五，止得一二，亦可为致治之具矣。"由于统治者的重视，宋代参加科考的人数及每科录数的人数都远超前代。"时取才唯进

---

① 转引自徐景熹主修《福州府志》卷24《风俗》。

士，诸科为最广，名卿钜公，皆由此选。"①

宋代福州科举之盛，从贡院的创建及其后屡次扩建之规模亦可见一斑。据《三山志》卷7《公廨类一·试院》载："（福州）自景祐建学，大比例为集试所，生员逡巡邸宿之外。先圣释奠亦移他所。元祐五年，柯龙图述谋所以易之，会朝廷下'学及孔子庙不得试进士'之制。五月，乃择州治之东南，公廨及隙地广二百三十尺有奇，而深倍之，乃增筑厥止。崇其旧，三尺穿堂延庑，中辟旷除，后敞公堂，缭以重屋以为考校之舍。外门之内，监门巡铺，弥封誊录之所皆具。旬五十而成，凡为正屋百有二十区。是时，举士才三千，峨冠鹄袖，雍容而入。其后渐增至五倍，侧肩争门，坐不容膝。绍兴十七年，乃假漕司行台以杀其溢。然犹病其隘也。乾道元年，郡学诸生，乡士林丙相率以请于王参政之望，乃相其西北隅官舍易之。得其地，东西二十有八丈，南北四之三。增为屋百二十有七楹。淳熙元年，应诏者二万人，史丞相浩讲求累举之弊，乃复假签判、察推、知录、司法四厅以益之。以大厅两廊坐负城两县举子，而怀安、福清、罗源于行衙，长溪、永福、古田于旧展试院，连江、长乐、闽清、宁德于新展四厅。就试之日，四其门以入之，而出以二。"如王参政之望《戒谕文》中云："乡举之众，天下莫比，亦闽中昔日之所未有也，可谓盛矣。"②

福州宋代科名之盛，如梁克家淳熙《三山志》卷26《人物类一》载："唐自神龙迄后唐天成，二百二十有三年，州擢进士者三十六人，何才之难耶？岂其出有时，将山川、风土使然，抑教化涵养之未至也？爰自永嘉之末，南渡者率入闽，陈、郑、林、黄、詹、丘、何、胡，昔实先之。阅五朝、隋、唐，户口既蕃，衣冠始集。神龙中，薛令之首登科，诸彦继踵，而陈诩之父子，侯固之叔侄，欧阳玭之兄弟，皆有声于世，犹以为盛矣。淳熙朝崇尚儒雅，

---

① 《宋史》卷155《选举志一》。
② 梁克家：《三山志》卷7《公廨类一·试院》。

人物彬然，进士之外，或以制举，或以词科，或以舍选，或以八行，或以武举，或以童子，莫不并进。岂惟父子、叔侄、兄弟，同岁收擢，或绵属数世不坠而已。"教育的兴盛培育了大量人才，两宋时期福州不仅进士及第人数空前，而且仕宦方面也不乏人才。据美国学者 John W. Chaffee（中文名贾志扬）所著《宋代学子的艰难门槛：科举的社会历史》中统计，宋代全国各地进士数共计 28933名，其中福建进士 7144 名，占 24%，居全国第一，所谓"登科第者尤多"。① 其他进士人数较多的各路为：两浙东路 4858 人，江南西路 3861 人，两浙西路 3646 人，江南东路 2645 人，② 对此，洪迈《容斋四笔》卷 5《饶州风俗》曰："古者江南不能与中土等。宋受天命，然后七闽二浙与江之西东，冠带诗书，翕然大肆，人才之盛，遂甲于天下。"福州自唐以来便成为福建省政治、经济、文化中心，教育的发展冠于全省，进士及第人数荣居首位。《三山志》载："由太平兴国五年（980 年），至今淳熙八年（1181 年），凡二百有二年，以科目进者一千三百三十有九人。"③ 据贾志扬统计，有宋一代，福州进士及第人数共 2799 人，占全省总数 39%，仅南宋就有 2249 人。④ 及第者中名列前茅者亦多。据明代朱希召编《宋历科状元录》载，宋代福州籍状元 8 位，占全省 19 位状元中的 42%。如表 4—3 所示。⑤

表 4—3 　　　　　　　　　　　宋代福州状元表

姓名	籍贯	及第时间	备注
许将	闽县	嘉祐八年（1063 年）	
陈诚之	闽县	绍兴十二年（1142 年）	

① 《宋史》卷 89《地理志五·福建路》。
② 转引自刘海峰、庄明水《福建教育史》，福建教育出版社 1996 年版，第 63 页。
③ 梁克家修纂：《三山志》卷 26《人物类一·科名》。
④ 转引自刘海峰、庄明水《福建教育史》，福建教育出版社 1996 年版，第 73 页。
⑤ 同上书，第 65 页。

续表

姓名	籍贯	及第时间	备注
萧国梁	永福	乾道二年（1166 年）	
郑侨	永福	乾道五年（1169 年）	乾隆《福州府志》卷 36《选举》载：（郑）侨与萧国梁、黄定七年之内，相继首倡，当时有百里三状元语。而侨幼馆兴化陈俊卿门，以兴化籍登第，故《一统志·弘志治志》皆以侨为兴化人，不知实为永福人也
黄定	永福	乾道八年（1172 年）	
余复	宁德	绍熙元年（1190 年）	
郑自诚	侯官	嘉定元年（1208 年）	《三山志》卷 31《人物类六》载：郑自诚，字信之，后改名性之，闽清人乾隆《福州府志》卷 37《选举二》曰：郑自诚，侯官人
黄朴	侯官	绍定二年（1229 年）	

从表 4—3 中可以看出，乾道二年至八年的 7 年中，永福县就有三人连续三榜夺魁，所谓"七年三度状元来"，成为中国科举史上绝无仅有的罕事。此外，嘉定元年榜，郑性之为状元，孙德舆（福清人）为榜眼，黄桂（侯官人）为探花，出现一榜三鼎甲，破中国科举史之记录。

从历史上的记载看，福州及第入仕者中官拜宰相者 1 人，是宣和六年（1124 年）及第者朱倬，绍兴三十一年（1161 年），朱倬自参知政事迁右仆射、同平章事。副宰相者 14 人，如表 4—4 所示。[1]

---

[1]　参见黄政《福建宋代教育史话》。见福建省教育史志编写办公室编《福建省教育史志资料集》第 6 辑，1991 年版，第 85—88 页。

表4—4　　　　　　　　　　　宋代福州副宰相表

姓名	籍贯	任职时间
许将	侯官	绍圣二年（1095年）守尚书左丞。四年（1097年）除中书侍郎
林希	福州	绍圣四年（1097年）除同知丞密院事
郑性之	福州	端平元年（1234年）除签书枢密院事。绍兴五年（1135年）除参知政事兼同知枢密院事。七年（1137年）除知枢密院事兼参知政事
陈韡	侯官	淳祐五年（1245年）除同知枢密院事兼参知政事
王伯大	福州	淳祐六年（1246年）自签书枢密院事除兼参知政事
陈贵谊	福清	绍定五年（1232年）除同知枢密院事。次年，除参知政事兼签书枢密院事
张磻	福州	宝祐五年（1257年）自同知枢密院事除参知政事
常挺	福州	咸淳三年（1267年）自签书枢密院事除参知政事
黄祖舜	福清	绍兴间（1131—1162年）除同知枢密院事
黄洽	侯官	隆兴间（1163—1164年）拜参知政事
郑昭	闽县	宁宗时（1195—1224年）任
陈自强	闽县	宁宗时（1195—1224年）任
郑寀	长溪	理宗时（1225—1264年）任
张元干	永泰	绍兴元年（1131年）参知政事

可见，宋朝是福州教育全盛时期，南宋人文荟萃达到鼎盛。在南宋官学颓废的情况下，福州科举却取得如此大的成就，不能不归功于书院之发展，社学之发达，向学风气之浓厚。

第四节　元明清时期闽都教育的继续发展

一　元朝

元朝是少数民族蒙古族建立的封建王朝，在宋元交战中，大多数学校教育被中断，设施毁于兵燹。统一中国后，元朝统治者为了巩固政权，维护统治，十分注重吸收中原先进文化，采取"汉化"

政策，尊孔崇儒，努力发展文化教育事业，至元世祖忽必烈统治时期（1260—1294年），元朝从中央到地方建立起了较为完备的官学体系和教育管理机构。史载，元世祖中统二年（1216年）"始命置诸路学校官，凡诸生进修者，严加训诲，务使成材，以备选用"；并规定，"路设教授、学正、学录各一员。……县设教谕一员"。①为确保教育经费，元朝统治者十分重视对学田的设置与管理，至元二十三年（1286年）"诏江南学校旧有学田，复给之以养士"；至元二十九年（1292年）又"诏江南州县学田，其岁入听其自掌，春秋释奠外，以廪师生及士之无告者。贡士庄田，则令核数入官"。② 由此，元世祖时期地方官学的发展达到高潮，许多学校得以修葺和复办。据载，至元二十三年（1286年），"大司农司上诸路学校凡二万一百六十六所"，③ 至元二十八年（1291年），"司农司上诸路所设学校凡二万一千三百余"，④ 地方官学的发展情形见之一斑。

至元十四年（1277年），元朝取得对福建的统治，将南宋原有的8个府、州、军改为8路——福州路、建宁路、南剑路、邵武路、汀州路、漳州路、泉州路、兴化路，下辖49个县。福州路辖9县（闽县、侯官县、怀安县、古田县、闽清县、长乐县、连江县、罗源县、永福县）、2州（福清州、福宁州，其中，福宁州领有宁德、福安二县）。各州、县学情况大略如下：

福州府学（路学），元大德八年（1304年），教授陈仲晦创丽亭于奎文阁之后，前立表曰"杏坛"，宪使程文海书圖。皇庆元年（1312年），省十五斋为六斋，各设训导。延祐四年（1317年），宪使赵宏伟拓礼殿而大之，塑先圣十哲像于中；辟两庑，塑从祀像九十有五。撤旧钱粮司、守宿房、祭器库，拓戟门东为祭器库，西为

① 《元史》卷81《选举志一》。
② 《元史》卷17《世祖十四》。
③ 《元史》卷14《世祖十一》。
④ 《元史》卷16《世祖十三》。

乐器库。更立棂星门。门之内，东为神厨，西为更衣亭。泰定二年（1325年），棂星门及更衣亭、神厨俱为暴风雨所坏。三年，教授陈震重建。又言于总管刘元亨创建米廪。五年（1328年），复以宪使易释董阿之命新厅后中亭。至正十年（1350年），①教授陈俊建明伦堂及六斋。

闽县县学，至元十五（1278年）毁。越五年，即1283年，学官丁尧建礼殿。元贞元年（1295年），学官韩挺特建斋庐。大德七年（1303年），吴鼎来建讲堂。十一年（1307年），陈振玉树皋门，立尊道堂。至大三年（1310年），学官高琳子绘从祀像，造祭器。泰定二年（1325年），县尹张德、学官蒋景说拓礼殿而深之。

侯官县学，元至大二年（1309年），县尹郄衍割县东之地以广西庑，创尊道堂于讲堂后。延祐五年（1318年），县尹魏扬祖重修。

长乐县学，延祐八年（1321年），创从祀两庑，至正十二年（1352年），重建礼殿及两庑。北为明伦堂，南为戟门。门外东西为神厨、神库、宰牲房。又南为棂星门，门内为泮池，池上为石梁。东偏为学门，东庑之东为米廪。

连江县学，元皇庆二年（1313年），县尹夹德明、教官徐复协力缮修，积二年而庙学复新。致和元年（1328年），县尹成和复拓殿之前楹而广之。至正二十一年（1361年），平章燕赤不花与秘书监乡贡师泰等捐己俸葺大成殿东西庑，建仪门、棂星门，改正德堂为明伦堂。

福清县学，元至元三十年（1293年），县尹曹珷塑七十二贤像于县之东西庑。元贞元年（1295年）宪使程文海修学门，仍自书匾。明年升为州学。②大德三年（1299年）知州毋逢辰③即经史阁故址创堂二，曰"道立"，曰"帅正"。并建学官廨舍于道堂之东偏。皇庆元年（1312年）省斋为六。延祐五年（1318年），州判乃

---

① 徐景熹主修：乾隆《福州府志》卷11《学校》作"至元十年"。
② 因人口增长，元贞二年（1296年）福清县升为州。明洪武初复为县学。
③ 徐景熹主修：乾隆《福州府志》卷11《学校》作"母逢辰"。

麻歹移戟门稍进而南，匾其左曰"肃容"，右曰"聚敬"。泰定四年（1327 年），知州贾思恭复新两庑。至正九年（1349 年），知州林泉生以为前庙后学类浮屠梵宇之制，乃更作之。左为明伦堂，右为大成殿，殿之南为东西两庑，堂之南为东西两序，又南为泮水，又南为前序。十二年（1352 年），知州申国辅建戟门、棂星门，更新两庑及诸祀从像。

古田县学，元至元间（1264—1294 年）毁。元贞元年（1295 年），县尹王焕始建礼殿，翼以两庑，其南为戟门，又其南为棂星门，其北建道立堂。殿之东为明伦堂，东西两序为四斋，堂之北为会馔堂，南为教思亭。又南为外门，门内为泮池，而梁其上。延祐七年（1320 年），县尹陈均建明伦堂。至治二年（1322 年），县尹阿玉创穿堂于明伦堂之后。

永福县学，元至元十八年（1281 年），县尹窦均与邑人前国子监丞张居中建礼殿、讲堂。延祐间（1314—1320 年），县尹刘企祖建棂星门。泰定二年（1325 年），达鲁花赤山童复修，并造祭器。后邻境盗起，庙学俱废。又五年，理问王那木罕莅县事，悉复其旧。中为大成殿，殿前为东西两庑。南为戟门，又南为棂星门。宰牲房，神厨在殿之北，又北为神库。明伦堂在大成殿之东。堂之前列两斋。南为泮池而桥其上。堂之后为后堂。

闽清县学，至元三十一年（1294 年），县丞董祯建棂星门、文昌楼、藏书阁及斋四。泰定三年（1326 年），县尹贾光祖重修藏书阁，明年修礼殿及两庑。

罗源县学，延祐五年（1318 年），达鲁花赤山童、教谕林兴祖更建大成殿及两庑，前为戟门，又前为棂星门。棂星门之内为泮池，而桥其上。后为明伦堂，之前，东西为斋四。泰定三年（1326 年），达鲁花赤塔海重修并建外门。至正三年（1343 年），县尹丁得孙复大加修葺。建侍班厅，翼明伦堂为两祠，左祠乡贤，右祠文昌。广田畴，新斋序。

福宁州学，[①] 至元十三年（1276 年）火，惟礼殿仅存。二十二年，即 1285 年，盐提举巩元凯塑先圣四祐十哲像。二十六年，即 1289 年，州尹白璧新戟门。二十九年，即 1292 年，州尹樊忠构明伦堂。元贞元元年（1295 年），州尹陈翼、同知孙璧改建大成殿及戟门，绘从祀先贤像。大德十一年（1307 年），州知事沈中祥摄学事，造祭器，置书籍，重建稽古阁于明伦堂之后。阁之下为会文堂。延祐四年（1317 年），州尹袁凯才建学门、两廊及教授厅。至治二年（1322 年），稽古阁坏。三年，州知事潘瑞孙摄学事，即其址重建会文堂，并修礼殿。至正十年（1350 年），知州王伯颜重创大成殿，易其柱以石，而两庑、戟门、泮池、棂星门、明伦堂及两斋俱修建一新。

福安县学，皇庆元年（1312 年），主簿胡琏兴建龟湖寺，遂迁学于县治东南，草创殿庑，塑先圣四配十哲像。至正三年（1343 年），县尹赵元善建戟门、棂星门于殿南，复建明伦堂于殿北。

由上所述，元代福州地方学校在宋代基础上历经修葺，规模不断扩大，藏书也有所充实，修缮过程中尤重先哲及从祀像的塑建，将孔庙与学校建筑紧密联系在一起，即所谓"由学尊庙，因庙表学"，[②] 各地方官学的基本格局大致确定。迨成宗即位（1295 年），"诏曲阜林庙、上都、大都、诸路府州县邑庙学、书院，赡学土地及贡士庄田，以供春秋二丁、朔望祭祀，修完庙宇。自是天下郡邑庙学，无不完葺，释奠悉如旧仪。"[③]

元朝地方官学的儒学系统中，还十分强调各县设置义学、社学。至元二十三年（1286 年）规定："诸县所属村疃，五十家为一社，择高年晓农事者立为社长。增至百家，别设社长一员。不及五

<hr>

① 至元二十三年（1286 年）长溪县学升为福宁州，下辖宁德、福安二县，仍属福州路。故此，为福宁州学，明洪武二年（1369 年），复改为县学。

② 《元文类》卷 28《武昌路学记》，转引自刘海峰、庄明水《福建教育史》，福建教育出版社 1996 年版，第 83 页。

③ 《元史》卷 76《祭祀志五》。

十家者，与近村合为一社。……每社立学校一，择通晓经书者为学师，农隙使子弟入学。如学文有成者，申覆官司照验。"① 这种在乡村地区设社学，利用农隙时间教授农家子弟的做法，是元朝在教育组织上的一种创新，对后世的初等教育产生了深远影响。据《八闽通志》卷44《学校·福州府》载，怀安县学就设有瓜山义学，"歙人郑潜以泉州总管致仕，于至正年间（1341—1368 年）寓居怀安城，创义学以教乡间子弟，又置田百亩以供其费"。

除了在各路、府、州、县建立儒学为主的教育系统之外，元朝还开设了各类专门学校。如：蒙古字学、医学、阴阳学等。《元史》卷81《选举志一》载："至元六年（1269 年），置诸路蒙古字学。……命诸路府官子弟入学。上路二人，下路二人，府一人，州一人。余民间子弟，上路三十人，下路二十五人。愿充生徒者，与免一身杂役。以译写《通鉴节要》颁行各路，俾肄习之"。很显然，蒙古字学的目的是普及蒙古文字，充分体现元政权的民族特色。

元世祖中统二年（1261 年），太医院使王猷言："医学久废，后进无所师授。窃恐朝廷一时取人，学非其传，为害甚大。"于是"遣副使王安仁授以金牌，往诸路设立医学。……后又定医学之制，设诸路提举纲维之"。② 至元二十八年（1291 年）"始置诸路阴阳学。其在腹里、江南，若有通晓阴阳之人，各路官司详加取勘，依儒学、医学之例，每路设教授以训诲之。其有术数精通者，每岁录呈省府，赴都试验，果有异能，则于司天台内许令近侍"。③ 在地方上设立培养天文、算历人才的学校，是元朝教育的一个创新举措，对后继的明朝教育产生了重要影响。

不过，上述三类专门学校在福州设置的情况，史籍记载大多语焉不详，故不得知。

元朝的书院继南宋之盛仍有发展。元朝统治者为了缓和蒙汉民

---

① 《新元史》卷69《食货志二·农政》。
② 《元史》卷81《选举志一》。
③ 同上。

族矛盾，十分重视对汉族文化的学习和研究，笼络汉族士心，为其提供研究、讲学的场所，极力保护各地学校和书院。据《续文献通考·学校考》载，早在太宗窝阔台八年（1236年），"行中书省事杨惟中，从皇子库春伐宋，收集伊、洛诸书送燕京，立宋儒周敦颐祠，建太极书院，延儒士赵复、王粹等讲授其间，此元书院之始"。太极书院是元朝创建的第一所书院。迨元世祖忽必烈中统二年（1261年）进入中原伊始，即下令严禁侵犯地方学校、书院，诏曰："宣圣朝及管内书院，有司岁时致祭，月朔释奠，禁诸官员使臣军马，毋得侵扰，违者加罪。"①

至元十六年（1279年）元朝灭南宋统一中国，统治者开始重视恢复和发展文教事业，对书院不仅仅是采取保护的态度，而是积极鼓励、提倡书院的创办。至元二十八年（1291年），"令江南诸路学及各县学内，设立小学，选老成之士教之，或自愿招师，或自受学于父兄者，亦从其便。其他先儒过化之地，名贤经行之所，与好事之家出钱粟赡学者，并立为学院"。② 从此，书院得到迅速发展，据近人考证，经元之世共有书院408所，其中新建134所，再建59所，二项合计为193所，③ 诚如宋彝尊《日下旧闻》所说："书院之设莫盛于元，设山长以主之，给廪饩以养之，几遍天下。"

福州在元代新建的书院，史籍记载较详的有2所，其一为闽县的勉斋书院，史载："旧为勉斋先生黄幹宅。幹卒，门人学士赵师恕，即旧故居拓为精舍，后圮。元至正十九年（1359年）建为书院。"④ 其二为古田县的城南书院，乾隆《福州府志》卷11《学校·古田县学》载：城南书院，即宋景德（1004—1007年）学基，

① 《元史》卷4《世祖纪一》。

② 《元史》卷81《选举志一》。

③ 王颋：《元代书院考略》，《中国史研究》1984年第1期。也有学者统计，元代新建书院143所，兴复书院65所，改建书院19所，合计227所（参见曹松叶《元代书院概况》，载《中山大学语言历史研究所周刊》第10集，第112期）。

④ 徐景熹主修：乾隆《福州府志》卷11《学校·闽县学》"勉斋书院"条。黄仲昭：《八闽通志》卷82《词翰·勉斋书院记》亦同。

元改为书院。《八闽通志》卷 44《学校·古田县学》则云：城南书院，宋乾道间（1165—1173 年）学基也，元时建为书院。大多数学者持《八闽通志》说。

元朝在积极倡办书院的同时，也加强了对书院的管理和控制，使书院的官学化趋向更加明显，此为元代书院的一大特色，具体表现在师资的延聘权，生徒的录用权以及经营管理和教学内容等均由政府把持。据《元史·选举志一》载："书院设山长一员。……各省所属州省学正、山长、学录、教谕，并受行省及宣慰司札付。凡路府州书院，设直学以掌钱谷，从郡守及宪府官试补。直学考满，又试所业十篇，升为学录、教谕。凡正、长、学录、教谕，或由集贤院及台宪等官举充之。谕、录历两考，升正、长。正、长一考，升散府上中州教授。……自京学及州县学及书院，凡生徒之肄业于是者，宋令举荐之，台宪考核之，或用为教官，或取为吏属。"可见，书院的山长，直学与地方县学的教授、学正、学录、教谕一样，均为政府任命的地方学官，相互间可以迁转，同为一个学官体系。不仅如此，在书院肄业的生徒亦同于地方官学的生徒，无论是考试录用还是学成后的去向，二者毫无区别。

元朝政府还通过设置学田控制书院的经济命脉。据王颋《元代书院考略》一文对 42 所书院学田的统计，其中有 6 所书院的学田 1000 亩，有 8 所书院的学田超过 500 亩，由此，元政府通过控制书院的经费来源达到控制书院的目的。

元朝书院的教学内容主要以儒家经典特别是理学家的著作为核心。早在杨惟中谋建太极书院时，即"立周子祠，以二程、张、杨、游、朱六君子配食，选取遗书八千余卷，请（赵）复讲授其中。……北方知有程、朱之学，自（赵）复始"，[1] 足见太极书院讲授程朱理学影响之大。又，《元史》卷 189《张传》载："金华王柏，得朱熹三传之学，尝讲道于台之上蔡书院，遇从而受业焉。自

---

① 《元史》卷 189《赵复传》。

翟《六经》、《语》、《孟》传注，以及周、程、张氏之微言，朱子所尝论定者，靡不潜心玩索，究极根柢。用功既专，久而不懈，所学益弘深微密，南北之士，鲜能及之。"

毋庸置疑，元朝书院的官学化，导致学院自由研讨的学风受到扼制，尤其是书院被纳入地方官学系统，使书院如同路、府、州、县学一样，沦为科举的附庸，有悖于书院淡于荣利，志在问学修身的初衷。但是，从另一方面看，书院的官学化，使书院的经费、生源、师资有了保障，从而确保了书院的正常运转，推动了书院文化教育的发展，传播了理学，为统治阶级培养了所需人才。惟其如此，书院的发展，"往往人材辈出矣"。①

元朝初年未行科举，直至元代中叶在儒臣们的努力下，仁宗皇庆二年（1313 年）始颁诏"以皇庆三年八月，天下郡县举其贤者、能者，充赋有司，次年二月会试京师"。② 诏书颁布后，次年便改元延祐，因此，元朝科举考试始于延祐元年（1314 年），会试则始于延祐二年（1315 年）。按规定"每三岁一次开试"，至至正二十五年（1365 年）最后一次会试，终元之世，共开科 16 次。据《元史·选举志一》载：年及 25 岁以上，乡党称其孝悌、朋友服其信义、经明行修之士经本邑举人提举方可参加考试。乡试于 11 个行省（即河南、陕西、辽阳、四川、甘肃、云南、岭北、征东、江浙、江西、湖广）、2 个宣慰司（河东、山东）、4 个直隶省部路（真定、东平、大都、上都）举行。每次取合格者 300 人参加会试，其中蒙古人、色目人、汉人、南人各 75 人。其时，福建未设行省，隶属江浙省，而江浙省属南人范围，所得名额 28 人（其余为湖广 18 人、江西 23 人、河南 7 人）。会试于次年二月在京师举行，定额 100 人，其中蒙古人、色目人、汉人、南人各 25 人。很显然，名额的分配对南人、对福建考生十分不利。加之，元代不仅开科次数少，而且福

① 《元史》卷 81《选举志一》。
② 同上。

建又无独立考场，考生需远赴浙省参加乡试，合格后才有资格参加会试。因此，有元一代，福建科举及第者与宋代科举盛况相比，实不可同日而语。尽管如此，福州作为八闽首邑，无论是乡试中选人数，还是进士及第人数都冠居福建之首。兹据黄仲昭《八闽通志》卷48《选举·科举·福州府》和卷55《选举·科第·福宁州》列表4—5、表4—6如下：

表4—5　　　　　　元朝福州乡试中选者表（共30人）

姓　名	中选时间	籍　贯
高骥生	延祐四年（1317年）	侯官县
林同生	至治三年（1323年）	
陈　中	元统三年（1335年）	闽县
赵　森	元统三年（1335年）	闽县
池福观	至正元年（1341年）	古田县
赵嗣鲁	至正七年（1347年）	
林　隽	至正七年（1347年）	福清州（县）
陈元珪	至正十年（1350年）	闽清县
黄尧臣	至正十年（1350年）	永福县
薛理元	至正十年（1350年）	福清县
陈　善	至正十年（1350年）	
李　漳	至正十年（1350年）	闽县
陈　俊	至正十年（1350年）	怀安县
庄　谷	至正十九年（1359年）	福清县
林民矩	至正十九年（1359年）	福清县
林　韶	至正十九年（1359年）	福清县
林文沛	至正十九年（1359年）	福清县
卢良钰	至正十九年（1359年）	
黄　厚	至正十九年（1359年）	
元　美	至正十九年（1359年）	
黄　德	至正十九年（1359年）	
刘　衷	至正十九年（1359年）	怀安县

姓　名	中选时间	籍　贯
黄　善	至正十九年（1359 年）	永福县
陈叔震	至正十九年（1359 年）	永福县
梁　谏	至正十九年（1359 年）	永福县
黄　超	至正十九年（1359 年）	永福县
方桂茂	至正十九年（1359 年）	连江县
林良材	至正十九年（1359 年）	闽县
张伯诚	至正十九年（1359 年）	凌州人，寓怀安县
陈　亮	至正十九年（1359 年）	宁德县《怀安县志》以为其邑人，误

表 4—6　　　　　元朝福州进士科名表（共 17 人）

姓名	及第时间	籍贯
杨　代	至治元年（1321 年）	侯官县
林兴祖	至治元年（1321 年）	罗源县
林仲节	泰定元年（1324 年）	宁德县
张以宁	泰定四年（1327 年）	古田县
林泉生	天历三年（1330 年）	永福县
方季茂	元统元年（1333 年）	连江县
林　隽	至正二年（1342 年）	福清州（县）
陈　珪	至正八年（1348 年）	闽清县
林　韶	至正十四年（1354 年）	福清县
庄　谷	至正二十年（1360 年）	福清县
薛理元	至正二十年（1360 年）	福清县
林文寿	至正二十三年（1363 年）	闽县
林　海	至正二十三年（1363 年）	闽县
徐　宏	至正二十三年（1363 年）	闽县
陈信之	至正二十三年（1363 年）	闽县
蒋允文	至正二十三年（1363 年）	侯官县
潘　滕	至正二十三年（1363 年）	福清县

以上二表的统计数字仅仅依据《八闽通志》的记载，疏漏之处难免。尽管如此，二表却仍能大致反映出元代福州科举的一大特点，即无论是乡试中选者，还是进士及第者都集中在元末至正年间（1341—1368 年），特别是至正十九年，乡试中选者多达 17 人，占总数的 57%。个中缘由主要是：元末刘福通、韩山童领导的农民起义军——红巾军四处征战，福建士子远赴浙江参加乡试多有不便，因故，是年于福建行中书省始设乡试场所，福建士子不必长途跋涉远赴浙江乡试。据《元史》卷 92《百官志八》载：至正十九年（1359 年），中书左丞成遵建言："宋自景祐以来，百五十年，虽无兵祸，常设寓试名额，以待四方游士。今淮南、河南、山东、四川、辽阳等处，及江南各省所属州县，避兵士民，会集京师。如依前代故事，别设流寓乡试之科，令避兵士民就试，许在京官员及诸俸掾译史人等，系其乡里亲戚者，结罪保举，迁移大都路印卷，验其人数，添差试官，别为考校，依各处元额，选合格者充之，则国有得人之效，野无遗贤之叹矣。……是岁，福建行中书省初设乡试，定取七人为额，而江西流寓福建者亦与试焉，通取十有五人，充贡于京师。"至正十九年"福建行中书省初设乡试"，虽然只是一次性的，至正二十二年（1362 年）以后的乡试福建士子又得赴浙江与考，但却开创了福建历史上开设乡试场所的先例，其意义十分重大，为明代以后于福建设立固定的乡试场所以及福建省的科举中兴奠定了基础。

综上所述，元朝作为少数民族统治中原地区的封建王朝，其统治时间不足百年，加上不平等的民族政策和科举制的晚行，都不同程度造成其教育整体水平的倒退，进士及第人数远逊于宋代。但是，社学的发展、书院的官学化则是元代教育中颇富特色的方面，且对后世的明、清二朝产生了深远影响。

二　明朝

明朝是中国历史上一个重要的封建王朝，在其建国后的 100 多年的时间里，中国堪称当时世界上最强大的国家。

1368 年，朱元璋领导农民起义军推翻元朝统治，建立明朝，便着手社会秩序的重建。政治上确立程朱理学为统治阶级的指导思想，进一步强化专制主义的中央集权；经济上推行休养生息、轻徭薄赋、发展生产的政策，促进了社会经济的恢复与发展；文教上强调尊儒崇经的封建教化，大兴学校，重振科举，广纳贤才，推动了文教事业的繁荣，其学校教育的发展则超过了历史上任何一个朝代。

早在立国之初，朱元璋即十分注重"劝农兴学"。他说："天下初定，所急者衣食，所重者教化。衣食给而民生遂，教化行而习俗美。足衣食者在于劝农，明教化者在于兴学校。"① 洪武二年（1369 年），明太祖朱元璋谕中书省曰："学校之教，至元其弊极矣。上下之间，波颓风靡，学校虽设，名存实亡。兵变以来，人习战争，惟知干戈，莫识俎豆。朕惟治国以教化为先，教化以学校为本。京师虽有太学，而天下学校未兴。宜令郡县皆立学校，延师儒，授生徒，讲论圣道，使人日渐月化，以复先王之旧。"并规定："府设教授，州设学正，县设教谕，各一。俱设训导，府四，州三，县二。生员之数，府学四十人，州、县以次减十。师生月廪食米，人六斗，有司给以鱼肉。学官月俸有差。生员专治一经，以礼、乐、射、御、书、数设科分教。务求实才，顽不率者黜之。"为加强学校管理，洪武十五年（1382 年）颁学规于国子监，又颁禁例十二条于天下，镌立卧碑，置明伦堂之左。其不遵者，以违制论。与此同时，明政府改变以往由巡按史，布、按两司及府州县官掌管生员入学事宜，于正统元年（1436 年）始特置提督学官，专使提督学政，并规定"提学之职，专督学校，不理刑名。……督、府、巡按及布、按二司，亦不许侵提学之事也"。"提学官在任三岁，两试诸生。先以六等试诸生优劣，谓之岁考。一等前列者，视廪膳生有

① 《明太祖实录》卷26。

缺，依次充补，其次补增广生。一二等皆给赏，三等如常，四等挞责，五等则廪、增递降一等，附生降为青衣，六等黜革。继取一二等为科举生员，俾应乡试，谓之科考。"① 为激励学生的学习积极性，明政府建立了贡监制度。② 其中，岁贡最重要，洪武二十一年（1388 年）定府、州、县以一、二、三年为差。二十五年（1392 年）定府学岁二人，州学二岁三人，县学岁一人。其后，屡有变更，至弘治（1488—1505 年）、嘉靖年（1522—1566 年），遂以洪武二十五年例为永制。有明一代，"天下府、州、县、卫所，皆建儒学，教官四千二百余员，弟子无算，教养之法备矣"，"盖无地而不设之学，无人而不纳之教。庠声序音，重规叠矩，无间于下邑荒徼，山陬海涯。此明代之校之盛，唐、宋以来所不及也"。③

在这一背景之下，福州教育在经历元朝中落之后重获生机，迎来了继南宋之后又一次教育的昌盛。

1. 州县学规模扩大

从记载看，明代福州官学的发展主要表现为在前代官学基础上不断修葺、扩建，并未新建学校。各学的具体情形据《八闽通志》卷 44《学校·福州府》和卷 45《学校·福宁州》记载如下：

福州府学，洪武初葺礼殿，匾曰"大成"。寻割其后养源堂、丽泽亭并杏坛地为贡院。……宣德九年（1434 年）又建堂于明伦堂之北，仍匾以"养源"。……成化三年（1467 年），巡按御史徐棐以国初所须铜铸祭器如尊、罍、铏之属，皆岁久刓弊，因命工并笾、豆、簠、簋俱范铜而重铸之。十三年（1477 年），知府唐珣大修庙学，礼殿前翼以舞亭。撤旧明伦堂，北却三丈许重建，为间凡七。并建养源堂，其间如明伦堂之数。旧东西两斋各九间亦增之，

---

① 《明史》卷 69《选举志一》。

② 明清二朝推荐地方府州县学生员入国子监读书的制度。《明史·选举志一》："入国学者，通谓之监生。举人曰举监，生员曰贡监。……同一贡监也，有岁贡，有选贡，有恩贡，有纳贡。"

③ 《明史》卷 69《选举志一》。

合为二十有六。东西号房皆以次修建。泮桥西米廪后改为更衣亭。十六年（1480年）提学金事周孟中更建乡贤祠、名宦祠。弘治（1488—1505年）初，提学副使罗璟改作棂星门，易木以石。十五年（1502年），巡按御史陈玉等重建大成殿。高于旧五尺，石楹增至一十有六，两庑亦增辟。正德十四年（1519年），巡按御史周鹏、布政使席书、知府叶溥重建仪门殿庑、常斋、号舍，悉一新之。嘉靖十年（1531年），建敬一亭，勒世宗御制《敬一箴》、并范浚《心箴》，程颐《视听言动》四箴，凡六碑，贮亭内。十一年（1532年），诏庙称先师庙，庙后建启圣祠。嘉靖（1522—1566年）中，知府胡有恒，万历（1573—1619年）初，巡抚庞尚鹏，提学熊尚文、冯烶相继修茸。

闽县县学，洪武二十三年（1390年），御史陈述、副使李惟益撤其旧重建。正统十二年（1447年），御史陈永复广其规制。继而御史丁澄又悉撤而更之。拓地三倍于旧。天顺间（1457—1464年），御史顾俨又鬻民地以广学前之路。成化九年（1473年），御史尹仁复拓其后，以取方正。而提学金事钟诚议欲右市民居后门法海寺地以益其址，知府郑时遂厚其直以鬻之。于是更建大成殿并东西两庑。……十二年（1476年），知府唐珣绘殿堂，新戟门、棂星门并殿前舞亭，阶砌士犀道，以至号房、庖湢、垣墙、门径，悉修建一新。嘉靖（1522—1566年）间，知府胡有恒，万历间，提学熊尚文相继修茸。

侯官县学，宣德十年（1435年），教谕罗伦以其规制隘陋，请于布政使周颐拓其址，重修明伦堂。……正统十一年（1446年），御史丁澄又创集英堂于尊经阁之后。十四年（1449年），镇守刑部尚书薛希琏创棂星门，修大成殿，饰圣贤像。成化十八年（1482年），知府唐珣重建两庑及棂星门，饰圣贤像。嘉靖（1522—1566年）间，知府胡有恒，万历间，提学熊尚文相继修茸。

怀安县学，洪武十二年（1379年），徙县治入郡城，先建讲堂。正统二年（1437年），布政使周颐始市民地建大成殿于讲堂之西南。

四年（1439 年），布政使方正、参政宋彰建东西两庑。肖宣圣及四配十哲像。复拓地创明伦堂及东西两斋于殿之左。七年（1442 年），御史张淑建戟门及棂星门，又市民地于明伦堂之后，欲建后堂而未果。十一年（1446 年），邑士民林崇等请助以己资创建会馔堂二。……十三年（1448 年），御史柴文显又辟棂星门之外为路，以抵通衢。……成化八年（1472 年）知县胡节、教谕陈文修，十六年（1480 年）知府唐珣、知县李亮复修殿堂两庑，更创棂星门以及斋舍，焕然一新。

长乐县学，洪武十五年（1382 年），知县邱宗亮新之。天顺七年（1463 年），知县任衡重修。成化十七年（1481 年），知县罗叙撤明伦堂而新之。弘治（1488—1505 年）间，知县王涣市民地，建训导宅。正德十四年（1519 年），火。知县龙琰重建。嘉靖（1522—1566 年）初，创启圣祠，敬一亭，亭前为名宦、乡贤二祠，文庙之西为明伦堂，两斋附堂左右，曰居仁，曰由义。其后知县蒋以忠、夏允彝相继修辟。

连江县学，洪武初重建。永乐二十年（1422 年），教谕吴嗣善捐俸倡众重修明伦堂并稽古阁。正统十年（1445 年），知县刘仲戬复市材将重建之，以任满去，未果。其后知县欧阳翰踵而成焉。……成化十九年（1483 年），知县凌玉玑以厨廪廨舍岁久而弊，复修葺之。是年，知县凌玉玑建射圃于学西。嘉靖三年（1524 年），参政蔡潮以文庙为民居所蔽，谕诸生醵金鬻地易之。十四年（1535 年），县丞陈瑞建敬一亭于庙东南。二十八年（1549 年），知县向镐建名宦、乡贤祠于庙左右。四十五年（1566 年），教谕马子骥凿凤池于泮池外。万历五年（1577 年），文庙堂庑圮坏，邑人吴文华言于有司，修葺一新。弘治间（1488—1505 年），知县郭轩更大成殿于明伦堂左。崇祯（1628—1644 年）间，知县唐廷彦移先师庙于西，明伦堂于东。

福清县学，洪武初重建明伦堂。正统四年（1439 年）修。天顺三年（1459 年）为风雨所坏，分巡佥事牟俸命有司重修。……成化十七年（1481年），知县庞璁以棂星门腐弊，且太迫戟门，乃拓地伐石重建。嘉靖三十七年（1558年），毁于倭。越七年（1565年），邑人都御史陈仕贤捐金重建。知县叶梦熊、许梦熊相继新之，庙前东西为名宦、乡贤祠。知县王政新偕邑人大学士叶向高重建。万历间（1573—1619年），知县欧阳劲建两斋，移启圣祠于明伦堂左，祠前创敬一亭。知县邬元会建文昌阁。

古田县学，洪武五年（1372年），知县邓恭创味道堂于穿堂之后，又建会馔所、乐育亭于味道堂之后。……十五年（1382年）创神厨于明伦堂。……正统十一年（1446年），主簿龚钺修棂星门及师生廨宇。景泰元年（1450年），御史罗澄命有司修饰两庑及诸贤位置。天顺间（1457—1464年），教授周瑄立泮宫门于外门之外。成化五年（1469年），县丞吴仪重修两庑。十五年（1479年），知县汪璀建两庑、棂星门、神厨及会馔堂。是年，提学佥事周孟中出文昌神于道院。弘治六年（1493年），知县屠容建射圃于学，内构观德亭，后圮。七年（1494年），又改建明伦堂于文庙北。正德七年（1512年），明伦堂圮，即其基为讲堂，改建于文庙东，嘉靖间（1522—1566年），知府胡有恒重修。隆庆二年（1568年）火，独文庙、仪门存。三年（1569年），知县杨存礼建明伦堂及两斋、号舍。万历十九年（1591年），教谕叶宗舜凿泮池于学门内。二十四年（1596年），知县刘日旸重修。二十九年（1601年），知县王继祀增修。崇祯十四年（1641年），庙学圮，训导黄守谊重建。

永福县学，洪熙元年（1425年）修。景泰元年（1450年），知县胡奎重修。仍建兴贤阁于棂星门之左。弘治间（1488—1505年），知县谭显、县丞马栗然修明伦堂，训导龚烈踵成之，市民居为大门，内为泮池。正德（1506—1521年），知县张良佐建戟门，郑信建棂星门。嘉靖间（1522—1566年），知县龚宣和迁建于东皋山麓。隆庆（1567—1572年）末，知县陈克侯复迁还旧址。万历二十九年（1601年），知县钱正志建棂星门，砌泮池，作桥跨其上。

闽清县学，洪武初，知县赵起居建神厨，祭器库于殿右。十五年（1382 年），建米廪于明伦堂西。二十五年（1392 年），知县沈源重修庙学，建两庑及棂星门。永乐十年（1412 年），①知县朱毅以明伦堂倾敧，乃移创于殿北旧基之后，列东西二斋于前，建膳堂、文卷库于左右。正统元年（1436 年），知县叶宗泰重修庙学及两庑，饰圣贤像而新之。景泰三年（1452 年），知县莘节重修棂星门及神库。天顺二年（1458 年），教谕马能建儒林坊。成化三年（1467 年），教谕鲁玛重建两庑；知县左辅创尊经阁于殿南，复修棂星门。万历三十六年（1608 年），圮于水。知县俞咨龙修建。

罗源县学，洪武初重建。正统十二年（1447 年），教谕黄缓、典史谢志保重修，创东庑及慎德厅，复创外门。后值兵乱，西庑遂废。景泰六年（1455 年），知县汤文瑞、教谕李昱、训导陈亮出己赀，倡邑人修戟门及两庑。重建明伦堂及藏书楼东西两斋。堂后为中堂。凡轩舍廪库俱焕然一新。成化十六年（1480 年），教谕吴荣、训导析祥以堪舆家谓旧门不利，乃白于同知韦济，遂发币银，命知县施弘改创于学之西北巷口。弘治元年（1488 年），知县麦瑾复市民地益之。十四年（1501 年），知县李南以学右路不宜直，遂更路环绕学左，立毓秀门，以达官路。十六年（1503 年），训导柴琬拓泮池地，重建棂星门，知县徐圭重修戟门。正德七年（1512 年），知县邓公善重修棂星门。嘉靖间（1522—1566 年），知县吴周，隆庆间（1567—1572 年），知县萧蔚重修庙学。

福宁（州）县学，洪武二年（1369 年），复改为县学。九年（1376 年），知县赵明仲修，二十七年（1394 年），典史程镒重建两斋及修葺殿庑。宣德六年（1431 年），知县钱宥重建两庑及戟门。正统六年（1441 年），知县项智、教谕程奎重茸大成殿。明伦堂并

---

① 何乔远《闽书》卷 32《建置志》、乾隆《福州府志》卷 11《学校》皆作永乐十五年（1417 年）。

两斋。成化七年（1471年），按察司副使潘祯、知府周钝复修葺之。十三年（1477年），州判官黄晟创振铎堂于明伦堂之后。十四年（1478年），知州刘象伐石修砌垣墉四周。

宁德县学，洪武五年（1372年），知县王溥建米廪于大成殿之西，建祭器库、神厨、宰牲房在大成殿之北，建会馔堂于明伦堂之后。二十三年（1390年）火，知县关可诚、教谕戴福海重建一新。永乐三年（1405年），知县贾德善改建棂星门，并创学门，架石桥于旧塘之上，以通往来。宣德四年（1429年），御史张铎、知县张初、教谕林约重修殿庑、斋舍、门墙，创建观澜亭、御书阁以及庖厨、廨宇，俱焕然一新。六年（1431年），御史张鹏立进士题名碑。景泰五年（1454年），邑人都给事中林聪倡其乡人拓明伦堂而大之。天顺四年（1460年），御史顾俨、同知古永昌、教谕李辅、训导董秀各捐俸劝富民助资重新修建。

福安县学，洪武二十八年（1395年），知县叶礼重修明伦堂，建两斋于堂之东西序，并建神厨、祭器库、宰牲房于东庑之后。永乐初，知县李思明建会馔堂厨房于明伦堂之西，创学仓于明伦堂之东北。正统六年（1341年），知县沈铸建御书阁于明伦堂之后。天顺间（1457—1464年），提学参事游明命署县事侯官县丞周琬重修大成殿并两庑。成化间（1465—1487年），副使潘稹、参议陈渤、参事钟城檄知州刘象、判官黄晟、知县刘顺、教谕项孔昌、训导黄节重建戟门、明伦堂、两斋，复改建泮宫门于学东。

2. 社学增加

明朝地方官学除儒学①以外，还有专门学校和社学。

专门学校包括医学、阴阳学、武学。史载：医学，洪武十七年（1384年）置。府，正科1人；州，典科1人；县，训科1人，设

---

① 包括按地方行政区划设立的府学、州学、县学，按军队编制设立的都司儒学、行都司儒学、卫儒学，以及在谷物财贷集散地设置的都转运司儒学，在土著民族聚居地区设立的宣慰司儒学和安抚司儒学等（参见孙培青主编《中国教育史》，华东师范大学出版社1992年版，第417页）。

官不给禄。阴阳学，亦洪武十七年置。府，正术 1 人；州，典术 1 人；县，训术 1 人，设官不给禄。① 武学，明初未设。正统中（1436—1449 年），成国公朱勇奏选骁勇都指挥等官 51 员，熟娴骑射幼官 100 员，始命两京建武学以训诲之。……崇祯十年（1637 年），令天下府、州、县学皆设武学生员。

社学，始自洪武八年（1375 年）"诏天下立社学"，② "延师以教民间子弟，兼读《御制大诰》及本朝律令"，弘治十七年（1504 年）"令各府、州、县建立社学，选择明师，民间幼童 15 岁以下者送入读书，讲习冠、婚、丧、祭之礼"。③ 于是，全国各府、州、县纷纷设立社学。

与元朝社学相比，明朝社学不仅数量上大大增加，而且制度上趋于完善。正统四年（1439 年）规定："凡 8—15 岁，民间家无过犯，子弟令遣入社学，讲读《大诰》、《孝顺事实》、四书、经史之类，以备选补生员名缺。"④ 由是观之，明朝社学对幼童传授的主要是初步的伦理道德教育和浅显的文化知识，并选拔其中优秀者补生员名缺，从而将社学与府、州、县学结合起来，使之兼有了郡县学预备学校的性质。明朝通过由社学中选拔优秀者补儒学生员，府州县学生员通过岁贡、选贡、恩贡、纳贡等途径进入国学肄业的方式，建立起了社学—府州县学—国学三级相衔接的教育网络系统，此为明朝官学制度的一大特点，也是明朝学校教育发达的具体表现。⑤

终明之世，有关专门学校在福州的设置情况史籍无明确记载，尚不得知。至于社学的设置，福州甚为发达，共设立了 43 所，分别是：闽县 9 所，侯官县 8 所，长乐县 4 所，连江县 1 所，罗源县 11

---

① 《明史》卷 75《职官志四》。
② 《明史》卷 2《太祖纪二》。
③ 《明史》卷 69《选举志一》。
④ 何乔远编撰：《闽书》卷 32《建置志·闽县》。
⑤ 孙培青主编：《中国教育史》，华东师范大学出版社 1992 年版，第 421 页。

所，福清县 10 所。①

3. 书院的曲折发展

明朝书院的发展历程颇为曲折。明初的 100 多年里，统治者重学校，倡科举，对书院采取不重视、不提倡的态度，因而导致学校兴盛，书院不振。成化（1465—1487 年）以后，统治集团内部政治斗争渐趋激烈，社会风气腐败，官学衰落，科举流弊丛生。为救治时弊，一批有志于从事学术研究的士大夫遂纷纷兴复或创建书院，自由讲学之风日炽，书院由此渐兴，经弘治（1488—1505 年）、正德（1506—1521 年），至嘉靖（1522—1566 年）大盛。正如黄以周在《论书院》中所说："学校兴，书院自无异数，学校衰，书院所以扶其弊也。"② 众学者中，尤以理学家湛若水、王守仁为著，此二人的讲学活动在很大程度上推动了明朝书院的兴盛。

湛若水（1466—1560 年），字元明，号甘泉，广东增城人，是著名儒学家陈献章（白沙）的学生。他一生讲学 55 年，"志笃而力勤"，黄宗羲《明儒学案》卷 37《甘泉学案一》称他"平生足迹所至，必建书院以祀白沙，以游者殆遍天下"，足见他对书院复兴的贡献。

王守仁（1472—1528 年），字伯安，号阳明，浙江余姚人，是明朝中叶著名的教育家，继承和发展了陆九渊的"心学"，形成与程朱理学不同的另一个理学派别"陆王之学"或"陆王心学"。王守仁从正德元年（1506 年）与湛若水定交，以倡明圣学为终身志愿，是年，他 34 岁，开始讲学，直至去世，历时 23 年，所到之处，广收弟子，创建书院，举办学校、社学，一方面宣传了他的学说，另一方面推动了书院的复兴。诚如，沈德符在其著《野获编》卷 24《畿辅》中所云："自武宗朝（即正德年间，1506—1521 年），王新建（即王守仁）以良知之学，行江浙两广间，而罗念庵、唐荆川诸

---

① 何乔远编撰：《闽书》卷 32《建置志·闽县》。
② 转引自章柳泉《中国书院史话》，教育科学出版社 1981 年版，第 32 页。

公继之，于是东南景附，书院顿盛。"王守仁逝后，他的学生也纷纷建立书院，促进书院在嘉靖年间（1522—1566 年）大盛，"虽世宗（即朱厚熜，嘉靖年间）力禁而终不能止"。[①]

据统计，有明一代共计书院 1239 所，遍及全国 19 个省，以江西、福建、浙江、湖南为最多，分别为 251 所、138 所、120 所、102 所，从书院创建的时间看，以嘉靖年间最多，占 37.13%，万历年间次之，占 22.71%。在明代新建的 745 所书院中，建于嘉靖年间的达 215 所，占 28.86%。[②]

不过，也正是在嘉靖以后，明朝政府四次禁毁书院，这在宋元二朝是没有过的。

第一次是发生在嘉靖十六年（1537 年）。据《续文献通考》记载："嘉靖十六年二月，御史游居敬疏斥南京吏部尚书湛若水，倡其邪学，广收无赖，私创书院，乞戒谕以正人心。帝慰留若水，而令所司毁其书院。"

第二次是发生在嘉靖十七年（1538 年）。据《皇明大政纪》载，嘉靖十七年五月，吏部尚书许赞上言，近来抚按两司及知府等官，多将朝廷学校废坏不修。别起书院，动费万金，征取各属师儒，赴院会讲，初发则一邑制装，及舍供亿科扰尤甚。请求毁天下书院，诏从其言。

第三次是发生在万历七年（1579 年）。据《明通鉴》卷 67 载：执政的张居正"特恶"士大夫私创书院聚徒讲学，担心书院"徒侣众盛，异趋为事"，"摇撼朝廷，爽乱名实"，遂以书院"科敛民财"为借口，请毁书院。是年春正月戊辰，诏毁天下书院，凡先后毁应天等府书院 64 处，尽改各省书院为公廨。

第四次是发生在天启五年（1625 年）。史载，吏部郎顾宪成、高

---

① 沈德符著：《野获编》卷 24《畿辅》。
② 参见曹松叶《明代书院概况》，载《中山大学语言历史研究所周刊》第 10 集，1930 年第 113 期。

攀龙讲学于东林书院。① 讲习之余，"往往讽议朝政，裁量人物，朝士慕其风者，多遥相应和。由是东林名大著，而忌者亦多"。② 魏忠贤党人为陷害东林书院及东林党人，遂矫旨"毁天下东林讲学书院"③。

尽管明政府四毁书院，但所造成的影响并不太大，各地创建书院的风气依旧兴盛，如前述，嘉靖年间虽二度禁毁书院，但终明之世却恰恰以嘉靖年间为最多，且大多是在嘉靖十六年、十七年以后兴办的，由此表明了书院的讲学制度已经深得人心。作为书院教学的重要形式——讲会制度，④ 在明代更趋完善，各讲会书院均有自己的"会约"，所讲内容主要是儒家经典，或儒家道德伦常问题。"这些讲会是一种开放式的、雅俗共赏的社会教育形式，有利于维护和深化纲常道德教育，使封建伦理道德向社会下层渗透，通过士人与社会上普通百姓的沟通，使儒家学说社会化。"⑤

此外，元代已初见端倪的书院官学化趋向在明代进一步加强。尤其是明后期实行所谓"洞学科举"，⑥ 书院日益与学校、科举合流，沦为科举的附庸，很多的书院不再以讲学为主，而是极力组织学生学习举业以取功名，致使书院自由讲学的特质丧失殆尽。

明代福州书院的发展与全国的形势类似，书院的创建基本上是成化以后，且集中于嘉靖年间。有明一代，福州共建书院 18 所，兹依据乾隆《福州府志》卷 11《学校》记载列表 4—7 如下：

---

① 东林书院在江苏无锡城东南，原为北宋理学家杨时（1053—1135 年）讲学之所，后即在该地建书院。元朝至元年间（1341—1368 年）废为僧庐。明万历三十二年（1604年），无锡人顾宪成及其弟顾允成在当时常州知府、无锡知县等地方官的支持下，重新修复。东林书院是明朝众多书院中名声最大，影响最广者，柳诒徵在《江苏书院志初稿》中说："合宋元明清四代江苏书院衡之，盖无有过于东林书院者矣。"（参见孙培青《中国教育史》，华东师范大学出版社 1992 年版，第 424 页）

② 《明史》卷 231《顾宪成传》。

③ 《明史》卷 22《熹宗本纪》。

④ 学术界一般认为讲会制度始于南宋淳熙二年（1175 年）由吕祖谦在信州（今江西上饶）鹅湖寺主持的朱熹、陆九渊关于哲学问题进行论战的"鹅湖之会"。讲会制度是宋明理学家进行学术论辩的集会。清朝中叶以后，该制度逐渐消失。

⑤ 刘海峰、庄明水：《福建教育史》，福建教育出版社 1996 年版，第 134 页。

⑥ 书院因大多设在名山胜地，故又称"洞学"。

表4—7　　　　　　　　　　明代福州新建书院一览表

书院名称	书院地点	创建时间	简介
登云书院	侯官县	成化十一年（1475年）	在登云坊内。知府唐珣建。中为正堂，肖宣圣、四配像，匾曰燕居。后为诸生讲肄之所，书舍共二十余楹，岁延师以训生徒，置田给之。万历时圮
南山书院	长乐县	弘治间（1488—1505年）	在南山塔旁，知县潘府改南山废寺而成。暇日与诸生讲学，立主敬、集义二斋
凤岐书院	长乐县	弘治间（1488—1505年）	在十五都。知县潘府以显应宫后堂改建
泉山书院	闽县	正德间（1506—1521年）	在河西尚书里。提学副使杨子器、姚镆建。为兵部尚书林瀚讲学处。中有御书楼
养心书院	闽县	正德间（1506—1521年）	在通津门外。巡按御史聂豹建
竹田书院	侯官县	正德间（1506—1521年）	在桂枝坊内。同知叶铁为二部尚书林廷选建
玉泉书院	侯官县	正德十五年（1520年）	在府城西关外。巡按御史沈约毁淫祠，改为书院。祀宋丞相李纲
崇正书院	侯官县	嘉靖间（1522—1566年）	在神光寺东。督学副使姜宝建
养正书院	侯官县	嘉靖七年（1528年）	在乌石山北。原为法禅寺，嘉靖七年改建为书院
崇正书院	古田县	嘉靖间（1522—1566年）	在南门外。旧为淫祠。嘉靖间，改为书院，祀李延平。十一年（1532年），提学副使潘潢迁林用中八贤配享，改今名
正学书院	古田县	嘉靖间（1522—1566年）	在二保。旧系祐圣宫。嘉靖间，改为探本书院，祀八贤，后迁祀八贤于崇正书院，遂改今名，为诸生讲习之所

书院名称	书院地点	创建时间	简介
翠屏书院	古田县	嘉靖间（1522—1566 年）	在一保。旧系淫祠。嘉靖间，郡丞朱世忠改为书院，祀学士张以宁，集诸生讲读
蘘山书院	古田县	嘉靖间（1522—1566 年）	在城隍庙东。旧为方伯罗荣家庙，邑人思其建城之功，肖像祀焉。嘉靖间，改为书院。知县徐建重修
青山书院	古田县	嘉靖间（1522—1566 年）	在一都。嘉靖间建，祀朱子
道山书院	侯官县	隆庆五年（1571 年）	在乌石山麓。按察使邹善、提学副使宋仪望为邑人参政王应钟建。应钟卒，门人祀之，置祀田。万历三十八年（1610 年），提学金事熊尚文重修
共学书院	侯官县	万历二十二年（1594 年）	在西门街北。旧为怀安县学。先是宋置怀安县在石岊江滨。大中祥符四年（1011 年），主簿陆柬始建学于县东隅。明洪武十二年（1379 年），徙治入郡城，遂移今所。正统二年（1437 年），布政使周颐市民地，建大成殿、东西讲堂。其后，御史张淑、柴文显又辟棂星门之外为路，以接通衢。万历八年（1580 年），县省入侯官。二十二年（1594 年），巡抚许孚远改为书院
鹤鸣书院	古田县	明代	在小武当山旁。明通判丁一中建
明德书院	古田县	明代	在南门外，明邑令刘日旸建

表 4—7 仅仅是依据乾隆《福州府志》的记载所作的统计，难免有所疏漏。譬如闽清县、连江县、罗源县、永福县均不见有新建

书院的记载，而福清县只是记载了对龙江书院、闻读书院的修缮。①尽管如此，上表仍能大致反映出明代福州书院发展的特点：

第一，从时间上看，书院多创建于正德、嘉靖年间，共 11 所，占总数的 61%，这与全国书院于此时期冲破沉寂，走向兴盛是一致的。

第二，从创建者看，书院主要由各县地方官所建，有的规模还很大，置有学田，确保了书院的经费来源，如侯官县的登云书院，由此反映出明代书院官学化的趋势。

第三，从建制上看，书院多由祠堂、家庙、佛寺等改建而成，充分体现了书院与禅寺的密切关系。自宋以来，佛教禅林无论从形式上（选址多择名胜之处）还是教学方式上（讲会制度）都对书院产生了很大影响。

4. 科举中兴

明朝开科取士始于太祖朱元璋洪武三年（1370 年）。是年诏令曰："汉、唐及宋，取士各有定制，然但贵文学而不求德艺之全。前元待士甚优，而权豪势要，每纳奔竞之人，夤缘阿附，辄窃仕禄。其怀材抱道者，耻与并进，甘隐山林而不出。风俗之弊，一至于此。自今年八月始，特设科举，务取经明行修，博通古今，名实相称者。朕将亲策于廷，第其高下而任之以官。使中外文臣皆由科举而进，非科举者毋得与官。"于是，京师及各行省皆开始举行乡试。"时以天下初定，令各行省连试三年，且以官多缺员，举人俱免会试，赴京听选。""既而谓所取多后生少年，能以所学措诸行事者寡，乃但令有司察举贤才，而罢科举不用。"10 年以后，至洪武十五年（1382 年）决定复设科举。十七年（1384 年）始定科举之式，"命礼部颁行各省，后遂以为永制，而荐举渐轻，久日废而不

---

① 徐景熹主修：乾隆《福州府志》卷 11《学校》"福清县学"条记载：龙江书院，在海口龙山北麓。旧志不详何年创立。明建文年（1399—1402 年），巡检张敬重修。又，闻读书院，在福唐里。唐水部郎中陈灿读书于此，故立。宣德间（1426—1435 年），邑人薛士亘重修。

用矣"。①

乡试之额，初行科举时规定：直隶贡额 100 人，河南、山东、山西、陕西、北平、福建、江西、浙江、湖广皆 40 人，广西、广东皆 25 人，才多或不及者，不拘额数。高丽、安南、占城，诏许其国士子于本国乡试，贡赴京师。明年会试，取中 120 名。复设科举后，"洪武十七年诏不拘额数，从实充贡。洪熙元年（1425 年）始有定额。其后渐增。……会试之额，国初无定，少至 32 人，其多者，若洪武乙丑、永乐丙戌，至 472 人。其后或 100 名，或 200 名，或 250 名，或 350 名，增损不一，皆临期奏请定夺。至成化乙未而后，率取 300 名，有因题请及恩诏而广 50 名或 100 名者，非恒制也"。②

至于考试内容，"专取四子书及《易》、《书》、《诗》、《春秋》、《礼记》五经命题试士。盖太祖与刘基所定。其文略仿宋经义，然代古人语气为之，体用排偶，谓之八股"。③

有明一代，政府取才惟崇科举，所谓"学校以教育之，科目以登进之"，④"非科举者毋得与官"，由此造成科举大盛，"卿相皆由此出，学校则储才以应科目者也"，⑤福建、江西、浙江、湖广（今湖南、湖北）则号称明代科举"四大省"，科举业十分发达。

福州作为福建乡试所在地，原有的贡院无法容纳日益增多的求试举子，洪武十七年（1384 年），布政使薛大昉将贡院移于城南兴贤坊内的巡抚公署，仍不足容士，成化七年（1471 年）布政使朱英、按察使刘勃于元代三皇庙处改建为贡院，中建至公堂，后为衡鉴堂，两旁为厢房。堂之东为誊录、受卷、弥封之所，西为对读、供给之所。衡鉴堂之北为内帘中堂，匾曰"公明堂"。东西列屋数间，为考官阅卷之所。两旁疱湢列焉。至公堂之前为试场，场之中

---

① 《明史》卷 70《选举志二》。
② 同上。
③ 同上。
④ 《明史》卷 69《选举志一》。
⑤ 同上。

为明远楼，南为门三重，前临长街，中建一坊，匾曰"贡院"。两旁为二坊对立，东曰"论秀"，西曰"登俊"。① 正德十一年（1516年），御史胡文静购民居益之，东西各八丈，南倍之，更为正门南出。万历五年（1577年），火。六年，重建，中为至公堂，后为衡鉴堂，为抡才堂。堂后为主考官房，中为洗心亭，东西为五经考官房。外东为监临公署，西为提调监试公署。又东列四所：曰对读，曰受卷，曰弥封，曰内供给；西二所：曰誊录，曰巡绰。至公堂前为东西文场，中为明远楼，四隅有了望楼。出大门外，为"天开文运坊"。东西各有坊，一曰明经取士，一曰为国求贤。又东为三司公署，废。西为外供给所。中有桥，曰登瀛。有坊，曰天衢，曰云路，曰龙门，达于通衢。② 较之宋代，明代贡院建筑结构完整，布局规范，从另一侧反映科举考试的制度化、完备化。福州科举在元代低迷之后得以中兴，人才之盛，居八闽前列。以下统计表4—8至表4—11，则能反映其大貌。

表 4—8　　　　　　　明代福州 10 县举人人数统计表③

年代＼地区	闽县	侯官	怀安	古田	罗源	长乐	闽清	连江	永福	福清	合计
洪武年间	49	14	22	3	9	24	4	23	7	34	189
建文年间	10	3	1					3	1	1	19
永乐年间	105	44	44	7	7	52	1	24	8	21	313
宣德年间	43	6	8	2	3	9	2	5		3	81
正统年间	45	15	7	1		12	2	5	2	15	104
景泰年间	69	18	18		1	15		8	1	15	146
天顺年间	41	9	8	1		15	2		3	8	88
成化年间	152	34	28	2	4	36	8	14	4	22	304

---

① 黄仲昭：《八闽通志》卷 40《公署·郡县·福州府》"贡院"条。

② 徐景熹主修：乾隆《福州府志》卷 18《公署一·贡院》。

③ 资料来源：徐景熹主修：乾隆《福州府志》卷 40《选举志五》。此表由薛文佳协助统计。

年代＼地区	闽县	侯官	怀安	古田	罗源	长乐	闽清	连江	永福	福清	合计
弘治年间	97	25	22	2		25	7	6	4	8	196
正德年间	77	23	19	1		25	1	8	1	6	161
嘉靖年间	201	59	53	7		54	1	20	4	65	464
隆庆年间	14	4	3			2			1	4	29（1人无考：隆庆四年郑梦祯）
万历年间	127	48	1	2	2	19	5	2	3	40	249
天启年间	24	9		2		7	1	1	3	7	56
崇祯年间	43	14		1		7			3	13	81
合计（1人无考）	1097	325	234	32	28	302	34	120	45	262	2480

表4—9　　　　明代福州解元人数统计表（共计20人）

解元姓名	籍贯	年代	资料来源
李昇	福清	洪武三年（1370年）	乾隆《福州府志》卷40《选举五》
林谷显	长乐	洪武四年（1371年）	乾隆《福州府志》卷40《选举五》
冯伏	怀安	洪武二十年（1387年）	《志》无考，转引自刘海峰、庄明水：《福建教育史》，福建教育出版社1996年版，第147页
张伯福	闽县	洪武二十三年（1390年）	乾隆《福州府志》卷40《选举五》
林赐	长乐	洪武二十六年（1393年）	乾隆《福州府志》卷40《选举五》
李骐	福清	洪武二十九年（1396年）	乾隆《福州府志》卷40《选举五》
林志	闽县	永乐九年（1411年）	乾隆《福州府志》卷40《选举五》
何琼	怀安	永乐十二年（1414年）	乾隆《福州府志》卷40《选举五》
李马	长乐	永乐十五年（1417年）	乾隆《福州府志》卷40《选举五》
高岗	闽县	宣德十年（1435年）	乾隆《福州府志》卷40《选举五》
林侨	长乐	正统三年（1438年）	乾隆《福州府志》卷40《选举五》

续表

解元姓名	籍贯	年代	资料来源
翁宾	连江	景泰元年（1450年）	乾隆《福州府志》卷40《选举五》
傅鼎	闽县	弘治二年（1489年）	乾隆《福州府志》卷40《选举五》
林士元	侯官	弘治十一年（1498年）	乾隆《福州府志》卷40《选举五》
张燮	闽县	弘治十四年（1501年）	乾隆《福州府志》卷40《选举五》
陈公陛	闽县	正德十四年（1519年）	乾隆《福州府志》卷40《选举五》
杨子充	福清	嘉靖十三年（1534年）	乾隆《福州府志》卷40《选举五》
郑启谟	闽县	嘉靖十九年（1540年）	乾隆《福州府志》卷40《选举五》
洪世迁	闽县	嘉靖二十五年（1546年）	乾隆《福州府志》卷40《选举五》
郭应响	福清	万历三十四年（1606年）	乾隆《福州府志》卷40《选举五》

表 4—10　　　　明代福州各县进士及第人数统计表[①]

年代＼地区	闽县	侯官	怀安	长乐	连江	永福	罗源	古田	闽清	闽清	合计
洪武年间	13	5	9	4	9	4	12	1		1	58
建文年间	2	1	1		1						5
永乐年间	33	12	17	12	8	1	5	1	1	2	92
宣德年间	8	3	2	1	2				1		17
正统年间	8	6	3	3			4				24
景泰年间	5	1	5	1	1		1			1	15
天顺年间	10	1	1	3			5				20
成化年间	44	9	7	9	1	2	9				82（1人无考：成化二十年郑昊）

① 资料来源：徐景熹主修：乾隆《福州府志》卷39《选举志四》。此表由薛文佳协助统计。

续表

年代＼地区	闽县	侯官	怀安	长乐	连江	永福	罗源	古田	闽清	闽清	合计
弘治年间	19	2	3	7	1					1	34（1人无考：弘治三年罗荣）
正德年间	15	5	3	10	1	1	3				40（2人无考：正德三年陈谈、十六年杨叔器）
嘉靖年间	55	17	14	29	10		26				152（1人无考：嘉靖二十九年毛孔墀）
隆庆年间	3		1	2			2			1	9
万历年间	21	13	1	8		1	19	1	1		65
天启年间	1			2		1	2				6
崇祯年间	10	11		1			4				26
合计（5人无考）	247	86	67	92	33	11	92	3	3	6	645

表4—11　　　　　　　明代福州状元一览表①

状元姓名	籍贯	年代	备注
陈䢍	闽县	洪武三十年（1397年）	据黄仲昭《八闽通志》卷48《选举》载：是年又有韩克忠榜。又，乾隆《福州府志》作"韩克忠榜"。转《万历府志》："是岁，闽县人陈䢍举第一，寻除名，郡有登第者皆不录，今无可考"

①　资料来源：徐景熹主修：乾隆《福州府志》卷39《选举志四》。

续表

状元姓名	籍贯	年代	备注
马铎	长乐	永乐十年（1412 年）	
李骐	长乐	永乐十六年（1418 年）	
龚用卿	侯官	嘉靖五年（1526 年）	
陈谨	闽县	嘉靖三十二年（1553 年）	
翁正春	侯官	万历二十年（1592 年）	

由上述统计表可看出：明代福州府 10 县举人数总计 2480 人，占全省的 29.79% ，① 居全省第一。解元人数为 20 名，占全省的 22.22% ，② 居全省第三位，仅次于兴化府（辖莆田、仙游二县，计 30 名）、泉州府（辖晋江、南安、同安、惠安、安溪、永春、德化 7 县，计 21 名）。③ 进士人数总计 645 人，占全省的 26.93%。④ 有明一代，福州府中状元 6 人，占全省状元数的 54.55%。⑤ 尤为值得一提的是，闽县林浦乡（今城门乡林浦村）（见图 7）的林氏家族，"三世为祭酒"，"三世五尚书"，成为儒林佳话。据《明史》卷 163《林瀚传》载：

林瀚，父元美，永乐末（永乐十九年，1421 年——笔者注）进士，抚州知府。瀚举成化二年进士。弘治初，迁国子监祭酒，十三年（1500 年）拜南京吏部尚书。

庭棉，瀚次子。弘治十二年（1499 年）进士。嘉靖年（1522—1566 年）拜尚书（工部尚书——笔者注），加太子太保。

---

①　终明之世，福建省举人数总计 8325 人（刘海峰、庄明水：《福建教育史》，"明代福建举人分区统计表"，福建教育出版社 1996 年版，第 152 页）。

②　明代福建全省解元 90 名（刘海峰、庄明水：《福建教育史》，"明代福建乡试历科解之表"，福建教育出版社 1996 年版，第 147—149 页）。

③　刘海峰、庄明水：《福建教育史》，"明代福建乡试历科解之表"，福建教育出版社 1996 年版，第 147—149 页。

④　明代福建省进士及第人数共 2395 名（刘海峰、庄明水：《福建教育史》，"明代福建进士分区统计表"，福建教育出版社 1996 年版，第 152 页）。

⑤　明代福建省共产生 11 位状元（刘海峰、庄明水：《福建教育史》，"明代福建状元表"福建教育出版社 1996 年版，第 163 页）。

图 7　林浦村泰山宫

庭机，瀚季子。嘉靖十四年（1535 年）进士。擢南京祭酒，累迁至工部尚书。

燫，庭机长子。嘉靖二十六年（1547 年）进士。三迁国子祭酒。万历元年（1573 年）进工部尚书，是曰："自燫祖瀚，父庭机，三世为祭酒，前此未有也。"又云："明代三世为尚书，并得谥文，林氏一家而已。"

烃，庭机次子。嘉靖四十一年（1562 年）进士，终南部工部尚书致仕。故曰："林氏三世五尚书，皆内行修洁，为时所称。"

为纪念这一辉煌的历史，林浦村"林氏家祠"内曾立木碑二面，分别刻"国师三祭酒"、"三代五尚书"。此二木碑今已毁，但祠内尚存一副对联，曰："进士难进士非难，难是七科八进士；尚书贵尚书不贵，贵在三代五尚书"，所谓"七科八进士"是为：林元美，永乐十九年辛丑科进士；林瀚，成化二年丙戌科进士；林庭㭻，弘治十二年巳未科进士；林烃，弘治十五年（1502 年）壬戌科进士；林炫，正德九年（1514 年）甲戌科进士；林庭机，嘉靖十四年乙未科进士；林燫，嘉靖二十六年丁未科进士；林烃，嘉靖四十一年壬戌科进士。林氏的事迹作为儒林佳话被传颂，亦成为激励执后学的典范。

三　清朝

清朝是少数民族满族建立的中国历史上最后一个封建王朝，自 1644 年清军入关定都北京，至 1911 年辛亥革命满清王朝被推翻，历时 267 年。学术界通常以 1840 年鸦片战争的爆发为界，将清王朝的历史发展划分为前、后两个时期，其社会制度前期是封建性的，后期则是半殖民地半封建性的。故此，清朝不仅拉下了中国封建历史的帷幕，而且揭开了中国近代历史的序幕，其各项社会政治制度无一不烙上这一时代的印记，教育制度亦莫能例外。《清史稿》卷 106《选举志一·学校上》亦云："有清一沿明制，二百余年。……洎乎末造，世变日亟。……前后学制，判然两事焉。"是故，本小节所论清朝福州教育唯限于鸦片战争以前，即福州传统的封建教育，而鸦片战争以后清朝时期的福州教育则另辟"福州教育的近代化"，于下一节专论。

1. 州县学进一步完备

清军入关后，十分重视文教事业的发展，确立了"兴文教，崇经术"的文教政策，效仿明制，于中央和地方广设学校。中央设立的有国子监（亦称国学和太学），始置于顺治元年（1644 年）。史载："世祖定鼎燕京，修明北监为太学。顺治元年，置祭酒、司业及监丞、博士、助教、学正、学录、典籍、典簿等官。设六堂为讲肆之所，曰率性、修道、诚心、正义、崇志、广业，一仍明旧"，[①]对学官职责、教学内容、讲学方法、生员名额等方面亦作了明确规定。此外，满清政府还结合政权的民族特征，有为八旗子弟专设的

---

① 《清史稿》卷 106《选举志一》。

旗学，如八旗官学、① 宗学、② 觉罗学、③ 景山官学、④ 咸安宫官学⑤ 等，极为重视对旗人子弟的教育和培养，且尤重骑射，是为清代中央官学的一个重要特点。

地方官学，亦如明制，主要有按行政区划设立的府、州、县、卫学。史载："世祖勘定天下，命赈助贫生，优免在学生员，官给廪饩。……寻谕礼部曰：帝王敷治，文教为先。君子致君，经术为本。自明末扰乱，日寻干戈，学问之道，阙焉未训。今天下渐定，朕将兴文教，崇经术，以开太平。"⑥《清朝文献通考·学校考七》亦载，顺治元年（1644 年），"诏各省府、州、县儒学，食廪生员仍准廪给，增、附生员仍准在学肄业，俱照例优免"。并规定，各学教官，府设教授，州设学正，县设教谕，各一，皆设训导佐之。初，各省设督学道，以各部郎中进士出身者充之。唯顺天、江南、浙江为提督学政，用翰林官。雍正中，一律改称学院（亦称学政），省设一人。⑦ "教授、学正、教谕掌训迪学校生徒，课艺业勤惰，评品行优劣，以听于学政。"生员色目，曰廪膳生、增广生、附生。初入学曰附学生员。廪、增有定额，府四十，州三十，县二十，

---

① 隶国子监，始设于顺治元年（1644 年）。《清史稿》卷106《选举志一》载：顺治元年，若琳奏："臣监僻在城东北隅，满员子弟就学不便，议于满洲八固山地方各立书院，以国学二厅、六堂教官分教之，以时赴监考课。"下部议行。于是八旗各建学舍。每佐领（300 人为一佐领——笔者注）下取官学生一名，以十名习汉书，余习满书。

② 为清宗室子弟而设立的学校。《清史稿·选举志一》曰："宗学肇自虞廷，命夔典乐，教胄子。三代无宗学名，而义已备。唐、宋后，有其名而制弗详。清顺治十年，八旗各设宗学，选满洲生员为师。凡未封宗室子弟，十岁以上，俱入学习清书。"

③ 为清觉罗氏子弟而设立的学校。《清史稿·选举志一》曰："觉罗学，雍正七年，诏八旗于衙署旁设满、汉学各一，觉罗子弟八岁至十八岁，入学读书习射，规制略同宗学。"

④ 康熙二十四年，令于北上门两旁官房设官学，选内府三旗佐领、管领下幼童三百六十名。清书三房，各设教习三人。汉书三房，各设教习四人。

⑤ 雍正六年，诏选内府三旗佐领、管领下幼童及八旗俊秀者九十名，以翰林官居住咸安宫教之。汉书十二房，清书三房，各设教习一人，教射、教国语各三人，如景山官学考取例。

⑥《清史稿》卷106《选举志一》。

⑦ 同上。

卫十。①

　　为加强对地方各学的管理，顺治九年（1652 年）颁布了《卧碑文》并刊石立直省各学官；康熙年间（1662—1722 年）又于直省儒学先后颁布《圣谕广训》及《训饬士孜》。雍正年间（1723—1735 年），学士张照奏令儒童县、府复试，背录《圣谕广训》一条，著为令。② 同时，又建立起了较明代更为周密、完备的考核制度——"六等黜陟法"。"这是清代在地方官学管理上的一个重要创新。"③ "六等黜陟法"的具体内容详见《清史稿》卷 106《选举志一》，兹不迻逑。此外，清代亦仿明制于府、州、县学建立贡监制度，岁贡的名额，方法与相关规定大体同明代。"岁贡，取府、州、县学食廪年深者，换次升贡。顺治二年，命直省岁贡士京师。府学岁一人，州学三岁二人，县学二岁一人，一正二陪。学政严加遴选，滥充发回原学。五名以上，学政罚俸。"④ 历经中国封建各朝2000 多年的辗转相承，清朝的教育制度臻于完备、成熟。

　　福州各县学经明末战乱多遭毁损，有清一代除新增县学 1所——屏南县学外，主要对前代各学加以修缮、扩建，各学规制更趋完备。徐景熹在闽清《移建庙学记》中说："我朝（清朝——笔者注）尊隆儒术，凡薄海内外郡县卫所之学屡诏缮治。"⑤ 据乾隆《福州府志》卷 11《学校》载：

　　福州府学，康熙十一年（1672 年）大修庙学。棂星门左为更衣所，为名宦祠，右为斋宫，为乡贤祠。浚泮池，下通三元沟，潮汐出入焉。池南为大门，东为宰牲房，为奎光阁，西为神厨，为常衮祠。明伦堂前，东西四斋如旧。其北为尊经阁，又北为启圣祠。雍正元年（1723 年），改称崇圣祠。祠路从堂西角门折而入，堂东北

①　《清史稿》卷 116《职官志三》。

②　《清史稿》卷 106《选举志一》。

③　孙培青主编：《中国教育史》，华东师范大学出版社 1992 年版，第 456 页。

④　《清史稿》卷 106《选举志一》。

⑤　徐景熹主修：乾隆《福州府志》卷 11《学校·闽清闽学》。

为米廪，为馔堂。康熙三十年（1691 年），飓风，明伦堂圮。三十二年（1693 年），总督兴永朝、巡抚卞永誉建。三十八年（1699年），重建尊经阁。雍正八年（1730 年），修大成殿。乾隆二年（1737 年）八月，飓风，殿、庑、堂、阁俱摧损。闽人何长河捐修。乾隆十六年（1751 年），总督喀尔吉善、巡抚潘思榘重修。师生员额，教授、训导各一员，廪膳生员 40 名，增广生员 40 名，附学生员不限额。

闽县县学，顺治十八年（1661 年），县令周雍时移县治于学官，概行毁废。文庙、明伦堂岁久圮。康熙二十年（1681 年），知县祖寅亮、教谕顾伦赞，请于上官，合绅士同力修复，又建文昌阁。雍正元年（1723 年），奉诏建崇圣祠于大成殿右。九年（1731 年），知县张堂等重修大成殿。乾隆二年（1737 年），邑人林炳捐修庙学。师生员额，教谕、训导各一员，廪膳生员 20 名，增广生员 20 名，附学生员不限额。

侯官县学，康熙十九年（1680 年），督学孙期昌、知县姚震倡绅士修。雍正元年（1723 年），奉诏建崇圣祠在文庙左。八年（1730 年），知县陈克嵩重修。乾隆二年（1737 年），闽人何长浩捐修。师生员额同闽县学。

古田县学，顺治三年（1646 年）毁于寇。五年（1648 年）知县甘体垣建。十四年（1657 年），知县吴来仪重修。康熙二十二年（1683 年），教谕程尹起修。四十年（1701 年），知县陈瑸修棂星门，建文昌阁。师生员额，清初同闽县学。雍正十二年（1734年），析置屏南县后，廪膳生员 10 名，增广生员 10 名，附学生员不限额。

闽清县学，雍正元年（1723 年）奉诏建崇圣祠。二年（1724年），知县张兆凤修。十三年（1735 年），知县孙国柱增修。乾隆十五年（1750 年），水，庙学尽圮。知县童士绅于明伦堂基增高三尺，建庙其上，徙学于庙之左，其规制悉如旧。师生员额同闽县学。

长乐县学，顺治四年（1647 年）毁于寇。六年（1649 年）重修大成殿。西仍为明伦堂，东为崇圣祠。斋舍、厅宇皆备。学西为射圃，有观德堂。师生员额同闽县学。

连江县学，顺治间（1644—1661 年）荐经兵火。康熙间（1662—1772 年），训导施鸿、知县徐甲第、王仁显、教谕富懋业相继重修。雍正乙巳丙午（1725—1726 年），宫墙圮于水，知县张兆凤、刘良璧修葺。乾隆丁巳（1737 年），飓风，文庙前楹毁，训导陈鹏南捐资重修。庙堂斋庑，悉一新之。师生员额同闽县学。

罗源县学，顺治间（1644—1661 年）知县李彦珂，康熙间（1662—1722 年）知县张四维、蔡彬、王楠、教谕林岱、张升、蔡璧、郑汧相继修建。师生员额同闽县学。

永福县学，康熙十三年（1674 年）重修。雍正三年（1725 年）邑人江钊捐修。乾隆二年（1737 年）邑人黄元识等募修。九年（1744 年），知县胡维炳重修明伦堂。师生员额同闽县学。

福清县学，康熙十七年（1678 年）、十九年（1680 年）知县白瑄、邓献英相继修葺。邑人李范重建文昌阁于庙东。三十八年（1699 年）邑人李日燦修庙学。乾隆四年（1739 年）邑人何敬祖重修。师生员额同闽县学。

屏南县学，在县治东学前街。雍正十二年（1734 年）建。中为大成殿，左右两庑，前为棂星门，左右为名宦、乡贤祠，殿后为崇圣祠，右为奎光阁。明伦堂在殿左，前有泮池，环桥外为仪门。师生员额，只设训导 1 员，不设教谕。雍正十三年（1735 年），以古田县学训导为之。乾隆六年（1741 年），仍归古田县学，另设屏南县学训导，廪膳生员 10 名，增广生员 10 名，附学生员不限额。

由上所述，清朝福州各县学的修缮以及福州教育的恢复与发展是在康熙即位以后，这与清初郑成功以福建作为反清复明的基地导致清政府对福建东南沿海采取严厉的"迁界"政策有关，福州的教育也因此受到影响。此外，各县学的修缮主要由当地政府出资，知县、教谕、教导具体负责，也有不少是邑人士绅捐资为之，表明当地重教之民风。福州自唐代兴教以来，其教育水平始终居八闽前列，与其崇礼重教的社会风尚息息相关。

除府、州、县学外，清代在各省也设八旗官学，福州于顺治十三年（1656 年）始设八旗驻防，[①]故雍正六年（1728 年）在板平巷（地隶闽县）设立四旗清书官学。

学校的经费来源亦如前代，主要依靠政府所赐学田。各学学田额据乾隆《福州府志》卷 11《学校》载：

福州府学，顺治五年（1648 年），派定学租 17 两 8 钱。康熙二十一年（1682 年）总督姚启圣捐置学田 57 庙 6 分。五十六年（1717 年）巡抚陈瑸捐置学田 114 亩 9 分。

闽县学，原额 1848 亩 1 分，实征学租银 533 两 2 钱 3 分。康熙二十一年（1682 年）总督姚启圣捐置田 26 亩 2 分，五十六年（1717 年）巡抚陈瑸捐置田 86 亩 1 分。

侯官县学，原额 365 亩 9 分，实征学租银 62 两 2 钱 5 分。康熙二十一年总督姚启圣捐置田 38 亩 6 分。五十六年巡抚陈瑸捐置捐置田 63 亩 7 分。

古田县学，原额 131 亩 7 分，实征学租银 21 两 3 钱。康熙二十一年总督姚启圣捐置田 26 亩 6 分。

闽清县学，原额 235 亩，实征学租银 23 两 5 钱 5 分。康熙二十一年总督姚启圣捐置田 47 亩 8 分。

长乐县学，明嘉靖间（1522—1566 年），知县吴遵括废寺田园 664 亩 3 分，输之学。清顺治间（1644—1661 年）迁界，田荒。康熙间（1662—1722 年）报垦 251 亩 4 分，实征学租银 51 两 9 钱 5 分。二十二年（1683 年）总督姚启圣捐置田 31 亩 3 分。

连江县学，原额 54 亩，明邑人吴文华捐置。嗣因迁移报荒，复界后，实存田 45 亩 2 分，年征银 19 两 3 钱 1 分。康熙二十一年总督姚启圣捐置田 13 亩 4 分，知县王仁灏捐置田 3 亩 8 分，教谕富懋

---

① 徐景熹主修：乾隆《福州府志》卷 12《军制》。

业捐置学租 600 觔（个）。

罗源县学，原额 29 亩 8 分，年征租银 3 两 6 钱。康熙二十一年总督姚启圣捐置田 11 亩 2 分。

永福县学，原额 339 亩 4 分，又山 10 号，年共征租银 35 两 1 钱 2 分。康熙二十一年，总督姚启圣捐置田 20 亩 3 分。

福清县学，原额 205 亩，实征租银 22 两 3 钱 6 分。康熙二十一年总督姚启圣捐置田 55 亩 6 分。

如上，各县学田数多寡不一，闽县学田最多，罗源最少，悬殊其大，在一定程度上反映了相互间教育水平的差异。

2. 社学与义学的普及

创始于元朝的社学，经明朝的发展渐趋制度化。清承明制，社学得到进一步的推广和普及。早在顺治九年（1652 年）即令"乡设社学，乡民子弟十二以上、二十以下有志者得入学，择生员学优行端者充社师，量给廪饩"。① 《清史稿·选举志一》亦载："社学，乡置一区，择文行优者充社师，免其差徭，量给廪饩。凡近乡子弟十二岁以令入学。"雍正元年（1723 年）又重申直省各州、县设立社学的规定。《清朝文献通考·学校考八》载："旧例（即顺治九年例——笔者注）各州、县于大乡巨镇各置社学，凡近乡子弟年十二以上、二十以下有志学文者，令入学肄业。至是复经申定，将学生姓名造册申报。"由是，直省各省纷置社学。清代社学管理一如明旧，凡在社学中肄业者，成绩优秀经考试可升入府、州、县学为生员。唯入学的年龄有差，明代为 8—15 岁，清则为 12—20 岁。从记载看，福州各县社学发展很快，仅雍正二年（1724 年）就新建 9 所，即罗源 3 所，长乐 2 所，古田、闽清、连江、永福各 1 所，乾隆即位后的头 17 年里，又增 6 所，闽县、古田、侯官各 2 所。② 据记载，有清一代，福州府拥有社学 74 所，足见其普及程度（见表 4—12）。

---

① 《清史稿》卷 289《朱轼传》。
② 徐景熹：乾隆《福州府志》卷 11《学校》。

表 4—12　　　　　　　　清代福州府社学统计表①

名称	纪要
闽　县	
振文社学	旧县前街北
河东社学	南京坊德贵巷
普文社学	易俗里
冒际社学	南京坊温泉坊内
鳌峰社学	左三坊
茶正社学，龙台社学	喜庆坊
沙合社学	嘉崇里
腾山社学	时升里
荣正社学	嘉崇里
玉融社学	嘉崇独山麓
碧峰社学	崇贤里
侯　官	
博文社学，实文社学	右三坊
文林社学	闽山巷
应文社学	右一坊
怀西社学	保定营
怀南社学	善化坊
怀东社学	将军山南
越峰社学	华林坊
蒙正社学	阳岐，乾隆十三年建
太湖社学	乾隆时五年，县丞洪冕等建
芹岩社学	太湖，邑人张之屏建，并捐义田
长　乐	
龙南社学	十都
石梁社学	十五都
阜林社学	二十都
古县乡社学，原福乡社学	雍正二年设

---

①　陈寿祺：《福建通志》卷 62《学校》。

名称	纪要
福 清	
文在社学	东隅小桥街
玉屏社学	东隅双连巷
文明社学	西隅产塘街
清和社学	西隅
安胜社学	西隅上巷
振杨社学	西隅西门兜
文山社学	西隅涧下
仰高社学	西隅产塘街
西塘社学	南隅官塘边
万安社学	南隅柳池头
鳌峰社学，齐云社学	南隅南门兜
中和社学	南中巷
龙溪社学	南中巷
崇文社学	南隅场前街
永安社学	南隅郑巷
万寿社学，阳春社学，安仁社学	北隅
养端社学，亨蒙社学，安宁社学	北隅后浦街
玉井社学，澄清社学	北隅上井街
崇禧社学	东街
擢英社学	东隅横街
连 江	
县学内社学	雍正二年设
罗 源	
县东社学，拜井社学，梅西社学，善化社学，招贤社学，临济社学，新旧社学，罗平社学，林洋社学，黄产社学	以所在里命名
笃行社学，大丰社学，圣坛社学	雍正二年设
古 田	
杉洋社学	雍正二年设

续表

名称	纪要
善德社学，黄田社学	乾隆七年设
闽　清	
文昌阁社学	雍正二年设
永　福	
南关外社学	雍正二年设
兴文社学	冶东
育才社学	冶西

义学，又称义塾，教师称塾师。初由京师五城各立一所。康熙五十四年（1715年）二日戊辰谕"朕时巡畿，见民生差胜于前。但诵读者少，风俗攸关。宜令穷僻乡壤广设义学，劝令读书"。① 于是，各省府、州、县多设立义学"教孤寒生童，或苗、蛮、黎、瑶子弟秀异者"。② 雍正元年（1723年）又定义学例。《清朝文献通考·学校考八》载：义学初学"《圣谕广训》，俟熟习后再令诵习诗书。以六年为期，如果教导有成，塾师准作贡生。三年无成，该生发回，别择文行兼优之士"。

义学不同于社学者，一设在穷乡僻壤，二教授孤寒生童，因故，多不收束脩，且免费发给基本的学习用品，使得"龆龀象勺之子，虽窭人之子，亦䜣䜣然知所向学"，其功用如林则徐《闽县义塾记略》所云："广教育也，恤贫穷也，植始基也，遏邪僻也。"有清一代，福州义学亦得普及，所谓"无不设塾之乡，无不入塾之童"。③ 其时，较著名的有：东山义塾，嘉庆二十一年（1816年），里人公建，道光十四年（1834年），里人何应昌等修，祀闽先侯四十人。凌云义塾，乾隆二十八年（1763年）里人林国通等建。侯官

①　《清史稿》卷8《圣祖本纪三》。
②　《清史稿》卷106《选举志一》。
③　陈寿祺：《福建通志》卷68《学校》。

瓜山义塾，乡人郑潜创办，以教乡人子弟。屏南义塾，乾隆二年
（1737 年）知县沈钟建，乾隆二十年（1755 年）知县张世珍修，嘉
庆二十一年（1816 年）张映斗重修。闽清义塾，乾隆二十六年
（1761 年）知县宋学原建。

毋庸置疑，福州社学与义学的推广，对于普及初级教育，提高
人文素质，培养科举人才等方面都具有十分重要的影响和积极意义。

3. 书院官学化倾向加重

清朝初年，反清复明势力盘踞东南沿海，严重威胁着清朝政
权。为了防止南明政权利用书院宣传反清思想，聚势成众，清朝统
治者对书院采取压制政策。顺治九年（1652 年），下令"各提学官
督率教官、生儒，务将平日所习经书义理着实讲求，躬行实践。不
许别创书院，群聚结党，及号召地方游食无行之徒，空谈废业"。①
由此，书院在清朝定都北京以后的 90 年内都处在沉寂状态。随着政
权的稳固，清政府开始改变对书院的态度，由原来消极抑制转而采
取积极提倡与严加控制相结合的政策。雍正十一年（1733 年），清
世宗的"上谕"令中说："近见各省大吏渐知崇尚实政，不事沽名
邀誉之为，而读书应举者，亦颇能屏去浮嚣奔竞之习，则建立书
院，择一省文行兼优之士，读书其中，使之朝夕讲诵，整躬励行，
有所成就，俾远近士子，观感奋发，亦兴贤育才之一道也。督抚驻
扎之所，为省会之地，著该督抚商酌奉行，各赐帑金一千两，将来
士子群聚读书，须预为筹划，资其膏火，以垂永久。其不足者，在
于存公银内支用。封疆大吏等并有化导士子之职，各宜殚心奉行，
黜浮崇实，以广国家菁莪棫朴之化，则书院之设，于士子文风，有
裨益而无流弊，乃朕之所厚望也。"② 这一谕令推动了清朝书院的复
苏，各省会率先建立起了书院。厥后，府、州、县次第建立，书院
得到快速发展。综观清朝书院的发展，其特征有四：

---

① 《大清会典》卷 75《礼部》19《学校》1。
② 《清世宗实录》卷 127，雍正十一年正月壬辰条。

其一，数量之多，远过前代。有清一代所设立的书院有 780 多所，连同复兴的书院，改造的书院，合计有 1900 多所。① 据统计，福州府新建书院 23 所（见表 4—13），尚不包括各地的正音书院。

表 4—13　　　　　清代福州府新建书院一览表②

名称	地点	时间	纪要
凤池书院	凤池里三牧坊	嘉庆二十二年（1817 年）	总督汪志伊、盐法道孙而准建，初名圣功书院，有讲堂 12 间，学社 30 余间
越山书院	城内三角井附近	康熙五十七年（1718 年）	巡抚陈瑸、总督觉罗满保令建，道光六年（1826 年），知府汪耀辰等捐俸延师，正式称越山书院
鳌峰书院	城内鳌峰坊	康熙四十六年（1707 年）	巡抚张伯行建，书院广置书籍，校勘 55 种儒家著作，添建 120 间书舍，后增为 140 间
致用书院	初在福州西湖，后移乌石山	同治十二年（1873 年）	闽巡抚王凯泰在福州西湖旁的书院旧址设立"致用堂"一所，十三年改名致用书院
共学书院	城内西门街北	康熙二十四年（1685 年）	旧为怀安县学，清康熙二十四年，总督王国安等刷新规章制度，四十一年，巡抚李斯义修建学社
西湖书院	福州西湖头	康熙间（1662—1722 年）	知府迟维城在西湖滨毁淫池改建书院
考志书院	城内法海寺旁	乾隆五年（1740 年）	巡抚王恕建
道山书院	乌石山麓	乾隆十七年（1752 年）	总督喀尔吉善等命令闽商捐修已废的道光书院，作为盐商子弟肄业的场所
龙光书院	东门内澳桥下	道光十年（1830 年）	即"八旗总官学"，镇闽将军在萨乘阿捐俸延师，专为福州满族人士而设，汉人不能参加

---

① 陈元晖、尹德新、王炳照：《中国古代书院制度》，上海教育出版社 1981 年版，第 97 页。

② 陈寿祺：《福建通志》卷 62《学校》。

名称	地点	时间	纪要
嵩山书院	城内石井巷	乾隆二十二年（1757年）	盐法道徐景嵩把原在道山的旧书院改建于城东石井巷嵩山之麓
斗南书院	南关外，里斗中街	康熙三十年（1691年）	里人林琦建，乾隆初，翁章礼、黄延踪括而新之
凤鸣书院		康熙四年（1665年）重建	原为社学，后改为书院
吴航书院	长乐冶南山之阳	乾隆二十六年（1761年）	知县贺世骏建，有书舍二十余间
明德书院	福清冶北	康熙四十三年（1704年）	知县潘树建
兴庠书院	福清西隅大街	雍正元年（1723年）	
紫阳书院	连江冶南江夏街	康熙三十七年（1698年）	知府迟维城、知县李毓英改祠建
理学书院	连江化龙街桥西	雍正元年（1723年）	知县苏习允诸生请立书院
鳌江书院	连江学前街	乾隆四十一年（1776年）	
罗川书院	罗源	康熙四十五年（1706年）	初名永贞义学，康熙四十五年，知县蔡彬建，乾隆二十五年，知县梁翰改建
屏山书院	古田鼓楼东	康熙三十九年（1700年）	知县陈滨建
玉泉书院	古田水关	康熙五十五年（1716年）	水口分司陈大辇建
奎光书院	古田学宫左	乾隆四年（1739年）	知县姚延格建
景行书院	永福冶登高山麓	乾隆二十三年（1758年）	知县王作霖建

其二，地区之广，前所未有。清代书院的设置遍布 19 个省区，且及于边远的云南、甘肃、新疆、青海以至时属福建省的台湾等地区。譬如，青海于乾隆元年（1736 年）在大通卫（今大通县）建立了历史上第一所书院——三川书院；台湾自康熙二十二年（1683 年）归属清朝，隶福建省，至光绪十三年（1887 年）独立建省的 200 余年间，共建书院 40 所。①

其三，设置正音书院，堪为首创。正音书院是清政府为推广官话而设的书院，是清朝书院文化的一个特色。鉴于广东、福建二省方言难懂，且人多不谙官话，故而官民、上下之间难以沟通，为官者，不能深悉下民之情，为民者，亦不能明白官长之意。雍正六年（1728 年）遂颁布谕旨“令有力之家，先于邻近延请官话读书之师，教其子弟，转相授受，以八年为限。八年之外，如生员、贡监不能官话者，暂停其乡试，学政不准送科举；举人不能官话者，暂停其会试，布政使不准起文送部；童生不能官话者，府州县不准取送学政考试，俟学习通晓官话之时，再准其应试。通行凡有乡音之省，一体遵行”。② 乾隆年间，又规定以推广官话的成效作为地方官考课的一个方面。由此，将推广官话与科举考试、与考核地方官结合起来，有力地推动了正音书院的设立。清朝广东、福建书院的数量能跃居全国前列，在很大程度上与正音书院有关。据统计，有清福建的正音书院达 112 所。③

其四，书院的官学化程度达至巅峰。书院官学化自元代开其端，经明代发展，讫清代达于极致。具体表现为：第一，书院的经费由政府划拨。前引雍正十一年上谕规定，省会设书院赐帑金 1000 两以资膏火。不敷，在存公项下拨补，每年造册报销。“其余各府

---

① 刘海峰、庄明水：《福建教育史》，“清代福建新建书院一览表”，福建教育出版社 1996 年版，第 188—189 页。其中尚不包括雍正七年（1779 年）于台湾、凤山、诸罗三县所设的正音书院。

② 《学政全书》卷 59，转引自刘海峰、庄明水《福建教育史》，福建教育出版社 1996 年版，第 191 页。

③ 同上。

州县书院，或绅士捐资倡立，或地方官拨公款经理，俱申报该管官查核。"① 据曹松叶《宋元明清书院概况》统计，清代所有 1900 多所书院中，民办的只有 182 所，绝大多数是官办的，占 90% 强。清朝政府正是通过出资创办书院达到控制的目的。第二，书院的山长由政府选聘。《清会典事例》卷 395 《礼部·学校·各省书院》载，乾隆元年（1736 年）上谕曰："嗣后书院讲席，令督抚学臣悉心采访，不拘本省邻省，亦不论已仕末仕，但择品行方正，学问博通，素为士林所推重者，以礼相延，厚给廪饩，俾得安心训导。……如果六年著有成效，该督抚学臣，酌量提请议叙。毋得视为具文，亦不准滥行题请。"清政府通过对书院领导的选聘，达到掌控书院办学方向的目的。第三，书院的生徒由政府录用、考核。同前引乾隆元年上谕规定："负笈生徒，必择乡里秀异，沉潜学问者，肄业其中。其恃才放诞，佻达不羁之士，不得滥入。""有不率教者，则摈斥勿留。""材器尤异者，准令荐一、二，以示鼓舞。"乾隆九年（1744 年）又重申"嗣后各书院肄业之人，令各州县秉公选择报送，各布政司会同专司稽查之道员再加考验，其果材堪造就者，方准留院肄业，毋得滥行收送"。清政府通过操纵书院生徒的选用权达到书院人才为其所用的目的。

在政府掌控、操纵书院的前提下，"清代的书院基本上没有独立性可言，几乎成为府州县学之外的另一种官学体系"。② 易言之，清代的书院与官学几无二致，实为官学的一种延伸。其职能是为"导进人才，广学校所不及"；其教学内容是以学习制艺为主，专为应科举之用。所谓制艺，又称制义，时文，通称八股文。乾隆九年（1744 年）上谕规定"嗣后书院肄业之士子，令院长择其资禀优异者，将经学、史学、治术诸书，留心讲贯，以其余功兼及对偶声律之学。其资质难强者，且令先工八股，穷究专经，然后徐及余经，

---

①　《学政全书》卷 63 《书院事例》。
②　刘海峰：《论书院与科举的关系》，载《厦门大学学报》（哲学社会科学版）1995 年第 3 期。

以及史学、治术、对偶、声律。至每月课试，仍以八股文为主。或论，或策，或表，或判，酌量兼试"。① 由是观之，书院不仅习八股，而且考八股，考课②被纳入书院的教学体系，且成为定制。据陈宏谋所载书院条规，主要有："一，每月两课，官课一次，掌教课（亦为师课——笔者注）一次；课卷分一二三等为次序，一等者首名给赏一两五钱，余一两；二等六钱；一，每月课文二次，讲书六次，或四书，或经，或史，不拘长短；一，凡课期，毋论在院，附课，齐集课堂上，安桌列坐，将大门封锁，不许一人出入。"③ 如此一来，书院如同官学一样，逐渐沦落为科举制度的附庸，演变为培养科举人才的场所，其颇富特色的自由研讨之风不再，独具品格的讲会制度不存，这恰恰反映了封建社会后期专制主义中央集权极端化发展的必然趋势。光绪二十七年（1901 年），清廷采纳湖广总督张之洞、两江总督刘坤一的建议，下诏各省所有书院改为学堂，于省城均改设大学堂，各府厅及直隶州均设中学堂，各州县均设小学堂，并多设立蒙养学堂。至此，在中国教育史上存在近 1200 年的书院制度趋于消亡。

清代福州书院亦不脱官学化窠臼，多以研习举业为要务，前述遍及各县的正音书院即是应科举之需而设，其时颇负盛名的四大书院——鳌峰书院、凤池书院、正谊书院、致用书院（亦称"省城四大书院"）也概莫能外，不同程度负有考课之责。兹以鳌峰书院为例详析之。

鳌峰书院坐落在福州市内九仙山（今于山）麓之鳌峰坊，原为一所尼庵，康熙四十六年（1707 年），世称"天下清官第一"

---

① 《清会典事例》卷 395《礼部·学校·各省书院》。

② 考课是学校用以督促生徒学业的一种考核制度。如北宋王安石"熙宁兴学"行三舍法，以考课定升合。盛行于南宋的书院以提倡生徒自修问难、讲演辩论为主，一般不用考课，以区别于官学的教学方式。元、明二代书院虽然已经出现官学化倾向，却不见有考课记载。书院以考课督士，以清代为盛。

③ 转引自章柳泉《中国书院史话——宋元明清书院的演变及其内容》，教育科学出版社 1981 年版，第 100—101 页。

的著名理学家、福建巡抚张伯行捐俸购得，葺而新之，为书院，因其南面正对着九仙山鳌顶峰，取"独占鳌头"之意，故名。书院结构如张伯行《鳌峰书院记》曰：前为正谊堂，中祀周、程、张、朱五子，后为藏书楼，置经、史、子、集若干橱。其东则有园亭、池榭、花卉、竹木之胜。计书舍120间，明窗净几，幽闲宏敞。士子来学者，日给廪饩。岁供衣服，无耳目纷营之累，而有朋友讲习之乐，藏焉、修焉、息焉、游焉，无不可为学也。故曰"名教乐地"。[①]书舍共一百二十楹，炮次井饮咸具。之后，书院备受皇帝、地方官员重视，屡有修缮、扩建，规制皆备，人才大盛，久享"文薮"之美誉。随着清末书院改学堂诏书的颁布，鳌峰书院于光绪三十一年（1905年）改称"校士馆"，后又改为"福建法政学堂"。

综观鳌峰书院198年的历史变迁，其官学化特色主要表现为四个方面：

其一，书院属官办。书院的创建者张伯行，字孝先，号敬庵，河南仪封（今兰考县东）人，著名理学家，康熙年间（1662—1722年）擢福建巡抚。书院创立之初，康熙皇帝即赐御书"三山养秀"匾额、经书8部。雍正十一年（1733年）则"上谕"赐省会书院帑银1000两，唯独鳌峰书院得4373两有奇，[②]足见其作为首席书院之地位。乾隆三年（1738年）又赐御书"澜清学海"匾额，帑银1000两。十一年（1746年），再赐《律书渊源》一部。十五年（1750年），巡抚潘思榘修葺讲堂，并颁布书籍及黄道周《经解》刻板。十七年（1752年），巡抚侍郎陈宏谋缮修学舍，更六子祠为二十三子祠，祀伯行像，瑸主于藏书楼下，又建奎光阁于鉴亭前。[③]延及嘉庆初年，鳌峰书院进入发展的黄金时期，前来求学的士子人

---

① 徐景熹：乾隆《福州府志》卷11《学校·府学》。
② 陈元晖、尹德新、王炳照：《中国古代书院制度》，上海教育出版社1981年版，第93页。
③ 徐景熹：乾隆《福州府志》卷11《学校·府学》。

满为患，书院又一次进行大规模的修葺、扩建。据嘉庆十一年
（1806年）正谊堂刻本《鳌峰书院志》卷1记载：翻修后的鳌峰书
院"规模制度宏琏丰敞，盖不特视昔有加，求之各省，或亦罕俪
矣"。此外，历任总督、巡抚还经常到书院讲课、考课、颁书、修
订章程，频频干预书院的教学活动，参与书院的各项事务。张伯行
本人就曾在书院进行大规模讲学与刻书等活动。百余年间，福建各
级官员每年每人为鳌峰书院捐款100两银子，已成为惯例。鳌峰书
院在政府的重点扶持下，逐渐发展为具有全国影响的书院，堪称清
代东南第一学府。福建学政叶绍本在《鳌峰书院志》序中说：鳌峰
书院"人文之盛见称于东南"。

其二，书院山长由官聘。鳌峰书院历198年，共32位山长，从
首任山长蔡璧，到末任山长陈宝琛，无一例外由巡抚出面聘请，
如：蔡璧受聘于张伯行；第2任山长蔡世远（蔡璧之子）受聘于陈
瑸；第23任山长陈寿祺受聘于叶世悼，不胜枚举。被聘的山长均为
博学多才，雅负名望的大师，除蔡璧外，其余31位山长均为进士出
身。他们中或具有官员身份，如第4任山长靖道谟曾任江西饶州知
府，第6任山长林昂官至编修等；或直接来自皇帝身边，如末任山
长陈宝琛为翰林侍读等。

其三，书院生徒由官选。每年二月初旬，书院悬牌出示招考，
招收对象为全省九府一州品学兼优的生员、监生和童生。被录取
后，生徒享有"日给廪饩，岁供衣服"的待遇。乾隆课士以后，成
为书院的主要教学活动，书院每年例于二月由总督巡抚亲临院中举
行甄别试，生员、监生试大题，童生试小题，都是八股文一篇，五
言六韵试帖诗一首。考卷评定后，生、监超等取60名为内课，每月
每名膏火银1两4钱；特等取60名为外课，每月每名膏火银1两；
一等取80名为附课，不发膏火银。童生仅取正课30名，每月每名
膏火银6钱；附课80名，不给膏火银。①

---

　　① 福州市地方志编纂委员会：《福州市志》第7册，方志出版社2000年版，第14页。

其四，教学内容由官定。鳌峰书院初创时，正值康熙帝最热衷理学，朱子理学为学界所重，故此，书院以讲求性理之学为主，创建者张伯行以之作为复兴闽学的基地。张伯行《鳌峰书院记》中说："欲与士之贤而秀者，讲明濂洛关闽之学，以羽翼经传，既表章其遗书，使行于世。"① 福建粮驿道赵三元在《鳌峰书院志》亭中说："鳌峰书院以养育人材为先务，闽时旧有共学书院，习举子业，张（伯行）公复建鳌峰书院，择士子醇谨者肆业其中，讲习居敬穷理之要，明体达用之学。往复讨论，要皆黜浮华，崇实行，以阐明濂、洛、关、闽之旨。"闽浙总督阿林保在《鳌峰书院》序亦云："清恪以理学名世，其以共学书院课文，而以鳌峰书院修书讲学。"蔡世远《二希堂文集》卷7亦载："会城有两书院，一为共学，一为鳌峰。共学者，课文之书院也；鳌峰者，讲学修书之书院也。"由此，鳌峰书院创建之初以讲学为其特色，每逢月初或中旬，由山长主持学习和测试，山长高坐堂上，命题宣讲或讨论经义，学生环坐静听共学。后来，共学书院并入鳌峰书院，鳌峰书院始以讲学兼课士。再后来，讲学罢废，独存课士。凡入选生徒，按期参加月课2次，官课和师课各1次。一般是初六为官课，由总督、巡抚、学政、布政使等主持出题、阅卷、评定等级，发给膏火。十六为师课，由山长主持，参照官课办理。

由上述可见，鳌峰书院在政府的重点扶持下，其办学旨趣由讲学转向课士，惟其如此，鳌峰书院才备受政府青睐而获得其存在的合法性得以保持学运长久。198年间，鳌峰书院为福州乃至福建的文化建设发挥了重要作用，为清末船政文化的兴起奠定了人才基础，是清代福建名人的摇篮，据《鳌峰书院志》载："当是时，上者醇茂敏达出为名公卿，次亦化其乡人，盖乡亲见其为大府所礼重，一旦奉其言语书籍归来，外艳内愧，辗转仿效，人有恐未免，乡人可为尧舜之奋，盖士习人心于是大醇，其以学化人如此。"书

① 徐景熹：乾隆《福州府志》卷11《学校·府学》。

院从康熙四十六年（1707年）创设至道光十八年（1838年）所培养的人才有：博学鸿词科6人，孝廉方正科7人，直接召用8人，南巡召试3人，进士250人，举人1307人。其中，著名理学家蔡世远、雷鋐、孟超然、郑光策等，大学问家陈寿祺、梁章矩等，怒斩皇子的包拯式传奇人物陈若霖，"开眼看世界"的林则徐，著名诗人张际亮，早期开发台湾的蓝鼎元等，均可谓鳌峰书院的精英。正如福建学政叶绍本在《鳌峰书院志》序中所说："海峤之称文薮者，莫如鳌峰。"

鳌峰书院如此，其他书院亦然。凤池书院是闽浙总督汪志伊、盐法道孙尔准于嘉庆二十二年（1817年）创办。之后因经费无着，几近荒废，在得到地方官盐法道吴荣光、王楚堂、督宪赵慎畛、巡抚颜检等扶持捐资后，规模大备，鼎盛一时，与鳌峰书院并驾齐驱。正谊书院前身为正谊书局，是闽浙总督左宗棠于同治五年（1866年）创办。后来，镇闽将军英桂在接受地方士绅杨庆琛、沈葆桢等建议后，于同治九年（1870年）改称"正谊书院"，其意取自汉儒董仲舒"正其谊不谋其制，明其道不计其功"之语。经费在原正谊书局的基础上另拨一笔官帑补充。致用书院是福建巡抚王凯泰仿杭州诂经精舍、广州学海堂之规则于同治十二年（1873年）创办，取"学以致用"、"通经致用"之义。除书院由官府创办、经费由官府拨给以外，此三大书院的教学活动与内容亦以课试为主或兼有课士。凤池、正谊书院创办的宗旨即为课试，所不同的是前者为生员和童生，后者程度略高，为举人和员生。而致用书院在初创时曾别有追求，认为鳌峰、凤池、正谊书院以八股为主要教学内容，五言试帖诗和词辅为辅，徒争科名，至于经史则少有过问，因此，致用书院欲以博习经史辞章、研究经史之学为重，以学以致用为旨趣，以培养有体有用之才。然而，在清代文教政策以科举考试为指向的社会环境下，王凯泰的致用书院不涉及科举而一心研究学术的愿望是很难实现的。尤其是清朝后期，福州各大书院以至全国各地书院的讲学基本上已经停止，唯存科举考试。因此，致用书院也在所难免。从王凯泰制定的《致用堂志略》看，致用书院的生童刚入学就参加了当年的科举考试，同治十二年致用书院第一届的学生就有 7 人考中癸酉乡试。

总之，官学化倾向是清朝书院发展的显著特色，与科举制度的关系密不可分。尤其是明、清以后，科举兴则书院兴，科举衰则书院衰。福州四大书院的发展情形以及鳌峰书院"科第大盛"，即为明证。书院作为中国古代教育的一种重要形式，在人才的培养方面功不可没。

4. 科举鼎盛

清代"以科举为抡才大典"，其科目自取士悉如明旧。《清史稿》卷 108《选举志三》载："有清科目取士，承明制用八股文。取《四子书》及《易》、《书》、《诗》、《春秋》、《礼记》五经命题，谓之制义。三年大比，试诸生于直省，曰乡试，中式者为举人。次年试举人于京师，曰会试，中试者为贡士。天子亲策于廷，曰殿试，名第分一、二、三等甲。一甲三人，曰状元、榜眼、探花。赐进士及第。二甲若干人，赐进士出身。三甲若干人，赐同进士出身。乡试第一曰解元，会试第一曰会元，二甲第一曰传胪。"清统治者定都北京，遂于顺治元年（1644 年）诏令以子午卯酉年乡试，辰戌丑未年会试，乡试以八月，会试以二月，殿试以三月。次年，又颁布《科场条例》，对各场考试作了详细规定，其"慎重科名，严防弊窦，立法之周，得人之盛，远轶前代"。①

福建在清代仍保持科举大省地位，无论乡试还是会试，定额均居全国前列。乡试解额，顺治初定额从宽，顺天、江南皆百六十余名，浙江、江西、湖广、福建皆逾百名，河南、山东、广东、四川、山西、云南自九十余名递杀，至贵州四十名为最少。

---

① 《清史稿》卷 108《选举志三》。

顺治十四年（1657 年）监生分南、北卷，江南、浙江、江西、福建、湖广、广东为南皿，视人数多寡定中额。十七年（1660 年）减各直省中额之半。康熙间，先后广直省中额。乾隆九年（1744 年），诏减各直省中额十之一。江南上江 45 名，下江 69 名，浙江、江西皆 94 名，福建 85 名，广东 72 名，河南 71 名，山东 69 名，陕西 61 名，山西、四川皆 60 名，云南 54 名，湖北 48 名，湖南、广西皆 45 名，甘肃 130 名，咸、同间，各省输饷辄数百万，先后广中额，四川 20 名，江苏 18 名，广东 14 名，福建及台湾 13 名，浙江、湖南、湖北、江西、山西、安徽、甘肃、云南、贵州各 10 名，陕西 9 名，河南、广西各 8 名，直隶、山东各 2 名。会试无定额，顺治三年（1646 年）、九年（1652 年）俱 400 名，分南、北、中卷，南卷中 233 名，北卷中 153 名，中卷中 14 名，福建属南卷。顺治十二年（1655 年），中卷并入南、北卷，厥后中卷屡分屡并。康熙五十一年（1712 年），以各省取中人数多少不均，边省或致遗漏，因废南北官、民等字号，分省取中。按应试人数多寡，钦定中额。历科大率三百数十名，少或百数十名，而以雍正八年庚戌（1730 年）科 406 名为最多，乾隆五十四年（1789 年）己酉科 96 名为最少。① 分省定额后，福建仍属名额较多的省份。据《清德崇实录》卷 268 载，光绪十五年（1889 年）会试中额，较多的省份为：江苏 25 名，浙江 24 名，江西 22 名，山东 21 名，福建 20 名，安徽 17 名，河南 17 名。② 福州作为福建的首善之区，科名之盛遐迩闻名，举人、进士数量远过前代，遥居全省之冠。具体见表 4—14、表 4—15、表 4—16、表 4—17 所示。

---

① 《清史稿》卷 108《选举志三》。
② 转引自刘海峰、庄明水《福建教育史》，福建教育出版社 1996 年版，第 205 页。

表4—14　　　　　　　　　清代福州各县举人数统计表①

地区＼年代	闽县	侯官	长乐	罗源	闽清	屏南	连江	永福	福清	古田	属县不明	合计
顺治年间	35	29	13	1	5		5	2	23	4	37	154
康熙年间	82	81	23	2	7		11	5	53	15	34	313
雍正年间	42	45	13	3		2	3	1	36	2	19	166
乾隆年间	225	218	94	5	7	5	44	20	40	20	90	768
嘉庆年间	152	152	31	9	4	1	14	13	19	8	58	461
道光年间	192	175	61	7	9	3	26	15	20	18	86	612
咸丰年间	77	71	51	4	4	1	5	8	9	2	55	287
同治年间	153	124	51	7	4		12	8	16	7	62	448
光绪年间	193	173	116	5	5		17	21	26	14	217	787
合计	1151	1068	453	40	48	16	137	93	242	90	658	3996

表4—15　　　　　　　　表清代福州解元人数统计表②

姓名	籍贯	年代
陈圣泰	侯官	顺治八年（1651年）
吴道来	侯官	顺治十一年（1654年）
郑元超	福清	康熙二十年（1681年）
郑基生	闽县	康熙三十二年（1693年）
余正建	古田	康熙三十五年（1696年）
张远	侯官	康熙三十八年（1699年）
施鸿纶	福清	康熙四十四年（1705年）
林昂	侯官	康熙四十七年（1708年）
谢道承	闽县	康熙五十九年（1720年）
叶有词	福清	雍正十年（1732年）
黄元宽	福清	雍正十三年（1735年）
邱鹏飞	侯官	乾隆六年（1741年）

　　① 资料来源：陈寿祺：《福建通志》卷161—163《选举·国朝举人》；陈衍：《福建通志》卷13《举人·清》。
　　② 资料来源：陈寿祺：《福建通志》卷162《选举·举人》。

姓名	籍贯	年　代
黄元吉	侯官	乾隆十二年（1747 年）
杨风腾	连江	乾隆二十一年（1756 年）
孟超然	闽县	乾隆二十四年（1759 年）
儿元宽	侯官	乾隆三十六年（1771 年）
张舫	侯官	乾隆三十九年（1774 年）
张经邦	闽县	乾隆四十四年（1779 年）
杨惠元	闽县	乾隆五十九年（1794 年）
沈捷峰	闽县	嘉庆二十一年（1816 年）
叶大章	闽县	嘉庆二十三年（1818 年）
魏本唐	侯官	嘉庆二十四年（1819 年）
郭礼图	闽县	道光八年（1828 年）
吴景禧	侯官	道光十二年（1832 年）
林延琦	侯官	道光十四年（1834 年）
曾庆松	侯官	道光十五年（1835 年）
叶修昌	闽县	道光十九年（1839 年）
池剑波	闽县	道光二十年（1840 年）
曾照	侯官	道光二十三年（1843 年）
叶肸心	侯官	道光二十四年（1844 年）
孟曾谷	闽县	咸丰元年（1851 年）
陈翔犀	长乐	咸丰二年（1852 年）
刘懿璜	闽清	咸丰五年（1855 年）
王彬	闽县	同治元年（1862 年）
王赞元	闽县	同治六年（1867 年）
赵启植	闽县	同治九年（1870 年）
何咸德	侯官	光绪元年（1875 年）
郑孝胥	闽县	光绪八年（1882 年）
陈懋鼎	闽县	光绪十五年（1889 年）
陈君耀	长乐	光绪十七年（1891 年）
林旭	侯官	光绪十九年（1893 年）
郑书祥	侯官	光绪二十三年（1897 年）
林传甲	侯官	光绪二十八年（1902 年）
林志恒	闽县	光绪二十九年（1903 年）

表 4—16　　　　　　　清代福州各县进士及第人数统计表①

年代＼地区	闽县	侯官	长乐	罗源	闽清	屏南	连江	永福	福清	古田	合计
顺治年间	13	9	2	1			1		7		33
康熙年间	28	12	4		1		2		9	1	57
雍正年间	8	6	3						9		26
乾隆年间	38	39	11	3	2	1	12	2	9	5	122
嘉庆年间	47	26	4				2	1	4	1	85
道光年间	46	36	15	1	2	2	1	2	1		106
咸丰年间	16	12	7	1			2				38
同治年间	30	19	7	1			3	3	2		65
光绪年间	61	89	31	1	2		4	3	3	1	195
合计	287	248	84	8	7	3	25	13	44	8	727

表 4—17　　　　　　　　清代福州鼎甲表②

科名	姓名	籍贯	及第年代
状元	林鸿年	侯官	道光十六年（1836 年）
状元	王仁堪	闽县	光绪三年（1877 年）
榜眼	赵　晋	闽县	康熙四十二年（1703 年）
榜眼	吴文焕	长乐	康熙六十年（1721 年）
榜眼	林枝春	闽县	乾隆二年（1737 年）
榜眼	廖鸿荃	闽县	嘉庆十四年（1809 年）
榜眼	何冠英	闽县	道光十六年（1836 年）

　　福州科名之盛还表现在对贡院的修葺方面。据乾隆《福州府志》卷 8《公署一·贡院》载：康熙十九年（1680 年）修，三十八年（1699 年），学使汪薇、四十四年（1705 年）巡抚李斯义、四十

---

　　① 参考资料：陈寿祺：《福建通志》卷 161《选举·国朝进士》；陈衍：《福建通志·选举志》卷 11《进士·清》。

　　② 资料来源：陈寿祺：《福建通志》卷 161《选举·国朝进士》。

七年（1708年）巡抚张伯行、五十六年（1717年）巡抚陈瑸先后增辟文场。乾隆九年（1744年）皇帝赐御书匾、联各一匾，曰：旁求俊乂。联曰：立政待英才，慎乃攸司，知人则哲；与贤共天位，勖哉多士，观国之光。十八年（1753年），总督额尔吉善、巡抚陈弘（宏）谋重修，宽展号舍，增高墙垣，又另筑夹道，疏通沟渠，拓至公堂而新之。各堂所房舍俱加增建，规制肃然。这次贡院的扩建修葺，在很大程度归功于当地士绅的鼎力相助。陈弘谋在《重修贡院记》中说："闽省贡院……地处山隈，山水汇积，连遇飓风、大雨，多所倾圮，号舍低浅，士子持笔砚入，不能转侧。卒遇风雨，上漏下湿，濡体涂足，艰难万状，甚至有撄疾不能终场者。至公堂，栋材薄弱，不称观瞻，亦有将颓废之患。……维时少京兆陈君治滋，少银台林君枝春等率都人士，呈请捐修，一时争先跳跃输将，不数日，而十郡二州计数至二万六千八百两有奇。爰委福州知府徐君景熹、抚标参将窦君宁董其事，其专司营业员治者为经历董天柱、巡检王成德。实工实料，必躬必亲，经始于乾隆十八年二月，即于是年七月告成。至公堂概易良材，而重新之。其余各堂所，俱加增修葺治，号舍俱重为改建。既高且深，足蔽风雨。而下通沟洫，使水有所泄，直达于城河，不虞阻塞为害。围墙则增高培厚，以防弊窦。适届秋闱，士子携筐而入，俱欣欣有喜色，不似向来之踌躇而不宁矣。统计所需一万六千两有奇。余赏建造城西浮桥，以济行旅，尚余六千两，则为权母子，永为将来，修理贡院之需，可以善厥后矣。闽中绅士乐士劝功，好善笃而趋义勇，实为十五省之冠。……自今以后，规制严肃，气象光昌，三载宾兴，伟奇特达之士连茹汇进，仰副圣天子旁求俊乂之盛心，国家于以收得人之效，又不独里闬之光也，使者有厚望焉。"① 福州向学重科举之风尚于此可见之一斑。

清代福州科名之盛，出现许多儒林佳话：如五代进士：闽县叶

---

① 转引自徐景熹：乾隆《福州府志》卷18《公署一·贡院》。

观国，高宗乾隆十六年（1751 年）进士；观国之子申万，仁宗嘉庆十年（1805 年）进士；申万之子敬昌，嘉庆二十四年（1819 年）进士；敬昌之子大焯，穆宗同治七年（1868 年）进士；大焯之子在琦，德宗光绪十二年（1886 年）进士。① 又，闽县陈家四代进士：清刑部尚书陈若霖次子景亮，景亮长子承裘，承裘长子宝琛，次子宝瑨、三子宝璐，宝瑨长子懋鼎，皆为进士。其时的福州真可谓是"科举之城"。一位传教士在其游记中写道："每三年举行两次秀才学位的授予，全福建省大约有 8000 名秀才，其中 2000 名属于福州。同一周期授予一次举人学位，全省约有 1000 名举人，其中有 360 名属于该省会城市。进士学位是每三年在北京授予一次，从 18 省中考出 360 名，其中大约只有 30 名被选为翰林。估计福建省有 200 名翰林，约有 60 名是属于福州的。"②

清代福州科举的鼎盛，为社会培养和选拔了一大批颇有作为的学术、政治精英，他们对于推动中国社会的进步和教育的近代化功不可没。

第五节 闽都近代教育之滥觞

1840 年，英国殖民主义者用鸦片和坚船利炮撞开了古老中国的大门。随着 1842 年《中英南京条约》的签订，西方资本主义列强蜂拥而至，中国开始沦为半殖民地半封建社会。在这一历史条件下，中国教育不可避免地打上了时代的烙印。一方面，传统的封建教育模式迅速解体和崩溃；另一方面，新型的资本主义近代教育开始兴起，并出现多种办学形式并存的格局。

---

① 转引自王耀华主编《福建文化概览》，福建教育出版社 1994 年版，第 247 页。

② George Smith，"Notices of Fuchan Fu"，Chinese Repository，Vol. xv，No. 4，April，1846，p. 214. 转引自刘海峰、庄明水《福建教育史》，福建教育出版社 1996 年版，第 221 页。

一 洋务教育

洋务教育，顾名思义，是指 19 世纪 60—90 年代洋务运动期间洋务派举办的教育，以兴办新式学堂（或称洋务学堂）、派遣留学生、翻译出版西学书籍为主要内容。它的产生与发展与中国社会的变迁和特定的时代主题息息相关。

清朝末年，中国封建制度日趋腐朽，传统的封建教育陷于空疏颓废，弊端丛生，各级各类学校徒具虚名，"讫于嘉庆，月课渐不举行。……教官阘茸不称职，有师生之名，无训诲之实矣"。① 严复在其《论治学治事宜分二途》一文中亦指出："自学校之弊既极，所谓教授训导者，每岁科两试，典名册、计赀币而已，师无所谓教，弟无所谓学，而国家乃徒存学校之名，不复能望学校之效。"适时，以林则徐、龚自珍、魏源等为代表的一部分开明地主官僚和社会有识之士率先提出"师夷之长技以制夷"的主张，倡导学习西学，改革旧学，呼吁社会变革，抵御外侮，林则徐还于 1839 年在广州设立译馆，翻译外国书籍、报纸，并主持翻译编辑《四洲志》、《华事夷言》，向国人介绍西方各国的政治、经济、文化、教育、科技等方面情况，成为学习西方先进技术的开风气者而被称为清末"开眼看世界的第一人"。

两次鸦片战争的失败，清政府意识到"非兴学不足以图强……又震于列强之船坚炮利，急须养成翻译与制造船械及海陆军之人才"。② 于是，中国教育史上别具特色的洋务教育拉开序幕。洋务教育本着"变器不变道"的原则，在"中学为体，西学为用"的思想指导下，从 19 世纪 60 年代开始，先后创办了 30 多所学习"西文"（即外国语言文学）和学习"西艺"（即西方近代军事和科学技术）的新式学堂。洋务学堂最主要的特点就是开设外国语、自然科学和

---

① 《清史稿》卷 106《选举志一·学校上》。
② 《清史稿》卷 107《选举志二·学校下》。

实用科学等"西学"课程，希望通过"师夷长技以制夷"并最终达到"自立"、"自强"的目的。如洋务派首领恭亲王奕䜣说："夫中国之宜谋自强，至今日而已亟矣。识时务者，莫不以采西学，制洋器为自强之道。"① 《清史稿》卷107《选举志二·学校下》亦云："西人制器之法，无不由度数而生。中国欲讲求制造轮船、机器诸法，苟不藉西士为先导，师心自用，无裨实际。"

洋务学堂的创办，在中国教育史上具有筚路蓝缕之功，它培养了近代中国第一批的翻译、外交人员，培养了近代中国第一批科技人才和海军人才，开近代中国学习西方风气之先，促进了中国教育近代化的进程。

1866年创办的福建船政学堂就是一所"采西学、制洋器"、专门培养近代造船与驾驶轮船人员的工业技术与军事技术的洋务学堂。面对鸦片战争失败以后，以英、法为首的西方资本主义国家屡次侵犯我国的东南海疆，中国处于强敌环伺、胜败存亡的危险局面，尤其是第二次鸦片战争的创巨痛深，洋务派看清了"西人专恃其枪炮，轮船之精利，故能横行于中土；中国向用弓矛、小枪、土炮不敌彼后门进子来福枪炮；向用之帆蓬舟楫、艇船、炮划不敌彼轮机兵船，是以受创于西人"的事实，故主张"师其所能，夺其所恃"。② 闽浙总督左宗棠更是充满爱国热忱，他清醒地意识到"维东南大利，在水而不在陆"，指出："自海上用兵以来，泰西诸邦以机器轮船横行海上，英、法、俄、德又各以船炮互相矜耀，日竟其鲸吞蚕食之谋，乘虚蹈瑕，无所不至"，因此，"为欲防海之害而收其利，非整理水师不可；欲整理水师，非设局监造轮船不可。泰西巧而中国不必安于拙也，泰西有而中国不能傲以无也"，③ "中国自强

---

①　朱有瓛：《中国近代学制史料》第1辑（上册），华东师范大学出版社1988年版，第14页。

②　中国史学会主编：中国近代史资料丛刊《洋务运动》（五），上海人民出版社1961年版，第119页。

③　《左文襄公全集》卷18。

之策，除修明政事，精练兵勇外，必应仿造轮船以夺彼族之恃"，[①]从而把制造轮船看成是自强的重要方面，看成是抵御列强侵略的一种"长技"，为此，他于1866年6月25日奏请清政府在马尾创办造船厂，即福建船政局。不仅如此，左宗棠还具有远见卓识地指出："艺局之设，必学习英、法两国语言文字，精研算学，乃能依书绘图，深明制造之法，并通船主之学，堪任驾驶。是艺局为造就人才之地"。为了达到"尽洋技之奇"、"尽驾驶之法"，他进一步阐明："夫习造轮船，非为造轮船也，欲尽其制造驾驶之术耳；非徒求一二人能制造驾驶也，欲广其传使中国才艺日进，制造、驾驶辗转授受，传习无穷耳。故必开艺局，选少年颖悟子弟习其语言、文字，诵其书，通其算学，而后西法可衍于中国"，[②] 继他之后的首任船政大臣沈葆桢秉承其意，简明扼要地指出："船政根本在于学堂。"[③]这一切都表明了以左宗棠为代表的洋务派充分认识到教育在发展近代工业中的重要性。

福建船政学堂又称"求是堂艺局"，其作为"中国近代第一所高等实业学堂"[④] 具有明确的专业设置和较完备的课程体系。学堂创办之初分前、后学堂两部：前学堂学习法文，又称"法国学堂"，专习制造技术；后学堂学习英文，又称"英国学堂"，专习驾驶技术。[⑤] 后来，前学堂增设"绘事院"（即设计专业）和"艺圃"（即学徒班）；后学堂增设轮机专业。这样一来，船政学堂实际上就拥有了五个专业：前学堂的制造专业、设计专业、学徒班和后学堂的驾驶专业、轮机专业。这种分科设置专业的做法体现了近代教育的某些特征。不仅如此，学堂还具有比较完备的课程体系。各专业的

---

① 《书牍》卷7。

② 中国史学会主编：中国近代史资料丛刊《洋务运动》（五），上海人民出版社1961年版，第28页。

③ 中国史学会主编：中国近代史资料丛刊《洋务运动》（五），上海人民出版社1961年版，第56页。

④ 潘懋元："福建船政学堂的历史地位及其影响"，《教育研究》1998年第8期。

⑤ 《清史稿》卷107《选举志二·学校下》。

课程设置如下:①

制造专业的课程有:算术、几何、透视绘图学(几何作图)、物理、三角、解析几何、微积分、机械学、实习、法语等。

设计专业的课程有:算术、几何、几何作图、微积分、透视原理、船用蒸汽机结构、法语。

学徒班的课程有:算术、几何、几何作图、代数、设计和蒸汽机构造、法语。

驾驶专业的课程有:算术、几何、代数、直线和球面三角、航海天文气象、航海算术和地理、英语。

轮机专业的课程有:算术、几何、设计、蒸汽机结构、操纵维修船用蒸汽机、使用仪表、监分计、实际操作、英语。

除上述"西学"(外语、自然科学、实用技术)课程之外,学堂每日还要兼习策论,讲读《圣谕广训》、《孝经》,以明义理。首任船政大臣沈葆桢规划闳远,尤重视学堂。同治十二年(1873年),奏陈船工善后事宜:"请选派前、后堂生分赴英、法,学习制造驾驶之方,及推陈出新、练兵制胜之理。学生有天资杰出,能习矿学、化学及交涉、公法等事,均可随宜肄业。"②他还进一步指出:"今日之事,以中国之心思通外国之技巧可也,以外国之习气变中国之性情不可也。"③由此可以看出,学堂不仅注重"西学"的传授,而且重视"中学"的教育,充分体现了洋务派"中学为体、西学为用"的教育理念。

所谓"中学为体、西学为用",亦称"旧学为体、新学为用",简称"中体西用"。它是近代中国重要的社会思潮。鸦片战争后,魏源首创"师夷长技以制夷",为中体西用之思想先导。咸丰十一

---

① 转引自林庆元《福建船政局史稿》(增订本),福建人民出版社1999年版,第123—127页。

② 《清史稿》卷107《选举志二·学校下》。

③ 转引自林庆元《福建船政局史稿》(增订本),福建人民出版社1999年版,第132页。

年（1861年），冯桂芬在《校邠庐抗议》中提出："以中国之伦常名教为原本，辅以诸国富强之术"的主张，为洋务派采用，遂成为洋务运动的指导思想。光绪二十二年（1896年），孙家鼐、沈寿康等将其明确概括为："以中学为主，西学为辅；中学为体，西学为用。"1898年张之洞发表《劝学篇》，进一步加以系统的阐发，指出："中学治身心，西学应世事"，并作为治国的方针。①

　　对于"中体西用"之说，我国学者历来众说纷纭，莫衷一是。不同的历史时期有不同的观点，就是同一历史时期也是褒贬共存，毁誉兼而有之。对此，笔者认为应本着历史主义的原则，将其置于当时的社会条件和历史背景之下给予客观的评价。客观地考察，"中体西用"是时代的产物，在不同的历史时期为不同的派别所用，具有不同的价值和功用。从洋务派所处的19世纪60年代清政府长期奉行闭关锁国的社会现实看，"中体西用"之说为早期主张学习西方的人们提供了理论武器，为西学的传入打开了一个缺口。同时，洋务派通过开办学堂将"中体西用"的教育理念付诸实践，将鸦片战争以来先进中国人学习西方的思想变为现实，从而迈出了向西方学习科学技术知识的第一步，导致了中国近代自然科学、社会科学的启蒙和建立。因此，"中体西用"的教育理念作为融合中西文化的教育机制具有筚路蓝缕之功。不仅如此，以"中体西用"为其教育纲领的洋务学堂在中国教育史上亦属开山辟路的实践，它的创办是对2000多年来封建教育进行改革的首次尝试，促进了中国教育的近代化进程。正是在这个意义上说，"洋务运动表现了中国社会进步不可逆转的方向"，②"洋务学堂的产生顺应了'西学东渐'这一文化趋势"，③"'中体西用'的思想在当时有促进改革的一

---

① 夏征农主编：《辞海》（中册），上海辞书出版社1999年版，第4001页。
② 李时岳、胡滨：《论洋务运动》，载《人民日报》1981年3月12日；转引自宫明编《中国近代史研究述评选》，中国人民大学出版社1986年版，第107页。
③ 郑登云编著：《中国近代教育史》，华东师范大学出版社1994年版，第37页。

面"。①

当然，随着时代的发展和历史的进步，"中体西用"之说片面强调中学之体绝不容动摇，因此"立学宗旨，无论何等学堂，均以忠孝为本，以中国经史之学为基"，② 这在很大程度上阻碍了社会各方面的变革，有其保守性和消极性。

福建船政学堂历经47年，它所取得的成就是同时代创办的各类型近代学校所无法比拟的。据统计，船政学堂先后共毕业了637人。其中前学堂制造科先后办了8届，共毕业180人；后学堂驾驶科共办了19届，毕业学生247人，管轮科办了14届，毕业学生210人。③ 与此同时，学堂还于1877—1897年间分四批先后选派了福建船政学堂颖悟好学的学生、船厂艺徒88名赴英、法等国学习轮船的制造和驾驶，④ 以期能够"探制作之源"、窥驾驶之"秘钥"，进一步深化"西学"内容。这些留学生在留学期间所学内容不仅仅局限于制造和驾驶轮船方面的技术，还进一步延伸到制造枪炮、水雷、开矿、冶炼、修建铁路等方面的技术，这样，学生当中有的"不但能管驾大小兵船，更能测绘海图，防守港口，布置水雷"，有的"于管驾应知学问以外，更能探本溯源，以为传授生徒之资，足胜水师学堂教习之任"。⑤ 回国后，他们都能学以致用，在中国社会各个领域中发挥应有的作用。由于受当时特定的历史条件制约，船政学堂及其留学教育主要是培养以军事用途为主的海防人才，故在这方面成绩斐然：

首先，学堂培养了近代中国第一批科技人才而成为我国科技队

---

① 毛礼锐、沈灌群主编：《中国教育通史》第4卷，山东教育出版社1988年版，第156页。

② 朱有瓛：《中国近代学制史料》第2辑（上册），华东师范大学出版社1988年版，第78页。

③ 郑登云编著：《中国近代教育史》，华东师范大学出版社1994年版，第48页。

④ 同上书，第57页。

⑤ 转引自林庆元《福建船政局史稿》（增订本），福建人民出版社1999年版，第210页。

伍产生和形成的主要基地。以第一批留欧学生为例，其中就有从事制造和监造近代兵轮、军舰的，如魏瀚、陈兆翱、郑清廉、吴德章、杨廉臣、李寿田等，有了这批科技骨干，在一定程度减少了我国对外国的技术依赖。从 1868 年开始建造"万年清"号至 1907 年的"宁绍"号（也称"江船"），船政局在 40 年中共造各类船舰 44 艘，除早期几艘是由洋工程师设计制造的以外，自 1875 年"艺新"号之后的 30 多艘都是船政学堂的学生与毕业生自己建造的。虽然自造的轮船在船舶吨位、功率、火力等远不及西方造船先进国家的最高水平，但与同时期向西方学习的日本造船业相比，其水平是要略胜一筹。除制造轮船之外，学生中也有从事兴建路矿电报工程的，如矿务方面有林庆升、池贞铨、林日章等，电报方面有苏汝灼、陈平国等，铁路方面有魏瀚等；还有的或从事文化教育，或担任翻译外交工作，充当中西文化交流的桥梁，如严复、马建忠、陈季同、罗丰禄、魏瀚等。值得一提的是，第三届留欧学生中如陈寿彭、王寿昌、郑守箴在介绍西方文化以及将中国优秀文化介绍给西方，贡献尤为突出。

其次，学堂造就了近代中国第一批优秀的海军将才而拥有我国"近代海军摇篮"之誉。李鸿章在 1880 年称："北洋前购蚊船所需管驾、大副、二副、管理轮机、炮位人员，皆借才于闽省。"[1] 中法马江海战中 11 艘舰船有 8 艘的管驾、都带是船政学堂的毕业生，其中许寿山、陈英、叶琛、林森林、吕翰、梁梓芳等在战争中英勇奋战，以身殉国。中日甲午黄海海战中，直接参战的 13 艘军舰，其管驾以上的将官中有 11 人是船政学堂的学生，其中林泰曾、刘步蟾、邓世昌、林永升、黄建勋、林覆中等在大东沟战役中壮烈牺牲。辛亥革命后，船政学堂的毕业生黄钟英、刘冠雄、程璧光、萨镇冰、李鼎新等先后担任民国政府海军总长。据统计，中国近代海军军官

---

① 中国史学会主编：中国近代史资料丛刊《洋务运动》（五），上海人民出版社1961 年版，第 255 页。

中有五分之三是船政学堂培育的，他们在捍卫海防，抗击侵略者中和近代海军建设中作出了重要贡献。正所谓："船政学堂成就之人材，实为中国海军人材之嚆矢。学堂设于马尾，故清季海军将领，亦以闽人为最多。"①

综上所述，我们不难发现：福建船政局及其学堂的创办，是为了通过学习"西学"，培养洋务人才，以达到"自强"、"求富"的目的。这种向西方学习的思想直接继承了近代中国第一批"开眼看世界"的代表魏源"师夷长技以制夷"的思想并付诸实施，在所有洋务学堂中，其规模最大、影响最为深远、设备最完备、存在时间最长（从 1867 年正式开办到 1913 年"一分三校"，即福建海军学校、福建海军制造学校、福建海军艺术学校，历经 47 年），为我国培养了近代第一批海军指挥人才和兵舰制造人才，为中国政府输送了第一批留欧学生，在学习和传播西方近代自然科学知识方面起了积极作用，而且"创办技术专科学校，福建船政学堂首开其端，……开近代西学（技术专门）教育的先河"，②促进了中国教育近代化进程。毋庸置疑，福建船政学堂的历史功绩应彪炳于中国近代教育史册。

二 教会教育

教会教育是指 19 世纪中叶以后，近代中国沦为半殖民地半封建社会的历史条件下，英美等国基督教会在中国创办的一种教育形式。教会教育的历史可追溯到 1807 年英国伦敦会传教士马礼逊（Robert Morrison）来华以后，为推动基督教的传播事业，于 1818 年在马六甲创办的第一所教会学校——英华书院。中英鸦片战争后，各国教会通过不平等的条约攫取了在中国建教堂，办学校的特权，教会教育逐渐发展起来。如：1844 年 7 月的中美《望厦条约》就规

① 《清史稿》卷 107《选举志二·学校下》。
② 郑剑顺：《福建船政学堂与近代西学传播》，载《史学月刊》1998 年第 4 期。

定："合众国民人在五港口贸易，或久居，或暂住，均准其租赁民房，或租地自行建楼，并设立医院、礼拜堂及殡葬之处。"同年10月的中法《黄埔条约》也规定："……佛兰西人亦一体可以建造礼拜堂、医人院、周急院、学房、坟地各项，地方官会同领事馆，酌议定佛兰西人宜居住、宜建造之地。"第二次鸦片战争以后，教会学校由沿海通商口岸迅速发展到内地。据统计，1860—1875年，教会学校总数约800所，学生约20000人。1875—1900年，教会学校总数增加到2000所，学生增至40000人，其中，中学堂比例增加了，还出现了教会大学。① 至此，基督教传教士在中国建立起了一个门类齐全，学科完整包括小、中、大学各级教育以及包括普通教育、职业教育、特殊教育等各类教育的教会学校网，自成一个教育系统，成为中国近代官办教育的重要补充部分。

1. 教会办学的目的

随着教会教育的兴起，基督教教育方针也逐步确立。1877年5月，在华基督教传教士126人在上海举行了第一次全国代表大会。会上，美国长老会传教士狄考文（C. W. Mateer）全面论述了教会与教育的关系，强调"作为教会的一种力量，教育是很重要的"，教会应当把教育作为其工作的一个重要的组成部分，通过教会教育培养一批将来有希望掌握中国政权的人物，并通过他们影响中国，推动中国的社会变革。这次大会决定建立一个全国性的联合组织——学校教科书委员会，标志着教会教育进入"有组织努力"的专业化、制度化阶段。委员会任命狄考文、丁韪良、韦廉臣、林乐知、黎力基、傅兰雅等传教士负责编写初、高级两套教材，"以应当前教会学校的需要"。初级教材由傅兰雅负责，高级教材由林乐知负责。两套教材的科目如下：②

（1）初、高级的教义问答手册，以直观教学课的形式，各分

---

① 顾长声：《传教士与近代中国》，上海人民出版社1981年版，第227—228页。

② 朱有瓛、高时良：《中国近代学制史料》第4辑，华东师范大学出版社1993年版，第33—34页。

三册。

（2）算术、几何、代数、测量学、物理学、天文学。

（3）地质学、矿物学、化学、植物学、动物学、解剖学和生理学。

（4）自然地理、政治地理、宗教地理、自然史。

（5）古代史纲要、现代史纲要、中国史、英国史、美国史。

（6）西方工业。

（7）语言、文法、逻辑、心理哲学、伦理科学和政治经济学。

（8）声乐、器乐和绘画。

（9）一套学校地图和一套植物与动物图表，用于教室张贴。

（10）教学艺术以及任何以后可能被认可的其他科目。

截至 1890 年，13 年间委员会共出版约 3 万册教科书和图表，其中宗教教材居多，也有自然科学和外国史地的教科书。数理化方面的有：《毛算数学》、《形学备旨》、《代数备旨》、《三角备旨》、《三角数理》、《数学理》、《代数术》、《格致须知》、《格致读本》、《八线备旨》、《重学》、《勾股题镜》、《形学拾级》、《化学新编》、《光学揭要》、《热学揭要》、《物理引蒙》、《最新电磁学》、《电学纪要》等；天文地理方面的有《谈天》、《天文图说》、《天文揭要》、《地理志略》、《地理全志》、《天下五洲各大国志要》、《天文略介》、《列国地说》、《训蒙地理志》、《地文学教本》、《最新地文图志》、《小学地理课本》、《地志学入门》、《地理初级问答》、《人类地理学》等；体育、生物、卫生方面的有《生命世界》、《动物浅说》、《最新中学教科动物学》、《万物一览》、《海族学》、《昆虫学》、《植物学》、《应用卫生学》、《生物卫生学》、《初级卫生讲义》、《生理卫生学》、《体育图说》等；中外历史方面的有《中国纲鉴撮要》、《泰西十八国史撮要》、《印度史揽要》、《大英治理印度新政考》、《五洲史略》、《法国最新进步史》、《大英十九世纪新史撮要》、《俄国近代史》、《新译英吉利史》等。所有教科书除用于教会学校，也赠送各地传教区私塾应用，从而推动了教会教育的发展，近代中国有"教科书"之名自此始。

1890年5月，在华基督教传教士又在上海召开了第二次全国代表大会，进一步明确了教会教育的目标。狄考文在其大会报告《怎样使教育工作更有效地促进中国基督教事业》中指出："教育是基督教会的一根很重要的支柱，不能漠然视之。重要的问题是怎样使教育工作为教会的最高目标服务。"要实现教会的最高目标，即通过教育促使基督教得到最广泛的传播，就应该从实施完整的教育、用中国的语言施教、在强烈宗教影响下进行教育等三个方面展开。狄考文说，所谓完整的教育，是要对中国语言文学、数学、现代科学以及基督教的真理有个良好的理解。"在任何社会里，凡是受过高等教育的人，必然是具有影响的人。他们可以支配着社会的情感和意见。对传教士来说，给一个人施以完整的教育，那个人在他一生中就会发挥一个受过高等教育的人的巨大影响，其效果要比那些半打以上受过普通教育的人好得多。具有高等教育素养的人像一支发着光的蜡烛，未受教育的人将跟着他的光走。比起大多数异教国家来，中国的情况更是如此。"他分析说："中国人是最讲实际的民族，除非有看得见的利益，他们是不会让子女进入教会学校的。……唯一合适而有益的劝导，便是对教育本身提出要求。要使这个劝导获得成效，教育就必须致力于生活中能获得成功的事业，致力于容易寻找的职业，值得学生家长和朋友们称道的职业。目前应用本国语言、数学和西方科学的精湛知识的那种完整教育，是会引导青年人走上崇高和成功的职业道路的。"[①] 狄考文还指出，实施中文教育，引导受教育者同周围的群众打成一片，并影响他们，受过中文教育的人将比那些受过英语教育的人更能与群众打成一片。在强烈的宗教影响下进行教育，具体做法是尽可能增加出身于基督教家庭的子女的招生比例，

①　朱有瓛、高时良：《中国近代学制史料》第4辑，华东师范大学出版社1993年版，第97—99页。

让虔诚而有力的布道气氛笼罩着每一所学校。他还强调指出：真正的基督教学校，其作用并不是单纯地教授宗教，而是要训练学生，使其成为社会上及教会中的势力的人物，胜过中国的旧士大夫，而能取得旧士大夫阶级所占的统治地位，"成为一般人民的导师和领袖"。狄考文断言："中国基督教会的中坚人物，无疑地将依靠我们的教会中学培养出来。"①

美国另一著名传教士谢卫楼（D. Z. Sheffield）在其大会报告《基督教教育对中国现状及其需求关系》中也提出了同样的看法。他说："一切布道工作本质上就是教育工作，而教会教育的最终目的就是传播福音。""如若教会要培养一批在知识和道德修养方面能与传教士看齐的男女，使他们在指望他们成为领袖的人们面前树立起基督徒生活的高尚标准，教会必须主动开展教育工作。如果教会要让基督徒担负有影响、负责任的职位，诸如政府官员、西学教师、医生、商人，以及在中国已经开始的伟大的社会变革的领导者，那么教会必须主动开展教育工作。""教会教育与中国现状和需要的关系是极其重要的，带根本性的基督教真理、基督教的爱、基督教的目标、基督教的希望的金线，必须渗透在中国施教的西方教育的经和纬，使之成为无比强大、无比绚丽的对中国人民极端有用的织物。"②

任福州美华书局管理兼福音书院教习、院长，曾在福州传教和办学多年的美国美以美会传教士普兰姻（N. J. Plumb，又名李承恩）在这次大会上则作了《教会学校的历史、现状与展望》报告。他说："办学与布道哪一种更为可取，我们是不应该有疑问的，两者都应该是必不可少、密不可分的。我相信没有学校的话，我们是永远不能取得彻底成功的。""这是向教会开放的一个广阔的天地，在它所资助的这样的学校里，中国青年在心理习惯上可以得到完全的

---

① 朱有瓛、高时良：《中国近代学制史料》第 4 辑，华东师范大学出版社 1993 年版，第 97 页。

② 同上书，第 115 页。

训练，使他们成为人民的领袖，培养坚强的基督教徒，使他们有能力担任威高权重的职位。"他甚至指出："教育像一把利剑，指向那里，便刺向那里。所有教会学校应该是力量和灵感的源泉。"①

通过上述传教士的报告，教会教育的地位有了显著的提高，此次大会还将"学校教科书委员会"改组成为"中华教育会"（1912年5月，该会又改组为"全国基督教育会"），中国基督教教育得到迅速发展，教会学校如雨后春笋般涌现出来。

综上所述，教会教育的动机主要有二个方面：其一，培养一批当地的牧师和传教士，通过他们传播基督教"福音"，有效地促进中国基督教事业的发展，"使整个国家基督教化"；其二，培养一批饱学"西方文明"、将来有希望掌握中国政权、控制中国社会发展方向的有权势的"领袖"，通过他们来影响中国，进而征服中国。

2. 闽都教会学校的发展

福州是近代中国教会学校兴办最早的地区之一。道光二十八年（1848 年）美以美会传教士柯林（Judson Dwight Collins）创办了福州第一所教会学校——福州男塾。两年后，即 1850 年，美以美会传教士麦利和（Robert. S. Maclay，亦作麦可利，麦鉴利）夫人在福州仓前山住宅创办福州女塾，是为福州第一所教会女校。从此，教会学校迅速向周围城乡扩展，学校规模及师生数量均居全省乃至全国前列。

教会早期在福州的办学，如同在中国其他地方一样困难重重，首先要冲破中国民间以至官方的种种疑忌、阻难和捣坏压力。美国传教士普卢姻（N. J. Plumb）出席 1890 年在华基督教传教士在上海举行的第二次代表大会提到在福州办学情况时说："当时人们是如此的不友好"，"教会开办了一所走读学校，有三个男孩，但是阻力极大，不久其中两个就逃之夭夭了"，"同时开设了一所女

①　朱有瓛、高时良：《中国近代学制史料》第 4 辑，华东师范大学出版社 1993 年版，第 126—127 页。

寄宿学校，校舍建筑完毕后，在开学第一天，原来答应来上学的女生一个也没有来。以后通过当地教徒的帮助找来了几个学生，但不久学生全部逃跑，就是介绍那些学生的教徒因受到邻居的攻击也不得不全家逃走"。[①] 因此，当时的生源多是教徒子女或贫困子弟和无家可归的孤儿、乞丐、童养媳等，办学地点或在传教士家中，或附设在教学内，或租赁民房，学校程度也是以发展初等教育即普通小学为主。

经过十几年的努力，教会学校逐渐走出困境，规模逐渐扩大，师生数量日渐增多。截至 1894 年，福州地区（包括福清、古田、闽清、平潭等教区）就设有教会学塾 300 余所，学生约 6000 人以上。[②] 进入 20 世纪，教会学校又有更大发展，不仅小学几乎遍及福州城乡各地，而且在开设男女学塾的基础上，教会学校逐渐从小学向中学、书院（大学预科一、二年）以至大学迈进，同时还开设了一批职业学校，如护士学校、农业学校、商业学校等，办学日趋制度化、系统化、全面化。按规定，学制一般为初小 3 年，高小 3 年，中间加预科 1 年；初中有 3 年和 4 年 2 种；高中 3 年；书院 8 年，其中 6 年为中学，第 7、8 年为大学一、二年级，毕业生可以直接升入英美大学的三年级。20 世纪，教会在福州还创办了两所高等院校：华南女子文理学院和福建协和大学。至此，学校类型涵盖了幼稚园、小学、中学、大学以及各类职业学校、女子学校、残疾人学校、孤儿院等，形成了教会教育的网络体系，规模之大，濒面之广，仅次于官办学校。兹将福州较为著名的教会学校列表 4—18 如下[③]：

---

① 陈景磐编：《中国近代教育史》，人民教育出版社 1983 年版，第 58 页。
② 福建省教育史志编写办公室：《福建教育史志资料集》第 8 辑，1992 年（内部发行），第 110 页。
③ 林金水主编：《福建对外文化交流史》，福建教育出版社 1997 年版，第 423—426 页。

表 4—18　　　　　　　　　福州教会学校一览表

学校名称	创办教会及创办人	创办时间	校址
男塾	美以美会柯林	1848 年	福州
女塾	美以美会麦利和夫人	1850 年	福州仓前山
保灵福音院	美以美会	1852 年	福州
福音精舍	美部会卢公明	1853 年	福州南台
格致中学	美部会卢公明	1853 年	福州于山
文山女塾	美部会	1854 年	福州保福山
文山女中	美部会卢公明	1854 年	福州铺前顶
毓英女子初中	美以美会娲氏姐妹	1859 年	福州仓前山
陶淑女子小学	英安立甘会	1864 年	福州仓前山
陶淑女中	圣公会	1874 年	福州仓前山
三一中学	圣公会万拔文	1876 年	福州仓前山
福州英华中学	美以美会武林吉	1881 年	福州仓前山
史荦伯初中	圣公会史荦伯	1890 年	古田
超古毓馨联中	美以美会	1892 年	古田
融美中学	美以美会力亨利	1892 年	福清
培青初中	美以美会	1894 年	长乐
天儒中学	美以美会	1894 年	闽清
毓贞初级中学	美以美会班芝馨	1894 年	福清
福州塔亭护士学校	英圣公会	1902 年	福州
同仁初中		1902 年	永泰
福州协和职业学校（农业）		1903 年	福州
福州青年会中学（商业）		1906 年	福州
岚华中学	美以美会贵玛丽亚	1907 年	平潭
华南女子文理学院	美以美会	1908 年	福州
惠乐生护士学校	英圣公会	1912 年	福清
福建协和大会	美以美会、圣公会、中华基督教会、归正会	1915 年	福州

学校名称	创办教会及创办人	创办时间	校址
进德女中	美以美会	1915 年	福州花巷
怀理护士学校	美卫理公会	1924 年	古田
若瑟小学		1927 年	平潭
类思小学		1935 年	连江
炳文小学		1948 年	福清

3. 闽都教会办学的特点

综观西方教会在福州办学的历史发展，其办学特点除上述办学时间早、规模大、数量多以外，还包括如下三个方面：

其一，课程设置以宗教教育为主，宗教色彩深厚，突出对人的基督化教育。

一个学校的课程设置反映该校的性质和特点。以福州鹤龄英华书院为例，该书院是当时华南著名的教会学校。1917 年刊印的书院章程规定：学习年限为六年，前两年为预科，后四年为正科。书院以兼习英文、汉文为宗旨，招收 12 岁以上的高小学生，及相当程度通晓汉文论义者。预科课程完竣，经考试，英汉分数无缺，方准升入正科。各科分数记法分六等，前四等为及格，五等得补考，六等留班再读。英文月考不及格者，次月另开特别夜班，级六点半至九点半钟，不问何班，均宜集堂加受督课，不得托故不到。学生一概住宿校内。该书院"课程汇表"如下：

预科：

第一学年：英文、识字、切字、练读一文、文法启蒙、心算启蒙、翻译浅文、摹习西字、华文圣经、唱歌、打球、国文、上下《论语》、小学、论说文苑、习楷、作文、月课。

第二学年：英文、切字、练读二三书、文法启蒙、中国舆地、谈论、翻译浅文、摹习西字、华文圣经、唱歌、体操、国文、《孟子》上、《左传》一二、《战国策》菁华、习楷、作文、月课。

正科：

第一学年：英文、切字、文法、谈论、翻译、数学、练读三四书、各国地理、摹习西字、华文圣经、唱歌、体操、国文、《东莱传议》、《左传》三四、《孟子》中下、习楷、作文、月课。

第二学年：英文、切字、文法、谈论、代数学、地文学、练读、英文浅论、华文选译英文、摹习西字、华文圣经、唱歌、体操、国文、史论正鹄、中学历史、《左传》五六、习楷、作文、月课。

第三学年：英文、切字、代数学、西国史、身体学、作酬应函牍、华文、选译英文、选读浅显报章、英文圣经、唱歌、体操、国文、古今大家、中学历史、历代名人书札奏议、作文、月课、摹习西字、国语。

第四学年：英文、修辞学、英文论、几何学、西国史、格物学、电学、华文选译英文、选读报章、英文圣经、唱歌、国文、《史记菁华录》、中学历史、作文、月课、国语、体操。

福建华南女子大学教授科目如下：

生物学：动物学（一年级必修科）、植物形态学（专修必读并三年选科）、植物生理学（专修必读）、植物种族学（必修）、应用方法（教授问题及试验方法，四年级专修必读）、显微及制片术（专修）、种原学及优生学（专修并四年级选科）。

化学：无机化学大纲、品性分析（必需化学一）、定量分析（必需化学二）、有机化学、食品化学。

国文学：近代文（一年级必修）、文学史（一年级必修）、演讲（一年至四年级必修）、古文辞（二年级必修）、诗词学（一）（二年级必修）、诗词学（二）（专修科）、文选（一）（三年级必修）、文选（二）（专修科）、译文（由英译汉，三年级必修）、汉文教学法（四年级必修）、中国哲学（一）（四年级必修）、中国哲学（二）（专修科）、文字学（选科）、小说学（专修选科）、史记（专修选科）、新闻学（专修选科）、文论（一至四年级必修）。

　　教育：心理学原理、儿童心理学、性学及笄与弱冠问题、学校管理法、小学教授原则及练习、中学课程教授法、近代小学教育史。

　　还有教育专修科课目（包括英文教授法；音乐教授法；学校体育教授法；游戏术）。

　　英文：记述文类（一年级，读文、作文、谈话）、辩论文类（二年级，读文、作文、谈话）、说部剧本（三年级）、英美文艺（四年级）、英文教授法。

　　历史：古代史（一年级）、中古史（二年级）、欧洲近代史、欧洲大战史、宗教史、中国时局之中西观、史事评论（四年级每周一次）、历史教学法（四年级）。

　　家政：家之研究、卫生学、食物保存烹饪法、织物学、家庭管理法、家事簿记、衣服制样及家庭陈设术、育儿学、营养学、家用及临时看护学、饮食卫生法。

　　美术：美术大纲（图画设计及淡墨画法）

　　算学：立体几何、大代数学。

　　音乐：弹琴、音乐教授法、唱歌。

　　体育：高等生理卫生学、学校体育教授法、游戏术、健身术。

　　物理：物理学大纲。

　　宗教教育：圣经渊源、旧约历史及宗教、新约历史及宗教、教会历史、宗教历史、圣经地理、耶稣之人生观、宣道法、文学美术中之圣经研究。

　　社会：社会学绪论、应用社会学。

　　由上述课程设置可以看出，《圣经》是学校最重要的课程，不仅是学生的必修课，而且是被置于压倒一切的位置。凡《圣经》考试不及格者不予毕业。为了便于掌握，英美传教士创造了"白话字"——"把罗马字母略加变更，制定23个字母连缀切音，凡厦门、福州、莆田等地区方言均可拼切成'白话字'，无论男女老幼，只须学习一、二个月，就可以读写纯熟"。① 传教士们用"白话字"拼写《圣经》、《圣经诗歌》等宗教书籍为课本，以当地方言进行教学，收到良好效果。

学生在学校的学习、生活、活动也无不体现基督宗教精神。"福州私立格致中学校计划书"提出本校办学目的是使学生"得有基督化训练，……为教会造就人才，为社会预备基督教领袖及其它教会工作"。② 学校对学生的评价标准也以宗教为依据，操行成绩是以学生对宗教的态度而定，"操行"不及格者退学。在大学教育中，不仅宗教课程的分点很高，而且分科很细。如上述《华南女子大学章程》中记述该校"宗教教育"一科就细分为：圣经渊源、旧约历史及宗教、新约历史及宗教、教会历史、宗教历史、圣经地理、耶稣之人生观、宣道法、文学美术中之圣经研究等课程。③ 宗教教育学的均为3—4个分点，学生除上课外，每天还要参加各种宗教活动：每天起床、三餐前、临睡都要祈祷；星期天上午要集中到教堂做礼拜，下午有主日课，晚上有勉励会；平时有复活节、圣诞节；甚至寒暑假的冬令会、夏令会也带有深厚的宗教色彩。1860年以前，传教士在福州出版的各种读物42种，其中宗教读物26种，占61.9%，科学读物16种，占38.1%。④ 宗教教育渗透至社会的方方面面，无怪乎福州鹤龄英华书院监督高智说："教会学校与一般学校不同，它是宗教和教育的结合体，是为宗教而教育，没有宗教就没有教育，也就没有学校"，⑤ 充分体现了教会学校"为宗教而教育"的办学实质。华南女子大学（1908年创办初为"华英女子学

---

① 福建省教育史志编写办公室：《福建省教育史志资料集》第8辑，1992年（内部发行），第137页。

② 朱有瓛、高时良：《中国近代学制史料》第4辑，华东师范大学出版社1993年版，第269页。

③ 同上书，第608—609页。

④ 熊月之编：《西学东渐与晚清社会》，上海人民出版社1990年版，第8页。

⑤ 福建省教育史志编写办公室：《福建省教育史志资料集》第8辑，1992年（内部发行），第137页。

堂"）的办学宗旨亦是直接服务于华南地区教会的发展，尤其是为华南农村妇女培养宗教领袖。该校首任校长程吕底亚（Lydia Trimble，1863—1941 年）声称："我们接受申请的范围越来越大，而且当我们高高兴兴地欢迎从各种官办学校、官家女儿和其他社会势力来的毕业生时，任何时候我们都能恪守那主要的想法：训练基督教会的领导者。我们一刻也不能忘记的是：学院不过是把我们联系在一起的链条的一环，从最小的日间学校到中学直到大学，我们都一直努力让华南的人们进入天国。"并把这一指导思想凝练成华南的校训"受当施"。"受当施"源自《圣经·新约·使徒行传》第20章第35节，意思为"我凡事给你们做榜样，叫你们知道应当这样劳苦，扶助软弱的人，又当纪念主耶稣的话，施比受更为有福"。将其办学宗旨的基督教文化精神表现得淋漓尽致。①

其二，重视英文课的传授和西方科学知识的传播。

教会学校在传播西方科学知识，培养中国近代科学事业发展所需要的专业科技人才方面是有成效的。1836 年 9 月 28 日，在华的最早教育管理机构——马礼逊教育协会（Morrison Education Society）正式宣布成立，其筹备宣言写道："本会以在中国设学校、促教育为宗旨，根据中国自身的特点，向中国学生教授英语的阅读和写作，使之能以英语为媒介，了解西方文化。"可见，教会学校的目的除了传教，还旨在教会中国人英语，以英语为手段，（部分）参与欧美社会的往来。为此，在教会学校中，英文课的比重是所开设课程中仅次于宗教课的一门课程，在大学课程中英文学的分点远远高出国文学的分点。以下是福建华南女子大学各门课程学点和分点（表4—19）。

---

① 汪征鲁主编：《福建师范大学校史》（上编），中国大百科全书出版社 2007 年版，第 60 页。

表 4—19　　　　华南女子大学各门课程学点和分点

年级		课程	学点	分点
一年级	上学期	国文学	3	1.5
		汉文论	2	1
		英文学	5	4
		英文论	3	2
		古代史	5	4
		动物学		4
	下学期	国文学	3	1.5
		汉文论	2	1
		英文学	5	4
		英文论	3	2
		古代史	5	4
		动物学		4
二年级	上学期	国文学	3	1.5
		汉文论	2	1
		英文	5	4
		中古史		3
		科学或立体几何		4
		教育学		4
	下学期	国文学	3	1.5
		汉文论	2	1
		英文		4
		近代史		3
		科学或大代数学		4
		宗教教育学（一）		4
三年级	上学期	国文学	3	1.5
		汉文艺	2	1
		英文		3
		宗教教育（二）		3
		选科		10

年级		课程	学点	分点
		国文学	3	1.5
		汉文艺	2	1
	下学期	英文	3	
		教育学	4	
		选科	9	
		国文学	3	1.5
	上学期	汉文艺	2	1
		选科	15	
四年级		国文学	3	1.5
	下学期	汉文艺	2	1
		宗教教育学（七）	4	
		选科	11	

前述福州鹤龄英华书院的课程设置也表明英文是六年制学习中贯穿始终的必修课。因此，教会学校较之其他学校英语水平更高。

除此之外，西学一直是教会学校非常重要的教学内容。教会学校十分重视西学教育，特别是西方的科学技术，课程设置也体现了近代意义上的"全面教育"。从前述福州鹤龄英华书院章程所设置的课程分析，教会学校除宗教道德教育外，还包括了以科学技术为内容的智育教育（即西学教育），主要有算术（包括笔算和心算）、代数、几何、电学、格物学、地理学、世界通史等，几乎涵盖了现在中小学所有课程；以打球、体操为主的体育教育，以音乐、美术为主的美育教育。毋庸置疑，教会教育在奠定中国现代化教育的基础，推动我国从旧式教育体系向现代化教育体系转变的过程中起了很好的示范作用和促进作用，也为近代中国培养了第一代懂得西方科学技术的科学家、译员、教师、职员和工程技术人员。

其三，注重女子教育，开办女校，首开福州女子受教育之先河。

中国女子学校教育始于近代教会女塾。学术界普遍认为，1844年，英国伦敦"东方妇女教育促进会"传教士阿尔德赛女士（Miss Aldersay）在宁波创办的女塾是中国女子学校教育的开端。① 福州是鸦片战争后五个通商口岸之一，也是近代中国女学最活跃的地区之一。据《中国基督教教育事业》载：1844—1860年有11所教会女子学校于通商之五埠设立，② 福州就有3所，即：麦利和夫人斯佩里（Sperry）1850年在仓前山住宅创办的女塾；卢公明（Justus Doolittle）1854年在铺前顶创办的文山女中；娲氏姐妹——娲标礼（Beulah Woolston）和娲西礼（Sallie H. Woolston）1859年在仓前山创办的毓英女子初中。创办之初，教会女学主要以初级小学为主，生源以富家女子为多。19世纪70年代以后，教会女学开始向福州城郊发展，且开办了近代化的中学，教学、课程设置、管理各方面渐趋正规化。19世纪末至20世纪初，福州教会女学开始由城镇发展到农村，更为重要的是女子大学先于男子大学建立起来，这就是1908年创办的华英女子学堂。③

华南女子大学的创办者是美以美会女传教士程吕底亚（Lydia Trimble，1863—1941年）。1889年12月19日，程吕底亚受美以美布道会得梅因支会（Des Moines）派遣到福建，开始了其在华50余年的宣道办学生涯，1941年8月25日病逝于华南女院立雪楼。华南女子大学的创建，一方面利益于福州初等、中等女子教育的发展，诚如华南女子大学的早期创建者之一华惠德所言："在这个南

---

① 1825年在马六甲创设的英华书院虽然已经开始招收中国女生，但其"设在境外，充其量只能算是为华侨女子创办的学校"（黄新宪：《中国近现代女子教育》，福建教育出版社1982年版，第132页）。

② 高时良：《全面评估中国教会大学的历史作用——兼论如何对待基督教文化》，载章开沅、[美]林蔚主编《中西文化与教会大学》，湖北教育出版社1991年版，第45页。

③ 1916年改名为"华南女子大学"；1933年又更名为"私立华南女子文理学院"；1951年，华南女院与私立福建协和大学合并，正式成立福州大学，华南女子文理学院到此停办［汪征鲁主编：《福建师范大学校史》（上编），中国大百科全书出版社2007年版，第55页］。

方重要省份福建，向女孩子打开平常初等教育的大门，已经做了几十年极为艰苦而不惜一切牺牲的工作了"，"如果不是福州毓英寄宿学校为女孩子打开初等教育的局面，在半个世纪以后，梦想有一个女子学院是不可能的"。① 另一方面归功于福建美以美会女传教士们的不懈努力。早在 19 世纪 80 年代，美以美会伊利莎白·费歇儿（Elizabeth Fisher）就发出呼吁筹办女子高等教育。她在1884 年福州年议会妇女晚会中发表演讲时说："轮到我讲已经太晚了，你们中的一些人甚至想睡了，因此我要投下一枚炸弹。我问大家应该给我们的女孩子们什么样的教育呢？假如我们为男孩子们提供中学教育，那么我们就必须为女孩子们提供中学教育。假如我们为男孩子们提供大学教育，我们就必须为女孩子们提供大学教育。假如我们为男孩子们提供医科教育，我们就必须为女孩子们提供医科教育。"② 程吕底亚在其传道中坚信女子教育的权利和能力，认为：在福州建一所女子大学，让中国女孩子和美国女孩子一样，享有完整的大学教育。1903 年秋，美以美布道会在爱荷华州召开会议，在中国已经有着丰富办学经验的程吕底亚在会上倡议在华建立女子大学。1904 年 5 月，程吕底亚女士在洛杉矶召开的美以美会常会上呼吁在中国南方建立一所女子学院。1905 年 5 月 18 日，来自中国各地的美以美会传教士代表在上海讨论通过："最终应当在全中国建立 4 所女子大学——分别设在华北、华中、华西和华南。并且认为，在华南福州可立即着手筹建大学事宜。并表示，在建立这些大学时，愿意在条件许可的情况下，同其他宗派开展合作。"③ 1907 年，

---

① 朱有瓛、高时良：《中国近代学制史料》第 4 辑，华东师范大学出版社 1993 年版，第 596 页。

② Wallace, L. Ethel: Hwa Nan College——The Woman's College of South China, United Board for Christian Higher Education in China，1956. p. 2；转引自汪征鲁主编《福建师范大学校史》（上编），中国大百科全书出版社 2007 年版，第 57—58 页。

③ Wallance, L. Ethel: Hwa Nan College——The Woman's College of South China, United Board for Christian Higher Education in China，1956. pp. 4 - 5 转引自汪征鲁主编：《福建师范大学校史》（上编），中国大百科全书出版社 2007 年版，第 59 页。

董事部在福州正式成立，定名为南省华英女书院，先开设中学和师范，学制 4 年。1908 年初，华南女子大学校董会在上海成立，由福建美以美会年会成员组成。1 月，华南女大预科班开学，称为华英女子学堂，至此，长江以南第一所女子大学宣告成立，程吕底亚为首任校长。1916 年，董事会将华英学堂正式改为"华南女子大学"。次年，华南女大开始招收 4 年制新生，首届只招 5 人，主要是美以美会所属女子中学的学生，学制完全照搬美国。1920 年，学生数达到 21 人，1926 年为 87 人，居全国教会女大学生数前列。生源也逐渐扩大到福州、厦门、汕头等地的其他教会创办的女子中学。①

从课程设置看，教会开办的女子大学都比较重视"全面教育"。华南女大亦不例外。从前引《华南女子大学章程》可以看出：系科设置重视自然科学和教育科，设课以英文为主。设文、理两科，六个系，包括文史系、教育系、外国语系、家政系、化学系和生物系。科目有生物学、化学、国文学、教育、英文、历史、家政、美术、算学、音乐、体育、物理、宗教教育、社会等 14 门类，共 75 科，既重文科，也重近代自然科学知识，其中理科知识较之中学大大提高。《章程》还规定："体育、唱歌为一至四年的必修课"，体现了学校对学生身体素质和艺术修养的重视。

教会兴办女子教育，在中国历史上是破天荒的事，在中国教育史上也是一大创举。它改变了中国传统的男尊女卑和禁止女子受教育的传统，促使部分妇女打破闺门禁锢，走进学堂，走上社会，从事文化、教育工作，投身于社会变革运动之中，成为新一代觉醒的自强、自立的女性。作为福州新式女子教育的开端，福州教会女学为福建培养了第一代新女性，壮大了新的社会力量，对推动福州社会变革和各项事业的发展作出了贡献。根据 1936 年

---

①　Wallance, L. Ethel: Hwa Nan College——The Woman's College of South China, United Board for Christian Higher Education in China , 1956. pp. 4 - 5 转引自汪征鲁主编《福建师范大学校史》（上编），中国大百科全书出版社 2007 年版，第 61—62 页。

华惠德对 1921—1936 年间 178 位健在的华南女子大学校友的资料分析，其中，从事教师职业的 98 人，医生 9 人，护士 3 人，图书馆员 2 人，在基督教教会工作的 6 人，还有 2 人在医院从事其他工作。著名的化学家余宝笙①就是华南女子大学培养出来的杰出女性。在社会变革的各个时期，华南女子大学的学生都起到了先锋模范作用，自觉投入到 1911 年辛亥革命、1915 年反对"二十一条"不平等条约运动、20 世纪 20 年代收回教育主权运动、抗日救亡运动之中，成为推动社会变革和社会进步的重要力量。

综上所述，从近代教会在福州办学的历史中可以看出：西方殖民主义者办教会学校的真正目的是企图通过学校教育对中国实行"基督教化"，"其初心主旨，有欲以为养成牧师教长之资者；有欲尊其为同宗诸校之冠者；有欲以高等教育灌输于教中儿女者，更有出于常通宗旨，欲以扩充基督教势力范围者；藉兹方法为华人通译教义者；以及教授备有新常识，染有宗教观念之男女少年，以谋助国人之进步之发达者。其目的虽异，其坚心竭力谋导学生信奉基督教为大主宰则同"。② 然而，事物的发展并不完全以西方殖民者的主观愿望为转移，首先，教会学校对西方科学技术、文化教育、英语等知识的传播，开近代中国科学教育风气之先，客观上有利于中国传统教育的改革和新式教育的发展，"在中国教育近代化过程中起着某种程度示范与导向的作用"。③ 其次，教会开办女子教育，首开

---

① 余宝笙，1904 年出生于福建莆田县；1912 年就读于福州陶淑女子中学；1922 年就读于福州华南女子学院；1924 年赴美国望城大学学习；1928 年转入美国哥伦比亚大学研究院攻读硕士研究生；1928 年 9 月回国任华南女大化学系教授，直至 1935 年再度赴美于约翰霍普金斯大学研究院攻读博生研究生；1937 年回国后，相继任教于华南女子文理学院、福州大学、福建师范大学。1922 年获得英国剑桥国际传记中心授予的世界妇女名人奖状，并载入《世界妇女名人录》（李湘敏：《基督教教育与近代中国妇女》，福建教育出版社 1999 年版，第 95—96 页）。

② 李楚材：《帝国主义侵华教育史料——教会教育》，教育科学出版社 1987 年版，第 137 页。

③ 周洪宇、马敏：《中西文化交流与教会大学——首届中国教会大学史国际学术研讨会综述》，载章开沅、［美］林蔚主编《中西文化与教会大会——首届中国教会大学史学术研讨会论文集》，湖北教育出版社 1991 年版，第 448 页。

中国女子受教育之先河，推动了近代中国女子教育的发展。最后，
教会教育为中西文化交流架设桥梁，是近代中西文化交流史的重要
组成部分。总之，教会教育在近代中国文化教育发展史上扮演了重
要角色。

三　维新教育与新式学堂

维新教育是指 19 世纪末 20 世纪初中国维新变法前后的教育，
以废除科举制度和八股取士、改革中国传统教育、倡导学习"西
学"、创办新式学堂为基本内容，是中国近代教育体系确立的重要
一环，在中国教育史上占据举足轻重的地位。

1. 维新教育思想与近代新学制

甲午战争以后，中国社会面临空前危机，国内有识之士积极探
索富国强兵、救亡图存的道路。在要求改革的呼声日益高涨的条件
下，中国形成了以康有为、梁启超、严复等为代表的资产阶级维新
思潮。他们倡导"教育救国"，强调振兴中国"归本于学校"、"其
体在于学"。于是一场维新教育运动在全国沛然兴起。

康有为认为，一个国家的强弱与其教育的发达与否密切相关。
他说：欧美诸国和日本之富强，"不在炮械军器，而在穷理劝
学"。① 中国之贫弱，正弱于教育不发达，民智不开，因此，"欲任
天下之事，开中国之新世界，莫亟于教育"。② 梁启超在其《学校
总论》中亦指出："中国之衰弱，由于教之未善。"③ 严复则通过对
中国败于甲午战争之原因分析，提出："根本救济，端在教育。"④
他在 1905 年就任复旦公学校长之前，为该校拟写的《复旦公学募
捐公启》中说："以中国处今日时势，有所谓生死问题者，其惟兴

---

①　康有为：《公车上书》，载《戊戌变法》（二），上海人民出版社 1957 年版，第
148 页。

②　梁启超：《康有为传》，载《戊戌变法》（四），上海人民出版社 1957 年版，第 9
页。

③　陈学恂编：《中国近代教育文选》，人民教育出版社 1983 年版，第 130 页。

④　严复：《与熊纯如书》，载王栻：《严复集》，中华书局 1986 年版，第 674 页。

学乎？问吾种之何由强立，曰惟兴学。问民生之何以发舒，曰惟兴学。"①

在倡导教育救国主张的同时，维新思想家们力陈中国传统教育之核心科举制度和八股取士的种种弊端和祸害。康有为说："今日之患，在吾民智不开，故士虽多而不可用，而民智不开之故，皆以八股试士为之"，②因此，他提出"今变法之道万千，而莫急于得才，得才之道多端，而莫先于改科举"。③梁启超在其文《论科举》、《学校总论》中痛斥"八股取士，为中国锢蔽文明之一大根源"，指出"变法之本在育人才，人才之兴在开学校；学校之兴在变科举"，因此，"欲兴学校，养人才以强中国，惟变科举为第一义"。严复亦对科举制度进行了有力抨击，其《救亡决论》曰：八股取士有"锢智慧"、"坏心术"、"滋游手"三大害处，指出"八股取士，使天下消磨岁月于无用之地，堕坏志节于冥昧之中，长人虚骄，昏人神智，上不足于辅国家，下不足以资事畜。破坏人才，国随贫弱"。他疾呼"如今日中国不变法，则必亡是已，然则变将何先？曰：莫亟于废八股"。④他进而提出其建构中国近代教育目标之"三民"思想——鼓民力、开民智、新民德。他说："是以今日要政，统于三端：一曰鼓民力，二曰开民智，三曰新民德。"⑤待"民智日开，民力日奋，民德日和"之时，则国将自强，民将自富。严复这种德智体全面发展的教育理论对中国近代的教育发展具有启蒙意义，有力地推动了中国近代教育体制的建立。

在上述维新思想家的积极倡导和策动下，清政府从1901年起开

---

① 1905年8月24日《时报》，转引自皮后锋《严复大传》，福建人民出版社2003年版，第280页。

② 《康南海自编年谱》，载《戊戌变法》（四），上海人民出版社1957年版，第146页。

③ 康有为：《请废八股试帖楷法试士改用策论析》，载陈学恂编《中国近代教育文选》，人民教育出版社1983年版，第101页。

④ 王栻：《严复集》，中华书局1986年版，第43页。

⑤ 同上书，第27页。

始实行"新政",改革教育,逐渐确立起了以壬寅学制、癸卯学制为代表的具有近代特征的新学制。

壬寅学制,即指光绪二十八年（1902 年）七月清政府公布的,由管学大臣张百熙拟定的《钦定学堂章程》,是年为壬寅年,故该章程又称"壬寅学制"。其基本内容是将学校划分为三段七级;初等教育 3 级——蒙学堂 4 年、寻常小学堂 3 年、高等小学堂 3 年;中等教育 1 级——中学堂 4 年;高等教育 3 级——高等学堂或大学预科 3 年、大学堂 3 年、大学院（年限不定）。整个学制长达 20 年。此外,与中学堂平行的有中等实业学堂、师范学堂;与高等学堂平行的有仕学馆、高等实业学堂、师范馆。"壬寅学制"是我国近代第一个法定学制,由于其不够完备,因此虽经公布,但并未正式实施。

癸卯学制,是光绪二十九年（1903 年）[①] 十一月清政府公布的,由张百熙、张之洞、荣庆重新拟定的全国各级学堂章程,即《奏定学堂章程》,是年为癸卯年,故该章程又称《癸卯学制》。至此我国近代第一个比较系统、完备的学校教育制度正式确立并在全国推广执行。

《癸卯学制》对学校各级教育的规定仍为三段七级,具体如下:初等教育,设蒙养院 4 年,初等小学堂 5 年,高等小学堂 4 年;中等教育,设中学堂 5 年;高等教育,设高等学堂或大学预科 3 年,大学堂 3—4 年,通儒院 5 年。整个学制长达 29—30 年。此外,与高等小学堂平行的有实业补习学堂、初级农工商实业学堂和艺徒学堂;与中学堂平行的有初级师范学堂、中等农工商实业学堂;与高等学堂平行的有优级师范学堂、实业教员讲习所、高等农工商实业学堂。[②]

新学制颁布后,全国各地各级各类学校获得较大发展。

---

① 该章程公布于光绪二十九年十一月二十六日,此时公历则为 1904 年 1 月 13 日。

② 上述二学制的具体内容参见孙培青主编《中国教育史》,华东师范大学出版社1992 年版,第 574—577 页。

2. 福州新式学堂的创办

在清末新政的推动下，尤其是清政府颁布新学制后，福州创办新式学堂的热潮蔚然成风，各级各类新式学堂如雨后春笋般建立起来，在不到 10 年的时间里，福州确立起来涵盖小学教育、中学教育、大学教育以及实业教育、师范教育、女子教育等门类齐全的近代学校教育网，为福建近代教育的发展奠定了坚实的基础，发挥了巨大的作用。

苍霞精舍　苍霞精舍是福州第一所兼习中西文化科学知识的新式学堂，是光绪二十二年（1896 年）福州官绅陈璧、陈宝琛、孙葆瑨、力钧、林纾、任鸣珊等联合创办。苍霞精舍因其址始设南台苍霞洲林纾旧居而得名。林纾任汉文总教习，任鸣珊任监学。开设的课程有经、史、时务等国文课程，也有算学、地理等西学课程。1898 年戊戌变法后，学生日益增多，林纾旧居狭窄，不敷应用，苍霞精舍遂迁址于城内乌石山麓蒙泉山馆（今道山路尾），并改名为福州绅立中西学堂，增设日、英文课程，增聘国文教员黄永筠、林海珊及英文、算学教员何天增。光绪三十三年（1907 年），陈璧以钦差大臣的身份回闽查办福建铜圆局营私舞弊案时，鉴于绅立中西学堂在校名、学科设置、学生培养目标等方面与《癸卯学制》多有不符，且蒙泉山馆也不适应扩大招生的需要，便与闽浙总督松寿商定，将学堂迁至华林坊越山书院旧址，改校名为福州公立苍霞中学堂，并附设铁路、电报两科。光绪三十四年（1908 年）学堂又迁入南台横山铺新校舍，改名为官立中等工业学堂，下设土木、电气本科，原中学各班为预科。宣统二年（1910 年），增设窑业本科，附设工业教员讲习所，并增建各科工场，作为学生实习基地，这是福建省第一所工业职业学校。[①]

福州东文学堂　福州东文学堂是在侯官太守陈幼谷的倡议下，福州士绅陈宝琛联合刘学恂、陈璧、力钧等士绅于光绪二十四年

---

① 刘海峰、庄明水：《福建教育史》，福建教育出版社 1996 年版，第 258—259 页。

（1898 年）创办的又一所新式学堂。该学堂创办缘由是"诸君子倡建苍霞精舍专课英文二年以来，颇著成效"，而"日本迩来广译西书，富我取资，壤地至近，既鲁之闻邾，取径至捷"。①是故，该学堂以教授日文为主，兼习汉文；办学经费除福州士绅捐助外，还得到日本东亚东文会的支持；学堂由刘学恂、陈宝琛先后任主理总董，陈成侯、林宝崑等任监院，王孝绳、林志钧等任驻堂董事，日本人冈田兼次郎、中西重太郎先后任东文总教习，桑田丰藏任东文副教习，陈成侯任汉文教习，王幼玉、刘功宇等先后任算学教习；学堂每年选 2—3 名优等生送往东洋游学，凡此种种，无不体现其办学特征。东文学堂校舍先后租用台江泛船浦、苍霞洲楼房及后街三官堂天心阁、光禄坊育婴堂、乌石山范公祠和积翠寺。在书院改学堂的风潮中，为了解决学堂师资紧缺问题，闽浙总督陈仰祈与陈宝琛商议后认为："因思造就高等学生必先从小学、中学层递而上，庶几各生学术整齐，教授管理方能划一。然办理中小学堂又必须先培初级师范之才，然后授受有资学派无虞歧异。"为此，光绪二十九年（1903 年），在陈仰祈、陈宝琛的推动下，"将省城乌石山旧有绅设之东文学堂改建全闽师范学堂，俾福建全省士人均得入堂肄业"，"延陈宝琛为该堂监督，并添委稽查管理各员。"②全闽师范学堂是福建省最早的初级师范，学堂初建时，陈宝琛亲撰训联："温故知新可以为师，化民成俗其必由学。"先设特科，学制 3 年；后设完全科，学制 4 年，1905 年改为 5 年。1903—1905 年，每年只招收一班学生，多由各州县推荐的举贡生员经考试录取的。由于招生人数少，培养年限长，满足不了各州县对小学教师的需求，故从光绪三十一年（1905 年）增设简易科，大量招收各县秀才、童生、举

---

① 王孝绳：《福州东文学堂三年报告汇编》，光绪二十六年，转引自刘海峰、庄明水《福建教育史》，福建教育出版社 1996 年版，第 259 页。

② 陈仰祈：《奏陈闽省设立师范学堂先后办理情况折》，《福建师范学堂一览》，宣统元年版，第 9—10 页；转引自汪征鲁主编《福建师范大学校史》（上编），中国大百科全书出版社 2007 年版，第 2 页。

人、贡生、监生入学，学制 1 年。光绪三十二年（1906 年），全闽师范学堂改名为福建师范学堂，至 1909 年，已有简易科毕业生 700 人，完全科毕业生 100 人，大大缓解了全省小学教师紧缺的困境，为福建基础教育的发展作出了重大贡献。① 翌年，依据清廷学部光绪三十二年六月制定《优级师范选科章程》规定，福建师范学堂增设优级师范，下设初级师范科和优级师范科，校舍"并置一处"，因此，福建优级师范学堂又俗称"福建两级师范学堂"。陈宝琛为首任学堂监督（校长）。

光绪三十四年（1908 年）福州又设立了一所专收八旗子弟的福州八旗中学堂。至此，福州共创办 3 所新式中学堂，居全省之冠。②

全闽大学堂 光绪二十七年（1901 年）八月，清政府诏命学制改革，"着将各省书院于省城均改设大学堂"。根据这一精神，闽浙总督许应骙即督同司道以福州东街三牧坊凤池、正谊书院改建全闽大学堂，许应骙自任总办，派布政司周莲为会办，盐法道鹿学良为帮办，陈景墀候补知府为提调，江西知县王莹为监学，并聘翰林安徽监察御史叶在琦为总教习。③ 学堂仿山东学堂设正斋备斋，相当于中小学堂，延聘中西文教习十八员分斋督课。开办之初，暂定正斋学额 120 名，另设附斋容纳自费生 40 名，未收备斋生。④ 光绪二十九年（1903 年）二月在福州考试，甄录举贡生童之略有中西文门径者 60 名为正斋生，40 名为附斋生，并由各府州县考送正斋生 60 名，于三月初一入堂肄业。全闽大学堂是 20 世纪福建省最早创建的官办学堂，延聘本省进士、举人出身的士绅讲授读经、国文、修身等课，

---

① 陈仰祈：《奏陈闽省设立师范学堂先后办理情况折》，《福建师范学堂一览》，宣统元年版，第 9—10 页；转引自汪征鲁主编《福建师范大学校史》（上编），中国大百科全书出版社 2007 年版，第 2—3 页。

② 据统计，1902—1909 年，福建省共创办新式中学堂 14 所，福州府就有 3 所。参见刘海峰、庄明水《福建教育史》，福建教育出版社 1996 年版，第 271 页。

③ 王修：《全闽大学堂记略》，载福建省政协文史资料委员会编《文史资料选编》第 1 卷"教育编"，福建人民出版社 2000 年版，第 113 页。

④ 张涵深：《全闽大学堂沿革》，载福建省政协文史资料委员会编《文史资料选编》第 1 卷"教育编"，福建人民出版社 2000 年版，第 171 页。

聘洋教习和留学人员主讲外语、算学、理化、地理等课。《钦定学堂章程》颁布后，凡省会所设学堂均改称高等学堂，全闽大学堂遂于光绪二十九年（1903 年）十一月改称福建高等学堂。学堂明确规定学制三年，分文、实两科，文科（又称政科）课程有伦理、经学、诸子、辞章、算学、中外史学、中外舆地、外国文、名学、法学、理财学、物理、体操等；实科（又称艺科）课程有伦理、中外史学、外国文、算学、物理、化学、动植物学、地质及矿产学、图画、体操等。文科毕业后可升入大学的政治、文学、商务科；实科毕业后可升入大学的农业、格致、工艺、医术科。① 民国元年（1912 年）1月，福建高等学堂遵照教育部颁普通教育暂行办法改称福建高等学校，监督改称校长。学堂第一学期毕业生王修（枚堂）担任校长。民国四年（1915 年）年初，又改称福建省立第一中学。

优级师范学堂　光绪二十九年十一月二十三日（1903 年 11 月 13 日）清廷颁布的《奏定优级师范学堂章程》规定："设优级师范学堂，令初级师范学堂毕业生及普通中学毕业生均入焉，以造就初级师范学堂及中学堂之教员管理员为宗旨。""优级师范学堂，京师及各省城宜各设一所。""省城优级师范学堂初办时，可与省城之初级师范学堂并置一处。"② 根据以上精神，陈宝琛进行了积极筹备，于光绪三十三年（1907 年）正月，在福建师范学堂的基础上增设优级师范选科，并将校名更改为"福建优级师范学堂"，由于与初级师范学堂"并置一处"，故又名"福建两级师范学堂"，这是福建省第一所公立的高等师范学校。学堂根据当时中学堂和师范学堂师资的需求情况，先后开设选科、本科、专修科，共 6 个专业，即光绪三十三年（1907 年）正月开设的理化、博物选科；同年十二月（1907 年）开设的史地选科；宣统二年（1910 年）正月开设的数学选科、博物本科；民国元年（1912 年）八月开设的图画手工专修

---

① 刘海峰、庄明水：《福建教育史》，福建教育出版社 1996 年版，第 262 页。

② 《奏定优级师范学堂章程》，李友芝等编：《中国近现代师范教育史资料》，首都师范大学出版社 1983 年版，第 29 页。

科。选科和专修科学制 3 年，博物本科学制 4 年，各科均按照优级师范学堂章程的规定开设课程和规定上课时数。理化选科的主课有物理、化学、数学、地文。史地选科的主课有历史、地理、法制、理财。博物选科的主课有动物、植物、地质矿物、生理卫生。数学选科的主课有数学、理化、天文、图画、簿记。博物本科的主课有植物学、动物学、生理学、矿物学、地学、农学等。图画手工专修科的专业课主要有西画、国画、图案画、用器画、手工等。① 学堂成立之初，聘请中文造诣较深、具有科举功名的人员担任国文、伦理、人伦道德、经学大义等课程的教授，部分英文课则请福建船政学堂毕业生任教，其他课程多聘请日籍教师担任。学堂历年各专业毕业生共 238 人，其中理化选科 47 人，博物选科 53 人，史地选科 52 人，数学选科 46 人，博物本科 13 人，图画手工专修科 13 人。② 至宣统年间，福建优级师范学堂已建成福州规模最大，机构完备，办事效率较高的一所新型学校，为福建省中等学校的师资培养作出了重大贡献。

这一时期福州所创办的新式学堂中，还有一所地位颇为独特的学堂——福州蒙学堂。该学堂是近代民主革命者林白水③受杭州知

---

① 汪征鲁主编：《福建师范大学校史》（上编），中国大百科全书出版社 2007 年版，第 11—12 页。

② 陈秉乾：《福建的优级师范》，载福建省政协文史资料委员会编《文史资料选编》第 1 卷 "教育编"，福建人民出版社 2000 年版，第 361—362 页。

③ 林白水（1874—1926 年），近代民主革命者，著名报人、教育家。原名獬，又名万里，字少泉，号宣樊、退室学者、白话道人，笔名白水。闽县人。幼承家学，少有文名。光绪二十四年（1898 年）应杭州知府林启之邀前往杭州创办求是书院、养正书院、东城讲舍、蚕学堂等 4 所新学堂，并任求是书院总教习。光绪二十七年（1901 年）任《杭州白话报》主笔，宣扬新政，提倡社会变革。后在上海与蔡元培等成立中国教育会，组织爱国学社。光绪二十九年（1903 年）留学日本，入早稻田大学法科兼习新闻，加入同盟会，与黄兴等共组华兴会。回国后，在上海创办《俄事警闻》、《中国白话报》，鼓吹革命，宣扬爱国主义思想。1916 年 8 月起从事新闻事业，先后在北京创办《公言报》、《新社会日报》（后改名为《社会日报》），在上海创办《平和日报》等。1926 年 8 月因发表《官僚之运气》一文，被军阀张宗昌枪杀于北京天桥。1985 年 8 月，中华人民共和国追认他为革命烈士。著有《生春红室金石述记》、《中国民约精谊》、《林白水先生遗集》，译有《日本明治教育史》、《自助论》等。

府林启创办新学的启发，于 1899 年戊戌变法失败后，从杭州回到福州联合其表兄黄展云、好友郑权、方声洞（均为同盟会成员）等人，在文儒坊卢氏祠堂创办。黄展云亲任堂长并执教。学堂主要招收本地优秀青少年，课程内容除学习汉文外，还着重介绍西洋政治、哲学思想和自然科学知识。学堂内除设高等班、小学班外，还秘密组织具有革命思想的进步青年成立"励志社"，向他们灌输爱国革命思想，启迪民族意识，引导他们学文尚武，开展反清革命活动。在黄展云主持下，学堂成绩卓著，颇享盛名，为辛亥革命培养了一批仁人志士，在黄花岗七十二烈士的"福州十杰"中，林觉民、林尹民、林文、陈更新、陈与燊、陈可均等均为该学堂的佼佼者，福州蒙学堂也因此成为辛亥革命的摇篮之一，在中国近代史上具有显著地位。

在上述新式学堂创办的同时，福州还先后创办了福建法政学堂（1907 年）、福建私立法政学堂（1911 年）、福建警察学堂（1906 年）以及福建官立蚕业学堂（1907 年）、福建官立商业学堂（1906 年）、福建官立农业学堂（1910 年）等各类实业学堂。尤为值得注意的是，女子学堂也在这一创办新式学堂的热潮中应运而生。

女子学堂 光绪三十一年（1905 年），陈宝琛的夫人王眉寿创办的"乌石山女塾"是福州第一所女子学堂，这也是福建省第一所女子学堂。次年，陈宝琛在全闽师范学堂附设成立"妇女师范传习所"，陈夫人任监督，招收学生 60 余名，后因校舍拥挤，学校迁至城内光禄坊玉尺山房，并分设保姆班和小学教员班。宣统元年（1909 年），该校改为"福州女子初级师范学堂"。福州另一所著名女子学堂是光绪三十三年（1907 年）由福建省教育总会①林柏棠等

---

① 其前身是光绪三十一年（1905 年）由福建热心教育之士绅联合发起成立的"闽省学会"，陈宝琛、郭曾炘任会长，郑锡光、刘学恂为副会长，徐友梧等 12 人为评议员，林炳章为干事员，孙葆瑨为常驻干事员。光绪三十二年改名为福建省教育总会，并力促各府州县成立教育分会。据光绪三十三年统计，全省已设立教育分会 16 所，拥有会员 647 人，资产 27600 两（刘海峰、庄明水：《福建教育史》，福建教育出版社 1996 年版，第 256 页）。

10 余名会员捐资在福州城内孝义巷创办的"福建女子职业学堂"。学堂分刺绣、造花两个班，每班招收 40 人，分本科二级、预科一级，由王眉寿任监督。宣统元年，学堂成立研究科，招收该校毕业生专就刺绣、造花、编物、图画等科分组进行研究和实践。[①] 与此同时，王眉寿还曾在光禄坊办"蚕务女学堂"，聘请广东教习 2 人，招收女生 10 余人。

上述福州女子学堂具有鲜明的时代特色，凸显其师范性、职业性特征，为后来福建女子师范教育和职业教育的发展奠定了基础。

综观福州教育有史籍记载的近 1600 年的历史，其发展具有起步晚、发展快、水平高的特点。福州偏处我国东南一隅，开发较晚，其学校教育发展亦相对中原地区为晚。唐末五代，中原汉族大规模南迁，福州地区得到全面开发，生产力水平有较大提高，推动了福州文化教育事业的发展，宋代以后，福州科举长盛不衰，人才辈出。进入近代，福州被辟为五口通商之一，首开近代教育之先河，无论是教育理念，还是教育实践，在全国都具有了先进的示范作用，各级各类教育的发展均居全国前列，在中国的教育史上留下了浓墨重彩的一笔。

---

① 《福建教育总会一览》，转引自刘海峰、庄明水《福建教育史》，福建教育出版社 1996 年版，第 286 页。

第 五 章

民 俗 风 情

第一节 闽都民俗概述

　　民俗，一般来说，是指在人类历史发展中，流传于民间的、相沿积久而成的习俗，它包括广大民众在长期生产、生活中，依据口头和行为方式世代传承的种种文化现象，具有"因地而异"、"因时而变"的特征。早在周代，古人已然学会了从人们不同的行为方式中观察不同地区民俗传统的差异性。《礼记·王制》记载："（王）命大师陈诗，以观民风。命市纳贾，以观民之好恶，志淫好僻"，即是命乐官陈述当地的诗歌，以便从中观察民间风情；命典市官呈缴当地物品价格，以便从中观察人民好恶，志趣淫邪或嗜好怪僻。成书于春秋时代的《诗经·国风》则以 15 个地区（周南、召南、邶风、鄘风、卫风、王风、郑风、齐风、魏风、唐风、秦风、陈风、桧风、曹风、豳风）不同风格的诗歌，表现不同地区的风土人情，首开民俗文化以区域类分之先河。《左传·襄公十二九年》记载了吴国公子季札在鲁国"请观于周乐"之事，曰："使工为之歌周南、召南，曰美哉，始基之矣，犹未也。然勤而不怨矣。为之歌邶（今河南汤阴县南——笔者注，下同）、鄘（今河南汲县北）、卫（今河北南部和河南北部一带），曰美哉。渊乎。忧而不困者也。吾闻卫康叔武公之德如是。是其卫风乎。为之歌王，曰美哉。思而不惧，其周之东乎。为之歌郑（今河南新郑县一带），曰美哉。其细已甚，民弗堪也。是其先亡乎。为之歌齐（今山东北部和河北东南部），曰美哉。决决乎，大风也哉。表东海者，其大公乎。国未可量也。为之歌豳（同‘邠’，今陕西彬县、旬邑县一带），曰美哉。荡乎。乐而不淫，其周公之东乎。为之歌秦（今陕西中部、甘肃东部），曰此谓之夏声，夫能夏则大，大之至也，其周之旧乎。为之歌魏（今河南北部、陕西东部），曰美哉，渢渢乎。大而婉，险（‘俭’之误）而易，行以德辅，此则明主也。为之歌唐（今山西西南和河北南部），思深哉。其有陶唐氏之遗民乎。不然，何忧之远也。非令德之后，谁能若是。为之歌陈（今河南淮阳一带），曰‘国无主共能久乎’。"及至汉代，班固则明确提出"域分"的概念，认为"水土之风气"、"君上之情欲"是导致不同区域的民风习俗差异性之主要因素。《汉书·地理志》云："凡民函五常之性，而其刚柔缓急，音声不同，系水土之风气，故谓之风。好恶取舍，动静亡常，随君上之情欲，故谓之俗。"班固的这一认识，对后世区域民俗文化的研究产生了深远影响。俗话说："百里不同风，千里不同俗"，不同地区、不同民族所形成的各自独特的民俗文化，主要取决于自然地理环境和社会历史条件两大因素。

福州，地处我国东南沿海亚热带地区，自古以来被誉为"环山沃野，派江吻海"的形胜之地。明代王应山《闽都记》描述道："（福州）三峰（乌石、九仙、越王）峙于域中，二绝（左鼓右旗）标于户外。甘果方几（方山几案于南，唐赐名甘果山），莲花献瑞（北莲花峰为会城斧扆）。襟江带湖，东南并海。二潮吞吐，百河灌溢。山川灵秀，所都即逢兵不乱，逢饥不荒。"①优越的自然地理环境使得福州成为适宜古人类早期居住的地区之一。据目前已有的考古资料表明，早在距今 7000 年前，福州就有先民在此繁衍生息。商周时期，百越族的一支——闽越族逐渐形成并聚居在福州地区及周边一带，创造了别具特色的闽越文化，成为闽都文化的重要组成部分。闽越族人的民俗风情自先秦以来的史籍中多有记载。如《逸周

---

① 王应山：《闽都记》卷 2《城池总叙》。

书·王会解》："东越海蛤，瓯人蝉蛇，蝉蛇顺食之美，于越纳，姑妹珍，且瓯文蜃，共人玄贝，海阳大蟹，自深桂，会稽单鼁。"《汉书·严助传》："越，方外之地，劗发文身之民也。……处溪谷之间，篁竹之中，习于水斗，便于用舟，地深昧而多水险。"《越绝书·越绝外传记地传》："以舟为车，以楫为马，往若飘风，去则难从……越之常性也。"司马迁在《史记·货殖列传》中亦云："楚越之地，地广人希，饭稻羹鱼，或火耕而水耨，果隋蠃蛤，不待贾而足，地势饶食，无饥馑之患，以故呰窳偷生，无积聚而多贫。"该传"正义"案："楚越水乡，足螺鱼鳖，民多采捕积聚，棰叠包裹，煮而食之。"《汉书·地理志》："江南地广，或火耕水耨。民食鱼稻，以渔猎山伐为业，故呰窳偷生，而亡积聚，饮食还给，不忧冻饿，亦亡千金之家。信巫鬼，重淫祀。"许慎《说文解字》："闽，东南越，蛇种。"归纳起来主要表现为蛇崇拜（与中原汉族的龙崇拜不同）、断发文身（与中原汉族蓄发装束习俗有异）、拔牙、行巫术、习于水斗、便于用舟等等，这些习俗对后世福州民俗影响至深，譬如：蛇崇拜至今仍流行于闽越族后裔疍民的习俗之中。行巫术则是福州民俗的重要特征之一。志载："闽俗，病瘟独信觋，谓谒医必死，虽至亲亦惧传染，不相顾问，死亦不发丧。"神俗称大帝，像设凡五，其貌狰狞可畏。殿宇焕俨，过其前者，屏息不敢谛视。又传：五月五日为神生日，前后月余，酬愿演剧，各庙无虚日。即无疾之人，亦皆奔走呼吁，唯恐怨恫获罪谴，或疫气流染，则社民争出金钱，延巫祈祷，谓之禳灾。此一习俗一直流传至清末。清康熙三十九年（1700 年）福州知府迟惟城曾经捣毁五帝庙，并撤其材以葺学宫，下令民再祀者罪之。然而，迟惟城死后不久，五帝庙得以重修，且增至十有余处，视昔尤盛。其缘由主要是巫觋藉以掠金钱，愚氓冀以免殃咎，故旋毁旋复，法令所不能禁也。①即便时至今日，"信巫不信医"之习俗仍在福州偏僻山区依稀尚存。

---

① 徐景熹：乾隆《福州府志》卷 24《风俗》。

清朝查慎行作《福州太守毁淫祠歌》云："八闽风俗尤信巫，社鼠城狐就私昵。巫言今年神降殃，疠疫将作势莫当。家家杀牛磔羊豕，举国奔走如风狂。迎神送神解神怒，会掠金钱十万户。旗旄夹道卤薄驰，官长行来不避路。忽闻下令燔妖庐，居民聚族初睢盱。青天白日鬼怪遁，向来祇奉宁非愚。嗟嗟！千年陋习牢相纽，劈正须烦巨灵手。江南狄公永州柳，此事今亡古亦偶，独不见福州迟太守。""习于水斗、便于用舟"之生活习俗更是融入福州对外开放的人文精神之中。福州自古以来就形成的对外开放、对外移民的传统，拥有发达的海外交通贸易和先进的造船、航海技术，无一不与福州的自然地理环境以及因之形成的生活民俗传统有关。毋庸置疑，自然地理环境的因素对福州早期民俗的形成有着极为重要的影响，在生产力水平相对落后，各地区间的相互交往基本处于隔绝状态下，自然地理环境的因素对各地域的民俗特征的孕育几乎可以说是占据着主导地位。因此，闽越族的民俗所呈现出的地域特色是鲜明的、独特的。

秦汉以来，随着社会生产力的提高和大一统局面的形成，闽越地区与中原地区的相互隔离状态被打破，中原汉族凭借其强势的政治、军事和经济、文化力量对闽越地域社会进行改造，尤其是汉、晋以降，大批中原汉族南迁入闽，不仅带来了先进的技术，促进了闽越地区的开发，而且也移植了汉族的文化习俗，导致闽越地区人文社会环境发生巨大变化。这种变化一方面表现为民族的融合——汉族与闽越族融合，作为福建省独具人文特征的汉族族群的一支——福州人正是在这一融合过程中形成的，迨及宋代，汉族已经成为福州地区的主体民族；另一方面表现为文化的碰撞——汉族文化与闽越文化的碰撞，其结果是汉族文化成为福州地区的主流文化，原有的土著文化被边缘化。因此，在汉族主流文化占主导地位的情势下，汉族民俗当然地成为福州民俗的主体，福州民俗中的生产、生活习俗，人生礼仪习俗，岁时节庆习俗，民间信仰和崇拜习俗，等等，无一不具有了中华传统习俗的一般特征。但是，我们也应该看到，闽越文化在被同化、被改造的同时，其地域性的因素并未丧失殆尽。原有的土著习俗在新的历史条件下发生变异，却仍然显示出浓厚的地方特色。以下仅以岁时节庆习俗为例说明之。

元日，即新年的开始，今称"春节"。其民间活动据乾隆《福州府志》卷24《风俗·岁时》记载：主要有"祈年、洁屋宇，陈设酒醴，以承灵贶。少长序拜，戚友相过贺，三日市不列肆，谓之节假。节内外旬日，挈筐楃往四郊墓祭。按，清明、重九亦然。并忌倒垃圾。谢在杭：闽俗，元旦不除粪土（即垃圾——笔者注），至初五日辇至野地，取石而返，云：得宝，则古人唤如愿之意也"。

"拗九"即正月二十九日，为福州语系地区所流行的特有的节日。清人施鸿保《闽杂记》卷1"窈九条"曰："福州俗以正月二十九日为窈九，人家皆以诸果煮粥相赠。……俗谓目连僧救母之遗，故亦称孝子粥。""拗九节"因之也被称为"孝顺节"。

端午节，自农历五月一日始，人家悬蒲艾，妇女系续命丝，佩符，簪艾虎，作粽。午日书符，作门帖，浴兰汤，以蒲与雄黄入酒，饮之；并制雄黄为筒，燃于屋壁床帐之上，小儿则以其末涂耳、鼻，云："避百毒。"尤尚竞渡，台江、西湖、北湖及城内诸河皆有之，而苏岐尤盛。谢在杭《福州志》载，闽中以五月四日作节，谓王审知以五日死，故避之。

中元，七月十五日，俗称"鬼节"。具酒馔，祭祖先，焚楮陌，俗谓之烧纸衣节，寺观作盂兰盆会。谢在杭曰："闽人最重中元节，家家设楮陌冥衣，具列先人号位，祭而燎之。女家具父母衣冠、袍笏之类，笼之以纱，谓之纱箱，送父母家。是日之夜，家具斋，馄饨，楮钱，延巫于市，祝而散之，以施无祀鬼神，谓之施食。"福州地区与中元节有关的另一习俗谓"做半段"，主要活动是各乡村定期轮流举行宴会，并请戏班款待亲友，将亲友相聚与祭祀祖先结合起来，场面恢宏，热闹非凡。①

---

① 徐景熹主修：乾隆《福州府志》卷24《风俗·岁时》。

　　类似上述既传承中华传统民俗而又在一定程度发生变异的岁时节庆习俗在福州民俗中俯拾皆是，不胜枚举。不仅如此，在民间信仰习俗、生产生活习俗领域中亦然。由此表明：秦汉以来，福州民俗既具有中华传统民俗，又别具福州地方特色，是为中华民俗文化大花园中的一朵奇葩。

　　福州民俗除融汇上述原始的闽越族民俗和中原汉族民族之外，还不同程度地吸收了外国民俗的某些成分。如前所述，闽越族"习于水斗，便于用舟"的生活习俗造就了福州人对外开放的传统。自西汉中叶以来，福州始终是对外交往的重要港口。明代以降，尤其是鸦片战争以后，基督教传入福州，西方习俗东渐，对福州的信仰、礼仪、节庆、建筑等方面的习俗均产生深远影响。

　　学术界普遍认为基督教（天主教）传入福州是明熹宗天启四年（1624 年）。是年，意大利籍天主教耶稣会士艾儒略（P. Giulio Aleni, 1582—1649 年）应当朝宰相叶向高（福建福清人）之邀入闽，并于次年参加了福州书院的一次聚会，即"三山论学"，是为天主教传入福州之滥觞。短短十年（1625—1634 年）间，福州城内有天主教友达 700—800 人，[①] 传教范围扩展到福州府属各县。1625 年，叶向高的长孙叶益蕃和诸教徒捐资兴建了第一座天主教堂。鸦片战争后，福州作为最早开放的五口通商之一，天主教势力获得空前发展，教堂数量遽增。截至民国 38 年（1949 年），福州教区共有教友39115 人，福州地区天主教堂 25 所，仅福州市区就有 9 所，[②] 著名的有福州南门兜澳尾巷教堂、南台岛泛船浦教堂、鼓楼区定远桥堂（今西门堂前身）等。传教士除布道、建教堂外，还有一项颇为重要的活动就是兴办教育，尤其是教会女子教育，首开福州近代女学之先河。福州是近代中国教会女学发展甚为活跃的地区之一，道光三十年（1850 年）美国美以美会传教士麦利和夫人斯佩里

---

①　福州市地方志编纂委员会：《福州市志》第 8 册，方志出版社 2000 年版，第 101 页。

②　同上。

（Sperry）在福州"仓前山住宅创办第一女学，校旁建一中国式房屋作为校舍"，[①] 是福州教会女学之发端。截至 1894 年，福州地区（包括福清、古田、闽清、平潭等教区）就设有教会学塾 300 余所，学生约 6000 人以上。[②] 其中，毓英女塾（1859 年美国美以美会创办，1893 年改称毓英女中）、文山女校（1864 年，美国公理会创办）、布道会女子学校（1864 年英国基督教圣公会创办，1903 年更名为"陶淑女子中学"）等在当时均享有盛名。进入 20 世纪以后，女子高校先于男子高校建立起来。在程吕底亚小姐（MS. Lydia Trimble）的倡导下，光绪三十三年（1907 年）美国基督教美以美女布道会在福州仓前山创办了华英女学堂，设有大学预科班，后更名为华南女子学院，这是福州第一所教会大学，也是当时华南地区唯一的一所教会女子高等院校。据《民铎》卷 17 第 3 号载：1924 年全国 11 所教会大学女生人数共 451 人，华南女子学院学生数为 72 人，占 15.96%，仅次于燕京大学（99 人）和金陵女子大学（133 人），位居全国第三。

教会兴办女子教育，在中国历史上是破天荒的事，它改变了中国封建社会 2000 多年根深蒂固的男尊女卑、"女子无才便是德"的传统观念，不仅使部分女子打破闺门禁锢，走上社会从事文化和教育工作，而且开始接受西方近代自然科学和社会科学知识，逐渐走上自强自立的道路。尤为值得一提的是，教会女学倡导天足，对促进福州移风易俗，破除传统习惯中的陋习、莠俗起到了积极作用。如毓英女中就拒绝招收缠足女生，陶淑女中和华南女院还多次派学生深入乡村进行不缠足的宣传。与此同时，教会女学还注重塑造女生外观形象，提倡剪短发，穿大开襟裙衫，提高女性审美情趣，引

---

① 林显芳编辑《福州美以美年会史》（1936 年 10 月）卷 2，福州省档案馆 2—9—251，第 20 页。

② 福建省教育史志编写办公室：《福建省教育史志资料集》第 1 辑，1992 年（内部发行），第 27 页。

导社会新风尚。正是在不断吸收外来文化的过程中，福州民俗内涵不断丰富。

　　除上述之外，福州民俗同时也随着移民的足迹，远播到中国台湾、东南亚、日本、美国等地。如所周知，明清以来，福建地区得到全面发展，社会经济迅速发展，人口数量急剧增长，对外移民遂成为解决闽地人口与自然资源之间的矛盾的一条途径。其时，闽人对外移民的地区主要有三：闽省周边的江西、浙江、广东等省；台湾地区；海外。其中海外移民线路主要是琉球、东南亚、日本。鸦片战争以后，大批闽人移居欧美国家。① 福州民俗因此成为沟通闽台两地乡情、海外华人华侨相互联系的纽带。举民间信仰为例，台湾几乎各县市都祭祀临水夫人，而这一信仰形态主要流行于以福州为中心的闽东方言区。据统计，以临水夫人为主神的庙宇在台湾有17座，陪祀临水夫人的庙宇多达72座。② 至于城隍信仰，"台湾人自认其大小49座城隍庙，皆源自大陆，根于福州冶山都城隍"。③20世纪90年代以来，不断有台湾岛内的同胞组织进香团到福州城隍庙谒祖进香。此外，东南亚地区如新加坡、印度尼西亚、越南、马来西亚、缅甸、泰国等地都有许多祖庙在福建城隍庙，有学者提出建成于清光绪三十一年（1905年）的新加坡城隍庙内所供神像很可能是曾于福州鼓山受戒的瑞于上人从福州奉请到新加坡的，④ 其城隍庙信仰与福州城隍庙的关系可见之一斑。

　　综上所述，福州民俗是在土著——闽越族民俗的基础上，不断融入中原汉族民俗与外国民俗（主要是近代西方民俗）的过程中逐渐形成的，是闽越文化与中原传统文化、近代西方文化相互碰撞与

---

　　① 林国平、邱季端主编：《福建移民史》"绪论"，方志出版社2005年版，第6—7页。

　　② 林国平：《闽台民间信仰源流》，福建人民出版社2003年版，第119页。

　　③ 卢美松：《福建城隍文化渊源探略》，载《闽中稽古》，厦门大学出版社2002年版，第468页。

　　④ 李天锡：《华人华侨民间信仰研究》，中国文联出版社2004年版，第81页。

融合的产物。从其历史发展看，先秦时期，福州民俗以闽越族民俗为主体，地域特色鲜明，呈现其固有的独特性。秦汉以后，中原汉族大举南迁入闽，中华传统文化的主导地位确立，福州民俗则以中华传统民俗为主体，地域特色被淡化，鸦片战争以后，西俗东渐，福州民俗又融入了西方习俗，呈现出多元性特征。此外，明清以降，大规模的对外移民，福州民俗随着移民的足迹散播世界各地，呈现出辐射性特征。

第二节　生产习俗

一　农业

据考古发现，早在5000多年以前，昙石山先民就已经开始了原始的农业生产活动，并开始由刀耕火种农业向锄耕农业过渡。秦汉时期，由于铁器的使用，福州的农业生产有了质的飞跃，到魏晋南北朝时期，仅水稻就达9个品种之多，所谓"南海晋安有九熟之稻"。隋唐以降，福州地区得到全面开发，耕种面积日益扩大，农业生产迅速发展，及至宋代，福州地区双季稻种植进一步推广，并且引进占城稻，品种达20余种。与此同时，农副产业植树造林、果树栽培等也有较大发展。在长期的农业生产活动中，福州地区逐渐形成了内容丰富、特色鲜明的农业生产习俗。主要有迎芒神、鞭春牛、祭龙王等民俗活动。

1. 迎芒神

芒神，即春神，又称句（音 gāu）芒神，主春事，其形状如《山海经·海外东经》载："东方句芒，鸟身人面，乘两龙。"迎芒神是我国立春日①重要的迎春祭祀活动。迎芒神活动在我国由来已久，早在周代就有设东堂迎春的记载。《礼记·月令》曰："孟

---

① 二十四节气之一，每年二月四日前后，太阳到达黄经315°之时，即为立春日，中国习惯以之作为春季的开始。《月令七十二候集解》："立春，正月节。立，建始也。"立春以后，气温渐渐回升，农业生产便开始春耕的准备。

春之月，日在营室，昏参中，旦尾中。其日甲乙，其帝大皞。其神句芒。……是月也，以立春。先立春三日，大史谒天子曰：'某日立春。盛德在木。'天子乃齐。立春之日，天子亲率三公、九卿、诸侯、大夫，以迎春于东郊。……是月也：天子乃以元日祈谷于上帝。乃择良辰，天子亲载耒耜，措之保介之御间；率三公、九卿、诸侯、大夫，躬耕帝藉。天子三推，公五推，卿、侯九推；反，执爵于大寝，三公、九卿、诸侯、大夫皆御，命曰'劳酒'。是月也：天气下降，地气上腾，天地和同，草木萌动。王命布农事，命田舍东郊，皆修封疆，审端木；善相互陵、阪险、原隰、土地所宜，五谷所殖，以教道民。必躬亲之。田事既饬，先定准直，农乃不惑。"

福州迎芒神的祭祀活动与全国各地大致相同。芒神一般以纸扎成人形，高约三尺六寸，象征一年 365 日。其形状衣着颇有讲究，若立春之年时值寅辛己亥，芒神则饰为老者；子午卯酉，则为壮年；辰戌丑未，则为幼童。如立春日为子日，属水，土克水，则芒神着黄衣；如为土日，木克土，则芒神着青衣等等。① 扎好的芒神通常置于东郊外的芒神庙或土地公庙宇中，等待立春前一天抬出来祭祀。

2. 鞭春牛

鞭春牛，又称鞭土牛，起源很早。《礼记·月令》："季冬之月……出土牛，以送寒气。"这一传统一直保存下来，但改在春天，唐、宋时期始盛，尤其是宋仁宗赵祯颁布《土牛经》后，鞭土牛之风传播甚广，成为中国民俗文化中的重要内容。土牛一般用桑柘木作成骨架，象征春草萌动。再扎上苇茅，糊贴一层泥土。身高四尺左右，象征四时。长三尺六寸，象征 365 日。头至尾长八尺，象征八节。尾长一尺二寸，象征十二时。鞭用柳枝，长二

---

① 　林蔚文：《中国民俗大系·福建民俗》，甘肃人民出版社 2003 年版，第 19 页。

尺四寸，象征二十四节气。① 福州所塑土牛，"必于忠懿王庙前乞土"。② 五代闽王王审知治闽期间，与民休息，重视农业生产，故得"汙莱尽辟，鸡犬相闻。时和年丰，家给人足，版图既倍，井赋孔殷"。③ 为纪念王审知德政，后晋开运三年（946 年），闽地人吴越钱氏于王审知故第福州庆城寺立庙祀之。人们从忠懿王庙前乞土塑牛，意在弘扬闽王遗德，祈求闽王神灵惠泽百姓，以保时和年丰。明代学者曹学佺《迎春诗》中即有"马从太守分骖去，牛向前王乞土来"的句子。今闽王祠内仍立有一方明代镌刻的"乞土胜地"石碑。④

立春前一天便举行迎春祭祀活动。据乾隆《福建通志》卷 14所载迎春仪式说："有司预期塑造春牛并芒神于东郊外春牛亭。立春前一日，府州县率属俱穿蟒袍补服至春牛亭。通赞导至拜位，唱就位，各官俱就拜位，上香鞠躬拜兴。初献爵，再献爵。读祝文，读毕，通赞又赞两礼拜毕，簪花，上席酒三巡，属官长先行，长官次之，春牛随后迎至府州县头门外，土牛向南，芒神向西。"⑤ 立春之日，各级官吏照例着朝服出席"鞭春牛"仪式：备好牲醴果品，先祭拜春牛、芒神，而后各官俱执彩杖排立土牛两旁，通赞曰长官击鼓，遂擂鼓鞭春，各官击牛者三，以示劝农促春耕之意。福州迎春活动甚是热闹，据乾隆《福州府志》卷 24《风俗·岁时》"立春"条云：前一日，迎土牛，州人聚观。南宋张所南《游宦纪闻》："三山之俗，立春前一日，出土牛于鼓门之前，倾城出观，云'看牛'，则一岁利市。"清魏杰《逸园诗钞》卷 2《看迎春牛》："暖津

① 林蔚文：《中国民俗大系·福建民俗》，甘肃人民出版社 2003 年版，第 19 页。
② 徐景熹主修：乾隆《福州府志》卷 24《风俗·岁时》"立春"条。
③ 于竞：《敕建琅琊忠懿王王审知德政碑》，转引自徐景熹主修乾隆《福州府志》卷 14《坛庙一》"忠懿王庙"条。
④ 梁克家：《三山志》卷 40《土俗类二·岁时》"立春"条：土牛，以占农耕之早晚，与岁之丰瘠，是日昇置府前。闽、侯官倚郭各县不别造。
⑤ 转引自林蔚文《中国民俗大系·福建民俗》，甘肃人民出版社 2003 年版，第19—20 页。

初回候，民瞻景物鲜。春泥成气象，彩仗迓联翩。不喘何须问，难耕任着鞭。年年烦太守，来拜艳阳天。"

此外，立春之日，福州民间还有接春、咬春等习俗。立春之日，备好香烛、纸爆、陈设瓜果、米饭等物，供祭芒神或五谷神，俟立春时辰，焚香燃炮，面向东方，迎拜春神来临，谓之接春。所谓"咬春"，即吃春饼（春卷）。乾隆《福州府志》卷24《风俗·岁时》"立春"条：是日，啖春蔬，春饼。《三山志》卷40《土俗类二·岁时》"立春"条：蔬饼，闽俗立春，以为节物。且有诗为证，宋人蔡襄《立春寄福州燕司封》诗："春盘食菜思三九"；又，罗源林迥诗："青韭供盘饼面圆。"

3. 祭龙王

中国是农业古国，旱涝灾害是农业生产的最大危害之一。在生产力水平低下、农田水利设施落后的条件下，每逢干旱，唯有祈雨。祭祀龙王就是为达到祈雨的目的。汉唐以来，龙神始作为降雨之神广受百姓崇祀，各地均建有龙王庙。仅据《八闽通志》卷58《祠庙》载：福州府有龙王显圣的祠庙就多达20处。如表5—1所示。

表5—1　　　　　　志载福州府有龙王显圣的祠庙

名称	所在地	纪要
会应庙	闽县	旧灵泽庙也。皇祐（1049—1053年）中久旱，邑人祭于庙，暴雨大霆，殿中北位黑龙鳞甲犹带池萍，灵迹显异。绍圣四年（1097年），郡守温益命闽县知县叶默因其旧增葺之。元符元年（1098年）庙成，有神光发于殿屋。是冬大旱，麦苗将槁，率僚属祷祠下，读祝未毕，雨随至，命侯官尉王寿，刻石书之。乾道二年（1166年），夏不雨，郡守王之望一祷而应，岁大稔，乃请于朝，赐庙额曰"灵泽"。……淳熙十四年（1187年）安抚使贾选以祷祈，屡大新庙宇，奏改今名。并赐诰命。大观二年（1108年），诏封青龙神广仁王、赤龙神嘉应王、黄龙神孚惠王、白龙神义济王、黑龙神灵泽王
永惠庙	闽县	旧名竹林通应庙。内有井，父老相传为龙井，常有金鳞隐见其中，岁旱祷之，有雾覆井上，即雨。……凡雨旸疾患，祷无不应。嘉泰三年（1203年）县为请于朝，赐额"永惠"

名称	所在地	纪要
善溪冲济广应灵显孚佑王庙	闽县	唐贞元十年（794 年），观察使王翃因岁旱祷之得雨，乃为崇饰庙貌，自后太守躬祷必应。……庆历六年（1046 年）旱，郡守蔡襄自为文祷之，读甫毕，大雨。淳祐八年（1248 年），郡守陈垲率知闽县师舆祷雨而有验
显应庙（乾隆《福州府志·坛庙一》作"灵显庙"）	闽县	宋淳祐十一年（1251 年）大旱，乡人祷雨立应
显应庙	闽县	宋嘉定十四年（1221 年）秋旱且疫，乡人祷之，皆著灵响
惠安明应王庙	侯官县	唐元和（806—820 年）后始立庙，郡人凡水旱疾疫必祷焉。大中（847—859 年）时，观察使罗让祷雨立应
严公庙	怀安县	宋有严氏居迳于壕，家鬻米以瞻，取赢极薄，时太守方忧旱，夜梦神人告之曰："得淑行如严公者祷之必雨。"太守罗致之以祷，果三日雨。后卒，民异而祠之。明洪武二十年（1387 年），都指挥秦艺、左参政王钝以旱祷于神，甘泽大澍，乃撤其旧庙而新之
马仙庙	怀安县	洪武二十八年（1395 年）建。其神马氏女也。灵显甚著，凡旱干水溢，祷之辄应
龙迹山广施庙	怀安县	宋太平兴国（976—983 年）后，凡遇水旱，有祷辄应，民立庙祀之。……绍圣三年（1096 年）郡守叶伸俱以旱祷于祠，下甘雨随霔
显灵庙	怀安县	凡水旱盗贼及沴气流行，祷之无弗应者
灵显庙	怀安县	元大德（1297—1307 年）后，乡人遇水旱祷之多应。行中书省闻之，为之立庙，赐额"灵显"
植柱庙	长乐县	宋景祐（1034—1037 年）中，县尉王侯以祷雨获应，倡里人更立庙宇
英显庙	连江县	宋宝祐元年（1253 年），夏大旱，乡人祷之，雨辄应
昭应庙	福清县	宋熙宁十年（1077 年），以旱祷致雨。……乾道三年（1167 年）天不雨，士民祷之辄应
顺宁正应灵显庙	古田县	神姓刘名疆，邑人感其惠立庙祀之。……自是朔庇生人，除其衮祲。雨旸祈会，有应如响
灵渊庙	古田县	庙瞰深溪，下有洞穴，邑人祷雨屡验，旧号羊角龙王庙
顺懿庙	古田县	凡祷雨旸，驱疫疠，求嗣续，莫不响应
显利龙王庙	闽清县	宋宣和三年（1121 年）敕建。雨旸疾病，祈祷辄应
薛丕庙	闽清县	薛丕故居也。丕有神异，乡人立庙祀之。凡水旱祷之多应
梅川昭显庙	闽清县	相传神姓陈氏，事王审知有功于闽，民为立庙……凡水旱疾疫，祷无不应

祈雨场所除上述的"庙"以外，还有"潭"，因为人们认为龙通常栖居在深山大泽之中。据《八闽通志》卷4《地理·山川》记载：闽县的鹫峰山"山上有马面潭，岁旱多祷于此"；白鹿峰"峰之左有雷鼓潭，有龙出没于其间，天旱，乡人祷雨于此，多应"；古岭"下有铁鼎潭，永乐间（1403—1424 年），尝有龙潜其中，岁旱祷雨多应"；闽江"中流有石，屹然如砥柱，名曰浮焦。焦下有潭，名中焦潭。潭有龙潜其中，凡岁旱，祷无不应"；毘济潭"深邃莫测，实神龙之湫，祷雨辄应"。侯官县的龙潭山"山下有龙潭，岁旱祷雨辄应"。怀安县的南阳山"山巅有乌冈潭，其潭有四……相传有龙居之。……岁旱，乡人祷之，多应"；仙井"虽不甚深……岁旱，乡人祷雨多应"。长乐县的名山"上有祠坛，岁旱必致祷于此"；黄龙潭"相传尝有巫者之妻，沤麻潭侧，见黄龙首藉其上，巫者以告县官，祷雨辄应"。连江县的五峰潭"极幽邃，有灵物居之，岁旱祷雨辄应"；财溪潭"俗传有龙居焉，岁旱祷雨多应"；松皋潭"俗传有神龙潜焉，岁旱祷雨则应"。福清县的龙卧山中"有龙潭，旧传有龙蟠潭中，宋乾道九年（1173 年）县令刘敦祷雨有感，为立龙堂"；大蓝潭"岁旱祷之屡应"；龙门潭"祷雨辄应。宋乾道六年（1170 年），县令吴竑立龙堂以祀之"；东潦潭"昔有龙见于大乘之东乡，邑人即其地祷雨屡应，因五龙堂以祀之"；扶门潭"祷雨有应"；横山潭"乡人祷雨，每有灵应，至者肃然"。永福县的六洞仙山"祷雨祈梦，屡有灵验"；高盖山"岁旱，祷雨于此多应"；白鸡仙岩"旧传有仙炼丹于此……祈雨示梦多应"。闽清县的大湖山"唐徐登、赵炳得道于此，乡人祠之。邑有旱蝗，祷无不应"；钟湖山"岁旱，邑人多祷雨于此"；玉台山"中产蜥蜴，祷雨立验"；大帽仙峰"岁旱，邑人祷雨于此"；龙都白岩"岩旁有洞，祷雨辄应"；仙人坐化石"石旁有潭最深，曰九龙潭。……岁旱，祷雨多应"；龙爪石"下有澄潭。相传昔尝祷雨于此，有龙悬一足于石，大雨随至，乃立祠祀之，扁曰'紫云堂'。至今爪痕犹存，祈祷辄应"。罗源县的龙湫"祷雨随应"；险岩潭

"下有龙湫潭，祷雨辄应"；横峰龙潭"其地险绝，人迹罕至；岁旱，乡人攀藤而上，祷之多应"。

由上述记载，我们不难发现福州龙神祭祀的几个特点：其一，祈雨的场所多，仅据《八闽通志》所载的各类龙王显圣的庙、潭就达 50 多处，这从另一侧面印证了福州属于干旱频发地区。其二，祈雨场所的功能多。各类庙、潭除祈雨外，还具有驱病、抗涝、续嗣、祈梦、除蝗等功能，充分体现了福州民间信仰的实用性和功利性的特征。其三，祈雨的主体，既有民间百姓，也有各级地方官。有的庙、潭甚至受到朝廷赐额、封号，反映出封建统治者对祭祀龙神的高度重视。事实上，中国作为一个农业国家，祭祀龙神、遇旱祈雨是古代地方官吏的政务之一。惟其如此，官方的祈雨祀典显得肃穆、规范，据清乾隆《福建通志》卷 14 载："祭日清晨，总督巡抚将军齐集庙中公馆。鼓三声，引赞引承祭官进中门，赞诣盥洗所。通赞唱：执事者各司其事。引赞就位。通赞唱：迎神。司香者捧香盒立香炉左。引赞引承祭官诣香炉前，司香者跪。引赞：上香。承祭官将炷香接举插炉内，又上块香三次毕。引赞：复位。承祭官复位。引赞：跪。承祭官行二跪六叩头礼。兴，平身。通赞唱：奠帛，行初献礼。捧帛执爵者将帛爵捧举就神位前。引赞赞：奠帛。赞：献爵。赞：读祝。读祝毕。赞：行亚献礼。赞：行终献礼。赞：彻馔。通赞唱：送神。引赞赞：跪。承祭官行二跪六叩头礼。兴，平身。引赞赞：诣望燎位。引承祭官至炉前。赞：焚帛。焚毕。赞：复位。赞：揖。朝上揖。礼毕。"① 祝文的内容多是祈求龙神赐降甘霖以润泽苍生，普救万物。

相比较之下，民间百姓的祈雨方式则是五花八门，主要有设台求雨、晒菩萨祈雨、龙虎斗降雨、龙潭祈雨等方式。

设坛求雨：通常由乡村社长、族长、乡绅出面组织乡民捐资恭

---

① 转引自林蔚文《中国民俗大系·福建民俗》，甘肃人民出版社 2003 年版，第 23 页。

请巫师设坛求雨。地点一般设在神庙前或龙潭边。祈雨前 3—7 天，大家要斋戒，求雨当天，除官绅外，仪式主持者则着麻衣，穿草鞋，其余一律着白衣，跣足徒步前往求雨地点。队伍庄严、寂静，一路奏着磬铮鼓声，音色哀婉。祈雨时辰一到，巫师登上醮台，念经作法事，其余的全体下跪，默念祈雨。龙神显灵后，则要以三牲、水果、金帛、茶、酒等供品行谢恩礼，有的还请戏班连续演上几天酬谢龙神。

晒菩萨祈雨：民间或捕捉蜥蜴，或塑造土龙，或抬出庙宇中的神像游行，并置于烈日下暴晒，以达到求雨的目的。如闽侯县百姓遇到旱灾时，会敲锣打鼓把"王天君"神像抬出来，放在田埂上让太阳晒，当地人说，"王天君"受不住太阳暴晒，就会命令"龙王爷"下雨。[①]

龙虎斗降雨：即将虎骨投入龙窟，使龙虎相斗而降雨，这种"激龙法"降雨是古人行之已久的方法。明谢肇淛《五杂俎》卷 9 云："物之猛者，不能相下，如龙潜水中，以虎投之，则必惊怒颠腾，淘出之乃已。"施鸿保的《闽杂记》记载："福州南台，一名钓龙台，闽越王临江钓白龙处也。相传江中有龙，乃火龙也。出则致雨，归则致火。其处民居稠密，恐罹其患，故非久晴亢旱，不敢轻祷。咸丰壬子夏，久不雨，王春岩制军效古人起伏龙法，以虎头骨投入江中，即日大雨。未几，中亭街鞋店失火，延烧数百家，其说亦不诬矣。"

龙潭祈雨：乡民自发地带上供品，披麻戴孝，素衣跣足，不畏艰险，前往数十里以远的深山龙潭，以期感动龙王，赐降甘霖。民国《连江县志》礼俗志载："祈雨多在七月秋旱之时，乡民延巫设醮自待。不应，则舁其土神，各拿竹竿，竿缀蓝白布，群集公署，邀集全城文武官员徒步拈香，乡众随之，官民均衣素服。鸣锣伐鼓，先祷于城隍，以次至金钟潭。或有乡民自赴深山大泽，以为有

---

① 林国平、彭文字：《福建民间信仰》，福建人民出版社 1993 年版，第 79 页。

龙能致雨也。时知县辍刑名、禁屠宰，即不动民事之官，值此亦无或拂舆情，否则喧阗公署，虽欲深居简出不能也。"① 下引二首《祈雨歌》也大致反映出民众祭祀龙神，祈求降雨之情形。徐𤊹《榕荫新检》卷 16 引《竹窗总录》云："祷雨祷雨，土龙背裂蜥蜴死。贫民挝鼓号吁天，渊中老龙不得眠，师巫禹步走田野，唇焦面赤喉生烟，东邻富儿检厢籍，陈陈尚有三年积，但愿粟价十倍售，何必年年是丰日。贫人吁泣复怨嗟，火云祈得红如霞，龙王无灵天帝远，巫师渐次逃还家。土龙前致富翁语，但旱贫人不旱汝。"② 又，"长期不雨痛哀哉，田干地裂民受灾。祈求龙王降大雨，雷公雨伯一齐来。天久旱，实堪哀，万众点香齐跪拜；跪请张天师急如律令，速速到处来救灾。张天师手执令箭把令下：四海龙王，雷部神将，风神雨伯听着，限你三个时辰降大雨，滂沱大雨降下来，敕敕如律令"。③

二　渔业

临江面海的自然地理环境培育了福州先民"习于水斗，便于用舟"的性格和"讨海为生"的生活方式，逐渐形成了与之相关的渔业习俗。福州造船历史悠久，相关习俗十分丰富。造船是福州居民生活的大事，因而，造船过程中的祭典仪式也很讲究。动工前，先要请星相师选定黄道吉日。开工之日，要在工地上设案点香，摆上供品祭祀天地诸神，要敬拜世传中掌管木工行业的祖师爷鲁班，要敬拜天神和龙王，祈求造船顺利。造船期间，逢初二、十六日，船主都要略备酒菜祭祀有关神祇。长乐县比较例外，造船开工后，每天都点香祈祷，直至完工。造船过程中最重要的工序是钉"龙骨"，

---

① 转引自林蔚文《中国民俗大系·福建民俗》，甘肃人民出版社 2003 年版，第 26 页。

② 徐晓望：《福建民间信仰源流》，福建教育出版社 1993 年版，第 53 页。

③ 福州市民间文学集成编委会：《中国歌谣集成·福建卷·福州鼓楼区分卷》（内部资料），1989 年；转引自林蔚文《中国民俗大系·福建民俗》，甘肃人民出版社 2003 年版，第 26 页。

因而礼仪也最隆重。很多地方在钉"龙骨"时，要另择吉日，时辰一到，先把一块数尺长的红布钉在"龙骨"料上，寓意渔业红火、吉利。福清、平潭等地的渔民还在龙骨各节的衔接处夹放棕、布等物，用以辟邪晦。"龙骨"钉好后，还要刻画一对"龙目"，确保行船时不致迷航或触礁。新船建造完工，则又要占卜问卦，选定吉日举行下水试航仪式，吉日一到，船主便烧香上供，举行祭祀仪式。祭天神、水神、船神、祖师爷等诸神灵，祈求诸神保佑顺风顺水，渔业丰收。平潭县的渔民则通常选择风和日丽的汛期下水试航，以期能满载而归。

造船时也有一些禁忌，如在造船现场忌讲不吉利的话，忌妇女上船，新船下水时忌服丧者及孕妇参加，船工们把船徐徐推入水中之际，忌牲畜从前面闯过，以免染秽犯煞，等等。

渔民出海前，一般都要先到当地的妈祖庙（又叫天后宫）进香，求问出海佳期。出海之日，渔民们要从神庙中请香火、香袋带到船上，作护身之用。每艘渔船都设有神龛，上供妈祖或同祀其他神像，定时烧香祭祀，祈求神灵保佑平安、丰收。在海上遇险，必呼妈祖娘娘来拯救。第一网捕到的鱼，要挑一只大鱼祭献神龛前。每逢初二、十六日还要"做牙"祭神。每当渔民无意中捕到海龟时，总是在海龟壳上刻上自己的姓名和放生的时间，再将海龟放回海里。因为沿海渔民多以海龟为图腾，相信渔船遇险时海龟会浮出海面拯救渔民脱险的传说。

行船时，一旦发现海面漂浮的尸体，必须设法将尸体打捞上岸，运回海头宫，按习俗予以安葬。但是，若碰到落水者，则任凭其呼天唤地，一概回避不救。等到落水者三沉三浮以后，渔民才去救援。这一旧俗是因为渔民迷信认为落水者是水鬼找的替身，如果援救落水者就会得罪水鬼，日后会受到水鬼纠缠，不得安宁。

此外，渔民如遇有丧事，一年之内忌靠近网具；出海时忌谈海难等不吉利的事情，忌说不吉利的话，如"翻"、"沉"、"倒"、"搁"、"破"等字；船上的物品忌倒放（倒放意味着翻船）；船工忌站在船头解手（此举被视作对海神不敬），而须到船尾；撒网时忌大声喊叫；在船上忌吹口哨，怕招来鬼魅；行船时如闻乌鸦在船桅上啼叫，则要立即转舵返航；如遇船上老鼠忌捕捉，赶紧吐口水以消晦气；如遇随海浪跃入船舱的鱼，须放生，因为，民间认为这种"自投罗网"的鱼是凶煞之物；忌把饭碗丢到水中，如果不慎摔破碗，要收捡碎片包好带回岸上处理；煎鱼时忌翻身，只能煎一面；吃鱼亦同，且不能先吃鱼尾（寓意关照子孙后代），也不能先吃鱼头，更不能吃鱼眼睛（以免航行时船眼模糊不清）。

沿海各地都忌妇女上船，更忌妇女出海捕鱼，忌妇女跨过网具，孕妇甚至不能触摸渔船或捕鱼工具。即便是疍民等连家船船民，对女性也有一些禁忌，如不能跳着上船，不能跨过船上祭神的平头祭台，不能在船上生孩子等。

渔船平安归来后，船主则要备好供品前往妈祖庙或关帝庙酬谢神灵。除此之外，渔民在平时也定期举行祭祀活动，如每年春汛、夏汛、秋汛等鱼汛到来前要举行祭奠活动；每逢初二、十六要做牙祭祭祀妈祖、关帝、海龙王、土地公等有关神祇；每年择一吉日设宴演戏酬神谢天，等等。

三 商业

福州地处闽江下游，自古就有善贾习俗。史载，早在秦汉时期福州就有商业活动。唐人独孤及称："闽越旧风，机巧剽轻，资货产利，与巴蜀埒富，犹无诸、余善之遗俗。"[①] 魏晋南北朝时期，随着北方汉族南迁入闽，福州社会生产力逐步提高，物品日渐丰富，商业活动开始活跃起来。南朝梁末，盘踞晋安的陈宝应利用其时江浙饥荒，会稽灾情严重的机会，运谷米到灾区做生意"载米粟与之贸易……大致资产"，[②] 是福建历史上的一次大规模商业活动。隋唐

---

① 《全唐文》卷390《福州都督府新学碑铭》，《闽中金石志》卷1《成公李椅去思碑》亦同。
② 《陈书》卷35《陈宝应传》。

以降，福州得到全面开发，城池规模日益扩大，作为商业活动的场所"市"（在城坊内）、墟（在农村）开始形成，尤其是王审知治闽时，开凿甘棠港，"尽去繁苛，纵其交易，关畿廛市，匪绝往来"，[①] 安泰桥一带"人烟绣错，舟楫云排，两岸酒市歌楼，箫管从柳阴榕叶中出"，[②] 足见商业之繁荣。至宋代，越来越多的人口从农业生产中游离出来，从事商业贸易，福州的海商"家有余财则远贾健往，贾售于他州"，尤引人注意的是"市厘阡陌之间，女作登于男"。[③] 熙宁十年（1077 年），商税年额为 38400 贯，冠于福建一路。[④] 迨明清时期，福州成为闽东、闽北及闽南部分地区的商品集散中心，"大商贾其营运所集必以福州为的"。其时，南台、洪塘二处商业贸易最为繁闹。明万历时期的林燫在其《洪山桥庙记》载："商舶北自江至者，南自海至者，咸聚于斯，盖数千家云。"[⑤] 清人孟超然亦有咏洪山桥之诗句曰："桥下千帆落影齐。"清乾隆时期福建巡抚潘思榘《江南桥记》[⑥] 则载："南台为福之贾区，鱼盐百货之辏，万室若栉，人烟浩穰，赤马余皇，估舸商舶，鱼蜃之艇，交维于其下。"[⑦] 不仅如此，适时，在一些商业部门开始出现商会、会馆、行会等组织，各种商业行为广泛渗透到民间各地并逐渐形成各种各样的商业习俗。

商店开张之前，一般都要取一个显眼、吉利、好听的名字，以期日后生意兴隆、财源茂盛。多取兴、福、昌、盛、发、顺、茂、鑫、泰、元、春、安等字，如福州有著名的"安泰楼"、"聚园楼"等。此外，有的商店则以店主的名字命名，如民国时期福州有名的

① 于竞：《琅琊王德政碑》。
② 道光《福建通志》卷 29《津梁》，徐景熹主修：乾隆《福州府志》卷 9《津梁》"安泰桥"亦同。
③ 祝穆：《方舆胜览》卷 10《福州》。
④ 唐文基主编：《福建古代经济史》，福建教育出版社 1995 年版，第 323 页。
⑤ 道光《福建通志》卷 29《津梁》。
⑥ 江南桥：一名中洲桥，又名小桥，与万寿桥接（徐景熹主修：乾隆《福州府志》卷 9《津梁》"江南桥"）。
⑦ 道光《福建通志》卷 29《津梁》，乾隆《福州府志》卷 9《津梁》亦同。

台江二亭桥"阿焕鸭面"店、南后街的蒋源成石雕店、吴玉田刻书坊等;也有的以商店的地理位置来命名,如民国前后福州鼓楼前酱鸭店、上杭京果店等。

商店开张之日(往往从《万年历通书》中所择吉日)都要举行庆祝和祭祀仪式。先给店门披红挂彩,贴上寓意兴旺、吉利的对联,之后店主要设案祭神,祭品中必有一盘全鱼,祈求年年有余;祭祀的神祇有土地爷、财神爷、白仙爷等,焚香拜神后,在店门口燃放鞭炮以示庆贺,财力雄厚的店家还恭请官员、名贤赠送招牌、联轴,登报志贺。开业当天或头三天,销售商品多以折价(九折或九五折)作为开业优待,且尤重店号声誉,店面两旁多贴有"物美价廉,童叟无欺"之类的广告,服务态度也极为热情,店内挂有"服务周到、宾至如归"一类的牌匾,让前来购物的顾客放心满意。

旧时商店为赚取最大的利润,通常是一年到头(除发生特殊的事或不可抗力而发生的灾害之外)、从早到晚经营到大年三十。只有正月初一至初三放节假,店铺才按闭门歇业过年。初四日新年开业,店主照例要举行祭祀财神爷等神祇的仪式,献上猪、羊、鸡三牲作供品,点香烧纸,燃放鞭炮,希冀开市大吉,财源广进。商店开门前,先把一只大元宝塞在门缝间,开门时元宝落入店内,寓意招财进宝,新年好彩运。商家聘请伙计店员一般以一年为期,条件议定、签约后,双方中途不得无故辞、撤。店家负责雇工的食宿,每月按合约付给工资,逢年过节大忙时还有红包。一年满后,店主要年终分红,金额多少视当年盈利而定。农历十二月十六日,店主要做"尾牙祭",并给伙计店员发给"鞋价"(红包)。继续被留用者则多得一个红包,作为来年的订金。如果没能多得小红包者,则表明被辞退了。台江一带的店主不用红包,而是用办酒席的形式表明态度,受邀出席宴席者则继续被留用,未被邀请者则被辞退。

商店平日还要定期祭祀财神爷和土地公。财神爷的鼻祖是陶朱公。每月初二、十六日按例摆上供品,点香祭神,民间俗称"做牙"或"牙祭"。二月初二为"头牙",十二月十六日做"尾牙"。

做"头牙"时，店主往往要在神灵前许愿，若发财，必答谢，"尾牙"则是还愿之时，年内如有发财，必兑现许愿内容。因此，"尾牙"常常礼仪隆重，供品丰盛。福州大小店家都供奉福德正神（土地公），农历二月初二日为土地公生日，要举行庆典。南台商业闹市的洲边街建有一座土地庙，各商店在神诞日都要派人前往土地庙进香敬拜，并捐资请戏班演戏酬神，以求招徕顾客，财源广进。

商业活动中的禁忌也不少。开张之日，忌讲不吉利的话、忌顾客找茬儿、忌赊账等；营业时，忌闲人蹲在商店门口以免挡财运，尤忌乞丐，忌店铺柜台上坐人，以免冒犯财神爷；盘点时要关门以免财运外露；清晨扫地要往里扫，忌往外扫以免财运被扫出门外；若有赊账，债户习惯要争取在端午节、中秋节、冬至节还债，通常"债不过年"。债主一般在农历十二月二十四日"祭灶"后开始派"数簿先生"（收账人）去讨债，手持"钱搭"（布袋子），内放账本、算盘，向欠户讨债。有的穷困潦倒还不起债的，每到年关便离家出走"躲债"。由此，福州台江的尚书庙在除夕有人集资演戏，让那些有家难归的人通宵避债，俗称"避债戏"。

庙会是旧时商业活动的一种特殊形式，各地寺庙在每年定期举行祭祀仪典时，善男信女云集，人山人海，各路商贩会聚经营，使庙会具有商贸色彩，会期2—5天不等。福州农历九月底十月初的城隍庙会、三月底四月初东门外的泰山庙会、六月中旬前后的王天君庙会等在旧时极有名，每逢庙会，各地民众纷纷前来，推销或购置商品，俗称"赶会"，此俗至今仍然盛行。

四 手工业

福州的手工业最早可追溯到新石器时代昙石山先民的陶器烧造的原始手工业。秦汉以后，造船业、制盐业、制瓷业、纺织业等传统手工业等均不同程度地发展起来，并逐渐形成了与之相关的各种手工业习俗。

各类传统手工业一般都奉祀各自的神祇，可谓行行有祖师爷，业业有守护神。大体而言，木匠业尊鲁班为祖师，福州有一座福建省最大的鲁班庙，在今福州十四中后面。而木匠使用的墨斗、曲尺则被视为传家宝。由于在工程建造中，石匠、泥水匠往往与木匠联袂建业，因此，各地的石匠、泥水匠亦奉鲁班为祖师，传说中以木匠、石匠、泥水匠为鲁班的三大高徒。鲁班还是造船、雕刻行业的祖师爷。陶瓷业取土为料，故供奉的神祇是"土地公"。铁匠则奉欧冶子为祖师，这是源自冶山欧冶池的传说。制伞业则以鲁班之妻云氏为祖师，传说鲁班在外做工，日晒雨淋，十分艰辛，其妻为其设计遮阳挡雨的工具——雨伞。竹编业以观音菩萨为其行业神，印染业、制盐业奉葛洪为祖师，纺织业奉黄道婆为祖师，香烛业奉九天玄女为祖师，造纸业奉蔡伦为祖师，书坊奉文昌帝君或朱文公为祖师，酿酒业奉杜康为祖师，等等。①

手工业中各行业的祭祀习俗除传统的初二、十六日的牙祭外，还有一些本行业独有的祭祀礼俗和禁忌。陶瓷业工匠通常在窑炉建好后，要备供品和香烛，或在土地公庙，或在窑炉旁设案祭祀，敬拜"土地公"。祭毕才可以封窑点火。有钱人还要请戏班在庙前演戏酬神。各地的陶瓷工匠在封窑点火时，忌生人在旁观看，以免陶瓷烧得半生不熟。石匠在凿岩炸石前，要略备菜肴，焚香烧纸，祭拜土地神或山神，以免招惹无妄之灾。古田县民间石匠祭祀山神时所用供品称"三仙礼"，即咸鱼、猪肉和豆腐干。木匠和泥水匠以农历三月初三为鲁班诞日，是日，鲁班庙里香火旺盛，各地木匠、泥水匠多进庙烧香祭祀。各行工匠大多忌讳在工作时不小心受伤，让血沾在器物上，俗信见血不吉。

旧时民间手工艺大多是以家庭或家族为基础的祖传技艺，一般都遵守"传男不传女"的传统，具有浓厚的世袭色彩。对于外来的徒弟则要举行拜师礼仪。先要托熟人介绍，见师傅时要备一份见面礼（除酒肉外还要备红包或礼金），经引荐人介绍和师傅面试后，

---

① 林国平主编：《福建省志·民俗卷》，方志出版社1997年版，第45—46页。

师傅同意收为徒弟者，便收下见面礼，无意则予谢绝。师傅收礼后，学艺者要下跪磕头致谢，行拜师礼。有的还要设案燃烛，跪拜祖师神位，聆听师傅训诫。之后，拜见众师兄。有的师傅与学徒签订学艺契约，收受艺徒年限一般为 3 年，技艺比较精尖的如美术工艺的各个行业则为 5 年。学艺期间没有工钱，头二年多干些扫地、挑水、做饭甚至侍奉师傅烹茶、抽烟、倒尿壶等杂务，形同奴仆。到第三年，师傅才教一些基本技能，师傅的绝活手艺一般不会轻易传给徒弟，所谓"十步留一步，免得徒弟打师傅"。学艺满期，一般都要行满师礼，在祖师神位前焚香跪拜，祷告神明。师傅送徒弟一套工具，徒弟要回送礼品，俗称"谢师礼"，还要办酒席宴请师傅和师兄弟，称"满师酒"。

福州手工业在历史发展过程中，逐渐形成行业集中地，特别是著名的产品，如南后街的花灯、仓前河墘的制花、水流湾的家具、杨桥路的皮箱、铺前顶的泥塑玩具、茶亭街的五金工具、洪塘的篦梳、后洲的竹器、总督后的漆器、铸鼎环的铁锅、洋中亭的纸伞、后屿村的石雕、象园村的木雕、西园村的软木画、横屿村的剪刀、江边村的竹筷、江口的纺织，等等。这些名牌产品不仅畅销国内，而且销往国外。早在民国二十二年（1933 年）美国芝加哥百年进步博览会上，福州的角梳、脱胎漆器、雨伞同获金奖，被誉为"福州三宝"。[①]

鸦片战争以后，福州传统的手工业在近代工业技术的冲击下走向衰微，为维护共同的利益，各行业大多建立行帮组织。有的一个行业一个帮会，有的按地区业务性质不同，在同一行业中分立几个帮会，如清末民初，福州的藤器业、制革业、国伞业、锡箔业、鞋业、缝纫业等先后建立帮会组织。民国后期，福州市政府颁布《商会法》、《工商同业公会法》，同业帮会被认为同业公会。民国 38 年

---

① 福州市地方志编纂委员会：《福州市志》第 8 册，第 1 篇"民俗"，方志出版社2000 年版，第 12 页。

（1949 年）7 月，全市尚有 13 个同业公会。[①] 中华人民共和国成立以后，经手工业社会主义改造，生产资料公有制确立，同行公会自行解体，传统手工业生产习俗日益淡化，相关的祭祀和禁忌也渐趋少见。

第三节　生活习俗

一　饮食

福州先民傍水而居，其食物以沿江沿海的贝壳类水产品为主要食物，昙石山遗址出土的大量贝壳堆积是为证明。秦汉以后，福州地区的农业有了一定程度的发展，稻米开始成为当地居民的主食。明代中后期，番薯从海外传入福州，其种植得到推广，福州地区的民众遂多以番薯为主食。明清以后，以福州菜为代表的闽菜逐渐形成特色，跻身于中国名菜之列，风味小吃也以其花色多、品味佳享誉海内外。

1. 主食

福州人的主食是稻米，一日三餐习惯早、晚食粥，中午食餴（干饭），而平潭、福清沿海一带非产粮区则一日三餐皆食粥。

干饭的制作方法通常以焖、煮、捞为主，过去福州传统习惯是早、午餐合在一起做饭，多采用捞饭，即用竹制的笊篱捞起已经煮沸开花呈半熟状的米粒倒入甑中，余下的米和"泔"（米汤）继续熬熟至稠粘状，用作早餐食用的粥。中午做饭时，将原来放在甑中滤过的米粒隔水蒸熟，即是干饭，俗称"炊餴"。晚餐食粥。也有将午餐的剩饭加水再煮，称"餴汤"。此外，福州人也将稻米制作各种食品，如粿、白粿、米粉、糍粑等，如闽侯桐口的粉干就颇负盛名。所有这些米制品或煮或炒，成为福州独具风味的传统小吃。

---

① 福州市地方志编纂委员会：《福州市志》第 8 册，第 1 篇"民俗"，方志出版社 2000 年版，第 12 页。

福州人除以稻米为主食外，亦以番薯、麦面为佐食。

番薯，又称甘薯、红薯、地瓜，原产地为美洲，西班牙人占据吕宋时将其引进到吕宋。明万历年间（1573—1619 年），福建长乐人陈振龙、陈经伦父子由吕宋引进入，万历甲午（1594 年）福州发荒，福建巡抚金学曾从"救荒第一义"出发，认为栽种番薯可以"盖藏备凶荒"，便大力推广种植番薯。此后的 30 多年福建沿海不曾发生荒灾，故福州人称之"金薯"。今福州乌石山上尚存清代建的先薯祠（亭），即是为了纪念金学曾和陈振龙的。明代福建学者何乔远《闽书》卷 150《南产志》"蕃薯"条有详细记载："万历中，闽人得之（指番薯——笔者注）外国，瘠土砂砾之地皆可以种，用以支岁，有益贫下。"其《蕃薯颂》曰："其（指蕃薯——笔者注）茎叶蔓生如瓜蒌、黄精山药、山芋之属……其根如山药、山芋，如蹲鸱者，其皮薄而朱……可熟食者，亦可生食，亦可酿为酒。生食如食葛，熟食色如蜜，其味如熟芋荸。生贮之，有蜜气香闻室中。……其蔓虽萎，剪插种之，下地数日即荣，故可挟而来。其初入吾闽时，值吾闽饥，得是而人足一岁。其种也，不与五谷争地，凡瘠卤沙岗皆可以长。粪治之则加大，天雨根益奋满，即大旱不粪治亦不失径寸围。泉人鬻之，斤不直一钱，二斤而可饱矣。于是，耄耋童孺街道鬻乞之人，皆可以食，饥焉得充，多焉而不伤，下至鸡犬皆食之。"由此可见，番薯具有"佐五谷"之功，"其利甚大"，每逢旱、涝、风灾，粮食歉收，番薯便成为赈灾救荒的重要粮食来源，广大民众赖"以当谷食，足果其腹，荒不为灾"，是救命的粮草。

番薯的食用方法很多，或生食，或蒸煮，或烧烤，最常见的方法是掺和大米混煮成地瓜饭或地瓜粥。民国《古田县志》卷 21《礼俗志》就有"三餐皆饭，乡人或掺以薯米"的记载。每年番薯收成，农民除留一部分现食外，大部分或切成薄片曰薯钱，或推成薯条丝状曰薯米，或取初切的薯钱薯米澄之曰薯粉，或酿酒曰薯烧，俗称"地瓜烧"。

由大小麦加工而成的面粉可制作成各种食品，亦为福州民众的主食之一。常见的面制品有线面、阳春面、切面、鱼面、蛋面等，还有馒头、包子、面饼、水饺、面疙瘩、油条、面包、蛋糕等。尤为值得一提的是线面，其形细长，有的可长达一两米，俗称"长寿面"，城乡居民逢生辰、结婚喜庆之日皆食线面，寓意长寿、吉祥。

2. 副食

福州人的饮食习惯基本同于汉族，是荤素兼具。副食品的种类有肉、鱼、贝壳、蔬菜等。肉类包括猪、牛、羊、狗等家畜类和鸡、鸭、鹅、鸽等家禽类，其烹饪方法主要有炖、焖、炒及熏、腌等，猪肉还可制成肉松、肉燕等，如鼎日有肉松自清代以来成为福州的名牌产品，以其选料加工精细、味道鲜美而驰名中外。鱼类包括淡水鱼和海鱼，淡水鱼主要有草鱼、鲢鱼、鲤鱼、鲫鱼、鲶鱼等，海鱼主要有黄瓜鱼、马鲛鱼、昌鱼、带鱼、鳗鱼等，其烹饪方法主要有清炖、红烧、煎炸等，有的鱼还可制成鱼松、鱼丸、鱼面、鱼饺等。贝壳类有蟹、虾、蛏、蛤、蚶、牡蛎等，多采用鲜活蒸煮或爆炒的方法，有的也将其晒干，制成干品，如虾干、蛏干、牡蛎干等，均为当地的名优海产品。旧时福州民间还喜食别具风味的"蟛蜞酱"（将沿海滩涂一带鲜活小蟛蟹，洗净除脐，加盐、糖、酒糟腌制而成），至今仍是"老福州"的早餐必备。蔬菜类的品种则多得不胜枚举，有白菜、花菜、苋菜、菠菜、芥菜、包菜等，还有豆类、瓜类、菌类，均为福州民众餐桌上常见的菜肴，烹饪方法多采用清炒或捞煮，而白菜、包菜、芥菜、萝卜等还可腌制成各种风味独特的家常便菜，用以早、晚佐餐。如永泰葛岭乡埕头村所产芥菜品质优良，加工后的糟菜，叫"埕头糟菜"，味香嫩脆；古田、闽清一带的百姓则以当地享誉八闽、颇有特色的红糟（福州地区风味独特的调味品，从糯米红粬酿造的红酒中榨出）腌制芥菜，制成味道鲜美、清香可口的糟菜，如在煮猪肉排骨、鲜鱼时加入少许，风味殊佳。

福州菜的特点是原料以海鲜为主，口味偏甜、偏腥，烧菜少用盐、酱油及葱、蒜、生姜、辣椒等佐料，喜用糖、酒、虾油。郁达夫在其《饮食男女在福州》中形象地描述道："福州食品的味道，大抵重糖；有几家真正福州馆子里烧出来的鸡鸭四件，简直是同蜜饯的罐头一样，不杂入一粒盐花。"① 福州人对红糟更是情有独钟，以之作为鸡、鸭、鱼、肉的主要调味品，烹调出红糟鸡、红糟鳗、红糟羊等均是别具地方风味的菜肴。福州最有名的菜肴当首推福州百年老店聚春园的"佛跳墙"，此亦为闽菜的典型代表，是一道集山珍海味之大全、誉满中外的福州传统名菜。据说，"佛跳墙"原名"福寿全"，后因一名儒的诗句"坛启荤香飘四邻，佛闻弃禅跳墙来"而得今名。其创始人郑春发原为清代福建按察司官府的厨师，经过长期的实践、摸索，终于烹制出闻名中外的佛跳墙。这道名菜原料考究，主料是选用上等海参、鲍鱼、干贝、鱼翅、鸡肫、猪蹄筋、火腿、鸭肉、羊肘、鸽蛋等，佐以花菇、冬笋、绍兴老酒、冰糖、桂皮、姜片、白萝卜等辅料；其制作工序复杂、耗时，先将几十种主辅料分别加工处理，分批分层放入绍兴酒罐中，用荷叶盖口密封，再盖上一个小碗，然后把酒罐置于木炭炉上，用文火慢慢煨制数小时即成。佛跳墙把几十种原辅料煨于一罐，既混合各味精华，又保持各自特色，其味独特鲜美，口感柔软嫩润，浓郁芳香，油而不赋，各料互相渗透，味中有味，营养丰富。②

此外，福州民间亦重食补，尤喜鳗鱼、鲶鱼、红螓、龟鳖、羊肉等，多采用炖熬的方法，并加入适量的人参、枸杞、当归等中药，别有风味，且具滋补身体的功效。

3. 风味小吃

福州的风味小吃和名点独具特色，老一辈福州人称"七溜八溜

① 《郁达夫文集》第4卷，150页；转引自林国平主编《福建省志·民俗志》，方志出版社1997年版，第51页。

② 林蔚文：《中国民俗大系·福建民俗》，甘肃人民出版社2003年版，第116页。

莫离福州",其意于此。

鱼丸:福州著名的风味小吃。多以鳗鱼、马鲛鱼等鱼肉反复捣压成泥糊状调拌优质薯粉经过加工成皮,再用调制好的猪肉末做馅,捏成丸子,煮熟浮起,加入汤料和葱花等作料即可食用。其特点是皮洁白富有弹性,馅香松爽口。鱼丸是福州民众喜爱的一道风味小吃,宴席上也少不了鱼丸这道菜,民间素有"没有鱼丸不成席"的说法。如今福州街巷到处可见鱼丸摊点,比较著名的有七星鱼丸、潭尾街合发鱼丸等。

鼎边糊:又称"锅边糊"或"锅边",是福州独有的传统特色小吃,以福州、福清等地为佳。其主料是米浆,锅烧热后将米浆淋置锅边,稍干后用小铲刮入锅中成为片状,再加入各种配料如虾干、香菇、海蛎、黄花菜、香葱等混煮而成。其特点是米浆片薄而易卷,汤清不糊,味美适口,风味独具。旧时,福州南台、下渡一带的百姓在三月"迎大王"(土神)等乡间祭祀时,家家户户都要煮鼎边糊。由于鼎边糊易煮快熟,故福州民间有"鼎边糊一焖就熟"的熟语。福州等地鼎边糊小吃店比比皆是,至今仍为福州人喜食的早点。

光饼:又称"征东饼",以福清县为最。民间传说,明嘉靖年间(1522—1566 年),抗倭名将戚继光率部追歼倭寇至福清牛田镇(今龙田),为节约时间,戚继光命令各营制作一种以面粉烤炙的圆饼(有甜、咸味两种),在饼中间打一小孔,用草绳串上,背在身上当做临时干粮。由于它随处随时可食,增强了队伍的机动性,为平倭立下大功。为纪念戚继光的功绩,福清及福州、闽清一带的百姓便称这种饼为"光饼"。福清一带每逢清明节,甚至以之作祭品。如今人们在食用光饼时,将其掰开,夹入韭菜、海蛏、紫菜等,福州民众则喜爱在光饼中夹上肉、苔菜、辣菜等,走街串巷肩挑叫卖者则以"提(苔)菜饼,辣菜饼,猪油渣夹我福清饼"的熟语来招揽生意。

线面:因其形细长如线而得名。多以优质面粉加盐和水搅拌,发酵后精制而成，具有色泽洁白、线条均匀、质地柔韧、入汤不糊、味香可口等特点。福州民间对线面情有独钟，谓之"长面"，与"长命"谐音，故逢寿庆、结婚、小孩满月等喜庆活动，都要吃一碗线面。因之，福州地区的百姓也称线面为"寿面"、"喜面"、"满月面"等。旧时，亲朋好友出远门或远客入门，煮一碗线面，再加两个鸭蛋，谓之"太平面"，以祝平安。大年初一，家家户户都要煮食线面加鸭蛋，象征健康、长寿、平安。此俗至今犹然。

燕皮：以上好的猪肉和优质的薯粉，用木椎反复敲打，捣烂如泥状，再加工成薄如纸片的肉燕皮。肉燕皮既可切成丝（称"燕丝"）配以汤料煮食，软嫩可口；也可加上剁碎的猪肉做馅，包成燕丸（俗称"扁肉燕"），置于煮沸的高汤中煮熟，佐以香葱花、香醋、鸡精等，其味鲜美滑爽可口。

芋泥：以槟榔芋蒸熟后捣烂如泥加上白糖、红枣、熟猪油等辅料制成。其味油香而酥，入口即化，多用作宴会中的甜点，是以福州地区为中心福建东部沿海地区颇具特色的甜食。著名的有八宝芋泥和太极芋泥等。以闽东福鼎产的槟榔芋制成的芋泥，质地细腻，甚是有名。

此外，福州地区有名的风味小吃还有扁肉（馄饨）、春卷（春饼）、芋粿、蛎饼、羊肉线面、阿焕鸭面以及福清的豆面、平潭和连江的鱼面、闽侯的桐口粉干、永泰的"美人糕"、闽清的"九重糕"等。还有各式的节日小吃，如春节吃年糕，寓意年年高升；元宵节吃肉馅汤团（汤圆），寓意团团圆圆；正月二十九吃"拗九粥"，俗称"孝顺粥"；清明节吃清明粿；重阳节吃九重粿等等，不一而足。凡此节日小吃，亦多为日常点心。

4. 饮食礼俗与禁忌

饮食礼俗大体分待客礼俗和宴席礼俗。各地民间以茶待客几乎是一种惯例，福州亦然。而对于一些远方来客或久别重逢的亲朋好友，还要备点心，待客的点心主要有线面、扁肉、粉干等，福州人在煮线面时另加两个鸭蛋，谓之"太平面"，由此就有了民间"吃蛋讲太平"的俗语。不过，相亲时请客人吃蛋则有一番讲究，通常煮两个蛋，相亲者有意则只能吃一个，留一个；若无意，则不要吃蛋。宴席上的"太平蛋"则是一人一粒。

宴席可分婚、丧、寿、诞等。福州民间婚宴、寿宴、满月酒等喜庆宴席一般称为"大席"，多为晚宴，宴席的菜肴多有 10 余道，且多取双数，选料主要是各种山珍海鲜。一般而言，福州传统宴席的菜肴所用原料的比例是：鱼类占 25%，贝类占 25%，禽类占 15%，肉类占 15%，蔬（果）占 10%，其他占 10%。烹饪的方法讲究保持食物的天然味道。开席前，桌上先摆放"四水果"（梨、苹果、香蕉、柑橘）和"四碟子"（瓜子、糖果、橄榄、蜜饯），中间摆一个大盘子，内放 10 味精制的山珍海味，名为"全家福"。①开席时，先上"四炒盘"，接着上"太平燕"，并燃放爆竹以示宾主太平欢乐，气氛热烈。至时，开始相互敬酒，致谢庆贺。继之而上的是六大件或八大件，民间称为"大菜"。高级大菜有鱼翅、燕窝、大蚌、鱼唇、鹿筋等，普通大菜有全蒸红蟳、清炖河鳗、红烧或清炖鳖裙、炒香螺片、椒盐鳝鱼、什锦火锅、明煎大虾、香菇炖水鸭、烧乳鸽、炒鸭掌舌、四宝菜、美味章鱼汤等。大菜上齐后则殿以"二甜"，即甜果汤和芋泥或八果饭。最后上的一盘全鱼，主客都不下箸，只是摆在桌上，宴席结束后，由主人收起，象征有头有尾，年年有余，万事如意。若是寿宴，必有寿面一品，点心则必有寿桃包，以示祝贺。丧宴一般都比较简单，福州郊县称之为"息罩"或"出棺饭"，不大讲究菜肴的质量。第一道菜用豆腐或大块肉以区别其他酒席，其间需上一道"灯羊肉"，俗称"羊肉袋"。民间俗传羊有跪乳之恩，即"食羊肉表孝心"，寓意不忘父母哺乳之恩，也含有怀念父母之意。

---

① 福州市地方志编纂委员会：《福州市志》第 8 册，第 1 篇"民俗"，方志出版社2000 年版，第 6 页。

宴席礼俗中多讲究席位的排列。一般而言，东为大，西次之，北又次之，南最小。一席中，居东方靠北的一位为最大，俗称"东一位"或"首位"。东一位的客人一般由地位或辈分较高者入座，司酒者则坐南方，若有第二司酒者，则坐北方。敬酒时，位卑者向位尊者行敬，受敬者也应回敬。不能饮者，如遇他人敬酒，不可拒绝，应举杯饮少许，以示礼到，口称歉意，并劝对方痛饮，这样才算礼尽。如须中途退席，则应向主人或同席者说明理由并表示歉意，不可贸然而退。① 福州饮食中的禁忌与福建各地大同小异。如忌浪费粮食，吃饭时忌乱丢饭粒或碗内残留饭粒；忌在家里煮食狗肉、蛇肉；忌让孩童吃鸡爪，以免写字时手会颤抖（福州民间称"病颠公"）；忌吃饭照镜子，以免患口吃；忌过年或婚娶时打破器皿，尤其打破碗；忌吃饭时呼"捧饭"（福建民间丧俗，人死后每七日作一次旬，称"祭旬"或"做七"，期间，丧家早晚要以饭菜祭灵，并举家号哭，请亡灵吃孝饭，俗称"捧饭"），福州民间骂人话有"捧眍捧饭"即源于此。②

二　服饰

据考古发现，早在新石器时代晚期，福州先民就有了简单、原始的手工纺织技术。昙石山遗址出土的文物中，陶纺轮有 106 件，"一般为圆饼状，中有圆孔，直径 3 厘米左右，厚 1—2 厘米"，骨针 4 件，"皆用鱼骨制成，经简单磨制，针孔清晰可见"。③ 不过，当时衣物尚处在原始、落后阶段，仅仅用于蔽体遮盖，如《书·禹贡》所载："大陆既作，鸟夷皮服。"④ 青铜器时代，闽越族人已经

---

① 林国平：《福建省志·民俗志》，方志出版社 1997 年版，第 65—66 页。

② 林蔚文：《中国民俗大系·福建民俗》，甘肃人民出版社 2003 年版，第 136—137 页。

③ 福州市地方志编纂委员会编：《昙石山文化志》，海潮摄影艺术出版社 2007 年版，第 47、52 页。

④ 鸟夷，即岛夷，先秦时指中国东部近海一带及海岛上的居民。颜师古在《汉书》卷 28《地理志上》"鸟夷皮服"注曰："此东北之夷，博取鸟兽食其肉而衣其皮也。一说居在海曲，被服容止皆象鸟也。"

初步掌握了纺线编织技术，多以葛、① 蕉、② 苎③为原料，所织麻布均比较粗糙，经纬纱宽较粗，织物密度较稀，简陋朴拙，史载闽越族人"断发文身，错臂左衽"是为其衣着特点。汉代以降，随着中原汉族大规模南迁入闽，闽越族人的生活方式发生变化，服饰也渐趋汉化，至隋唐，服制渐定，基本上形成衣冠巾帽的穿戴风格。宋沿唐制，男装为圆领袍，裹帕头，着长靴，女装为上衫下裙。④ 随着纺织业的繁荣，宋代的织造印染技术和设计图案较前代更加成熟，衣物面料制作工艺考究，高级织物增多，花色品种丰富。不仅如此，宋代的染色业，衣、帽、鞋等制作手工业也有很大发展，而且成为独立的专门化手工业。1975 年福州北郊南宋黄昇墓出土的一大批服饰与匹料中，丝织品种类就有罗、绫、绮、绢、纱等，衣物品种则有衣、长袍、广袖袍、背心、围兜、折裙、裤、巾、鞋、袜、佩绶等，纹饰精美多样，印花、彩描、刺绣技法精湛。⑤ 特别值得一提的是，北宋末年棉花得以广泛种植，当时，"闽岭已南多木棉，土人竞植之，有至数千株者，采其花为布，号吉贝布"。⑥ 由于吉贝可裘，免被寒冻，因此福建各地广植木棉，棉花织造已很普遍，棉纺织业有了很大发展，成为农村经济的重要组成部分。南宋方勺《泊宅编》说："闽广多种木棉，树高七八尺，叶如柞，结实如大菱而色青，秋深即开，露白绵茸茸然，土人摘取去壳，以铁杖杆尽黑子，徐以小弓弹，令纷起，然后纺绩为布，名曰吉贝。"虽然当时的制棉工具和方法还比较简陋，但作为农村的家庭副业，其在经济中的地位却日益重要。正如谢枋得《谢刘纯父愚布诗》所吟："嘉树种木棉，天何厚八闽。厥土不宜桑，蚕事殊艰辛。木棉收千株，八口不忧贫。江东易此种，亦可致富殷。奈何来瘴疠，或

---

① 一种野生草本植物，其纤维制成的布，谓葛布，俗称夏布，通称葛麻。
② 各种蕉科植物的简称，用蕉麻纤维织成的布，谓蕉布，多作冬布。
③ 亦作绊，其茎皮纤维坚韧有光泽，可作编织、纺织、造纸的原料。
④ 林国平：《福建省志·民俗志》，方志出版社 1997 年版，第 68 页。
⑤ 福建省博物馆：《福州市北郊南宋墓清理简报》，载《文物》1977 年第 7 期。
⑥ 彭乘：《续墨客挥犀》卷 1《吉贝布》。

者畏苍旻。吾知饶信间，蚕月如岐邠。儿童皆衣帛，岂但奉老亲。妇女贱罗绮，卖丝买金银。角齿不兼与，天道斯平均。所以木棉利，不畀江东人。"① 由此，棉布成为元、明、清三代福州民众服饰的一大用料，花色品种也有所增加，其服饰在继承唐、宋中原汉民族服饰风格的基础上，吸收少数民族服饰风格，其内涵有所变化和发展。明代男子一般穿掩胸腋下结带的杂色盘领衫和宽裤头阔裤脚的杂色布裤，妇女则上穿掩胸宽袖圆领衫，下着长裙。清代男子皆剃发梳辫，着长衫，或有外套马褂者，妇女上着对襟衣，下着长裙等。不过，福州郊区一带的民众衣着淳朴、简单、实用，《闽中会馆志·福州会馆》称福州一带"乡妇赤足，穿短裤，长不及膝也"。② 清末民初，新旧社会交替，福州服饰则表现为新旧并存、中西兼容的特征，传统的汉装、长袍马褂、中山装、西装等混合杂处，长期并存。中华人民共和国成立以后，福州的服饰在特定的历史条件下如同全国的情形一样，注入了时代的特征。如 20 世纪 50 年代流行"列宁装"、"文化大革命时期"流行军装、80 年代改革开放以后流行外来服饰如牛仔裤、夹克衫等。总括上述，福州服饰的发展与变化深受时代变迁、民族融合、纺织技术等各种因素的影响，不同的历史时期呈现出不同的特征，但总的趋势与中华汉族服饰的发展变化一致。

1. 服装鞋帽

福州男装上衣多见衫、袄、褂等。衫是福州男性春夏秋冬皆可穿的、最常见的上衣，又称单衫、外衫，有对襟、大襟两种。清末民初，福州男性多穿长衫，多以棉布制作，其色常见的有蓝、灰和月白。有身份的富有者夏天多穿绢布制成的长衫。一般而言，中老年男性喜大襟，亦称"平装"，圆领掩胸，自肩至胫，开襟于右，

---

① 谢枋得：《叠山集》卷1；赵翼：《陔余丛考》卷30《木棉布行于宋末元初》；转引自魏明孔主编《中国手工业经济通史》，胡小鹏"宋元卷"，福建人民出版社 2004 年版，第 107 页。
② 转引自林国平《福建省志·民俗志》，方志出版社 1997 年版，第 69 页。

前幅与后幅缀以扣钮。前内有小幅布，中缝一小袋，叫暗袋，可藏少量物品。青年男性爱穿对襟，俗称"对襟仔衫"。对襟以宽布前后对折，前襟对开，缀以纽扣 5 粒，左右下方缝有小布袋，称"衣兜"以装物。后来，常在对襟衫左上角加缝一"胸兜"以放钱物或插钢笔。袄是用于御寒的上衣，两重缝制，中间夹有棉花或丝绵，面料多为棉织品，也有大襟、对襟之分，并有夹袄、棉袄、皮袄等种类，按时更换。清末民初，福州男性，尤其是上层官绅文人阶层亦喜着长袍马褂。长袍的款式与长衫同，马褂则同于对襟衫，惟其更短，仅及腰部，且不用布料而多以团花青缎制面。马褂始为满族骑马时所穿外褂，清末民初约定俗成，成为朝野通用的礼服和便服。后来在左襟侧处缝一小布袋，以藏挂表，称表袋，颇显身份、气派，人称长袍马褂、蓝袍表褂。后来，又有一种可代马褂的"甲仔"，又叫背褡、背心，是一种无袖的短衣，套在长袍或长衫外面，称"马甲"。辛亥革命以后，中山装、西装渐渐成为公务员和中高级知识分子流行的服装，中学男生则着蓝黑色学生服，农民仍旧时兴对襟便服。抗日战争以后，男性穿长袍、长衫者日渐减少，长袍马褂者更是罕见，中山装广泛流行。中华人民共和国成立后，公职人员中盛行中山装，20 世纪 50 年代则流行列宁装，少数青年男子也穿超浅色花衣服。不过，农村中青年仍着对襟平装，出门做客或外出办事才穿中山装。"文化大革命"期间，青年男子流行军装，中老年则仍旧着黑、灰、蓝为主色的中山装。20 世纪 80 年代以后，福州男性服装变化很大，无论是款式还是面料均趋于多样化。

下衣为裤，常见的有长裤、短裤、内裤、外裤、单裤、夹裤等。清末民初，福州男性多穿大裆、宽裆裤。其式一般为深裆、阔腿，都没有袋子，上端统称裤，也叫裤头，多用高半尺左右的白布缝接。着裤时以一条带子把裤头绑在腰部，叫裤头带，有的男子的裤头带是一条布套，套内可以放银元铜币等，老年人尤喜此裤。裤的两边统称裤脚管，俗叫裤路，无前后幅之分，左右亦可通用。裤色多为青、蓝、黑三色。闽江流域一带水上居民（俗称疍民）所穿衣裤皆肥大，衣则大袖口，裤则大裤管，便于渔捞操作。除了外裤，一般男子夏季多穿短裤，秋冬要着内裤。民国以来，仿西裤、背带裤等款式流行于世。中华人民共和国成立后，无论是面料还是款式，则多有变化。20世纪80年代改革开放后，则无定式，花样百出，喇叭裤、牛仔裤、西装裤、直筒裤、萝卜裤等，令人眼花缭乱。

福州女性上衣常见衫、袄、旗袍等，下衣则多为裤、裙等。清代至民国，女衫以大襟便服为主，又称"大襟衫"、"右襟衫"、"侧襟衫"、"斧口衫"、"罗汉衫"等，其样式为高领、宽袖，衣长及膝，下摆呈弧形。有的衣襟及袖边多绲边镶花，衣扣开在右胸侧。布色常见青、蓝、黑，夏季也有白色或月白色的，间有尚红者。布料有自织的土布、棉布、麻布及洋布如阴丹士麻等。辛亥革命后，对襟短衫渐渐取代了大襟长衫成为现代女性常见的便服，领子有圆领、平领、方领等，有的也加方袋或斜袋，布料和花色品种均有变化。女式袄的样式在清代及民国时期与男士袄无大差异，唯面料多用丝织品，颜色尚鲜。旗袍是清代流行的女装，因其初系清代旗人所穿而得名。其样式大致为直领，右开襟，紧身贴腰，衣长至膝下，形如长袍，两侧岔开。民国时，旗袍款式时有改变，有高领的、矮领的、硬领的，长有曳于地的、有至于胫的、有短仅过膝的甚至有不及膝的，有长袖的、半袖的、还有无袖的如背心的。旗袍多讲究镶、嵌、绲边等装饰，衣襟如袖口总要加些花边或彩牙儿，选料多以丝绸或上好的棉麻布为之。20世纪50—70年代，旗袍几乎绝迹。80年代以后又流行起来，其样式趋于洋化，既可作礼服，又可为四季服装。宾馆、餐饮业多以此为女性职业装。此外，50年代，女性干部服亦流行列宁装，一种仿苏制服，小翻领，双排扣，颜色多为灰色或浅蓝色。

女裤的流变大抵与男裤相同。清代及民国时期，女裤统称大裆裤，以其高裆肥大而得名，和男裤一样，样式简单，缝制方便，无门襟，无搭扣，裤脚肥大，长及脚踝，管口有绣饰。穿时以宽松的裤头布交叉折紧，再以裤带扎紧腰部，裤色一般是蓝、灰、黑三色。民国以后，女裤发展成直式唐装裤，侧面开扣，多为中裆或浅裆，裤腿渐小且直，一般为单色裤。20世纪70年代以后，女性便裤开始增多，除直筒裤外，还有牛仔裤、健美裤、高腰裤、背带裤等，面料有绵、麻、涤纶、毛料等，花色有纯色、杂色、条格等，争鲜竞艳。

裙，旧时称裙钗，是妇女的代称。女性多以青裙为便服，红裙为礼服，白裙为丧服。每逢过节或家中有喜庆，或参加亲友宴会，都要穿红裙，年老依然。丈夫死后，终身不再穿红裙，再醮妇女也不得再穿红裙。孀妇要到儿女长大自立后，才穿绿裙或浅绿色的绣花裙。一般的裙，长可及胫，多以丝织品制成，或刺绣彩色图案。民国后偶见百褶裙，用绸布折叠而成。农村妇女在田野劳动时多穿红裙，以示有福。20世纪50年代学习苏联，青年女性穿花连衣裙（称"布拉吉"）盛行一时。而今，裙子已成为城乡女性夏季主要下装，样式繁多，长裙、短裙、超短裙、筒裙、连衣裙、套裙等，琳琅满目，面料色彩亦是应有尽有。近些年来，城市女性婚嫁时喜穿西式白色礼服长裙，多褶拖地，显得雍容华贵。

民国前后，男女老幼多穿鞋，鞋面皆布质。男式多黑面或青面的圆口或尖口，双鼻（双梁）或无鼻布鞋，圆头低帮。各式布鞋以质地好的厚布如直贡布等为鞋面，鞋底由旧布片叠层糊就，再用苎线绳手工密针纳成，最后绱上鞋面。此类布鞋流行很久，穿着轻便。福州鼓楼区百年老字号"长顺斋"的布鞋，颇受民间百姓喜爱。女鞋样式与男性同，唯鞋面多采红色，尖头翘鼻，鞋面、鞋帮多绣花卉图案，俗称"绣花鞋"或"花鞋"，有的后跟加寸许厚，类似高跟，十分精致。民国以后，皮底布鞋、胶鞋、皮鞋渐渐流行。女性多穿高跟皮鞋。中华人民共和国成立后，各式皮鞋、胶鞋、塑料鞋等充斥于市。20世纪80年代以后，又有旅游鞋、运动鞋等问世，品种繁多。此外，福州男女夏季居家多穿木屐拖鞋。木屐以木板块依脚形大小裁锯刨光为之，厚约寸余不等，屐面钉以皮或其他搭带以穿脚。女式木屐还加以彩画等装饰，行走起来"嗒嗒"作响。清人彭光斗在《闽琐记》中称：闽妇"足蹑红木屐，阁阁行市中"。20世纪70年代，福州的温泉澡堂中，尚可见到古老的木屐踪影。穿木屐成为福州人洗温泉的习俗之一。近年来，澡堂里的木屐渐渐被泡沫塑料拖鞋所取代。

旧时福州男女多穿布制的袜子。福州南宋黄昇墓出土的几件布袜是为明证。清及民国前后，多为手工缝制的白底厚布袜，着袜者以官绅阶层居多。后来各种机织袜逐渐取代手工制袜，花色品种亦多，纱袜、丝袜、羊毛袜、尼龙袜、长袜、短袜、连裤袜等，尤其是女袜，几乎成了女性服装的配饰。

自古"衣冠"并称。冠者，帽也，亦称"头衣"。古时男子成年要行冠礼，出仕要加冕，民女出嫁往往也要"凤冠霞帔"，足见帽之重要。清代民国时期流行于民间的帽子是六合一统帽，它是沿袭明代合帽的样式，以六片罗帛或贡缎缝制而成，帽顶缀以丝编成的结，如花果之蒂，圆而短。富人则以珊瑚或玛瑙代结，有的在帽檐前面的正中缀以小方形的翠玉为饰。因其状呈瓜棱圆顶，故民间俗称"瓜皮帽"、"碗帽"，多为士人、商贾所戴。民间较常见的有风帽或小帽，多以蓝、黑色粗棉线织成，无帽檐，为老年人所喜爱。民国以后，各式毡帽（又称"礼帽"）、线帽、鸭舌帽等风行于世。1949年以后，则尚八角帽、绿军帽、干部帽等。20世纪80年代以来，戴帽者日渐减少，青年人戴帽多为时尚。

2. 发饰

发饰：明代以前，男女皆留长发。成年男子行冠礼后将长发在头顶上束成总发，女子则梳成发髻。古俗女子满15岁称及笄，头上插笄行及笄，即把头发绾起来戴上簪子，以为成年论嫁的标志。清代，男子皆留"满清头"，即剃光前额，脑后梳一条长辫，女子或"辫发"，或"髻梳"。已婚女子挽髻，童养媳双侧梳"蚱蜢髻"。其时，城乡女子均流行戴花。据说，戴花既可映衬容颜的娇美，又可体现"戴花益子"，以示吉祥。所戴的花有鲜花和通草花两种，或插于发髻上，或夹于前额缝间，或扎于后垂的发辫中。所选鲜花，凡一年四季常见花卉，或取其色，或取其香，随时宜而选用，而尤喜茉莉花、白玉兰花。通草花是福州手工艺美术品之一，以中药通草为主原料配以彩色的绸、绒、布等制成的不谢之花，简称草花，通称象生花。一般而言，逢年过节或家有喜庆，要戴"红笑"（色彩绚丽）的花，中老年妇女喜戴"四季花"（即把不同季节的花合为一体，取四季常春意）或"孩儿长春花"（即用纸制的全裸的男婴坐在花丛之上，意为儿孙满堂）。有的花如桃花、夹竹桃，虽然美丽，但被视为轻薄妖冶，习俗相沿，从无人戴。此外，妇女在服孝期间不能戴鲜花，年轻的寡妇更为禁忌，只能等儿女长成后，方可戴素淡的鲜花。除戴花外，福州郊区新店、北峰一带的妇女，在发髻中间插三把刀剑形的簪，称为三条簪或便簪，俗称"三把刀"。三条簪多用银制，或用白铜，每条重约七八钱至一两，山区僻壤贫妇则削草制成。簪的形状扁平如剑，上尖，剑身镂刻花纹，中一簪剑刃向上，旁两簪左右交叉，刃皆向外，插于发髻之间。未嫁女子两额之下留发下垂，叫"披肩"；既嫁，则梳发髻，插三条簪。民间传说此俗起因于当年唐兵入境，尽杀当地男子，只留女人配单身兵士。为示不肯从敌，女子便带"三把刀"在头上，伺机复仇。这是历史上流传最为久远的福州农村妇女一种最奇特的头饰。民国十九年（1930年），福建省政府代主席方声涛以三条簪为"蛮俗"，下令严禁，强制执行，此发饰遂不复存在。辛亥革命后，男子开始剪辫子，或剃光头，或留短发，留短发者分平头和分头，分头多为正分，即对半开（俗称"五五开"），也有偏分（即"四六开"或"三七开"，一般左少右多）。中华人民共和国成立后，男子发式无大变化，仍以分头、平头为主，女子则多梳齐肩双辫或剪成齐耳短发（俗称"运动头"、"革命头"）。20世纪80年代以后，女性尚长发，近些年来，各种新潮发型迭出，男女皆以烫发、染发以至戴假发为时髦。①

　　首饰：本指戴在头上的装饰品，如簪、钗，今泛指耳环、项链、戒指、手镯等。其材料以金、银、玉为主，银饰最为普遍。一般而言，耳环、项链、戒指多为金质，旧时男女成婚要互换金戒指，以示永结同心。手镯多为玉质，也有银质、铜质的，金镯较少，一般为女童所戴。旧俗，小孩满月或周岁时，外婆家通常得送一副手镯。手镯上刻有"吉祥"、"平安"等字样，意为避邪或祈求平安。

　　除上述一般装饰外，旧时福州还流行一种特殊的装饰——镶牙。一说，福州人镶牙源于古闽人拔牙之俗，考古发现，新石器时代昙石山人就有拔牙（凿齿）的习俗，相沿成俗，至民国以后便演绎成了镶牙的陋习。又说，老人牙太全会"吃子孙"，如果老人有满口好牙，儿孙应劝其拔掉一颗。镶牙通常为富裕人家显示身份之举，镶牙者以女性为多。福州男女成年后即把两颗门牙拔掉，再镶嵌上鎏金的假牙。此风在民国时期尤盛，甚至有满口镶牙者。郁达夫《饮食男女在福州》一文中写道："有一次去看三赛乐的闽剧，看见台上演戏的人，个个都是满口金黄；回头更向左右的观众一看，女子的嘴里也大半镶着全副的金色牙齿。于是天黄黄、地黄黄，弄得我这一向痛恨金牙齿的偏执狂者，几乎想放声大哭，以为福州人故意在和我捣乱。"② 如今，镶牙者已属罕见。

　　3. 服饰的礼仪和禁忌

　　穿衣择色尚红忌白和黑。福州女子对红色崇尚有加，凡逢年过节、婚寿喜庆之日，必穿红衣以示吉利。同样是红色，依年龄不同还有深浅之别。少妇多穿深红色或粉红色，中年妇女以紫红色、玫

---

　　① 福州市地方志编纂委员会：《福州市志》第 8 册，第 1 篇"民俗"，方志出版社 2000 年版，第 5 页。

　　② 《郁达夫文集》第 4 卷，第 150 页；转引自林国平《福建省志·民俗志》，方志出版社 1997 年版，第 79 页。

瑰色为主，老妇则穿大红或暗红色。① 与尚红相对应的是忌白和黑。民间认为，白色和黑色代表丧、寡等不吉利的事情，凡喜庆之日尤忌白衣、白裤、白鞋、白花等。除了丧事披麻戴孝，以"白"志哀示孝外，一般生活上避免使用白色的物品和衣着，尤其穿白衣、戴白花访客或踏入人家屋内。福州民间除衣着尚红外，在其他方面也不例外。从红帖、红包、红烛，到红花、红肚兜、红寿幛，不论节庆还是喜庆，都喜红色，红纸、红布、红箸、红灯等都被列为引人喜好的用品和礼品。即使年节上一些礼仪，也要贴上红纸屑或红纸剪的"喜"、"寿"、"福"字样。送寿的"太平"（鸭蛋）定要染红。如果是丧事，处理完毕"回龙"也要披红回门。不过，福州民间的春联却在联首留一白色。据说是明朱聿键在福州登位，建号"隆武"，坚守抗清。后来兵败汀州遇害，噩耗传来，恰遇除夕，福州城内人们不敢举丧，才在红联纸上端留白，以示哀悼。

洗衣、晾衣亦有讲究。男女衣裤不能混洗，旧时民间认为女裤有秽。晾衣时，女裤应晾置隐蔽处，以免人们不注意从其下经过，有"钻过胯下"之嫌。男子若从女裤底下走过会受秽，俗称"为仵"，很不吉利。摺衣时，要避免女人衣服叠于男衣之上。缝补衣服时，忌穿着衣服缝补。此外，民间称"短裤"为"裤长"或"半长裤"，因为"裤"与"库"谐音。库者，用以蓄钱粮，短则有减损、亏空之意。随着时代的发展，人们观念的变化，上述禁忌已渐渐淡化。

三 居住

居住习俗是指民间在建造民居过程中形成的各种习俗，包括选址、动工、上梁、竣工、乔迁、居家等种种礼仪和禁忌。

选址是建房的第一步。旧时各地民间普遍相信房屋所处地理位置（即风水）的好坏直接关系到家庭、子孙后代的盛衰。因此，建

---

① 林国平：《福建省志·民俗志》，方志出版社1997年版，第80页。

房前须备一份礼物请"风水先生"选择风水宝地。风水先生带着"罗盘"、卦书、皇历等道具，并根据主人的生辰八字选定宅基，再按照罗盘的 24 方位定向，俗称"看七向"。一般而言，房址大多选在依山傍水、地势高爽的地方，要具有山脉来龙，地穴左右要有"沙手"、明堂、横案等；房子的坐向多是坐北朝南，这与福州的自然气候条件一致，可以做到冬暖夏凉，夏天可进南风，冬天可避西北风。选址时，还有种种禁忌。如：新房正前方最好没有其他人家的房屋遮挡，以免风水被挡；房屋大门忌和道路直冲，以防财运被冲走，如果不能回避，就得在墙边立一"泰山石敢当"石碑或在门口正中高悬"八卦"或镜子，以镇邪辟煞。如果先建宅院后筑路，只好改变大门方向为侧开，俗称"歪门前"。

　　房址选好后，便可请风水先生择吉日祭神，并预备动工奠基。先由建房工匠向"土地公"报告动工时间，俗称"报土"，然后摆上"三牲"（猪头、鸡、鸭）和水果、糕点等供品祭祀土地公。祭毕，请风水先生择吉时动土，先燃放鞭炮，再由工匠执锄，挖三下土就算礼成。接下来就是打地基，又叫"奠基"。地基一定要打牢、夯实。之后，再请风水先生择吉日吉时正式开工建房。开工日，主家要给工匠红包，并宴请亲戚和工匠。

　　上梁是建房过程中的关键。俗话说，"一家不可无主，一屋不可无梁"，旧时，福州民间上梁都要择吉日，同时还要举行隆重的仪式。选好的大梁禁止孩童跨坐梁上，尤忌妇女从梁上跨过。上梁要择吉时先行祭拜之礼，所祭主神是鲁班仙师等建筑行业的传统神祇。上梁时辰一般以海潮涨潮时为吉，并通知亲友，届时，亲朋好友均纷纷带上猪肉、线面、红烛、鞭炮、毛毯等礼品前来祝贺。临上梁，主家要在大梁上贴上横批、竖联，用红纸写上"大梁大吉"、"吉星高照"、"五谷丰登"、"万年宝盖"等古语，梁上悬挂红彩、竹篓（福州方言称竹篓为"拾仔"，寓意人丁兴旺）、粽母粽子三种物品，并燃烛、炮。其间，还有十分热闹的抛梁、喊梁习俗。抛梁，就是由工匠在梁架上抛撒食物，如水果糖、米粿、甜包等，以寓意吉利。喊梁，又称"呼龙"，即应答吉利话，由有声望的师傅喊吉语，众工匠齐声应答。如上呼"要财吗?"、"要喜吗?"，下答"要"。同时，主人还要燃放鞭炮，俗称"接龙"，喝彩还要唱词三章，包括"三代同堂，长发其祥"等。兹摘录一组流传于福州地区的上梁歌，以飨读者：①

抛梁歌

花梁建造有心机，雕刻玲珑手艺奇，

号为丹桂厅堂梁，子孙代代步王基，

满载苍松山上栽，今朝移作栋梁柱，

他年贵子齐锦绣，定中魁元伴帝亲，

今朝喜遇紫微星，又值天恩天吉星，

太阳拱照增福寿，吉祥如意乐长春。

发锤歌

手捧尖齿在高堂，鲁班台下串扇桁。

吉日良辰当发齿，锤开齿发福寿辰。

一声锤响透天庭，二声锤响保安宁，

三声锤响生贵子，四声锤响福寿齐。

今日发锤正当时，鲁班先师叫我来，

金锤打山山存案，银锤打水水成冰，

铜锤打龙龙滚水，铁锤打虎虎过山，

鲁班赐我雄锤打，打去凶神来吉神。

安梁歌

吉日良辰安栋梁，手提栋梁发丁祥，

---

① 转引自林国平《福建省志·民俗志》，方志出版社 1997 年版，第 91—92 页，亦见福州台江区民间文学集成编委会《中国歌谣集成·福建卷·台江区分卷》（内部资料），1989 年。

此梁乃是深山出，沐浴雨露共太阳。

经过良工山崖造，献给您厝做栋梁，

先安梁头添财宝，后安梁尾纳千祥。

整个上梁过程，歌吟不绝于耳，大师傅主唱，众杂工附唱，围观者喝彩，场面热闹非凡。安梁毕，即行祭礼。福州民间除祭土地公外，还要祭"公婆妈"（祖宗）。祭毕，上梁仪式方告结束，房主要给上梁师傅、工匠红包，尾数都要有"三"，如"三元三角"、"三十三元"等。上梁时的禁忌主要有：上梁日忌穿白衣，俗信此时穿白衣会变白虎。谚云："白虎、白虎，声声叫苦"；忌说不吉利的话。在封顶时，多在屋顶上设置"兽头"以辟邪。"兽头"乃屋脊两端安置的陶制怪物，又称鸱或鸱吻。据说此物是海中之鱼，有龙一样的尾，猫头鹰一样的头，能激浪降雨，人们将其置于屋顶，是为永镇火灾。这一习俗与福州民居多为木构建筑有关。也有的在屋脊中设置五宝瓶之类的吉祥物，瓶内置五谷（寓意风调雨顺、五谷丰登）、毛笔（祈愿人文荟萃、文化昌明）、钱币（冀望财源广进）、铜镜（用以驱邪镇妖）等。

新房竣工，要请喝"竣工酒"，房主要给工匠、帮工发最后一次红包，亲友、宾客则要给主人送贺礼和红包，如镜子、钟等，均须贴上红纸，写上赠者姓名，逐一挂在厅里。喝酒时鸣炮示贺。

乔迁，即迁入新居。之前，要请风水先生择吉日良辰，福州民间乔迁多选单数日，择时多在下半夜，可免行人犯"冲"。搬家前，由老人选根竹竿绑上三把扫帚，在新居墙上全面拂扫，或在每个房门后放一把扫帚，以为驱邪避怪。进入新居通常按辈分大小，长者为先。清代福州主事的长者要戴礼帽、穿长衫马褂，捧"头丁"入宅。进入新居后，主人要说些吉利的话，燃香鸣炮。前来祝贺的亲友要携带蛋糕、红烛、鞭炮等礼品，主家则要设宴以为答谢，并送给四邻白粿、喜糖、蛋糕等。

新居内的布置也有一些讲究。福州民居建筑颇重大厅和各房的结构均衡。不论是"四扇七"式，"十扇九"式，都形成中为厅、旁为房的建筑格局。大宅院还讲究前门与后门的照应，通常是前门小后面大，不能前大后小。据说前者形似布袋能聚财，后者形似漏斗会漏钱。旧时，普通民居，大厅正面设神龛，供奉观音、土地公诸神，墙上挂神像或书画、财寿图。大厅正面靠墙处安置长方桌（俗称"横案桌"），用以摆香炉、花瓶、时钟、佛龛、祖先灵牌等。案正中上方悬彩画大镜。案前置方形大桌，俗称"八仙桌"。客厅两侧为卧室，室内安床最有讲究，民间都忌床正对门，也不能与镜子相对。厅后是厨房，也称灶间，福州民间砌灶要择良辰、选朝向，以西向为佳，忌东、北方向，俗称"朝西有物噉（食），朝北朝东都是空"。灶口不能冲着水缸，因五行中"水"克"火"；还忌灶口朝房门，以免卷走财气。每年正月二十三或二十四日，福州民间还要祭灶以求平安。此外，福州居民喜在大门上挂八卦或阴阳五行图，门楣正中挂一面小镜子或悬一箩筐，中间放一把剪刀或悬一红条，写上"福"、"禧"等吉语或符咒；镜子周围绘有八卦，俗称"照妖镜"，迷信者认为此镜可以将别人家的"煞"气挡回，故又称"挡熬"。平日扫地，忌从户内往户外扫，或从室内往室外扫，而要"往家里扒金"，由外向内扫。庭院内栽花种树，忌花、树出墙，忌栽夹竹桃（夹竹桃性毒，且生长迅速，枝条易高拔，遮住日照），室内花瓶忌插桃花等。

上述种种习俗，至今仍有一部分流行于世。

四　出行

1. 交通工具

福州境内多山、多水，平原陆地面积不大。旧时，南门以外，闽江两岸大部分都是沙洲，潮涨是江水，潮落是沙地。城内河道纵横，舟楫畅通。居民出行，商贾往来，除了步行，就是渡船，因此，舟船是古代福州民众的主要交通工具。闽江两岸生活着一群专事水上运输且常年栖息于各种小船上的居民——疍民，从他们使用的舟船中大致可见福州传统舟船的历史缩影。如闽清的"鼠船"，既可在浅水中行驶，又可在急流险滩中窜行，船帮用樟、松等板料制作，质坚耐撞，船底用横纹枫、槐板制作，薄而韧性好，其长7米，宽0.7米，可载客六七人（或运货一二千斤），故又称"麻雀船"。至今，闽清安仁溪仍可见到鼠船在作业。清光绪以来，福州仍有一些小型轮船用于近海水域货客兼载的交通运输，极大地便利了往来的行旅。

随着江河衍变，陆地扩大，轿子随之出现。轿子，古称舆或肩舆，有竹轿、凉轿、藤轿、暖轿、花轿、官轿等品类。暖轿为冬日所乘，顶帷皆用棉布或呢羽之类，内衬灰鼠、银鼠等皮；凉轿为夏日所乘，取细竹丝作帷以透风，内衬锦纹等席；官轿为官宦富绅等达官贵人所乘；花轿为新娘所乘，各地花轿多装饰华丽，四周绣有"龙凤呈祥"、"五子登科"等吉祥图案。旧时花轿迎亲是一种婚礼习俗，福州女子不仅迎亲时坐轿，回娘家时也要乘轿，轿子要一直抬至娘家天井。各类轿子除富家自备外，街市上也出现了出租轿子的轿行（也称轿馆或轿班），人们遇婚丧喜庆或有急事，均可向轿行租轿，行主按轿夫名牌轮次派遣，计程收费，轿钱一般由轿行与轿夫三七分成，有的轿夫还可得花彩（红包）。如今，各地的轿行已不复存在，但在旅游景点仍依稀可见一些轻便简单的轿子。

旧时，除轿子外，福州街道上还出现了畜车。畜车主要有马车、牛车、骡车等，这些畜车客货兼载，为广大民众提供了不少便利。

辛亥革命前后，福州城内又有了两轮人力车，民间俗称"黄包车"或"洋车"。它分自置自用和供路人雇用乘坐两种。自备的人力车多为有钱官绅的交通工具，装饰华丽，造型宽敞、优雅、大方，车身牢固，坐垫靠背有柔软的绒布，感觉舒适，脚踏处有地毡或厚毯，车把用红桧木制作，轮胎为橡皮充气胎。车拉到拥挤的地方，由坐车的人用脚板按铃，叮当有声，十分气派。用于供路人雇用乘坐的人力车则装饰简单、粗陋，坐垫仅在木板外包一层合成皮或裹一层布，脚踏也是木板，车轮为一圈不充气的硬橡皮，遇路面凹凸不平时颠簸厉害。20 世纪 30—40 年代以后，这种人力车多改用脚踏三轮车，比人力车拉得快得多，俗呼"老鼠拖尾"。此类脚踏三轮车至今仍常见，多为前挂后斗式。

辛亥革命后，各类小轿车、吉普车问世，专供国民党军政要人乘坐。公共汽车则只开鼓楼前到台江汛一路主干线。居民外出或步行，或乘人力车、畜车，去外县或出省则乘长途汽车或闽江航运。

中华人民共和国成立后，道路拓宽，城市扩建，公共汽车成为福州城内主要交通工具，线路由单线增至三四十条，基本上实现了四通八达。

20 世纪 50 年代末，修通了福州至江西鹰潭的铁路，福州乘客可以坐火车直达北京，沿途经杭州、上海、南京等长江南北的各大中城市，之后又开通了福州至南昌、厦门等地的铁路。80 年代以后，福州又逐步开辟了飞往全国各大城市的航线，形成了一个覆盖公路、铁路、航海、航空的交通网，为人们出行提供了极大的便利。如今，各类现代化交通工具如的士、中巴、大巴、火车、轮船、飞机等满足人们在任何时候通往任何地方的需要。

福州民间出行除上述交通工具外，通常还备有用于遮阳挡雨的行具，如雨伞、斗笠、蓑衣、雨衣以及各种手杖、拐杖等。

蓑衣是旧时常见的一种雨具，以蓑草或棕片编织而成，又称"棕衣"，坚实厚重，内里如网，外似蜩毛，配有展翼式蓑制肩坎，便于雨中作业。迄今为止，蓑衣在各地农村依然常见。

斗笠是用于遮阳防雨的头具，用稻草、芦苇、麦草、灯芯草等织成，多为圆形方顶，称草帽；用苇篾、竹篾等织成的为笠，又叫"斗笠"、"竹笠"，多为圆形、六角形、八角形尖顶式样，如倒扣的斗。福清、连江一带的斗笠各有特色，如今福州民间仍有"福清哥、戴斗笠"的谚语。雨伞有各种布伞、花伞、纸伞等，福州的纸伞以其轻巧、美观、结实耐用而闻名于世。各种手杖、拐杖则是老年人或登山者常用之物。

2. 出行的礼俗

在漫长的历史变迁中，各地都形成了一些出行礼俗与禁忌。福州先民古闽越人的生活方式是山处水行、以舟为车、以楫为马，遂流行剪发文身之俗以禳水怪，祈求入水行船的平安。唐宋以降，随着海上贸易的繁荣，福州沿海一带渔民逢出海必先祭海神。延及明清，福州民间已然形成了一整套内容繁杂、颇具特色的出行礼俗，体现在启程、旅行、迎送等各个方面。启程出门前的俗规主要有：择日出行和视兆而行。择日出行各地均常见，正月出门尤为讲究。福州旧俗通常忌正月初二出门，而初一、十五出门则要净手烧香拜佛，祭祖、祭土地公（俗称“地主”），祈求出门平安顺利。民间普遍认为初一、十五这两天鬼魅较多，出门不吉，福清东张一带民间则忌正月初一出门造访，因为是日在当地习俗为“探亡日”。凡出远门者，则要查看皇历择吉日，旧时福州商人到外埠经商忌单日，以逢“八”日为最吉利的日子。出行前多设宴饯行或送太平面等，以祝平安。

一些长期外出，或长途行车的司机，多到庙里“请香火”，做个香袋带在身上，写上“出入平安”、“一路顺风”等字样，以求神佑。此习俗至今仍常见。

此外，对上年纪的老人出门民间也多有讲究，福州流传“六十莫留暝（晚饭），七十莫留到（福州方言借用字，‘午饭’之意）”的俗语。

视兆而行是民间以自然界的物兆视作出行的凶吉。凡出行前遇到雷鸣电闪或闻到乌鸦啼叫，则被视作不吉，应暂缓出行。如风调雨顺、阳光普照则为大吉。

出门在外福州行客多携带护身符以避邪和保平安。旅途中尤忌鸟粪撒在身上，此为大不吉，禳解的办法是将鸟粪取下用石头砸烂并吐上口水，或是回家后煮红蛋吃，蛋壳要投入沟中让其流走，以示弃邪去晦。住店旅客忌讳住死人住过的房间，以免沾上邪气，被摄去魂魄。旧时，福州一些迷信的行客，在住店临睡前，往往要以手势比画一个人形，然后做一个似乎将此"画中人"挂上墙的禳解动作，口称"借一晚"，俗谓"让道"，即请原居于这床上的鬼魂让位，才能上床休息。如在旅途中欲行"方便"而又找不到厕所，则要找一僻静处连声低叫："让开，让开，借块地方方便一下"，意在告示此处鬼神暂且回避，以免不慎玷污了鬼神引来灾祸。

至于迎来送往之礼俗，至今仍常见，各地大同小异。福州旧时迎客多到码头、车站、村外，对于一些贵客，甚至出迎数十里之外。待客人安顿后，福州旧俗则要请客人先吃一碗太平面，而后端出美酒佳酿，设宴"接风"或"洗尘"。福州的一些侨乡，把接风称作"脱草鞋"，旧时，华侨漂洋过海出外谋生，因交通不便，道路崎岖，走远路多穿"草鞋"，如今荣归故里，可以将"草鞋"脱下，舒口气，除去一路的劳累和风霜，是故，脱草鞋的礼俗是专为海外游子重归桑梓、洗拂长途跋涉和长年辛劳的征尘。送客也多在客人临行前请吃一碗太平面另加两个太平蛋，以祝平安顺利。送客必须送出门。如果来访者是老年人，则多送出村口，抵达渡口或车站，以示敬重。如主人年迈或身体不适，送客出房门可以嘱托身边的晚辈代为送客出门。

第四节　礼仪习俗

一　婚嫁

男婚女嫁，人生大事。我国早在周代就已经确立了婚嫁过程中的"六礼"，见于《仪礼·士昏礼》。其"六礼"为：纳采（男方向女方送求婚礼物）、问名（男方具书托媒请问女子名字和出生年月日）、纳吉（男方卜得吉兆，备礼通知女方，决定缔结婚姻）、纳征（又称纳币，男方送聘礼至女家，女方受物复书，婚姻乃定，故又称文定，俗称过定）、请期（男方行聘礼后，卜得吉日，使媒人赴女家告通成婚日期，形式上似由男方请示女家）、亲迎（夫婿亲至女家迎新娘入室，行交拜合卺之礼，婚姻即成）。此"六礼"历代相沿，后世虽在内容、名称上略有变化，但各地大同小异。福州婚嫁礼仪大抵依"六礼"而行，基本程序如下：

提亲：男家托媒向女家提亲，若女家父母无异议，便会应媒人所求，开具女儿出生的年、月、日、时即"八字"，俗称"开庚帖"或"起帖"（"八字帖"），其用意是请算命先生依据"五行"将男女双方的"八字"进行合对，看是否相生相克，谓之"合婚"，如生时相克，八字不合，则不通婚。此俗相当于古礼中的纳采、问名。

议聘：合婚既成，双方则托媒议定聘礼，商定订婚条件，择日定聘，俗称"下大帖"。福州民间议定聘金尾数必以"三"字。因为福州方言"三"与"生"谐音，寓意生子添丁。此俗相当古礼中的纳吉。

送定：俗称定聘、定亲、订婚等。男方择定吉日，将定帖、聘金、礼物送往女家，作为订婚礼，亦称"上半礼"（上爿礼、上盘礼），并给女方长辈送见面礼，给祖母的谓"妈杠"，给母亲的谓"奶杠"，给舅父的谓"舅杠"。女家收受后，要回送女方的定帖和糖粿，并将男方送来的礼物如礼饼、鸡、肉等分赠亲友邻里，以示女儿已定亲。男方亦将女家回送的礼物分送亲友，此俗相当古礼中的纳征。

送日子：男家选定迎娶吉日后，用红帖写好，备上礼品，由媒人送往女家，亦称"下半礼"（下爿礼、下盘礼），同时随送的还有"定日饼"（或用白面粉制成的芝麻粘面甜饼，或是用小礼饼），女家将此饼分给亲友以示吉期将届。福州民间称养女儿"领饼"，即由此而来。女方收受后，则回赠男方糕饼等礼物，男方亦将这些礼物分赠亲友以通告婚期，此俗相当于古礼中的请期。女方亲友收受"定日饼"后，便要准备"添箱"的礼物，如布料等，在女子出嫁前置于其箱内，故名。还要在婚前宴请姑娘，以示送别，且祝福她上花轿后平安顺利，俗称"起轿胶（脚）"。

安床：吉期来临，男家须把新房布置好。房中摆设均由女家送来，床铺则由男家自备。床铺要安在房子当中，安床者须是夫妻双全、人丁兴旺的"好命人"，以示吉利。床安好后，要选几个孩童在床上翻滚或睡觉，俗称"压床"或"假刘床"（假刘：福州方言，辗转翻滚之意）。床下要放置长叶的芋种，叫"芋栽"，床中挂着粽子，一大五小，大的叫"粽姆"，以寓意生育吉利。新床安好后，须请"好命"的妇女（或丈夫健在、子孙满堂的老者，或丈夫健在、上有父母、下有儿女的中年人）来缝制被褥、挂帐、铺床。被褥、枕头要成双成对，挂帐要佩上帐眉和帐钩，既要牢固，又要整齐，挂帐毕，还要以太平面谢劳。新房内的瓜果盘里，通常摆上红枣、花生、桂圆、瓜子等，寓意早生贵子。

迎娶：相当古礼中的"亲迎"。结婚前一日，男方发花轿、金鼓班、礼书帖、"过门担"、礼鸡等到女家。女家回送礼鸡一盒，用红绳扎鸡脚，俗称"红线羁（鸡）胶（脚）"，象征婚姻和谐到老。金鼓班留在女家吹奏。女家这一天要在中午宴请亲戚朋友，谓"出门酒"。午宴后，母亲为女儿"试妆"，先把女儿的头辫解散，梳成发髻（旧时，发式是区分未婚和已婚女子的标志，未婚者结辫子或散发，已婚者结发髻），再选用喜日要佩戴的金银珠宝首饰，包括钗、钿、簪、花等以及要穿的衣裳。妗母、婆母、姑母、姨母等都参与其事。夜宴后，母亲为女儿理好妆奁，把衣服、布料、首饰等分别叠入箱子。一般女家陪嫁的是一双箱子，也有两三双的，视家道而备。此谓"叠箱"。出嫁前夜，女家父母尊长要对嫁女进行"劝嫁"，以示家诫，教导女儿要当好媳妇。劝嫁歌曰："劝女出嫁当新人，夫妻恩爱感情深。要学鸳鸯同偕老，莫像斑鸠'雨来无亲晴有情'；要学春燕双飞舞，莫像乌鸦'心善口噪被人嫌'；要学莲藕污泥心不染，莫像明日黄花抛路边；要学连理花枝相亲爱，莫像寄生靠大树才发枝；要学齐眉举案相礼敬，莫像日吵夜闹浪荡人；千言万语劝女心上记，出了娘家就要当人新妇，不像在家女儿自在人"。"做人媳妇和睦家庭人称好，做人媳妇勤俭持家恩爱深；做人媳妇能忍能耐心性好，做人媳妇双手劳动不歇停。"正日，新娘开容，又称"开颜"，用线将脸上汗毛捻去。上轿前，新娘要到厅堂祭拜祖宗牌位，并哭泣着向父母诸亲一一拜别，受拜者要给"磕头礼"，多少不拘。临上轿之际，新娘常赖在床上啼哭，迟迟不起，俗称"赖床"，以示难舍之意。是日清早，男方亲族手持高照灯笼、火把，并配有金鼓班扬旗鸣鼓，前往女家接轿（接亲）。一路上迎亲队伍灯火闪烁，鼓乐悠扬，鞭炮喧天，热闹非凡。迎亲队伍抵达女家时，女家要鸣炮迎进，要请新郎吃太平面，太平蛋吃一个，留一个。吉时将至，喜娘（亦称伴娘或伴房妈，多由中年妇女充当）催促新娘梳妆上轿，头盖红巾，胸挂铜镜，由其父或长兄背入花轿，以免娘家的"风水"和"财气"被出嫁女带走。新娘上轿后，娘家人立即把门窗关紧，唯恐"财运"随嫁女"外流"。

迎亲途中，若遇孕妇、死人、棺材等，被视作大不吉，会"喜冲喜"或"凶冲喜"，这时新娘通常要将预先备好的桂圆干捏碎以破煞驱邪；若遇另一支迎娶队伍，则要互换礼物（如手帕、戒指、扇子或红花之类），鸣放鞭炮以取双方吉利。

婚礼：花轿到达男家门口，迎新队伍和男家要燃放鞭炮以示喜庆。《长乐县志》（民国七年版）曰："彩舆（花轿）到门，爆竹鸣锣声聒入耳，盖取阳气祛不祥也"。此时，男家还要熄灭灶火，取"新娘入门无火气"之意。新娘下轿前，由外甥或小叔手捧长柄镜向新娘作揖，谓"请下轿"。新娘递给外甥一红包，出轿，踩着男方预先铺好的红布袋或米筛进入大厅。以红布袋垫着行走，既有驱邪意味，又含传宗接代（袋）之意愿。

一切就绪后，便举行拜堂仪式。新娘由喜娘搀扶着，先拜天地祖先，再拜公婆，后夫妻交拜。拜毕，由"福寿双全"的一对夫妇持凤烛引新郎新娘入洞房。入洞房后，新郎新娘并坐床沿，谓"坐床"。这时，新娘会把新郎的衣袍稍压坐于臀下，以示日后可以驾驭新郎。随后，新郎新娘共饮合欢酒，谓"合卺"或"交杯酒"，吃太平面，寓意夫妻欢乐祥和，白头偕老。之后，由一位父母双全、兄弟众多的男孩在马桶小便，称"开桶"，取早生男孩之意。稍事休息，客人退出，新娘脱去礼服，换上新衣裳，谓"脱妆"，

准备出厅拜见亲族长者。"出厅"是婚礼中的重要形式，指新娘作
为家庭成员步入厅堂拜见公婆，公婆接受拜见，要给一红包，称
"拜见礼"，有的公婆还给金银首饰等，婆婆要加添一对"四季花"
插在新娘的发髻上，谓"添花"，以示祝福早添儿孙。添花时，喜
娘则在一旁朗声喝唱祝福语，如：

> 添花添在左，添子添孙早！
> 添花添在右，发财长长有！
> 添花添长春，福寿喜宁康！
> 添花添得高，起厝（盖房）又置田！

　　她喝一句，众人呼应一句："好啊！""发啊！"场面十分喜庆热
闹。新娘戴上四季花后，向婆婆道谢，再随新郎一一拜见族亲戚
属，拜见宾友。受拜的亲族要给新娘"见面礼"。至亲长辈多赠予
戒指、项链、手镯等贵重礼物。拜见毕，新娘随新郎到家庙拜谒祖
先神灵（多设于自家厅堂），谓"庙见"。然后，新娘在新郎的引导
下，随着喜娘来到厨房，先拜灶公、灶妈，谓"拜灶神"，这时，
喜娘在一旁喝唱道：新人下灶前，家业隆隆高；新人拜灶公，合家
庆年丰；新人拜灶妈，明年抱仔婆婆当大妈……旁观的众人则回应
"好啊！"接着，新娘在喜娘的指引下，先揭锅盖舀水洗鼎；再持火
钳，夹柴草入灶生火；而后，使用鼎铲、瓢子等，模仿煮饭、烧菜
的动作，这一连串的举止，谓"出灶"。喜娘则在一旁喝唱：新人
揭锅盖，煮饭又炒菜；新人洗米泔，养猪长得肥；新人鼎铲菜，一
家大发财；新人舀水来，明年手抱男仔来……众旁观者都要响应
"好啊！"

　　礼毕，当晚设酒筵宴客，俗称"喜酒"、"结婚酒"。婚宴中必
有一道菜曰"全只瓜"，用整条黄瓜鱼烹成，头尾俱在，宾客不能
动筷，留给主人，象征婚姻美满，善始善终。还有一道菜曰"太平
燕"，以鸭蛋、肉燕、鱼丸一起煮成，取太平吉祥之意，通常在喜

宴过半时端上，且要鸣炮庆贺。这时，新郎父母率新婚夫妇至各酒桌向亲友致谢敬酒，对未曾叩拜的亲族长辈要补行拜礼，受拜者则要补拜见礼。应邀婚宴，酒席上的东西尽可装入主家预先为宾客备好的袋子（酒包），宴席结束后，可以将酒包带走，以示宴席丰盛。

喜宴结束后，就开始"闹房"，亦称"闹洞房"，这是婚礼的最高潮，在洞房内嬉闹、戏谑新婚夫妇。民间认为"不闹不发，越闹越发"，闹房的喜庆气氛亦可为新郎新娘驱邪避凶，以期婚后吉祥平安，兴旺发达。闹房者不分辈分高低、男女老幼，所谓"新婚三日无大小"。闹房前，新房门紧闭，闹房者要在外高唱闹房诗如："手拍房门，双喜临门。夫妻恩爱，长发其祥"等祝福语。唱毕，门开，由喜娘代新娘招待众宾客。闹房的节目，谓"戏出"，常见的有"穿草心"、"姜太公钓鱼"、"双龙戏珠"、"水底捞月"等。闹到更深夜静，宾客散去，喜娘领了"花彩"（红包）退出新房。亲戚中女眷长者便入洞房"看嫁妆"，在婆婆的过目下，打开新娘随嫁的箱子，一一清点箱中衣服、布料、金银首饰以及"压箱底"（红包），然后再依序叠入箱子。最后，新婚夫妇上床安寝，又在烛斗上插一对大红花烛（龙凤烛），这对花烛，忌灭，忌掉落，忌移作别用。要一直燃到翌日天明，此俗即是"洞房花烛夜"之由来。翌日清晨，新婚夫妇须早起向父母拜见请安。

试厨：新婚翌日（或三五日之后），要安排新娘下厨，俗称"试鼎"，也叫试厨，以示新娘从此开始操持家务，担当家庭主妇。这时，婆婆会邀请母婆、婶婆、姑婆等亲戚长辈来围观。试鼎通常要煮豆腐，佐以牡蛎、蒜等，因福州话"豆腐"与"都有"谐音，"牡蛎"俗称"蛎仔"，与"俤仔"（小孩子）谐音，"蒜"俗称"蒜仔"，与"孙仔"（孙子）谐音，凡此种种，皆寓意福禄寿喜。

回鸾：亦称"归宁"、"转马"，俗称"请回门"。即在喜日翌晨（或三日后），女家派新娘的小弟（俗称"亲家舅"）到男家请姐姐、姐夫回家，男家要备太平面热情款待并馈其红包。回门之际，男家要备一对雌雄鸡、线面、花饼和糕等；女家要回软油饼、粽、糍和红枣、花生、瓜子等，收下男家的一对雌雄鸡，答赠自备的一对雄雌鸡（一般不可把男家的鸡再送回去），鸡多用红线缚足。回门礼节与新婚典礼大体相同，新郎新娘要拜祖先，见长辈，收见面礼，女家设佳宴（俗称"回门酒"）款待新女婿，并邀请亲友作陪。回门有一定的俗例，赴女家时，新娘先行，新郎随后；回门礼成返回夫家，则男先行，女随后。不论来去都要一直向前行，不能回头看，也不能停步。在请回门的宴席上，女家的亲戚朋友会在一些热闹场面对新女婿进行一些有趣的逗乐或滑稽的调笑，设若新郎不慎落入"圈套"，就会被"罚"出资宴请在场的亲戚朋友或请人讲评话，此谓"撮食"。回门之后，女家通常还要择日再宴请新郎一次，谓"二行"。至此，整个嫁娶礼仪便告结束。女子出嫁后，便要长居男家，即使回娘家，也不久留，更不得在娘家留宿，否则被视为不吉。民谚曰："自己的女儿出嫁了，就是人家的媳妇。"

婚嫁中的种种习俗，主要反映了民间普遍存有祈求新婚吉利、新人幸福的良好愿望，很多习俗至今仍流行。

除上述明媒正娶的婚姻外，旧时福州各地民间还不同程度地存在种种特殊的婚姻形式及其习俗。兹撮要述之。

童养婚：旧时，家庭贫困的男家无力承受正常婚姻的经济负担，顾虑儿子长成后，娶妻之难，遂自小抱养别家幼女做媳妇，俗称"童养媳"。待其成年及笄后再与其子完婚，俗称"圆房"、"完房"、"合房"等。所为童养媳者，多是女家贫寒、子女众多难以糊口活命，被迫将幼女贱卖或送与他人。此种婚姻礼仪简单，花费亦少，多选择除夕夜，让儿媳共拜祖先、公婆、灶神即算结婚。

招赘婚：亦称"招养婚"、"招婿婚"，俗称"倒插门"、"上门奴"、"入赘"、"招上门"、"入舍"等，即室女招夫，男子就婚于女家，被招男子通称"赘婿"。招赘婚俗与娶媳殊异，男方无须支付聘礼，喜宴、婚礼及全部嫁妆皆由女家承办，婚期吉日，新郎到女家拜见岳父母及女方亲戚，举行婚礼。此类婚礼一般不用鼓乐，不闹房，男家也不举行任何仪式，只是婚后女方随丈夫到男家拜见亲友。行招赘婚者，女方多数是因家中无男丁，招赘是为了传宗续祧，继承家业，养老送终；或因家中女多男少，且男儿又小，招赘以补充劳力，维持家计，管理家产。对男方而言，则多因家贫无力娶妻。赘婿须赡养女方父母，有的可享有妻家财产继承权。婚后所生子女从母姓（有的则是长子从母姓，其余的可随父姓）。

再婚：即已婚男女在配偶死亡或中途离弃后再度结婚，男子再婚曰"再娶"、"续弦"，俗称"二婚亲"、"填房"、"继室"等。一般而言，男子再娶者若为寡妇，则礼仪酒席从简，仅请长辈作证，拜祖先、公婆即可；若是娶待字闺中的处女，则要按明媒正娶的礼仪，十分隆重，唯在拜堂时增加一项内容——拜男子发妻的牌位，认发妻为自己的姐姐（俗称"拜阿姐"），以免日后作祟。女子再婚称"再嫁"、"再醮"等。旧时，被休弃的女子不能再嫁，再婚女子主要是寡妇。寡妇再嫁多受人歧视，礼俗上也较为特殊。由婆家尊长主嫁，经媒人说合，男方一次性付给女子前夫家少量聘金，择吉日成亲；迎娶寡妇通常安排于夜晚悄悄进行，不动用鼓乐，不大办宴席；再嫁时，不可穿红衣，要穿黑裙；不能坐花轿，只能坐便轿；离家之际不能走正门、大门，只能走后门、偏门；上轿不能在原夫家，只能在半路上或媒婆家，途中须先打破一口锅，并去拥抱一下路边的一棵树以破"三煞"，方可免去日后灾祸，不会再克夫。改嫁的妇女不可再回到前夫家或前夫家所在的村庄，否则会大不祥。

纳妾：旧时有钱有势的男子或因原配不育（有的则是无子）为延续后嗣，或为满足自己骄奢淫逸的生活，炫耀门户，在正妻之外另娶女子为配，俗称"讨小老婆"、"讨偏房"等。为妾者多为家庭贫困、社会地位低下的女子，纳妾的婚礼大都比较简单，规模远逊于原配，妾的地位亦低于正房即原配。

冥婚：又称"阴婚"、"配阴亲"等，是指为已亡未婚男女举行婚配联姻仪式活动。此类婚姻形式主要有两种：一是青年男女尚未订婚而夭亡，其父母为死者找一年龄相当的异性亡人，将二者尸柩合葬在一起，让他们在冥界结为夫妻。尔后，将女子的"神主牌"

（灵牌）移至男家。也有的是女子未婚而夭亡，在下葬前，其父母通过媒人帮助物色一位未婚男子为冥婚夫，这位男子参加亡女葬礼，并行跨棺仪式（即绕亡女棺材走一圈或从棺材上跨过去）以示自己是死者丈夫，随后将死者牌位迎回家中作为自己的结发妻子，日后再娶便为"填房"。充任冥婚夫的多出自贫苦之家，他因此可得到女家一笔陪嫁费以供日后再娶新妻。二是男女订婚后，一方不幸去世，另一方仍得与之完婚。若婚前男子死亡，女子则与其灵牌举行婚礼，拜堂时由亡夫姐妹抱"神主牌"和新娘成亲，新娘从此终身守寡，称"上门守节"或"未婚守孝"。有的女子若不愿上门守寡，再嫁男人，被称作"断线女子"，婚后逢年过节要为其"前夫"祭祀亡灵。若婚前死亡的是女子，男的要到女家参加葬礼，绕亡女棺材走一圈或从棺材上跨过去，俗称"跋棺"，以示与其成婚，承认死者是自己的妻子，然后将女方的灵牌请回家供在自家的神龛上。男的日后结婚，则要在床上放三个枕头，交杯酒要备三份，尊死者为原配，后来者为继室。后妻所生儿女要称死者为"妈妈"，称亲生母亲为"婶婶"。

冲喜婚：未婚夫病重，屡治不愈，男家父母听信邪说"一喜压千灾"，要求女家提前完婚，希冀以婚喜吉祥之气冲散"晦气"、"歹运"。婚礼时，或由男子带病与新娘成亲，或由男子的姐妹代替与新娘拜堂。婚后有的病情转好而康复，有的却因此加重病情而死亡，新娘从此守寡终身。

换亲：两家互换姐妹成亲，俗称"姑换嫂"。此种婚姻多系贫困之家不得已而为的方式，婚礼虽与一般婚礼大致相同，但两家均不行聘，妆奁亦从简，而且大多是嫁女与娶媳同日举行。不过，不能走同一条线路，以免途中相遇"喜冲喜"，为大不祥。

此外，福州民间还流行过表亲婚，即表兄妹、表姐弟之间的婚配，多为姨表亲而忌姑舅亲，俗谚"姑子舅子嫡嫡亲，姨子姨子好作亲"；指腹婚，即世交好友在两家主妇怀孕期间给即将出生的子女预订婚约，若产后均为男或女，则结为干兄弟或干姐妹。

凡以上种种婚姻形式，有的作为陋俗已经被禁止，如童养媳、纳妾、冥婚等，有的则因时代进步，观念随之改变，思想解放，如再婚，尤其是再嫁、招赘婚等，不再受到歧视。有的仍存于偏僻乡村，如换亲、冲喜婚等。

二　生育与寿诞

1. 祈子

生儿育女乃人生大事，祈子求育的习俗由来已久，形式多样。福州民间的祈子求育习俗常见者如下：

婚礼中的种种祈子习俗，如：新房的桌上摆"五子碟"，即红枣、花生、桂圆、瓜子、榛干，此五子福州话的谐音为早生贵子金安；聘金的尾数须是"三"，即"生"的意思；在长乐鹤上乡，还有"掷喜"习俗，新郎新娘拜见长辈时，男家便叫来一群男童抓小石子往新娘身上投掷，小石子即含有生子的意思；在洞房安床后，要选男童在床上睡觉或翻滚，叫"压床"或"假刘床"，床下放芋种，床上挂粽子，均用以兆示早日生子，生育吉利；拜堂后，让一位男孩在马桶上小便，曰"开桶"，亦取早生男孩之意；等等。

婚后祈子的方式主要有到临水夫人祖庙古田临水宫敬拜叩求，俗称"请花"。逢正月十五日临水夫人生日，已婚妇女多去祭祀请愿并采一朵花供在自家香案上，红花为女孩，白花为男孩，一旦如愿，则须还愿。还有送灯"祈子"。民间童谣："元宵红红灯，送来添男丁。"福州方言以"灯"为"丁"。元宵节前几天（通常至迟不过正月十一日）娘家要给已嫁未育的女儿送去"观音送子"灯，预祝早日"添丁"；如未孕，翌年则送"橘灯"（急丁的谐音），一直送到有孕，则改送花灯（若生了男孩，娘家则在是年元宵节送"状元灯"，寓意外孙一举"状元及第"）。送灯者多是新娘的弟侄，"弟"俗称"亲家舅"，侄，俗称"亲家孙"，民谣有唱："亲家舅送灯，明年见外甥"；"亲家孙送灯，爱吃亲母的糖花生"。福州南后街灯市自宋代以来就颇享盛名。元宵节祈子还有一种形式，谓

"拍喜"。据近人胡朴安《中华全国风俗志》下篇卷5载："闽侯西门外某乡，风俗鄙陋。……乡民娶妇，至次年正月十五日，亲邻持竹杖觅新妇打之，谓之拍喜。随拍随问曰：新娘有喜未？应曰：有。则挟竹再往他家。若畏羞，或倔强不答，则连打连问以逼之，必使答应而后已。"被打的妇女往往呼号痛哭，体无完肤，"如未经受胎，则后此届期，仍不能免。生子后方脱此厄。故每当元宵节，举乡奔走若狂，竹杖纵横，与火把灯球相挤。新娘拘于例，是日不能避回母家。天甫黎明，问喜之人即鱼贯而至，妇仓皇闪避，如鼠投穴，间有躲入米瓮中者，亦可谓谑而虐矣"。

2. 怀孕

怀孕又称"有喜"或"带身喜"。为确保生育顺利，福州民间形成对孕妇的种种禁忌。如：禁接触嫁娶和丧葬，以防"喜冲喜"或"凶冲喜"；禁与别的孕妇接触；禁入"月内房"（产妇分娩后的一个月内，俗称"坐月子"，期间，产妇的卧室为"月内房"，也称"月房"）；禁入寺庙；禁观看上梁、打井、建灶等；禁在背光见影处持针用刀等。妇女怀孕后，其家人通常到临水夫人庙烧香叩拜，祈求神灵保佑、赐福。孕妇临产时，要到临水夫人庙请香火或小神像供奉在产房中，祈求临水夫人保佑顺产。娘家还会送去礼物（主要是鸡蛋）慰问，俗称"催生"。此外，婴儿平安降生后，须择日进香、奉烛，到寺庙还愿办酒席答谢临水夫人恩德，并把神像送还宫内，俗称"回銮"。

3. 贺喜

民间称分娩为"临盆喜"。旧时，男婴出生要前往祖祠上香，放鞭炮以示庆贺，生女则不鸣炮。婴儿出生后，先要向外婆家报喜，外婆家要在三旦之日送"鸡米"，一般挑三担，主要有鸡、糯米、蛋、面、油、酒、红糖等供孕妇分娩后的营养食品，还有幼儿衣服、小棉被、兜衣、毯等用品，糕、包、染红的蛋等赠品。凡第一胎，无论生男生女，都要向亲友邻里报喜，并分送一碗太平面或染红的蛋，前来贺喜的亲友要赠送鸡、面，"鸡"与"羁"谐音，表示两家关系一代"羁"一代，代代结情缘；"面"与"命"谐音，俗称长面（长命），既含祝福婴儿长命富贵，又寓两家亲密关系永久长存之意。

4. 做三诞

亦称"做三旦"，指婴儿出生三天后举行的一些庆祝仪式。主要有"洗三旦"、"三旦酒"等。"洗三旦"又称"三朝洗儿"，即请有经验的妇女或接生婆为出生三天的婴儿洗身子、换新衣，以期洗去婴儿从"前世"带来的污垢晦气，使之今生平安吉利。之后，要列牲醴等祭拜祖先，拜临水夫人，祈求他们保佑幼儿平安长大成人。作为娘家人，要为产妇送来"三旦"礼品即前述送"鸡米"。"三旦酒"又称"汤饼宴"，由公公、婆婆操办，设宴招待送三旦的亲友。宴毕，亲家、亲族等入房看看婴儿，赠送"三旦之贺"的红包，即见面礼。

5. 坐月子

产后通常需在卧房静养一个月，俗称"坐月子"。期间，产妇饮食颇有讲究，都要求有益于母体复原，确保母乳充足。一般而言，分娩后三天内产妇要吃三剂生化汤（中药），以活血化淤；婴儿也要先喂以黄莲汤或川莲汤，或黄莲甘草西味中药汤，以解婴儿胎毒，并兆示"先苦后甜"。三日后，才开始给婴儿喂奶。民间俗例，产妇开奶前，须先用温水洗净乳房、乳头，然后试挤乳汁，检查"乳路"是否畅通；婴儿开奶，先要吮吸别家产妇的乳汁，男婴要吸食生女孩母亲的奶，女婴要吸食生男孩母亲的奶，俗称"开奶先试奶"。坐月子期间，产妇一般是一日三餐三点心，多是糯米、线面、鸡、鸡蛋、桂圆、红酒等热性食物。如：早晨先吃炒酒蛋或姜牳丸，早餐糯米粥或鸡汤面，午前点心鸡汤或桂圆汤，午饭糯米炖罐，午后红枣汤，晚餐糯米炖罐或鸡蛋面。产妇坐月子期间，忌孕妇、戴孝者进入月房，谓"禁冲"，为此，福州民间多在产妇房门口悬挂一束外包红纸的葱。产妇如受寒发热，福州民间则常用母猪尿烧开当汤喝，或以"金不换"煎水喝。满月时，产妇要吃一剂母鸡炖风草。

6. 满月

婴儿出生一个月称"满月",又称"弥月",主家要办宴席,称"满月酒"或"弥月之喜"。赴宴者馈礼相贺,称"送满月"。除红包外,还附带送些孩子用的玩具、童装之类的礼物,外婆家送包、糕、太平(鸭蛋)〔取谐音"包哥(糕)太平"〕以及婴儿衣帽、鞋袜、小被等物品。凡婴儿穿戴,多绣有"虎头"图饰,以兆壮大胆量,避凶祛邪,平安成长,长命百岁。常见的有虎头鞋、虎头帽、虎头兜肚、虎头罩衣、虎头枕头等,虎头形状不一,神态各异,绣纹多样,工艺精美,色调明快,凸显"虎头"生威。宴毕,主家分送光饼夹肥肉让亲友带回,或向邻里分送红蛋。民间还流行《婴儿满月宴席歌》,多是一些祝福的吉祥语,如:"天赐麟儿百岁寿,地生贵子耀门户,欣祝长龄发千孙"等。满月之后,择日为婴儿举行剃头仪式,即"落胎发"。婴儿由他人抱着,祖母或婆母在一旁关照,央请邻里年高艺精的理发匠为婴儿剃头,剃胎发时,父母要回避,不能在旁观看。剃下的胎发不能随便丢弃,要搓成一团,用红丝线穿孔悬挂厅堂高处,以利于婴儿长大之后有胆量、有志气。剃头毕,要为婴儿沐浴,穿戴一新,胸佩外婆家送的"长命富贵"或"金玉满堂"银牌首饰,抱出房屋,在厅堂和走廊之间走一圈。也有的由祖母撑伞,抱着上街或过桥,以示锻炼,意谓婴儿长大后胆大气豪。亲友知道后,要为婴儿送来小礼品表示祝贺。主家则分赠亲友邻里白糖糕,民谣:"白糖糕,剃头糕,吃了孩儿快长高。"满月对产妇而言,意味着解除"戒严令",婴儿可以抱出户外活动,可以回娘家(不过,若生女孩,则要四个月后方可回去),月内的各种禁忌也随之解除。满月后的婴儿多穿百衲衣,即用各种尚健在的亲人长辈的旧衣布料剪裁拼凑成的衣服,尤其出门、坐车时穿,以为"避邪",也预兆先苦后甜。

除做满月外,福州民间还有"做四个月",主要是让婴儿"开荤"、"坐椅轿"。外婆家要送来一个羊头或一整只羊,主家将羊舌割下熬成汤喂婴儿喝，预祝孩子胃口好，易于哺养。小孩的椅轿也由外婆送，谓"坐舆之喜"。

7. 周岁

孩子周岁时，福州民间要办酒席宴请亲友，谓"做晬"，并举行"抓周"（又称"抓晬"）仪式。所谓"抓周"，是指婴儿庆周岁时，家长陈列象征各行各业的若干玩具、文具和生活用品，让其抓取，视其所抓之物卜日后志趣、成就。

8. 命名

古代人有名还有字，婴儿出生三个月后，家人要为其命名取字。名，俗称小名，也叫奶名、乳名，是出生后不久取的名；字，俗称大名，也叫正名、学名，通常男二十而冠取字，女十五行笄礼取字。多数人都取小名和大名，而官宦人家、书香门第的人除有名有字外，还有别号或笔名。民国以后废除冠礼，取字在时限上缩短了。福州民间一般在小孩出生后就取定小名、大名，小名多是一种昵称，较随意。婴儿还在咿呀学语时，长辈就唤其乳名，让其"领名"，如福州话中称"伊俤"、"俤仔"、"妹仔"等；也有的在孩子的大名中取一个字称呼，如明仔、亮仔、珍妹等；还有的故意取低贱之名，如"傻瓜"、"狗仔"、"阿毛"等，以兆吉利、避邪。如头胎生女，乳名多取"招弟"、"盼弟"等，寓下胎生男之意。取大名则比较讲究、慎重，甚至被视作与其命运相关联的一桩大事，大致有如下几个原则：一是根据宗谱拟定的辈序命名，谓"族名"或"谱名"。二是根据命中"五行"（金、木、水、火、土）的欠缺而命名。民间俗例，婴儿坠地便将其出生年月日时请算命先生测算定时，看命中五行是全是缺，若五行全，则命运好，福寿绵长；若有欠缺，则在命名时加以弥补，如缺金者，用"金"或以"金"（钅）偏旁的字，缺木者就用"木"或带"木"偏旁的字，金、木皆不足者，则要兼顾。其他以此类推。三是视婴儿坠地时的时令、节气、环境和父母一时感悟而命名，如"雨生"，"春生"、"榕生"等。此外，民间还流行寄名寺庙或神灵的做法，通常是将出生后多灾多病、娇贵难养的小孩经算命先生测定后过寄给某一神灵，作为神的寄儿寄女，福州话称"谊女"、"谊囝"。著名作家冰心在《记事珠》中就提及她生下来多病，拜吕洞宾名下作寄女，取名"珠瑛"一事。也有的家长为了婴儿平安长大，吉祥发达，把自己的儿女寄予某神做儿女，因此称呼某男性神为寄父或"谊郎爸"，某女性神为寄母或"谊娘奶"。1949 年以后，人们在命名时多考虑时代的特色，如：建国、国庆、跃进、卫星、忠诚、卫红等。20 世纪 80 年代以后，各种典雅、动听、悦耳的名字越来越多。

9. 成丁

福州称"做出幼"。乾隆《福州府志》卷 24《风俗》载："近世于冠礼鲜能行者，郡中唯一二礼法之家偶一举行。……男女年十六，延巫设醮，告成人于神，谓之做出幼。"可见，举行成丁礼时，首先要祭拜临水夫人，备花粉、香果、三牲等祭品，叩谢其多年（从初生至 16 岁成年）护佑之恩，还得延巫作法，建坛设醮，驱邪祈福，曰"过关"或"过大关"。同时，家人要宴请亲友，谓"成丁酒"，赴宴者须携礼致贺，多以衣物相赠。成丁礼多限于为男子举行。

10. 寿诞

男女出生第二年起，每年诞生之日（旧时以农历计算，现在，乡村多以农历为主，城市则多依公历）都要吃太平面（线面）和鸭蛋，是为过生日。长大成人后，男登 50 者，女登 45 者，谓之"上寿"，便可举行"寿庆"，俗称"做寿"。此后，每逢"十"岁之年，子孙都要为之祝寿庆贺，故寿庆又俗称"做十"、"贺十"。福州俗例，男庆九，女庆十，即男 49 岁做"五十大寿"，59 岁做"六十大寿"，其余类推。俗传，"九"乃凶年，过了九方能上寿。"九"又有明九和暗九之分，明九即 49、59、69 等，暗九即年龄为 9 的倍数，如 54、63、72 等，均要做九。福州民间举办寿庆，通常在正寿前一日先做"禳寿"，家里摆设寿堂，正中悬挂"寿"字红幛，张灯结彩，把家族内晚辈送来的寿烛、寿面、寿桃、寿包等陈列在寿堂的横桌上，供奉祖先。寿星端坐案前公座椅上，接受族内晚辈逐一叩拜。有的晚辈还为寿星延请道士设坛念经，为做寿者向北斗、南斗星君请增福寿，民间称为"拜斗"。甚至还邀请金鼓吹奏乐，在坛前演奏，谓"夹罐"，增"长寿面"。赴宴客人要送红包、寿烛、寿包、寿面、寿炮以及寿联、寿幛等，有的还集资送戏演出祝贺。凡寿包多捏成桃形，寓意长命百岁、长生不老，并饰以鲜花、图案，插上"寿比南山"、"福如东海"小彩幛。主人收礼后，须回礼答谢。如女儿为父亲"送十"，礼品要有十种，取"十全十美"之意。回礼也要十种，其中寿桃、面、太平蛋只收一半，退还一半，还要另加粿或寿饼。一般而言，年已上寿父母健在的则不做寿庆。如果要做，其规模不能超过长辈。

三　丧葬

据考古资料表明，人类在灵魂观念的影响下，早在旧石器时代晚期，就已经出现了对死者的安葬习俗。进入新石器时代以后，人类开始过着相对定居的生活，便有了公共墓地。福州地区迄今所发掘的原始时期的遗址大多是原始人类的墓葬遗址。如平潭壳丘头遗址、闽侯昙石山遗址等，从中可以看出福州先民对死者安葬程序简略，没有棺椁，掘地而葬，即挖一个大小深度适当的长方形墓坑，然后入葬尸体。尸体的安放仿照睡眠姿势，多数是仰身直肢，少数侧身屈肢。墓内均有不同数量的随葬品，多为死者生前的生活用具，如碗、杯、壶、豆以及纺轮、石镞等，其中，必有陶釜，事死如事生，人们相信人死后如同生前一样，需要生产和生活。墓葬绝大多数为单人葬，亦有极少数的男女合葬。汉代以后，中原汉族大批南迁入闽，中原传统的丧葬习俗随之传入福州。唐宋以后，丧葬习俗日趋繁缛、复杂，且受到佛教、道教、民间方术的影响，颇具迷信色彩。其时，安葬的形式是墓穴土葬，一般富裕人家或达官贵族在造墓前必请风水师实地勘察以寻得风水宝地，如一时不得，则停柩不葬。墓穴多用砖砌，家饶者，以三合土筑之，造作华美，费逾千金。虽下贫之家，营圹亦必数十百金，往往有历数世而不能葬者。① 装尸体用的棺，以木制为多，亦有青石棺、瓦棺、水晶棺等。木制棺所用材料多取杉木，忌松木（易生白蚁）。丧葬程序繁缛、复杂，且多有禁忌。《五杂俎》卷14《事部二》载："闽俗，于初属纩之时，延巫置灯轮转之，男女环绕号哭，谓之药师树。死，每七日，则备一祭，谓之过七，至四十九日而止。或有延僧作道场功德者，缙绅礼法之家不尔也。死后，朝夕上食，至百日始罢。客来祭者，一尝茶果而出，子姓族戚乃馂其祭余。又有乘初丧而婚娶者，谓之乘凶。……葬则用鼓乐导从，更有惑于青鸟之说者，停柩数十年不葬。……祭，则世族之家有宗祠，四时荐献。其外祭祈禳，亦致恭敬。"② 具言之，则有如下数道程序：

送终：长辈弥留之际，子孙眷属须日夜守护在前，直至其咽气。在外地的子女闻讯须设法赶回侍候以尽人子之孝。若病危老人是女性，须及时通知娘家，否则会遭埋怨甚至发生纠纷。有的老人临终时神志尚清，往往会召唤子孙交代后事，分配遗物，俗称"分手尾"或"分手尾钱"。老人咽气时，若儿孙们均列于老人床前聆听其最后遗嘱，目送其终了人生，世人则会认为老人有福气。不在身边的子孙得知老人去世，须尽快赶回参加丧礼，俗称"奔丧"。如若不然，则会被指责为"不孝"。

搬铺：又称"徙铺"，俗称"入厅"，古俗中有"死于适室"、"寿终正寝"之说，是指将临终老人从偏房寝室及时搬铺到正厅（即"正寝"）或在初丧时将老人尸体放在正厅。旧时女性不搬铺正寝，而置于正厅右侧，为内寝。因故，女性辞世谓"寿终内寝"。民间俗信正厅是房子中最神圣的场所，寿终于此，谓"死得其所"，到阴间方可与祖宗团聚。若寿终于偏房侧室，死者的魂魄会滞留在寝室床架上，不易超度转生。搬铺时，通常由长子抱头，次子抱

---

① 徐景熹主修：乾隆《福州府志》卷24《风俗》。
② 同上。

身，女婿抱脚，小心翼翼地平抬到正厅的铺床（俗称"水床"）上，头部在前，脚部在后，绝对不可相反。如没有儿子的，则由女儿抬头，其他亲属帮忙抬至大厅。所搭床铺，不能靠墙，床板多为3块，取单数，死者仰卧，头部朝厅口，脚部向厅后。搬铺多为上寿者礼遇，若死者父母健在，一般不搬铺到正厅，只能搬到后厅或下厅。

初丧：老人咽气之后，家属先要"拆帐"，即将床上蚊帐拆下，以便让灵魂出窍升天。然后替死者梳洗，俗称"浴尸"，即用白布沾水象征性擦洗，父亡由儿子浴尸，母亡由女儿或媳妇为之，然后给遗体穿上寿衣。穿寿衣时，孝眷都要在场，先下后上，先里后外，依序安排。上衣七重，裤子五重，忌偶数。母亲去世，由女儿负责穿寿衣，若无女儿者，由义女承担。穿好寿衣，外面多用带子或绳子将死者的双手固定在胸前，并在死者口中放一个熟鸡蛋，用口罩或白布绑牢，以防秽物从口中流出。之后，由孝男等护送，先将遗体安放在灵椅上，由孝男领一家大小前来"饲面"，即丧家煮一碗线面，让子孙等依序作"饲面"动作，这是死者最后一次进食，寓意子孙的孝道。"饲面"礼毕，便移尸于"尸床"上，用女儿购买的布单（俗称"水被"）盖往尸体，脸部则用一张淡黄色素纸即夹纸（亦称甲纸）罩着，等亲友来"见面"。俗传素纸罩脸习俗源于清代，表示明代遗民自惭不能收复朱明王朝的土地，未尽子民兴亡职责，死后"羞见先人于地下"。此外，用夹纸罩脸也表示阴阳有别，俗谓"阴阳只隔一重纸"。而今，这种素纸多以白纸或白布替代。最后，在遗体的足部下方点一盏油灯或一支蜡烛，称"长明灯"或"脚尾灯"、"脚尾烛"，此灯火不能熄灭，一连点七天七夜，以寓为死者照明赴黄泉之路。同时，要点上冥香，焚纸钱，供上一碗干饭，饭上插一双筷子，放在死者头部上方，俗称"枕头饭"，又称"走路饭"。一切就绪后，要请道士做道场，俗称"跋禳抬"，是民间普遍存在的一种送魂礼俗。主要是诵经和设奠，分全醮和半醮两种。前者道士人多，礼仪隆重，程式繁缛，鼓乐伴奏，诵经三遍。孝男人等依礼仪致哀，或跪地，或围绕竹架，扶着一杆大秤，周而复始地轮转哭号，场面热闹，气氛悲痛。"跋襄抬"之后，则举行"上马祭"，在道士主持下，在大门口设祭，由孝男率一家大小，伏地叩拜，焚烧纸人、纸马、纸鹤，道士敲拍大钹，送亡魂上马离家升天。纸人象征死者，男女画上有别；纸马象征死者亡魂骑马而去；纸鹤象征亡魂跟随仙鹤引路升天。这时，死者家属啼哭号叫，以示对亡人的哀别。"上马祭"结束后，道士站在大厅前，向所有送丧的人们，念经，以水盂溅花，把水飞洒，以示"溅秽"。礼毕，丧家备酒饭招待送丧者。

报丧：又称讣告、讣闻、报亡等，其方式主要有：死者咽气后不久即放鞭炮，并用白纸写上"某府某公（夫人）丧事"，或"某府某公（夫人）千古"之类的字样张贴丧家房门上，昭示亲友邻里。若死者是90岁以上且子孙满堂的长寿老人，讣告用纸是以红色。此外，还有由族人或孝子持丧帖书或口头亲自到亲友家报丧。丧帖书多用白纸书写，90岁以上的老人亡过，丧帖书则用红纸书写。报丧者一般用"老了"、"过了"等词语，而忌说"死"字，每到一家，都要吃一些东西如抽一根烟、喝一杯酒、吃一两个鸡蛋等才离开。若是到死者的出嫁女儿家报丧，其女儿应痛哭一场，否则报丧者以为不吉。若死者是已婚女性，则必须由孝男亲自登门报丧，外祖家要送给报丧者两个鸡蛋，一条毛巾，并对丧家提出治丧的种种意见和要求，如棺木的尺寸规格、收殓的布帛质地、"跋襄抬"的规模等，丧家应予听从、采纳。若外家亲属未到或到后未作许可，则不可殓葬。

戴孝：老人寿终，儿孙辈要当孝男、孝孙，必须服丧，披麻戴孝。父母俱亡者，儿子穿戴麻衣草帽，媳妇罩粗麻布（若父母尚有一人健在，则在麻衣上缝一小块红布），女儿穿白孝服，孙子着黄衣黄帽，孙女腰扎蓝布条，曾孙穿红衣，重孙穿绿衣。头饰亦有差别。女儿头上扎的孝头绳是蓝色加点红色，妻子为白色，儿媳妇为白头绳或黄头绳，侄孙女扎绿头绳。旧俗，"上孝"（即"披孝"）前，孝男要理发剃须，否则要百日才能理发，孙辈则要"终七"

（即七七四十九天）方可理发；服丧期间，孝男多是"蓬头垢面"，以示亲人去世，悲恸欲绝，心无旁顾；所披孝服，依五伦关系亲疏有别，主要有五等即五服——斩衰（音 cui）、齐（音 zi）衰、大功、小功、缌麻。孝子还须持孝子杖。孝子杖又称"哀杖"、"哭丧棍"。《百虎通》有"孝子失亲，悲哀哭泣，三日不食，身体瘦弱，故杖以持身"的记载，是为"居丧必杖"之缘由。通常，父死持木制孝杖，母亡持竹制孝杖，妻亡丈夫持"齐眉杖"（又称"丧偶杖"），孝杖长 2 尺许，上端糊有白纸或五色纸，而今，孝杖只是象征性的，已无杖身起步的功用了。

守灵：遗体停置大厅，于厅设灵堂，祭奠孝眷按男左女右日夜守护在遗体旁以表孝敬和哀思，谓"守灵"，俗称"守铺"。亲友前来吊祭，孝男孝孙要跪着陪祭。灵堂以肃穆为基调，挂青、黑色孝帐，设灵位，竖神主牌。神主牌又称"木主"，上书死者姓名、字号、生卒年等。神主的"主"暂写成"王"字，待回龙后请有名望的人用朱笔加一点为"主"字，俗称"点主"。灵堂正中，横一长方形桌子，俗称"灵前桌"，摆上死者生前用具，点燃一盏小油灯或一对蜡烛，俗称"灵前火"，一日三餐，都要儿孙辈轮流上前供饭，早晚供汤，中午供饭。供饭时，妻、女、媳、姐妹一辈人在旁"唱饭"哭吊。如女儿哭母亲的唱词有："日头当天午时分，女儿供饭泪纷纷。可怜母亲黄泉去，一路坎坷又辛酸……"唱者悲凄，闻者动哀。"唱饭"毕，则用两枚铜钱在灵前卜问，若铜钱落地为一上一下，则表示"吃好了"，可以收拾饭菜，不然，则再供一会儿。现在，灵堂设置较为简化，只挂遗像、陈设鲜花之类，供饭时上香，香燃一半即可结束供饭仪式。此外，守灵者须更换"脚尾烛"，每当"脚尾烛"点到一半时需吹另换一支，剩下的一半等到出殡时分发给子女，以示子孙绵延不绝。守灵者还要谨防猫、鼠接近尸体，以防不测。

哭丧：守灵期间，孝妇、孝女、孝孙妇人等以边哭边说的方式表达对死者的哀悼之情，称"哭丧"。哭丧词既表达对死者一生的敬重，也表达自己的百慨丛生，哀思殷殷。哭丧时音调低沉，句末往往有拖腔拔调的韵律和装饰音。福州民间流传的《十诉苦情》、《十二月孝顺歌》、《可怜歌》等均很感人。每日三餐供饭（汤）、晚间"吊暝"、"做七"、出葬等，莫不哭丧。哭丧内容因对象而不同，如对上寿的人哭唱道："哎呀，娘奶（或郎罢，即福州方言中母亲或父亲）呀，汝的一生又勤又俭，没吃过补，也没过一天好日子，怎么一病就走去，留下男仔、女仔好凄凉……"女儿哭唱父亲道："十层楼梯只是柴。哎呀，我的郎罢呀，你亲手栽树成林，砍木造梯多苦辛，就像你辛苦培育子女长大，一生没吃没补，埋在田园，四季不闲。如今你归土去，可怜男女思念在心。……"出殡前祭奠亡魂哭唱道："父像南山青松柏，四季常青荫后人。好让男仔多出息，好让女仔有富荣……"或"奶像萱花长青草，一年绿满荫后人。好让家庭长进益，好让子孙享安宁……"[①] 凡此哭丧词，啼啼唱唱，配以哭哀节奏和抑扬声调，构成一曲缠绵悱恻而又悲伤的哀悼挽歌，为丧葬增添了悲痛的气氛。

哭丧自古以来都有一定惯例。如：忌泪洒遗体，俗传死者穿好寿衣之后，如泪水滴在寿衣上，谓"玷污"或"不洁"，以致死者不能安心离开人世，增添牵挂，而且，泪洒遗体上，也有不吉之嫌。还有穿寿衣时不哭，盖棺安钉时不哭，深夜不号哭，"欢喜丧"（福州传统习俗，90 岁以上长寿老人亡过，谓"欢喜丧"）不哭等规矩。

入棺：即将遗体放入棺材，亦称"入殓"或"大殓"（初丧时，为死者浴尸、更衣，谓"小殓"）。通常死后第三天举行入棺礼。旧时，男性去世，须请族长视殓；女性去世，须请外祖家视殓，否则不能入殓。入棺前，要举行遗体告别仪式，具体做法是在后厅放一张太师椅，请一位"好命人"（即子孙满堂，配偶健在的老人）端坐片刻，尔后将遗体抬上太师椅坐一会儿，俗称"坐案"，象征性

---

① 林国平：《福建省志·民俗志》，方志出版社 1997 年版，第 221—222 页。

给死者喂面，再将遗体移入棺内。移尸入棺多由长子抱头部，次子、女婿依次抱腰部、脚部轻轻放入。移尸入棺时须用雨伞斗笠之类的雨具遮盖遗体头部，俗传死者若见到天日，日后会闹鬼。遗体在棺内的放置，通常是男尸头部要顶着棺材上端、女尸脚部顶着棺材下端，俗谓"男顶天，女立地"。棺内往往放有一些随葬品，多为死者生前喜爱的小物品以及简单的生活用品，还有纸糊的金童玉女，所谓"事死如事生"。盖棺前，孝眷按亲属排列，手持冥香和纸钱，绕棺数圈，瞻仰遗容。盖棺时辰多由巫师择定，盖棺则由乡村中德高望重的人或专门办丧事的人负责。盖棺时，孝眷及旁观者要远离棺材，忌讳人影倒映入棺内以免不吉。盖棺安钉后，孝眷将死者生前的日常用品（如草席、床头板、脚尾灯等）扔到野外，俗称"送脚尾"或"送草"。

做七：这是福州丧俗中较突出的礼仪。旧时，死者入棺后，每七日，要在棺木上漆一次。"漆"与"七"谐音，且七日一漆。棺工"做漆"本属七日一道工序，竟成为丧家"做七"，即七日一祭奠之习俗。头七，称上孝七，举家大小在祭奠时守灵哭祭，俗称"做报亡"，道场由孝男出资主持，又称"孝男七"；二七，道场由亲族出资主持，又称"内亲七"；"三七"，道场仍由孝男负责，若头七是长子做，三七则由其他孝男做，这次道场俗称"拜忏"，指为死者亡灵忏悔，家庭不富裕者，"三七"便可出葬；四七，道场由亲友集资主持，俗称"友七"；五七多安排开吊，道场规模较大，亲朋好友多前来吊唁，挽联诔幛，陈列满堂；六七，道场由已婚孝女出资主持，俗称"孝女七"；七七，也称"尾七"、"终七"、"满七"，道场由孝男主持，同时还要举行"断七"仪式，焚化许多纸厝、纸钱、楮衣、纸箱等，称为"填钱"（填，福州方言为"还"，即偿还，意为报答父母养育之恩）。做七，不仅要负责祭奠的礼品，还要负责一道漆棺的费用。"七漆"的工序通常为：头漆是桐油调灰，要粘缝、补凹，要求打底坚牢，形状美观；二漆在原底色基础上磨平擦光，再加桐油调灰；三漆，上乌黑色生漆；四漆、五漆，视家庭财力，有的加"瓷"，重调桐油和灰，把棺木加厚一层，再磨光；六漆，或再上生漆，或刷红；七漆则在红底上刷朱砂，俟朱砂干后，嵌金图案，粉饰一新。福州民间丧俗，"做七"者须是子孙满堂的上寿老人。孝女除做"六七"外，还要送"六旬"，亦称"烧六旬"，即已婚孝女在 60 日后送来祭品，焚烧纸厝、金银箔等，其中必烧一只纸鸭姆，民谣云"鸭姆生蛋给主人"。出阁女儿成家立业，思亲殷殷，以寄哀思，以表孝心。仪式完毕，娘家应备四季花、红筷子、锡壶、饭碗一副、粿、糕等礼品回赠，俗称"回六旬"。①

吊唁：吊是对死者表示哀悼，唁是对死者家属表示慰问。丧家先要发出素帖讣告，文字上要写明日期，邀请亲友参加吊唁仪式，俗称"开吊"。灵堂内外张素灯结素彩，丧家门口挂一对白纸高照灯笼，用蓝字注明×旬（10 岁为一旬）寿考（父）寿妣（母）及几代同堂。大门口还竖立一块大屏风，写着讣告内容。门口另一角则放着堂鼓，吊唁者一到，礼生（司仪）便击堂鼓奏乐志哀，并高举名帖引客人步入灵堂，② 向亡灵三叩首，孝眷在一旁陪祭。拜毕，则由族亲接待入客厅，烹茶敬烟。吊唁者通常要随带奠品，送挽联、花圈、香烛、被单、布料、毛毯之类的物品，俗称"送轴"；送钱的，俗称"奠仪"。丧家须备一册登记本，一一加以登记，并将送来的被单、毛毯之类的物品挂在灵堂周围，每块"轴"分别用白纸写上"某某千古"、"某某哀挽"之类的纸条。"轴"的位置依亲疏关系而定，一般亲家或至亲的"轴"挂在灵堂当中或最高处。奠品必须在出葬前送达，逾时不能补送，此为丧俗禁忌。旧时有停

---

① 李乡浏、李达：《福州习俗》，福建人民出版社 2002 年版，第 244—246 页。
② 旧时，从大门口至灵堂划分三道花门，作吊者抵达头门时，先报到，写明贵谊、或年谊、或寅谊、或学谊、或乡谊、或友谊、或戚谊的名片，由司仪伴随，至第二门，击鼓奏乐，开门，司仪高呼："报，某府某先生驾到！"大厅内便知作吊者身份，以出红、蓝、黄、白拜垫，开第三门，司仪招呼："请！"贵谊者为红拜垫，平辈朋友为蓝拜垫，晚辈朋友为黄拜垫，亲戚中的晚辈为白拜垫。如果贵宾是地方长官或相当知名人士，则在灵前加铺红毡，让贵宾踩红作吊。

枢待葬习俗，故从发丧起49日内均可吊唁。乾隆《福州府志》卷24《风俗》云："发丧受吊率四十九日，历时既久，执事多疲而简于礼，近稍减为二十一日或十四日。"可见，清乾隆年以后，吊唁时间缩短，"做七"亦不过"三七"。而今，开吊多改为召开追悼会。

出殡：俗称出山、送葬，古称"送死"、"发纫"等。福州素有厚葬之俗，尤重出殡，它不仅被视作死者的哀荣，也被当作生者的显耀。按俗例，出殡前一夜须设堂就祭，谓"辞灵"，俗称"加堂"或"哭祭"，族亲戚属多来祭奠，孝眷在棺材周围恸哭，有的人家辞灵时还请乐队奏哀乐。清晨出殡，出殡前，在门前埕地举行祭奠仪式，棺停正中，横案，陈列祭品，由孝男、孝孙焚香斟酒，主祭。司仪在旁按丧礼习俗祭祀，最后宣读《祭文》。这是出门的首祭，俗称"开路祭"，因由孝男主祭，又称"孝男祭"。殡葬仪仗队的排列有严格的规范，通常是鸣炮送行，前有高达数丈、用纸糊成的"开路神"先导，彩旗、高照（素灯笼）随后。彩旗分白、蓝、红三色，白色旗数与孝子、孝孙人数相等，蓝色旗数与孝女、孝孙女人数相等，红色旗数与媳妇、出嫁女人数相等。高照上书死者姓氏名号和四代或五代同堂之类的字样。接着乐队或十番伬和举着乡有虎、豹、狮、象之类动物的"生幡队"，一路吹吹打打。之后是两人或四人抬着的暗色灵轿（因形状像神龛，俗称"笼轿"或"神主亭"，而今，龛轿改用"花亭"，以亭式的轿子、布满素花，遗像置于其间，较为别致），内置遗像或牌位（神主牌），红毡拥着，轿前，有一班金鼓奏乐，调子低沉。灵轿之后是送葬宾友。接着是灵枢，灵枢由人（有4人、8人、12人、16人不等）抬着缓步过市前往墓地，抬棺者称棺夫，多由已婚男性担任。棺夫须父母均健在、子女双全者担任，丧家要发给每人一个红包作为报酬。紧跟灵枢之后的是孝男孝孙人等，他们手持哭丧杖，在白布大围中一路啼哭，孝妇、孝女、孝孙女随后，之后是族党戚属。最后是挑晦饭和"百子千孙"灯笼的人群，孝男有几个，就挑几担。送丧队伍中还须有人一路上专门撒纸钱和放鞭炮。出殡时，亲戚故旧宾友在途中举行祭奠仪式的，俗称"拦路祭"（又称"半路祭"、"路祭"），以示对死者的敬重和悼念。路祭有固定的顺序排列，先女婿，次孝女，然后才是亲戚故旧，路祭的次数只能是单数。"路祭"的主祭者都要给送葬的人们分发点心、茶水和小纪念品，有的甚至送红包。孝眷须跪拜陪祭，一律叩头并以白布等作为答谢。送葬也有不少禁忌：送葬途中，灵柩不能停放在地上或别人家门口；棺夫若要休息或遇路祭时，只能把棺材放在两条板凳上或用上端有丫的木棍撑住；棺夫忌说很重，否则会越来越重，送葬队伍忌走重复路线，即便走错了路也不能回头，只能绕远路；丧家女眷不上山，半路折回；丧家要给送葬的戚属宾友每人一份小礼物，如用红纸包裹的几枚硬币、红织带、手帕等，讨个吉利。

下葬：俗称"下土"、"发葬"。送葬队伍上山到达预先营造好的坟地，按事先择定的时辰入圹，然后倒入白灰一层，三合土一层，快速垒实、封圹，堆土成丘为墓形，燃放鞭炮以示吉利。棺木入圹前，要先在坟前举行祭奠仪式，将灵屋等焚化，由长子率孝眷绕墓一周或三周，撒些沙土在棺材上，再将灵柩放入墓圹，封上墓门，再以三牲祭土地公。送葬者按先内亲后外戚的顺序，一一叩拜。礼毕，送葬者吃粞粿，以示吉祥，时来运转。吃粞时，金鼓奏乐，司仪唱喝彩诗，众人回应"好啊"！如"粞来上口甜又甜，福人福地好成仙，青山绿水长相伴，福荫亲戚朋友大家发财赚大钱"。

回龙：送葬队伍下山返回丧家，谓回龙，又称"回舆"或"回灵"，古称"归虞"。回龙时，凡送葬者要改装换服，脱孝披红。孝男、孝孙挂红彩，持灯笼；孝妇、孝女、孝孙女上着黑衣，下穿红裙和红鞋；其他送葬者男性束红带，女性戴红花；遗像所披黑纱换红绸。到达丧家门口，放鞭炮，烧一束稻草，孝男捧先人遗像或神主牌先从上面跨过，一扫送葬的挂白晦气。俗传稻草意味收获，燃烧稻草在农业社会是迎接来年收成，象征大吉大利。安置好像框或神主牌后，其他送葬者均要依序跨过燃烧着的稻草，以示吉利，并列灵堂前向遗像或神主牌鞠躬，同时向孝眷表示慰问。回龙后，丧家要办宴席酬谢送葬宾友，虽然宴席雅俗有别，场面大小有差，但无一例外均要上一道羊肉的菜馔，俗称"羊肉袋"。传说，羊有亲情之爱，每当哺乳时，小羊羔都要跪着吮吸母乳，此举被视为"晓得哺乳之恩"。丧宴出这道菜，表示"食了羊肉，表有爱心"。所上羊肉菜馔，有"灯糟羊"，取红糟的颜色以为吉利；有萝卜炖羊肉，取萝卜素色以示思亲；有清炖羊肉，取羊肉本味，以表纯情。赴宴者都要尝一尝，以图吉利、求平安。

探墓：葬后第三天，孝眷备菜馔酒饭、香烛、纸钱等率家人一齐上山到新坟祭奠，并勘看修整新坟，俗称"复三"，也叫"福山"（福州方言二者为谐音，"福山"又与墓坟地相连），古称"三虞"，又有"巡山"、"巡灰"、"巡墓"等不同名称。复三，先是祭奠，焚香化纸，然后整理墓坟周边的环境，包括砍掉荆棘、杂草等，挖好排水沟洫，修补墓埕及其围丘，铺好便道等。复三礼毕，丧葬便告结束。此后，每逢清明孝眷都要上坟祭扫，此俗延至今日。

时至今日，均改用火葬，丧葬程序虽然大为简化，但其中很多习俗仍常见。

第五节　岁时习俗

福州的岁时习俗历史悠久，内容丰富，是福州民俗文化的重要组成部分，是福州民间文化的重要载体，是中华传统文化中的一份珍贵遗产。大体上看，福州的岁时习俗与全国的岁时习俗基本一致，但也保留了一些独具地方特色的节日节俗。

一　春节

农历正月初一，是一年的第一天，古称元日，亦称元旦（近代使用公元纪年后，以公历的 1 月 1 日为新年的开始，称元旦，农历的正月初一则称春节)、元辰、履端。春节是福州最大、也是最重要的节日。志云:"闽俗诸节,最重元日。"① 春节不仅仅是一天,而是若干时日,一般至少 3 天,也有至初五、初七日,还有的甚至延至十五日。其习俗志书中多有记载,归纳起来主要有祈年、饮屠苏、序拜、却荤食、上冢、入学。

祈年,即正月初一凌晨,各家各户致祭神祇以祈一年之福。其仪式简朴,只要清洁厅堂,陈列酒、果(包括福橘、花生、荸荠、瓜子、红枣等)便可祀礼。据《三山志》载:"自五鼓后,户无贵贱贫富,皆严洁厅宇,设上、中、下三位,陈列酒食茶汤,焚金银楮钱,冀承灵贶,以保遐龄。盖用道家之说,谨岁始。"《八闽通志》卷 3《地理·风俗·福州府》亦载:"五鼓后,郡人无贵贱贫富,皆严洁厅宇,陈酒果,焚楮帛,拜上下神祇,以祈灵贶。"

饮屠苏,又称饮屠酥,即饮一种药酒,意在消灾驱邪祛百病。此俗记载最早见于南朝梁人惊懔《荆楚岁时记》:"(正月一日)长幼悉正衣冠,以次拜贺,进椒柏酒,饮桃汤,进屠苏酒……次第从小起。"唐宋始盛,唐代卢照邻《长安古意》诗:"汉代金吾千骑来,翡翠屠苏鹦鹉杯。"宋代苏辙《除日》诗:"年年最后饮屠苏,不觉年来七十余。"苏轼《除夜野宿常州城外》诗亦有"但把穷愁博长健,不辞最后饮屠苏"的句子。《三山志》云:"除日,以药剂入绛囊,置井中,元日出之,渍酒,东向而饮,自幼至长以为序,可辟瘟疫。盖用华佗与魏武帝方也。"

序拜,即拜年,又称"拜正"、"贺春",是春节的一项重要活动,可分为晚辈向长辈拜年、亲族邻里间的拜年、乡里集于里社的团拜三种形式。《三山志》载:是日,享祀毕,序拜称觞,祝寿于尊者。出见亲族邻里,更相庆贺,间亦团拜。虽闾阎委巷,举手相祝,往返更谒,尽节假乃止。自缙绅而下,士人、富民、胥吏、商

① 梁克家修纂:《三山志》卷 40《土俗类二·岁时》"元日条"。《八闽通志》、《闽书》亦同。

贾、皂隶，衣服第有等，不敢略相陵躐。士人冠带，或褐笼衫；富民、胥吏，皂衫；农贩、下户，白布襕衫；妇人非命妇不敢用霞帔，非大姓不敢戴冠、用背子。自三十年以前，风俗如此，不敢少变。又其称呼，士人非实读书，不称秀才；豪门大户，"爹"呼父，"娘"呼母；其奴婢及在己下，呼之曰郎君、曰娘；农贩、下户，罢呼父，妳呼母；其党类及在己下，呼之曰叔、伯，曰嫂，锱铢甚严，虽骤富骤贫，不可移易。故其名分类素定，岁时揖逊俯伏，井井可观。三十年来（亦称"三十年后"）渐失等威，近岁尤甚。农贩、细民，至用道服、背子、紫衫者，其妇女至用背子、霞帔，称呼亦及是，非旧俗也。由此可见，宋代序拜礼俗颇讲究。宋室南渡后，"渐失等威，历元至明，流风余韵，虽间有存者，然相去天渊矣"。① 拜年也有一定之俗，通常是晚辈向长辈拜年，受拜者要赠以红包（俗称"拜年钱"）或分发橘子，正如福州民谚所云："拜年，拜年，掏橘分钱。"古时，晚辈向长辈拜年崇尚跪拜，民国以后改用作揖、鞠躬，口称"拜年！"，长辈则回应"吉利！"。台江一带商市发达，则多回应"发财！"

却荤食，是指正月初一这一天不食荤而食素。淳熙《三山志》载："以岁首率素食一日。绍兴辛亥（1131 年）程待制迈以寇盗未平，榜谕郡民，先是日禁屠。"

上冢，即上坟，扫墓祭祖。《三山志》曰："州人坟茔，尽在四郊。岁节之二、三日，华门大姓，率携家拜扫，虽贫贱市贩，亦盛服靓装，竞出城，东、西、北郊之外，冠盖填塞。故自节内，酒亭食肆，凡诸阛阓之家，垂帷下箔，优歌欢笑，至开假乃止。近数岁乃有节内列市如故者。"《八闽通志》亦载："岁节之二、三日，华门巨姓，率携长幼拜扫坟茔，至开假乃止。"清乾隆《福州府志》卷 24《风俗·岁时》云："节内外旬日，挈筐楎往四郊墓祭。清明、重九亦然。"

---

① 黄仲昭：《八闽通志》卷 3《地理·风俗·福州府》"岁时条"。

入学，指正月初五入学弟子拜见老师，俗称"上斋门"，斋即书斋，旧时指城乡塾学。此俗盛于宋代，元代以后渐衰。《三山志》载："每岁节既五日，各遣子弟入学。或须卜日，则以寅、申、巳、亥、吉，亦不过三五日止。凡乡里各有社学，岁前一二月，父兄相与议，求众所誉学识高、行谊全，可以师表后进者某人，即一二有力者，自号为鸠首，以学生姓名若干人，具关子，敬以谒请，曰：'敢屈某人先生来岁为子弟矜式，幸甚'。既肯可，乃以是日备礼延致，诸子弟迎谒再拜，惟恐后。……程守师孟诗云'城里人家半读书'，又云'学校未尝虚里巷'。自周希孟、陈烈先生以来，以德行、经术警悟后学，自是乡邑有所推荐，莫不尊敬畏服。近三十年以前，尚然也。故知有父兄师友琢磨淬厉，纵不为世用，亦有成德。三十年之后，生以趋试上庠，率游学四方，而先生亦各开门以待来者。事师之礼浸衰，教人之礼甚略，非旧俗也。"

除上述习俗外，福州春节常见的习俗还有放爆竹、贴春联、闹夜市等丰富多彩的民俗活动。

放鞭炮，旧称烧火爆。《荆楚岁时记》云："山臊恶鬼，犯人则病，恶爆竹之声……今州人以竹著火，烧爆于庭中……谓之火爆。"宋代以后称"爆仗"（福州亦称"炮仗"）即今之爆竹。其意在于避邪驱鬼，后来增加了除旧年、卜来岁的含义。福州俗例，大年夜和正月初一早晨都要放爆竹，含有辞旧岁、贺新年、避鬼邪等意义。

贴春联，旧称挂桃符，即将传说中专司镇鬼的神荼、郁垒二神画于桃板上挂在门前以驱鬼。南朝梁人惊懔《荆楚岁时记》："新年门旁设二板，以桃木为之，而画神荼、郁垒像，以压邪，谓之桃符。一年一换，故以为新年故事也。"五代以后，民间不再桃板上刻画二神，而是写上二神的名字或表示吉利的句子，此即楹贴，再后来就演变成了楹联，即春联。明代以后，贴春联成为新年的一项习俗，春联的内容大多体现人们的良好愿望。

闹夜市：除夕之夜，商店大多通宵营业，吃过年夜饭，家长便带孩子逛夜市，购买孩子喜欢的东西或添置一些家里必要的装饰摆设。这种夜市一直闹到将近拂晓才鸣炮闭门。福州旧俗，新正初一至初三歇市三天，谓之节假。清乾隆《福州府志》卷24《风俗·岁时》载："元日，祈年，洁屋宇，陈以酒醴，焚楮帛，以承灵贶。少长序拜，戚友相过贺，三日市不列肆，谓之节假。"

一般初一不出远门，晚上要早睡，称"斗夜灯"。所谓"斗夜灯"，据民国《藤山志》解释曰："除夕人家守岁，商家结账彻夜未眠，所以元日之夜，宜斗早登床也"，"斗"指比或比赛的意思，"斗夜灯"即比谁早睡。初二、初三开始访亲拜友，互请春酒。福州俗例，初二是女儿、女婿回娘家拜年的日子，又称"女婿日"，女婿要携带礼物孝敬岳父、岳母，同时要给小孩们发红包、分橘子或糖果，娘家要办春酒，饮宴团聚。春酒席上通常有春盘（选辛辣气味的蔬菜组成拼盘，有发散五脏中陈气的作用）、春卷等特色食肴。初四为"开假日"，也称"接神日"。大清早，点香鸣炮迎接灶神，从此开始各项工作与正常生活。初五是入学日（前已述）。初七为人日或人胜节，又称人庆、人日、七元等，福州俗称"人补命"。民间传说，过去人和动物不分彼此，各有自己的生日。正月初一是鸡的生日，初二是狗的生日，初三是羊的生日，初四是猪的生日，初五是牛的生日，初六是马的生日，初七是人的生日，初八是谷的生日。这一传说可能是远古时期动物崇拜的遗风，赋予每种动物一个诞生的神话，并由此产生了人胜节及其相关的十二生肖信仰。人胜节兴于汉代，[1] 盛行于唐宋时期，明清以后逐渐消失。《荆楚岁时记》："正月七日为人日，以七种菜为羹，剪彩为人或镂金箔为人，以贴屏风，亦戴之头鬓。又造华胜以相遗。"其中七羹可以祛病、健身，祈求人口平安，剪纸或金箔纸人，则具有求子的目

---

[1] 东方朔《占书》："岁正月一日占鸡，二日占犬，三日占豕，四日占羊，五日占牛，六日占马，七日占人"，晋代董勋沿用东方朔的说法。晋代董勋《答问称俗》云："正月一日为鸡，二日为狗，三日为猪，四日为羊，五日为牛，六日为马，七日为人。"（《北齐书》卷37《魏收传》）

的，祈求人类繁衍。① 福州旧俗，每逢人日，民间要取七种菜做羹，谓七宝羹，晚上要共食年糕，煮太平面，以表延年益寿，还要用彩布剪成人形或镂刻金箔为人状，贴在屏风上或戴在头上，以示祥瑞。初九为玉皇诞辰日，玉皇又名天公、天公祖、昊天上帝、元始天尊，为道教的最高神祇。是日，福州男女多往寺庙烧香拜祭。

总之，自除夕至元宵，福州民间日日有节。元宵过后，人们才认为春节结束了，足见春节在民众心目中的重要地位。

正月初一，有许多禁忌。忌扫地、倒垃圾。"闽俗，元旦不除粪土，至初五日辇至野地，取石而返，云：得宝，则古人唤如愿之意也。"② 忌用刀器，以免不慎受伤，被认为是一年的晦气。忌讲晦气、不吉利的话，早晨起来的第一句话要互道吉利。忌打骂孩子。忌打破器皿，万一遇到这种情况，就说"发了"或"发财了"。忌吃稀饭，俗称"初一吃稀饭，出门天下雨"，要吃年糕或太平面，而且不能全部吃完，要留一点，以示"有余"，一日三餐必备三道菜——豆腐（福州谐音"都有"，寓意"富有"）、青菜（意取"平安"）、年糕（含"年年高"之意）。

二 元宵节

农历正月十五日是元宵节，又称上元节、③ 元夕节、灯节，是福州民间重要的传统节日，常常以之视作春节的真正结束。元宵节的习俗主要与"灯"有关。

福州元宵花灯始于汉代，盛于宋代，是宋代京都灯节的上品，以寿山石雕琢而成的花灯"纯如白玉，晃耀夺目，如清冰玉壶，爽澈心目"，甚是精致。还有橘灯、菜头灯、剪纸裱灯、莲花灯等，

---

① 转引自李露露《中国节——图说民间传统节日》，福建人民出版社 2005 年版，第 21、30 页。

② 徐景熹主修：乾隆《福州府志》卷 24《风俗·岁时》"元日"条。

③ 道教有"三元"之说，源于东汉时期道教传说中的三官——天、地、水神的诞辰，宋代始将三官称三元，正月十五日是天官大帝的生日，谓上元；七月十五日是地官大帝的生日，谓中元；十月十五日是水官大帝的生日，谓下元。

结构新颖，形态别致，色泽鲜艳，亦颇具特色。灯节的活动主要有观灯、彩山、送灯等。

元宵节，家家户户门口挂灯，厅内悬灯，十里灯街，红光辉映。州县官吏，每逢元宵，也指定场所，规定献灯悬挂，让民众观赏。旧时，福州灯市①有两处：一在城内南后街，一在南台中亭街。唐宋时期，福州灯市蔚然成风。元代朝廷不提倡大规模灯会，明代始灯会之风复炽。张灯时间历代各异。淳熙《三山志》载："自唐先天始，本州准假令三日。旧例官府及在城乾元、万岁、大中、庆城、神光、仁王诸大刹，皆挂灯球，莲花灯、百花灯、琉璃屏及列置盆燎，惟左右二院灯各三或五，并径丈余，簇百花其上，燃蜡烛十余炬，对结彩楼，争靡斗艳，又为纸偶人，作缘竿、履索、飞龙、戏狮之像，纵士民观赏。朱门华族，设看位东西衙廊外，通衢大路，比屋临观。仍弛门禁，远乡下邑来游者，通夕不绝。"② 又，乾隆《福州府志》载："张灯，自十一日起，至晦日止。十三、十四、十五三夜尤盛。影灯象人、物、花、果、禽、鱼，裁缯剪纸及琉璃为之。"③ 明人谢肇淛《五杂俎》卷2《天部二》载："天下上元灯烛之盛，无逾闽中者。"又云："自十一夜已有燃灯者，至十三则家家灯火，照耀如白日。富贵之家，曲房燕寝，无不张设，殆以千计。重门洞开，纵人游玩。市上则每家门首悬灯二架。十家则一彩棚，其灯上自彩珠，下至纸画，鱼龙果树，无所不有。游人士女，车马喧阗，竟夜乃散直至二十外薄暮，市上儿童即连臂喧呼，谓之求饶灯（饶灯，即熄灯）。大约二十二夜始息。盖天下有五夜，而闽有十夜也。"清咸丰《榕城岁时记》亦曰："吾闽后街，自正月节假内即开市买灯。夜间灯火辉煌不减京物略所云。光影五彩，照人无妍媸。烟冒尘笼，月不得明，露不得下。"足见明清福州灯会之盛况。元宵节的灯会，往往耗资甚巨，普通百姓多承受不起。

---

① 王应山：《闽大记》载："沿山悬灯，通宵游赏，谓之灯市。"
② 梁克家修纂：《三山志》卷40《土俗类三·岁时》"上元条"。
③ 徐景熹主修：《福州府志》卷24《风俗·岁时》"上元条"。

《三山志》载："宋神宗元丰（1078—1085）年间，刘瑾为郡守，不问贫富，每户科灯十盏，其时，陈烈以诗题鼓门大灯笼云：'富家一盏灯，太仓一粒粟；贫家一盏灯，父子相聚哭。风流太守知不知？惟恨笙歌无妙曲'。瑾闻而谢之。"① 按，晁氏《家语》谓：蔡君谟守福州，上元日，命民间一家点灯七盏，陈烈作大灯丈余，书此诗其上，君谟见之，罢灯。② 学界多采此说，因君谟与烈同时，而刘瑾为郡，后君谟三十六年，晁氏之言，或有所据也。

福州的元宵节不仅灯市辉煌，而且还有摆设鳌山，供人观赏的。淳熙《三山志》"彩山"条载："州向谯门设立，巍峨突兀，中架棚台，集俳优、娼妓、大合乐其上。"福州的鳌山多采用工艺彩扎的人物，如"八仙过海"、"水漫金山"、"闪电雷雨"等民众喜爱的戏曲节目，展示花灯之中，吸引众多的观众，民谚所谓"上元热闹看鳌山"。明朝以后，官府不提倡公款摆设大规模的鳌山，而是由地方民间集众资自行摆设。前引《八闽通志》"上元·彩山"条云："入国朝（指明朝——笔者注）来，民俗祈年，虽间有设于境者，而官府则不复设于此，亦可以观我祖宗节俭之化矣。"不过，各"境"摆设的鳌山仍很热闹。所谓"春灯绝胜百花芳，元夕纷华盛福唐。银烛烧空排丽景，鳌山耸处现祥光。管弦喧夜千秋岁，罗绮填街百和香。欲识使君行乐意，姑循前哲事祈禳"。③ 又，乾隆《福州府志》亦载："庙刹驾鳌山，玲珑飞动。又为木架彩棚，妆演故事，谓之台阁。俳优百戏，煎沸道路，箫鼓喧阗，至于彻夜。"

送丁则是为添丁。福州方言以"灯"为"丁"，每添设一灯，俗谓添丁。民间童谣："正月元宵灯，婆婆爱外甥（外孙），送来红红桔子灯，吉利又添丁。"已嫁之女，尚未生男者，娘家要在元宵节前送"观音送子灯"或"天赐麟儿灯"。同时，还要送果蔗，甘蔗意取节节高，"果"一般是福橘，意取吉利。已生男孩的，娘家

---

① 梁克家修纂：《三山志》卷40《土俗类三·岁时》"上元条"。
② 黄仲昭：《八闽通志》卷3《地理·风俗》。
③ 转引自梁克家修纂《三山志》卷40《土俗类三·岁时》"上元条"。

所送灯则不拘，一般送"状元骑马灯"、"天赐麒麟灯"等。各地灯匠艺人所制"状元灯"品种繁多，如有一种"走马灯"，灯影旋转中全是状元及第的各种姿势和动作，从晋京会试到入试考场，从状元看榜到皇帝召见，从状元游马到状元返乡等，形象逼真，惟妙惟肖。娘家送灯一直要外甥 16 岁为止。

元宵灯谜也是福州元宵节的一大特色，始于南宋。施鸿保《闽杂记》云："福州士人上元多设灯谜，或尽一宵之兴，或订三餐之期，斗巧争奇，颇多佳制。"

元宵节，俗食"元宵丸"，又称"汤圆"，意取合家团圆。传说，元宵丸起源于春秋末期，唐代称面茧，五代称"圆不落角"，宋代称"圆子"、"团子"。元宵丸有实心和包馅两种，包馅又有甜、咸之分，甜的馅选花生夹糖或豆沙制作，咸的馅选肉、葱及作料制作。熟食方法有煮、蒸、炸三种。如今，汤圆已成为四时皆备的风味小吃。

此外，元宵节还有转三桥、迎神赛会以及各种娱乐活动。转三桥俗传为吉兆，一年无病。又，过桥多为妇女，意在求子。谢肇淛《五杂俎》卷 2《天部二》曰："大家妇女，肩舆从数桥经过，谓之转三桥，贫者步行而已。"明人邓原岳《闽中元夕曲》："今宵雨霁动新凉，短拍长歌夜未央。学得昆山齐按节，还珠门外月如霜。邀来女伴转三桥，歌舞丛中落翠翘。"[①] 迎神赛会则多是抬神像游行，同时伴随舞龙灯、高跷、舞狮、陆地行舟等民间文艺活动，俗称"闹元宵"。有的居家百姓见迎神过境，便举灯放炮，祈求合家平安。如今，迎神已被禁止，但灯会、送灯、灯谜等习俗经久不衰。

三　拗九节

农历正月二十九日为拗九节，又叫下九节，后九节，[②] 也叫孝

---

① 转引自徐景熹主修乾隆《福州府志》卷 24《风俗·岁时》"上元条"。
② 闽俗中正月分"三九"，初九称上九，十九称中九，二十九称下九。

顺节。俗称"念玖"、"送穷"。前引乾隆《福州府志》载："正月二十九日，杂饧果煮糜餔之。俗云：食之却病。谢在杭云：是日，谓之窈九；以天气常窈晦然也。按方言亦云：'孝九'。相传目莲以是日供母，非也。"《天中记》"是日谓之穷九"。《四时宝鉴》云："高阳氏之子好衣敝食糜，是日死，世作糜粥、破衣祝于巷，曰除贫，此乃其遗俗也。"因此，拗九节有送穷、至孝等不同说法。

拗九节是福州语系独有的传统节日，其习俗是吃"拗九粥"。是日清晨，民间各户以糯米煮粥，佐以花生、桂圆、红枣、荸荠、芝麻、红糖等，烹制成"拗九粥"，先献荐祖先，再孝敬父母，然后合家当早餐。据说，这一节俗源出《目连救母》的戏剧故事：目连的母亲十分凶悍，得罪众多乡邻，死后被关在地狱挨饿。目连给母亲送的食物，都被小鬼偷吃了。唯有一日，目连用红枣、花生、桂圆、荸荠等煮成稀饭，再加上黑芝麻送去给母亲食用，狱卒问道："这是什么"？目连回答说："拗垢粥"。福州方言"拗垢"即是肮脏的意思，狱卒信以为真，不屑一顾，目连母亲才得以食。这天正好是正月二十九日，遂以此粥为"拗九粥"，又称"孝子粥"，是日以为"孝顺节"。凡出嫁女子必于这一天送拗九粥回娘家以示孝顺。清代叶梦君《孝粥》诗咏："怀橘蒸梨意不同，一盂枣粟杂双方。年年报哺同乌鸟，此意榕城有古风。"

近代晚期以来，福州民间还将拗九与过九联系起来。福州俗信"逢九必穷"，又传说目连母亲入地狱时正好是三十九岁。为避忌穷运、厄运，祈求吉利、平安，凡逢"九"必吃"拗九粥"。所谓逢九，有明九和暗九之分，明九如九岁、十九岁、二十九岁之类，暗九即9的倍数，如十八岁、二十七岁、三十六岁之类。"送九"者除送粥，还要同时送太平面，"做九"者亦同，也要吃太平面，以求平安、健康。

此节俗流传至今，并发展为孝敬节，很有意义。

四　寒食节

寒食节之由来最早可上溯到《周礼·秋官·司烜氏》"中春以

木铎修火禁于国中"的记载。后来相传春秋时，晋文公为悼念其功臣介子推，下禁于其忌日禁火冷食，以后相沿成俗，谓之寒食，通常在清明前一二日。

福州的寒食节在唐宋时期很流行，时间则是农历二月二日，又称"踏青节"，也称"花朝节"（即百花生日，谓花节）。据梁克家修纂《三山志》卷40《土俗类二·岁时》"寒食"条记载，寒食节的活动有开花园、荡秋千、游山、墓祭等。《八闽通志》卷3《地理·风俗》附《岁时》"寒食"条亦有开花园、游山、墓祭的记载。乾隆《福州府志》卷24《风俗·岁时》则云："寒食，踏青，《壶中录》：'闽中以二月二日为踏青节'。采野菜为饠。"

开花园：宋时，州园在牙门之西，所谓春台馆是也。岁二月启锁，纵民游赏，常阅一月，与民同乐也。蔡密学襄为郡日，有《开州园》诗："风物朝来好，园林雨后清。鱼游知水乐，蝶戏见春晴。草软迷行迹，花深隐笑声。观民聊自适，不用管弦迎。"[1] 乾隆《福州府志》注引"寒食"曰：宋时，秋千竞渡诸戏，秋千地在春台馆之内外。此园至明代已废，而宦游者亦无暇及此。

游山：州民踏青，东郊尤盛。多拾野菜煮饠，谓之煮菜饠，亦唐人杏粥榆羹之意也。太守以假日拉僚属登临。程师孟有《寒食游九仙、乌石山》诗，早登乌山，晚游九仙，一时太平气象可以想见。蔡襄则有《寒食游西湖》诗云："山前雨气晓才收，水际风光翠欲流。尽处旌旗停曲岸，满潭钲鼓竞飞舟。浮来烟岛疑相就，引去沙禽好自由。归骑不令歌吹歇，万楼灯烛度花楼。"由此，西湖竞渡于其时可知也。

墓祭：士庶不合庙祭，宜许上墓。自唐明皇始，柳宗元文"近世礼，重拜扫"。五代始曰野祭，而焚纸钱，谓是也。州人寒食春祀，必拜坟下。富室大姓有赡茔田产，祭毕，合族人燕饮，款洽竟

---

① 梁克家修纂：《三山志》卷40《土俗类三·岁时》。

日，亦尊祖睦族之道也。①

二月二日过后，广大农村开始耕地，山区则进行春猎。

二月初二，福州俗食"粿饵"，所谓"二月二，食粿饵，耘田选秧地"。用作粿饵的，有用米浆调以豆芽、葱、虾皮等煎成带咸味儿的饼，再切成小块；或调成甜味儿的；也有的将过年剩下的年糕切成片煎、炸，替代粿饵；还有的以面粉调浆，煮成咸甜不一的"粿饵汤"等等。将制作好的"粿饵"（或汤）送往田间，给耘田劳作者当点心吃。在家的老少也同时分享。因此，"粿饵"通常用作农忙时节的食品。

五　上巳节

农历三月初三日为上巳节，亦称三月三。② 上巳节是一种古老的节日，主要活动是祓禊、修禊或沐浴，即是到水边嬉游、洗濯，以求去垢除灾，驱避不祥。祓，即是为去灾去邪而举行的一种仪式；禊，即祓祭，指消除不祥之祭；祓禊，即每年三月上巳日到水滨洗濯以除凶去垢的一种习俗。《周礼·春官·女巫》："掌岁时祓除衅浴。"郑玄注："岁时祓除，如今三月上巳如水上之类。衅浴谓以香熏草药沐浴。"

福州早在汉代就有上巳节之"禊饮"习俗，闽县以东的桑溪是为越王无诸流杯宴集之地。③ 桑溪今在金鸡山登云路下，王应山《闽都记》卷11《郡东闽县胜迹》载：桑溪，在今金鸡山。宋代又于此建有禊游亭，志载：（宋）"太守禊饮之地有三：一曰南湖禊游亭，政和乙未，黄尚书裳更名洞霄堂，宣和五年（1123年）俞宪向

---

① 梁克家修纂：《三山志》卷40《土俗类三·岁时》；黄仲昭：《八闽通志》卷3《地理·风俗》附《岁时》"寒食"条亦同。

② 汉代以前以农历三月上旬巳日为上巳，魏晋以后定在三月初三，不必取巳日。《后汉书·礼仪志上》："是月上巳，官民皆絜于东流水上，曰洗濯祓除去宿垢疢，为大絜。"吴自牧《梦粱录》卷2"三月"："三月三日上巳之辰，曲水流觞故事，起于晋时。唐朝赐宴曲江，倾都禊饮踏青，亦是此意。"

③ 梁克家修纂：《三山志》卷40《土俗类二·岁时》"上巳条"。

摄郡，仍旧名。二曰东禅秉兰堂，宣和（1119—1125 年）中，俞向宪立，今废。三曰圣泉曲水亭，亦向立，今更名聚星。维莫之春，被除之日，率郡僚惟愿所适。王祠部遂有《上巳游东禅》诗云：'紫陌破清晨，雕鞍映画轮。因修洛阳禊，重忆永和春。锦绣荀香度，楼台梵宇新。忙中得闲暇，来见解空人。'程大卿师孟《上巳游东禅》诗云：'出城林迳起苍烟，白马遗踪俗尚传。第一僧居兰若处，几番身醉荔枝前。百年骚客求间处，三月游人作乐天。更爱堂头迎太守，路旁先坠碧云鞭'"，① 足见禊饮在宋代之俗可谓蔚为风气。到了明代，民间文人学士也多有禊饮宴乐的习俗，谢肇淛的《桑溪禊饮序》、徐𤊹的《桑溪禊饮》、曹学佺的《西湖修禊》等，无不表明上巳节之遗俗。

　　此外，福州上巳节还有竞渡、食青饭、悬荠菜于门的习俗。前引《三山志》载：政和、宣和中，自黄尚书裳至陆侍郎藻为守，皆登禊游亭，临南湖，令民竞渡，时徽宗御制《上巳诗》云："韶光三月怡芬芳，禊饮池边泛羽觞，画鹢翩翩戏龙虎，一时佳景胜端阳。"可见上巳节的竞渡不逊于端午节。青饭，《三山志》有释，"南烛木冬夏常青，取烛其叶捣碎，渍米为饭，染成绀青之色，日进一合，可以延年"。《本草》云："吴越多有之。"今上巳青饭从此。《旧记》："任敦仙去，取烛叶染饭，闽俗效之。"可见，食青饭早在汉代已流行，其意在于祈求延年益寿。"悬荠菜于门"的记载见于清乾隆《福州府志》，福州民谚亦有："三月三，懿旨菜，插门青。"传说，明初朱元璋命攻福州城，要杀敢于抵抗的人家，即"屠城"，马皇后得知，就劝朱元璋，凡门户上插有荠菜的，属于马皇后的亲戚，不许动兵。朱元璋只好接受了，此事传到福州城，大家都把荠菜插在门上，明军入城，就不便动刀杀人了。此灾祸幸免后，福州百姓即称荠菜为"懿旨菜"。因此，明代以后，每逢三月

---

① 梁克家修纂：《三山志》卷 40《土俗类二·岁时》"上巳条"。

三，福州流行荠菜插门的习俗。①

六　清明节

清明节是二十四节气之一，每年 4 月 5 日前后太阳到达黄经15°时开始。《月令七十二候集解》："三月节……物至此时，皆以洁齐而清明矣。"后以这一节气之始谓清明节，是中国一个重要的传统节日。清明节的主要活动是祭祖扫墓，同时伴随郊游踏青、门前插柳、荡秋千、放风筝等活动。

福州民间清明节活动在唐宋时期已经流行，明清以前更是蔚然成风。乾隆《福州府志》卷 24《风俗·岁时》"清明"条："祀先祖，屋檐插柳枝。俗云：'以被除不祥'。"清咸丰《榕城岁时记》曰："吾俗以清明日郊外结群闲步，曰踏青。"祭祖扫墓，通常要为坟地锄草、清理杂物，并在坟头压上纸钱，以示墓有后裔。闽俗诗咏："坟前致祭酒三杯，占滴何曾到棺材；地下料到无币厂，只好人间造钱财"，即是指"压钱"遗俗。祭祖扫墓所带供品多为菠菠粿（亦称"清明粿"。菠菠，是一种田野水草，清明节前已盛开黄花，菠菠粿即是以黄菠花渍糯米磨成的。馅有红豆或萝卜丝调糖。清代孙亨文《闽俗清明》诗咏："插柳檐牙随俗宜，清明家祭本追维。沿街陈列菠菠粿，红豆还兼萝卜丝。"）、肉夹饼（以光饼或咸麻饼切开，内夹卤肉片或糟肉片）等。扫墓归来，要折一枝松枝或柳条，插在家门口，既能除灾去邪，又表明本户已为祖先祭墓了。福州有俗语云："清明不插柳，死在黄巢手"；又，"清明不插柳，死了变黄狗"。

清明节的习俗保留至今，并进一步发展为民众到烈士陵园扫墓，以缅怀革命先烈。

清明正值暮春，百花盛开，景色宜人，亦是郊游踏青的时节，并有荡秋千、放风筝等娱乐活动。

---

①　李乡浏、李达：《福州习俗》，福建人民出版社 2002 年版，第 169 页。

七 浴佛节

农历四月初八日为浴佛节，又名佛诞节、龙华会，是佛教传入中国后兴起的宗教节日。相传农历四月初八为佛祖释迦弁尼的诞辰。是日，佛教寺院举办法会，以香水灌洗佛像，故名。《荆楚岁时记》："四月八日，诸寺各设斋，以五色香汤浴佛，共作龙华会，以为弥勒下生之征也。"参加浴佛活动的除僧众外，还有民间的善男信女。唐宋前后，浴佛节已流行福州民间，其习俗是浴佛、放生等。《三山志》载："四月八日，庆佛生日。是日，州民所在与僧寺，共为庆赞道场。蔡密学襄为州日，有《四月八日，西湖观民放生》诗，盖此风久矣。"又载："元丰五年（1082年），住东禅僧冲真始合为庆赞大会，于城东报国寺，斋僧尼等至一万余人，探阄分施衣巾扇药之属。迄建炎四年（1130年），为会四十有九而罢。绍兴三年（1133年），复就万岁寺作第一会，是日，缁黄至一万六千余人，凡会僧俗号劝首数十人，分路抄题，户无贫富，作如意袋散俵，听所施予，亡免者，真伪莫考。至乾道四年（1168年），岁大饥，谷价腾沸，城市会首有取至三千余缗。王参政之望为帅，闻之，谕令籴谷赈济，不服，乃命根治，尽拘其钱入官，自是遂绝。然所至乡社亡业之民，犹有自为之者甚众。似斯之类，借是为利，岁无时节，率旬三、二天，或集民居，或聚社庙，闾阎翁姬，辍食诨语来赴者亦数百人，此近岁之俗也。"足见福州浴佛节之盛况。

放生的习俗则源于佛教不杀生的教义，福州西湖就是一个集中放生地点，僧尼、信徒买了活鱼、鳝等放回水中，以为行善祈福。

近代以来，浴佛节的活动日渐式微，在民间的影响力越来越小，浴佛仅仅成为寺庙的佛事，与普通百姓无涉。

八　端午节

农历五月初五日是端午节,① 本名"端五"。《太平御览》卷31
引《风土记》:"仲夏端五,端,初也。"端午节,又名端阳节、重
五、重午,相传是纪念伟大的爱国诗人屈原的节日。南朝梁人宗懔
《荆楚岁时记》载:"五月五日竞渡,俗为屈原投汨罗日,人伤其
死,故并命舟楫以拯之。至今竞渡,是其遗俗。"② 又,南朝梁人吴
均《续齐谐记·五花丝粽》云:"屈原五月五日投汨罗水,楚人哀
之,每至此日,以竹筒贮米,投水以祭。"可见,划龙舟、吃粽子
是端午节的重要习俗。此外,端午时节,酷暑将至,瘟疫滋生,民
间俗信五月为毒月,五日为毒日。为避五毒,③ 端午节通常要佩戴
辟邪植物、佩挂护身灵物、贴端午符、沐浴兰汤等。

福州俗称端午节为五日节、五月节,唐宋以后,其习俗大致同
于中原地区。"自五月一日始,人家悬蒲艾,妇女系续命丝,佩符,
簪艾虎,作粽。午日书符,作门帖,浴兰汤,以蒲与雄黄入酒,饮
之;并制雄黄为筒,燃于屋壁床帐之上。小儿则以其末涂耳、鼻,
云'避百毒'。尤尚竞渡。"④

福州的龙舟竞渡十分热闹,从五月初一开始,至初五日最为热
闹。"是日竞渡以为戏。州南台江沿内诸河,皆龙舟鼓楫,钲鼓喧
鸣,彩服鲜衣,共斗轻驶。士女观者,或乘潮解纤,或置酒临流,
或缘堤夹岸,骈首争观,竟日乃归。"⑤ 竞渡的龙舟,呈狭长形,长
约10米,宽1.6米。船头装龙首,船尾装舵把航,船身彩绘,五彩

---

① 据谢肇淛《福州志》载:"闽中以五月四日作节(端午节——笔者注),谓闽王
审知以五日死,故避之。考《五代史、年谱》:审知以十二月死,非五月也。"(徐景熹
主修:乾隆《福州府志》卷24《风俗·岁时》)

② 按近代学者研究,竞渡之俗早在春秋时期吴越地区已经存在。如闻一多先生认
为古代越人舟居水处,长期生产生活于舟水之间,在原始的祭祀活动中形成了这一习俗。

③ 旧时一般称蝎、蛇、蜈蚣、壁虎、蟾蜍为"五毒"。

④ 徐景熹主修:乾隆《福州府志》卷24《风俗·岁时》"端阳"条。

⑤ 梁克家:《三山志》卷40《土俗类二·岁时》"端午"条。

斑斓，划舟手有 30—32 人，再加上敲锣、打鼓各 1 人，船首执旗、放炮 2 人，船尾司舵 2 人，共计 38—40 人。古时，竞渡夺标形式为"钓白龙"，俗传为东越王余善所倡。宋元明清各代，福州端午竞渡之俗从未止息。明人王世懋《闽部疏》："端午尤重竞渡，所过山溪数家之市皆悬舟以待，往往殴击，至杀人成狱。禁稍弛复竞，其俗成，不能革也"，足见竞渡之风气。除台江外，西湖、北湖及城内诸河皆为竞渡的场所，龙舟竞渡之盛况于时人诗咏中可见一斑。宋程师孟《观竞渡》诗："三山缥缈霭蓬瀛，一望青天十里平。千骑临流搴翠帷，万人拥道出重城。参差蟛蜞横波澜，飞跃鲸鲵斗楫轻。且醉樽前金潋滟，笙歌归道月华明。"明人谢肇淛《西湖竞渡》诗："一曲湖如镜，轻舟隐芰荷。况当悬艾节，共听采菱歌。棹影群龙戏，涛声万马过。楫飞晴散雨，鼓急水惊波。藕草红裙密，鸣榔锦袖多。战酣残暑失，酒醒晚风和。胜事追河朔，英魂吊汨罗。人归纤月上，良夜乐如何。"明人曹学佺《台江观竞渡》诗："山河原属越王台，台下江流去不回。只为白龙先入钓，纷纷鳞甲截江来。人看龙舟舟看人，人行少处少船行。有时泊下柳阴下，箫鼓寂然闻水声。"[①]

端午节另一习俗是吃粽子。粽子，又称角黍。晋人周处《风土记》："仲夏端午，烹鹜角黍。"《本草纲目·谷部四》："俗作粽。古人以菰芦叶裹黍米煮成，尖角，如棕榈叶心之形，故曰粽，曰角黍。近世多用糯米矣。今俗五月五日以为节物，相馈送。或言为祭屈原，作此投江，以饲蛟龙也。"一般而言，五月初一开始结粽子，制作方法是将大竹叶（俗称"粽叶"）浸泡一段时间（或煮开后浸泡），用碱水把糯米浸透，以肉、花生、豆沙等为馅，包成三角锥体状，再用细韧的草（俗称蒯草）或细麻绳扎紧，放入锅中加水煮熟即可。古时，有九子粽、百索粽、角粽、锥粽、筒粽、释椎粽，[②]

① 徐景熹主修：乾隆《福州府志》卷24《风俗·岁时》"端阳"条。
② 同上。

今多见三角粽（俗称牛头粽）、四角粽。粽子扎好后，旧时多馈赠亲友。但上年纪的人至今笃信端午不能送粽（同"送终"音）。

悬蒲艾，即是将菖蒲和艾扎成一束，以红纸卷好，插于门前。艾、菖蒲的茎叶含芳香油，可以驱蚊虫、禳毒气。"也有结艾为人者，或采楝叶插之。"①

系续命丝，亦称系五色丝。旧传三闾大夫（屈原）语人："五色丝，蛟龙所畏。"故端午之日长幼悉以五色彩系臂。一名长命缕，一名续命缕。父老相传，可以避蛇，至七夕始解弃之。②

簪艾虎：以艾作成的虎为艾虎，旧俗端午节佩戴艾虎谓能辟邪除秽。宋时福州妇女多簪榴花，亦喜梧桐花。③

午日书符作门贴：即在端午节的午时，贴出书写的对联（即"午时书"）以避邪祛魅。午时书一般选用红色狭小纸笺书写联句，贴在每家门户上，宛若春联，但纸笺不及春联宽阔。所书内容应紧扣端午节典故并结合地方景物或本族史事入笔，对仗工整，字多正楷。常见的有如："粽能益智，蒲可延年"、"前月清明方插柳，今天端午又悬蒲"等。④

浴兰汤：亦称沐香汤，指以采撷蒲、艾叶煎汤，一家大小擦身沐浴，具有杀菌、灭虫、开窍等功效。

雄黄，是一种矿物名称，含有三硫化二砷，有毒，中医学上用以解毒、杀毒。民间认为把雄黄酒（即酒内加入雄黄而成）涂在耳朵、额头上可以驱蛇逐虫，也有在孩童额上用雄黄酒写上"王"字，以示虎威，则是取避邪之意。喷雄黄酒、饮雄黄酒皆为避疫防病。

端午节的种种习俗大多保留至今。

---

① 梁克家：《三山志》卷40《土俗类二·岁时》"端午"条。
② 同上。
③ 同上。
④ 李乡浏、李达著：《福州习俗》，福建人民出版社2002年版，第178页。

九 七夕节

农历七月初七日是七夕节，相传为牛郎、织女一年一度聚会的日子，也是女子向织女"乞巧"的日子，故又名乞巧节或女儿节。[①]福州亦称结缘节。

福州七夕节的习俗主要是"乞巧"。清乾隆《福州府志》卷24《风俗·岁时》："七月七夕，妇女陈瓜果七盘，茗碗炉香各七数，用针七条，取绣线于焚楮光中伏地，俄顷穿之，以能否夸得为巧为多寡。又取小蟢子盛盒中，平明启视，以成茧为得巧之验。"闽令应廊诗："乌鹊成桥架碧空，人间天上此欢同。仙槎逐浪浮银汉，青鸟传音到帝宫。牛女佳期情不断，古今遗恨意难穷。彩楼乞巧知多少，直至更阑漏欲终。"[②]

清代乾隆年间，福州民间还盛行七夕节分豆结缘的习俗。家家户户煮蚕豆互相馈赠，以消除前愆，促使家人和顺，亲友情深，邻里和睦。

十 中元节

农历七月十五日为中元节，俗称七月半。民间在这一节日主要是祭祀祖先，超度亡魂，故又称鬼节，因为亡人烧纸衣，俗称"烧纸节"。寺观则作盂兰盆会，[③]故称"盂兰盆会"。福州俗称"做半段"。明人谢肇淛在《五杂俎》卷2《天部二》载："闽人最重中元节，家家设楮陌冥衣，具列先人号位，祭而燎之。女家具父母衣

---

① 《荆楚岁时记》："七月七日，为牵牛、织女聚会之夜。是夕，妇人结彩缕，穿七孔针，或以金银鍮石为针，陈瓜果于庭以乞巧。有嬉子网于瓜上，则以为符应。"

② 梁克家：《三山志》卷40《土俗类二·岁时》"七夕"条。

③ 佛教节日，每逢农历七月十五日佛教徒为追荐祖先而举行。盂兰盆为梵语 ullambana 的音译，意译"解倒悬"。《盂兰盆经》说：目连以其母死后极苦，如处倒悬求佛教度，佛令其在僧众夏季安居终了之日（即农历七月十五日），备百味饮食，供养十方僧众，可使母解脱。梁武帝时依此创设盂兰盆会。后世除设斋供僧外，又增加拜忏、放焰火等活动（《辞海》下卷，上海辞书出版社1999年版，第4791页）。

冠、袍笏之类，笼之以纱，谓之'纱箱'，送父母家。是月之夜，家具斋馄饨、楮钱，延巫于市，祝而散之，以施无祀鬼神，谓'施食'。"清乾隆《福州府志》卷 24《风俗·岁时》"中元"条："（中元节）具酒馔，献祭祖先，焚楮陌，俗谓之烧纸衣节，寺观作盂兰盆会。"可见，福州中元节的习俗与全国大致相同，唯能体现特色的则是福州中元节的做半段。

至七月十五，一年已过一半，俗谓"半段"。所谓"做半段"，一般是在七月十五日前后半个月的时间里，各乡村定期轮流举行全村性的宴会，款待亲友，还要邀请剧团演戏酬神，以示庆祝丰收。福州的"做半段"将祭祖、祭神、社交等活动融为一体，甚是热闹，颇具特色。

十一　中秋节

农历八月十五日是中秋节，按古代历法，农历八月居三秋（孟、仲、季）之中，故又有"仲秋"之称，俗谓"团圆节"、"秋节"等。福州中秋节常见的习俗是赏月、馈赠和分食月饼。每逢中秋佳节，合家欢聚一堂，或于庭院中设酒赏月，或泛舟闽江于水上赏月，情趣盎然。中秋节馈赠和分食月饼的习俗据说源于元代，俗传元朝蒙古统治者对汉人采取歧视、虐待的政策，作威作福，无恶不作，汉人恨之入骨，约定八月十五日一齐动手杀死"鞑子"（蒙古人的泛称），并将这一密约写在纸上夹在月饼里，互相赠送，后来大事已成，这一习俗便保留下来。此外，中秋节吃月饼，也取团圆之意。

在福州，中秋节颇具特色的习俗是与"塔"有关的种种活动，如砌塔、烧塔、送塔、排塔（摆塔）等。砌塔通常是大人帮助小孩为之，用砖块、瓦片在房屋周围的空地上，仿于山上的定光塔（即"白塔"）砌成七层八面的塔，低的约 1 米多，高的达 3 米多。砌塔的同时，在塔内放柴草，夹鞭炮，然后点火，一时间火光熊熊，并伴有鞭炮声，孩童们放声高唱"太平歌"，气氛热闹非凡，这便是烧塔。据说，烧塔之俗亦源于元代汉人烧塔为号杀"鞑子"的故事。送塔是做外公、外婆的要在中秋节买一座泥塔或陶塔连同月饼、鲤鱼等送给外甥（外孙）作"喜习"（福州方言意为图吉利）。年年都要送，直至外孙长大成人，送塔寓意年年高。旧时南后街的塔市，每逢中秋节临近，便挤满了前来选购泥塔或泥塑人像的人群，成为一时景观。排塔一般从八月十一日开始，每家每户在厅堂搭坪架如梯形，最高一层陈列宝塔一座或三座，以下陈列泥塑佛像如来、罗汉、观音、弥勒、金刚等，有的则陈列泥塑道教人物八仙、寿星、东方朔等，外公外婆送来的泥塔、泥人亦摆列其上。殷富人物还在塔的两旁以古玩、盆景、假山点缀，其中"禾秧盆景"必不可少，象征五谷丰登。入夜，洞内和坪架上点燃蜡烛，整个庭院灯烛辉煌，喜气洋溢。排塔活动一直持续至十六日，其气氛有如元日观鳌山，因此，排塔又有"排鳌山"之称。

中秋节，福州还有忏斗、祈嗣、祭神、祀祖等习俗。《藤山志》载："中秋节，家家祭祖。相传为临水奶忌辰，妇女之请花如元宵。"清乾隆《福州府志》卷24《风俗·岁时》："中秋，士女登乌石山进香，夜燃神光塔灯。是夕，妇女连臂出游，谓之'走百病'。"《榕城岁时记》："八月十五日，家家备果酒牛乳诸物，延道士禳醮，曰忏斗。……吾闽大家妇女以中秋夜往奶娘庙注香祈嗣。"中秋节祭祖，供品、祭拜礼仪同于清明，自八月初一日起至十五日均可扫墓，称"秋祭"。

至今，福州仍保留了不少中秋节的习俗。

十二 重阳节

农历九月初九日是重阳节，也叫重九。曹丕《九日与钟繇书》："岁往月来，忽复九月九日。九为阳数，而日月并应，俗嘉其名，以为宜于长久，故以享宴高会"，反映了重阳节自汉代已盛。重阳节俗，按南朝梁人吴均《续齐谐记·九日登高》载："汝南桓景随费长房游学累年。长房谓之曰：'九月九日，汝家中当有灾，宜急去，令家人作绛囊，盛茱萸以系臂，登高，饮菊花酒，此祸可除'。景如言，齐家登山。夕还，见鸡犬牛羊，一时暴死。长房闻之曰：'此可代也'。今世人九日登高饮酒，妇人带茱萸囊，盖始于此。"故此，重阳节又名茱萸节（茱萸是一种植物，有浓烈香味，可入药，用以驱虫去湿、止痛、祛邪。）、菊花节、登高节等。唐宋以来，中原一带重阳节俗主要有登高、赏菊、插茱萸、放风筝、饮菊酒、吃重阳糕等。福州的重阳节俗系从中原传来的，随着唐宋中原汉族大规模南迁入闽，中原的文化习俗传入福州，由此衍生了福州的地方节俗。

福州民间重阳登高，方志多有记载。《三山志》："重阳登高饮菊酒可以延年，茱萸以避恶气。州人率以是日登高临赏。《旧记》，九仙山，亦名九日山，无诸王是日于此凿石樽以泛菊。石樽可盛三斗，犹存。"①《福州地方志》载：九日登高，以大庙山与乌石山，于山为最多。民间传说大庙山上有一块登高石，人称"天星落地"，孩童在重阳节若能登上此石，便可保健康成长，因此招徕众多大人于九月九当天带着小孩来登高。登高，既能强健身体，避险恶气，又能试御初寒延年益寿。插茱萸、饮菊花酒与登高之旨趣相同。《八闽通志》："重阳，郡人率以是日登高临赏，饮菊酒以延年，插茱萸以辟恶。"②

放风筝是重阳节的一项娱乐活动。登高者多带风筝到山上施放。《吴友如画宝》中"纸鸢遣兴图"所附说明："闽中风俗，重阳日都人士女每在乌石山、于山、屏山上竞放风筝。"③风筝，又名纸鹞、纸鸢，清咸丰《榕城岁时记》："清明前后，儿童竞放纸鹞……闽俗以八九月放之。"风筝的制作，用细竹扎成骨架，再糊薄纸系以长线或长绳，玩时利用风力升入空中。相传为汉初韩信所做，初名"纸鸢"。五代时在纸鸢上系竹哨，风入竹哨，声如筝鸣，

---

① 梁克家：《三山志》卷40《土俗类二·岁时》"重阳"条。
② 黄仲昭：《八闽通志》卷3《地理·风俗·福州府·岁时》。
③ 李露露：《中国节——图说民间传统节日》，福建人民出版社2005年版，第173页。

故名风筝。唐代诗人元稹《有鸟》诗："有鸟有鸟群纸鸢，因风假势童子牵。"风筝的形态繁多，有蝴蝶、潭虱、蜻蜓、蜈蚣、美人鱼等。在天高云淡、秋风送爽的重阳节，天空飘舞着各色各样的风筝，汇集成了风筝的世界。福州称风筝为纸鸢，而福州方言"鸢"与"殃"类似，因此，有人在放风筝时故意将线弄断，任其飘落到别处，认为这样便可免去不幸与灾殃。①

重阳节的饮食是吃重阳糕，"糕"音同"高"，重阳登高食糕，是一种相沿已久的习俗，寓意健身消灾步步高升。福州的重阳糕，俗称"九重粿"，即以米浆磨制，九层相叠，含重九之意。《榕城岁时记》："重九节人各以菊糕为馈，以糖肉秫面杂物为之，标以彩旗。"近世，福州市上销售九重粿，上插五色三角花旗，使人一望便知。除九重粿，旧时福州在重阳节亦作食粟粽之俗。乾隆《福州府志》："九日登高饮茱萸酒，啖粟粽。谢在杭：'九日作糕，自是古制。闽人乃以是日作粽，与端午同。'"《景云类纂》："九日蒸糕馈遗，惟闽城仍角黍，不知何见。"此俗可能流传于唐朝。

此外，重阳节还有祭扫祖坟的习俗，或在中秋，或在重阳，与清明扫墓合称春秋二祭，人们以登高与扫墓，抒发思亲的情怀。

如今，重阳节的习俗仍流传于民间，而且发展为老人节，体现了中华民族尊老、敬老的传统美德。

十三 冬至节

冬至是二十四节气之一。每年 12 月 22 日前后太阳到达黄经270°（冬至点）时开始。《月令七十二候集解》："十一月终，终藏之气，至此而极也。"这一天，阳光几乎直射南回归线，北半球白昼最短，其后阳光直射位置向北移动，白昼渐长，标志着冬尽春来，民间以此为冬至节，俗称"冬节"。冬至节的历史相当悠久。

---

① 林国平：《福建省志·民俗志》，方志出版社 1997 年版，第 271 页。

周代建制，以十一月为正。秦沿其制，以冬至为岁首，视冬至为过年。汉代，以冬至为冬节，官场互相庆贺。南北朝仍称冬至为亚岁或岁首。福州民间甚至有"冬至大如年"的说法，十分重视冬至节。《三山志》说："闽俗诸节，最重元日，冬至次之。"① 冬至节的习俗是祭祖、搓圆。

《三山志》卷40《土俗类二·岁时》"冬至"条："州人重此节。节前，邻里族戚，更相馈遗，上塚祭享。至节日，则序拜如献岁之仪。"《八闽通志》记载同《三山志》。明清以降，冬至节上塚祭享之俗渐淡，而搓圆之俗日盛。清乾隆《福州府志》："冬至，州人不相贺，春米为圆餔之。"② 清人施鸿保《闽杂记》卷1"冬至"条："今福州俗于冬至前一夜，堂设长几，燃香料，男女围坐作粉团，谓之搓圆。且以共神祀祖，并馈送亲友，彼往此来，鬶篮漆盒，交错于道。"按，冬至阳始生，阳像圆，所谓搓"圆"以达阳气。又，"圆"与"缘"音近，取团圆之意。清咸丰《榕城岁时记》引《南浦秋波录》："冬至诸娘家春米成粉，糁糖为圆……取团圆之义也。"搓圆之前，要在祖先神主龛前陈列三碗簪花寿面，焚香点烛，还要放置红橘数枚，红花一对，红箸一束，泥塑男女孩童（童儿㸅）一对，瓶内插红色菊花。搓圆时，一家老少穿上整洁衣服，洗净双手，围坐内盛糯米磨浆压至半干的粉糍竹箩周围，边搓边歌。通常是用福州方言唱："搓圆齐搓搓，依奶疼依哥。依哥讨依嫂，依弟单身哥。依嫂带身喜（怀孕），爹妈齐欢喜，孩儿段（掉）落脚桶下，依哥马上做郎罢（爸）。"可见冬至搓圆还含有祈子添丁增福之意。故此，若家有新媳妇，则由她主持搓圆，搓得越多，则预示着今后孩子生得越多。搓好的圆放在竹箩上，翌晨入锅煮熟，捞起以后放在拌有糖的豆粉（俗称"糍"）翻一翻，（俗称"时来运转"）合家分食。民间还有将煮熟的"糍"粘在门楣上，以

---

① 梁克家：《三山志》卷40《土俗类二·岁时》"元日"条。
② 徐景熹主修：乾隆《福州府志》卷24《风俗·岁时》"冬至"条。

示阳气旺盛。如王应山《闽大记》载："冬至日，粉米为丸，荐拜祠堂及粘门楣间，取其丸以达阳气，民间不相贺。""民间不相贺"指民间忌送"糍"（死）于他人。

至今，福州民间仍重冬至节，其习俗犹盛。

十四　祭灶节

农历十二月二十四日（或二十三日）为祭灶节，又称送灶、辞灶、小年等，是民间祭祀司灶之神——灶神的节日。灶神，俗称"灶王爷"、"灶君"。祭灶之礼源于周代夏日祭火的仪式。《礼记·月令》："孟夏之月，日在毕，昏翼中，旦婺女中。其日丙丁，其帝炎帝，其神祝融。……其祀灶，祭先肺。"《礼记·礼器》亦载："燔柴于奥。夫奥者，老妇之祭也，盛于盆，尊于瓶。"孔颖达疏："颛顼氏有子曰黎，为祝融，祀以为灶神。"其时，奉炎帝祝融为灶神。然，《庄子·达生》："灶有髻"，司马彪注："髻，灶神，著赤衣，状如美女"，可见，民间亦以灶君为女神，俗称"灶王奶奶"。祭灶之礼演变为"灶神"崇拜，当是汉代以后。《后汉书》卷32《阴识传》："宣帝时，阴子方者，至孝有仁恩，腊日晨炊，而灶神形见，子方再拜受庆。家有黄羊，因以祀之。自是已后，暴至巨富，田有七百余顷，舆马仆隶比于邦君。子方常言：'我子孙必将强大'，至识三世而遂繁昌，故后常以腊日祀灶而荐黄羊焉。"从此，灶神便成为人间的"驻户大使"。初，以农历十二月初八为腊日，唐宋以后俗定十二月二十三或二十四为腊日，民间俗传灶神在每年腊日要上天向玉帝禀报人间各家各户的善恶情况，明人谢肇淛《五杂俎》卷2《天部二》："俗谓灶神是日上天，以一家所行善恶奏于天也。"因此，在灶神动身之前，家家户户以鸡、鸭、鱼、肉或甜果甘糖供之为其饯行，其中以甜食为主，请他上天言好事，下界保平安。

福州祭灶有"官三民四科题五"之说，即官家十二月二十三日祭灶，百姓十二月二十四日祭灶，科题（曲蹄，即水上疍民）十二月二十五日祭灶。祭灶有荤、素之分。二十三日祭荤灶，供品有鸡、鸭、鱼、肉、美酒等，共 10 盘并以红糟涂在灶口，即所谓"醉司命"。二十四日祭素灶，供品有灶糖、灶饼、甘蔗、红枣、荸荠、花生、金针、木耳等，也是 10 盘。明代福州人陈荐夫《送灶行》："人家腊月祀灶王，二十四夜朝紫皇。善恶条陈朗如镜，贫富穷通我司命。盘中有饴凝作脂，愿神口舌甘如饴。"又，福州童谣："尾梨（即荸荠）尖尖，灶公上天。灶公上天讲好话，灶妈下地保佑奴（福州方言'我'），保佑奴爹有钱赚，保佑奴奶（福州方言"妈"）福寿长。"福州民间祭灶的愿望由此可见之一斑。祭毕，将旧的灶神图像撕下火化，贴上新的灶神图，通常是一对夫妇，男称"定福灶君"，女称"增寿夫人"（俗称灶公、灶妈）。神像两侧配以"上天言好事，下界保平安"、"上天奏善事，回驾赐祯祥"一类的对联。

如今，福州民间仍保留祭灶旧俗，灶糖灶饼更名为年糖年饼，成为极具福州地方特色的食品，也是福州春节市场年货之一。

十五　除夕

农历十二月的最后一夜叫除夕，月份大是在三十日，月份小是在二十九日，除夕又叫除夜，"除"为除旧布新之意。福州俗称做年，三十盲晡（福州方言，"盲晡"即"夜"）。福州除夕节俗按方志记载大致如下：

扫堂，即十二月二十四日祭灶以后，家家户户开始打扫卫生，清洁庭院准备迎接新年。水缸要添满水，谓"添财"；倒完垃圾要捡一块石头存于屋角处，谓"进宝"。

馈岁：除夕前数日，亲友之间互赠年礼，又称迎岁，今日送年。

贴春联、年画：春联又称"春帖"、"门帖"、"桃符"。《三山志》卷40《土俗类二·岁时》"岁除"条："书桃符置户间，挂钟馗门上，禳厌邪魅。"

驱傩：即驱逐疫疬之鬼。前引《三山志》："乡人傩古有之。今州人以为打夜狐。……盖唐敬宗夜搏狐狸为乐，谓之打夜狐。闽俗岂以作邪呼逐除之戏，与夜搏狐之戏同。"此俗盖流行于唐宋时期。

谢年：即祭天地神、祀祖先，谢其一年庇佑之惠。祭时主家要整肃衣冠，焚香点烛，供品要全副牲礼，鱼要全鱼，有头有尾，蟹要十足齐全，还要备年糕（俗称"糖粿"）和饭饼（俗称"斋"），烧纸钱，以示诚敬，祈求来年吉利。祭天地神，供品摆放厅堂案桌上。祀祖先，供品放在"公婆龛"前的长案上。祭毕，燃放鞭炮。最后，还要祭"下界爷"（即指那些孤魂野鬼和好与人恶作剧的小鬼），供品置于门外露天阶下，仪式要相对简单得多，不过是做个形式而已。

做岁：除夕之夜，合家团聚共饮晚宴，谓做岁，又曰团岁。俗称"团年饭"。

烧火爆：《三山志》："除夕以竹著火烧爆于庭中辟山臊恶鬼"，"除夕以竹著火烧爆于庭中，儿童当街烧爆，相望戏呼达旦，谓之烧火爆"。可见除夕烧火爆意义有二：一驱邪辟鬼，以祈平安、吉祥，通常在年夜饭前为之；二孩童娱乐，增加节日欢乐气氛，多在年夜饭后。

守岁：除夕之夜，阖家围炉团坐，通宵不寐，谓之守岁。《闽书》："除夕黄昏，门外爆竹其焰熏天，焚香张灯，老幼团席据炉以待曙，谓之守岁。"

宿岁饭：又曰"隔年陈"，《三山志》："于除夕留宿岁饭，谓之隔年饭，为节假日必备。"隔年饭是在围炉守岁时开始煮，煮的时候，主妇们用"升"（福州方言称"管"）量十二下，意取一年十二月都有粮吃，隔年饭必须在午夜12点前煮好。煮好后，"隔年饭"用木制的甑装盛，周围插朱红筷子10双，贴红纸，扎红绳，并撒上"五子"（红枣、花生、桂圆、瓜子、粟子）供于厅堂的案桌上，俗称"供晦饲"，直至初四开假，也有的宿岁饭从初一吃到正月初四。宿岁饭之俗寓意年年有余。

压岁钱：年夜饭后，合家围炉。晚辈向长辈拜年，长辈便分发

"红包"，谓压岁钱。《榕城岁时记》："除夕，分儿女钱，曰压岁钱。"若长辈夫妇均健在则发双份，若只一方健在，则给一份，钱额都应是双数以示好事成双。

避债戏：旧时，穷贫无法还债的负债人每到除夕便离家外出避债，有的寺庙，如尚书庙，城隍庙等便请戏班唱戏，让这些有家难归的负债人观看，这种戏从除夕演到初一，俗称"避债戏"。共和国成立后，这种戏已销声匿迹。

上述除夕习俗至今大多仍流传于福州民间。

除以上传统节日习俗外，中华人民共和国成立后，福州如同全国一样，增加了元旦节（元月1日）、妇女节（3月8日）、植树节（3月12日）、劳动节（5月1日）、青年节（5月4日）、儿童节（6月1日）、中国共产党诞辰纪念日（7月1日）、建军节（8月1日）、教师节（9月10日）、国庆节（10月1日）等以公历纪年的节日。

第 六 章

文 史 艺 术

第一节　闽都方言

一　闽都方言的形成与主要特征

　　闽都方言——福州方言①是汉语的一种方言，也是闽方言的重要一支。"该方言是闽江下游的旧福州府'十邑'的共通语，整个闽东地区的代表性方言"，②故又称"闽东方言"。闽东方言区大体可分为南北两片，南片包括以福州为中心的闽江下游各县市，即福州、闽侯、长乐、福清、平潭、永泰、闽清、连江、罗源、古田、屏南。北片包括以福安为中心的交溪流域各县，即福安、宁德、周宁、泰宁、柘荣、霞浦、福鼎。③也有学者将闽东方言区分为福州话、福安话、福鼎话三片，福州话又再分出福州音和古田音两类，福安话也分出福安音和霞浦音两类，具体分布如下：④

福州话 $\begin{cases} \text{福州音——} & \text{福州、闽侯、长乐、福清、平潭、} \\ & \text{永泰、闽清、连江、罗源} \\ \text{古田音——} & \text{古田、屏南} \end{cases}$

---

① 闽都即福州，本著"导论"部分已有析论。
② 李如龙、梁玉璋编撰：《福州方言志》"出版说明"，海风出版社 2001 年版。
③ 李如龙：《福建方言》，福建人民出版社 1997 年版，第 83、85 页。
④ 陈泽平：《福州方言研究》，福建人民出版社 1998 年版，第 1 页。

$$\text{福安话}\begin{cases}\text{福安音——} & \text{福安、宁德、周宁、泰宁} \\ \text{霞浦音——} & \text{霞浦}\end{cases}$$

$$\text{福鼎话}\quad\text{福鼎音——}\quad\text{福鼎}$$

1. 闽都方言的形成

福州方言是在特定的自然地理环境中，经过漫长的社会历史变迁，对不同时期、不同来源、不同层次的语言进行系统的整合而成，语言学家们将这种整合称为语言现象的"叠置"。这种叠置并非杂乱的堆砌，也不是机械的重叠，而是一种系统的整合，从而形成一个完整的语言结构系统。[①] 历史地看，福州方言就是古百越语、古楚语、古吴语、上古汉语、中古汉语在不同时期的"叠置"，至唐末五代时期，福州方言已经具有了自身的语音结构、词汇库和语法的结构规律而最终定型。其后的 1000 年间，福州方言虽然在语音、词汇方面多有变化、创新，但是这种变化极其缓慢，尤其是基本词汇和语法具有较大的稳固性。

古百越语是福州方言的"底层"。汉代以前，福州地区是闽越族人的居住地，闽越族是南方百越族的一支，古代越人多音拼合的胶着语及其语法特点至今仍遗留在福州方言中，如：福州方言口语词中的"傻"、"招手"、"滑落"、"脱落"、"泡沫"、"舔"等词汇与上古中国南方古百越族后裔的今壮侗语系音近义同。语法中亦有类似情形。具体表现在：其一，壮侗语修饰语在后，中心语在前，福州方言与之相同，如"公鸡"说成"鸡公"，"母鸡"说成"鸡母"，"干鱼"说成"鱼干"，"客人"说成"人客"等；其二，福州方言的称数法亦与壮侗语相似，如："一千一百"说成"千一"，"一丈一尺"说成"丈一"，"一千七百四十"说成"千七四"等；其三，用半双声、半叠韵的方式表示动作的某种情态，福州方言与壮侗语类似，如："行"可以说"随便走走"，"做"可以说"随便

---

① 李如龙：《福建方言》，福建人民出版社 1997 年版，第 232 页。

做做",　"洗"可以说"随便洗洗",　"铰"可以说"乱剪一气"等。①

汉末至唐末五代,中原汉族大举南迁入闽,形成三次高潮。这一时期是闽越族与汉族相互融合的时期,在中原汉族无论是政治、军事,还是经济、文化均占绝对优势的情况下,这种融合表现为以中原汉族为主导,闽越地域社会则更多表现为"汉化"或为汉人所同化。这一时期也是福州方言日益丰富、发展并趋于定型的时期。伴随着不同时期的移民入闽,不同来源的语言层层叠加,最终形成特征独具的福州方言。

汉末三国时期是中原汉族入闽的第一次高潮。移民主要是随崛起于江东的孙吴集团入闽的将士,这些将士是已经汉化了的吴越人和南楚人的后裔,②　由此,古楚语、古吴语便在福州流传开来,其中一部分至今仍留存在福州方言中。更为有趣的是,这些古吴语、古楚语在现今的吴地、楚地大多已经失传,反而完好地保留在现今的福州方言中。兹举例如下:③

福州方言中的古楚语:"夥"音"祸","楚人谓多为夥"。福州方言中以"夥"为"多",询问"几多"曰"若夥"。"蜀","南楚谓之獨"。今福州方言谓基数"一"为"蜀"。"箬","楚谓竹皮曰箬",今福州方言泛指一切"叶"为"箬"。"奶","楚人呼母",今福州方言称"母"为"奶"(引称"郎奶")。"拌","楚凡挥弃物谓之拌",今福州方言抖动衣物挥弃尘土仍谓"拌"。"差","南楚病愈者谓之差",后来写为"瘥",今福州话谓病情好转为"有差"。

福州方言中的古吴语:"侬","吴人称我是也"。今福州泛指"人"为"侬",如"好侬"、"大侬"、"新侬"等。"鲑","吴人谓鱼菜总称",今福州方言称盐渍小杂鱼为"鲑",称小杂鱼经过发

---

①　李如龙:《福建方言》,福建人民出版社1997年版,第117—121页。
②　同上书,第19页。
③　同上书,第18—24页。

酵而成的咸卤调料为"鲑油"。"敦","今江东呼地高堆者为敦",后写为"墩",今福州方言谓小山包为墩,俗写成"岽"。

西晋末年,中原板荡,江东衣冠族八姓入闽,形成中原汉族南迁入闽第二次高潮。唐末五代,中原地区战乱频仍,政局动荡,南下避乱入闽的中原汉人遽增,随王氏入闽者多达三十六姓,形成中原汉族入闽的第三次高潮。这些移民带来的上古和中古中原汉语,沉淀于现代福州方言中。由于从六朝到唐五代正是上古汉语发展为中古汉语的转变期,因此,先期入闽的北人带来的是上古音和上古语词,晚期入闽的则带来中古音和中古语词。以下分别举例说明。①

福州方言中的上古汉语遗存:就语音而言,唐以前轻唇读为重唇(即所谓"古无轻唇"),舌上音读为舌头音(即所谓"古无舌上"),这种发音特点至今仍保留在福州方言中。词汇方面,常见的有:称铁锅为"鼎",故有"鼎边糊"、"鼎盖"等说法;称热水为"汤",洗澡为"洗汤";称口为"喙";称"跌倒"为"跋",摔倒称"跋一倒";谓泥土为"涂";称足为"骹";称楔子为"橇";称糯米为"秫";称缝衣为"裯";称喝汤为"歃";称吮为"欶";用刀锉谓"锗"。

福州方言中的中古汉语遗存:除语音方面多有一致性外,在词汇方面亦较明显,唐宋间许多口语词至今在福州方言仍为常用词,而在其他方言则较为少见。如:"底",疑问指代词,相当于"哪、何",福州话何人曰"底侬",何处曰"底呢"。最典型的当推唐末诗人顾况以《囝》为题的古诗,其中有"囝生闽方……郎罢别囝:吾悔生汝……囝别郎罢……"等闽方言语句,而"囝"(仔、儿子)、"郎罢"(父亲)、"汝"(你)与今日福州方言毫无二致。学者们普遍认为,以福州音诵读旧体词形成了一定格调,凡落韵处都十分顺口,韵味十足,颇具音乐性,旧时福州地方文人中逢年过节普遍流传创作、吟唱"竹枝词"的习俗。

① 李如龙:《福建方言》,福建人民出版社 1997 年版,第 32—38 页。

总体上看，闽方言（包括福州方言）所保存上古、中古汉语的特点在全国各方言中是相当突出的，它和现代汉民族共同语之间历来被认为差别甚大，因此很早就有"南蛮鴃舌"之称。惟其如此，闽方言自古即为研究家们所关注，明清以来为闽方言所编的地方韵书多达十几种，而福州方言的《戚林八音》则是闽方言的第一本，也是官话以外的方言所编的第一部韵书，可谓开风气之先。①

《戚林八音》是一部最早的、完整反映福州方言音系的珍贵方言史资料。该书是由两本同类的福州话韵书合辑而成。一本是伪托明季抗倭名将戚继光的《戚参军八音字义便览》；另一本是伪托清康熙年间福州显宦林碧云的《太史林碧山先生珠玉同声》。此二部韵书于乾隆十四年（1749 年）由署名"晋安"者作序，曰："……求其优于齐民方言者尤莫善于戚公之《八音》、林公之《字义》二书。顾是书也，历时久远，传写滋误，彼此分行，构觅维艰，识者憾之。今特重加校正，汇成一集"，从此称《戚林八音》。该书为福州话所定音系是 15 个声母，36 个韵母，8 个声调（故为"八音"。平上去入各分上下二调，实际上阳上、阳去相同，实为七调）。明末以来，《戚林八音》在福州府"十邑"广为流传，福州方言亦成为联系世界各地"十邑"华侨的纽带。

2. 闽都方言的主要特征

比较言之，福州方言是单纯型、向心型、扩展型、活跃型、稳固型的方言。② 所谓单纯型方言，是指整合力强的方言，其语言结构系统比较单纯，和古音的对应比较整齐，不同历史层次的语言特点主次分明，脉络清晰，内部差异较小。相对而言，福州方言南片比北片更为统一。这是因为南片的旧福州府"十邑"都在闽江下游两岸，人口密集，交通便利，人们交往多，而且福州作为省城，历

---

① 李如龙：《福建方言》，福建人民出版社 1997 年版，第 33 页。
② 同上书，第 246 页。

来是全省的政治、经济、文化中心。因此，福州话作为闽东方言区的代表方言具有较高声望。如清代里人何求所编《闽都别记》在400回的章回小说故事中叙述了许多乡土故事、典故，使用了不少福州方言俗语，使以福州话为代表的闽东方言在书中得到淋漓尽致的表现。该著问世以来流传广泛，颇受闽东方言区的广大民众欢迎。以福州话为标准音的地方文艺有晚清创立的闽剧、评话（即以方言说书）、伬唱（即以乐器伴奏），均为闽东方言区民众所喜爱。此外，还有大量民间流行的谚语、歌谣。凡此种种，不但有力推动了福州方言的语音、词汇的规范发展以及民间文艺的繁荣，而且进一步增强了闽东方言的统一性和表现力，为闽东方言成为向心型的、稳固型的方言提供了重要保障。

向心型方言则指聚合力强的方言，福州自唐代以来始终居全省政治、经济、文化中心，其方言的声望高，聚合力亦强。

整合力强的单纯型方言，聚合力强的向心型方言，往往也就是竞争力强的扩展型方言。随着移民的四散，福州方言的分布范围不断扩大，传播到了台湾、东南亚、日本、美国、欧洲等地，并形成"福州帮"。

活跃型方言即是在社会生活中广泛使用着的方言，向心的、扩展的强势方言通常都属于活跃型。福州方言的种种艺术形式，其流传程度反映其活跃程度。近年来，随着普通话的推广，在青年学生中，在政治文化教育界，福州方言的使用面也处在萎缩之中。

稳固型方言是指变化缓慢的方言。福州方言自唐末形成后，1000多年以来变化极其缓慢，尤其是基本词汇、语法结构方面具有较大的稳固性。300年前所编福州方言的韵书《戚林八音》和现代的福州话无甚区别，至今还被闽剧艺人用作合辙押韵的依据。即便是40多年来全国通告的社会称谓"同志"、"解放军同志"，在福州话还要换说成新造的方言词"依志"、"依解哥"，足见福州方言之稳固性。

二 以闽都方言为纽带的十邑华侨

1. 十邑华侨出洋的历史

闽都福州地处闽江下游，东濒大海，境内海岸线绵长曲折，自古以来，福州港（古称东冶港）就是中国最古老的航海出洋的门户之一。东冶港早在汉代就已经开通了与中南半岛往来的南海航线和通往日本、夷洲、澶洲的东海航线。据史载：西汉武帝时期"旧交趾七郡贡献转运皆从东冶泛海而至".[①] 旧交趾七郡即南海、苍梧、郁林、合浦、交趾、九真、日南，位于今广东、广西南部和越南北部，东冶即今福州，时属会稽郡。又载："会稽海外有东鳀人，分为二十余国。又有夷洲（今台湾——笔者注）及澶洲（亦作'亶洲'——笔者注）。传言秦始皇遣方士徐福将童男女数千人入海，求蓬莱神仙不得，徐福畏诛不敢还，遂于此洲，世代相承，有数万家。人民时至会稽市。会稽东冶县人有入海行遭风，流移至澶洲者。所在绝远，不可往来。"[②] 澶洲，即今菲律宾。这是迄今所见关于闽都福州人移居海外的最早记载，表明当时的移民主要是为风所漂，具有很大的偶然性。

三国时期，东冶港成为吴国海上活动的重要基地。黄龙二年（230年），孙权"遣将军卫温、诸葛直将甲士万人浮海求夷洲及澶洲"，[③] 其航海规模可谓空前。建衡元年（269年），吴国出兵袭击交趾，吴王孙皓即派"监军李勖、督军徐存从建安海道，皆就合浦击交趾".[④] 是时，福州属扬州建安郡，福州商人正是通过南海、东海的这两条航线漂洋过海进行贸易活动，有的定居海外，成为最早的福州籍华侨。

晋至南朝，福州与海外诸国继续往来，福州商人定居海外的事

① 《后汉书》卷33《郑弘传》。
② 《后汉书》卷85《东夷列传》。
③ 《三国志》卷47《吴书·孙权传》。
④ 《三国志》卷48《吴书·孙皓传》。

例亦不乏史载。梁天监六年（507 年）"有晋安人渡海，为风所至一岛，登岸，有人居止"。①

入唐以后，福州港迅速崛起，一跃而成为直接对外贸易的港口，与广州、扬州并列为唐代三大贸易港。适时，福州港除保留南海、东海的传统航线外，又开辟了多条新的航线，沟通了福州与新罗、三佛齐、印度、大食、阿拉伯等国之间的贸易往来，福州人出海经商日趋增多，从事海外贸易蔚然成风，有一部分商人下海赴南洋久居不归。据阿拉伯著名旅行家马素提撰写的《黄金牧地》称，后晋开运三年（946 年），他曾航海到苏门答腊岛，亲眼目睹许多中国人在岛上耕种，尤以巴邻邦（今巨港）为多，他们主要是为避唐末黄巢之乱而迁居于此的。② 五代时，王审知大兴海舶，积极发展海外贸易，开辟黄歧半岛的甘棠港为福州港的外埠，推动了福州与高丽、日本以及东南亚诸国的贸易往来，为福州人前往这些国家和地区经商、定居提供了机会。

宋代，随着政治、经济重心的南移，福州海外贸易有了长足发展，出国经商成为一种社会风气，福州商人频繁往来于南洋各港口之间，他们之中有在当地等待来年季风返航"住冬"的"行商"，也有因经商需要而定居当地"十年不归""住番"的"住商"，还有的出于种种原因，留居海外不归。据宋人洪迈《夷坚志》载，绍兴二十年（1150 年），有舟至东南漂至甘棠港，载三男子一妇人，沉檀香数千斤，自言家在南台，出国 12 年始归闽县。

宋末元初，福州地区还有许多不愿臣服元朝统治的义士和难民逃居占城、交趾等地。据连江人郑思肖（字所南）的《心史·大义略事》载："曾渊子等诸文武臣流离海外，或仕占城，或婿交趾，或别流远国。"据说，郑思肖在宋亡之后，行踪不定，最后从泉州搭乘帆船出洋，到达爪哇。当时，他想寻找一块土地作为开辟园林

---

① 《梁书》卷 54《诸夷列传·扶桑》。
② 吴凤斌主编：《东南亚华侨通史》，福建人民出版社 1994 年版，第 12 页。

之用。他了解到拥有这些土地的酋长特别喜欢中国茶，于是用8个瓷罐装满茶叶送给酋长。酋长十分高兴，就把他的属地划出方圆一里的面积相赠。郑思肖把这个地方命名为“八罐茶”。此一传说从侧面证明了宋亡之后，福州籍人士移居南洋的现象。[①]

除南洋之外，福州人也有到高丽、日本、交趾等地进行海外贸易并在那些国家定居。

据朝鲜人郑麟趾编纂的《高丽史》记载，北宋时贩舶高丽的福州商人有：天禧三年（1019年）“虞瑄等百余人来献香药”；乾兴元年（1022年）“陈象中等来献土物”等。这些商人往来高丽，可谓“岁久迹熟”。史载，高丽“王城有华人数百，多闽人因贾舶至者。密试其所能，诱以禄仕，或强留之终身，朝廷使至，有陈牒来诉者，则取以归”。[②]福州人胡宗旦因聪敏博学能文，颇得高丽王恩宠，骤登清要，被任命为高丽国的“权知直翰林院”。

赴日本贸易的福州商人主要有陈文祐、周文裔等人。史载：陈文祐曾于天圣四年（1026年）和五年（1027年）两渡日本为商；周文裔在天圣四年和六年（1028年）到日本献丝绸、麝香、南海香药等物。[③] 还有福州纲首[④]潘怀清亦至日本贸易。

福州人旅居交趾的历史也比较早。交趾，原为中国属地，宋初自立，时称安南。早在汉代，福州与交趾就有贸易往来，且形成固定航线，交通甚为便捷。宋代前往交趾贸易、定居者日多。南宋宝庆元年（1225年）安南国陈氏王朝建立，其太宗皇帝陈日煚即是福州长乐人。明人何乔远记曰：“安南国王陈日煚故谢升卿，闽人博徒也，美少年，亡命邕州。交趾相率闽人贸易邕界上，见升卿，异之，与偕归，纳为王昺女婿。昺老无子，死，王女主国事，因以与

---

① 林国平、邱季端主编：《福建移民史》，方志出版社2005年版，第216页。

② 《宋史》卷487《外国列传三·高丽》。

③ 转引自廖大珂《福建对外交通史》，福建人民出版社2005年版，第90页。

④ “纲”是指朝廷从事的或组织的官方运输和贸易，“纲首”又称“都纲”，是官方运输和贸易的主持人，或者为当局承办运输和贸易事务的官商。纲首制度是宋元海外贸易所特有（廖大珂：《福建对外交通史》，福建人民出版社2005年版，第145页）。

其夫。而升卿变姓名为陈日晅。"① 福州人在交趾的势力由此可窥其一斑。福清里美村民俞定则经商流寓交趾，尝尽背井离乡之苦，托里人带回《四景诗》抒发游子之心。

元朝统一中国后，统治者大力发展海外贸易，其时，福建的贸易中心虽然在泉州，但是，福州港仍不失为福建乃至东南地区的一个重要港口。为贩卖"珠玑大贝"，福州南台及郊区一带有不少商人"舟行千里"至"海外蕃夷之国"，几经往返，获利颇丰。元末海贾林氏，尝驾大舶行诸蕃间，竟发展成为拥有数百人之众的海外贸易集团。此外，福州港还发挥了日中佛教文化交流的重要桥梁作用。元泰定元年（1324 年）日本文侍者为迎接元僧明极楚俊即乘海船抵福州；至正四年（1344 年）秋，日僧大拙祖能与同伴数十人入元时亦乘船到福州长乐县。② 尤具影响的是泰定三年（1326 年）日本"镰仓净妙寺之太平妙准使其徒安禅人入元，求福州版大藏经"。③

降至明代，明太祖朱元璋鉴于东南沿海一带的倭患以及以张士诚、方国珍等余党反明势力的猖獗，深恐"海疆不靖"，遂于洪武四年（1371 年）和十四年（1381 年）两次颁令"禁濒海民私通海外诸国"，④ "敢有私下诸番互市者，必置以重法"。洪武二十七年（1394 年）又下诏"禁民间用番香、番货"，"凡番香番货，皆不许贩鬻，其见有者，限以三月销尽。民间祷祀，止用松柏枫桃诸香，违者罪之"。⑤ 洪武三十年（1397 年）再"申禁人民无得擅出海与外国互市"。这就是震惊中外的"（明）太祖定制，片板不许下

---

① 何乔远：《闽书》卷 152《蓄德志》。
② 木宫泰彦著，胡锡年译：《日中文化交流史》，商务印书馆 1980 年版，第 417、486 页。
③ 余又荪：《宋元中日关系史》，台湾商务印书馆 1964 年版，第 217 页，转引自廖大珂《福建对外交通史》，福建人民出版社 2005 年版，第 93 页。
④ 《明太祖实录》卷 139，洪武十四年十月"己巳"条。
⑤ 《明太祖实录》卷 231，洪武二十七年正月"甲寅"条。

海"① 的 "海禁" 政策，直至隆庆元年（1567 年），福建巡抚御史徐泽民 "请开海禁，准贩东西二洋"，明代海禁政策长达两个世纪之久。期间，历代皇帝不敢有违祖制，均奉行海禁政策，且有过之而无不及。明成祖朱棣即位后，除令有司申严海禁外，永乐二年（1404 年）并令民间所有海船一律改为不适合远洋航海的平头船，② 禁止渔民下海捕鱼、商人下海贸易。嘉靖时（1522—1566 年），明世宗朱熜更下令 "一切违禁大船，尽数毁之"。③ 然，"海者闽人之田"，为谋生计活路，沿海居民不得不铤而走险、冒死犯禁、出海经商者仍不在少数，在这种情况下，走私贸易便应运而生成为明代海外贸易的一大特色。诚如顾炎武在《天下郡国利病书》中所言："闽地斥卤硗确，田不供食，以海为生，以津舶为家者十而九也。"④ 实行海禁，"滨海民众生理无路，兼以饥馑荐臻，穷民往往入海为盗……唯利是视，走死地如鹜，往往至岛外瓯脱之地，曰台湾者，与红毛番为市，红毛据之以为窟。……徒使沿海将领奸民坐享洋利"，是故，"有禁洋之名，未能尽禁洋之实"。⑤ 明成祖亦在即位诏书中指出："缘海军民人等，近年以来往往私自下番，交通外国。"⑥ 据万历四十年（1612 年）兵部的估计，"通倭之人，皆闽人也，合福、兴、泉、漳共数万计"。⑦ 结伙走私者或因犯禁被捕以致被处死，或因惧怕朝廷治罪不敢返航而流寓海外成为华侨。因此，在明海禁期间，福州的海外贸易和对外移民并未断绝。史载，永乐年间（1403—1424 年），福州商人赴麻剌国（马六甲）贸易者有郝、阮、芮、朴、樊等五姓，有的在当地侨居多年，娶

---

① 《明史》卷 205《朱纨传》。
② 《明太祖实录》卷 27，永乐二年正月 "辛酉" 条。
③ 《明世宗实录》卷 154，嘉靖十二年九月 "辛亥" 条。
④ 顾炎武：《天下郡国利病书》卷 93《福建三》。
⑤ 顾炎武：《天下郡国利病书》卷 95《福建五》。
⑥ 《明太宗实录》卷 10 上，洪武三十五年七月 "壬午" 条。
⑦ 《明神宗实录》卷 498，万历四十年八月 "丁卯" 条。

番生子后率之返国。① 成化四年（1468 年）福清人薛氏族人时常出海通番互市，事情败露后，谋划作乱抵抗，结果被福建副使何乔新捕杀。② 已出海者便不敢回乡，滞留海外。明朝中叶以后，民间走私贸易日炽，走私活动的规模也越来越大，嗜利忘禁下海通番者往往结党成风，动辄数百人，甚至成千上万。如嘉靖二十六年（1547 年）福清冯淑等 340 人泛海通番，因海上遇风被朝鲜王朝李岷连人带货一并解往辽东，史载，"咨称闽人无讯本国者，顷前后获千人，皆市易日本"。③ 学术界普遍认定闽人大规模赴日贸易、定居始于嘉靖年间（1522—1566 年）。适时，长崎是日本对外开放的唯一港口，故此，中外学术界一般以长崎为旅日华侨的发祥地。移居长崎的福州人或因商务需要，或因躲避战乱，或为弘扬佛法，更有不愿仕清的明朝遗臣、士大夫、文人等，他们在日本娶妻生子，逐渐形成"福州帮"，成为后来华人华侨社团的前身。明中叶以后，福州人移居日本有稽可考的有：

万历三十七年（1609 年）福清海商林太卿（字楚玉）东渡到鹿儿岛居住，在当地娶妻生子，于万历四十七年（1619 年）举家移居长崎。1645 年病逝，终年 74 岁。其墓葬在长崎崇福寺。

万历年间（1573—1619 年），福清人林清与长乐船户王厚联合造船，并以郑松、王一为把舵，郑七、林成为水手，金士山、黄承灿为银匠，李明为向导，陈华为通事（翻译）等形成庞大的、完整的海商船队，招来各贩，满载登舟，有买纱罗绸绢布匹者，有买白糖瓷器果品者，有买香扇梳篦袜纸等货者。由长乐出发，赴日本贸易。④

福州贸易商王心渠（别名王引）约于日本元和（1615—1623年）、宽永（1624—1643 年）之间，东渡长崎。1687 年病逝，其墓

---

① 里人何求：《闽都别记》卷 261—263，福建人民出版社 1987 年版。
② 《明史》卷 183《何乔新传》。
③ 《明世宗实录》卷 321，嘉靖二十六年三月"乙卯"条。
④ 廖大珂：《福建对外交通史》，福建人民出版社 2005 年版，第 276 页。

葬在日长崎崇福寺。

万历四十六年（1618 年），福州长乐县文人刘一水东渡长崎，娶日本女子高原氏为妻，于 1633 年生子刘宣义。宣义聪明好学，成年后既熟谙日语，又精通汉语及福州方言。27 岁时，被长崎当局任为大通事，颇享盛名。1658 年和 1695 年刘一水父子相继逝世，二人墓葬均在长崎崇福寺。

天启二年（1622 年）抗倭名将俞大猷之孙福清县人俞惟和随其父俞秉权东渡长崎，娶当地医生河野氏之女为妻。后来，又与其姑丈林太卿一起创建崇福寺，1674 年病逝，享年 70 岁。在长崎崇福寺祠堂里供有其神位。其后代均入日本籍，世袭通事。

天启三年（1623 年）福清县文人林时亮（字公琰）东渡日本，先是在九州肥前藩彼杵郡大村上岸寓居，娶当地森氏女子为妻。1628 年移居长崎。其子林道荣才华出众，是长崎著名的大通事。林时亮 1683 年去世，终年 86 岁。长崎崇福寺祠堂里供有大檀越年行司（掌管长崎蚕丝贸易）林公琰的神位。

崇祯元年（1628 年）福清县海商船主何高材（字毓楚）移居长崎，娶长崎高河氏之女性章为妻，后成为长崎崇福寺四大施主之一。1671 年病逝，享年 74 岁。其墓葬在崇福寺。其长子何兆晋任长崎通事。

崇祯五年（1632 年），王心渠、何高材等人在长崎创建崇福寺，俗称福州寺。

明末福清县大贸易商船主魏之琰随其兄魏毓祯移居东京（今越南河内），娶东京王族武氏之女为妻，声名显赫。兄弟二人长期来往于安南与长崎之间，从事生丝贸易。1654 年，其兄病故安南。魏之琰于 1672 年携其二子魏高、魏贵以及仆人移居长崎，成为长崎崇福寺四大施主之一。1689 年病逝，终年 73 岁。今长崎市西山町二丁目三六番地的钜鹿家墓地，仍保存有魏之琰、魏毓祯的墓碑。

明末福州贸易商薛八官东渡长崎。1663 年起被长崎当局委任为"唐船请人"（负责管理中国商船的指定联络官），1678 年病逝，终年 82 岁，其后代世袭唐船请人职务。

明末长乐贸易商郑宗明东渡长崎，娶日本女子为妻，生子郑茂，1715 年逝世，其后代均入日籍，世袭任通事。①

此外，晚明崛起的郑氏海商集团，其海外贸易的足迹遍及日本、南洋各地，不少福清人搭乘郑芝龙的船队东渡日本。有明一代，最大规模的一次移民（亦谓由官方组织的合法的海外移民）当属洪武二十五年（1392 年）明太祖赐闽人 36 姓给琉球，所赐 36 姓多为福州台江区的河口人，他们"素通番舶"，"多谙水道，操舟善斗……船主、喇哈、火头、舵公皆出焉"。② 其子孙优秀者，多担任琉球各种文官。何乔远记曰：琉球"大夫官、长史官、通事官、司员者也，文臣也，以通中国书及闽三十六姓之后人为之"。③ 明成化十年（1474 年）福建省管理对外贸易的"市舶司"从泉州移至福州，福州港便成为中琉册贡往来的唯一港口，从而促进了福州港的繁荣，也为福州人移居琉球提供了便利。至今琉球许多华裔就是当时 36 姓的后代。

与明初"海禁"政策相应，其航海贸易表现为一种官方垄断的形式，郑和下西洋即是终明之世对外贸易的核心内容。郑和下西洋始于永乐三年（1405 年），终于宣德八年（1433 年），"经事三朝，先后七奉使，所历占城、爪哇、真腊、旧港、暹罗、古里、满剌加、渤泥、苏门答腊……凡三十余国。所取无名宝物，不可胜计"。④ 郑和七下西洋，宣扬了明朝德威，推动了官方贸易，同时也促进了福州的移民活动。史载，郑和七下西洋，其舟师屡驻闽江口，在长乐太平港修造船舶，招募水手，祭祀海神，伺风出洋，不少福州人遂随郑和舟师出洋。如，长乐县唐屿人黄参，明永乐七年（1409 年）太监郑和驻长乐造舰下西洋，参从征有功，授忠武尉，

---

① 林国平、邱季端：《福建移民史》，方志出版社 2005 年版，第 187—189 页。
② 茅元仪：《武备志》卷 214《海防六》。
③ 《名山藏》卷 103《王享记二·琉球》。
④ 《明史》卷 304《郑和传》。

累迁游击定远将军及（郑）和总管府中军……在其举荐下，邑人从之者众，随师远航。[①] 又如，闽县人严观，连江人王佐、陈连生亦因跟随郑和下西洋立功而得到升迁。[②] 复又如，福清人林贵和是郑和使团中一名专掌管日月星辰、风云气象测候之事的阴阳官，史载"贵和通易，善卜筮之说，国朝永乐年间，五从中贵人（郑和）泛西海，入诸夷邦，往返辄数年"。[③]更有大批无可稽考的福州人在当时随郑和的船队赴南洋各地经商，有的从此定居海外，拓荒创业，繁衍生息，成为当地新的华侨。

清初，为遏制郑氏政治反清复明势力，清廷于顺治十八年（1661年）至康熙二十二年（1683年）实行长达23年的禁海迁界政策。福建沿海居民"尽令迁移内地"，[④]"离海三十里村庄田宅悉皆焚弃，城堡台寨尽行拆毁，撤回汛兵，于内地画界筑垣备御，并禁渔舟、商舟出海，令移民开垦荒陂"。[⑤]福州府的福清县二十八里，只剩八里，长乐二十四都，只剩四都，因迁界抛荒田地达6436顷，[⑥] 以至"滨海数千里，无复人烟"，广大居民"既苦糊口无资，又苦本身无处，流离困迫……惨不堪言"。[⑦] 为谋生计，福州仍有不少冒死犯禁逃亡海外者。史载，顺治十八年（1661年），在开往日本长崎的一艘帆船上有福建散商32人，其中就有福清乡民王一等人，还有零散亡命海外的俞伯福、俞志炔等人。不少海坛（今平潭县）人亦不惧风险偷渡出海，辗转漂泊异国他乡。

除偷渡者外，清初大规模移居长崎的福州人多数是随著名禅师

---

① 福州市地方志编纂委员会：《福州市志》第8册第4篇《华侨》，方志出版社2000年版，第213页。

② 何乔远：《闽书》卷68《武军志》。

③ 廖大珂：《福建对外交通史》，福建人民出版社2005年版，第180页。

④ 《清圣祖实录》卷4，顺治十八年闰七月"己未"条。

⑤ 《闽海徙民志略》，载《台湾文献史料丛刊》第7辑，第123册。

⑥ 福州市地方志编纂委员会：《福州市志》第8册第4篇《华侨》，方志出版社2000年版，第215页。

⑦ 陈鸿等：《清初莆变小乘》，载《清史资料》第1辑，中华书局1980年版，第81页。

隐元前往日本弘扬佛法的。隐元，俗姓林，名曾昺，号子房，法名隆琦。顺治十一年（1654 年），隐元禅师受日本长崎兴福寺住持逸然禅师的邀请，率弟子 30 多人东渡日本。

康熙二十二年开禁后，无论是官方贸易，还是民间私人贸易都有较大发展，在开往日本的商船上，大部分水手、杂工等都由福州人担任。由此，福州人移居长崎者遽增，如福州商人王应如是从宁波起航赴日商船的船主，他的伙伴在 16 年间曾 8 次到长崎贸易，其他船言及他回乡均称"本国福州"。① 据日本学者宫田安先生的调查统计，至今仍遗存在长崎圣寿山的崇福寺唐人墓地的墓碑有 255 方，碑上刻有死者的姓名、原籍、身份、去世日期等，其中福州府各县市的有 220 人，包括福清县 96 人，长乐县 59 人，闽县 39 人，侯官县 13 人，连江县 1 人，福州府内 12 人。死亡日期最早的为康熙五十七年（1718 年），最晚的为光绪二十八年（1902 年）。死者大多数是商人；其次是士大夫文人；少数为一般船员、水手。至于船主，他们死后其遗骸均运回本国安葬。此外，长崎稻佐乡悟真寺唐人墓地亦有 98 名福建籍华侨遗骸，其中福州府各县的有 91 人，包括长乐县 38 人，福清县 21 人，侯官县 15 人，闽县 13 人，福州府内 4 人。② 福州人移居长崎之众，可见一斑。

除了移居日本外，有清一代，福州也有不少人前往东南亚国家，如暹罗（今泰国）、越南、柬埔寨、菲律宾、新加坡、马来西亚等经商、定居。乾隆、嘉庆年间（1936—1820 年），福州小商、小贩往南洋一带经商甚多。嘉庆二十三年（1818 年），平潭敖网安海村（今敖东乡所辖）村民薛子欣从平潭乘木帆船南行，历时两月余，抵达印度尼西亚的梭罗，在福清同乡华侨资助下，以肩挑小贩谋生。闽剧《贻顺哥烛蒂》中的主人翁陈春生亦为过番十年左右才回来的小商贩，足见其时的社会风尚。

---

① 松浦章：《清代福建的海外贸易》，载《中国社会经济史研究》1986 年第 1 期。
② 林国平、邱季端：《福建移民史》，方志出版社 2005 年版，第 192—199 页。

综而论之，福州早期海外移民大体表现为如下特色：

第一，从移民形式看，福州早期海外移民多为民间自发的、零星分散的个体移民，规模一般不大。明清以前由于政府没有专门的机构和政策对民众移居海外作任何规范，因此，移民的性质无所谓合法不合法，具有随意性。明清二朝，统治者制定了相关的海外移民政策，因此在"海禁"政策下的移民则属于非法的偷渡性质。移民的流向主要在东南亚、日本，且以东南亚为多。

第二，从移民动机看，偶发性因素居多，分为经济、政治移民两大类。经济上，主要因错过候风、蚀本无还、商务需要等因素留居海外。诚如杨国桢先生所说："帆船时代的海外贸易，商船因贸易活动不能赶在季候风时节结束，就要在当地滞留候风'压冬'，有一部分附搭的散商定居下来，以小本生意为生，或为船主保管代销带来的商品，收购需要的货物，有的因蚀本无法回家，沦为佣工或奴隶，有一部分船主受海利引诱，故意滞留不归。"① 也有的是因遭遇各种自然灾害，如洪灾、旱灾、风灾、蝗灾等，造成粮食歉收，生活无着，为求生存移居海外。还有的因当地条件良好，为谋发展而留居海外。《明史》中对此记载甚多，如"吕宋居南海中……闽人以其地近且饶富，商贩者至数万人，往往久居不返，至长子孙"。② 政治上，主要由于吏治不清，政策失当，民众为逃避苛税暴政而移民；也有的是为逃脱罪责移居海外者；还有的是因为社会动乱或王朝更迭如宋元、明清之际，不少士大夫、文人亦移居海外。

第三，从移民构成看，以商贩为最多。为生活所迫的农民亦不少；也有一部分士大夫、文人和弘扬佛法的僧人；还有海盗和罪犯。《明史·琉球传》载："近年所遣之使，多系闽中逋逃罪人，杀人纵火，奸狡百端，专贸中国之货，以擅外蕃之利。"又，《明史·

---

① 杨国桢：《中国船上社群与海外华人社群》，载郝时远主编《对海外华人研究论集》，中国社会科学出版社 2002 年版，第 352 页。

② 《明史》卷 323《外国四·吕宋传》。

浡泥传》："嘉靖末，闽、粤海寇遗孽逋逃至此，积二千余人。"

第四，从住蕃者的职业看，主要有经商、受雇、仕禄。其中，在当地为官者，多任通事贡使。不过，也有贵为当地国王者。《明史·婆罗传》载："婆罗，又名文莱，东洋尽处，两洋所自起也。……万历时，为王者闽人也。或言郑和使婆罗，有闽人从之，因留居其地，其后人竟据其国而王之。邸旁有中国碑。"

此外，随着海外移民日众，以海商、海盗为核心的，以地域认同为标识的福州早期海外华人社会于明朝中叶以后初步形成。

近代福州海外移民高潮始于鸦片战争以后，这是与当时的社会历史条件密切相关的。

鸦片战争以后，中国社会进入转型阶段，社会经济结构处于剧烈变动之中。随着外国资本主义势力入侵，中国传统的以农业、家庭手工业为基础的自给自足的自然经济趋于解体；加之清政府为支付巨额的战争费用和赔款，加强了对人民的搜刮，致使广大农民失去土地，手工业者大量破产；对于少地的东南沿海地区而言，土地与劳动力的比例严重失衡，濒海居民相率渡海出洋谋生，从而形成了中国历史上空前的海外移民高潮。与此同时，19 世纪是西方资本主义处于上升发展时期，为了开发东南亚、美洲、非洲、澳洲殖民地，急需大量廉价劳动力，于是他们把目标指向了中国。中国人口众多，劳动力资源丰富，劳动力价格相对廉价，他们的生产技术和生产水平相对较高，在西方殖民者眼中，"中国人是不持武器而又勤恳的民族"。① 为了获得在华合法招工的权利，西方列强凭借强大的军事力量迫使清政府在与之签订的一系列不平等条约中增加相关条款。咸丰十年（1860 年），清政府在与英法联军签订的《北京条约》中的第五款规定："凡有华民情甘出国，或在英（法）国所属各地，或在外洋别地承工，俱将与英（法）民立约为凭，无论单身或愿携带家属，一并赴通商各

---

① 朱杰勤：《东南亚华侨史》，中华书局 2008 年版，第 95 页。

口，下英（法）船只，毫无禁阻。"① 同治三年（1864 年），清政府与美国签订的《中美天津条约续增条款》亦称："大清国与大美国切念人民前往各国或愿常住入籍或随时往来，总听其便，不得禁阻。"同治五年（1866 年）清政府又与英法签订招工章程条约二十款，允许英法殖民者在华任意招募工人。至此，16 世纪以来，一直以隐蔽方式进行的、非法的"苦力贸易"便公开化、合法化了。苦力贸易制度完全确立起来。正是在这一背景下，大规模的海外移民高潮终于形成。有学者认为，"殖民地开发对廉价劳动力的需求构成中国海外移民的强大拉力，这是中国海外移民高潮形成的重要条件"，"移民高潮的形成在很大程度上是'苦力贸易'的结果"。②

苦力贸易制度又称契约华工制度，即指中国劳动者与外国资本家的代理人或华人工头订立契约，以自愿的方式到境外工作的制度。然而，事实上华工出国并不是通过合法手续招募和应聘的，而是在西方殖民者及其爪牙的威逼利诱和欺骗下被掳掠、贩卖到海外去做苦力的，没有任何人身自由，并且遭受非人待遇，与奴隶无异。"苦力"一词系英语 coolie 的音译，据朱杰勤考证，coolie 出自突厥语 kuli，意为奴隶。③ 因此，苦力贸易实质上就是奴隶贸易。古巴总督曾经宣告，中国苦力应在古巴与黑人奴隶处于同等地位，受同样待遇。④ "苦力"通常又被贩卖者称为"猪仔"，是故，苦力贸易又俗称为"猪仔贸易"，足以表明西方殖民者和人口贩卖者把契约华工当做畜牧对待。西方殖民者为掩饰其贩卖性质，在其文献中更多地使用"契约工人"（Indentured Labour）一词。在鸦片战争以后的海外移民中，契约华工是最重要的成分，苦力贸易也是华侨史上最悲惨的一页。华工被招募来以后即由"苦力船"运往各地殖民

---

① 贾桢等辑：《筹办夷务始末》（咸丰朝）卷 67。
② 葛剑雄主编：《中国移民史》第 6 卷，福建人民出版社 1997 年版，第 520、521 页。
③ 朱杰勤：《东南亚华侨史》，中华书局 2008 年版，第 95 页。
④ 同上书，第 111 页。

地，出洋途中的遭遇极其悲惨。当时的航船从中国的口岸出发，到达各殖民地的时间少则几十天，多则一百多天，船主为了赚取超额利润常常大量超载以至"苦力船"拥挤不堪，加之粮水不敷供应，导致"猪仔"的死亡率极高，"再现了黑奴船上的恐怖景象"，"即使是非洲奴隶贸易最盛时期，'中程航道'中出现过的最黑暗情景，也比不上中国奴隶船上那样可怕"。① 惟其如此，人们称这种"苦力船"为"鬼船"或"海上浮动地狱"。据有关资料统计，19 世纪 50 年代的前三年中，从厦门出洋的华工在海上的死亡率多达 24% 以上，有的甚至高达 85%。②

从文献记载看，带有掠夺、贩卖性的华工出国始自 16 世纪初期。③ 不过，其时这种行为是非法的、隐蔽的。1845 年，身兼西、葡、荷三国驻厦门领事的英国商人德滴（J. Tait）被获准开办"德记洋行"，该洋行专事苦力贸易，被国人称为"大德记卖人行"，从此，便揭开了苦力贸易的序幕。随后，美国、法国、荷兰等西方殖民国家相继在中国各大通商口岸开设了各种洋行，如"和记洋行"、"瑞记洋行"、"怡和洋行"、"丹拿洋行"、"林赛洋行"等无不与贩卖"猪仔"有关。这些洋行俗称"猪仔馆"，参与其事的称"猪仔贩"，其头人为"客头"（或称"猪仔头"。西人则称"苦力经纪人或掮客"即 Coolie Brokers）。"苦力贸易"合法化以后，一批又一批的契约华工（苦力）经过"猪仔馆"被贩卖到海外。据不完全统计，1801—1925 年间，中国外迁移民的总数为 300 万人，绝大多数是 19 世纪中叶以后迁出的，其中，1851—1900 年间达 203 万人。④ 1912 年中华民国成立，临时大总统孙中山颁发两个禁令：《大总统令外交部妥筹禁绝贩卖猪仔及保护华侨办法文》和《大总统令广东都督严行禁止贩卖猪仔文》，至此，历史上臭名昭著的"苦力贸易"

① 陈翰笙主编：《华工出国史料汇编》第 2 辑，中华书局 1980 年版，第 465 页。
② 陈翰笙主编：《华工出国史料汇编》第 4 辑，中华书局 1981 年版，第 204 页。
③ 葛剑雄主编：《中国移民史》第 6 卷，福建人民出版社 1997 年版，第 521 页。
④ 陈泽塞：《十九世纪盛行的契约华工制》，载《历史研究》1963 年第 1 期。

被中国官方明令宣告结束。

　　鸦片战争以后，福州是最早开放的通商口岸之一，由此形成了近代海外移民的高潮，其中绝大多数是通过契约华工的方式迁出的，而福州南台是为当时贩卖苦力的据点之一。道光二十四年（1844 年）7 月开口后，次年，法国即与英国在厦门的和记洋行签订合同，由该行出面贩卖华工至法属殖民地。同年 6 月，法船首次从厦门运载 180 名华工前往印度洋的波旁岛（今留尼旺岛），就是"从福州直接招募华工"。咸丰二年（1852 年）三月，美国船罗伯特·包恩号从厦门首航，准备运载 475 名华工前往美国旧金山。途中，发生华工暴动，劫船逋往琉球八重山靠岸。事件发生后，美国驻厦门领事向英国求援。在英美舰队围捕之下，难民仅存 125 人，后经琉球当局与中国政府交涉，决定将幸存者遣送回来，1853 年 11 月 14 日，船只抵达福州港，其中有"罗有"和"顾有"（均为译名）两位福清乡民。咸丰五年（1855 年）二月，英国和记洋行经理塞姆租赁的齐特兰号船在福州附近信奉天主教的南台村装运苦力。仅这一年，英国商人就在福州诱招了 1901 名契约华工，由葡萄牙舴艋船运往汕头，再乘"长搭利亚号"轮船转运出洋。光绪二十六（1900 年）英国在福州诱招 169 名契约华工运往北婆罗洲建铁路。西方殖民者在福州掳掠、贩卖华工，部分是依靠宗教势力进行的。福州南台是天主教势力的活动范围。西班牙籍传教士苏玛索一面在福州设教堂传教，一面派遣福州西门堂神文江朗川把数以百计的福安教友招诱去波旁岛当苦力。据波旁岛福建会馆记载，该岛的福建人共计 3000 余人，最后一批华工 808 人于光绪二十七年（1901 年）十月十五日抵达，其中有不少是福州人。[①]

　　除南台外，西方殖民者还在马江（马尾）设馆招工。光绪二十七年（1901 年）二月，法国商人魏池，在法驻福州领事高井和

────────────

　　① 福州市地方志编纂委员会编：《福州市志》第 8 册，方志出版社 2000 年版，第 216 页。

福州天主教会势力的协助下，在马江设立了"下北顺洋行"（即"喇伯顺洋行"）专事人口贩卖活动。该洋行在中歧、马限等地均设有招工馆。当年，魏池利用洋行诱拐 1500 名华工，其中 1000 名拟送往马大嘎司嘎（即马达加斯加）做官工，500 名去海裕呢翁（即留尼旺）群岛做农工事。出洋前，这些华工与洋行签订契约，规定期限为三年，每人每月工资 10 元银洋，每天工作 8 小时。但是，首批 764 人被送往预定地点，在当地备受虐待，第二年在福州就发生群众要求营救华工回国的闹事案。据《闽海关十年报》（1902—1911 年）载："1902 年大批苦力从非洲马达加斯加和留尼旺回来。他们是前几年在法国政府主持下，运去那里做苦工的，在那里病死了很多人。事实上，他们一无所获地回来，而且个个身体衰弱。"①

光绪三十一年（1905 年）年底，魏池又以修建滇越铁路和墨西哥需要劳力为名，在福州附近各县大肆诱招华工。他在福州永福馆设招工所，并在仓前、南台、马限等地设置关押华工的场所，他甚至还出版招工报《鲤报》进行宣传，并专门印刷《清国福州工人出洋工作合同书》，书后附有"清国福州工人出洋工作地点全图"。福州的契约华工主要运往墨西哥、巴拿马、留尼旺岛、马达加斯加等地。光绪三十三年（1907 年）首批招到的有福州人王振新等 520 人，运往墨西哥之后，违约改变工作地点和条件，将他们全部遣放到山台三里野处充当苦力，致使这批劳工死亡甚多。魏池还私自招华工前往巴西做苦工，计有长乐、连江、福清、古田、罗源、福安、宁德、福鼎、屏南、温州等地 1825 人，后因闽督松寿派水师沿江截堵，魏池的目的未能得逞，所招华工全部遣散回家。光绪三十二年（1906 年）德国人温德司在福州招收三四百名华工运往太平洋中的萨摩亚岛。光绪三十四年（1908 年），

---

① 福建省政协编：《福建文史资料》第 10 辑，福建人民出版社 2000 年版，第 135 页。

德国人又从福州招收 450 名契约华工运往萨摩亚岛。① 据中国海关《通商贸易年册》记载："光绪二十六年至光绪三十四年（1900—1908 年）从福州口岸出境的契约华工约 3000 多人，其中，运往北婆罗洲 169 人，运往留尼旺岛 808 人，运往马达加斯加 764 人，运往墨西哥 520 人，运往萨摩亚岛的约 800 人，契约华工中绝大多数是福州人。"

　　近代福州海外移民除契约华工出国的形式以外，还有一种形式是有组织的民间自愿联合的集体性移民垦殖，代表人物是黄乃裳。黄乃裳是闽清人，1898 年他在北京参加戊戌变法失败后回闽，目睹福州乡亲民不聊生的景象，决计往南洋群岛为桑梓穷苦同胞辟一生活路径。光绪二十五年（1899 年）他携眷南渡，抵达新加坡。翌年，经其女婿林文庆博士介绍，与当时沙捞越国王签订移民垦荒条约 17 条，创立"新福州开垦公司"，拟招募千余名福州籍垦农辟土耕植。自光绪二十七年（1901 年）至光绪二十八年（1902 年），黄乃裳先后回国招工三批：第一批 72 人，第二批 535 人，第三批 571 人，共计 1118 人，全部都是福州府各属县的农民、手工业和少数知识分子。在福州籍垦农的共同努力下，诗巫由原来的荒野之地变成万顷良田，垦场内还建起了学校、商店、教堂，形成繁荣地区，当时世界各国的地图上都把诗巫称为"新福州"。1904 年，黄乃裳回国，"新福州"垦场在他规划的基础上继续发展，又吸引了大批福州籍移民的到来，而且向诗巫的周边地区辐射。据马来西亚联邦人口调查材料统计，民国十年（1921 年）在马来西亚的福州籍华侨华人已达 2 万多人。② 现在诗巫已经成为马来西亚沙捞越州的第二大城市，是一座拥有 10 余万人口的经贸繁荣、交通发达的现代化城市，当地华侨、华裔 80% 以上是福州人。

---

① 吴凤斌：《契约华工史》，江西人民出版社 1988 年版，第 97—100 页。
② 福州市地方志编纂委员会编：《福州市志》第 8 册，方志出版社 2000 年版，第225 页。

　　黄乃裳开辟"新福州"垦场的成功，在国内外产生了很大的影响，效仿者甚众。如光绪二十八年（1902 年）闽清县人徐秀卿在福州、新加坡等地招募 400 名福州籍劳工，前往法属安南垦拓农田。又，闽清人许元双 25 岁时，跟随亲友南渡沙捞越，在古晋以种菜为业，后来到了人迹罕至的丛林地带——蒲悦区，发现那里土地肥沃，适宜垦殖，遂效仿黄乃裳的做法，招引乡亲，前来开发。当地殖民政府批准他的申请，让他任蒲悦区港主，民国十五年（1926 年）许元双从福州招来第一批乡亲 50 人进行垦荒。翌年，又回家乡闽清招募第二批乡亲 30 多人。后来，从别处迁至该地的华侨共 400 多名。①

　　光绪二十九年（1903 年）三月，新加坡美以美教会（后称卫理公会）代表与马来亚吡叻州英殖民当局达成开垦实兆远地区的协议，规定：吡叻州政府负责支付 1000 名福州籍垦农南来的船费，每人 18 元，拨给每人耕地 3 英亩，垦农抵达后，政府负责提供头 6 个月的口粮。同年 8 月，第一批福州籍垦农共 400 余人，从马尾港登船，乘坐"丰盛号"经南中国海转道新加坡，抵达吡叻州的实兆远垦荒区。在艰难的旅途中，病死 16 人，失踪 60 人，最后到达目的地的是 366 人，其中妇女 72 人，儿童 15 人。次日，又有第二批 303 人、第三批 60 人先后抵达实兆远。开垦成功后，许多人从实兆远移居到槟城、怡保、巴生、吉隆坡、劳勿、关丹、永平、加亨等地开拓新的事业。印度尼西亚、新加坡、泰国的许多福州籍人士就是来自实兆远。

　　早期前往新加坡谋生的福州人，除自实兆远移居而来的外，还有一部分是拟前往沙捞诗巫和马来亚实兆远的农工，在转道新加坡时留下的，如前述 1903 年 8 月乘"丰盛号"前往实兆远失踪的 60 人，有可能就是留在了新加坡自谋生路。清末，也有一些人前往新

---

　　① 福州市地方志编纂委员会编：《福州市志》第 8 册，方志出版社 2000 年版，第 218 页。

加坡当海员的，如连江琯头镇林有会、林家銮两人就是光绪三十二年（1906 年）前往新加坡当海员的。据《新加坡华人社团沿革史》记载，民国十年（1921 年）新加坡有福州人 1.29 万人，福清人 5852 人。①

近代福州移民也有前往印度尼西亚的，如：民国四年至十四年（1915—1925 年），平潭连年发生严重旱、涝、风等自然灾害，大批难民逃往海外，仅民国十四年去印度尼西亚泗水一地就有 40 余人。

除集体移民垦荒外，也有不少人因生活所迫，零散到海外谋生，此为近代福州海外移民的第三种形式。从记载看，此类移民以福清为最多。如光绪八年（1882 年），福清人俞宏瑞前往印度尼西亚爪哇岛；光绪十七年（1891 年），福清村民张长森前往星洲；光绪三十年（1904 年）郭可济到新加坡；光绪三十四年（1908 年）诸娘弟到新加坡；光绪三十四年（1908 年）俞兆复到印度尼西亚泗水；宣统元年（1909 年）林孝楼到日本仙台；宣统三年（1911 年）郭可模到新加坡②等等，不一而足。辛亥革命后至中华人民共和国成立前的三十多年间，国内战祸连年，自然灾害频繁，社会治安混乱，福州民众前往海外谋生求发展的甚多，出现现代史上又一次新的海外移民高潮。

近代福州移民日本则是 1868 年日本明治维新以后，并且集中在民国九年至二十六年（1920—1937 年），以福清高山、东瀚、三山、沙埔为最多，居住地也由此前的长崎扩展到九州岛的福冈、熊本、鹿儿岛、大分、佐贺等县。也有少数分散在东京、大阪、神户、横滨等大城市。

近代福州移民美国则是在道光二十八年（1848 年）美国加利福尼亚发现金矿、掀起淘金热以后，但作为劳工的移民人数不多。

---

① 福州市地方志编纂委员会编：《福州市志》第 8 册，方志出版社 2000 年版，第 225 页。

② 同上书，第 218—219 页。

1911 年以后美国用庚子赔款在中国创办第一所高等学府清华学堂，作为留美的预备学校，遂有一部分福州籍的留学生移居美国。此外，还有一些知识分子、海员移居美国。1949 年据华美协进会统计，在美国的中国留学生共有 1797 人，其中有不少福州人。如闽侯县王世真民国三十六年（1947 年）至 1950 年在美国伊阿华大学化学系当研究生并任研究助教。

总体而言，福州近代海外移民的特色主要表现为如下几个方面：

第一，从移民方式看，近代福州移民主要有契约华工出国、集体移民垦荒、个人出国谋生三种方式，皆表现为自愿的、政府认可的合法性质。但是，值得一提的是契约华工制度是一种极其特殊的移民方式，它是在清政府腐败无能、国家积贫积弱的特定历史条件下的产物，西方殖民者为获取中国廉价劳动力，不惜采取诱骗、掳掠的手段，因此，契约华工出国实质上是在所谓"合法的"的外衣下进行的掠夺性的、非法的移民。

第二，从移民流向看，早期福州移民主要集中在东南亚。近代以来，福州移民则广泛分布在东南亚地区、美洲地区、非洲地区等，尤以东南亚地区为最多，由此改变了海外华人社会的整个结构，基本上奠定了当代华人分布的范围。

第三，从移民动机看，除与早期福州移民动机一样，具有经济、政治的因素之外，近代福州移民还有因继承产业、出国留学等因素移民的。

第四，从移民构成看，较早期福州移民而言，近代福州移民结构呈多样化特征，有农民、手工业者、商人，还有广大的留学生知识分子等。

第五，从移民的职业看，除经商外，有更多的劳工从事农业、渔业、种植业、工业、矿业、交通业等，而东南亚的华侨所从事的职业几乎涉及了南洋所有可经营的行业，从而改变了海外华侨的行业结构。当然，最有特色的当推"三把刀"（剃刀、剪刀、厨刀），即以理发、裁缝、餐馆为业。

2. 十邑华侨的社团组织①

福州十邑华侨社团萌芽于 18 世纪，一般认为雍正年间（1723—1735 年）在印度尼西亚巴达维亚城（称为椰城，今雅加达）创办的养济院是福州旅外第一个社团，它是以地缘为基础创办的慈善、福利性社团。19 世纪以来，随着福州海外移民增多，以地缘、血缘、宗教信仰等为纽带的社团有了较大发展，如道光六年（1826 年）缅甸华侨成立洪门②组织凤山寺，属下有 10 多个团体，福州乡亲组织的就有洪门清芳阁、青莲堂和兴公司，它是福州旅外社团中最早的洪门帮会组织。道光二十一年（1841 年）缅甸建德总社（青帮）③成立，属下有 10 多个团体，福州籍华侨中的中、小商人和劳动群众大都参加。这些帮会组织各自划定地域和经济势力范围，是早期社团的雏形。

19 世纪中叶以后，经营商业的机构多以家族为主组成公司，即以血缘为纽带的宗亲社团。咸丰七年（1857 年）新加坡闽、粤两省林氏族人创建林氏大宗祠九龙堂，福州十邑林氏族人大都参加该堂。同治十年（1871 年）闽王祠公会成立，新加坡福州十邑王姓参加该公会。光绪四年（1878 年）闽籍侨领陈金钟、陈明水创建保赤宫陈氏宗祠，新加坡的福州十邑陈氏族人华侨多参加该社团。日本长崎的"福州帮"在光绪二十五年（1899 年）则成立了"三山公所"。

进入 20 世纪以后，旅外福州社团开始由单纯的地缘、血缘、宗教信仰、慈善福利形成向职业、行业社团转化，并于 20 年代至 40

---

①　参见福州市地方志编纂委员会编《福州市志》第 8 册，"华侨篇·社团"，方志出版社 2000 年版。

②　清朝民间秘密团体之一，又称洪帮，是从天地会发展出来的一个帮会，以反清复明为宗旨。相传以明太祖年号洪武的"洪"字为代称，入会者均称洪门或洪家兄弟。

③　又称清帮，清朝民间秘密结社之一，传说发源于明代罗教，至雍正四年（1726 年）由翁雍、钱坚、潘清组织南北运河的船夫承办清朝漕运，规定帮规和仪式，按辈分招收徒弟，长期在运河漕运中保持封建行帮地位。后因漕运改为海运，遂在上海、天津和长江下游其他通商口岸流为游民组织。

年代迅速发展起来，东南亚地区各类福州十邑华侨社团相继成立。如：光绪二十八年（1902年）诗巫港主黄乃裳成立的诗巫福州公会是马来西亚福州十邑华侨的社团，而且凡是有福州乡人聚居的地方，便有相应的宗亲组织。民国元年（1912年）印度尼西亚福清籍华侨成立了泗水玉融公会，30年代又有泗水东岚公会、万隆玉融公会、梭罗玉融公会、雅加达玉融公会等社团成立。缅甸的福州十邑华侨亦于民国元年（1912年）成立了仰光三山公馆等。第二次世界大战后，福州十邑华侨社团活动异常活跃，并且在组织形式、功能作用、活动范围和社会影响等方面呈现出新的特征。具体表现为：第一，社团定位本地化，即华侨社团不再将自己的服务范围局限于华侨华人社区，而是注意扩及当地社会，重视将中华文化与当地文化相融合，为所在国多元文化的繁荣作贡献。第二，活动范围维权化，即各国华人社团组织为扩展华人的生存发展空间，更加注意抛弃前嫌，消除原来的华侨社团组织因宗族地域、职业观念不同造成各社团间存在的帮派对立和不团结现象，联合一致，共同争取本民族的合法权益。第三，组织规模和活动范围的国际化，即各国华人之间的交流与合作越来越密切，基于血缘、地缘、业缘的国际性华人社团纷纷成立，从而建立起广泛的商业网络。① 80—90年代起，福州十邑华侨社团逐步向跨行、跨区域方向发展，且数量亦有大幅增加。在地域分布上趋向平衡，除东南亚地区外，福州华侨社团在北美、欧洲、澳洲等区域也有所发展，社团的类型更加多样化，在传统型社团不断调整社会功能的同时，专业学术型、科技活动型、文化艺术型等社团数量明显增加。如：1988年7月，新加坡福州会馆主席林理化倡议举办世界福州同乡大集会，得到世界福州十邑乡亲热烈响应。经多方协商、筹备，1990年5月17日，第一届国际福州十邑同乡大会在新加坡福州会馆召开，来自新加坡、印度尼西

---

① 国务院侨办侨务干部学校编：《华侨华人概述》，九州出版社2005年版，第18—19页。

亚、马来西亚、美国、泰国等 13 个国家和地区的 1600 多位乡亲代表欢聚一堂，共商大计，决定成立世界福州十邑同乡总会，并以 1990 年 5 月 19 日为世界福州十邑同乡总会成立日，每两年举行一次大会。又如，1988 年 10 月 14 日，世界福清同乡联谊会成立，它是世界各地福清籍华侨的组织，是团结世界各地福清籍同乡、突破地域、走向世界、把宗亲活动与经济活动结合起来的具有历史性意义的创举。联谊会成立后，世界各地福清同乡纷纷组团互相访问考察，有力地促进同乡间的商务交流和在世界各国的投资发展，呈现出巨大的凝聚力和向心力。在日本，东京、横滨、大阪、神户、福冈、长崎等地均有福建同乡会组织，1961 年 8 月 15 日福清籍华侨林同春发起倡建旅日福建同乡恳亲会，成为旅日华侨社团中影响较大的社团组织。1984 年和 1991 年在福州分别举行了第二十四届、三十一届恳亲大会。在美国，早在 1942 年以福州三山同乡会为基础建立的美东福建同乡会是美国东部地区最大的侨团之一，会员以福州籍人士为主，该同乡会成立的半个世纪以来，为团结福建侨胞，维护侨胞的正当权益做了大量工作；为中美关系正常化，增进中美关系正常化，增进中美人民之间的友谊作出了贡献。1949 年 2 月又成立了美西福建同乡会，筹划并负责接待了 1985 年福州市曲艺团的赴美演出，在密切同乡会与福州乡亲的联系，推动中美文化交流做了不少努力。在加拿大，1985 年成立了温哥华福州公会，会员以来自马来西亚的福州乡亲居多。在新西兰，1993 年正式成立了肯特伯利福州同乡会。在欧洲，1993 年 12 月 25 日成立了北欧（挪威、芬兰、瑞典和丹麦）福州同乡会，会址设在丹麦哥本哈根市。

截至 1994 年年底，福州旅外社团达 100 多个，其中以东南亚为最多，印度尼西亚 7 个，新加坡 11 个，马来西亚 55 个，缅甸 4 个，菲律宾 1 个。所有这些社团无论是在敦睦乡亲、联络感情、团结互助、维护权益、发展自身经济上，还是在弘扬中华文化、增进中外友谊以及致力于祖国、家乡的经济文化建设方面都发挥了一定作用，已经成为海外福州十邑华侨华人社会重要的组织基础，也成为福州十邑华侨及当地社会与中国诸多交往的桥梁和纽带。

3. 十邑华侨的社会贡献

福州十邑华侨的社会贡献大体包括两个方面，一是对侨居国的贡献；二是对祖国、家乡的贡献。

（1）十邑华侨对侨居国的贡献。

十邑华侨在侨居地的艰苦创业，促进侨居国经济社会的繁荣，是十邑华侨对侨居国最突出的贡献。

明朝中叶以前，中国的科学技术和经济发展水平均居世界前列，早期福州海外移民在相对落后的东南亚定居后，为当地农业、手工业发展带去了较高的生产力，从农作物、瓜果蔬菜的种植，到造船技术、制瓷技术、建筑技术、纺织技术等，无不对当地经济发展产生重要影响。印度尼西亚史家陶威斯·德克尔在《印度尼西亚史纲要》一书中写道："我们的祖先是向中国学习用蚕丝纺绸的，不久，我们自己也会纺绸了。"① 印度尼西亚前总理阿里·沙斯特罗·阿米佐约在谈到古代华侨对印度尼西亚的贡献时指出："中国的帆船不仅带来了货物，随之而来的还有中国商人、工人、手工业者等，他们在我国定居下来，带来了中国的技术和古老的文化。直到现在，我们的许多岛屿还保留着这些中国文化的精华。"②

鸦片战争以后，福州十邑华侨成为西方殖民者开发东南亚殖民地的劳动力来源之一。大批"苦力"在锡矿开采、种植园开辟、热带和亚热带经济作物的种植等方面作出了贡献。闽清籍侨领黄乃裳招募福州籍华侨开发、建设诗巫便是突出一例。研究东南亚历史的著名英国学者、曾任海峡殖民地政府新加坡移民局局长的巴素在其著《东南亚的中国人》中评价道："假如没有华侨，就不会有现代的马来亚。假如没有现代马来亚的橡胶供应，欧洲和美国的汽车工

---

① 转引自西光《中国印度尼西亚人民友好关系史略》，载《北京大学东方研究》1980 年第 1 期。

② 《人民日报》1955 年 6 月 8 日。

业就不可能有今天的发展。"① 此外，福州十邑华侨在侨居国支持当地民众反抗外敌侵略以及丰富侨居地多元文化建设也发挥了一定作用。于此不赘。

（2）十邑华侨对祖国、家乡的贡献。

十邑华侨对祖国的贡献表现为参加革命，献身报国。海外华侨的命运与祖国的兴衰荣辱紧密相连。从辛亥革命到抗日战争，福州海外华侨均以不同形式发挥了积极作用。辛亥革命期间，福州十邑华侨踊跃捐款资助孙中山以推翻清王朝、建立共和国为目标的革命，在推翻清朝光复福建的斗争中发挥主导作用。闽清籍华侨黄乃裳、福清籍华侨林孝楼等均发动侨胞筹捐巨款资助国内革命。有的华侨甚至从海外回归积极投身革命。除黄乃裳、林孝楼外，还有诗巫华侨徐端、刘家洙、刘逸夫、刘贤吁、林丛发、黄天保、张玉声、林文聪、李崇瑞、黄复、许凯人等，从事反清救国工作。福州光复后，广大华侨又组成学生北伐队，参加北伐战争。抗日战争爆发后，不少福州华侨毅然决然支援和参加祖国抗战。如印度尼西亚华侨俞昌檀、阮家金、林治鎏、柯全寿等人分别发动乡亲捐款、捐药品支援抗战；福清的印度尼西亚华侨养生院院长柯全寿还先后组织 4 批医疗队到前线救死扶伤；还有的爱国华侨在各侨居地通过各种渠道向华侨宣传国际和祖国反法西斯战争的情况，揭露日军侵略祖国、残杀同胞的种种罪行；更有不少热血青年华侨回国参加抗战并献出了宝贵的生命。闽侯县印度尼西亚归侨、抗日女英雄李林、闽清籍沙捞越华侨陈公英、连江籍新加坡华侨刘友銮等均为杰出代表。解放战争时期，一批福州归侨参加人民解放军，南征北战，为中华人民共和国的成立作出贡献。

十邑华侨对家乡的贡献②主要表现为三个方面：

① 转引自国务院侨办侨务干部学校编《华侨华人概述》，九州出版社 2005 年版，第 22 页。

② 福州市地方志编纂委员会编：《福州市志》第 8 册华侨篇，方志出版社 2000 年版。

第一，造福桑梓，兴办文教公益事业。

福州旅外乡亲身在海外，心系桑梓，关心家乡建设和发展，热心捐资兴办家乡文教公益事业。主要有创办学校、修桥铺路、兴建文体娱乐场所、兴办农业、兴建医院、建造楼馆、设立基金会等。

福州华侨捐资办学历史悠久，清末就有不少华侨捐资兴办或资助家乡学校的创办。民国时期，这项事业有较大发展，且多集中在福州的重点侨乡福清、闽清二地。其时，福清华侨捐资兴办的小学近20所。中华人民共和国成立后，华侨捐资办学蓬勃发展，仅福清一地，华侨、华人捐资创办的小学就有130多所，还有不少中学和技工学校也陆续兴建起来。1978—1992年，福清共接受海外乡亲捐款1.2亿元，用于办教育事业，建教学楼、综合楼、师生宿舍等，受益的学校有大中专学校4所、中学31所、小学158所。闽清海外乡亲1979—1989年共捐款846.5万元，新建中小学教学楼45幢。20世纪90年代末以来，福州旅外华侨捐资办学的热情高涨，对推动福州教育事业发展和人才培养发挥了积极的作用。

福州华侨兴办的公益慈善事业有：修桥铺路，据1992年统计，福清14个乡镇华侨共捐资3000多万元，修建近2.5公里长的街道、近100公里长的村道、磴道和24座桥梁。1993年，印度尼西亚林氏集团捐资1800万元建造福清元载大桥。至1991年，闽清华侨捐资建成桥梁18座，乡村大道9条共40多公里。1978—1994年闽侯县共接受华侨捐赠发展交通事业的金额达1254.8万元，其中修路92条110公里，钢筋水泥桥15座，客车17辆，货车2辆。文体娱乐场所，至1992年福清有海外乡亲捐建的影剧院10多座，其中，1981年兴建的福清华侨影剧院是其时全省县级影院中规模最大、设备最好的。1985年福清华侨还捐资90万元兴建福清华侨图书馆。1978—1992年，福清县31家医疗单位，接受海外乡亲捐助的达17家。1962—1992年福清市旅外乡亲捐资近1000万元用于兴建堂馆、会所达16所。为了支持家乡农业发展，1978—1992年旅外福清乡亲捐赠家乡拖拉机185台、喷雾器26台、柴油机6台、脱谷机17

台、电动机 18 台、电表 3969 台，并支持县（市）112 个村通电、兴修水利、建设水电站、电灌站及围垦造田，捐赠金额达 2300 多万元。福州海外华侨还通过创设教学、科技基金会为家乡培养造就人才作出贡献。如福清籍华人王丹萍在福州等地设立科技、文化教育基金会，捐资达 200 多万美元。福清、闽清、闽侯、连江、长乐、平潭等地都设有不同规模的基金会，对推动家乡的文化教育、科学技术的发展发挥积极作用。

第二，投资工商企业，繁荣发展家乡经济。

福州华侨投资始于 19 世纪 70 年代，初期投资于商业和侨汇业。19 世纪末到 20 世纪中叶，晚清政府和国民政府均实行吸引侨资的政策。福州华侨始大量介入家乡实业的兴办，如筑铁路、辟果园、办工厂、设商店等等。清光绪三十一年（1905 年）陈宝琛向华侨募股组建福建铁路公司，这是福州华侨在福建省投资的最大的一家企业。此后，福州华侨相继投资兴建左海种植公司、福建造纸公司、福峡长途汽车公司等。据统计，清同治十年（1871 年）至民国三十八年（1949 年）在福州投资的侨户有 30 个，总投资折合人民币 682.89 万元。中华人民共和国成立后，福州成立了国营华侨公司，兴办工矿企业和农垦企业。1952—1967 年，由福建省华侨投资公司引进资金 7200 万元，兴办 47 个工厂企业。1979 年改革开放后，华侨投资空前高涨，侨商企业迅速崛起，如冠捷电子有限公司、福禄鞋厂（主要生产世界高级名牌运动鞋"雷宝"、"布鲁克斯"）等，为福州市外向型经济注入活力，涌现出一批出口大户。1994 年，福州市年产值超过亿元的侨资企业达 20 多家，在全国 500 家大型"三资"企业中，福州市占 18 家，其中大部分是侨资企业。20 世纪 80 年代开始，房地产开发成为华侨投资的热点。1985 年福州市第一座与侨商合作兴建的公寓式住宅——华美大厦动工兴建，1991 年福州首家由侨资兴建的高级温泉花园式公寓玉融花园破土动工。元洪花园则由祖籍福清的印度尼西亚著名企业林氏集团在福州创办的冠顺房地产公司投资兴建。

第三，汇寄赡家费，促进家乡经济建设。

早期出国的华侨一般都是单身男性。为了赡养国内眷属，他们总是省吃俭用，将辛勤积攒下来的钱款汇回家中，俗称"侨汇"。随着侨汇数量日益增多，光绪三十年（1904年）福州地区首先出现了新加坡侨商福泰和杂货商经营的侨汇庄，俗称侨批业，即福州华侨寄回家书的同时，附带寄款。继福泰和侨汇庄后，新加坡侨商、印度尼西亚侨商相继在福州开设侨汇庄，仅福清一地民国年间就达30家。据民国期间残存资料记载，民国二十七年（1938年），福清县侨汇款280万法币，闽清县16.96万法币，平潭县0.88万法币，永泰县0.15万法币，连江县0.098万法币，罗源县0.046万法币，共计298.134万法币。1972年以后，福州华侨、华人经济力量增长，汇款能力增强，1973—1979年，福州侨汇年均递增12.7%，1979年福州市侨汇达1028万元。1990年以后福州侨汇有大幅增长，截至1994年达到3亿美元。侨汇不仅改善了华侨眷属的生活，而且促进了侨乡经济的建设，对侨乡社会经济的发展起着积极的作用。

第二节　闽都文学

鸦片战争以后，闽都文学发展进入空前繁盛时期。诗歌创作方面，出现了以林则徐为杰出代表的爱国诗人群体，对福建乃至中国近代诗歌创作产生了巨大影响。而同光年间（1862—1908年）由侯官人陈衍、闽县人郑孝胥等开创的"同光派"则成为其时闽诗派的典型代表，亦为中国近代文学史上影响最大、最深远的诗歌流派。与此同时，翻译文学、女性文学更成为近代闽都文学的一道亮丽风景。福州作为最早开放的通商口岸之一，处在中西文化交汇的前沿。从林则徐、魏源的《海国图志》到严复的《天演论》，福州在文学翻译方面开近代中国风气之先。清末民初年，福州涌现出一代代译著名家，如严复、陈季同、林纾、郑振铎均为译界巨匠。女性教育的发展培养，造就了一大批女性作家，薛绍徽、庐隐、冰心、林徽音等均为著名代表。此外，其他形式的文学创作如小说、文学批评、散文、戏剧文学等也取得丰硕成果。如：李桂玉和"浣梅女史"联合创作的《榴花梦》是中国现存最长的一部弹词小说，陈衍的《石遗室诗话》、林昌彝的《射鹰楼诗话》等均为中国文学史上享有盛名的文学批评著作。

总之，近代福州文学发展在中国文学史上占有举足轻重的地位，福州籍文学家在中国文坛上写下了浓墨重彩的一笔。

一 唐五代以前闽都文学的萌芽

唐以前，闽都文学的发展相对中原地区和长江中下游地区较为落后。西晋以前仅有《白水素女》（田螺姑娘）等一些口头流传的民间故事。西晋末年随着中原汉族大举南迁入闽，一些受过较高文化教育的士大夫流寓福州，南朝任晋安太守的大多是当时颇负声望的诗人或文学家，如刘宋时大诗人谢庄长子谢飏泰始五年（469 年）为晋安太守，虞愿泰始七年（471 年）为晋安太守，王秀之南齐建元元年（479 年）为晋安太守，王德元南齐永明十年（492 年）为晋安太守，范缜梁天监元年（502 年）为晋安太守，萧机梁天监十七年（518 年）为晋安太守，徐悱梁大通二年（528 年）为晋安太守，羊侃梁中大通六年（534 年）为晋安太守。正是这些宦闽的文人率先揭开了闽都文学史的第一页，因此南朝时期闽都文学以宦游、流寓福州的文人创作为主要特色。

唐（德宗）贞元（785—804 年）前后，李椅、常衮、柳冕先后任福建观察使，立学堂，兴教化，并"亲加训导"，推动了闽都文学的产生。

东晋时期闽都地区就已经出现诗歌创作。明季出土的刻于东晋太和二年（367 年）的《光孝观于山碑记》中刻有"我有一庄园，寄在于山边"等诗句，是为目前已知闽都最早的诗歌作品，作者不详。南朝时期，大批诗人宦游、流寓福州，推动了闽都诗歌的发展。其时，担任晋安太守的有不少是诗人或诗歌爱好者。

如：宋明帝泰始五年（469 年）任晋安太守的谢飏是刘宋时期著名诗人谢庄的长子；宋齐之际"有文翰"、"好文咏"，曾写过《北山移文》的孔稚珪之父灵产于晋武帝泰始（265—274 年）中任晋安太守；① 齐高帝建元元年（479 年）任晋安太守的王秀之幼时颇有文采，"起家著作佐郎，太子舍人"，② 并与其时著名诗人谢朓有过唱和；齐武帝永明十年（492 年）任晋安太守的王德元亦与谢朓、王融有过唱和；齐武帝永明十一年（493 年）任晋安郡丞的王僧孺曾与谢朓、王融有过唱和且尤工谱牒，史载："僧孺好坟籍，聚书至万余卷，率多异本，于沈约、任昉家书相埒。少笃志精力，于书无所不储。其文丽逸，多用新事人所未见者，世重其富。僧孺集《十八州谱》七百一十卷，《百家谱集》十五卷，《东南谱集抄》十卷，文集三十卷，《两台弹事》不入集内为五卷，及《东宫新记》，并行于世"；③ 南齐以诗赋著称于世的谢朓之次子篹"颇有文才，仕至晋安太守"；④ 梁武帝天监十七年（518 年）任晋安太守的萧机"所著诗赋数千言，世祖集而序之"；⑤ 梁武帝大通二年（528 年）为晋安太守的徐悱所撰《酬到长史溉登琅琊城诗》被载入《文选》。

上述宦游福州的诗人及其创作对闽都丰富诗歌创作的成果，促进闽都诗歌创作的发展均产生了深远影响。他们以生花之笔讴歌福州秀丽迷人的山水，颂扬福州丰饶肥沃的土地，⑥ 从而改变了时人以福州为"蛮荒之地"的认识，增强了闽人的自信心。

---

① 《南齐书》卷 48《孔稚珪传》。
② 《南齐书》卷 46《王秀之传》。
③ 《梁书》卷 33《王僧孺传》。
④ 《梁书》卷 15《谢朓传》。
⑤ 《梁书》卷 22《太祖五王传》。
⑥ 王秀之称得上是有史记载以来较早描绘福州为富饶之区的入闽官员。史载：秀之"为晋平太守，期年求还，或问其故，答曰：'此郡沃壤，珍阜日至，人所昧财者，财生则祸逐，智者不昧财，亦不逐祸。吾山资已足，岂可久留，以妨贤路'。……时人以为王晋平恐富求归"（《南史》卷 24《王裕之附王秀之传》）。

二 唐五代时期闽都文学的发展

唐末五代，闽都文学创作逐渐兴起，开始出现闽都作家、诗人群体，闽县人林滋、郑诚、詹雄被誉为当时的"闽中三绝"。不过相比较其时中国文学的兴盛景象，闽都文学还仅仅是初露霞光，仍显落后，既没有全国一流的文学家和诗人，亦未见堪称佳制的作品。

这一时期，闽都地区得到全面开发，社会经济有了长足进步，学校教育开始创办，士人应举渐成风气，加之，唐末五代因躲避战乱入闽的中原文士日益增多，推动了闽都诗歌创作的兴起，至唐末五代趋于繁盛。陈衍《补订〈闽诗录〉序》云："文教之兴，吾闽最晚，至唐始有诗人。至唐末五代，中土时有入闽者，诗教乃渐昌。"大体而言，这一时期闽都诗人主要有两种类型：一是入闽仕闽的客籍诗人，著名者有裴次元、顾况、张仲方、薛逢、周朴、韩偓等；二是闽都本籍诗人，主要有林杰、欧阳衮、郑诚、林滋、詹雄、王棨、黄璞、倪曙、黄滔、沈崧、翁承瓒、林鼎、陈保极、陈金凤等。兹对上述诗人的成就作一番简要介绍。

裴次元，元和八年（813 年）为福州刺史，于冶山建亭，作诗题于其壁，自为序，大略云："场北有山，维石岩岩。峰峦巉峭耸其左，林壑幽邃在其右。是用启涤高深，必尽其趣；建创亭宇，咸适其宜。勅为二十咏。"诗各一章，章六句，其《望京山》云："积高依郡城，迥拔凌霄汉。"①

顾况，唐末诗人，其是否到过闽地于史传中已无可考，但他以福州方言所作古诗《囝》颇有价值，该诗序云："囝，哀闽也"，写的是闽吏为朝廷置办阉宦、买卖人口之事："囝生闽方，闽吏得之，乃绝其阳。为臧为获，致金满屋；为髡为钳，如视草木。天道无知，我罹其毒；神道无知，彼受其福。郎罢别囝，吾悔生汝！及汝既生，人劝不举。不从人言，果获是苦。囝别郎罢，心摧血下；隔

---

① 梁克家修纂：《三山志》卷 1《地理类一·叙州》。

地绝天，及至黄泉，不得在郎罢前。"①

张仲方，大和元年（827 年）为福建观察使，作《题白马三郎庙》诗，云："入门池色净，登阁雨声来。"时团练副使等官员都有和诗。

薛逢，咸通中（860—873 年）为侯官令，《全唐诗》存其诗一卷。《元日田家》诗生动记述了福州民俗。逢曾与神光僧灵观游向阳峰，创亭其侧，乃倒书"薛老峰"字。周朴《薛老峰》诗云："薛老峰头三简字，须知此与石齐生，直教截断苍苔色，浮世人侪眼始明。"②

周朴，晚唐避乱入闽，隐于安溪，后居福州乌石山，是唐末著名的苦吟诗人，欧阳修《六一诗话》中称其"构思尤艰，每有所得，必极其雕琢，故时人称朴诗月锻季炼，未及成篇，已播传人口，其名重当时"。因其饮食多仰仗寺僧，故其诗多描写塔寺。如：《升山灵岩寺》诗云："升山自古道飞来，此是神功莫浪猜。气色虽然离禹穴，峰峦犹自接天台。岩边古树泉冲落，顶上浮云日照开。南望闽城尘世界，千秋万古卷浮埃。"又，《南涧寺》诗云："万里重山绕福州，南横一道见溪流。天边飞鸟东西没，尘里行人早晚休。晓日春山当大海，连云古堑对高楼。那堪望断他乡目，只此萧骚自白头。"③

韩偓是唐末入闽客籍诗人中最突出的一位。韩偓，乳名冬郎，字致光（一作致尧），号玉山樵人，唐昭宗龙纪元年（889 年）中进士，受知于唐昭宗，历任左拾遗、左谏议大夫、翰林学士、中书舍人等，其 10 岁能诗，作品甚丰，今传《韩翰林集》、《香奁集》。韩偓诗歌创作可分为两个时期，早期留下的诗歌多为闺阁诗，表现为绮艳细腻的特点，如：《香奁集》中的《偶见》一诗："秋千打罢

---

① 《全唐诗》4 匣 9 册，上海古籍出版社 1986 年版，第 657 页。
② 梁克家修纂：《三山志》卷 32《寺观类一·僧寺》"侯官神光寺"条。
③ 王应山：《闽都记》卷 24《湖北侯官胜迹·升山灵岩寺》、卷 10《郡城西南隅·南涧寺》。

解罗裙，指点醍醐索一尊，见客人来和笑走，手搓梅子映中门。"
又，《踏青》一诗："踏青会散欲归时，金车久立频催上，收裙整鬐
故迟留，两点深心各惆怅。"复又，《懒起》一诗："昨夜三更雨，
临明一阵寒，海棠花在否，侧卧卷帘看。"其诗风的婉约、细腻、
纯真跃然纸上。此诗风对后世李清照等婉约派作家有很大影响。晚
年饱经乱离之苦，诗风大变，以追怀故国的诗歌为多，表现为激昂
遒劲的特点，其《伤乱》云："故国几年犹战斗，异乡终日见旌旗。
父亲流落身羸病，谁在谁亡两不知。"而《安贫》一诗则是其后期
的代表之一，其诗云："手风慵展八行书，眼暗休寻九局图，窗里
日光飞野马，案头筠管长蒲庐。谋身拙为安蛇足，报国危曾捋虎
须，举世可能无默识，未知谁拟试齐竽。"韩偓入闽时虽已 65 岁，
但却成为他创作的一个重要时期，在唐末文学史上占有一定的地位。

闽都本籍诗人及其创作兹依据《八闽通志》卷 62《人物·文
苑》、乾隆《福州府志》卷 60《人物十二·文苑》介绍如下：

陈通方，闽县人，贞元（785—804 年）中第四人及第，号称名
士。时属公道大开，采掇孤俊，通方二十有五，得与其选，时论
荣之。

陈诩，字载物，闽县人，贞元十三年（797 年）及第。诩以文
章名于时，《唐书·艺文志》诩有《诗集》10 卷，今弗传。

邵楚苌，字待伦，闽县人。贞元十五年（799 年）试《信及豚
鱼赋》、《行不由径》诗登第。侍中马燧有亭侈丽，楚苌作《题马侍
中亭子歌》述之，词极华侈，马惧以此获咎，遂撤毁之。由是诗名
益振。

王复鲁，字梦周，连江人。文史足用，尤长于诗词，多讽刺。
贞元、大历间尝献所为诗于朝，得从事邕府。

陈去疾，字文医，侯官人。元和十四年（819 年）及第，得告
还乡。时观察使裴义奖振儒风，特加礼异，又改名其乡曰"桂枝"。
今福州南门桂枝坊，去疾旧居也。后为邕府副使，有诗 1 卷。

欧阳衮，字希甫，闽县人，宝历元年（825 年）及第，有文学

重名，为监察御史。

林杰，字智周，侯官人。幼而秀异，言则成文。六岁赋《王霸坛》诗，人争诵之。大中四年（850年）举童子科。观察使崔干礼异之，副使郑立为作《奇童传》，年十七而卒。

郑諴，字中虞，闽县人。会昌二年（842年）及第，文笔峭绝，唐《艺文志》载其有集，今弗传。

林滋，字原象，闽县人，会昌三年（843年）及第，长于辞赋，与同县人郑諴、詹雄齐名，尝为《边城晓角赋》，有云："回出探之师，半依空碛；立不牧之马，尽在平芜"，颇受时人激赏。作品有《望九华山》、《春望》、《文战赋》、《阳冰赋》、《木人赋》、《小雪赋》等，世人传之。

詹雄，字伯镇，闽县人，长于诗，格高笔壮。时称諴文、滋赋、雄诗为"闽中三绝"，亦谓"滋赋諴文"。

王棨，字辅之，福清人，咸通二年（861年）及第，其辞赋清婉；托意奇巧，19年间三次应宏词科试，连捷，陈黯为序送之曰："鳞之圣龙，羽之瑞凤。凤非四翼，龙非二首。所以异者，惟希出耳。"有律赋集名《麟角集》（1卷）。唐人以赋为一集且流传至今，惟王棨此集，尤受文史家推重。其赋命题有"冠冕正大"者，如《倒载干戈赋》、《三箭定天山赋》、《玉不去身赋》等，艺术成就颇高；亦有"好尚新奇"、"托意奇巧"者，如《芙蓉峰赋》、《贫赋》、《离人怨长夜赋》等，其《江南春赋》是晚唐赋风由"冠冕正大"向"好尚新奇"转变的标志，一改此前歌颂帝德等高雅题材，而开拓对明媚风物等题材的描绘，无论是构思还是行文均别开生面。

连揔（一作总），字会川，闽县人，咸通九年（868年）及第，以赋笔典丽，为温庭筠所称赏。

张莹，字昭文，连江人，大顺元年（890年）及第，辞赋高丽，绰著时名，有《月宫赋》、《四灵赋》，人竞传诵。莹少时尝有诗云："一箭不中鹄，五湖归钓鱼，时来鳞羽化，平地上云衢。"后人因名其里曰"中鹄"。

黄璞，字德温，一字绍山，其先固始人。晋室南渡，随徙侯官，后移居莆田涵江。璞善为诗歌，一时撰著，藩镇间传诵之。昭宗大顺二年（891年）及第，乾宁初官至崇文馆校书郎。黄巢入闽，过璞家，令曰："此儒也，毋辱之"，灭炬而过。所人称其所居里"黄巷"。所著有《雾居子》、《闽川名士传》、《文集》20卷。其中，《闽川名士传》是为闽人为闽文士立传之始。陈振孙《直斋书录题解》云："所记人物，自薛令之而下凡五十四人。"

倪曙，字孟曦，侯官人，中和（881—884年）中及第，有赋1卷。

黄滔，字文江，侯官人，乾宁二年（895年）及第，后与堂兄黄璞徙居莆田。光化（898—900年）中，除四门博士，以监察御史里行、充威武将军度推官。王审知据有全闽，而终其身为节将者，滔规正有力焉。中州名士避地于闽者，若李绚、韩偓、王涤、崔道融、王标、夏侯淑、王拯、杨承休、杨赞图、王倜、归传懿辈，悉主于滔。黄滔工诗善文，闽中碑碣多为其文，有《泉山秀句》、《黄御史集》并行于世。黄滔是唐末五代闽都诗人中最著者，后人对其评价甚高。洪迈序滔文："赡蔚典则，策扶教化。诗清淳丰润，若与人对语，郁郁有贞元、长庆风。《祭陈、林先辈》诸文，悲怆激越，《马嵬馆娃》、《景阳水殿》诸赋，雄新隽永，使人读之，如身生是时，目摄其故。"而宋代大诗人杨万里则称："滔诗与韩偓、吴融辈并游，未知何人徐行后长者也。"如其诗《闻新雁》云："湘南飞去日，蓟北乍惊秋，叫苦陇云夜，闻为客子愁。一声初触梦，半白已侵头。旅馆移欹枕，江城起倚楼。余灯依古壁，片月下沧洲。寂听良宵彻，踌躇感岁流。"其赋多以历史题材抒写情怀，善用警句、丽句，与王棨并称晚唐律赋之"双雄"。如《经马嵬坡赋》、《景阳井赋》、《水殿赋》、《馆娃宫赋》等均风行一时，其赋风对后世影响较大。黄滔不仅诗赋卓著，而且首开闽中文学批评之风，其《泉山秀句集》"编闽人诗，自武德尽天祐"，亦为闽人选闽诗之始。

沈崧（一作嵩），字吉甫，乾宁三年（896年）及第，归省过临安，钱镠留掌书记，书檄表多出所撰，卒谥"文献"，有集20卷。

翁承瓒，字文尧，号狎鸥翁，福清人。① 乾宁三年（896年）及第，任京兆府参军，累官右拾遗、户部员外郎、谏议大夫、福建盐铁副使。为王审知辟为相，闽王赐其乡曰"文秀"，里曰"光贤"，又赐漆林庄曰"昼锦"。任上，劝王审知建四门学，以教闽士之秀者。有《昼锦集》1卷，《宏词前后集》20卷。其诗庄重典雅，炼字准确，不乏佳作。如，《寄舍弟承裕员外》云："江花岸草晚萋萋，公子王孙思合迷。无主园林饶采伐，忘情鸥鸟恣高低。长江月上鱼翻鬣，荒圃人稀獭印蹄。何事斜阳再回首，休愁离别岘山西。"又，《汉上登舟忆闽》云："汉臬亭畔起西风，半挂征帆立向东。久客自怜归路近，算程不怕酒觞空。参差雁阵天初碧，零落渔家蓼欲红。一片归心随去棹，愿言指日拜文翁。"

林鼎，字涣文，闽县人，善文辞工书，学王羲之、欧阳询、虞世南，尤善草隶。所聚图书，悉由手抄，对残编断简，均认真校雠补缺。著有《吴江应用集》20卷。

林无隐，闽县人，以诗名于时。有《林无隐文集》30卷。其子鼎（见上述）。

陈保极，字天锡，闽县人，好学能文，后唐天成（926—929年）中及第。

余瑾，字琨美，一名赐，古田人，后家南剑之将乐，有《拾遗集》2卷。

陈金凤，福清人，唐福建观察使陈岩之女。龙启元年（933年）闽王鏻（延钧）册其为后，今作词《乐游曲》："龙舟摇曳东复东，采莲湖上红更红。波澹澹，水溶溶，如隔荷花路不通。西湖南湖斗

---

① 一作莆田人。按，承瓒所居漆林里，在唐代原辖莆田县，闽王为之改名"光贤里"。后来，光贤里由莆田割出，转隶福清县（参见徐晓望主编《福建通史》第2卷《隋唐五代》，福建人民出版社2006年版，第280页下注）。

彩舟，青蒲紫蓼满中州。波渺渺，水悠悠，长奉君王万岁游"，既描绘了西湖龙舟竞渡的景象，也表达了宠妃歌功颂德的情意。尤值一提的是，陈金凤不仅是今存词最早闽中词家，① 而且也是闽中闺秀文翰第一人。

这一时期，闽都民间文学也有一定成就。据《福建通志》记载，唐天祐元年（904 年），闽都曾流传一首民歌《月光光》："月光光，照池塘，骑竹马，过洪塘；洪塘水深不得渡，娘子撑船来接郎；问郎短，问郎长，问郎何时回家园？"这是迄今所见闽都最早的民谣。还有一首相传为晚唐罗源巡检黄演所作《劝农歌》："天降闽王入八闽，励精图治，体恤万民；苛捐污吏必查办，敛取民财处以刑；乡老幼耕保其有，府县三年免税征。"

从以上列举闽都本籍诗人及其创作看，唐五代时期闽都诗歌创作已有较大发展，尤其是词、赋创作已处于全国比较领先地位，但是，总体上看，闽都诗歌创作水平较中原及周边地区相比，仍显落后，具有全国影响力的诗人亦是寥若晨星。

三　两宋时期闽都文学的繁荣

入宋以后，闽都地区政治稳定、经济繁荣、文化昌盛，闽都文学渐趋繁荣，名家名作迭出，本籍客籍作家交相辉映，诗、词、文学批评、杂文学、遗民文学等领域呈超迈的发展势头。有些作家和著作则在某一时期或某一领域居于先导地位，闽县的陈襄、福清的赵侠、连江的李弥逊、永福（今永泰）的张元干、长乐的陈人杰等均为本籍作家的代表，而蔡襄、李纲、陆游、辛弃疾等则为福州客籍作家的代表。在创作风格上表现为以文人诗、以议论入诗的特色。

两宋时期，闽都诗歌创作骎骎日上，迅速跻身全国先进行列。创作风格一如宋代诗风，表现为以文为诗、以议论为诗的特征。②

---

① 词，诗体的一种。渊源于南朝，萌芽于隋唐之际，形成于唐代，盛行于宋代。
② 陈庆元：《福建文学发展史》，福建教育出版社 1996 年版，第 113 页。

诗作题材以议论时政、针砭时弊、抒发爱国情怀者为多。与此同时，以豪放派为代表的词的创作亦是成绩斐然。

蔡襄（1012—1067年），北宋官员、书法家。字君谟，仙游人，自号莆阳居士。仁宗庆历五年（1045年）以右正言、直史馆出知福州，仁宗嘉祐元年（1056年）以枢密直学士再知福州。嘉祐五年（1060年）召为翰林学士、三司使。英宗即位，蔡襄受到猜疑，于治平二年（1065年）以端明殿学士出知杭州，四年卒，年五十六。谥忠惠。……蔡襄工于书，为当时第一，仁宗尤爱之。① 传世碑刻有《万安桥记》、《画锦堂记》，墨迹有《谢赐御书诗》，还有大量书札、诗稿。著有《茶录》、《荔枝谱》，后人辑有《蔡忠惠集》②40卷。蔡襄今存诗约400首，其中有不少是他知福州期间诗咏闽都的作品。其诗明白晓畅，辞锋犀利，多采用散文句法描绘客观事物，开闽诗一代风气，是闽诗宋调的确立者。③ 如：描写寒食节诗人到福州西湖观竞渡盛况之《寒食游西湖》："山前雨气晓才收，水际风光翠欲流。尽处旌旗停曲岸，满潭钲鼓竞飞舟。浮来烟岛疑相就，引去沙禽好自由。归骑不令歌吹歇，万枝灯烛度花楼。"又，表现诗人关心民间疾苦、同情农民悲惨遭遇的五言诗《鄬阳行》："殍亡与疫死，颠倒投官坑。坑满弃道旁，腐肉犬豕争。往往互食啖（噉），欲语心魂惊。荒村但寂寥，晚日多哭声。哭哀声不续，饥病焉能哭！止哭复吞声，清血暗双目。"复又，诗人登台江大庙山达观亭的纪胜抒怀的五言诗《达观亭》："峭峻钓龙台，飞亭压其端。旷彻四无际，因之名达观。攀云跻大庭，仙路何纡盘。秋明澄远绿，暑霁凝新寒。城廓烟火稠，水陆渔樵蕃。偶暇按民俗，适游心意欢。鸣弦俯清流，对酒环苍山。重指襟尘净，从带夕岚还。"

陈襄（1017—1080年），北宋理学家，字述古，侯官人，学者称之古灵先生。襄"少孤，能自立，出游乡校，与陈烈、周希孟、

---

① 《宋史》卷320《蔡襄传》。

② 《四库全书》文渊阁本《端明集》。

③ 陈庆元：《福建文学发展史》，福建教育出版社1996年版，第114页。

郑穆为友。时学者沉溺于雕琢之文，所谓知天尽性之说，皆指为迂阔而莫之讲。四人者始相与倡道于海滨，闻者皆笑以惊，守之不为变，卒而从化，谓之'四先生'"。① 仁宗庆历二年（1042年）襄举进士，调浦城主簿，摄令事。后知河阳县（今河南孟县），嘉祐二年（1057年）入秘阁校理、判祠部。六年（1061年），出知常州。英宗朝（1064—1067年）为开封府推官、盐铁判官。神宗熙宁二年（1069年）谏院，改侍御史知杂事。后因王安石忌之，摘其书诏小失，出知陈州，徙杭州，以枢密直学士知通进、银台司兼侍读，判尚书都省。有《古灵集》25卷。陈襄任杭州太守的两年多时间里，② 创作大量诗歌，并以七律、七绝为多。由于当时苏轼为通判，二人交谊甚好，相互酬唱赠答的诗作有不少流传至今，从中可以窥出陈襄诗深受苏轼诗的精美流丽、活泼而不失典雅之风格影响，被苏轼称为"能诗"太守。如其《和子瞻沿牒京口，忆西湖寒食出游见寄二首》其二云："春阴漠漠燕飞飞，可惜春光与子违。半岭烟霞红旆入，满月湖风画船归。猴笙一阕人何在，及鹤重来事已非。犹忆去年题别处，乌啼花落客沾衣。"这首诗后人评价颇高，纪昀以为"殊饶情调"。谢肇淛则云："声调凄婉，中晚唐之楚楚者"，③又，陈襄的五律《观海》前四句云："天柱支南极，蓬山压巨鳌。云崩石道险，潮落海门高"，写得颇为壮观而豪情四溢。

"海滨四先生"另一位陈烈（1056—1063年），字季慈，学者称之季甫先生，侯官人，性介僻，笃于孝友。学行端饬，动遵古礼，平居终日不言，御童仆如对宾客。从学者常数百。贤父兄训子弟，必举烈言行以示之。公卿大夫、郡守、乡老交章称其贤。仁宗嘉祐（1056—1063年）中，以为本州教授，欧阳修又言之，召为国子直讲，皆不拜。哲宗元祐（1086—1093年）初诏为本州教授，在

---

① 《宋史》卷321《陈襄传》。
② 熙宁五年（1072年）至七年（1074年）。
③ 转引自陈庆元《福建文学发展史》，福建教育出版社1996年版，第119页。

职不受稟奉，乡里问遗丝毫无以受，家租有余，则推以济贫乏。①
神宗元丰（1078—1085 年）中，"刘侍制瑾为守，元夕不问富贫，
每户科灯十盏。陈先生烈以诗题鼓门大灯笼，其诗云：'富家一盏
灯，太仓一粒粟；贫家一盏灯，父子相聚哭。风流太守知不知？惟
恨笙歌无妙曲'。瑾闻而谢之"。② 陈烈此首政治讽喻诗《题灯》通
俗直白，形象生动地反映了当时广大贫苦民众的呼声。

郑侠（1041—1119 年），北宋官员，字介夫，福清人。英宗
治平（1064—1067 年）中随父官江宁（今南京），闭户苦学，尝
赋诗"漏随书卷尽、春逐酒瓶开"。王安石称奖之，治平四年
（1067 年）举进士，调光州司法参军，引王安石为知己。神宗熙
宁五年（1072 年）秩满入京，途询父老，对王安石变法颇有微
词，遂改变了对王安石的认识。王安石要他习法上进，他拒绝了。
熙宁六年至七年不雨，人无生意，流民四起，侠知安石不可谏，
悉绘所见为图即《流民图》上神宗，请罢免役、青苗、方田、保
甲之法。王安石罢相后，吕惠卿执政，侠又上疏论之，并绘《正
直君子邪曲小人事业图迹》上神宗，讥讽吕为邪曲小人，被下狱，
徙英州（今广东英德），哲宗立，始得归，为泉州教授。哲宗元
符元年（1098 年）被再谪英州。徽宗立，赦之，仍还故官，又为
蔡京所夺，自是不复出。宣和元年（1119 年）卒，年七十九，里
人揭其间为郑公坊，州县皆祀之于学。③ 有《西塘集》9 卷，其中
诗仅存一卷。其诗有关心民生疾苦的，也有抒发志行的，还有吟
咏胜览的。如其和王安石《何处难忘酒》诗，指出熙宁用政之
失，云："四方三面战，十室九家空。见佞眸如水，闻忠耳似
聋。"又，《道中见以索牵五六十人监理钱者》云："可怜平地不
生钱，稚老累累被索连。困苦新图谁画此，祗愁中禁又无眠。"复
又，《题仁王寺横山堂》："案俯横山跨海来，拂云高阁为谁开？

① 《宋史》卷 458《隐逸传》。
② 梁克家修纂：《三山志》卷 40《土俗类二·岁时》"上元"条。
③ 《宋史》卷 321《郑侠传》。

荒溪古木闲猿洞，明月白沙空钓台。晓日东峰龙夭矫，秋风西峡
风徘徊。居然静卧江南岸，天堑波涛亦壮哉。"这是诗人游乌石山
在仁王寺横山阁题咏抒怀，诗人登临纵目览胜，远近景色分明，
一幅福州风光画卷映入眼帘，十分壮美。

　　两宋之际的著名爱国诗人李纲（1083—1140 年），字伯纪，邵
武人也，自其祖始居无锡。徽宗政和二年（1112 年）进士，积官至
监察御史兼权殿中侍御史。宣和元年（1119 年）谪监南剑州沙县税
务。七年（1125 年）为太常少卿，时金兵围开封，纲上御戎五策，
极力主战。靖康元年（1126 年）纲为尚书右丞、东京留守、亲征行
营使负责战备，率领军民奋勇抗击金兵。为保卫北宋都城汴京和稳
定南宋开国之初的政局作出了重要贡献。后为主和派所谗，其仕途
多舛，几经起落，多次上疏力陈抗金大计，均未被采纳。建炎四年
（1130 年），李纲自海南还居福州（见图 7），绍兴八年（1138 年）
又回福州居住，至十年去世，年五十八。纲有著《易传》内篇十
卷，外篇十二卷，《论语详说》十卷，文章、歌诗、奏议百余卷，
又有《靖康传信录》、《奉迎录》、《建炎时政论》、《建炎进退志》、
《建炎制诏表札集》、《宣抚荆广记》、《制置江右录》。① 其《梁溪
集》180 卷，其中有诗 28 卷，约 1500 首。《四库全书总目》卷 156
称李纲的诗"雄深雅健，磊落光明"，如其《次韵季弟善权阻雪古
风》云："空余炯炯寸心志，中夜不寐忧千端。素发飘萧头已满，
百年光景行将半。未知梦幻此生中，几回看雪光凌乱。会当扫荡豺
狼穴，国耻乘时须一雪。酒酣拔剑斫地歌，心胆开张五情热。中兴
之运期我皇，江汉更洒累臣血！"此诗表示诗人以抗金、收复失地
为己任之决心。又，李纲居福州时，尝应邀饮宴西湖湖心亭，赋诗
《宴湖亭》云："画栋翚飞瞰曲塘，主人情重启华觞。月摇波影鳞鳞
碧，风入荷花苒苒香。散策幸陪终日适，开襟还喜十分凉。天涯随
分同清赏，何必南国在醉乡。"

────────────

① 《宋史》卷 358、359《李纲传》。

图 7　西湖宋李纲祠坟址

南宋时期闽都本籍著名诗人主要有李弥逊、张元干、肃德藻、敖陶孙、林亦之、林希逸等。

李弥逊（1089—1153 年），两宋之际著名爱国诗人。字似之，号筠溪翁，连江人。居吴县。徽宗大观三年（1109 年）以上舍登第，调单州司户，再调阳谷簿。政和间（1111—1117 年）累官起居郎。以封事剀切，贬知庐山县，改奉嵩山祠，废斥隐居者八载。宣和（1119—1125 年）末，知冀州。金人犯河朔，诸郡皆警备，弥逊损金帛，致勇士，修城堞，决河护堑，邀击其游骑，斩首甚众。兀术北还，戒帅毋犯其城。高宗绍兴七年（1137 年）秋，迁起居郎。弥逊自政和末以上封事得贬，垂二十年，及复居是职，直前论事，鲠切如初。冬，试中书舍人。又试户部侍郎。八年，赵鼎罢相，秦桧专国，弥逊廷争，反对议和，触怒秦桧。弥逊引疾，乞归。九年，以微猷阁直学士知端州，改知漳知。十年（1140 年），归隐连江西山。二十三年（1153 年）卒，有奏议三卷，外制二卷，《议古》三卷，诗十卷。① 李弥逊归隐连江后，以咏诗自娱，其诗语意清婉，笔力甚伟，命意造句新颖轻巧且饱含报国壮志难酬之感慨，令人叹惋。有《筠溪集》20 卷，如：《东岗晚步》："饭饱东岗晚杖藜，石梁横渡绿秧畦。深行径险从牛后，小立高台出鸟栖。问舍谁人村远近，唤船别浦水东西。自怜头白江山里，回首中原正鼓鼙！"

张元干（1091—1161 年），两宋之际爱国诗人。字仲宗，自号真隐山人、芦川居士等，永福（今永泰）人。徽宗大观四年（1110 年）在豫章受业于黄庭坚的外甥江西诗派徐俯，与吕本中、譚伯恭等江西诗派作者结为诗社之友。宣和二年（1120 年）问道于陈瓘，极推崇陈之道德文章。七年（1125 年）为陈留县丞，钦宗靖康元年（1126 年）为李纲僚属参与抗金，并坚决反对割地求和。十月，李纲被谪，元干也被罪放出京，寓居杭州西湖，最后客死他乡。所著有《芦川归来集》及《芦川词》。其诗风感时伤世，悲痛苍凉却不失豪迈雄壮。如：《登垂虹亭二首》之一："一别三吴地，重来二十年。疮痍兵火后，花石稻粱先。山暗松江雨，波吞震泽天。扁舟莫浪发，蛟鳄正垂涎。"又，靖康元年（1126 年）九月金兵陷太原，冬，元干至淮上，作《感事四首丙午冬淮上作》其三云："戎马环京洛，朝廷尚议和。伤心闻徇地，痛恨竞投戈。"其四云："珠旒轻遗敌，玉册忍称臣。四海皆流涕，三军盍奋身？"

萧德藻是南宋前期一位重要闽都本籍诗人，字东夫，闽清人，号千岩老人。绍兴进士，诗学曾几，为白石道人姜夔之师，有《千岩择稿》，其诗"苦硬顿挫而极工"，名声甚大。杨万里序其诗，将他与范成大、尤袤、陆游并称："近世诗人，若范石湖之清新，尤

① 《宋史》卷 382《李弥逊传》。

梁溪之平淡，陆放翁之敷腴，萧千岩之工致，皆余所畏也！"其集惜已佚，仅《后村诗话》等书保存一些逸诗。如：《次韵傅惟肖》："竹根蟋蟀太多事，唤得秋来篱落间。又过暑天如许久，未偿诗债若为颜。肝肠与世苦相反，岩壑嗔人不早还。八月放船飞样去，芦花丛外数青天。"

敖陶孙（1154—1227 年）是南宋中后期闽都本籍著名江湖派①诗人，字器之，号臞庵（一作臞翁），福清人，宁宗庆元五年（1199 年）进士。有《臞翁集》等。陈衍《宋诗精华录》卷四录陶孙诗五首，并评其诗云："笔致潇洒，真是诗人之诗。"② 此外，敖陶孙别有《臞翁诗评》附于《臞翁集》中，《道光福建通志·经籍志》改作《臞翁诗话》，是闽都诗话（即文学批评）的代表作，标志着宋代闽都文学理论的发展水平。《臞翁诗评》中对 28 位古今诗人风格进行评价，语言精练、形象生动，如："魏武帝如幽燕老将，气韵沉雄；曹子建如三河少年，风流自赏"，等等，在众多诗话中可谓别具一格，深受后人推崇。

南宋理学昌盛，理学家为诗者不乏其人，较著名的有黄幹、林亦之、林希逸等。

黄幹，字直卿，闽县人。朱熹之婿，亦为朱之高足，号勉斋，有《勉斋集》40 卷，诗文质直，不事雕饰。林亦之，字学可，福清人，学者称网山先生，自号月渔，闽东沿海著名理学家林光朝（字谦之、莆田人）之嫡传子，有《网山集》8 卷，其律诗高妙者绝类唐人。林希逸，字肃翁，号竹溪，鬳斋，福清人林光朝之嫡传。理宗端平二年（1235 年）进士，官至考功员外郎。工诗，又能书善画，著有《易讲》、《春秋正附篇》、《老庄列三子口义》、《考工记

---

① 江湖派：南宋书商陈起曾刊行《江湖集》、《江湖前集》、《江湖后集》、《江湖续集》、《中兴江湖集》等诗歌总品，后遂称其中所收作家为江湖派。今天所见的《四库全书》本，是《江湖小集》95 卷、《江湖后集》24 卷，剔除所录词及重复者，二书计得 109 家。

② 转引自陈庆元《福建文学发展史》，福建教育出版社 1996 年版，第 150 页。

解》、《竹溪稿》，有《虏斋集》。江湖派著名诗人序其集云："槁干中含华滋，萧散中藏严密，窘狭中见纤余。"其名亦入《江湖小集》。

此外，宋代闽人早慧现象较普遍，如蔡伯俙，福清人，4 岁能诗，真宗大中祥符年间（1008—1016 年）应童子科，真宗（赵恒）见而嘉之，赐诗曰："七闽山水多灵秀，四岁奇童出盛时。家世应传清白训，婴孩自有老成姿。才当学步来朝谒，方渐能言便赋诗。更励孜孜图进益，青云万里有前期。"寻赐出身，东宫伴读。后为司门郎中，乾州签判。①

相比较于诗，南宋闽都作家所创作的词成绩更为突出。明人张綖将词大略分为"婉约"与"豪放"二体。"婉约者欲其词情蕴藉，豪放者欲其气象恢宏。"清初王士禛由"体"而分"派"，并以李清照、辛弃疾为此二派代表。② 综观闽都词人成就，其风格当以辛派词或豪放派为主。这是以辛弃疾的名字来命名的一个词派，这一派词人都具有强烈的爱国主义精神，长于悲愤，词气以豪壮为主。③南宋闽都豪放派词人成绩最突出者是李纲、李弥逊、张元干、辛弃疾、陈人杰等。李纲、李弥逊、张元干为辛派词的前驱，陈人杰为辛派词之后劲。

李纲其人及诗作前已述，其著有《梁溪词》，今存 50 余首，集中有一组（共 7 首）长调咏史词，借古讽今，慷慨浩歌，寓意深远，词人倔犟之志、忧国之情跃然纸上。如《喜迁莺·晋师胜淝上》云："长江千里，限南北，雪浪云涛无际。天险难逾，人谋克壮，索虏岂能吞噬！阿坚百万南牧，倏忽长驱吾地。破强敌，在谢公处画，从容颐指。奇伟！淝水上，八千戈甲，结阵当蛇豕。鞭弭周旋，旌旗麾动坐却北军风靡。夜闻数声鸣鹤，尽道王师将至。延晋祚，庇烝民，周雅何曾专美！"

①　黄仲昭：《八闽通志》卷 62《人物·文苑》。
②　参见陈庆元《福建文学发展史》，福建教育出版社 1996 年版，第 168 页。
③　同上书，第 169 页。

　　张元干，曾为李纲僚属，与李纲共有抗金经历，有《芦川词》。《四库全书总目》卷 198 评元干词"慷慨悲凉，数百年后，尚想其抑塞磊落之气"。又云："多清丽婉转，与秦观、周邦彦可以肩随。毛晋'跋曰：人称其长于悲愤，及读《花庵》、《草堂》所选，又极妩秀之致'。"其两首《贺新郎》是集中的压卷之作。《寄李伯纪丞相》（李伯纪，即李纲）云："曳杖危楼去。斗垂天、沧波万顷，月流烟渚。扫尽浮云风不定，未放扁舟夜渡。宿雁落，寒芦深处。怅望关河空吊影，正人间，鼻息鸣鼍鼓。谁伴我，醉中舞。十年一梦扬州路。倚高寒、愁生故国。气吞骄虏。要斩楼兰三尺剑，遗恨琵琶旧语。漫暗涩、铜华尘土。唤取谪仙平章看，过苕溪，尚许垂纶否？风浩荡，欲飞举。"《送胡邦衡待制赴新州》云："梦绕神州路。怀秋风，连营画角，故宫离黍。底事昆仑倾砥柱。九地黄流乱注。聚万落，千村狐兔。天意从来高难问，况人情，老易悲难诉。更南浦，送君去。凉生岸柳催残暑。耿斜河、疏星淡月，断云微渡。万里江山知何处？回首对床夜雨。雁不到，书成谁与？目尽青天怀今古，肯儿曹，恩怨相尔汝。举大白，听《金缕》。"前一词反对屈己求和，愤怒谴责投降派卖国行径，后一词为枢密院编修官胡铨上书反对议和，请斩秦桧被贬谪新州（今广东新兴），受到秦桧诬陷被削籍除名而鸣不平。

　　李弥逊与李纲、张元干友善。有《筠溪乐府》，以与李纲、张元干酬唱的词为多，词风与李纲、张元干相似，《四库全书总目》卷 198 评云："长调多学苏轼，与柳、周纤秾别为一派。"其晚年归隐连江西山，屡出览胜，如《蝶恋花·福州横山阁》云："百叠青山江一缕，十里人家，路绕南台去。榕叶满川飞白鹭，疏帘半卷黄昏雨。楼阁峥嵘天五尺，荷芰风清，习习消褉暑。老子人间无著处，一尊来作横山主。"

　　辛弃疾（1140—1207 年），字幼安，号稼轩，齐之历城（今山东济南）人。光宗绍熙二年（1191 年）年底，赴福建提点刑狱任。召见，迁大理少卿，加集英殿修撰，知福州兼福建安抚使，庆元元年（1195 年）落职。① 辛弃疾宦闽三年多，留有咏吟八闽词作 32 首，如：《贺新郎·三山雨中游西湖，有怀赵丞相经始》云："翠浪吞平野。挽天河，谁来照影，卧龙山下。烟雨偏宜晴更好，约略西施未嫁。待细把江山图画。千顷光中堆滟滪，似扁舟，欲上瞿塘马。中有句，浩难写。诗人例入西湖社。记风流，重来手种，绿成阴也。陌上游人夸故国，十里水晶台榭。更复道横空清夜。粉黛中洲歌妙曲，问当年鱼鸟无存者。堂上燕，又长夏。"又，《贺新郎·游西湖》云："碧海桑成野。笑人间，江翻平陆，水云高下。自是三山颜色好，更看雨婚烟嫁。料未必，龙眠能画。拟诗人求助幼妇，请诸君，妙手皆谈马。须进酒，为陶写。回头鸥鹭瓢泉社。莫吟诗，莫抛尊酒，是吾盟也。千骑而今遮白发，忘却浪沧亭榭。但记得，坝陵呵夜，我辈从来文字观，怕壮怀激烈须歌者。蝉噪也，绿陵夏。"

陈人杰（约 1220—1243 年），又名经国，号龟峰，长乐人。早年曾事科举，后历游淮、湘、苏、浙，慨叹南宋国运已去，何以报国！有《龟峰词》一卷，专填《沁园春》，今存 32 首，收入《四印斋汇刻宋元三十一家词》和《百家词》传世。陈人杰十分欣赏辛词，称辛弃疾《摸鱼儿·观潮上叶丞相》为"尤奇特"、"真野狐精"。其词风格接近辛，忧时叹事，感激顿挫，颇有气势，如《丁酉岁感事》："谁使神州，百年陆沉，青毡未还？帐晨星残月，北州豪杰；西风斜日，东帝江山。刘表坐谈，深源轻进，机会失之弹指间。伤心事，是年年冰合，在在风寒。说和说战都难。算未必江沱堪宴安。叹封侯心在，鳣鲸失水。平戎策就，虎豹当关。渠自无谋，事犹可做，更剔残灯抽剑看。麒麟阁，岂中兴人物，不画儒冠。"

宋代闽都作家的诗文集中也有小说作品，其中最著名的是永泰吴元美的寓言小说《夏二子传》。另外还有笔记体小说如：闽县陈

---

① 《宋史》卷 401《辛弃疾传》。

长方的《步里客谈》（2 卷）、长乐陈櫰的《负暄野录》（2 卷）、福清王懋的《野老纪闻》（1 卷）、罗源陈善的《扪风新话》（15 卷）、罗源余元泰的《钟幢嘉话》（2 卷）

宋元之际闽都诗歌最富特色，成就最高者非遗民文学莫属，而郑思肖是突出代表。

郑思肖（1241—1318 年，或 1238—1315 年），字亿翁（又称忆翁），号所南，又号本穴国人、三外野人，均寓不忘宋室之意。其名、字、号都是后来改取的，原名已不可考。原籍连江，生于临安（今杭州）。"思肖"，即思赵（"赵"，繁体为"趙"）；"忆翁"暗指永忆赵宋；"所南"寓以"南"为所之意，即"义不忘赵，北面他姓也"；"本穴"之"本"字，上为"大"下为"十"，将"十"置于"穴"中，则为"宋"，"本穴"即"大宋"。史载，元兵南下，他"叩阙上疏，犯辛禁，众争目之"。宋亡，他隐居吴中（苏州），寄食城南报国寺，坐卧必向南（即其号"所南"），每年除夕，必"望南野哭而再拜"，表达其对亡宋"痴忠"不忘故国之情。有《心史》、《锦钱余笑》、《一百二十图诗集》、《郑所南先生文集》等。其中《心史》颇富传奇色彩，该著旧无传本，明崇祯年间（1628—1644 年），苏州百姓于承天寺井内发现署名郑所南的《心史》，因有铁函封缄，世称《铁函心史》或《井中心史》。据考，《心史》作于南宋恭帝德祐年间（1275—1276 年），为"宋亡国所作，痛苦流涕之言"，录有《咸淳集》、《大义集》、《中兴集》三诗集，还有《久久书》、《杂文》、《大义略叙》等数十篇文章。诗文用悲愤之情描述元军南下烧杀劫掠、生灵涂炭、社会凋敝、民不聊生的景象，竭力渲染国衰世降、身遭异族蹂躏的亡国之痛，表现了诗人在国破家亡的历史关头忧时忧国之民族气节，如其《题多景楼》诗云："英雄登眺处，一剑独来游。男子抱奇气，中原入远谋。江分淮浙土，天阔楚吴秋。试望斜阳外，谁宽西顾忧。"《复题多景楼》云："无力可为用，登楼欲望魂。望西忧逆贼，指北说中原。粮运供淮饷，军行戍汉屯。何年遂所志，一统正乾坤。"这部思想、艺术皆臻上乘的诗文集，被后世称为"古今所未有"之奇书，对后世影响深远，"其价值和意义已经超越了文学的范畴，已经超越了时代的界限，超越了闽省这一区域，成了中华民族最可贵的精神遗产之一"。①

四 元明清时期闽都文学的复古与总结

元初，闽都文坛一度萧条，文学创作以遗民文学为主，诗风表现为悲怆激扬，作品多以反抗元朝民族压迫为主题，以世居连江东导村的郑思肖创作的《心史》为代表。元中叶以后，闽都文学创作渐渐复苏，涌现出一批以崇盛唐之风为创作旨趣的诗人，如永福（今永泰）人林泉生等。

明代福州文学比元代有较大发展，尤以诗歌创作为盛，作家众多，且不乏有全国影响者。明末闽县人徐𤊿编选的《晋安风雅》收录洪武至万历年间（1368—1619 年）福州 264 位诗人作品，以福清人林鸿为代表的"闽中十才子"更是打着诗宗盛唐的旗号开创闽都诗派之一代风气，后继者郑善夫、徐𤊿、谢肇淛、曹学佺、徐𤊿等将之发扬光大，推动了闽都诗歌创作的繁荣，崇唐复古的创作方法在明代蔚为风气。除传统的诗、词、文外，有明一代福州的小说、戏剧创作亦是别开生面、异彩纷呈。仅著名藏书家徐𤊿在于山鳌峰坊所建红雨楼中珍藏传奇、杂剧剧本就达 140 种。

及至清代，闽都文学进一步发展和提高，诗歌、散文、小说、戏剧等创作均开创了新的局面，对各种文学形式的研究也有进一步的深入。以诗歌而言，康乾时期闽都诗坛可称雄一时者当推张远和黄任，张远以其"奇峭秀异"的诗风大变闽地诗风，致使明代以来风行 300 年的闽派诗风告寝，并为清代同光年间闽诗学宋伏下潜流。尤值一提的是，这一时期的小说较前代有很大进步，出现了长篇章回小说，以署名里人何求的《闽都别记》为著。

---

① 陈庆元：《福建文学发展史》，福建教育出版社 1996 年版，第 246 页。

1. 元朝

元代，闽都文人大多不满元朝蒙古族的统治，采取不合作态度，无意仕进。或寄迹樵渚，隐居乡间，或遁入佛门，以示反抗。有一部分文人虽然仕元但不时流露出对元民族歧视政策不满、亡国哀思等情绪。其中，时称"闽中四名士"之一的林泉生（余为：陈旅、卢琦、林以顺）、宦闽诗人范梈、萨都剌等均为此期著名代表。

林泉生（1299—1323 年），字清源，永福（今永泰）人，从小勤敏好读，为文奇雄过人，初治《易》，后治《春秋》。元文宗至顺元年（1330 年）登进士第，授福清同知。其工诗善文，性自负不能下人，故常招怨，后自悔，名其斋曰："谦牧"，又号"觉是轩"。有《觉是集》20 卷问世。今存诗 300 余首，大多是"豪岩遒逸"、"脍炙人口"之作。如《岳王庙》其二云："谁收将骨葬西湖，已卜他年必沼吴。孤冢有人来下马，六陵无树可栖鸟。庙堂短计惭嫠妇，宇宙惟公是丈夫。往事重观如败局，一龛灯火属浮图。"其《诗义矜式》亦是一部重要的文学批评著作。

范梈（1272—1323 年），字亨父、德机，清江（今湖北恩施）人，曾为闽海道知事，为元诗四大家之一（余为杨载、虞集、揭傒斯），其著名诗作《闽州歌》较全面概括了闽都福州元代的风土民情和社会状况。其诗云："福州土俗户不分，生子数岁学绣文。围棚坐肆杂男女，谁问小年曾识君。古来夜行斯秉烛，今者衢路走纷纷。那更诛求使者急，鞭棰一似鸡羊群。古来闺阁佩箴管，今者女工征六军。虽复太平少征战，没有备预将何云！去年居作匠五千，耗费府藏犹烟云。官胥掊克常十八，况以鸠敛夺耕耘。只今弃置半不用，民劳竟是谁欢欣？岁岁条章省烦费，幸且不省无方殷。唐虞在上俭助勤，后王犹复锦绣焚。岂有夔龙让姚宗，不言忍使忧心熏。观风自是使者职，作歌虽远天应闻。"

萨都剌（1272—?），回族人，曾于元顺帝至元元年（1335 年）至至元三年（1337 年）为闽海道廉访司知事。期间，在闽写下 80 多首诗吟咏闽中风物，如：《越王山》："粤王故国四围山，云气犹屯虎豹关。铜兽暗随秋露泣，海鸥多背夕阳还。一时人物风尘外，千古英雄草莽间。日暮鹧鸪啼更急，荒苔野竹雨班班。"又：《望鼓山》云："鼓山起千仞，乃是东海垠。蛟龙穴其下，霹雳翻海门。砥柱俨不动，日夜雪浪奔。何当临绝顶，俯视浴日盆。"

从诗歌创作风格看，元诗秉承宋末严羽首倡"诗宗盛唐"之风，"一洗宋季之陋"，扭转宋人以议论入诗的风气，表现出鲜明的复古倾向。至元末，诗坛尊唐之风气出现一时之盛，闽中诗人巨擘张以宁成为元明之际学唐风最力者，堪为明初闽中诗派之先导。正如陈田在《明诗纪事》卷三所谓"《翠屏》一集，咀含英华，当为闽诗一代开先"。

张以宁（1301—1370年），字先道，古田人，家居古田翠屏山下，学者多称之翠屏先生。元泰定四年（1327年）登进士第，授黄岩州判。累迁翰林侍读学士、知制诰。入明后，保留原官职，兼修国史。洪武二年（1369年）奉诏出使安南（今越南），册封陈日焜为国王，次年卒于归途。有《胡传辨疑》、《春王正月考》。其门生石光霁辑其诗文，全称《翠屏前后集》。张以宁诗作颇享盛名，与明初诗人张光弼、张仲简并称"明初三张"。"以宁有俊才，博学强记，擅名于时，人呼小张学士。"[1] 张以宁深受理学影响，强调作诗要沉涵心性，追求"清澄趣胜"。《四库全书总目》卷169称"其诗五言古体意境清逸，七言古体亦遒警"，"近体皆清新"。汪端《明三十家诗选》二集卷一下云："学士诗沉郁雄健者可追汉魏，清婉俊逸者足配盛唐。"徐泰《诗谈》谓其诗"高雅俊逸，超绝畦畛，如翠屏千仞，可望而不可跻"。选诗家们对他的"七古"评价尤高，谓"其七古骨力遒健，才气排宕，发源杜陵，出入遗山、元好问、道园（虞集）之间，可以独张一军"。如：《严陵钓台》："故人已乘赤龙去，君独羊裘钓月明。鲁国高名悬宇宙，治家小吏待公卿。天回御榻星辰动，人去空台山水清。我欲长竿数千尺，坐来东海看

---

① 《明史》卷285《文苑传一·张以宁传》。

潮生。"又,《题米元晖山水》:"高堂晓起山水入,古色惨淡神灵集。望中冥冥云气深,只恐春衣坐来湿。江风吹雨百花飞,早晚持竿吾得归。身在江南图画里,令人却忆米元晖。"

元代还出现了福建唯一的戏剧家陈以仁,也是闽都戏剧文学创作最早见于记载者。陈以仁(?—约1330年),字存甫,号复斋,流寓杭州时作杂剧二种:《十八骑误入长安》(又名《雁门关存孝打虎》)和《锦堂风月》。前者北京图书馆藏有明抄本,后者已佚。

2. 明朝

入明以后,闽都诗坛蔚然称盛,诗家众多,不可指数。周亮工在其《书影》卷一云:"闽中才隽辈出,颖异之士颇多,能诗者十得六七。"有明一代,闽都诗歌创作大体可分为三个阶段,即明初洪武、永乐年间,以闽中诗派(闽中十才子)为代表;明中叶弘治、正德年间以郑善夫为代表;明末万历以后以曹学佺等人为代表。正所谓:"闽中诗文,自林鸿、高棅后,阅百余年,善夫继之,迨万历中年,曹学佺、徐熥辈继起,谢肇淛,邓原岳和之,风雅复振焉。"①

闽中诗派是明初诗坛重要的诗派之一,② 代表人物是"闽中十才子"。据《明史》卷286《文苑传二·林鸿传》:"闽中善诗者,称十才子,鸿为之冠。十才子者,闽县郑定,侯官王褒、唐泰,长乐高棅、王恭、陈亮,永福王偁及鸿弟子周玄、黄玄,时人目为二玄者也。"从"十子"籍贯看,均来自明代福州府属县(周玄,闽县人。黄玄,将乐人,后从鸿携妻子民闽县。③ 乾隆《福州府志》卷60《人物十二·文苑》亦载:"黄玄,初本将乐人,林鸿为将乐

---

① 《明史》卷286《文苑传二》。
② 按地域划分,明初诗坛可分五派:以高启(季迪)为代表的吴派,以刘基(伯温)为代表的越派,以林鸿(子羽)为代表的闽派,以孙贲(仲衍)为代表的岭南派,以刘崧(子高)为代表的江西派。"五家才力,威足雄踞一方先驱当代。"(胡应麟:《诗薮·续编》卷1)
③ 《明史》卷286《文苑传二》。

学官，时玄为弟子，鸿雅重焉，尝为诗，称'青衿二十徒，达者惟黄玄'。玄益严事之。鸿弃官而归，玄遂携妻子，居闽县，终身师事之。"），故"闽中诗派"实为"闽都（福州）诗派"，"闽中十才子"为"闽都（福州）十才子"。后来，徐㶴编《晋安风雅》，将"闽中"改用"晋安"，因此，"闽中诗派"又谓"晋安诗派"。

"闽中十才子"之首林鸿，字子羽，福清人。少任侠不羁，读书能强记。洪武初，以人才荐至京师，太祖朱元璋试《龙池春晓》、《孤雁》二诗，颇得嘉许，名动京师，授将乐县训导，历礼部精膳司员外郎。性脱落，不善仕，年未四十自免归。有《鸣盛集》10卷。林鸿论诗主唐音，认为"汉、魏骨气虽雄，而菁华不足。晋祖元虚，宋尚条畅，齐、梁以下但务春华，少秋实。惟唐作者可谓大成。然贞观尚习故陋，神龙渐变常调，开元、天宝间声律大备，学者当以是为楷式"。林鸿这一主张成为闽中诗派诗歌创作的基本准则，"闽人言诗者率本于鸿"。①

高棅②是林鸿"诗宗盛唐"思想的积极响应者。他以林鸿晚辈自称，以林鸿崇尚唐音为"确论"，遂采集古今诸贤之说，远览穷搜，审详取舍，于洪武十七年（1384年）至二十六年（1393年）成《唐诗品汇》90卷，辑唐代诗人620家，诗5769首，后又集《拾遗》10卷，诗954首。该书堪称将闽中诗派尊唐的诗歌主张推向极致的典型代表，对后世影响极其深远。"终明之世，馆阁宗之。"③ 高氏于《唐诗品汇·凡例》中公开申明自己的诗歌主张，认为"唐诗之变渐矣，隋氏以还，一变而为初唐，贞观、垂拱之诗是也；再变而为盛唐，开元、天宝之诗是也；三变而为中唐，大历、贞元之诗是也；四变而为晚唐，元和以后之诗是也"。而"诗至开

---

① 《明史》卷286《文苑传二·林鸿传》。

② 高棅（1350—1423年），长乐人，字彦恢，更名廷礼，别号漫士。永乐初，以布衣召入翰林，为待诏，迁典籍。性善饮，工书画，尤专诗。（《明史》卷286《文苑传二》）山居时著诗曰《啸台集》，入仕后著《木天集》，世称廷礼有"三绝"——诗、书、画（乾隆《福州府志》卷60《人物十二·文苑》）。

③ 《明史》卷286《文苑传二》。

元、天宝间，神秀声律，灿然大备"，"夫诗莫盛于唐，莫备于盛唐"。他以为此间诗"皆宇宙山川英灵间，气萃于时，以钟乎人矣"。是故，《品汇》"以初唐为正始，盛唐为正宗、大家、名家、羽翼，中唐为接武，晚唐为正变、余响"。可见，高氏尊唐，且尤崇盛唐，其所选诗，"详于盛唐，次则初唐、中唐，其晚唐则略矣"。毋庸置疑，高棅的《唐诗品汇》对于推扬林鸿诗派主张、扩大闽中诗派影响具有重要意义。正如《四库全书总目》卷 189 所云："明初闽人林鸿，始以规仿盛唐立论，而（高）棅实左右之，是集其职志也。"

闽中十才子中以林鸿的诗歌成就为最高，清人周亮工《闽小记》卷三谓："前朝林鸿子羽，诗文一洗元人纤弱之习，为开国宗派第一。"庐陵刘崧为《鸣盛集》作序云："今观林员外子羽诗，始窥陈拾遗之阃奥，而骎骎乎开元之盛风，若殷璠所论'神来、气来、情来'者，莫不兼备。"林鸿的好友倪桓则称《鸣盛集》"洋洋大篇，溶溶短章，皆新奇俊逸。驰骋若骐骥，浩荡若波涛，滑绝若雪山冰崖，皎洁若琼琚玉佩。择其优者，置之韦、柳、王、孟间，未易区别"，时人异之为"大历十才子复见于世矣"。林鸿现存的诗主要辑录在袁表、马荧编选《闽中十子诗》以及相关的诗集中，胡应麟《诗薮》中称颂道：林员外诸体皆工，五律尤胜，置唐人钱起和刘长卿诗集里，不复辨别；七言诗亦是气色高华，风骨遒爽。如《出塞》（共 9 首）其一："玉关秋信早，未雪授征衣。王者应无敌，胡尘不敢飞。三河兵气尽，五道檄书稀。日晚笳声发，将军射猎归。"《出塞》其二："卫霍邀勋日，三河聚控弦。阵云寒压地，猎火远烧天。玉帐分旗直，金戈枕月眠。羽书飞报捷，天子在甘泉。"《夕阳》："抹野衔山影欲收，光浮鸦背去悠悠。高城半落催鸣角，远浦初沉促系舟。几处闺中关绣户，何人江上倚朱楼？凄凉独有咸阳陌，芳草相连万古愁。"诗人在福州台江大庙山钓龙台上游览，并设宴饯别友人所作《钓龙台》云："逐鹿屠龙事渺茫，空台依旧枕崇岗。衣冠神禹传蒲裔，风壤宗周列职方。南粤云来螺蒲白，东瓯天接虎门苍。登临送别兼怀古，不惜狂吟倒玉觞。"林鸿诗歌"高仿"的工夫为诗界共识，有人亦对此诟病。据《香泉偶赞》载，竟陵派钟惺（伯敬）评论林鸿的诗云："此等歌行妙在与盛唐酷肖，而其不甚妙处，亦在与盛唐酷肖。"李东阳《怀麓堂诗话》评论道："林子羽《鸣盛集》专学唐……极力摹拟，不但字面句法，并其题目亦效之，开卷骤视，宛若旧本。然细味之，求其流出肺腑，卓尔有立者，指不能一再屈也。"这些评论是中肯的，大致也符合事实。但是，我们也应该看到，在明初理学诗"台阁体"① 诗盛行的历史条件下，闽中诗派大倡尊唐风气并将之发扬光大，极力维护诗歌的艺术特征，衍传诗歌意境风韵，其"开创之功不可没也"。

除林鸿、高棅外，十子中其余者诗歌成就亦不同凡响，诗风与林、高几无二致。

王恭，字安中，祖闽县人，居长乐沙堤。少游江湖间，中年隐居七岩山为樵夫 20 余年，自号"皆山樵者"。永乐四年（1406 年）已 60 余，以儒士荐为待诏翰林，与修撰《永乐大典》，书成，授翰林院典籍。② 著有《白云樵唱集》、《草泽狂歌集》、《凤台清啸集》，今不传。《四库全书总目》卷 169 许其诗云："吐言清拔，不染俗尘，得大历十才子之遗意。"闽人林环在《〈白云樵唱集〉序》则谓其诗"无不委曲尽其情，高而不浮，深而不僻，清新而不巧，古雅冲淡而有余味"。

王偁（1370—1427 年），字孟敭，又字孟杨，号密斋，永福（今永泰）人。"父翰仕元抗节死，偁方九岁，父友吴海抚教之。洪武中，领乡荐，入国学，陈情养母。母殁，庐墓六年。永乐初，用荐授翰林检讨，与修《大典》。学博才雄，最为解缙所重。"③ 后坐

---

① 台阁体是明初上层官僚间所形成的一种文风，流行于永乐成化年间（历成祖、仁宗、宣宗、英宗、代宗、宪宗诸朝，约 80 余年），其诗文以歌功颂德，宣扬封建道德，反映上层官僚生活为内容，以平正纤徐、典雅雍容为艺术特点。主要代表是杨士奇、杨荣、杨溥，时称"三杨"。他们先后都官至内阁大学士。

② 《明史》卷 286《文苑传二》。

③ 同上。

解缙党，下狱死，著有《虚舟集》。王汝玉《〈虚舟集〉原序》称其诗"其趣高，其调逸，其词雄，其学富，出入汉魏、盛唐，不为近代之语，真杰作也"。

郑定、王褒、唐泰、周玄、黄玄人等，诗名稍逊，从略。

闽中诗派宗唐之风推动了明代中叶弘、正年间以李梦阳、何景明为首的前七子①所倡导的文学复古运动的兴起。《四库全书总目》在谈到高棅的《唐诗品汇》时说："终明之世，馆阁以此书为宗。后李梦阳、何景明等模拟盛唐，名为崛起，其胚胎实兆于此。"而闽县人郑善夫是为复古派之翘首。《明史》卷286《文苑传二》："（李）梦阳才思雄鸷，卓然以复古自命。弘治时，宰相李东阳文柄，天下翕然宗之，梦阳独讥其萎弱。介言文必秦、汉，诗必盛唐，非是者弗道，与何景明、徐祯卿、边贡、朱应登、顾璘、陈沂、郑善夫、康海、王九思等号'十才子'。"

值得一提的是，郑善夫的诗歌创作虽与林、高有联系，但区别也是显而易见的，郑善夫尊唐音尤宗杜甫，"作诗，力摹少陵"。②这与郑善夫所生活的时代背景有关。

郑善夫（1485—1524 年），字继之，号少谷。弘治十八年（1505 年）成进士。正德六年（1511 年）始为户部主事，愤于宦官当道，告归。筑少谷草堂，读书其中，自称"少谷山人"。正德十三年（1518 年）起礼部主事，进员外郎，谏请武宗止南巡，被杖于廷罚跪五日，复告归。嘉靖改元，用荐起南京刑部郎中，未上，改吏部。行抵建宁，便道游武夷、九曲，风雪绝粮，得病卒，年三十

---

①　前七子指弘治、正德年间文学家李梦阳、何景明、徐祯卿、边贡、康海、王九思、王廷相等七人强调"文必秦汉"、"诗必盛唐"复古的文学流派。迨嘉靖朝（1522—1566 年），李攀龙、王世贞出，复奉以为宗，又有吴国伦、吴维岳、宗臣、梁有誉、徐中行等相唱和，是为后七子。李攀龙为诗，"务以声调胜，所拟乐府，或更古数字为己作，文则聱牙戟口，读者至不能终篇。好之者推为一代宗匠，亦多受世抉摘云"。后七子诗风可见一斑。（《明史》卷287《文苑传三》）前、后七子均为明代文学复古派。"天下推李（梦阳）、何（景明）、王（世贞）、李（攀龙）为四大家，无不争效其体。"（《明史》卷286《文苑传二》）。

②　《明史》卷286《文苑传二·郑善夫传》。

有九。① 著有《经世要录》、《少谷山人集》、《郑少谷全集》。郑善
夫生活的时代恰恰是明代历史上政治最黑暗混乱的时期，皇帝昏聩
无能，宦官干政倾轧，于是，杜甫"善陈时事，忧愤国事，伤时愍
世"的现实主义创作风格深得郑善夫推崇。其《〈叶古厓集〉序》
论杜诗云："杜诗浑涵渊澄，千汇万状，兼古今而有之。他人不足，
使乃有余，又善陈时事，精深至千言不少。衰世之学者，劬情毕
生，往往只得其一肢半体，杜亦难哉！"郑善夫正是以其师杜而夺
其神骨为世所瞩目，其诗以气格为主，以悲壮为宗，创作了诸多反
映现实、揭露矛盾、干预时政的优秀作品，传承闽中诗派宗唐之创
作风格，对明诗的发展产生深刻影响。如：《隐忧》："四海俱疲敝，
中原且力支。路难惟蹭蹬，心苦有栖迟。草泽龙初斗，天山矢更
遗。无由济社稷，哽咽送穷年。"又，《大水歌》之二云："玄阴冥
冥噎不通，五月六月皆天风。雷霆啸海乌兔急，田野尽在波涛中。
南山豆苗沙压死，东畬禾头半生耳。志士宁辞沟壑填，农夫自此生
事已。君不见无诸城外鬻幼男，今岁诛求岂但三。"徐𤏡在《〈晋安
风雅〉序》云："正德之际，作者云集，郑吏部善夫实执牛耳，虎
视中原。"王世贞《艺苑卮言》则称："国朝习杜者凡诸家……闽州
郑善夫得杜骨。"王世懋《艺圃撷馀》亦云："十子"之后，"郑善
夫气骨棱棱，差堪旗鼓中原者，仅一郑善夫耳"。此番评价可谓公
允矣！

嘉靖、隆庆以降，闽中诗派进一步发展，在曹学佺、徐𤏡、谢
肇淛等人努力下，闽中诗派崇唐之风得以发扬光大，风雅复振，日
趋完善，至万历间，闽中诗坛出现彬彬之盛的局面。

曹学佺（1574—1646年），字能始，一字尊生，号石仓，又号
雁泽，侯官人。弱冠举万历二十三年（1595年）进士，授户部主
事。著《十二经注疏》，名震京师。越三年，调南京大理寺正。居
冗散七年，肆力于学。累迁南京户部郎中、四川右参政、按察使。

---

① 《明史》卷286《文苑传二·郑善夫传》。

天启二年（1622 年）起广西右参议，因著《野史纪略》遭谤伤，削职为民。崇祯初，起广西副使，力辞不就。家居二十年，著书所居石仓园中，为《石仓十二代诗选》，盛行于世。唐王（朱聿键）立于闽中，起授太常卿，寻迁礼部右侍郎兼侍讲学士，进尚书，加太子太保。及事败，走入山中，投缳而死，年七十有四。诗文甚富，总名《石仓集》。万历中，闽中文风颇盛，自学佺倡之。① 其诗以清丽为宗，朴茂深远，如：《谒忠懿王庙》："翔鸥祠貌古，磠兽石文斑。作镇犹兹土，招魂自故山。文章窥逸韵，戎马得愁颜。一代兴王地，惟存梵宇间。"《丁戊山房》："丁戊无山山转深，春光弥觉气萧森。昔贤迹寄成千古，绝壁台高已十寻。新旧主人无异尚，二三乔木接清阴。闭门只有临池兴，一任墙东碧藓侵。"作为明末闽中诗派的最后一位领袖，曹学佺的功绩不仅使当时的诗坛风雅复振，而且将这种风气持续到明亡。

徐𤊹（1570—1645 年），字惟起，又字兴公，闽县人。少爱读书，博雅多闻。工诗，以清新隽永见长，如《登大梦》："廉山青绕郭，坐对膝堪盘。草色软承褥，松枝低碍冠。笔峰云外秀，墨沼雨余乾。春早湖光动，绿波如练寒。"万历中，与曹学佺同为闽中诗坛领袖，人称"兴公诗派"，一时文风极盛，人才荟萃。徐𤊹一生著述甚丰，有《闽画记》、《闽中海错疏》、《红雨楼集》、《榕阴新检》、《笔精》、《鳌峰诗集》、《闽南唐雅》等以及方志《雪峰志》、《鼓山志》、《武夷志》、《榕城三山志》等。尤值一提的是，徐𤊹家中藏书 7 万余卷，多为宋元秘本，堪称明末闽中之最。𤊹兄熥（1561—1599 年），字惟和，与𤊹并有才名，有《幔亭诗集》15 卷，辑明洪武至万历年间闽中诗人 264 家诗为《晋安风雅》，共 12 卷，肆力于诗，论者称其诗"力赡肌丰，情注神附，俯仰古今，错综名理"，"惟和近体宗法唐人，在诗道冗杂时遇之，如沙砾得简珠也"。其成就以七绝最高，如：《闽中元夕曲》其一："满城箫鼓沸春风，

① 《明史》卷 288《文苑传四·曹学佺传》。

爆竹声喧凤蜡融。三十万家齐上彩，一时灯影照天红。"其三："闽山庙里赛灵神，水陆珍馐满案陈。最爱鲜红盘上果，荔枝如锦色犹新。"

谢肇淛（1559—1624 年），字在杭，号武林，万历二十年（1592年）进士，官工部郎中，视河张秋，作《北河纪略》，终广西右布政使。博学多才，能诗文，一生勤于著述，除《小草斋集》30 卷外，还有《五杂俎》、《文海披沙》、《滇略》、《方广岩志》、《小草斋诗话》等。其诗风调谐和，不染叫嚣之气，为晚明闽中诗派眉目。如：《凤凰岗》："桔园洲上露如霜，红树红烟望渺茫。布谷声声春雨后，荔枝十里凤凰岗。"又，《夜渡马江》："新宁过不远，大江若天划。盈盈百余里，待潮复待汐。孤舟出海门，豁然乾坤白。石马不可见，浪花三千尺。时间欸乃歌，中流汎空碧。晨鸡喔喔鸣，依稀辨城陌。风波愁人心，安能久为客。"

邓原岳（1555—1604 年），字汝高，闽县人，肇淛同年进士，终湖广副使。① 著有《西楼集》、《礼记参衡》、《闽诗正声文选注》。以高棅《唐诗正声》为宗，选《闽诗正声》，录闽中诗人 51 家，计268 首，以嗣响唐音。"与谢在杭并称诗于闽。在杭推之，以为国初有十才子，弘正有郑善夫，而乾隆之后则汝高为之冠。"是故，"闽中风雅复振，邓原岳实为先声"。②

除上述闽中诗派及十才子外，明代中叶的抗倭诗人陈第和明末清初的遗民诗人林古度的诗歌创作颇具时代特色，成为有明一代闽都诗歌的重要组成部分。

陈第（1514—1617 年），字季立，号一斋，连江人。嘉靖三十八年（1559 年）补弟子员。隆庆三年（1569 年）随其师潘碧梧至漳州讲学，后回福州如兰精舍讲学。万历元年（1573 年），俞大猷镇福建，陈第为俞幕僚并从俞学古今兵法，尽得其南北战略要诀。

---

① 《明史》卷 286《文苑传二》。

② 陈庆元：《福建文学发展史》，福建教育出版社 1996 年版，第 322 页。

三年（1575 年）上书兵部尚书谭纶，补授镇抚充教车官。五年，为潮河川提调，守古北口。八年，被戚继光荐为前营游击将军，驻汉儿庄（今喜峰口，为蓟镇要塞之一），多次击退鞑靼入侵。十一年（1583 年），解佩南归，居家以读书灌园自娱。二十五年（1597 年）始，他挟书出游两粤、吴、楚等地，又登五岳，游鄱阳、洞庭，遍历祖国山河，调查各地方言。三十年（1602 年），从沈有容将军渡海东蕃（台湾）追剿倭寇。晚年，又多次出门远游，四十五年（1617 年）病卒。著有《毛诗古音考》、《屈宋古音义》、《一斋诗集》、《五岳游草》、《粤草》、《东蕃记》① 等。陈第又喜藏书，所居世善堂藏书丰富，编有《世善堂藏书目录》。陈第被世人看做一位集将军、学者、旅行家、诗人于一身的奇人。② 其诗作题材丰富，有寄情山川名胜的，亦有描写军旅戍边的，还有反映抗倭斗争的，王夫之《明诗评选》以陈第为嘉、隆年间（1522—1572 年）五古诗中佼佼者。其《重游南台》云："昔慨荆榛满，今看景色开。前江联群邑，列壁挂楼台。灯影摇微月，钟声落上台。云铺平野阔，风送远潮回。坐久僧同定，机忘鸟不猜。疏畦绿曲径，石室净浮埃。帘卷烟霞人，窗虚鹳雀来。甘泉苏病渴，香茗醒重醅。最是幽楼处，偏宜作赋才。一秋游未厌，欲去更徘徊。"又，《赴援右北平》："惨淡风云色，铜符赴远征。援桴华发直，策马宝刀横。谷岭冰初结，山高月渐平国。愿言当首虏，一战报宸明。"陈第的诗风似接近魏晋之风，而不甚宗唐，对闽中诗派过于宗唐颇有微词。

林古度（1580—1666 年），字茂之，号那子，福清人，寓居江宁（南京）。史载，林氏风雅家传，个个能诗。父，章颇有才情，兄君迁、妹玉衡皆能诗。年轻时，林古度与同乡曹学佺友善，诗皆清新婉缛，有六朝、初唐之风。后与钟惺、谭元春游，诗格遂为一变。明亡后，旧家化为车库马厩，遂别卜居真珠桥南，陋巷窟门，

---

　　① 《东蕃记》是陈第随沈有容剿倭至台湾归后所撰，是迄今为止我国记载台湾物产和台湾先住民生活习俗的最早的一篇文献，具有较高的史料价值。
　　② 陈庆元：《福建文学发展史》，福建教育出版社 1996 年版，第 349 页。

贫甚。暑无蚊帐，冬夜眠败絮中，多有故国之思、凭吊之作。曾与当时名家王士禛等唱和，名重一时。海内士大夫慕其名而幸其不死，过金陵者必停车造访。当时清初著名诗人王士禛顺治中佐扬州亦数过金陵拜访林古度，为之倾倒。晚年，林古度将其1604年以后60年所写的诗带到扬州请王士禛删定。康熙四十七年（1708年）王世禛的门人程哲为林古度刊行诗集《林茂之诗选》2卷，共200余首。如，《古祥寺古梅》："一树古梅花数亩，城中客子乍来看。不知花气清相逼，但觉山深春尚寒。"又，《芳草》："春风催百卉，草色遍相侵。到处没马足，有时惊客心。远连空汉上，寒漾碧波浔。独有明妃冢，青青恨至今。"

总之，有明一代闽中诗派成就丰硕，在福建影响很大，几乎成为明代闽诗的代称。徐𤊹《晋安风雅》录明初至万历福州诗人就达264人。①

明代闽都文学批评有较大发展，涌现了一大批文学批评著作，如长乐高棅的《唐诗品汇》，袁表、马荧编选的《闽中十子诗》，闽县邓原岳编选的《闽诗正声》，徐𤊹编选的《晋安风雅》，侯官陈鸣鹤的《东越文苑传》，侯官曹学佺的《石仓十二代诗选》、《蜀中诗话》，长乐谢肇淛的《小草斋诗话》、《五杂俎》等，不胜枚举。其中，谢肇淛的《小草斋诗话》最具代表性。谢肇淛的诗学观点深受严羽的影响，以为"勃窣理窟"，"发皆破的，深得诗家三昧"。其论诗虽推崇盛唐，但反对一味模拟，其《小草斋诗话》卷2云："本朝诗病于太模仿，又徒得其形似，而不肖其丰神，故去之愈远。"他强调"诗以法度为主，入门不差，此是第一义"。其诗学理论在复振风雅过程中，有力地推动了闽诗的健康发展。天启四年（1624年）马欻《〈小草斋诗话〉序》云："余友在杭《诗话》一帙……大都独抒心得，发所未发，而归宗于盛唐，以扶翼正始之音余。"此外，谢肇淛对《水浒传》、《西游记》、《金瓶梅》等小说也

---

① 转引自王耀华主编《福建文化概览》，福建教育出版社1994年版，第378页。

颇有一番研究，并为《金瓶梅》作《跋》，成为最早研究、评论《金瓶梅》的文学评论家之一。除谢肇淛之外，曹学佺、徐𤊻等人在文学批评方面也有一定的建树。

明代的小说创作除徐𤊻的《陈金凤外传》，还有闽县林瀚编撰的《隋唐两朝志传》，该书 12 卷，122 回，是中国著名古典小说之一。

戏曲作品有侯官王应山的《千斛记》、闽县陈价夫的《异梦记》、闽县林世吉的《合剑记》、侯官陈轼的《续牡丹亭》、福清何璧撰校《北西厢记》、福清林章有《青虬记》和《观灯记》。至明末，福州著名藏书家徐𤊻在于山鳌峰坊建红雨楼，珍藏传奇、杂剧剧本 140 种，明代戏剧创作之盛可见一斑。

3. 清朝

清代，闽都诗歌创作继续发展，总体成就超越元、明二代，诗作如海，佳品颇多，诗人不再一味宗唐，而是重新审视"主理"、"峭劲"的宋诗，并由此出现了一个庞大的、且具有全国影响力的学宋、宗宋的诗人群体，对近代同光体的形成产生了深远影响。

张远（1648—1722 年），字超然，侯官人。康熙三十八年（1699 年）乡试第一，其天才腾踔，不受羁勒，一生踪迹，多在客中，诗作颇负盛名，王士禛、查慎行、朱彝尊等诸名流咸与唱和，有《无闷堂诗集》。其诗遥情逸气，顿挫淋漓，不同凡响，独能拔出闽派之外。如其作于母逝之后《人生》云："人生罹丧乱，不如豺与狼。人生失怙恃，不如牛与羊。余生岁在戊，闽中方奔崩。阿母向我言，儿生父口亡。……会丁盗贼殷，城中饥且荒。赫赫御史公，杀人不可当。杀人不可当，壮妇食人肠。余家何所有？所有惟粃糠。"又，《送友人之日本》其云："纸绳绾髻步徜徉，玳瑁花簪七寸长。梅雨歇时天渐热，沿街相向浴兰汤。"近代同光体闽派首领陈衍评张远诗曰：五古多学韩，七言参以太白，堪为清初闽诗人之冠。张远论诗，力倡"奇峭秀异"诗风，其云："闽海之偏僻壤也，山高峭而川清冽。其风俗尚气节，其为诗宜奇峭而秀异矣。"因此，自张远出，闽地诗风大变，清初福建宋诗运动由其始。

陈梦雷（1650—1741 年），字则震，号省斋，侯官人。少负才名，康熙九年（1670 年）举进士，官编修。后四年南归省亲，适逢耿精忠叛乱，逼任伪职。乱平，以叛逆罪谪戍奉天（沈阳）。从事教习及修志十余载。康熙三十八年（1699 年）被召回京师，为康熙第三子胤祉侍读。四十一年（1702 年）受命主持编修《古今图书汇编》3600 卷，历时五年。雍正即位后，胤祉获罪下狱，陈梦雷受株连复谪戍黑龙江，乾隆六年（1741 年）卒于戍所。其所辑《古今图书汇编》原稿被查抄。雍正命大臣蒋廷锡重新辑校，将原书3600 卷分为 1 万卷，改书名为《古今图书集成》，全书分为 6 汇编，32 典，6109 部，共 1.6 亿字，是我国著名的类书。另著有《周易浅述》、《松鹤山房诗文集》、《闲止书堂集钞》等。其诗亦拔出闽派之外，自成一家。黄鸒来《〈闲止书堂集钞〉序》评其诗文云："忧愁怫郁，浩气奔泄，如疾风寒夜，金铁皆飞；又如深岩流泉，鸣声幽咽。至使读者扼腕，流连涕下。"如，《西郊杂咏》其十三云："陷身入污泥，不若鲢与鲤。何如养神威，潜伏渊潭底。"其十四云："一羁罗网中，临风思振翰。樊笼不可骋，且复自摧残。悠悠行路人，掩涕以相看。"①

黄任（1683—1768 年），字于莘，一字莘田，永福（今永泰）人，因其嗜砚如命，早年购得古砚十枚而自号"十砚主人"。康熙四十一年（1702 年）举进士，官广东四会令。在清初至清中叶的闽诗人中，黄任寿高，历康、雍、乾三朝，雍正初被劾归里，居住福州光禄坊，其工书法，能诗词，善言辩，诙谐谈笑，四座皆倾，名重一时。有《香草斋集》（初名《十砚斋集》，后又改名《秋江集》，最后名《香草斋集》），其诗今存 900 多首，七绝占其大半，

---

① 转引自陈庆元《福建文学发展史》，福建教育出版社 1996 年版，第 415—416 页。

有600多首。其《秋江集》有长乐王元麟注本，《香草斋集》有永福陈应魁注本，是清初至中叶的诗人中唯一一位诗集有注本传世的闽诗人。诗名甚著，是清前期闽地最重要的一位诗人。黄任的诗转益多师，风格多样，各体俱工，其七言古诗格调高古，五言古诗则有乐府遗意，七律诗豪纵悲凉，七言绝句清丽芊绵，声名最著，为袁枚《随园诗话》所推崇，云："诗有音节清脆，如雪竹冰丝，非人间凡响，皆由天性使然，非关学问。在唐则青莲一人，而温飞卿继之。宋有杨诚斋，元有萨天锡，明有高青邱，本朝继之者，其惟黄莘田乎？"① 如其《杨花》云："行人莫折柳青青，看取杨花可暂停，到底不知离别苦，后身还去作浮萍"。此诗在当时十分流行，黄任因此被时人称作"黄杨花"。又，其咏福州《夜来香》（5首）其四云："湘帘无月影空濛，忽地鲜香一阵通。知隔碧纱惟暗坐，谢娘头上过来风。"

乾嘉时期，闽都地区出现了一批"其学皆深博无涯涘，诗亦从经术性情中流出"的兼具学者身份的诗人，主要有龚景瀚、萨玉衡、谢震、陈寿祺等，他们的诗被称为"学人之诗"，即以才学、文字为诗，且"带几分考据习气"。

龚景瀚（1747—1802年），字惟广，号海峰，闽县人，出身名宦，承家学，幼即知名。大学士朱珪督闽学，激赏之。乾隆三十六年（1771年）进士。曾在川甘陕数省任知县等职，颇有治绩，民口碑不绝。嘉庆元年（1796年）擢庆阳知府。迁兰州知府。著有《澹静斋全集》、《澹静斋文集》、《澹静斋诗钞》、《澹静斋遗钞》、《离骚笺》、《邶风说》等。秦金门《〈澹静斋诗钞〉跋》云："不事矫揉雕饰，性真激发，冲口成章，诸体毕备。""深于性情之事，而非徒以素丝黄绢较其工绌者也。"

萨玉衡（约1755—1813年之后），字葱如，号檀河，闽县人。乾隆五十一年（1786年）举人，官陕西旬阳知县。时白莲教义军

---

① 转引自陈庆元《福建文学发展史》，福建教育出版社1996年版，第434页。

由陕入川，抢渡嘉陵江，总督坐失战机，萨玉衡受牵连被免官归乡。从此，纵怀诗酒，著述甚多，著有《白华楼诗钞》、《经世汇考》、《小檀弓》、《白华楼焚余稿》等。王文勤本集《题跋》："萨檀河先生淹贯经史，于书无所不读，于学无所不窥，故其诗渊懿卓铄，沈博绝丽。"在闽都学人中，萨玉衡诗歌成就十分突出，《清史列传·文苑萨玉衡传》评入清之后闽诗云："黄任、伊秉绶（宁化人，乾嘉时期著名诗人。）先后争长坛坫，玉衡颉颃其间，自辟途径，足以震扬一代。"① 如，其《扬州绝句》："竹西歌吹最繁华，灯火分明十万家。独有广陵城上月，夜来孤照玉钩斜。"

谢震（1765—1804 年），原名在震，字甸男，闽县人。乾隆五十四年（1789 年）举人，官顺昌教谕，常约同里林芳林、林一桂等，倡为通经复古之业。他治经宗汉学，尤熟《三礼》，好抨击宋儒凿空逃虚之说，又旁逮篆隶金石星卜形法医术。卒后其弟子辑遗著，有《礼案》、《四圣年谱》、《四书小笺》、《樱桃轩诗集》。谢震诗以七律为最。林昌彝《射鹰楼诗话》卷 15 云：其"诗气魄沈雄，格调高壮，音节嘹亮，神韵铿锵"，又云："吾闽近今能为七言律诗者，首推谢甸男先生震……足以雄视一代。"如，其《自题》云："一卷残魂手自编，他时谁与吊樊川？桐经半死仍孤赏，虫号相思亦可怜。未免各郎惭少作，已多秋树感长年。西风翦纸招何处？破楚门东急暮蝉。"

陈寿祺（1771—1834 年），字恭甫，又字介祥、苇祥，号左海，又号梅修，晚号隐屏山人，闽县人。少能文，17 岁即撰《上福康安百韵诗并序》，沈博绝丽，传诵一时。嘉庆四年（1799 年）进士，改庶吉士，授编修。历任广东、河南乡试副考官、会试同考官、记名御史。所著甚丰，有《五经异义疏证》、《左海经辨》、《尚书大传定本》、《洪范五行传》等，另有《左海文集》、《左海骈文》、《绛

---

① 转引自陈庆元《福建文学发展史》，福建教育出版社 1996 年版，第 445、444 页。

跗草堂诗集》、《东越儒林文苑后传》等。吴嵩梁在《〈左海诗钞〉题词》中评陈寿祺七律"隶事典切，结响沈雄"，评其七古"造语奇丽，结体谨严，论事有断制，下笔有锋芒，跌宕顿挫，风力弥道"。如，其《何编修西泰观海日图》描写海上日出奇观云："……初如火珠高百文，上抱云盖纷芩丽。又如洪炉铸地底，曙海磨遍青铜肌。三壶天际横一发，金银台晓明金支。博桑万里摇空绿，片片散作千玻璃。欻然水日互舂击，玉城雪岭中崩蹟。下临贝阙恍可瞰，冰夷出舞骑蛟螭……"

清代闽都文学批评进入成熟发展时期，有关文学批评著作不仅数量多，篇幅大，而且水平高，影响深远。叶矫然、郑方坤、梁章钜当属最著者。

叶矫然，字子肃，号思庵，闽县人。顺治九年（1652 年）进士，官工部主事，于书无所不读，尤长于诗。所著《龙性堂诗话》是清代闽人第一部重要诗话，有初集、续集，淹贯古今，并不专论闽诗，而引闽人诗话和论闽人、闽事者有 20 余条。矫然论诗，于宋诗有所回护，于明闽中十才则有微词，于明前后七子、竟陵、公安并不废弃，能秉持公论，不为尊者讳。[1]

郑方坤，字则厚，号荔乡，侯官人，寄籍建安（今建瓯）。雍正元年（1723 年）进士，知直隶邯郸县、官至兖州知府。博学有才藻，平生锐意著述，好搜罗文献。其诗下笔不休，有凌厉一切之意，由明十子之调、晋安之派，转而学宋。其论诗，推崇韩、苏，力攻严羽《沧浪诗话》。著有《经稗》、《蔗尾集》、《本朝名家小传》，辑有《五代诗话》（删补）、《全闽诗话》等。《全闽诗话》12卷，均采摭其他诗话、笔记、文集而成，是一部纯资料性的诗话，于历代闽诗及福建文学之研究弥足珍贵。《五代诗话》原为王士禛编，方坤得其残稿，乃采摭诸书，重为补正，原本 642 条，删去216 条，补入 789 条，共 1215 条。《四库全书总目》卷 196 云："五

---

① 陈庆元：《福建文学发展史》，福建教育出版社 1996 年版，第 505 页。

代轶闻琐事，几于搜括无余，较之士禛原书，则赅备多矣。"①

梁章钜是清代福建最著名的文学家之一，平生纵览群书，熟于掌故，除前述在诗歌创作有突出表现外，也喜作笔记小说，题材广泛。善书法，精鉴赏，好收藏，研究金石文字，50 年著作不辍，是清代各省督抚中著述最多者，一生著述达 70 余种之多。其所著的区域诗话，无论是数量还是质量，在福建地方文学史的发展过程中都远远超过前人，就是在他去世后的百年间也没有任何人可与之相匹。② 梁章钜一生所著诗话有《长乐诗话》、《东南峤诗话》、《南浦诗话》、《三管诗话》、《闽川闺秀诗话》、《雁荡诗话》等。其论诗，重雅轻信，除辑诸家诗话评论，亦加其本人按语，对所辑作者生平及其集子版本，间或有钩沉考证，并注明出处，足见章钜治学之严谨，为后世研究福建文学提供了极为宝贵的文献资料。

除诗话外，清代闽都文学总集的纂辑也卓有成就。主要有闽县叶申芗的《历代闽词钞》（辑有宋元 60 多家词）、侯官林从直的《明闽诗选》和《清闽诗选》，侯官郑杰的《全闽诗录》（辑有唐至明代诗数千家，清初至乾隆四朝诗 500 余家），闽县陈寿祺的《东越文苑后传》（明季侯官陈鸣鹤撰《东越文苑传》），梁章钜的《闽诗钞》等。

清代闽都文学，不仅在诗歌、文学批评方面较前代有较大发展，而且在古文、骈文写作，小说、戏曲创作等方面也卓有成就。

这一时期，闽都著名古文作家有林云铭（侯官人）、陈梦雷（侯官人）、林佶（侯官人）、郭人麟（福清人）、林枝春（闽县人）、朱仕琇（建宁人，主讲福州鳌峰书院达 11 年）、孟超然（闽县人）、龚景瀚（闽县人）、梁上国（长乐人）、郑洛英（侯官人）、林春溥（闽县人）等，不一而足。最著者为朱仕琇、陈寿祺。

朱仕琇（1715—1780 年），字斐瞻（一作裴瞻），号梅崖，建

---

① 陈庆元：《福建文学发展史》，福建教育出版社 1996 年版，第 507 页。
② 同上书，第 511 页。

宁人。15 岁补诸生。乾隆九年（1744 年）举乡试第一，十三年
（1748 年）中进士，改翰林庶吉士，选山东夏津县知县。在任 7 年，
因足疾改福宁府学教授，后主讲鳌峰书院造就了许多人才。仕琇博
学经传诸子，工古文辞，始学韩昌黎，后更博采秦汉以来诸家之
长，醇古冲淡、平易诚见自成一家，成为清代闽人第一个卓有影响
的古文家，著有《梅崖居士文集》等。陈寿祺在《与陈石士书》评
仕琇"古文娴于周秦，西汉诸子，及唐、宋、元、明诸作家，功候
最深，至可以抗古人于千载之上而上与之颉颃"，实非溢美之词。

闽县龚景瀚是朱仕琇高足，其善诗，前已详述。其文亦精，深
为林昌彝、陈寿祺所推重。陈寿祺甚至认为"其学识实在梅崖之
上，他人莫能望其肩背，岂可绳尺文词狃于所习而抑之"。

与朱仕琇古文"经术疏而实用少"相比，陈寿祺治古文则强调
"有用"，应该"究当世之务"，其谓"文者所以达其实，无实徒文
弗贵，徒质亦弗尚"。他甚至指出，古文与骈文同源。陈寿祺的骈
文堪称清代第一，高澍然《答陈恭甫先生书》云："昭代言骈体者，
故当推先生为第一。"

清代闽都小说最著名的有《闽都别记》和《榴花梦》。《闽都别
记》是福建文学史上第一部以乡土题材为主的长篇白话小说，共
400 回（按：应作 401 回，因第 200 回有两回），约 120 余万字，大
约成书于清乾嘉年间或更后些，原名为《闽都佳话》，为手抄本，
系当时闽都说书人根据本地民间传话，参考历史故事所拼凑而成的
一种话本。光绪年间举人董执谊（为福州南后街董家，又名藻翔，
号藕根居士），以"里人何求"为名将其修订改编为《闽都别记》，
广泛流传于福州方言地区。董执谊在跋文中写道："其书合于正史
及别史记载者各十之三，野说居其四焉。以福州方言叙闽中佚事，
且引俚语俗腔，复详于名胜古迹；文词多典故，多沿袭小说家者
言，虽属稗官，未始非吾闽文献之卮助；博弈犹贤，不可废也。"
傅衣凌先生认为：该书最大的特色在于用福州方言土语，以熟见的
福州地名古迹，穿插历史故事，附会民间传说，描写福州社会生

活，带有深厚的地方色彩和乡土气息，故雅俗共赏，其中所保存的大量福州地区的民间故事、神话传说、民谣谚语，迄今仍有不少流传于福州民间，对福州民俗学、语言学以及福州地方史、福州文学史的研究均具有重要史料价值。但是，该书也存在明显的不足，从全部内容看，其是以福建古代历史为背景，连贯汉唐五代，特详于开闽王氏，经宋元而迄于清初，内容庞杂，大小故事拼凑在一起，缺乏系统，时间观念不严谨，由于出自说书人之口，在许多内容情节上都有夸张、附会甚至张冠李戴的现象，文字亦欠雅驯，甚至不乏低级趣味以及对少数民族诬蔑的词句。①

《榴花梦》是我国现存最长的一部弹词小说，是女作家李桂玉创作的。李桂玉，字姮仙，陇西（今甘肃）人，随夫林肖蛇入闽，长期住在福州。其夫早逝，她以毕生精力创作这部弹词小说，迨道光二十一年（1841 年）她去世时已写成 357 卷，广泛流传于民间。1935 年，翁起前、杨美君（均为福州人）两位女子续写了 3 卷，署名浣梅女史。全书共 360 卷，483 万字，用七字韵文写成，语言流畅，音韵铿锵悦耳。书中主要描写唐朝安史之乱时，一群闺秀从戎建功立业的故事。人物形象鲜明，情节扣人心弦，是福建文学史上罕有的、具有较高艺术性的文学作品。

清代著名的戏曲作家以郑振图、林仰东最有名。郑振图，字绍侠（一作绍侯），又字咸山，侯官人。乾隆四十四年（1779 年）举人，官临城（今属河北）知县。其古近体诗雄奇挺拔，类似韩愈、黄庭坚。尤擅写戏曲。著有《涵山文集》、《观澜堂诗钞》及传奇《荔枝香》等。林仰东（1803—1840 年），字子莱，闽县人，道光十二年（1832 年）举人。诗文宗法韩愈、李商隐、苏轼，尤精于词曲，所作《浣纱石》传奇取材于战国时期西施故事。另著有《八韵试帖》、《诗稿》、《小芙蓉舫诗集》、《读史杂记》等。

---

① 里人何求纂：《闽都别记》"前言"，福建人民出版社 1987 年版。

五　近代闽都文学的鼎盛

鸦片战争以后，闽都文学发展进入空前繁盛时期。诗歌创作方面，出现了以林则徐为杰出代表的爱国诗人群体，对福建乃至中国近代诗歌创作产生了巨大影响。而同光年间（1862—1908 年）由侯官人陈衍、闽县人郑孝胥等开创的"同光派"则成为其时闽诗派的典型代表，亦为中国近代文学史上影响最大、最深远的诗歌流派。与此同时，翻译文学、女性文学更成为近代闽都文学的一道亮丽风景。福州作为最早开放的通商口岸之一，处在中西文化交汇的前沿。从林则徐、魏源的《海国图志》到严复的《天演论》，福州在文学翻译方面开近代中国风气之先。清末民国初年，福州涌现出一代代译著名家，如严复、陈季同、林纾、郑振铎均为译界巨匠。女性教育的发展培养，造就了一大批女性作家，薛绍徽、庐隐、冰心、林徽音等均为著名代表。此外，其他形式的文学创作如小说、文学批评、散文、戏剧文学等也取得丰硕成果。如：李桂玉和"浣梅女史"联合创作的《榴花梦》是中国现存最长的一部弹词小说，陈衍的《石遗室诗话》、林昌彝的《射鹰楼诗话》等均为中国文学史上享有盛名的文学批评著作。

鸦片战争以后，闽都诗坛人才辈出，既有以梁章钜、林则徐、林昌彝为杰出代表的忧国忧民、具有强烈爱国思想的诗人群体，又有以陈衍等为代表的"同光派"诗人，他们的诗歌创作均在中国近代诗歌史上产生了巨大影响。

梁章钜（1775—1849 年），字闳中，一字茝林，晚号退庵，长乐人。嘉庆七年（1802 年）进士，任礼部主事。二十一年（1816年）加入宣南诗社。其后，历任湖北荆州知府，江南淮海道，江苏、山东、江西按察使，江苏、甘肃布政使。道光十六年（1836年）任广西巡抚。鸦片战争期间，曾率兵驻守梧州防堵英军侵略。二十一年（1841 年）改江苏巡抚，兼署两江总督。后称病辞官，寓居杭州。有《藤花吟馆诗钞》10 卷。其诗作慷慨激昂，针砭时弊，具有鲜明的爱国思想。其诗风别致，古体诗用笔生健，近体质实不祧，不名一家，而奄有诸家之美，一时才俊莫及。如，其《洪山寺》云："旧识洪山胜，今来暑气清。云烟归一壑，竹石护三成。地僻江声远，堂高塔势平。斜阳入城市，回首若为情。"

图 8　林文忠公祠

　　林则徐（1785—1850 年），字元抚，又字少穆、石麟，晚号竢村老人，侯官人。少警敏，有异才，年二十，举乡试。巡抚张师诚辟佐幕。嘉庆十六年（1811 年）进士，选庶吉士，授编修。历典江西、云南乡试，分校会试。后历任江南道监察御史，浙江杭嘉湖道，江苏、陕西按察使，江苏、湖北布政使，河东道总督，江苏巡抚，湖广总督，两广总督，陕甘总督，陕西巡抚，云贵总督等职，曾与龚自珍、黄爵滋、魏源等人提倡经世之学。道光十八年（1838 年）受命为钦差大臣，赴广东查禁鸦片，严命英、美烟贩缴出鸦片，于翌年四月二十二日（1839 年 6 月 3 日）在广东虎门海滩当众销毁鸦片，四十余日始尽，是为著名的"虎门销烟"。又派人搜集翻译西方外文书报，辑成《四洲志》一书，此为我国近代第一部系统介绍西方各国地理知识的书籍。又主持编译《澳门月报》。同时，探求新知，组织兵勇，增设战备，厘定赏格等抵御外国侵略活动，领导广东军民屡次击退英军武装挑衅。"则徐才识过人，而待下虚衷，人乐为用，所莅治绩皆卓越。"① 林则徐是中国近代史上杰出的民族英雄，也是开眼看世界的第一人。其善诗文，宗白居易，直抒胸臆，豪迈乐观，有《云左山房诗钞》等，今人重辑为《林则徐诗集》。今存 653 首，其诗高风亮节，充溢着强烈的爱国激情，其《赴戍登程，口占示家人》中的诗句"苟利国家生死以，岂因祸福避趋之"已成为旷世名句，其爱国情志，磊然可见。其古体博雅健拔，律体工切伉爽，卓然自成一家。徐世昌《晚晴簃诗汇·诗话》云：其"余事为诗，缘情赋物，靡不裁量精到，中边俱澈，卓识闳论，亦时露其间，非寻常诗人所及"。如，《赴戍登程，口占示家人》其一云："出门一笑莫心哀，浩荡襟怀到处开。时事难以无过立，达官非自有生来。风涛回首空三岛，坐壤从头数九垓，休信儿童轻薄语，嗤他赵老送灯台。"其二云："力微任重久神疲，再竭衰庸定不支。苟利国家生死以，岂因祸福避趋之？谪居正是君恩厚，养拙刚于戍卒宜。戏与山妻谈故事，试吟断送老头皮。"

　　林昌彝（1803—约 1854 年），字蕙常，又字芗溪，别号茶叟，侯官人。道光十九年（1839 年）中举，后累试不第。咸丰元年（1851 年）因进呈所著《三礼通释》受赐教授，先后在建宁、邵武执教，晚年曾在广州寓居多年，讲学于海门书院。其学问渊博，尤长于考据和经学，与魏源等交好，留心时务，以爱国、反侵略和同情民间疾苦为其写诗、论诗的主题。有《衣讔山房诗集》、《诗外集》、今人编有《林昌彝诗文集》。其诗多记鸦片战争史实，颂扬抗英爱国志士事迹，抨击清政府的腐败无能，具有强烈的爱国激情，

---

① 《清史稿》卷 369《林则徐传》。

蕴藉深厚。又有《射鹰楼诗话》、《小石渠阁文集》、《海天琴思录》及《续录》、《敦旧集》、《被逆志》等，其在《射鹰楼诗话》开篇云："余家有书屋，东北其户，屋有楼，楼对乌石山积翠寺，寺为饥鹰所穴。余目击心伤，思操强弓毒矢以射之。又恐镞镞虚发，惟有张我弓而挟我矢而已。因绘《射鹰驱狼图》以见志，故名所居之楼曰'射鹰楼'。""射鹰"即谐音"射英"，足见其"平夷"之志和对英寇之痛恨，《诗话》亦以抗英为主要内容。其《宿富壮驿闻鸡声》云："喔喔嘐嘐入耳鸣，催来百感倍分明。乾坤昏晓劳三唱，尘土消磨此数声。壮士关心曾起舞，行人破梦急遗征。唤醒世界沉沉睡，拔剑江头欲斩鲸"。又，其《答友问》："四面张弧奈彼何，含沙鬼蜮伏江河。上阶粉蝶顽童扑，入座青蝇引客多，怪事无劳呵壁问，坦怀不作碎壶歌。梅花风骨吾家物，独向寒泉荐菊过。"

同光体是中国文学史上流行于清末（同治、光绪年间）民初的一个颇具影响力的诗派。陈衍《石遗室诗话》卷一云："'同光体'者，余与苏堪（即郑孝胥——笔者注）戏目同、光以来诗人不专宗盛唐者也"是为"同光体"得名之始。钱仲联《梦苕庵清代文学论集》中《论同光体》将同光体从地域上划分为三派，即以陈三立为代表的赣派、以陈衍为代表的闽派、以沈增埴为代表的浙派。从此，同、光体便成为清末民初闽派的代名词。究其成因，同光体是在特定的社会历史、文化背景下的产物。清初已初见端倪的宋诗运动在经过200多年的发展以后，在饱受朴学、经世致用之学浸润的诗人们的推动下，终于同、光年间形成一股文学巨流，由此可见，同光体是清初宋诗运动在同、光年间延续的产物。从其诗风看，大略可分为清苍幽峭、生涩奥衍、清新隽永三派，闽派的代表主要有陈衍、郑孝胥、陈宝琛、沈瑜庆、林旭与沈鹊应夫妇等人。

陈衍（1856—1937年），字叔伊，号石遗，晚称石遗老人，侯官人。陈衍"龆龀早慧，幼贫力学，乡里推为神童"。光绪八年（1882年）举乡试，曾为台湾巡抚刘铭传及湖广总督张之洞幕客。宣统元年（1909年）入京任学部主事，兼礼学馆纂修，主持京师大学堂经学讲习。1916 年总纂《福建通志》，1923 年受聘为厦门大学文科教授，1931 年任无锡国学专修学校讲席。前后讲学南北垂 40年，以弘扬民族文化为己任，声誉卓著，士林争附。"陈衍诗学精博，所著宏富，用力之深，讲论之勤，成就之大，于近世诸老中堪称圭臬，被誉为'六百年来一人而已'。"有《石遗室诗集》、《石遗室诗话》等，辑有《近代诗钞》、《元诗纪事》、《金诗纪事》、《辽诗纪事》、《宋诗精华录》、《全闽诗录》等。陈衍长于诗，其诗"清峻奇峭，风骨高骞，且时时发明哲理。尤可贵者，苍老之色，高亢之音，激铁板铜琶之调，发青松明月之怀，得力于山水之游者为多"。① 如：其《春暮登冶亭》云："舍北舍南白鹭群，桃花万片赤鱼鳞，钓徒何必烟波远，浅渚捞虾即富春。"又，其《寄苏勘》："昔人风景地，容易赋离思。秀蕴山川气，穷搜句语奇。琼儋同远窜，永柳谢新诗。尚有花前意，当春不自持。骋望伤春目，忧来拟著书。天涯渺芳草，江上足英荚。藉慰登楼意，聊同庑下居。春风双鬓影，何以似相如。"

郑孝胥（1860—1938 年），字太夷，又字苏勘，号苏庵、海藏，闽县人。祖籍福清。光绪八年（1882 年）中福建省正科乡试解元为举人。十一年（1885 年）赴天津入李鸿章幕。十五年（1889 年）考取内阁中书，同年秋改官江苏试用同知。十七年（1891 年）东渡日本，任清政府驻日使馆书记官，领事，神户、大阪总领事。归国后，入湖广总督幕府，二十九年（1903 年）起历任广西边务督办，安徽、广东按察使，湖南布政使等职。辛亥革命后，热衷于拥清复辟活动。1923 年任溥仪老师，为清室复辟出谋划策，深得溥仪宠信，委以总管内务大臣。翌年，密谋并陪同溥仪从故宫逃至日本使馆。伪满洲国成立，先后担任伪国务总理兼文教部总长等职，签订《日满议定书》，甘心汉奸。1935 年被迫辞职。1938 年死于东北长

---

① 陈衍撰，陈步编：《陈石遗集》（上册）"前言"，福建人民出版社 2001 年版，第 1—2 页。

春，葬于沈阳。郑孝胥工诗善书，是同光体闽派重要代表。著有《海藏楼诗集》等，其诗文多敌视民主革命及矢忠清室之语。

陈宝琛（1848—1935 年），字伯潜，号弢庵、陶庵、听水、桔叟、桔隐，别署听水老人、沧趣老人、铁石道人、听水斋主人，闽县人。同治七年（1868 年）进士，授翰林院庶吉士。此后多次出任考官。光绪八年（1882 年）任江西学政，次年晋内阁学士兼礼部侍郎。后因 1884 年对法战争失利受牵连，被降五级，里居达 20 余年。二十四年（1898 年）起致力于地方教育事业，掌教福州鳌峰书院，创办东文学堂，主持高等学堂，创设全闽师范学堂，培养师资，使中小学遍布全省。宣统元年（1909 年）复奉召入京，总理礼部馆事务，任资政院议员。1912 年溥仪入学，被宣召授读，封太傅，为清室遗老"还宫派"之首。1917 年张勋复辟，授内阁议政大臣。"九一八事变"后，任伪满参议院参议。善诗，为同光体闽派诗坛领袖之一。另善书画，收藏古印，有沧趣楼藏书名于世。著有沧趣楼诗集、文存、联语、律赋，《南游草》、《陈文忠公奏议》等。刊有《征秋馆藏印》、《征秋馆吉金图录》。其诗多感时怀旧之作。如《感春四首》其一云："一春无日可开眉，未及飞红已暗悲。雨甚犹思吹笛验，风来始悔树幡迟。蜂衙撩乱声无准，鸟使逡巡事可知。输却玉尘三万斛，天公不语对枯棋。"

沈瑜庆（1858—1918 年），字志雨，号爱苍，别号涛园，侯官人。光绪十一年（1885 年）举人。次年以父葆桢功恩赏主事，签分刑部。先后会办、总办江南水师学堂、宜昌加抽川盐厘局、上海吴淞清丈工程局。二十七年（1901 年）补淮海道。历任护理漕督、湖南按察使，顺天府尹，山西、广东按察使。江西布政使、护理巡抚，贵州、河南布政使等职。宣统三年（1911 年）调任贵州巡抚。辛亥革命后，贵州光复，遁迹上海。与陈衍交好，曾出资刊《元诗纪事》。其诗熟于史事，有感而发，尤以《正阳集》多名篇。另有《涛园集》（附年谱及奏疏、信札）、《涛园诗集》等。

林旭（1875—1898 年），字暾谷，号晚翠，侯官人，沈葆桢孙婿。光绪十九年（1893 年）中举（解元），二赴会试，未中。二十一年（1895 年）中日甲午战争失败，他反对割让辽东和台湾，曾上书请拒和议。因钦佩康有为之政见，受业于康的门下，积极开展维新运动。光绪帝宣布维新变法后，诏书多出自其手笔。变法失败，与谭嗣同等同时被害，史称"戊戌六君子"。林旭工诗，少时即能诗作赋，名扬福州，长者名宿多与做忘年交，著有《晚翠轩诗集》等，有不少抒发爱国情怀的诗作。如其《还福州》云："客吴思越此成回，云水多情识我来。白甊千重遮日走，绿荷万顷泛风开。年音听入江干别，庭树归寻旧日栽。仰屋波光看不定，顿时微醉玩深杯。"

沈鹊应（1877—1900 年），字孟雅，侯官人，沈葆桢之孙女，林旭妻，父沈瑜庆，是同光体闽派重要诗人。在家庭熏陶下，沈鹊应亦能诗擅词，著有《崦楼遗稿》（附林旭《晚翠轩诗集》后），内有诗 29 首，词 35 首。其诗（词）自然明快，通俗易懂，尤其是其夫林旭殉难之后的忧伤悲愤的悼亡之作甚是感人，其代表作之一《浪淘沙·悼晚翠》一词在当时被广为传诵。该词云："报国志难酬，碧血谁收。箧中遗稿自千秋。肠断招魂魂不到，云暗江头。绣佛旧妆楼，我已君休。万千悔恨更何尤。拼得眼中无尽泪，共水长流。"又，其《除夕影前设奠》诗云："空房奠初夕，对影倍凄然。守岁犹今夜，浮身非去年。心随爆竹裂，眼厌灯花妍。况是无家客，银筝悲断弦。"毋庸置疑，沈鹊应的词在中国女性词史上具有重要地位，更是闽都诗（词）坛上不可多得的优秀作家。

同光体闽派诗人群体以何振岱、李宣龚为殿。何振岱（1867—1952 年），字梅生，晚年改梅叟，号觉庐悦明、心与，福州人。光绪十七年（1891 年）进秀才，二十三年（1897 年）中举人。光绪三十二年（1906 年）以后，受同乡、江西布政使沈瑜庆所聘为藩署文案。沈离职后，何振岱转赴上海受聘好友柯鸿年所办呢织厂司笔墨兼教读其子女。辛亥革命后，回到福州。1915 年应福建巡抚许世英之聘总纂《西湖志》，翌年，参与陈衍总纂的《福建通志》中部分编纂。1923 年往北京柯鸿年家任教读。1936 年冬回到福州，从此再没有离开过家乡。1949 年福州解放后，任福建文史馆名誉馆长，直至 1952 年病逝。著有《觉庐诗稿》（7 卷）、《我春室集》（诗、词各 1 卷，文 2 卷）、《心自在斋诗集》（4 卷），另辑有《榕南梦影录》（2 卷）、《寿春社词钞》（8 卷）。何振岱现存诗作 1000 余首。青年时代，何振岱与同光体闽派诗人陈衍、沈瑜庆、陈宝琛等交好，并与他们时有唱和，闽诗派之清苍幽峭的诗风对他影响至深，是为同光体闽派殿军。何振岱虽为闽派一员，却有其独特的诗风，其诗疏宕幽逸、深微淡远，崇宋，尤重苏轼，学唐，首推杜甫。许承尧《题何梅叟诗卷》云："梅叟诗心如嚼雪，净彻中边清在骨。因物赋形了无著，神理绵绵故超绝。冲然不废花竹喜，适尔时成山水悦。遥情澹契孤见赏，怀袖书陈香未歇。"陈衍在《近代诗钞述评》亦评何振岱的诗"语能自造而出以自然，无艰涩之态"。如其《孤山晓望》云："菰蒲声中见人影，残月瘦竿挂笭箵。翠禽摘水作花飞，一行都上风篁岭。欲曙湖心天转黑，寒松无风如塔直。是谁唤起海霞高，红抹峰南转峰北。"又，其《病夜得诗以左手书之》云："左书殊自劲，伏枕写新诗。烛焰风高下，虫声秋系縻。江湖将八月，志士有千思。一病无由奋，皇天肯放慈。"尤可贵者，何振岱还是一位富有民族气节的诗人，1941—1944 年福州两度沦陷，日本人慕何振岱之名，欲聘其为顾问，遭严词拒绝。同光体闽派重要代表郑孝胥投靠日本人后，他把昔日与郑孝胥等汉奸的来往信札悉数烧毁。不仅如此，何振岱还有不少关切国家命运、同情民生疾苦的诗作。此外，何振岱还是一位传统诗学的教育家，在五四运动以后，旧文学受到新文学的冲击，何振岱却通过私家传授使福建的旧体诗创作经久不衰。[①]

李宣龚（1876—1952 年），字拔可，号观槿，又号墨巢居士，

① 陈庆元：《从梅生到梅叟——〈诗人何振岱评传〉书后》，载《福建论坛》2005 年第 3 期；刘建萍《同光派闽派诗人何振岱的诗歌》，载《闽江学院学报》2003 年第 6 期。

闽县人。光绪二十年（1894 年）中举人，光绪三十三年（1907 年）知江苏桃源县，有政声。辛亥革命后隐居上海，从 1913 年开始供职于商务印书馆，达 30 余年，1952 年病逝。李宣龚曾从同光体闽派首领陈衍、郑孝胥学诗，是同光体闽派殿军。与林旭交情颇深，二人常"以文学政事相砥砺"。著有《硕果亭诗》2 卷，《诗续》3 卷等。

辛亥革命以后，尤其是五四运动以后，以白话体为核心的新文学运动勃然兴起，闽都诗歌、小说、散文等各种题材的文学创作更趋繁荣，一大批以白话体进行文学创作的文学家脱颖而出，如郑振铎、邓拓、胡也频、冰心、林徽因、庐隐等，尤引人注目的是，五四新文学运动催生了一个闽都女性作家群体，冰心、林徽因、黄庐隐则被世人称为"闽都三才女"。限于篇幅，于此只能撮要介绍。

郑振铎（1898—1958），字西谛，笔名宾芬、CT、文基、郭源新，长乐人，生于浙江温州。郑振铎是中国新文化运动的倡导者，是中国现代文学研究事业的开拓者，被誉为中国现代文学史上"百科全书式"的人物，其文化成就遍布文学、考古、艺术、出版、图书收藏等各个领域，有学者说："中国要是有所谓'百科全书'派的话，那么，西谛先生就是最卓越的一个。"[①] 胡愈之也说：郑振铎"是一个多面手，不论在诗歌、戏曲、散文、美术、考古、历史方面，不论在创作和翻译方面，不论是介绍世界名著或整理民族文化遗产方面"，他"都作出了平常一个人所很少能作到的那么多的贡献"。[②]

早在 20 世纪 30 年代，郁达夫就称郑振铎"是一个最好的杂志编辑者"。[③] 郑振铎一生曾发起或参与发起许多重要文学、文化社团，主编很多有影响的文学杂志。

1919 年他投身于五四学生运动，与瞿秋白、耿济之、瞿世英等

---

① 端木蕻良：《追思》，载《北京日报》1978 年 11 月 12 日。
② 胡愈之：《哭振铎》，载《光明日报》1958 年 11 月 1 日。
③ 郁达夫：《中国新文学大系散文二集》"导言"，上海文艺出版社 1987 年版。

人创办了中国现代第一份社会学杂志《新社会》旬刊，该刊停办后，又改办《人道》月刊。1912 年与周作人、沈雁冰、叶绍钧、耿济之、瞿世英、许地山等 12 人联合发起成立了中国现代文学史上第一个重要的文学社团——文学研究会，该会的《简章》开宗明义指出："本会以研究介绍世界文学、整理中国旧文学、创造中国新文学为宗旨。"郑振铎担任研究会机关刊物《文学旬刊》（后改为《文学周报》）的主编，这是"五四"以后中国文艺界第一个倡导新文艺的、纯文学性的、综合性的社会文化刊物。同时，出任全国四大副刊之一《时事新报·学灯》的主编。同年毕业后到上海，入商务印书馆编译所负责编辑文学研究丛书。1922 年创办中国现代第一份儿童读物《儿童世界》。1923 年接替沈雁冰出任《小说月报》的主编，前后达 10 年之久。1925 年与叶圣陶等人合编《公理日报》。1933 年，与沈雁冰联合发起在上海创办《文学》，郑振铎与傅东华任主编。1934 年在北京创办《文学季刊》，郑振铎、靳以任主编。郑振铎同时担任这南北两大文学期刊主编，对于沟通南北文坛的相互联系，促进 30 年代中国文学的繁荣作出了巨大贡献。抗日战争期间，与郭沫若等合编《救亡日报》。抗战胜利后，先后主编的《民主》周刊、《文艺复兴》周刊，均为全国最大的中心文学刊物，其中《文艺复兴》是战后最重要的大型文学期刊之一，发表了许多当时最为优秀的文学作品。此外，郑振铎还担任一些大型丛书的主编，如：《世界文库》、《文学研究会丛书》、《俄罗斯文学丛书》、《美国文学丛书》、《玄览堂丛书》、《明季史料丛书》、《域外所藏中国古画集》、《古本戏曲丛刊》、《中国古代版画丛刊》等。[①] 郑振铎不愧为现代中国最有成就的文学编辑之一。

作为中国新文学运动的热忱参与者，郑振铎的文学创作颇富成就且别具特色，他创作了大量的诗歌、小说、散文等作品，有着相

---

① 杨义、邵宁宁：《献身中国文艺复兴的卓越先驱——郑振铎论》，载《文学评论》2008 年第 3 期。

当的影响。他的诗歌集比较著名的有《雪朝》、《战号》等，首开中国白话诗歌之风气，具有感情热烈、真率，文学平易、质朴的特征。他的小说创作涉及家庭、历史、政治等领域，尤以历史小说成就最高，有学者称"郑振铎可以说是在鲁迅之外，现代文学史上写作神话、历史小说最有成就的作家之一"。[①] 其小说代表作有《家庭的故事》、《取火者的逮捕》、《桂公塘》、《黄公俊之死》、《毁灭》、《汨罗江》等。相比较诗歌和小说，郑振铎的散文更能体现其艺术气质，郁达夫认为郑振铎的散文"富有着细腻的风光"。[②] 其散文作品主要有《山中杂记》、《海燕》、《欧行日记》、《西行书简》、《民族文话》、《蛰居散记》等。

郑振铎是新文学作家中首倡对中国旧文学进行整理者之一，也是引进、介绍外国文学最力者之一。早在文学研究会成立章程中就以整理中国旧文学为该会宗旨之一，1923 年郑振铎出任《小说月报》主编，即开辟"整理国故与新文学运动"专栏，并表明自己的态度："我主张在新文学运动的热潮里，有整理国故的一种举动。"[③] 他的一生整理出版了大量的古典文献，如《脉望馆抄校本古今杂剧》、《玄览堂丛书》、《晚清文选》、《古本戏曲丛刊》等。与此同时，他还潜心研究中国文学，蛰居著述，成为中国现代最杰出的文学史家。20 世纪 20 年代，他撰写的《文学大纲》"堪称我国在世界文学史课题方面的开山之作"。[④] 1932 年出版的《插图本中国文学史》在文学史写作中则具有里程碑式的意义，全书以 3 卷 60 章近 80 万字的篇幅，将文字与插图结合起来叙述文学发展的脉络，力图使之成为"民族的精神上最崇高成就的总簿"。[⑤] 该著亦成为中国文

① 杨义、邵宁宁：《献身中国文艺复兴的卓越先驱——郑振铎论》，载《文学评论》2008 年第 3 期。

② 郁达夫：《中国新文学大系散文二集》"导言"，上海文艺出版社 1987 年版。

③ 郑振铎：《新文学之建设与国故之新研究》，载《小说月报》第 14 卷第 1 号，1923 年 1 月。

④ 郑振铎：《文学大纲》"重印说明"，广西师范大学出版社 2003 年版。

⑤ 郑振铎：《插图本中国文学史》"绪论"，人民出版社 1957 年版，第 5 页。

学图志学之滥觞，郑振铎因此成为中国文学图志学之先驱。其《中国俗文学史》则对中国的民歌、鼓词、变文等相关领域的研究具有开创之功，填补了文学史写作的空白，对现代中国文学史学科建立与发展产生了重大影响。郑振铎在翻译方面亦可谓开风气之先，他的一生翻译、介绍了大量颇具影响力的外国文学作品及学术著作，"是俄国文学最初介绍人之一，也是社会主义思想的早期传播者"。[①] 其主要译作有：《海鸥》、《六月》、《贫非罪》、《灰色马》、《高加索民间故事》、《沙宁》、《俄国短篇小说译丛》、《飞鸟集》、《新月集》、《泰戈尔诗》、《印度寓言》、《莱森寓言》、《民俗学浅说》等。

　　1949 年中华人民共和国成立后，郑振铎曾任全国政协委员、文化部文物事业管理局局长、中国科学院考古研究所所长、文学研究所所长、文化部副部长、中国作家协会理事、中国科学院哲学社会科学学部常务委员、中国民间文艺研究会副主任等职。曾多次率团出国访问，促进国际文化交流。1958 年 10 月 17 日，以郑振铎为团长的中国文化代表团前往阿富汗王国和阿拉伯联合共和国进行友好访问，飞机在途经卡纳什地区时突然失事坠落，机上所有人员全部遇难。综观郑振铎的一生，其成就巨大，影响深远，不愧为"中国文化界最值得尊敬的人"。[②]

　　邓拓（1912—1966 年），字云特，原名邓旭初，字季立，主要笔名有左海、马南邨、吴南星、向阳生等，闽侯人。邓拓先后就读于上海光华大学和河南大学，青年时代就投身于革命，1930 年 6 月加入中国社会科学家联盟，同年冬加入中国共产党。1933 年回到福建，参加十九路军发动的"闽变"，在福建人民政府文委会工作，改名邓拓洲。抗日救亡运动兴起，他于 1937 年进入晋察冀边区，开始从事新闻宣传工作，先后担任晋察冀中央局宣传部副部长、党报委员会书记、晋察冀日报社社长兼新华社晋察冀总分社社长、中共

---

　　① 唐弢：《郑振铎与〈新社会〉》，载《晦庵书话》，生活·读书·新知三联书店 1998 年版，第 72 页。

　　② 李一氓：《怀念郑西谛》，载《解放日报》1986 年 8 月 3 日。

中央华北局研究室主任、中共中央政策研究室经济组组长。北平和平解放后，任中共北京市委政策研究室主任、宣传部长。1950 年任《人民日报》社长兼总编辑。1958 年调任北京市委书记处书记，主管文教工作，主编理论刊物《前线》。1960 年秋兼任中共中央华北局书记处候补书记。历任中国科学院哲学社会科学部学部委员、中国历史研究所学术委员、中国新闻工作者协会主席、北京大学教授等职，当选中共第八届全国代表大会代表，全国政协第一届会议代表，第一、二、三届全国人大代表。1966 年邓拓在政治高压下自杀身亡，成为"文化大革命"最早的殉难者之一。1979 年平反昭雪。

邓拓长期从事新闻宣传工作，是中国共产党新闻事业的奠基人之一，是著名的政论家，其一生中撰写的社论、文章、通讯有数百万字，著有《新闻战线上的社会主义革命》等，1944 年主持编辑出版了中国历史上第一部《毛泽东选集》。

邓拓天资出众，具有多方面的才华和成就。他是杰出的杂文家、历史学家、书法家、诗人。他的《燕山夜话》和《三家村杂记》是 20 世纪 50—60 年代最有影响的杂文。他的《中国救荒史》、《论中国历史的几个问题》等著作开辟了中国史学新领域。他的字洒脱秀美，今辑有《邓拓书法选》。其对古来历代书法的演变的理解和评论甚是精到，其《一斛雪·古代书法陈列观后》云："琅玡风骨，开宗立派传衣钵。六朝江左风流歌，万岁通天，摹得诸王帖，书法宋元犹挺拔，明清两代几中缀。古人遗墨千秋诀，何幸如今此处看陈列。"邓拓在诗歌创作更具超群才气，1979 年人民文学出版社结集出版《邓拓诗词选》，聂荣臻序之。之后邓拓夫人丁一岚在搜集佚诗佚词基础上编成了较为完备的《邓拓诗集》，由中国社会科学出版社于 1993 年出版，其中收录了邓拓 1929—1956 年作品 400 余首。主要有表现诗人人生追求和歌颂抗日事业的诗词，还有爱情诗、纪游诗和风景诗、题画诗等，其风格别具一格，或厚重典雅、风骨端翔，或深清纯洁、亮丽灵动，或情致清俊、意境深远，在中国 20 世纪诗词史上占据重要地位。如其七律《晋察冀边区成立周年志感》云："血肉冰霜不计年，五台烽火太行烟。点歌匝地三军角，卫垒连珠万里天。北岳扬旌胡马怯，边疆复土祖鞭先。陈云翻向龙江日，响彻河山唱凯旋。"又，其写给妻子的《对花》云："镜前窗下白梨花，恍见亭亭笑不遮。春景阑珊人亦懒，心旌荡漾望中赊。山高路远声声怨，院静阳和日日斜。安得生成飞燕翼，轻身一掠入君家。"复又，其五律《长江轮上》："忽作浮家客，江天望渺茫。心随波影阔，目共野云长。旅思添诗思，山光接水光。监风多寄意，鸥鹭任翱翔。"除诗词创作外，邓拓在现代诗词史上还有一个重要的贡献就是发起组织了敌后抗日根据地罕见的诗社——燕赵诗社，活跃了边区文学氛围，促进了诗词创作的发展。

邓拓以其思想和才情创作了题材丰富、别具一格的诗篇，在中国现代诗词史上具有重要地位。邵燕祥说："中国自有文字以来，诗歌浩如烟海，写诗的人何止千万。有的是人以诗传，有的是诗以人传，邓拓的人和诗则俱足不朽"，"邓拓其人，人中精英；邓拓其诗，诗中精英"，"他的全部人生实践和体现其中的人格精神，是留给幸存者和未来世代的一份珍贵遗产"。[①]

胡也频（1903—1931 年）又名崇轩、培基，福州人，"左联五烈士"之一（其余四人为：冯铿、殷夫、李求实、柔石）。胡也频早年在私塾及乌山师范学校就读。1918 年因家道中落被迫辍学，入祥慎金铺当学徒、干杂役，备受欺侮和凌辱。为反抗老板，胡也频于 1920 年只身离家出走，辗转到上海，考入浦东中学。次年，转到山东烟台国家海军预备学校学轮机。学校解散后，与几个朋友流落到北京。1924 年胡也频开始创作，发表小说、短文和译作，并担任《京报》副刊《民众文艺周刊》编辑，翌年与沈从文合编《红黑》和《人间》月刊，开始接触马克思主义。1930 年到济南省立高中任教，在学生中组织文学研究会宣传革命思想，同年夏回到上海加入

---

① 邵燕祥：《在邓拓诗集出版座谈会上的讲话》，载张帆《才子邓拓》，海天出版社2003 年版，第 327 页。

中国左翼作家联盟，被选为执行委员，并担任工农兵文学委员会主席，8 月被选为"左联"出席苏维埃"一大"代表，并加入中国共产党。1931 年 1 月 17 日下午在上海东方旅行社参加一个重要会议时被捕，在狱中坚贞不屈，2 月 7 日被杀害于上海龙华淞沪警备司令部。1924—1931 年短短七年的创作生涯中，胡也频在诗歌和小说创作方面取得了丰硕成果，为后世留下了 200 余首诗歌和 7 部短篇小说（《圣徒》、《活珠子》、《往何处去》、《诗稿》、《消磨》、《牧场上》、《四星期》）、2 部中篇小说（《一幕悲剧的写实》、《到莫斯科去》）、1 部长篇小说（《光明在我们前面》），还有《鬼与人心》、《别人的幸福》等 9 部剧本以及 14 篇论文、杂文。

无论是诗歌还是小说，胡也频的创作风格都表现为独树一帜，即对现实生活的密切关注。他那超乎寻常的生活经历和 20 世纪 20 年代后期革命文学的兴起对胡也频的创作提供了丰厚的基础。大体上看，胡也频的诗歌创作是在他接触革命思想、参加革命队伍以前，之后则是进行小说创作。沈从文对胡也频的诗歌评价极高，视之为中国新诗成熟期的代表诗人之一。[①] 丁玲亦认为"他（胡也频——笔者注）的诗的确是写得好的，他的气质是更接近于诗的"。[②] 在小说创作中，胡也频开启了革命文学之先河，其最优秀的小说《光明在我们的面前》则被视为革命文学的奠基之作。

黄庐隐（1899—1934 年）原名黄淑仪，又名黄英，笔名庐隐，闽侯人。早年在北京女子师范学校就读，后入北京女子高等师范学校国文系。1921 年加入中国现代文学史上第一个影响巨大的文学社团——文学研究会，2 月在《小说月报》上发表短篇小说《一个著作家》开始创作生涯。1922 年毕业后，先后在安徽宣城、北京师大附中、上海大夏大学附中、上海工部局女中任教，并勤于写作。

---

① 沈从文：《我们怎样去读新诗》，载《沈从文文集》第 12 卷，花城出版社 1984 年版，第 103 页。

② 丁玲：《一个真实人的一生》，载《丁玲文集》第 5 卷，湖南人民出版社 1984 年版，第 234 页。

1934 年 5 月 13 日因难产病逝于上海大华医院。

庐隐在其短短十三年的创作生涯中，著作甚丰，是"五四"女作家中多产的小说作家。她以旺盛的写作热情为我们留下了《海滨故人》、《曼丽》、《灵海潮汐》、《玫瑰的刺》四个短篇集，《归雁》、《象牙戒指》、《女人的心》、《火焰》四部中长篇，以及散文集《云鸥情书集》等。

庐隐一生经历了诸多坎坷，内心的悲哀和寂寞几乎成了她作品的基调，使她的作品深深打上感伤的烙印。苏雪林在《民国二三十年代作家》中说，庐隐的作品"总是充满了悲哀、苦闷、愤世、嫉邪，视世间事无一当意，世间人无一惬心"。如她的《海滨故人》、《或人的悲哀》、《丽石的日记》、《曼丽》等主人公无不具有悲剧色彩。与此同时，庐隐作品往往以自己和朋友的生活为蓝本，使其小说具有浓厚的自叙传性质。作为一个情感丰沛、敏于感悟、坦荡激昂的知识女性，庐隐对妇女的生活和命运给予了极大的关注，她创造了"五四"落潮后那个"伤感时代"的一系列觉醒一代女性形象，执著地为女性的解放探寻出路，被茅盾称为"觉醒了的一个女性"，是"五四时期的女性作家能够注目革命性的社会题材"的"第一人"。[①]庐隐古典文学根基深厚，在她的小说和散文中较多地汲取古典文学中融情入景的写作方法，语言典雅华美，神韵空灵飞动，笔调细腻潇洒，如其《或人的悲哀》中描写亚侠将去日本时的心情："丝丝的细雨敲着窗子，密密的黑云罩着天空，澎湃的波涛震动着船身；海天辽阔，四顾苍茫"，又如《搁浅的人们》开篇写道："窗外孤竹梢头带些颤抖的低呼声，悄悄的溜进窗棂缝，使幽默的夜更加黯淡，寂静的书房更加荒凉。莉玲起身加了几块生炭在壁炉里，经过一阵霹拍的响声后，火焰如同魔鬼的巨舌般，向空中生而复卷。莉玲注视这诡异的火舌，仿佛看到火舌背后展露着人间的一幕。"凡此种种，无一不显示出一位浪漫热情女性的敏锐的思想和多愁善感的个性。庐隐作为"五四的产

---

① 茅盾：《茅盾论中国现代作家作品》，北京大学出版社 1980 年版，第 108 页。

儿"，在中国新文学的女性作家中是成就最突出者之一，她作品中所刻画的"时代女性"的形象，在现代中国文学史上和近百年中国女性解放史上都是弥足珍贵的。

林徽因（1904—1955 年），又名徽音，闽侯人。林徽因出身名门，祖父是前清翰林，父亲林长民曾历任北洋政府国务院参议、司法总长等职。林徽因幼年随父迁居北京，入北京培华女中就读。1920 年随父到英国伦敦，较早接受西方文化的熏陶，并打下良好的英文基础。林徽因的女儿梁再冰曾经总结在英国一年的生活给林徽因带来的收获说："通过接触英国 19 世纪末和 20 世纪初的文学作品活跃和解放了思想初探文学殿堂。"[①] 从英国回国后，林徽因开始积极参与文学活动，文学创作成了她终身的"业余爱好"。1924 年林徽因和梁思成一起先后赴美国耶鲁大学、宾夕法尼亚大学攻读舞台美术和建筑，获得学位。1928 年归国后在东北大学、燕京大学建筑系任教，开始对中国古建筑的研究，曾到河北、山西等地调查，与梁思成合作或独自撰写多篇调查报告。中华人民共和国成立后，她任清华大学建筑系教授兼北京市都市计划委员会委员。作为新中国第一位女建筑学家，林徽因在中国建筑史上的成绩是显著的，她参加了景泰蓝工艺改革和国徽及天安门人民英雄纪念碑的设计，为纪念碑碑座设计饰纹和花圈浮雕图案，培养了工艺美术研究生，著有《论中国建筑之几个特征》、《〈清代营造则例〉序》、《晋汾古建筑预查纪略》等。作为文学创作的"业余爱好者"，她曾在《新月》、《诗刊》、《学文月刊》、《大公报》副刊、《文学杂志》等报刊发表诗歌、散文、小说和剧本，成为 20 世纪 30 年代颇具影响力的作家。邵燕祥在《林徽因的诗》称她为"三十年代极富个性，艺术上渐臻于炉火纯青的女诗人"，并享有"民初第一才女"的美誉。人民文学出版社 1985 年出版了《林徽因诗集》，上海三联书店 2006 年出版了《林徽音诗文集》。总体而言，林徽因的

---

① 梁再冰:《我的妈妈林徽因》，载清华大学建筑学院编《建筑师林徽因》，清华大学出版社 2004 年版，第 46 页。

作品和她本人的气质一样，透出一股轻灵、飘逸，略带忧郁之美。她的诗歌深受中国古典诗歌、外国诗歌和建筑美学的影响，语言清莹婉丽、典雅流畅，融浪漫主义、现代主义和古典主义为一体。其早期诗作深受新月派影响，具有明显唯美倾向。其《笑》是一首流传很广的名篇："笑是她的眼睛，口唇/和唇边浑圆的漩涡。/艳丽如同露珠，/朵朵的笑向/贝齿的闪光里躲。/那是笑——神的笑，美的笑；/水的映影，风的轻歌。……"又，《山中一个夏夜》："山中一个夏夜，/深得像没有底一样。/黑影，松林密密的，/周围没有点光亮，/对山闪着一盏灯——两盏像夜的眼/夜的眼在看！"20 世纪 30 年代中叶以后，诗人的生活开始趋于实际，且长期受疾病折磨，她的诗渐渐趋于一种忧郁的美，情调也比较低沉，如《小诗》："感谢生命的讽刺嘲弄着我，/会唱的喉咙哑成了无言的歌。/一片轻纱似的情绪，本是空灵。/观时上面全打着拙笨补丁。"此外，建筑美学对林徽因的诗歌创作亦有很大影响，使她的诗歌体式表现出一种建筑美。

除诗歌创作外，林徽因还有 6 部小说，其中《九十九度中》影响最大，被视作现代短篇小说的精品。另外五篇作品分别为《窘》以及"模影零篇"系列中的《吉公》、《文珍》、《钟绿》、《秀秀》。

冰心（1900—1999 年），本名谢婉莹，笔名冰心、男士等，长乐人（见图 9）。其父谢葆璋曾任清朝海军巡洋舰副舰长，参加过著名的中日甲午海战，是一位富有爱国心的海军军官。冰心出生 7 个月时，随家移居上海。1904 年，其父奉命到山东烟台创办海军军官学校，举家迁到烟台。辛亥革命前，谢葆璋辞职返乡，冰心在家塾里附学，8 岁开始写小说。1912 年冰心以第一名成绩考取福州女子师范学校预科读了 3 个学期，1913 年其父就任海军部军学司司长，冰心随父母迁到北京。1914 年冰心进入北京贝满女子中学。1918 年以优异成绩考入协学女子大学理预科。1919 年参加五四运动，投向于文学革命，被选为北京女学界联合会宣传股成员。8 月 25 日冰心在北京《晨报》发表一篇杂感，名为《二十一日听审的感想》，直言不讳揭露北洋军阀政府迫害革命学生的罪行。10 天以后，冰心又在《晨报》自由论坛发表《"破坏与建设"时代的女学生》，呼吁女学生要关注世界新潮流、新知识、新发明，关心国家大事。这两篇文章比起冰心后来引起文坛震动的一系列作品远非最重要的，但却是冰心进行文学创作的发端，也显示了这位当时才19岁的女子的正义和勇敢。9月18—22日，冰心的第一篇小说《两个家庭》在北京《晨报》连载，并第一次使用"冰心"的笔名。小说取材于现实生活，针砭时弊，被称为"问题小说"，在读者中引起强烈反响。随后，冰心又发表了直接描写五四运动生活的小说《斯人独憔悴》，引起巨大轰动，北京学生剧团将之改编成三幕话剧上演，冰心声名鹊起。《斯人独憔悴》成为冰心的成名作，冰心也成为风靡一时的、被文学史家称为中国现代小说第一个潮流的"问题小说"的先锋，被称为"新文艺运动中一位最初的、最有力的、最典型的女性的诗人、作者"。

图9　冰心故居紫藤书屋

　　1921 年，经许地山、瞿世英介绍，冰心加入茅盾、郑振铎等人发起的"文学研究会"，成为该会最早的会员之一。此后，冰心在《晨报》副刊、《时事新报》副刊、《燕大季刊》、《小说月报》等刊物上发表了《秋》、《影响》等诗篇，《笑》、《山中杂感》等 20 多篇散文，《去国》、《庄鸿的姐姐》、《最后的安息》、《一个兵丁》、《一个军官的笔记》等 20 多篇小说。随后冰心的诗集《繁星》、《春水》，小说集《超人》先后出版。冰心以家庭问题、妇女问题、知识分子的出路问题作为其创作主题，努力实践"为人生"的艺术宗旨，在诗歌、散文、小说等领域大放光彩，成为衔领时代精神的 20 世纪 20 年代最著名的女作家之一。1923 年冰心以优异成绩提前获燕京大学学士学位及学校颁发的金钥匙奖，并与吴文藻（后为其夫）、许地山等赴美留学，1926 年获硕士学位后回国在燕京大学文学系任教。1936 年，冰心随丈夫吴文藻赴欧美讲学，七七事变时回国，举家迁居昆明。1940 年迁居重庆郊区歌乐山，担任《妇女文化》主编。其时，冰心以"男士"为笔名，发表 9 篇《关于女人》的系列文章。1946 年随吴文藻赴日，1949 年应邀在东京大学开设中国文学课程，羁居日本 5 年。1954 年人民文学出版社出版了《冰心小说散文选集》。冰心曾任中国民主促进会中央名誉主席，中国文联副主席，中国作家协会名誉主席、顾问，中国翻译工作者协会名誉理事等职。1999 年 2 月 28 日在北京逝世。后人辑有《冰心全集》、《冰心文集》、《冰心著译选集》等。

　　冰心的文学成就是卓著的，集小说、散文、诗歌、翻译等诸多成就于一身。她的诗歌创作中尤以小诗最优秀，被誉为"繁星格"、"春水体"。如《春水》第 105 首："造物者——/倘若在永久的生命中/只容有一次极乐的应许。/我要至诚地求着：/我在母亲的怀里，母亲在小舟里，小舟在月明的大海里"。又，《春水》的最后一首："别了！/春水，/感谢你一春潺潺的细流，/带去我许多意绪。向你挥手了。/缓缓地流到人间去吧。/我要坐在泉源旁，/静听回响"。如《繁星》第 156 首："清晓的江头，/白雾茫茫；/是江南的天气，雨儿来了——／我只知道有蔚蓝的海，／却原来还有碧绿的江，／这是我父母之乡！"作为"问题小说"的代表作家，冰心以家庭问题、婚姻问题、教育问题、人才问题、妇女问题、战争问题、人生问题等一系列社会问题为创作题材，同时也创作了大量人生问题的小说，如《超人》、《离家的一年》、《烦闷》、《疯人笔记》、《遗书》、《寂寞》、《悟》等，承担了关注问题、展示问题甚至解决问题的历史使命。其散文以清丽、典雅、隽永、灵动的特色被时人称作"冰心体"，有人将她的文字比作"镶在夜空里的一颗颗晶莹的星珠"，沈从文认为冰心的作品里"所显出的人格典型，女性的优美灵魂，在其他女作家的作品中……是不容易发现了的"。① 如其《笑》："……凉云散了，树叶上的残滴，映着月儿，好似萤光千点，闪闪烁烁地动着。——真没想到苦雨孤灯之后，会有这么一幅清美的图画！……转过身来，忽然眼花缭乱，屋子里的别的东西，都隐在光云里；一片幽辉，只浸着墙上画中的安琪儿。——这白衣的安琪儿，抱着花儿，扬着翅儿，向着我微微的笑。……"

冰心以她慈母般的爱心把对儿童的关注化作专门的儿童创作，立志"要栽下小小的花，给平凡的小小的人看"，开创了中国现代儿童文学的新时代，成为中国儿童文学的奠基人之一。1926 年，冰心的通讯集《寄小读者》由北新书局出版；1958 年至 1960 年冰心的《再寄小读者》（共 21 篇）先后在《人民日报》、《儿童时代》上发表；1978—1980 年冰心的《三寄小读者》（共 10 篇）在《儿童时代》上发表。她的儿童小说《寂寞》、《陶奇的暑假日记》、《小桔灯》等深受青少年喜爱，把冰心称为"20 世纪中国文学史上的慈母"、"爱的使者"，实不为过。

冰心还是一个出色的翻译家，早在 20 世纪 30 年代冰心就翻译了黎巴嫩著名作家凯罗·纪伯伦的散文诗《先知》，后来又翻译了

① 中国现代文学史资料汇编：《冰心研究资料》，北京出版社 1984 年版，第 129、196 页。

印度著名诗人泰戈尔的《吉檀迦利》、《园丁集》、《泰戈尔剧作选》、《诗集》、《诗选》、《泰戈尔抒情诗选》、《泰戈尔剧作集》、《泰戈尔小说选》以及马亨德拉的《马亨德拉诗抄》、安东·布蒂吉格的《燃灯者》、穆拉·安纳德的《印度童话集》，[①] 其中不少为"上等译品"。正是通过大量翻译泰戈尔的作品，冰心的文学创作风格、创作主题深受泰戈尔的影响，并形成了她的"繁星格"。周作人曾评论道："中国现代小诗的发达，很受外国的影响……冰心女士的《繁星》，自己说明是受泰戈尔影响的。"此后，"小诗颇流行一时……使我们的文坛收获了无数颗情绪的珍珠，这不能不归功于《繁星》的作者了"。

冰心就是这样以女性的视觉、女性的体悟、女性的展现方式构筑起盈溢着母爱的理想王国，抒写着人类崇高而圣洁的感情——爱，谱就了20世纪中国现代文学的辉煌。

在20世纪20年代以后福州众多的客籍作家里，我们不能不提及有着"现代第一流的诗人和作家"之美誉的郁达夫。

郁达夫（1896—1945年）原名文，字达夫，浙江富阳人。1913年赴日本，入东京帝国大学攻读，1921年发表第一篇小说《沉沦》，开始文学创作生涯。1936年2月到福州，出任福建省政府参议、公报室主任。在榕羁留2年，于1938年年3月离开。期间，游览福州名胜古迹，著有《闽游滴沥》、《闽游日记》、《浓春日记》等，1937年10月任"福州文化界抗敌救亡协会"理事长，主编《文教》周刊、福州《小民报》副刊《救亡文艺》。离开福州后到武汉，就任军委政治部第三厅设计委员。1938年年底赴新加坡，在南洋主编多种报刊副刊，参与南洋抗日救亡，表现出一个现代知识分子高尚的民族情操和爱国情怀。1945年9月在印度尼西亚苏门答腊武吉丁宜被日本宪兵队谋杀。中华人民共和国成立后被追认为革命烈士。有《郁达夫全集》问世。

---

① 张筠艇：《闽籍女性翻译家群体》，载《龙岩师范专科学院学报》2004年第2期。

郁达夫的文学成就表现在诗歌、小说、散文等方面，尤以诗歌的成就为最。其老友、一代国画大师刘海粟称："达夫感情饱满细腻，观察深切，才思敏捷，古典文学、西洋文学根基都雄厚。从气质上讲，他是个杰出的抒情诗人，散文和小说不过是诗歌的扩散。……讲到他的文学成就，我认为诗词第一，散文第二，小说第三，评论文章第四。"① 郁达夫的诗词尤其是旧体诗词的艺术成就在现代作家中堪为首屈一指。他的诗格高妙，诗意浓郁，意境深远，对于古典诗歌中的比兴、对仗、藻饰、铺陈、用典、顿挫等手法运用娴熟。如其《满江红》："三百年来，我华夏威风久歇。/有几个，如公（戚继光——笔者注）成就，丰功伟烈。/拔剑光寒倭寇胆，拨云手指天心月。/到于今，遗饼纪征东，民怀切。//会稽耻，终当雪。/楚三户，教秦灭。/愿英灵，永保金瓯无缺。/台畔班师酣醉石，亭边思子悲啼血。/向长空，洒泪酹千杯，蓬莱阙。"别具特色的是，郁达夫尤喜在他的小说和散文中加入他的诗，使他的小说、散文显得诗意盎然。

郁达夫的散文颇有愤世嫉俗、通达秀逸、狷介耿直之魏晋风骨，《钓台的春昼》、《故都的秋》、《还乡记》等均为其代表作。

郁达夫的小说从一开始就在社会上引起惊世骇俗的反响，评论家们众说纷纭，毁誉悬殊，因为从他 1921 年发表的第一篇小说《沉沦》到 1935 年发表的最后一部小说《出奔》，在历时 15 年的小说创作中，性爱几乎成了他所有小说的主题，对狎妓、窥浴、同性恋、乱伦等种种性变态行为进行大胆的、赤裸裸的刻画，构成郁达夫小说的鲜明特点。

众所周知，中国新文学发端于五四时期，这是一个社会大变革的时代，各种社会思潮、文化观念层出不穷，追求民主、自由，呼唤个性解放成为这一时代的主题，2000 多年来中国封建的、虚伪的道德观念受到无情的鞭挞。正是在这一时代潮流中，大量性爱题材

---

① 刘海粟：《漫论郁达夫》，载《文汇月刊》1985 年第 8 期。

的小说应运而生，郁达夫即是其中的一名主将，他通过对小说中一连串人物，如《南迁》中的伊人、《茫茫烟》等各篇中的于质文、《烟影》中的文朴、《过去》中的李白时、《迷羊》中的王介成、《她是一个弱女子》中的郑秀岳、《出奔》中的钱时英等的性变态心理和行为的描写，抨击封建腐朽的礼教，"自觉地而且是勇敢地反映了当时关于人性解放的时代要求和社会思潮"。①惟其如此，郁达夫的性爱小说"在其社会背景、人道主义精神以及作品的'氛围气'这几方面是相当成功的"。②"在内容上，它把'五四'的个性解放达到了时代所能到的最高度；在形式上，它以高超的艺术功力显示了新文学的实绩"。因此，从某方面说，郁达夫的性爱小说是"最彻底的'五四'"，"只有在'五四'的个性解放浪潮中，郁达夫的小说才有了时代的合理性"。③

除上述文学成就外，近代闽都文学批评在中国近代文学批评史上亦占有重要地位。如侯官林昌彝的《射鹰楼诗话》、《海天琴思录》及《续录》，长乐谢章铤的《赌棋山庄词话》，侯官魏秀仁④的《陔南山馆诗话》，侯官李家瑞的《停云馆诗话》，侯官陈衍的《石遗石诗话》等多具全国影响力，标志闽都诗、词理论研究水平渐臻成熟。

近代闽都小说创作在近代文学史上也占有一席之地。侯官魏秀

---

① 董易：《郁达夫小说创作初探》，载陈子善、王自立《郁达夫研究资料》，花城出版社 1985 年版。

② 李南蓉：《从〈茫茫夜〉〈秋柳〉看郁达夫小说创作的情感取向》，载《江海学刊》1995 年第 5 期。

③ 张法：《解读郁达夫小说》，载《江汉论坛》1999 年第 9 期。

④ 魏秀仁（1819—1874 年），字子安，一字子敦，别号眠鹤主人，侯官人。少负文名，道光二十六年（1846 年）举人，后屡试进士不第，曾主讲成都芙蓉书院，通经史精辞赋。一生历尽坎坷，著述颇多，著有小说《花月痕》，另著有《石经考》、《陔南山馆诗话》、《碧花凝唾集》（又署《东冶不悔道人残稿》）、《订顾录》、《铜山残泪》、《咄咄录》、《故我论诗录》、《寋寋录》、《惩恶录》、《幕录》、《巴山晓言录》，以及未刊行的《兰子书塾笔记》、《榕阴杂掇》、《湖壖闲话》、《彤史拾遗》等，均为咸丰、同治年间的宝贵史料。

仁的《花月痕》系作者自身写照,对后世鸳鸯蝴蝶派①有很大影响。长乐梁章钜亦喜作笔记小说。20世纪初,林纾在译介欧美小说的同时,也从事小说创作,有《金陵秋》、《新官场现形记》、《冤海灵光》、《劫外昙花》、《剑胜录》(又名《京华碧血录》)等。黄花岗七十二烈士之一的林觉民②亦著有小说《莫那国之犯人》。

五四运动以后,闽都小说创作趋于繁荣,尤其是20世纪20年代至40年代以后,闽都籍小说家在全国文坛独领风骚,如前述郑振铎、胡也频、庐隐、冰心、林徽因等均可谓名重一时。

近代闽都戏曲创作主要有闽县林纾的《天妃庙》、《合浦珠》、《蜀鹃啼》传奇三种,均由商务印书馆印行。还有长乐陈尺山(又名天尺,别号莫等闲斋主人)辛亥革命后,在福州创办《舞台报》,记评当时戏曲编演活动,撰有《病玉缘》传奇,另有笔记集《齐谐》行世。

近代闽都散文作家亦称得上群星璀璨,有以古文、骈文名世的林则徐、林昌彝、林纾、严复、薛绍徽、林觉民等,其中林纾、严复师从桐城派吴汝纶,颇受桐城派宿儒骁将推重;林觉民的《绝笔书》亦以其感情真挚、动人心弦的艺术魅力成为传世名篇;也有20世纪20年代以后的以白话体进行创作的散文家郑振铎、庐隐、冰心、杨骚、胡也频、林徽音、高士其、梁遇春、高拜石、邓拓等,他们的文笔各具风格,无不令人心折。

总之,近代闽都文学成绩斐然,影响深远,是闽都文学史最辉煌的时期,在中国近代文学史上亦占有举足轻重的地位,而翻译文

---

① 鸳鸯蝴蝶派是盛行于清末至五四运动前后的文学流派,大量发表以文言文描写才子佳人的哀情小说。

② 林觉民(1887—1911年),字意洞,号抖飞,又号天外生,闽县人。光绪二十八年(1902年)进全闽高等学堂文科学习,醉心新学说,在校阅读《苏报》、《民报》等大量民革命报刊,开始倾向革命。毕业后,1907年留学日本,期间加入孙中山领导的中国革命同盟会,积极从事革命活动。1910年前后返回家乡,在革命党人创办的福州《建言日报》任主笔。1911年4月参加广州起义负伤后被俘,临行前面不改色,从容就义。遗有《绝笔书》(《与妻书》)。

学更是首开近代中国风气之先。

　　我国的译事有着悠久的历史，最早可上溯到周代，《礼记·王制篇》曰："五方之民，言语不通，嗜欲不同。达其志，通其欲，东方曰寄，南方曰象，西方曰狄鞮，北方曰译。"当时掌管翻译的官员称"象胥"。《周礼·秋官·象胥》："掌蛮、夷、闽、貉、戎、狄之国使，掌传王之言而谕说焉，以和亲之。"可见，周代的翻译主要用于周天子与周边邻国不同语言的交流，且限于口头翻译。文字翻译最早出现于春秋战国时期，《说苑·善说篇》所载《越人歌》是为明证。不过当时的文字翻译不多见，而且仅局限在中华民族大家庭内部各兄弟民族之间。大规模的文字翻译开始于汉代佛教的传入，翻译佛经是译事的主要内容。闽都福州有文字记载的佛经翻译是南朝陈武帝永定二年（558 年）真谛（原名拘那罗陀）挂锡闽县佛力寺之际。宋元以后，随着中外文化交流的深入，我国与东方邻近国家如日本、印度、南亚诸国、西亚伊斯兰国家之间往来频繁，译事亦以与东方国家之间文化交流为主。明中叶以后，随着基督教传入，西学东渐，推动了我国翻译事业的发展，其时，所翻译的作品几乎全是宗教神学和自然科学方面的著作。闽都福州在明天启年间意大利耶稣会士艾儒略入闽后，亦翻译了以《西学凡》为代表的艾氏编著 26 种译著。鸦片战争以后，我国翻译领域迅速扩大，除宗教、自然科学方面的著作外，还有社会学、文学等方面的著作。1864 年，董恂翻译的美国诗人朗费罗（Herry W. Longfellow）的《人生颂》，是我国翻译的第一首英语诗歌。1871 年王韬与张芝轩合作编译的《普法战纪》，是我国近代散文翻译的发端，其中的《法国国歌》和德国的《祖国颂》是我国最早的法、德诗歌。1872 年蠡勺居士翻译的英国小说《昕夕闲谈》是我国翻译的第一部外国小说。19 世纪 90 年代，严复翻译的《天演论》等一系列西方学术名著，是我国最早译介西方资产阶级思想学说的社会学著作。不仅如此，无论是翻译的数量、质量，还是翻译的理论和技巧都取得了长足的进步。福州是最早开放的"五口"之一，是西学传播的最早地区之一，社会学、文学翻译盛极一时，开近代中国风气之先，代有译著名家，严复、林纾、陈季同可谓译界翘楚。

严复（1854—1921年）初名体乾，入船政学堂后改名宗光，字又陵（一作幼陵），登仕后，名复，字几道，晚号愈野老人，侯官人（见图10）。严复"早慧，嗜为文。闽督沈葆桢初创船政，招试英俊，储海军将才，得复文，奇之，用冠其曹，则年十四也"。[①] 同治十年（1871年）严复于福州马尾船政学堂毕业后，随舰练习，"周历南洋、黄海"。光绪二年（1876年）"派赴英国海军学校肄战术及炮台建筑诸学，每试辄最"。正是在留英期间，严复的兴趣转移到社会科学方面上来，并与当时驻英公使郭嵩焘"引与论析中西学术同异"。学成归国后，任马尾船政学堂教习。次年调任北洋水师学堂总教习。中国在甲午战争中的失败，使严复积蓄多年的忧国

图10　阳歧严复墓

---

① 《清史稿》卷486《文苑传三·严复传》。

忧民之情沛然而发，连续发表了《论世变之亟》、《原强》、《辟韩》、《救亡决论》等一系列针砭时弊的政治论文。光绪二十三年（1897 年）严复在天津创办《国闻报》，并在该报陆续发表了他根据英国生物学家赫胥黎的论文集《进化论与伦理学及其他文论》选译的《天演论》（原名为《进化论与伦理学》），严复因此声名大噪，梁启超以为"西洋留学生与本国思想界发生关系者，（严）复其首也"。① 嗣后，他"殚心著述，于学无所不窥，举中外治术学理，靡不究极原委，抉其失得，证明而会通之。精欧西文字，所译书以瑰辞达奥旨"。② 1895—1908 年间，严复翻译出版或发表的西学名著主要有《天演论》（*Evolution and Ethics*）、《原富》（*An Inquiry into Nature and Causes of the Wealth of Nations*）、《群学肄言》（*The Study of Sociology*）、《群己权界论》（*On Liberty*）、《社会通诠》（*A History of Politics*）、《法意》（*L' esprit des Lois*）、《穆勒名学》（*A System of Logic*）、《名学浅说》（*Logic the Primer*），后人称之为"严译八大名著"，或"严译八经"，内容涉及哲学、经济学、法学、逻辑学、社会学、政治学等社会科学诸领域，约 200 万字，③ 严复的著译编为《侯官严氏丛刊》、《严译名著丛刊》，另著有《愈野堂诗集》、《严几道诗文钞》等。严复是近代中国系统引进西方哲学社会科学的第一人，康有为赞誉严译《天演论》"为中国西学第一者也"。④ 胡适则推崇"严复是介绍近世思想的第一人"。⑤ 蔡元培在《五十年来中国之哲学》中评价道："五十年来介绍西洋哲学的，要推严复第一。"不唯如此，严复在翻译学理论上有着极大贡献。与闽县人林纾并称"林严"。"世谓纾以中文沟通西文，复以西文沟通

---

①　梁启超：《清代学术概论》，上海世纪出版集团、上海古籍出版社 2005 年版，第 82 页。

②　《清史稿》卷 486《文苑传三·严复传》。

③　皮后锋：《严复大传》，福建人民出版社 2003 年版，第 491 页。

④　商务印书馆编辑部编：《论严复与严译名著》，商务印书馆 1982 年版，第 6 页。

⑤　同上书，第 41 页。

中文"。① 严复制定的翻译学基本原则——"信、达、雅",至今仍被译坛奉为圭臬。他在《天演论》的"译例言"中说:"译事三难:信、达、雅。求其信已大难矣,顾信矣不达,虽译犹不译也,则达尚焉。……易曰:'修辞立诚'。子曰:'辞达而已'。又曰:'言之无文,行而不远'。三者乃文章正轨,亦即为译事楷模。故信达而外,求其尔雅,此不仅期以行远已耳。"② 可见,严复所谓"信"是指译文要忠实于原著;"达",是指达旨,即译笔通顺畅达;"雅",是指译文要力求典雅。严复译作的出版及其翻译三原则的提出,标志着我国近代翻译学的兴起。时人对严复译著的古雅文体也多有赞誉,近代著名古文学家、桐城派大师吴汝纶(严复从英国学成归国后一度师从其学习古文)认为:"自吾国之译西书,未有能及严子者",严复以前的译书,"大氐弇简不文,不足传载其义";"文如几道,可以言译书矣"。他看到《天演论》后,致书严复曰:"尊译《天演论》,名理绛络,笔势足穿九曲,而妙有抽刀断水之致,此海内奇作也。"梁启超亦称,对严复的文字"循环往复诵十数过,不忍释手,尤为感佩",③ 并推其为"译界之宗师"。④ 胡先骕也评价道:"严氏译文之佳处,在其殚思竭虑,一字不苟……其义无不达,句无剩义。……要为从事翻译者永久之模范也。"⑤ 胡汉民尊其为"译界泰斗"。⑥ 还有学者称其为近代"译学之父"。⑦ 严复的译著在中国文学史上也有极高的地位。胡适在《五十年来中国文学》中说:"严复的英文与古中文的程度都很高,他又很用心,不肯苟且……他对于译书的用心与郑重,真可佩服,真可做我们

---

① 《清史稿》卷 486《文苑传三·严复传》。
② 王栻主编:《严复集》第 5 册,中华书局 1986 年版,第 1321—1322 页。
③ 同上书,"著译·日记·附录",第 1318 页。
④ 《新民丛报》第 25 号,第 73 页。
⑤ 沈苏儒:《论信达雅——严复翻译理论研究》,商务印书馆 1998 年版,第 67 页。
⑥ 胡汉民:《述侯官严氏最新政见》,载《民报》第 2 号。
⑦ 许钧:《在继承中发展》,载《中国翻译》1998 年第 2 期。

的模范"，又说："严复译的书，……在原文本有文学的价值，他的译本，在古文学史也应该占一个很高的地位。"

林纾（1852—1924 年）原名群玉，字琴南，后改名纾，号畏庐，尚有笔名冷红生、补柳翁、春觉斋主人、望瀛楼主人、烟云楼主人、践卓翁、蠡叟等，闽县人，光绪八年（1882 年）举人，"少孤，事母至孝。幼嗜读，家贫，不能藏书。尝得《史》、《汉》残本，穷日夕读之，因悟文法，后遂以文名"。①曾主讲福州苍霞精舍、杭州东文精舍、北京金台书院、五城学堂、顺天中学堂、北京高等实习学堂、北京大学堂、闽学堂、篯宜女学堂、正志学校、励志学校、孔教大学校等。林纾早年激于爱国热情，是一个热烈、真诚的维新变法运动的拥护者，积极参与"小说界革命"，晚年则成为守旧派代表之一，反对"五四"新文化运动甚力，成为"五四"文学革命中的众矢之的。林纾工古文，以桐城派自居，"为文宗韩、柳"，"尤善叙悲，音吐凄梗，令人不忍卒读。论者谓以血性为文章"。"尤善画，山水浑厚，冶南北于一炉，时皆宝之。"②民国十三年（1924 年）卒，年七十有三，门人私谥贞文先生。林纾著述甚丰，著有古文《畏庐文集》、《畏庐续集》、《畏庐三集》等；小说有《金陵秋》、《官声新现形记》、《冤海灵光》、《劫外昙花》、《剑胆录》、《京华碧血录》等；笔记有《技击余闻》、《畏庐琐记》、《畏庐漫录》等；传奇有《天妃庙传奇》、《合浦珠传奇》、《蜀鹃啼传奇》等；诗歌有《闽中新乐府》、《畏庐诗存》等；论文有《春觉斋论文》、《韩柳古文研究法》等。其对文坛最大的贡献在于译著，是我国翻译文学的奠基人，首开翻译外国小说之风气，康有为于民国元年（1912 年）为答谢林纾为其所画《万木草堂图》而赋诗云："译才并世数严（复）林（纾）。"后世以严复、林纾为译界先驱，如果说严复是介绍西方学术思想第一人，那么林纾则堪为介

---

① 《清史稿》卷 486《文苑传三·林纾传》。
② 同上。

绍西方文学第一人。林纾从 1899 年发表的第一篇译作《巴黎茶花女遗事》（合作者王寿昌），至 1924 年逝世的 25 年中，翻译西洋小说"百数十种"，译著之丰为中国近代译界罕见，亦是严复不可匹比，故被推为"译界之王"。其所译小说在清末民初影响之大，被冠之以"林译小说"之称。

关于林纾所翻译的作品，历来说法不一。1924 年郑振铎在《林琴南先生》一文中提出 156 种，1929 年林纾的及门弟子朱羲胄（悟园）在《春觉斋著述记》中记载为 182 种，1935 年（陈）寒光在《林琴南》一书中统计为 171 种，1981 年美国芝加哥大学东亚图书馆负责人马泰来先生在他的《林纾翻译作品全目》中提出有 181 种。[1]

林纾翻译的作品源自英国、法国、美国、俄国、希腊、挪威、比利时、瑞士、西班牙、日本等十几个国家，其中不乏世界公认的文学名著，如托尔斯泰的《复活》（林译《心狱》）、狄更斯（或迭更司）的《大卫·科波菲尔》（林译《块肉余生述》）、塞万提斯的《唐·吉诃德》（林译《魔侠传》）、笛福的《鲁滨逊漂流记》、斯威夫特的《格列佛游记》（林译《海外轩渠录》）、斯陀夫人的《黑人吁天录》、莎士比亚的《亨利四世》、司各特的《十字军英雄记》、《撒克逊劫后英雄略》等，不一而足。所涉及的题材十分广阔，有言情小说、社会小说、政治小说、探险小说、讽刺小说、战争小说、历史小说等，一时间，"林译小说"风靡于世。"林译小说"很快成为中国近代文学史上最早的西洋文学经典的代名词。中国读者从"林译小说"中开始了解到西方的社会风貌、文学流派、文学大师，开拓了中国从事文学者的眼界，打开了通往世界的文学窗口，推动了国人翻译西洋小说的兴味，凡是那个时代中从事文学翻译或创作的人，几乎没有不受"林译小说"影响的。"五四"时代的作

---

[1]　李家骥：《林纾佚文丛刊》第 1 卷"前言"，载《山东师范大学学报》（社会科学版）1988 年第 3 期。

家们，在早年都有过一个耽读"林译小说"的时期。周作人在《鲁迅与清末文坛》中说："我们对于林译小说那么热心，只要他印出一部来，到东京，便一定跑到神田的中国书林去把它买来，看过之后，鲁迅还拿到订书店去改装硬纸板书面，背脊用的是青龙洋布"。周作人在《林琴南与罗振玉》一文中说："我们几乎都因了林译才知道外国有小说，引起一点对于外国文学的兴味，我个人还曾经很模仿过他的译文。"郭沫若在《我的童年》中说："林琴南译的小说，在当时是很流行的，那也是我所嗜好一种读物。……林译小说对于我后来的文学倾向上有决定的影响的。"① 冰心在 11 岁时就被林译《茶花女》吸引，成为她"以后竭力搜求'林译小说'的开始，也可以说是我追求阅读西方文学作品的开始"。② 郑振铎在 1924年 11 月 11 日，在《小说月报》上评价道："他以一个'古文家'动手去译欧洲的小说，且称他们的小说家可以与太史公比肩，这确是很勇敢的很大胆的举动。自他以后，中国文人，才有以小说家自命的；自他以后才开始了翻译世界的文学作品的风气。中国近二十年译作小说者之多，差不多可以说大都是受林先生的感化与影响的。"③ 无疑，林纾对外国文学的翻译对以后的"五四"新文学运动有深刻影响，积极推动了"五四"新文化运动的产生，诚如文学史家阿英所说："他使中国知识阶级接近了外国文学，从而认识了不少的第一流的作家，使他们从外国文学里学习，以促进本国文学的发展。"④ 陈寒光在《林琴南》一书中所说："中国的旧文学当以林氏为终点，新文学当以林氏为起点。"

林纾的翻译殊为独特，他本人"不习欧文"，其翻译"皆待人口达而笔述之"，⑤ 每译一书都要有一个合作者。据《春觉斋著述

---

① 郭沫若：《少年时代》，人民文学出版社 1979 年版，第 114 页。
② 《冰心选集》第 2 卷，四川人民出版社 1984 年版，第 328 页。
③ 《小说月报》第 15 卷第 11 号。
④ 阿英：《晚清小说史》，人民出版社 1980 年版，第 182 页。
⑤ 《清史稿》卷 486《文苑传三·林纾传》。

记》所载,与林纾合作者有 19 人,分别是王寿昌(闽侯人)、魏易(浙江仁和人)、曾宗巩(长乐人)、毛文钟(江苏吴县人)、严培南和严璩(均为严复之子,侯官人)、廖琇琨(闽侯人)、胡朝梁(江西铅山人)、魏瀚(闽侯人)、陈家麟(直隶静海人)、王庆骥(闽侯人)、王庆通(闽侯人)、李世中(闽侯人)、陈器(闽侯人)、力树萱(永福人)、林骕(闽侯人)、林凯(闽侯人)、叶于沆(闽侯人)、蔡璐(浙江桐乡人)。但是,林纾古文娴熟,工于状物、叙事、抒情,人所莫言,言而莫尽者,都能言而尽之,有无微不达之妙,是以古文笔法译西洋小说的第一人。其译笔派宗桐城,典雅流畅,明快清爽,在译述爱情故事时,尤能以古雅悱恻缠绵的文笔,表达纯洁的爱情,文字优美动人,使原作更加生色。郭沫若在《我的童年》中说:《迦因小传》本来“在世界的文学史上,并没有甚么地位,但经林琴南的那种简洁的古文译出来,真是增了不少光彩”。①陈寒光在其著《林琴南》中说:林纾译作“词旨高妙,寓意深远,他的语意,若庄若谐,如讥似讽,用着朴茂、隽妙的文笔来传达悲凉、凄婉的情味”。这些评论比较准确地概括了林译小说的风格特色。但是,又因为林纾不懂外文,译书全靠别人口述,更无法对原著进行严格选择,故其翻译多受口译者之累,尤其在译文上删改、错讹,可訾议处极多,林纾自己也说:“鄙人不审西文,但能笔述,即有讹错,均出不知。”然而,无论如何,瑕不掩瑜,林纾在中国近代文学史上所占居的重要地位是毋庸置疑的,林译小说旨在“冀吾同胞警醒”,“有志之士,更当无忘国仇”,成为国人向西方寻找真理的一个组成部分。

如果说,在中西文化交流史上,严、林以译西书名世,那么,陈季同则以传汉学著称,是中国近代东学西渐第一人。

陈季同(1852—1905 年)字敬如(一作镜如),号三乘槎客,西文名字作 Tcheng Ki-tong,侯官人。陈季同“少孤露,读书,目数

---

① 郭沫若:《少年时代》,人民文学出版社 1979 年版,第 210—211 页。

行下"。① 同治六年（1867 年），陈季同作为首批学生考入福州船政局附设的求是堂艺局前学堂，习法语和船舶制造。在校期间，陈季同"历经甄别，皆冠其曹"，毕业后"拨充办公所翻译"。② 光绪元年（1875 年），因"西学最优"，被沈葆桢选中与魏瀚、陈兆翱、刘步蟾、林泰曾等一同随福州船政局前船政监督日意格赴英、法、德、奥等同游历，一年后回国。光绪三年（1877 年）清廷以候补道李凤苞为中国监督、日意格为洋监督、马建忠为随员，罗丰禄为翻译，率严复、萨镇冰、邓世昌等 30 名船政学员赴英法学习驾驶、造船技术，陈季同随同为文案，协助马建忠办理使团公务。抵欧后，陈季同与马建忠入巴黎政治学校（Ecole des Sciences Politiqus）师从富科·德·蒙戴翁（Foucant de Mondion）"专习交涉律例等事"，"兼习英德罗马拉丁各种文字"。③翌年，清廷以李凤苞为驻德公使，陈季同随同赴德，仍为文案，因"始终勤奋，办理有成"，积功由都司升游击赏加副将衔。光绪九年（1883 年）在李鸿章授意下，清廷擢升陈季同为驻德、法两国使馆军事参赞，升副将加总兵衔，刺探舆论军情。此后，一度代理驻法公使兼驻比利时、奥地利、丹麦、荷兰四国参赞，其办事能力为时人称颂，凡"朝廷属有交涉疑难事，皆饬使者委令办理，无不得当"，而船政局等购买船舰炮械，"亦皆由季同拆验而后运归"。④ 光绪十七年（1891 年）陈季同因涉嫌骗取法国某银行巨款案，被召回国，革职审讯。其弟寿彭、同乡罗丰禄、奥商伦道呵等人解囊相助，李鸿章亦怜其才，竭力为之开脱，此案了结。陈季同得以复官，但从此离开了清政府外交部，留在北洋办理洋务。光绪二十一年（1895 年）清政府因甲午战败，与日签订《马关条约》，割让台湾，署理台湾巡抚唐景崧电调陈季同以副将身份赴台协助筹划防台事务，倡言"立民主国之谋"。后以

---

① 陈衍：《福建通志》卷 39《列传八·陈季同传》。
② 同上。
③ 同上。
④ 同上。

事不为可，避居上海。光绪二十三年（1897 年）陈季同与其弟寿彭、好友洪述祖在上海创办《求是报》，自任"翻译主笔"，月出 3 册，"多译格致实学以及法律规则之书"，刊发论说，风行一时，成为维新思潮的一部分。该报先后刊登了陈季同翻译的《法兰西民主国立国律》（又作《拿布仑立国律》）、《拿破仑齐家律》、《法兰西报馆律》第 12 篇，是华人首次独立将《拿破仑法典》翻译成中文的尝试。据载：陈季同"尤精熟于法国政治并拿破仑律，虽其国之律学士号称老宿者莫能难"。甲午后他闲居上海，"西人有词狱，领事不能决，咸取质焉；为发一言或书数语与之，谳无不定。其精于西律之验如此，西人梯航之来吾国者，莫不交口称季同"。① 光绪二十六年（1900 年）义和团运动兴起，各国出兵，陈季同参与谋划"东南互保"甚力，提出"今为计，南方数省，建议中立，先免兵祸，隐以余力助北方，庶几有济"。② 嗣后，陈季同赴江宁主持南洋官报、翻译两局。光绪三十一年（1905 年）在南京因病辞世，卒年54 岁。

陈季同一生经历过各种重大的历史事件，然，其影响最大、成就最著者当是在中西文化交流方面，是译介中国文化到欧洲的第一人，是我国研究法国文学的第一人，是近代中国"译介法国文学的一位卓有成就的先驱者"。③ 其在欧洲的 15 年间（1877—1891 年），用娴熟流畅的法文译、著了大量作品，率先将中国文化介绍到欧洲，身体力行地向西方传播中国文化。其作品主要有：1884 年由巴黎卡尔曼（Calmann Levy）出版社出版的《中国人自画像》（*Les Chinois Peints par Eux-Memes*），其中选译了部分中国古典诗歌，如《诗经》部分篇章、唐诗部分作品等；1886 年巴黎出版的《中国戏剧》（*Le Theatre des Chinois*），"是迄今所见最早一部由中国人自己

---

① 陈衍：《福建通志》卷 39《列传八·陈季同传》。
② 同上。
③ 马祖毅：《中国翻译简史》，中国对外翻译出版公司 1984 年版，第 316 页。

撰写的译介祖国戏剧文化的专著"；① 1889 年巴黎卡尔曼出版社出版
的《中国故事集》（*Les Contes Chinois*），其中选译了《聊斋志异》
中 26 篇作品，"是最早的《聊斋志异》的法译本，也是近代第一部
由中国人自己以外文翻译出版的古典小说"；② 1890 年巴黎出版的
《中国人的快乐》（*Les Plaisirs en Chine*），较详细地介绍了中国人的
节日娱乐活动，期间还发表了《黄人的小说》（*Le Roman de L'.
Homme Jaune*）、《黄衣人戏剧》（*Le Homme de La Roke Jaune*）、《中
国人笔下的巴黎》（*Les Paris Peints par un Chinois*）、《吾国》（*Mon
Pays*）等，这些作品为他在巴黎文学界赢得了声誉，"西国文学之
士无不所服"。③ 尤值一提的是，陈季同从欧洲回国后的第 4 年，即
1895 年又撰写了《中国人在家中》（*Chih-Chin or The Chinaman at
home*）一书，在巴黎出版。同年，该书由英人谢纳德
（R. H. Sherard）译成英文，在伦敦出版。书中将许多独具特色的中
国民俗文化介绍给西人，其中就有清代福州地方文人盛行的折枝诗
会。陈季同对折枝诗（又称"诗钟"）的缘起及其在福州盛行的情
况作了详尽的描述，并选择了许多佳作，这不能不说是中西文化交
流史上的一段佳话。④ 毫无疑问，陈季同的译、著作，既是对法国
文学的贡献，也是对中华文化向外传播的一个贡献。

除上述三位闽都译界巨匠外，还有二人不能不被提及，这就是
陈寿彭、薛绍徽夫妇。

陈寿彭，字绎如，一作逸儒。光绪五年（1879 年）船政学堂毕
业，九年（1883 年）游学日本。十二年（1886 年）应船政出洋监
督（周懋琦）之聘充舌人（即翻译），游学英、法。十五年（1889
年）自外洋归，同年八月入秋闱，中副榜第八名。十九年（1893

① 张先清、刘映珏：《晚清译书家陈季同与陈寿彭》，载《福建史志》1997 年第 6
期。
② 同上。
③ 桑兵：《陈季同述论》，载《近代史研究》1999 年第 4 期。
④ 张先清、刘映珏：《晚清译书家陈季同与陈寿彭》，载《福建史志》1997 年第 6
期。

年）奉檄测永定河，整治河防。二十四年（1898 年）携眷入甬
（宁波），讲中、西学于储才学堂。二十八年（1902 年）中第三十
名举人。三十年（1904 年）在南京帮纂《官报》，三十三年（1907
年）任邮传部主事。①

　　陈寿彭一生译著繁多，今可考者有《中国江海险要图志》、《格
致正轨》、《格土星》、《英国十大学校说》、《八十日环游记》、《外
国列女传》等，在传播西学方面较其兄陈季同的贡献为大，如《格
土星》是英人登林所著一部集当时欧洲最新天文推测的成果，它的
翻译出版无疑对中国近代天文学的发展起到了一定的推动作用。又
如，《中国江海险要图志》（该书原名《中国海方向书》——*China
Sea directory*）系英国海军海图官局于 1894 年所辑，书中有关我国沿
江海的港湾、岛屿资料无不详备，是陈寿彭最重要的译著，至今仍
不失为一部对海防、航运、地理学颇具参考价值的书籍。②

　　薛绍徽（1866—1911 年）字秀玉，又字男姒，侯官人。绍徽
"生有异秉"，颖悟过人。5 岁入学，与兄、姊共笔墨，授以《女论
语》、《女孝经》、《女诫》、《女学》，皆能成诵，领悟旨趣。6 岁读
《四子书》、《毛诗》、《戴礼》，并以围棋、洞箫、昆曲授之。7 岁从
其母学画，兼习刺绣。8 岁读《左传》，兼及《纲鉴》，习五七言绝
句和骈文。绍徽 9 岁、12 岁时先后丧母、丧父，由是废学，以女红
自足。14 岁时，冒名参加其时闽中盛行的诗钟比赛，尝列上选，得
优彩，人咸异之。是年，陈寿彭由船政学堂毕业，闻是事察之确，
遣媒修辞。绍徽不答，后经其姊劝说，叔父们主其事，绍徽才"纳
聘"。成婚后，绍徽勤慎安贫，与寿彭相敬如宾。光绪二十三年
（1897 年）随夫迁居上海，先后游览宁波、南京、广州、香港，其
间，与寿彭合译《格致正轨》10 卷，《八十日环游记》4 卷。光绪

---

① 陈铿等编：《先妣年谱》，见林怡点校《薛绍徽集》"附录"，方志出版社 2003
年版。

② 张先清、刘映珏：《晚清译书家陈季同与陈寿彭》，载《福建史志》1997 年第 6
期。

二十八年（1902 年）返闽，绍徽作《课儿诗》20 首，《训女诗》10 首，校正《历代宫闱词综》，并选《清朝闺秀词综》10 卷补之。同时，辑译《外国烈女传》8 卷。除著有《女文苑列传》外，尚有随笔、杂记并诗话等若干卷，卒后辑为《黛韵楼遗集》、《诗集》4 卷，《词集》2 卷，《文集》2 卷。

从上以薛绍徽的生平事迹不难发现她是一位才女，她不仅是近代闽都乃至中国才女中的佼佼者，更是近代中国第一位女翻译家。她与其夫寿彭合译的法国科幻小说大师儒勒·凡尔纳（Jules Verne）的科幻小说《八十日环游记》（1900 年由经世文社刊行）是国人所翻译的第一部西洋科幻小说，也是凡尔纳作品的第一个中文译本，十分珍贵。她的诗词、骈文亦具颇高艺术价值，同时代才女中罕有与其匹比者。

第三节　闽都艺术

一　闽都戏曲

闽都戏曲渊源已古。唐五代时期，闽都地区就有歌舞百战的演出。其时，福州城南安泰桥一带已是"人烟绣错，舟楫云排，两岸酒市歌楼，箫管从柳阴榕叶中出"。[①] 闽侯亦出现"俳优百戏，煎沸道路，箫鼓喧阗，至于彻夜"之盛况。当时的百戏，是乐舞杂技表演的总称，秦汉时已经出现，称"角抵"，内容包括扛鼎、寻橦、吞刀、吐火等各种表演，南朝以后称"散乐"，唐宋颇为流行，所谓"歌舞百戏，鳞鳞相切，乐声嘈杂十余里"。元代以后内容更加丰富，多采用各种乐舞杂技的专名，百戏一词逐渐少用。

在唐代歌舞百戏的基础上，宋元杂剧已盛行于闽都民间和官家之中。据宋人梁克家记载，宋代闽都元宵节期间戏剧，俳优活动十分热闹场面壮观，"中架棚台，集俳优、娼妓、大合乐其上"，"太

---

① 《重纂福建通志》卷 29《津梁志·安泰楼》。

守以灯炬千百，群伎杂戏迎往一大刹中以览胜，州人士女却立跂望，排众争观以为乐。本州司理王子献诗："春灯绝胜百花芳，元夕纷华盛福唐。银烛烧空排丽景，鳌生耸处现祥光。管弦喧夜千秋岁，罗绮填街百和香。欲识使君行乐意，姑循前哲事祈禳。'又，司理方孝能诗："街头如画火山红，洒面生鳞锦障风。佳客醉醒春色里，新妆歌舞月明中。'"① 元代，闽都已出现了有稽可考的最早戏剧创作，即福州人陈以仁流寓杭州时作杂剧二种《十八骑误入长安》。

　　明代以后，昆山腔、② 弋阳腔③ 等先后入闽，闽都戏曲逐渐兴起，进一步推动了闽都戏剧的发展。终明之世，闽都戏曲创作十分活跃。史载，明末福州著名藏书家徐𤊹珍藏传奇、杂剧剧本就有140种。凡此，对闽都地方戏曲。

　　1. 闽剧

　　闽剧，俗称福州戏，清代亦称"榕腔"、"闽班"，是用福州方言演唱的一种地方戏，无论是剧团数量还是观众覆盖区域，闽剧均居福建五大剧种（余为莆仙戏、梨园戏、高甲戏、芗剧）之首。闽剧流行于福州城区，长乐、福清、闽侯、连江、平潭、永泰、罗源、闽清、古田、屏南、宁德、福安、周宁、霞浦，旁及三明、尤溪、南平、顺昌等福州方言区，闽南闽北部分地区也流行。鸦片战争后，福州人大规模移居台湾、南洋各地，闽剧也随移民的足迹流传到了华侨旅居地。

　　（1）闽剧的源头。

　　从渊源上看，闽剧历史悠久，迄今已有400多年的历史，它是在明末清中叶流行于福州方言区的"儒林班"、"江湖班"、"平讲

---

　　① 梁克家修纂：《三山志》卷40《土俗类二·岁时》"上元"条。
　　② 又称"昆腔"、"昆剧"、"昆曲"，是元末流行于昆山（今属江苏）一带民间南戏腔调。
　　③ 又称"弋腔"，元末形成于江西弋阳一带，与海盐腔（形成于浙江海盐）、余姚腔（形成于浙江余姚）、昆山腔并称为南戏四大声腔。

班"的基础上，汇合昆腔、弋腔、徽调（明末清初形成于徽州、池州、太平、安庆等地，又称徽剧、徽戏）、京班等唱腔艺术而形成的。1914—1916 年，徽班艺术王桂卿"熔各腔于一炉"，现代意义上的特色鲜明的，艺术蕴藏丰富的闽剧正式形成，其时名为"闽班"。1924 年，郑振铎将《紫玉钗》、《墦间祭》送商务印书馆印行，以"闽剧"代替"闽班"，"闽剧"之名由此始。

闽剧源头有三：儒林班、江湖班、平讲班。

儒林班是闽剧的源头之一。明万历年间，福州西郊洪塘乡人曹学佺因触犯魏忠贤阉党，三度谪迁，归隐故里，修筑石仓园，建楼榭，蓄童婢，养歌妓，办家班，据《福建通志》记载，当时曹府家班活动的情景是："娥绿粉黛，出入肩随，歌僮狎客，晨夕满座，自以为乐。一时仕宦及墨客诗人游闽者，无不倾倒。"周亮工《闽小记》亦载："能始家有石仓园，水木佳胜，宾友歙集，声技杂进，享诗酒谈燕乐，近世所罕见也。"他对当时流行的声腔甚为不满，时与同邑人陈鸣鹤、谢肇淛、徐𤊶等精通音律者创研新腔，认为："今之作文者，如人相见作揖，曲躬之际，阔别致谢、寒温都尽，及其执茶对坐，别无可说，不过再理前词，往往重复。又如俗人作曲，以一句为数句，以一字为数字，不死不活，希图延场，及其当唱之处，又草草读过而已。噫！此所谓时套也。……唱曲不如是，则无人击节赏音！"为此，他开始使用"头管"（又称"投管"）为主要伴奏乐器，让他的家班试唱他新创的新腔。这种声腔就是现在闽剧音乐中最重要的组成部分，即主体音乐"逗腔"。万历三十一年（1603 年）中秋，曹学佺邀请著名戏曲家屠隆、阮自华在乌山邻霄台观看其家班用福州方言演唱的节目，并即兴赋诗曰："明中悬为幔，华灯绕作屏，间阎有歌曲，醉里亦堪听！"翌年，曹府的"儒家班"参加洪塘乡金山寺普度演出，被称为"第一代儒林"。由于曹府的学班最初为儒林雅士所创办，起初也只在官宦人家演唱，因此被称为"儒家班"或"儒林班"，以别于平民百姓中流传的其他戏曲班社。

　　明正统十一二年（1646年）朱聿键兵败自杀，清兵逼近福州，曹学佺亦自杀殉国。从此，儒林班艺伎星散，一度沉寂。直至清乾隆十一年（1746年）曹氏殉国100周年，清高宗弘历追谥他为"忠节"，儒林班开始东山再起，但仍沿旧习，仅在仕宦府第和酬神社火之时受聘演唱，平民百姓很难看到。咸丰、同治年间（1851—1874年）洪塘乡人萧三善正式组成"儒林班"招收子弟，延师教授，并增添《紫玉钗》、《墙间祭》等剧目，吸收昆腔、弋腔等演唱艺术，重振儒林班。光绪初，福州退老侍郎林春丞组织"儒林班"，名为"梁文吟"，习唱逗腔。为标榜清雅高尚，只在官宦深宅大院内演唱，禁绝平民百姓观看。时有卢诗孙者，甚是气愤，遂组织了一个面向平民百姓的"儒林班"，名为"醉春园"，公开向社会招收子弟，对外公演，一时间，四方城乡凡有谢神祈福、婚庆寿诞纷纷前来聘请。"醉春园"的演员开始由原来的七人（俗称"七子班"、"七条椅"）发展到二十人，演出的剧目在原有剧目上又增加了徽班的《卖画》、《递柬》、《打面缸》等新戏，唱腔中也融入了徽调中的演唱风格。卢诗孙病逝后，"醉春园"便告停演。班中剧师高喜福继之组织"驾云天"儒林班，声名鹊起，营业兴盛，引得时人钦羡。于是，福州相继办起了"达云霄"、"赛月宫"、"庆仙园"、"仿桃园"、"乐琼仙"、"庆云天"、"正天然"、"青云天"、"乐云天"、"凤麟奇"、"谱云霄"、"仿霓裳"等，与"驾云天"一起号称"十三儒家班"，风靡福州城乡，儒林戏一时称盛。

　　江湖班为闽剧源头之二。其源于江西戏。顾名思义，是流动于民间的戏班。明朝末年，中原动乱，江西戏班艺人避乱入闽，他们从闽北向闽江下游长年累月走乡闯寨流动演出，故名"江湖班"。江湖班的组织非常简单，一般只有7—9人，没有固定的演出场所甚至于班名，通常以班中的主角为班名，如"阿花班"、"假刘班"等等。起初唱白"皆操土官话"，当地群众不易接受。为了生存、发展，江湖班就与当地艺人结合，形成了土官话与方言并用的"江湖调"，即由原来的民间俗曲糅合了闽南傀儡戏的"四美调"，并掺杂了徽调，行腔粗犷激越，伴奏则以弦乐加梆子，同时又保留了弋阳高腔的形式，尤受城镇山民和手工业者喜爱。演出剧目有本戏36本，俗称"七双、八赠、二十一杂"，即《双钉判》、《双状元》、《双玉杯》、《双金花》、《双封侯》、《双珠球》、《双救驾》；《赠宝塔》、《赠宝钗》、《赠宝镜》、《赠宝珠》、《赠宝刀》、《赠金球》、《赠三宝》、《赠宝扇》；《双登科》、《双重恩》、《三仇恨》、《三官堂》、《三结义》、《七封书》、《七国志》、《八宝带》、《玉宝带》、《玉麒麟》、《牙牌会》、《全家福》、《鸳鸯帕》、《花针记》、《金印会》、《卧龙岗》、《种葵花》、《潘关山》、《绵裙会》、《烂柯山》、《清风亭》。还有折戏72本，多由36本中抽出精彩的一段来演唱。

平讲班是闽剧源头之三，是明末清初，由福州方言区的闽北、闽东一带民间歌舞小戏发展而来，清道光年间（1821—1850年）流传到福州。所谓"平讲"就是以方言演唱的意思。其曲与白都是平平白白地说出来唱出来的。清人张际亮《南浦秋波录》记载："会城俗称福州方言为'平讲'，又曰'白话'。外郡县人多不知，异省人更无论焉，而诸姬又自有隐语，则虽会城人亦不知矣！"平讲班一开始是用"穿头戏"（傀儡戏）的剧本来演唱的，主要唱腔是"洋歌"（一作"飏歌"）和"小调"，是福州民歌糅合扬州秧腔梆子和小调而成的。原先演出的剧目有《和尚讨亲》、《红裙记》等，后来袭傀儡戏《破地狱》、《西游记》、《包公案》等，并移植了江湖班和徽班的剧目。戏班有"旧化梅"、"旧宝发"、"群乐天"、"大如意"，后来又有"新仕梅"、"新宝发"等。

清朝中叶以来，儒林班多在福州城乡仕宦的宅院里演出，平讲班、江湖班则活跃于福州民间。至光绪初年，儒林班开始打破旧例，开始走上高台面向社会献艺，平讲班、江湖班也纷纷聘请儒林班师傅，教习逗腔，取之所长，三类班社无论是表演、音乐、唱腔等艺术技巧，还是剧目都出现相互渗透、相互融合的趋势，使原有的艺术形式得以发展和丰富，各班社的表演技艺和水平也得到提高，三类班社的界限消失了，三者渐趋一体，于是"前三合响"的闽班随之出现。这是闽剧艺术形成的重要阶段，它把婉约典雅的"逗腔"、粗犷激越的"江湖"、通俗流畅的"洋歌"和"小调"糅合在一起，为发展成为统一的艺术整体——闽剧奠定了基础，"逗腔"、"江湖"、"洋歌"、"小调"遂成为闽剧的主要唱腔。

辛亥革命后，满清王朝寿终正寝，原来深受八旗世家青睐的徽班、京班也因为失去支持纷纷解体、渐趋没落。为谋生计，一部分徽班、京班艺人转入到"闽班"中来，于是闽剧从表演剧目到表演程式上又不同程度受到徽班、京班影响，闽剧的发展进入"后三响"（亦称"四合响"）时期，即儒林、平讲、江湖融合徽调的唱腔为一体，出现了一大批享有盛誉的班社，即"三乐"（旧赛乐、新赛乐、三赛乐）、"一旗（奇）"（善传奇）、"二头羊（然）"（赛天然、庆乐然），所有这些班社均称"闽班"，涌现了郑奕奏、曾元官、薛良藩、马秋藩等"四大名旦"以及武生陈春轩、关传赓，武丑余道奇等一批红极一时的表演艺术家。郑奕奏甚至享有"闽剧泰斗"、"福建梅兰芳"之美誉。1914—1916年徽班艺人成立了汇合儒林、江湖两种唱法的平讲班，打开了"熔各腔于一炉"的局面。至此，一种以儒林班逗腔为主体，综合江湖、洋歌、小调和昆曲、唠唠（福州人对徽班、京班等外来的非福州方言戏班的称谓）等多声腔的剧种——闽剧诞生了。1924年上海商务印书馆将《紫玉钗》等剧本标以"闽剧剧本"正式出版，闽剧之名自此始。

（2）闽剧的唱腔[①]。

如前所述，闽剧是多声腔剧种，其唱腔主要由逗腔、江湖、洋歌、小调、唠唠等组成，并杂以昆曲、徽调。"逗腔"是曹学佺依

----

① 参见徐鹤苹《闽剧的渊源和艺术特点》，载福建省炎黄文化研究会、中共福州市委宣传部编《闽都文化研究》（下），海峡文艺出版社 2006 年版，第 657—666 页。

据福州方言音韵、声调规律创制的新腔，因曹学佺后来上吊殉国，又有称"吊腔"者。伴奏乐器以主胡（类似京二胡）、笛子为主，并加上逗管。逗腔内容丰富，曲词古雅，曲调声腔清婉而凄切。它是一唱而众和，或以打击乐配合音乐过门来替代帮腔（掏岭），极适合表演王侯将相才子佳人的戏，代表剧目有《紫玉钗》、《女运骸》、《孟姜女》等。洋歌是以本地民歌、吟诗调等民间音乐为基础，融合部分"明清俗曲"衍化而成，伴奏乐器以主胡、三弦、月琴为主，与福州方言有着密切关系，其旋律流畅如话，适宜叙述、对唱，亦可描景抒情。代表剧目有《苏百万讨亲》、《拣茶记》、《白扇记》等。"江湖"、"小调"多为清光绪前由外地传入福州，"江湖"旋律简朴，可变性大，在落音不变的前提下，可按照唱词的语音声调而行腔，节奏自由，说唱性甚强，歌唱性较逊色。伴奏乐器主要用弦乐，间用大唢呐。"江湖"高亢粗犷，激情的场面紧拉慢唱，最能体现其风格，代表剧目有《开封府》、《白罗衫》等。唠唠是指外来腔调，多是光绪后吸收昆、京、徽等兄弟剧种的，在其曲体、板式等不变的前提下，旋律因方言的声调而逐渐闽剧化，和原来的曲调有所变异。

闽剧中最常见的，也是最具特色的伴奏乐器是逗管、椰胡、双清、月琴四种。逗管系唐代"觱篥"的遗存，以细竹管为身，大小如高音笛，音孔如唢呐，以芦竹管为嘴，状如唢呐叫子。演奏为直吹，发出"噗噗"声，音色阴涩而凄厉。原是"十欢（十番）"乐器，在闽剧中主要用于逗腔伴奏，故名。椰胡以大椰子壳为筒，梧桐板为面，紫檀木为杆，黄杨木为轴，纸卷为马，是从"十欢"中吸收过来的一种胡琴，发出"嗡嗡"声，共鸣甚好，音域同中胡，音色柔和甜润，能调和吹、拉、弹各种乐器的音色。双清构造似中阮，杆比中阮稍长，共鸣箱比中阮略小，因而其音量和共鸣性均不及中阮，然其音色清脆柔和，与二胡、三弦、椰胡等乐器共同伴奏洋歌，颇为动听。月琴构造与普通月琴无异，唯共鸣箱略大，故音调稍低，音质较粗，奏法亦独具一格，有"闽剧月琴"之称。①

（3）闽剧剧目与文化交流。

中华人民共和国成立后，闽剧进入了一个繁荣发展时期，现有20多个专业剧团，150余个业余团体、1500多个剧目。② 1952年，闽剧最有名的传统剧目《紫玉钗》进京参加首届全国戏曲观摩演出大会，获一、二等演员奖。1954年闽剧《炼印》等参加华东地区首届戏曲观摩演出大会，获剧本奖、导演奖、演员奖、乐师奖，次年，该剧还被上海天马电影制版厂拍制成戏曲影片，向全国发行。1959年10月，闽剧《六离门》、《夫人城》等进京参加国庆十周年献礼演出。著名的闽剧表演艺术家，李铭玉、郭西珠、林超山、林务夏等都曾获得过演员一等奖。20世纪80年代以后，闽剧进入了新的发展时期，新创作的剧本层出不穷，出现了《洪武鞭侯》、《林则徐充军》、《天鹅宴》、《丹青魂》、《魂断燕山》等一批题材新、立意深的佳作，其中，《魂断燕山》、《天鹅宴》、《丹青魂》分别获第三、五、六届全国优秀剧本创作奖，《天鹅宴》、《丹青魂》，还荣获文化部首届文华大奖、文华剧作奖、文华表演奖。2000年，《画龙记》获第八届中共中央宣传部"五个一工程奖"，同年，《兰花赋》获第九届中国戏剧节剧本奖。1984年以来，闽剧表演团体还应邀先后赴新加坡、马来西亚、印度尼西亚、日本、法国等国和中国香港、中国台湾、马祖地区演出，对广大闽剧在海内外的影响，对加强中外文华交流以及大陆与港澳台地区的文化交流作出了积极贡献。

除闽剧外，福州地方戏剧中还有串头戏、词明戏深受福州百姓喜爱。串头戏，又名穿头戏、杖头戏或象头戏，也称儒林景戏，均为福州百姓对傀儡戏、木偶戏的俗称。词明戏则是流行于长乐、福清、平潭一带的地方小戏，系明末清初弋阳腔流行福清、长乐等地

---

① 福州对外文化交流协会、台湾《罗星塔》月刊社合编：《福州乡土文化汇编》，福州晚报社印刷1990年版，第253—256页。

② 邹自振主编：《闽剧史话》，海峡文艺出版社2008年版，第6页。

后与当地"白字"曲调结合发展而成。初时高腔不用管弦伴奏，强调唱明台词，故称"词明"。在音乐曲调上形成用官话演唱的"水调"、"阔调"、"北调"和用方言演唱的"白字"。剧目有《薛仁贵征东》、《许仙借伞》等。①

除上述戏剧外，福州还有两种风格独具的地方曲艺——评话和伬唱。

2. 评话

福州评话是一种以说白为主、杂有唱词的一门综合性说书艺术，流行于福州城区、郊区和长乐、福清、闽侯、连江、平潭、永泰、闽清诸县（市）以及宁德、南平地区的部分县市。随着福州移民的足迹，福州评话亦流播到中国台湾、香港、澳门和东南亚等华侨旅居地。关于福州评话的历史沿革，史籍记载甚少。传说明末著名艺人柳敬亭的几个徒弟辅佐南明隆武帝朱聿键入闽，同时授徒传业，逐步发展成为今天的福州评话，因此，福州评话界奉柳敬亭为祖师。《七星白纸马》是目前所见最早的传统福州方言评话刻本，系乾隆年间刻成，表明福州评话迟至在清初已经开始流行。道光年间，福州评话有所发展，出现了阮红枣等一批评话专业艺人，技艺亦日臻成熟。清末民初，福州评话进入繁盛期，人才辈出，流派纷呈，有善说君臣书者徐炳铨（艺名"双门犬"），善说侠义书者阮庆庆（后洲庆）、徐天定，善说家庭书（亦为才子佳人书）者黄菊亭（科题）、徐天生、林细弟、筱细俤，长于把电影改编成现代书目者赖德森（绣和尚）。迨及20世纪30年代，福州评话从业人员近300人。艺术上以陈春生、黄天天、黄仲梅（科题仔）"三杰"为代表，在脚本结构、吟唱腔、笑料安排（做花）、表情动作、扮底艺术（口头再创作）等方面都有新的改革。② 中华人民共和国成立后，福州评话有了新的发展，1960年，福州市曲艺团成立。此后，涌现了

---

① 福州市地方志编纂委员会：《福州市志》第7册"文化篇·戏剧"，方志出版社1999年版，第333页。

② 同上书，第3篇"文化篇·曲艺"，第357页。

一批评话艺术人才，著名者有陈长枝、吴乐天、苏宝福、叶神童、黄益清、毛钦铭、唐彰文以及80年代成长的林木林、陈如燕、王秋怡、魏惠珍等。评话本除传承全国性的演义说部，如《封神榜演义》、《水浒》、《三斩薛仁贵》等，还有颇具地方特色的评话本，如《林则徐公案》系列，《贻顺哥烛蒂》、《桐油煮粉干》等，不少评话本和演员获得全国性大奖。八九十年代，福州市曲艺团先后应邀访问新加坡、中国香港、中国台湾等地，扩大了福州评话在海内外的影响。

从艺术形式上看，福州评话属于我国评话中的一支，但风格独具。主要表现在三个方面：

其一，表演形式独特。全国各地的评书从北方评书到四川评书，从苏（州）扬（州）评话到云南评话，都是一说到底，而福州评话除了说表，还穿插吟诵，夹说夹吟，形成序头（吟诵调）——正话（说表与吟诵交叉进行）——结台吟（吟诵调）的模式。史载，福州评话中的这种表演形式，承袭了唐代的俗讲和宋代的诗赞系说话的传统模式。

其二，道具独特。福州评话除了醒木（以硬木制成，用以押座，渲染气氛，并起分段落作用）、折扇（起扩大手势、帮助表情的作用）之外，还加上铙钹作为乐器。福州评话所用铙钹，较地方戏曲和民间音乐中的大、小铜钹而言，其中心水泡形较小，叶片较宽较薄，音质清脆悠扬，在福州评话中有敲钹、逗钹两种打法。

其三，演出场所除了在书场和串乡走里，还高台应聘。每逢民俗节日、红白喜庆，城乡听众便到评话馆点人、点书，指定日期、地点，订请评话先生临街搭台，与邻同乐。

福州评话以其独特的艺术魅力成为中国评话这座大花园中的一朵奇葩，被誉为闽都文化中的一块"人文活化石"。

3. 伬艺

福州伬艺，原名伬唱，是一种用福州方言以唱为主的说唱艺术，明末清初流行于福州城乡及古田、屏南各县的福州方言区，抗日战争期间随着福州人避乱大量流徙闽北，伬艺也扩展到南平、建瓯等地。有些艺人的足迹甚至遍及中国台湾、中国香港地区以及新加坡、马来西亚、印度尼西亚、缅甸等东南亚国家的福州人聚居地，伬艺亦随之流传到这些地区。

福州伬艺是由民间卖唱艺人搜集散曲、小令、山歌、小调传唱艺文和民间故事以酬应堂会，或装扮陆地行舟、打钱剑、踩高跷、台阁、肩头驮、莲花落等百戏杂耍，以参加社火活动等演唱形式演化而来。有史料表明，福州伬艺源于唐末百戏。明代末年以后，伬艺已开始萌芽，已经出现了专唱"逗腔"的"儒林伬"，并有"洞中春"、"景国风"等伬社；专唱江湖腔的"江湖伬"，有"白雪春"、"五凤吟"等伬社；清咸丰、同治年间又出现了"老虎伬"和"十欢（番）伬"，分别有"步广寒"、"鹤鸣皋"伬社；光绪中期，"洋歌伬"盛行，有"达云霄"、"贺云天"、"寒月宫"、"雅乐天"、"同乐轩"等伬社。清末民初，儒林伬、江湖伬、洋歌伬"三伬合一"而成"平讲伬"，同时融合了逗腔、江湖、洋歌、小调四大声腔的曲目，成为伬艺之主流。平讲伬的著名伬社有："游月宫（女班）"、"步蟾宫"、"胜三乐"、"筱龙凤"、"小小龙凤"、"林依银"、"郑桢记"等。抗日战争后期至中华人民共和国成立，伬艺从业人员达 300 多人。中华人民共和国成立后，伬艺艺术的发展几经波折，1952 年伬艺艺人一度改演闽剧，伬艺艺术面临灭绝的危险。后来，在著名艺人陈润春、郑世基、牟金凤、黄连官等人的努力下，对旧的艺术形式和行艺方式进行改革，伬艺艺术重新焕发艺术青春，为听众所接受。1960 年，有 30 多名艺人被挑选进入福州市曲艺团，伬艺遂成为该团与福州评话并肩的两大曲种之一。20 世纪末，福州共有 6 个伬艺演出队 40 多人，还有几十位民间艺人。①

中华人民共和国成立以前未见专业伬艺作者的记载，伬艺的曲

---

① 陈竹曦：《福州伬艺》，载福建炎黄文化研究会、中共福州市委宣传部编《闽都文化研究》（下），海峡文艺出版社 2006 年版，第 698 页。

本或来自艺人采辑民间传说,将生活小故事编成唱段,自编自演;或系文人业余创作;或搬演闽剧散曲,套曲。代表的曲目主要有《紫玉钗》、《女运骸》、《灵芝草》、《开封府》、《珍珠塔》、《墦间祭》、《和尚讨亲》、《红裙记》、《思凡》、《钱顺姐》、《白扇记》等。中华人民共和国成立后,有关部门开始组织作者编写唱词,小调等。1960年福州市曲艺团成立设立创作组,涌现了一大批题材新颖的紧扣时代主题的曲本,如:《歌唱鹰厦路》、《思归》等,有些曲目还分别获得国家、省、市的创作奖。

由于伬艺在声腔、曲目与闽剧大体相同,演员亦有相互交流或一人双栖者,所以,有人便认为伬艺即为闽剧清唱,其实不然。伬艺最突出的特色是以唱为主,即民间俗称"唱伬",无论单档、双档、三档演员均自弹自唱,且独有不同于闽剧的曲牌如《采莲歌》、《贺年歌》、《螃蟹歌》、《数落》、《无锡景》等,比闽剧更口语化,生活化。

20世纪80年代以后,伬艺表演艺术家多次应邀赴海外演出,如1985年7月18日至8月19日,应美籍华人刘文善邀请,伬艺名家陈润春等人随同"中国福州评话伬艺团"到美国纽约、华盛顿、旧金山访问演出,其中有伬艺曲目《招姐做新妇》、《闹衙庙告》、《紫玉钗》等,颇受好评,《纽约日报》称"其将在中美艺术文化交流史上,写下崭新的一页"。

二　工艺美术

闽都工艺美术源远流长,技艺精湛,品种繁多,特色独具,素有"三山艺巧,四海独绝"之称。

从文化发生学意义上说,"艺术起源与人类起源同步"。距今5000年左右的新石器时代昙石山文化遗址所代表的印纹陶几何形纹样是为闽都工艺美术之发端。其后的黄土仑文化遗址中出土的陶器是闽都青铜时代工艺美术的代表,其工艺水平有明显进步。两晋南北朝时期,中原汉人入闽带来了先进的工艺技术,闽都雕刻、刺绣、剪纸等工艺有所发展。两晋福州出土的墓葬中已出现了寿山石雕——卧猪。唐代，随着佛教的传入，供寺庙用的寿山石创制的佛像、香炉、念珠等雕刻产品已屡见不鲜，较著名的有福州乌石山南坡石壁上三佛并列的雕刻，面部丰腴，衣褶线条流动，有唐风；还有福州市郊林浦村的瑞迹寺（今已毁）有一尊刻在大岩石上的浮雕佛像，均能体现当时闽都工艺美术的水平。而福州乌塔底层的守门将军石雕则是五代时期闽都雕刻的代表作。唐以后，福州花灯活动盛行，居全国十大城市之列，"冰灯"、"国画灯"的制作技艺已是炉火纯青，南后街的灯市，一时气象非凡。两宋时期，闽都宗教造像十分兴盛，风格承唐之余绪，福清海口瑞岩山上的弥勒造像、福州开元寺的阿弥陀佛铁像、福州城门乡龙瑞寺内的 2 座千佛陶塔（现存鼓山涌泉寺前）塔身上的近千个莲花座佛像以及长乐三峰塔塔身的 50 个罗汉浮雕等均为当时雕刻杰作。不仅如此，宋代寿山石雕刻艺术，漆器的制胎、髹饰、镶嵌技艺，雨伞、角梳、绣品、制花、玉雕和首饰镶嵌等工艺已形成一定规模。元明之际，寿山石被列为贡品，被宫廷秘藏。明清以后，闽都工艺美术异彩纷呈，成就辉煌绚烂，清乾隆年间创制的脱胎漆器被列入国宝珍藏。光绪三十三年（1907 年）清政府在福州水部创立了福建省工艺传习所，设漆器、竹器、木雕、编织等科，工艺美术事业的发展后继有人，技艺水平日臻成熟。民国 22 年（1933 年）脱胎漆器、角梳、雨伞参加美国万国博览会同获应届奖牌，被誉为闽都手工艺"三宝"，闽都工艺美术一时称盛，从业人员达 2 万多人。抗日战争时期闽都工艺美术陷于困境，艺人生活无着，纷纷转业改行。中华人民共和国成立后，闽都工艺美术在政府扶持下重获新生。20 世纪 80 年代进入迅速发展时期，技艺人员激增。至 1994 年从业人员有数万人，名家高手荟萃，工艺美术产品种类繁多，艺术精品迭出，产品大部分出口，远销东南亚、欧、美等 70 多个国家和地区，成为宣传中国文化艺术和对外开放的重要窗口，为福州的改革开放和旅游业的发展作出了积极贡献。

1. 漆器工艺

漆器工艺是指以天然大漆为主要涂料制作各种产品的工艺。我国的漆器工艺品制作已有 2000 多年的历史。闽都漆器是以麻布、木料、兽皮、竹子、陶瓷、合成材料等为坯胎，经过上漆灰、打磨、髹漆、研磨、纹饰等数十道工序制作而成的，各类漆器工艺品中尤以脱胎漆器著称。其与北京的景泰蓝、江西景德镇的瓷器，同誉为中国传统工艺美术"三宝"。赵朴初曾为之赋诗云："深切作造化，妙手现光华，夹纻传千载，榕城第一家。"

福州脱胎漆器历史悠久，福州北郊新店盘石浮仓山掘出的南宁夹纻和木胎漆器，是福州地区迄今发展最早的漆器文物。闽都漆器自成风格与福州髹漆艺人沈绍安的贡献分不开。沈绍安（1767—1835 年）少年时代聪明好学，成年后，不仅精于漆艺，更精于泥塑，在福州杨桥路双抛桥附近开设了"沈绍安老铺"出售沈家制造的漆筷、漆碗、神像、祭器等。相传，沈绍安在清乾隆年间在修理匾额时，见其表层髹漆已经斑驳不堪，而用夏布（麻布）褙背的底坯去依旧牢固、坚实，他由此开始钻研自宋以来已经失传的"夹纻胎"技法。他请人塑造几尊泥神像，外用很细的夏布或丝绸涂上生漆逐层裱在泥像上，入阴房干固后，再从底部打一个小孔泡入水中，泥像溶化后，余下的布胎质地坚固，轻巧异常，造型清晰，故名"脱胎"。①沈绍安被称为"脱胎漆器"的鼻祖。脱胎漆器初期制作茶箱、烟箱、妆奁、首饰盒、提盒、观音佛像等，由于价格昂贵，销售对象仅限于达官贵人。鸦片战争后，福州被辟为五品通商口岸之一，脱胎漆器外销日益增加，并出现模仿西方的产品，如烟具、酒具、咖啡壶、花瓶等。

沈氏后裔珍惜祖艺，代有传人，使沈绍安的脱胎漆器更臻进步。光绪年间，沈家第五代沈正镐、沈正恂兄弟以泥金、泥银加入

---

① 福州市地方志编纂委员会编：《福州市志》第 3 册，第 11 篇"文化篇·工艺美术"，方志出版社 1999 年版，第 977 页。

漆料，使漆器表面灿烂耀眼。光绪二十四年（1898年），沈正镐选送《莲花盘》、《茶叶箱》脱胎漆器参加法国巴黎国际博览会获头等金牌奖。光绪三十一年（1905年）闽浙总督许应骙以沈家兄弟所制脱胎漆器进贡慈禧太后，深得西太后赏识，御赐一等商勋、四等顶戴官衔，并鼓励出口，脱胎漆器在国际上声名大振。1898—1937年，福州脱胎漆器先后300多次参加国际展览，在巴拿马、芝加哥、伦敦、柏林、巴黎、东京等各国举行的国际博览会上屡获头等金牌奖和各种奖项。

中华人民共和国成立后，福州著名漆器艺人李芝卿精心钻研漆器颜色的装饰技法，有许多革新和发明，最突出的是"台花"、"赤宝砂"等装饰手法。他制作的古铜色《毛泽东浮雕像》在1951年江西省国货展览会上获一等奖。1959年李芝卿、林廷群联合制作的3米高的《毛泽东全身像》成为历史上最高大的脱胎漆器艺术品，成为当时的一个创举。20世纪80年代以后，福州脱胎漆器精品迭出，如福州第二脱胎漆器厂为香港宝莲寺创制的脱胎漆器佛像《四大天王》，高2.8米，采用印锦、薄料、金银等装饰手法，显得威武庄严，打破福州脱胎漆器制作佛像的历史纪录。又，为日本制作高3.1米的《力士金刚》再创塑像高度的历史纪录。陈端钿等历时2年制作的一对高3米的《紫退雕填青牡丹花闪光大花瓶》、王维韫的《荷叶瓶》、《九狮鼎》等作品陈列于北京人民大会堂福建厅。《仿西汉雕填纹瓶》、《大孔雀纹嵌钻瓶》列为国家珍品收藏，还有不少作品为中国工艺美术馆收藏。

福州脱胎漆器是脱胎技艺同髹漆艺术相结合的产物，制作工艺复杂，每件成品都要经过数十道甚至上百道工序。其造型别致，有薄、轻、巧、精的特色。郭沫若先生谓福州脱胎漆器"举之一羽轻，视之九鼎兀"。其色彩明丽和谐，早期的色彩多以黑色为底色，再髹饰富丽堂皇的颜色，符合达官贵人的审美取向。而现在漆器颜色趋向明快，富有变化，产品也更具艺术魅力。

除脱胎漆器外，闽都的木胎漆器、皮胎漆器、合成胎漆器等漆器工艺也颇富地方特色，不少产品销往国内外市场，以其独特的艺术风格和丰富的文化内涵备受青睐。

2. 雕刻工艺

闽都雕刻工艺主要有石雕、木雕、玉雕、贝雕、竹雕、象牙雕、根雕、砚雕等，其中尤以寿山石雕最著名，其与脱胎漆器、软木画并誉，为福州特种工艺品之"三宝"。其雕刻的主要材料叶蜡石产于福州市北郊红寮乡寿山村，俗称寿山石，以之雕刻而成的工艺美术品即称寿山石雕。

寿山石质地脂润，色彩瑰丽，晶莹剔透，品种繁多。以其天然色泽和花纹而言，有 100 多种；以其产地而言，主要有田坑、水坑、山坑三大类。田坑石又称田石，是埋藏于水田底的块状独石，因极稀少且石质最佳而成为名贵珍品。按颜色来分，田石又可分为田黄、田红、田黑等品种，以田黄最珍贵，可与翠玉相媲美，素称"石中之王"，价逾黄金。其质韧而坚，色黄如枇杷，尤为奇特的是用田黄雕刻的印章可以解冻。清乾隆太上皇石印，就是用田黄雕刻而成的。水坑石产于溪涧水洞之中，滋润雅洁，明泽如脂。山坑石埋藏在岩层夹缝之中，产量较多，品种丰富，以高山石、芙蓉石、旗降石等为名贵石品。

寿山石雕历史悠久，如前述，早在南朝寿山石雕即已问世。唐宋时期，寿山石雕刻技术逐渐成熟，元明时期，以寿山石刻制印章十分盛行，寿山石开始名扬四海，其雕刻技法有了很大的变革与发展，出现高浮雕技法且注重磨光技术。明嘉靖年间（1522—1566年）已经创设了闻名国内外的"青芝田"图章店。清代是寿山石雕的昌盛时期，一是雕刻的品种多，有印章、文具、人物、动物、花果、山水风景、花瓶等；二是雕刻的技法高，出现了阴刻和链条技法；三是雕刻的名家多，并形成不同流派，康熙年间（1662—1722年）的杨玉璇、周尚均，同光年间（1862—1908年）的潘玉茂、林谦培以及玉茂的从弟玉进、玉泉，林谦培的学生林元珠的当时均有盛名，并形成了"西门"和"东门"两个流派。西门流派以玉进、玉泉为代表，以刻制各种印章为主；东门流派以元珠为代表，雕刻题材涉及人物、动物，花鸟圆雕等。近代以后，寿山石雕技法有较大改进，林清卿的"薄意"雕刻艺术堪为独树一帜。鸦片战争以后，寿山石雕在圆雕摆件方面有较大发展。当时，经营寿山石雕、印章的商店以总督后（省府路）最为集中。中华人民共和国成立后，寿山石雕业得到扶持与发展，林寿的《鹅燕薄意笔筒》在1954年参加苏联举办的中国工艺美术展览会上获得一致好评，被莫斯科普希金造型艺术博物馆收藏。1956年，陈敬祥以镂空技法雕刻的《求偶鸡》，是寿山石镂空雕技法的大突破，其题材新颖，意趣盎然，具有深厚的艺术气息。1958年，福州工艺石雕厂成立，从业人员增多。至20世纪90年代，福州地区从事寿山石雕的技艺人员有1000多人，其中有60多人分别获得工艺美术师以上职称和名艺人、专家、大师等荣誉称号。① 有不少的作品被国家各部门收藏，如冯久和于1972年创作的《花果累累》被国家轻工业部收藏；1975年福州雕刻厂创作的《长征组雕》（共7件作品）被中国人民革命军事博物馆收藏；1979年福州雕刻厂创作的《红色闽西组雕》（共7件作品），以浮雕、薄意相结合的技法，凸显了作品的艺术效果，被福建省博物馆收藏。此外，还有不少作品分别荣获福建省优质产品奖、中国工艺美术品百花奖银杯奖、首届北京国际博览会金奖、国家轻工业部优质产品奖。除寿山石雕外，闽都雕刻工艺中的各种木雕以软木画最负盛名。

福州软木画创始于民国初期，系福州独特的工艺美术品之一，亦是中国乃至世界独树一帜的艺术佳品。

软木画是以轻软、富有弹性的佟皮栎树的木栓层为材料用薄利快刀做笔，精雕巧镂，并根据画面设计粘贴而成的工艺品。

软木画的创始人是福建工艺传习所木雕技师陈春润、郑立溪、

---

① 福州市地方志编纂委员会：《福州市志》第3册，第11篇"工艺美术·雕刻工艺"，方志出版社1999年版，第988页。

吴启棋等人，而陈春润、郑立溪以雕刻房屋图案著称，吴启棋以雕刻人物、动物、景物、建筑物等名世。民国五年（1916 年），郑立溪在福州总督后创办"郑立溪木画店"，后来吴启棋也回到家乡福州北部西园村带徒授艺，培养了同村的雕刻艺人陈锟、陈庭朗、陈庄、吴学金等，西园村遂享有"木画之村"的称誉。经过雕刻艺人们不断钻研、改进，软木画的雕刻及表演技法不断丰富，风格日趋成熟，从小型纸板贺卡到平面薄雕挂框再到浮雕半立体挂框，最后到立体木画、巨型装饰木画，汇集了艺人们丰富的想象力和创造性，作品的艺术效果更加突出。目前，福州软木画有 300 多种规格，500 多个花色品种。[①]《榕塔牌》、《仙景牌》、《松鹤牌》软木画分别获中国工艺美术品百花奖金杯奖、银杯奖和国家轻工业部优质品牌。《福州西湖》、《泉州东西塔》、《武夷春色》、《鹭岛风光》等 10 多件作品先后选送陈列北京人民大会堂福建厅。木画产品行销全国各地及中国香港、中国澳门、东南亚、欧美等 30 多个国家和地区。

除上述漆器工艺和雕刻工艺外，闽都工艺美术产品还有美术陶瓷、美术玩具、竹草编织、金银首饰、人造花果、绢画刺绣以及灯彩、角梳、雨伞、乐器等上千个品种。其中，角梳和雨伞在民国二十二年（1933 年）与脱胎漆器一起参加美国万国博览会同获应届奖牌。

福州角梳是以天然水牛角、黄牛角、绵羊角为原料经过加工制成，用于梳理头发的手工艺品。距今至少有 700 多年的历史。1976年福州北郊发掘的南宋黄昇墓出土的文物中即有黑色半圆形角梳 6支，是为明证。福州角梳的制作工艺颇为讲究，大体有锯角、凿坯、打坯、划坯、剧坯、剔齿、磨光、彩绘等 20 多道工序，其特点是美观耐用，齿纯光润，梳发流畅，解痒而不痛，去污而不沾，具有护发益肤、祛风镇痒之保健功效，既是生活实用品，又是艺术欣

---

① 福州市地方编纂志委员会：《福州市志》第 3 册，第 11 篇"工艺美术·雕刻工艺"，方志出版社 1999 年版，第 999 页。

赏品，深得民众喜爱。20 世纪 80 年代以来，福州角梳已有 150 多个品种，产品畅销国内外。

福州纸伞历史悠久，早在晚唐中原移民将制伞技艺传入福州。清朝中叶，福州已经有了"三山伞行"、"三山伞骨行"帮会组织。鸦片战争以后，福州纸伞制作工艺有所改进，创制出各类绸伞、花纸伞，十分雅致，形质兼优。20 世纪 80 年代以来，福州纸伞的品种多达 120 多种，用途不断扩大，既是人民日常生活用品，又是精巧的工艺品。福州纸伞具有轻巧、美观、坚实、耐用的特点，深受国内外用户的欢迎。产品远销香港、意大利、美国等十多个国家和地区。

总之，闽都工艺美术因其独特的地方特色而成为中国工艺美术大家庭中的一朵奇葩，是闽都文化重要的组成部分。

第四节　闽都方志

一　闽都方志历史沿革

闽都编史修志历史悠久。据载，东晋孝武帝司马曜太元十九年（394 年），丹阳秣陵（今江苏南京）人陶夔任晋安郡太守，"闻晋太康既置郡一百十三年"，久无图志，遂探访耆宿，搜罗旧闻，亲自核实，于次年撰成《闽中记》，是为闽都乃至闽省第一部志书。

隋唐时期，我国确立起了方志官修为主、私修为辅的制度，开皇十三年（593 年）五月癸亥"诏人间有撰集国史、臧否人物者，皆令禁绝"。① 大业（605—616 年）中，又"普诏天下诸郡，条其风俗物产地图，上于尚书"。这二项诏令成为我国官修志书之始，并为以后历代统治者所承袭。及至唐代，统治者对方志的编修更趋于规范化管理，规定"职方郎中，员外郎各一人，掌地图、

---

① 《隋书》卷 2《文帝纪二》。

城隍、镇戍、烽候、坊人道路之远近及四夷归化之事。凡图经，非州县增废，五年乃修，岁与版籍偕上。凡蕃客至，鸿胪讯其国山川、风土，为图奏之，副上于职方。殊俗入朝者，图其客状、衣服以闻"。① 可见，唐代主要盛行图经编纂。五代因之。迄今为止，闽都境域尚未见有关于图经编修的记载。然，唐宣宗大中五年（851年）闽县人林谞修了第二部《闽中记》。两部《闽中记》均已散佚无存。

宋统一全国后，颇重地方志的编纂，视之为"佐治之具"，多次颁布诏令征集图经，规定："凡土地所产，风俗所尚，具古今兴废之因，州为之籍，遇闰岁造图以进，"② 并于宋徽宗大观元年（1107年）创置九域图志局，"命州郡编纂图经"。北宋中叶以后，方志编纂体例初步形成，内容也有所扩充，在原来以山川地理为主要内容的基础上，增加了人文历史等内容，艺文志、人物志在志书中占据重要地位。有宋一代，闽都方志主要有宋仁宗庆历三年（1043年）郡人林世程所撰《重修闽中记》、宋哲宗元祐三年（1088年）长乐人林通所撰《图经》、南宋孝宗淳熙九年（1182年）晋江人梁克家修纂的《三山志》等，今仅存的《三山志》，是闽都乃至福建现存最早最完整的一部志书，在全国亦享有盛名。此外，宋代还出现了县级志书的修纂。南宋宁宗嘉定八年（1215年）知连江县豫章陶武撰《连江志》10卷，福清人林亦之、黄谔编修2部《玉融志》。《连江志》已逸，内容和体例无考。《玉融志》成为明嘉靖十三年（1534年）林有年纂修的《福清县志》之蓝本。

元代，地方志编纂进入定型化、规范化、完备化阶段。闽都此期主要的方志有元泰定帝致和元年（1328年）编纂的《三山续志》以及县志《闽县记》、《怀安县旧记》等，这些志书均已逸，无考。

---

① 《新唐书》卷46《百官志一》"兵部"条。
② 《宋史》卷163《职官志三》"兵部·职方郎中员外郎"条。

明代统治者亦重修志，仅明太祖洪武年间（1368—1398 年）就
3 次修志，这在中国历史上也是极为罕见的。为推动方志的编修，
明成祖永乐年间（1403—1424 年）先后两次颁降修志凡例，对志书
体例、内容、时限、要求以及注意事项均作了明确规定，成为中国
方志史上第一个由中央政府明令颁布的修志纲领。①《福建通志·修
纂沿革史》云："宋代方志之作既盛，及明乃蔚成风气，几于无府
无县无志乘之修纂"。终明之世，闽都编修方志有 14 种，其中仅
《福州府志》就编修了 4 次，即分别为正德十五年（1520 年）、万
历七年（1579 年）、万历三十年（1602 年）、万历四十一年（1613
年），统治者于编史修志之重视程度可见一斑。而各县志、风物志、
乡土史料的编纂更可谓气象万千（见表 6—1 至表—3）。

表 6—1 　　　　　　　　　 明代闽都方志一览表②

书名	册卷数	修纂时间	修纂者	版本	现存单位
福州府志	40	正德十五年（1520 年）	叶溥主修 张孟敬、林庭 棉编纂		福建师范大学 图书馆
福州府志	36	万历七年（1579 年）	潘颐龙修 林燫纂	刊本	福建师范大学 图书馆
福州府志	24	万历三十年（1602 年）	袁表修纂	抄本	南京国学馆
福州府志	76	万历四十一年（1613 年）	喻政主修，林烃、谢肇淛纂	刊本	福建省图书馆、福建师范大学图书馆
福清县志	10	嘉靖十三年（1534 年）			
长乐县志	8	弘治十六年（1503 年）	刘则和、潘援纂	刊本	
长乐县志		万历二年（1574 年）			已佚
长乐县志	11	崇祯十四年（1641 年）	夏允彝修纂	刊本	
罗源县志	10	正德元年（1506 年）	徐珪主修		
罗源县志	4	嘉靖二十四年（1545 年）	高相纂自《罗州志》		

---

① 张天禄：《福州方志史略》，海风出版社 2007 年版，第 42 页。
② 福州市地方志编纂委员会：《福州市志》第 7 册，第 3 篇 "文化·史志"，方志
出版社 1999 年版。

续表

书名	册卷数	修纂时间	修纂者	版本	现存单位
罗源县志	8	万历四十年（1612 年）	陈良谏复修		
罗源县志	32	崇祯十六年（1643 年）	章简纂		
闽清县志		万历年间 （1573—1619 年）			已佚
永福县志	6	万历四十年（1612 年）	唐学仁修 谢肇淛纂	抄本	

表 6—2　　　　　　　　**明代风物志一览表**①

书名	卷数	册数	修纂时间	修纂者	版本	现存单位
方广岩志	4	1	万历年间 （1573—1619 年）	谢肇淛	光绪十年版本	福建省图书馆
雪峰志	10	4	万历年间 （1573—1619 年）	徐𤊹	乾隆十九年刊本	福建省图书馆
鼓山志	12	1	崇祯年间 （1628—1644 年）	元贤	崇祯刊本	福建省图书馆
黄檗山志	8		崇祯十年 （1637 年）	隐元禅师		
瑞岩山志			万历年间 （1573—1619 年）	欧应昌		

表 6—3　　　　　　　　**明代福州乡土史料**②

书名	册（卷）数	修纂时间	编者	版本	现存单位	附注
闽都记	（33）	万历四十年 （1612 年）	侯官· 王应山	道光十一年 刻本	福建省图书馆	地方史典籍
闽大记	（55）	万历年间 （1573—1619 年）	侯官· 王应山	万历十年 刻本	福建省图书馆	记述山川、风 俗、建置、吏 治、世家等
榕阴新检	（16）	明	闽县· 徐𤊹	1960 年传 抄本	福建省图书馆	记述福州府 遗事
闽部疏	1	明	王世懋	传抄本	福建省图书馆	明代地理历 史杂记
东越文苑	（6）	明	侯官· 陈鸣鹤	道光抄本	福建省图书馆	记述唐神龙 至明万历闽 中文人行实

———————

　　①　福州市地方志编纂委员会：《福州市志》第 7 册，第 3 篇 "文化·史志"，方志出版社 1999 年版。

　　②　同上。

清朝闽都方志、史料编修空前繁荣，无论是成书数量之多，还是覆盖区域之广，均远超前代。据统计，清代编修《福州府志》1 部，全书 76 卷，32 门，108 余万字。另编有县志 13 部，风物志、乡土史料 57 种，尤其是乡土史料涉及范围广泛，内容丰富，在清末学制改革后，不少乡土史料被作为教科书（见表 6—4 至表 6—6）。

光绪二十八年（1902 年）制定《钦定学堂章程》，全国各地（包括府、州、县）各级学堂纷纷兴办。光绪三十一年（1905 年）又颁布了《乡土志例目》，奏定学堂章程所列初等小学堂学科，于历史则讲乡土之大端、故事，及本地古先名人之事实；于地理则讲乡土之道里、建置，及本地先贤之祠庙遗迹等类；于格致则讲乡土之动物、植物、矿物。凡关于日用必需者，使知其作用及名称。盖以幼稚之知识，遽求高深之理想，势必凿枘难入。唯乡土之事为耳所习闻，目所常见，虽街谈巷论，一山一水，一木一石，平时供儿童之嬉戏者，一经指点，皆成学问。其引人入胜之法，无逾此者。当必由府、厅、州、县，各撰乡土志，然后可以授课。海内甚广，守令至多，言人人殊，虑或庞杂。用是拟撰例目为程序，共十五门：历史（包括本境何代何年置，未置本境以前，既置本境之后）；政绩录（包括兴利，去害，诉讼）；兵事录（包括有在本境者，有涉及本境者）；耆旧录（包括事业、学问）；人类（包括有何民族）；户口（包括各民族的户数，男丁、女口数目）；氏族（本境有何大姓）；宗教（包括喇嘛教的黄教、红教、回教、天主教、耶稣教等）；实业（包括士、农、工、商）；地理（包括沿革、古迹、祠庙、坊表、桥梁、市镇、学堂）；山；水；道路；物产（包括动物、植物、矿物）；商务。

表6—4　　　　　　　　　　**清代闽都方志一览表①**

书名	册(卷)数	修纂时间	修纂者	版本	现存单位
福州府志	76	乾隆十九年（1754年）	徐景熹修，鲁曾煜纂		福建省图书馆，福建师范大学图书馆
福清县志	12	康熙十一年（1672年）	李传甲修，郭文祥纂		
福清县志		乾隆十二年（1747年）	饶安鼎、邵应龙修，林昂、李修卿纂	刻本	
长乐县志	8	康熙二十六年（1687年）	孙蕙修，孙元体纂	刊本	
长乐县志	10	乾隆二十八年（1763年）	贺世骏修，沈成国纂	刊本	
长乐县志	20	同治八年（1869年）	彭光藻、王家驹修，杨希闵、陈瓒纂		
闽县、侯官合志		乾隆年间（1736—1795年）		抄本	已佚
连江县志	13	乾隆五年（1740年）	戚夔言修，孙发曾纂	刊本	
连江县志	13	嘉庆十年（1805年）	李棻修，章朝栻纂	刻本	
罗源县志	30	康熙六十一年（1722年）	王楠修，林乔藩纂		
新修罗源县志		道光九年（1829年）	卢风琴修，林春溥总纂	刊刻	
闽清县志	10	乾隆七年（1742年）	姚循义纂修	刊本，现存抄本	
永泰县志	10	乾隆十四年（1749年）	陈焱修，俞荔纂	刊本	
永泰县志	4	道光八年（1828年）	林光棣修，苏信德、刘兴纂	民国六年刊本	

①　福州市地方志编纂委员会：《福州市志》第7册，第3篇"文化·史志"，方志出版社1999年版。

表6—5　　　　　　清代闽都风物小志一览表（共16部）①

书名	卷数	册数	修纂朝代年份	修纂者	版本	现存单位
鼓山志	14	6	康熙年间	黄任	乾隆二十三年刊本	福建省图书馆
道山纪略	4	2	康熙年间	肖震	康熙十一年刊本	福建省图书馆
海口特志		1	康熙年间	林以采	抄本	福建师范大学图书馆
西湖志	6	4	乾隆年间	姚循义	乾隆十六年刊本	福建省图书馆
长庆寺志	6	2	嘉庆年间	沈涵	嘉庆刊本	福建省图书馆
乌石山志	9	8	道光年间	郭柏苍	光绪续修本	福建省图书馆
洪塘小志		1	道光年间	不详	民国16年杨遂刊本	福建省图书馆
梅花志	5		道光年间		抄本	福建省图书馆
关源乡志		1	道光年间		抄本	郑丽生
九峰志		1	同治年间	魏杰	同治六年刊本	福建省图书馆
螺洲志	4	2	同治年间	百花洲渔	抄本	福建省图书馆
尚干乡土志		1	光绪年间	不详	光绪铅印本	福建省图书馆
侯官乡土志	8		光绪二十二年	郑祖庚	铅印本	福建省图书馆
闽县乡土志	8		光绪三十二年	郑祖庚	铅印本	福建省图书馆
平潭乡土志略		1	光绪年间	宋廷模	光绪二十三年铅印本	福建师范大学图书馆
黄檗山万福寺志	8	2	清	隆琦	民国22年铅印本	福建省图书馆

---

① 福州市地方志编纂委员会：《福州市志》第7册，第3篇"文化·史志"，方志出版社1999年版。

表6—6　　清代闽都乡土史料一览表（共41部）①

书名	册数（卷）	修纂朝代年份	作者（编者）	出版单位	现存单位	附注
道山纪略	2	顺治年间	侯官·萧震	康熙十一年本	福建省图书馆	杂著
闽小记	（4）	康熙年间	周亮工	上海古籍出版社	福建省图书馆	记闽中人文、风物
甲寅遗事	1	康熙年间	不详	手抄本	福建省图书馆	记康熙十三年耿精忠反清事件
榕城纪闻	1	康熙年间	海外山人	抄本一册	福建省图书馆	记崇祯十三年至康熙三年福州大事
闽琐记	1	乾隆年间	彭光斗	抄本	福建省图书馆	福州风物杂著
闽中摭闻	1	乾隆年间	陈云程	乾隆五十三年本	福建省图书馆	胜迹、人物、轶事等杂著
福州驻防志	（16）	乾隆年间	满洲·新柱等	乾隆八年刊本	福建省图书馆	记清代福州地方水陆布防、军事斗争等
金薯传习录	1	乾隆年间	闽县·陈世元	乾隆三十三年本	福建省图书馆	杂记金薯栽种之法
枣窗拾慧	（10）	嘉庆年间	侯官·冯缙	传抄本	福建省图书馆	记榕城风光、人物轶事、海滨外史
闽中录	（8）	嘉庆年间	郑杰	民国28年抄本	福建省图书馆	记述闽中历代沿革、乡邦掌故
闽中沿革表	（5）	嘉庆年间	王捷南	道光十九年本	福建省图书馆	地理、历史杂著
榕园全集	（31）	嘉庆年间	侯官·李彦章	道光二十年刊本	福建省图书馆	杂著
樵阮笔记	（6）	道光年间	福州·王廷俊	抄本	福建省图书馆	辑录读书所得及见闻
归田琐记	（8）	道光年间	长乐·梁章钜	道光二十五年本	福建省图书馆	记乡邦遗事
农候杂占	（4）	道光年间	长乐·梁章钜	1956年中华书局	福建师大图书馆	
闽杂记	1	道光年间	施鸿宝	福建人民出版社	福建省图书馆	记述闽中人文、风物

① 福州市地方志编纂委员会：《福州市志》第7册，第3篇“文化·史志”，方志出版社1999年版。

续表

书名	册数（卷）	修纂朝代年份	作者（编者）	出版单位	现存单位	附注
榕城考古略	（3）	道光年间	林枫	1958年抄本	福州文管会	记福州山川城池、坊巷旧迹
鳌峰书院纪略	1	道光年间	吴鉴定	道光十八年刊本	福建师大图书馆	
福州团练纪事	1	道光年间	惠安·陈金城	道光二十三年本	福建师大图书馆	
陈若霖履历		道光年间	陈若霖	道光陈氏抄本	福建省图书馆	
榕城景物录	（4）	道光年间	侯官·陈学夔	道光抄本	福建省图书馆	
榕郡名胜辑要	（3）	道光年间	王紫华	道光七年抄本	福建省图书馆	
冠悔堂杂录	（15）	咸丰年间	侯官·杨浚	杨氏抄本	北京大学图书馆	杂记
竹间十日话	（6）	光绪年间	侯官·郭柏苍	抄本	福建省图书馆	记福州人文、风物
闽会水利故	1	光绪年间	侯官·郭柏苍	光绪九年本	福建省图书馆	记述福州水利情况
赌棋山庄所著书	（33）	光绪年间	长乐·谢章铤	光绪十年本	福建省图书馆	史料杂著
闽中乌石山石刻	1	光绪年间	侯官·郭柏苍	1963年传抄本	福建师大图书馆	记乌石山宋、元、明三代石刻
福州惟善社征信录	1	宣统年间	惟善社编	宣统三年本	福建省图书馆	
福州府中学一览	1	宣统年间	福州府中学编	宣统二年本	福建省图书馆	
福州小学研究会章程	1	宣统年间	福州小学研究会	宣统二年本	福建省图书馆	
榕城要纂	1	清	林春溥	手抄本	福建省图书馆	福州历史、地理杂著
福州船政成绩概略	1	清	福州船政局	1981年复印本	福建省图书馆	记述船政建设各项说明书
沧趣楼文存	2	清	闽县·陈宝琛		福建省图书馆	各类寿序、墓志铭
蓝水书塾笔记	1	清	闽县·何则贤	抄本	福建省图书馆	记福州文人遗闻轶事
福州说报社章程	1	清	福州说报社	宣统排印本	福建省图书馆	

续表

书名	册数（卷）	修纂朝代年份	作者（编者）	出版单位	现存单位	附注
津门客话（陈景亮）	1	清	光泽·何秋涛	民国六年福建修志局印本	福建省图书馆	记陈景亮生平宦迹
榕城岁时记	1	清	闽县·戴成芬	抄本	福建师大图书馆	
闽中金石志	（14）	清	冯登府			全书福州地区资料占80%～90%
福州英领事混争天安寺纪实	1	清	闽南救火会	排印本	福建省图书馆	
林文忠公（则徐）传略	1	清	李元度		福建省图书馆	
闽侯城议事会规则	1	清	闽侯县议事会	油印本	福建省图书馆	

民国时期，闽都建市较迟，加之战争连绵，所编修的主要是县志 7 部、风物志和乡土史料 20 种（见表 6—7 至表 6—9）。

表 6—7　　　　　　　　　　民国闽都县志一览表①

书名	册（卷）数	修纂时间	修纂者	版本	现存单位
长乐县志	30	民国七年（1918）	孟昭涵修、李驹纂	民国七年铅印	
闽侯县志	106	民国十九年（1930 年）	欧阳英修、陈衍纂	民国二十二年刊本	
平潭县志	34	民国	黄履思修、林春澜、吴定琪纂	民国十二年铅印本	
连江县志	34	民国十六年（1927 年）	曹刚修、邱景雍纂		福建省图书馆
罗源县志		民国三十二年（1943 年）	王令总纂	抄本	
闽清县志	8	民国十年（1921 年）	杨宗彩修、刘训瑺纂	排印本	
永泰县志	12	民国九年（1920 年）	金章主修、董秉清修、汪绍沂纂	民国十一年铅印本	

---

① 福州市地方志编纂委员会：《福州市志》第 7 册，第 3 篇"文化·史志"，方志出版社 1999 年版。

表 6—8　　　　　　　　　　　民国闽都风物小志一览表①

书名	卷数	册数	修纂年代	修纂者	版本	现存单位
西禅小记	6		民国三十年	西禅寺僧证亮	民国三十年刊本	福建省图书馆
鼓山揽胜集	8	1	民国	郭白阳	民国二十四年本	福建省图书馆
鼓山艺文志诗补		2	民国	萨嘉榘	抄本	福建省图书馆
西湖志	24	12	民国	何振岱	民国五年铅印本	福建省图书馆
西湖宛在堂志稿	2	1	民国	修志局	民国六年	福建省图书馆
新西湖		1	民国	郑拔驾	民国十八年	福建省图书馆
三山志	10	1	民国	蔡人奇	民国三十七年铅印本	福建省图书馆
闽江金山志	12	3	民国	林其蓉	民国二十六年铅印本	福建省图书馆
青芝小志		1	民国	林焕章	油印本	福建省图书馆
泉山沿革纪略		1	民国	施景琛	民国 11 年铅印本	福建省图书馆
琴江志	9		民国	黄曾成	民国 11 年铅印本	福建师大图书馆
永泰乡土志		1	民国	永福两等学堂	油印本	上海
海口续志		1	民国 19 年	林宜恒	抄本	福建师大图书馆

表 6—9　　　　　　　　　　　民国闽都乡土史料一览表②

书名	册数（卷）	修纂朝代年份	作者（编者）	出版单位	现在单位	附注
福州考	1	昭和 12 年	日本·野上英一	昭和 12 年本	福建省图书馆	记福州沿革、疆域、胜迹、习俗等
福州要览	1	民国三十六年	严灵锋	福州市政府统计室编印	福建省图书馆	记福州沿革、地理、气象、人口、名胜

----

①　福州市地方志编纂委员会：《福州市志》第 7 册，第 3 篇 "文化·史志"，方志出版社 1999 年版。

②　同上。

续表

书名	册数（卷）	修纂朝代年份	作者（编者）	出版单位	现在单位	附注
竹间续话	1	民国	郭白阳	抄本	福建省图书馆	记福州人文、风物
寿山石谱	（4）	民国二十一年	龚纶	福州龚氏铅印本	福建师大图书馆	
福州便览	1	民国	郑宗楷	民国22年铅印本	福建省图书馆	记福州交通、团体、财贸、实业、胜迹
寿山石考	1	民国二十三年	张俊勋	雅荷堂铅印本	福建省图书馆	
寿山印石小志	（2）	民国二十六年	陈子奋	陈氏铅印本	福建师大图书馆	

　　中华人民共和国成立后，国家第一代领导人十分重视地方史志的编修工作，倡导各地编纂地方史、志。中共十一届三中全会后，闽都史志的编修工作进入了一个新的阶段。1979 年 8 月福州市政协文史资料工作组编修的《福州地方志》（简编），是福州乃至福建省在新中国成立后的第一部地方志书。1985 年全国人大通过的第七个五年计划，把编纂地方志列为其中的一个项目，并恢复成立了中国地方志指导小组，对各地修志工作进行政策、业务方面的指导。1985 年 4 月，福州市地方志编纂委员会正式成立，并开始编纂《福州市志》。[①] 随后，福州所辖 5 区、2 市、6 县也相继成立了地方志编纂委员会，开始各县（市）区志的编修。与此同时，福州市方志委成立了旧志整理工作小组，开始整理、点校旧志，截至 2005 年，已陆续整理出版旧志 14 种（不包括八县旧志整理）。此外，福州市直部门志、专业志、乡镇村志、乡土史料编纂亦十分活跃，截至 2005 年 12 月，仅部门志就出版了 94 部，[②] 乡土史料多达 50 种。1996 年，又开始了全市范围内的年鉴编纂工作，成绩斐然，仅 10

---

　　① 该志共 8 册，78 个分篇，近 1135 万字，历 14 年之久，于 1998 年 12 月开始陆续由方志出版社出版。这是继清乾隆《福州府志》刊刻以后的 240 多年来第一部正式出版的福州市志。具有内容丰富、资料翔实、体例完备、特色鲜明等特点。

　　② 张天禄：《福州方志史略》，海风出版社 2007 年版，第 206 页。

年时间，就出版了各类年鉴 20 多部，2004 年的《福州年鉴》获中国首届地方志年鉴编纂特等奖，被授予中国年鉴资源全文数据库核心年鉴（见表 6—10 至表 6—13）。

表 6—10　　　　　1978—2007 年闽都方志编纂出版一览表

书名	卷数（册）	字数（万）	出版时间	出版社
福州市志	上、下册	37.9	1979 年	内部发行（福州市政协）
福州市志	8 册	约 1135	1998—2001 年	方志出版社
永泰县志	36 卷	140	1992 年	新华出版社
闽清县志①	36 卷	120	1993 年	群众出版社
福清市志	39 卷	180	1994 年	厦门大学出版社
罗源县志	30 卷	180	1998 年	方志出版社
平潭县志	36 卷	119	2000 年	方志出版社
连江县志		225	2000 年	方志出版社
长乐市志	40 卷	160	2001 年	方志出版社
闽侯县志		184	2001 年	方志出版社
仓山区志		86	1994 年	福建教育出版社
台江区志		140	1997 年	方志出版社
市郊区志		134	1999 年	福建教育出版社
鼓楼区志		231	2001 年	方志出版社
马尾区志		226	2002 年	方志出版社

表 6—11　　　　　2000—2005 年福州市方志委旧志整理书目②

编纂年代	修纂者	书名	卷数	字数（万）	出版时间	出版单位
宋	梁克家	三山志	42	54.6	2000 年	海风出版社
明	王应山	闽都记	33	22.7	2001 年	海风出版社

---

① 该志获全国地方志书二等奖。
② 张天禄：《福州方志史略》，海风出版社 2007 年版，第 222 页。

续表

编纂年代	修纂者	书名	卷数	字数（万）	出版时间	出版单位
明（正德）	叶溥	福州（上、下册）	40	88.9	2001 年	海风出版社
明（万历）	喻政	福州府志（上、下册）	76	146	2001 年	海风出版社
清（乾隆）	徐景熹	福州府志（上、中、下册）	76	160	2001 年	海风出版社
清	郑祖庚	闽县乡土志	26	21	2001 年	海风出版社
清	郑祖庚	侯官乡土志	23	16	2001 年	海风出版社
清	郭柏苍	乌石山志	10	31.3	2001 年	海风出版社
清	林枫	榕城考古略	3	8.9	2001 年	海风出版社
清	郭柏苍	竹间十日话	6	7.1	2001 年	海风出版社
民国	郭白阳	竹间续话	4	8.5	2001 年	海风出版社
民国	何振岱	西湖志	25	49.7	2001 年	海风出版社
民国	福州方志委点校	鼓山艺文志		49.1	2001 年	海风出版社
民国	福州方志委点校	鼓山志	14	33.8	2006 年	海风出版社

表 6—12　　　　1957—2005 年福州市乡土史料编纂一览表

书名	册数（卷）	修纂朝代年份	作者（编者）	出版单位	现存单位	附注
方声洞、林觉民传	1	1957 年	乐莒军	近代中国杂志社（台湾）		
林森传	1	1960 年	朱西宁	近代中国杂志社（台湾）		
寿山石雕	1	1958 年	福建省手工业局	福建人民出版社		
福州文史资料	5	1961—1962 年	福州市政协	油印本	福建省图书馆	文史杂记、回忆录
福州文史资料选辑	13	1981—1994 年	福州市政协	内部发行	福建省图书馆	文史杂记、回忆录
鼓山风光	1	1979 年	鼓山涌泉寺编	涌泉寺印行		专记鼓山风光

书名	册数（卷）	修纂朝代年份	作者（编者）	出版单位	现存单位	附注
长乐六平山志	1	1982年	张善贵	铅印本	福建省图书馆	
长乐晦翁岩志	1	1982年	张善贵	铅印本	福建省图书馆	
长乐六里志	1	1964年	李永选	油印本	福建师大图书馆	
林阳备乘	1		郑丽生	稿本	林阳寺	
上街风土志	1		林其美	油印本		
福州英烈	7	1984—1993年	福州党史资料征集研究会	内部发行	福建省图书馆	记述中共烈士业绩
中法战争史学术讨论会论文集	1	1984年	福建社科院历史研究所	内部发行		记马江战役史实
东南名城福州	1	1985年	黄启权等	海洋出版社		记福州地理、历史、风景名胜
马尾风光	1	1985年	陈道章	内部发行		
福州脱胎漆器	1	1985年	福建省手工业局	福建人民出版社		
福建船政局史稿	1	1986年	林庆元	福建人民出版社		记清同治五年至民国38年福建船政局史实
纪念林则徐诞辰二百周年文章选集	1	1986年	福州市地方志编委会编	内刊发行		收入论文27篇
西禅古寺	1	1987年	梵辉大师	福建人民出版社		记福州西禅寺风光
中国游（福州专辑）	1	1987年	福州旅行社	香港威煌广告有限公司		收入50帧彩照，介绍福州风光
福州船政局	1	1987年	沈传经	福建人民出版社		
福州历史人物	8	1988—1994年	中共福州市委宣传部等编	内刊发行		收入352人生平事迹
福清纪略	1	1988年		福建人民出版社		

书名	册数（卷）	修纂朝代年份	作者（编者）	出版单位	现存单位	附注
福州经济年鉴	7	1988—1994年	《福州经济年鉴》编辑部	中国统计出版社	福建省图书馆	
沧桑巨变话福州	1	1989年	中共福州市委办公厅编	海洋出版社	福建省图书馆	
陈绍宽与中国近代海军	1	1989年	陈书麟	海洋出版社		记陈绍宽生平事迹
福州四十年	1	1989年	黄启权	华艺出版社		
林则徐论考	1	1989年	杨国桢	福建人民出版社		
福州乡土文化汇编	1	1990年	黄启权等	台湾《罗星塔》月刊社	福建省图书馆	专记福州乡土文化
严复研究资料	1	1990年	牛仰山、孙鸿宽	海峡文艺出版社		
百年沉浮——林纾研究综述	1	1990年	林薇	天津教育出版社		
福州侨联四十年	1	1991年	福州归国华侨联合会编	内部发行		彩照300张
马尾史话	2	1991年	陈道章			
救国、启蒙、启示（严复传）	1	1992年	苏中立	东北师范大学出版社		记严复一生事迹
黄乃裳传	1	1992年	詹冠群	福建人民出版社		记黄乃裳生平事迹
平潭县八十年大事记	1	1992年	平潭县县志编委会编	华艺出版社		
福州投资实务指南	1	1992年	习近平等	香港经济导报社		
八闽旗山志	1	1993年	《八闽旗山志》编委会编	内部出版		记旗山风景名胜
福州文坛回忆录	1	1993年	徐君藩、黑尼等编	海潮摄影艺术出版社		收入回忆文章82篇
中日甲午海战中方伯谦问题研讨集	1	1993年	林伟功、黄国盛编	知识出版社		全书50万字、收入论文36篇
福建船政局史事纪要编年	1	1993年	郑剑顺	厦门大学出版社		记述清同治五年至宣统二年事
陈靖姑文化研究	1	1993年	福州市民间文学家协会	内刊发行		全书16万字、收入论文29篇

书名	册数（卷）	修纂朝代年份	作者（编者）	出版单位	现存单位	附注
侯德榜	1	1993 年	李祉川	福建科技出版社		
福州百科全书	1	1994 年	中共福州市委等 3 个单位编	中国大百科全书出版社		全书 170 万字、收入条目 4200 个
福州革命史大事记	1	1994 年	中共福州市委党史研究室编	海风出版社		记述民国 8～38 年福州革命斗争事
陈绍宽文集	1	1994 年	高晓星	海潮出版社		收入论文、讲演词 180 余篇
严复诞辰一百四十周年纪念活动专辑	1	1994 年	纪念活动筹备组编	内刊发行		收入论文 43 篇、发言 7 篇、34 万字
榕树下	1	1994 年	方炳桂等	《福州月刊》社出版		全书 16 万字、记述福州乡土
福建文博（福州专辑）	1	1994 年	陈龙、王振镛	福建省博物馆		全书 10 万字、收入各类文章 16 篇
福州名刹	1	1994 年	陈丹丰	地质出版社		全书 8 万字、记述福州各古刹风光

表 6—13　　1984—2007 年福州市方志委编纂专业志一览表

书名	卷数	字数（万）	出版时间	出版单位
福州马尾港图志	8	25	1984	福建省地图出版社
福州方言志		20.1	2001	海风出版社
福州市名产志		31.4	2004	海风出版社
福州市地名志		48	2004	海潮摄影出版社
福州市历史文化名城名镇名村志		43.7	2004	海潮摄影出版社
福州市畲族志		50	2005	海潮摄影出版社
冰心志		40	2005	海风出版社
福州寿山石志		42.6	2005	海潮摄影出版社
福州姓氏志		96	2005	海潮摄影出版社
郑振铎志		30	2006	海潮摄影出版社
福州名人志		81.7	2007	海潮摄影出版社
昙石山文化志		12	2007	海潮摄影出版社
福州三坊七巷志		60	2007	海潮摄影出版社

除上述史、志的编修外，福州市的中共党史工作在党的十一届三中全会以后也开创了新的局面。各项党史专题研究不断深入，各类党史资料、党史专著、党史人物传记等如雨后春笋般层出不穷，成果卓著，成为闽都史志资料的重要组成部分。限于篇幅，兹不赘述。

二　主要方志简介

1. 宋淳熙《三山志》

《三山志》是福州乃至福建至今尚存旧方志中最早、最完整的一部郡志，成书于南宋孝宗淳熙九年（1182年）五月。因福州别称"三山"，① 故名。又因福州于唐天宝年间（742—755年）一度名为长乐郡（府），故《宋史·艺文志》、《直斋书录解题》、《舆地纪胜》、《遂初堂书目》等书中均称《三山志》为《长乐志》。

《三山志》系梁克家主修，州同判陈傅良参与编纂。梁克家（1128—1187年），字叔子，泉州晋江人。"幼聪敏绝人，书过目成诵"，宋高宗绍兴三十年（1160年）廷试第一，授平江签判，历秘书省正字、著作佐郎。累迁中书舍人。孝宗乾道五年（1169年）拜端明学士、签书枢密院事。六年进参知政事，七年又兼知院事，八年拜右丞相兼枢密使，在议金朝使臣朝见授书礼仪时与孝宗意见不合，遂求去，以观文殿大学士知建宁府。淳熙八年（1181年）起知福州，在镇有治绩。翌年，拜右丞相封仪国公。十三年（1186年）命以内祠兼侍读。十四年卒，手书遗奏，上为之垂涕，赠少师，谥文靖。其"为文浑厚明白，自成一家，辞命尤温雅，多行于史"。②

《三山志》原书40卷，共九大类：地理、公廨、版籍、财赋、兵防、秩官、人物、寺观、土俗，每类之下又分若干细目。今本为42卷，清人钱大昕认为"其第三十一、三十二两卷《进士题名》

---

① 曾巩《道山亭记》云："城中凡有三山，东曰九仙，西曰闽山，北曰越山，故郡有三山之名。"

② 《宋史》卷384《梁克家传》。

乃淳祐（1241—1252 年）中福州教授朱貔孙续入，考目录本附于第三十之后，但云'第三十一中'，'第三十一下'，未尝辄更旧《志》卷第。后人析为四十二者，又非朱貔孙之旧矣。《志》成书于淳熙九年五月，而《知府题名》增至嘉定十五年（1222 年），它卷间有阑入淳祐中事者，皆后人随时搀入也"。①

《三山志》记载的内容主要是宋代福州府所辖十二县（闽县、侯官、怀安、长乐、福清、永福、闽清、古田、长溪、宁德、罗源、连江）的自然、社会、人文等方面的情况。其编纂方法采取以纲统目，以目归类的纲目体例。如地理类，列有叙州、叙县、子城、罗城、夹城、外城、城涂、子城坊巷、罗夹城坊巷、内外城壕（桥梁附）、驿铺、江潮、海道等 13 项，土俗类列有土贡、戒谕、谣谶、岁时、物产等 5 项，其中物产又分谷、货、丝麻、果实、菜瓜、花、药、木、竹、草、藤、畜扰、兽、禽族、水族、虫等 16 种，每一类务使纲举目张，周纳无遗，突出重点，明晰层次，标志着宋代方志编纂体例渐臻成熟、完备，可谓"自成志乘之一体"。当然，《三山志》编纂体例亦有不足之处，朱彝尊《曝书亭集》中《三山志跋》认为"议其附《山川》于《寺观》，未免失伦。今观其《人物》，惟收科第；《土俗》时出谣谶，亦皆于未安也"。② 然，朱氏又称"其所纪十国之事，多有史籍所遗者，亦足资考证。视后来何乔远《闽书》之类，门目猥杂，徒溷耳目者，其相去远矣"。沈祖弁《跋抱山堂抄本〈三山志〉》亦云："十国遗事，唐宋官制多赖此书而传，固不仅视为乡邦文献也。"可见，《三山志》之史实翔实，是为其一大特色。梁克家《三山志》自序亦云：该志"上穷千载建创之始，中阅累朝因革之由，而益之以今日之所闻见。厥类惟九，靡不论载。岂惟使四方知是邦于是为盛，抑向古者有考焉。"尤可贵者，梁氏还成功地创造了详近略远的范例，尽量以全国性的

① 《潜研堂文集》卷 29《三山志跋》。
② 转引自《四库全书总目提要》卷 68。

典籍补地方史料之不足，于《叙州》中勾勒出福州各州县之沿革，从而保证了福州唐以前历史主线不断。由《三山志》始，其后闽都志书编纂都具有连续性。同时他还力求史料完备周详，自官府档案至私人文集、民间口碑均广为搜集，诚如其《三山志》自序所言："讨寻断简，授据公牍，采诸长老所传，得诸里间所记。"此外，《三山志》文风质朴亦堪称其一大特色。朱彝尊云："其《志》主于纪录掌故，而不在夸耀乡贤，侈陈名胜，因亦核实之道，自成志乘之一体。"

总之，《三山志》的问世，标志着闽都方志的编纂趋于成熟，对后世方志的编纂产生了深远的影响。

2. 明代《福州府志》

明王朝建立后，封建统治者十分热衷于志书的修纂工作，除中央政府主持修纂全国总志外，各级地方政府也编修府（州）、县志。有人称："今天下自国史外，郡邑莫不有志"，志书的编修甚至被视作地方官员的一项重要政绩。不仅如此，志书的"资治、教化、存史"之功用成为明人的共识，他们普遍认为："郡之有志，所以资政治也"，"凡为郡邑者，必先考志"，志书成为地方长官全面掌握一地之自然和社会的历史与现状，进而对一地实行有效统治的参考与依据，所谓"夫风俗之淳漓，时政之得失、山川之险易、人才之盛衰，非有以志之，后将奚征焉"。① 正是在这一背景下，福州方志的编修盛极一时，仅《福州府志》就修纂了 4 部。

正德《福州府志》是明代最早的一部福州地方志。始纂于正德初年，由从政家居的南京吏部尚书林瀚，致仕的南京户部尚书林泮，别驾林谨夫，名士周朝仕、李镕等人共同编纂。志未就，林泮、林谨夫先后去世，遂中缀。数年后，福州太守叶溥发动同僚捐俸助修，由林瀚之孙林炫主持修纂，其他编纂者还有延州博士张孟敬，庶吉士刘世扬，进士廖世昭等。正德十五年（1520 年）书成刊行，亦称正德庚辰志。叶溥亲为评定，请林瀚裁定并作序，后林瀚

---

① 张天禄：《福州方志史略》，海风出版社 2007 年版，第 44 页。

去世，由林瀚之子、前兵部郎中林庭楬作序。故该书题明叶溥主修，张孟敬、林庭楬纂。

正德《福州府志》的体例，参校唐《闽中记》、宋淳熙《三山志》、元致和《三山续志》、明《一统志》和《八闽通志》等，"续述新闻而为书"。全书分地理、食货、封爵、官政、学校、选举、人物、祀典、宫室、祥异、文翰、杂志、外志等 13 纲，42 目，40 卷，记载明代福州所辖属 12 县历史、自然、社会、人文等情况。全书体大记博，纲目清晰，史料翔实，为我们保存了大量有关福州历史的珍贵资料。

继正德《福州府志》之后，明万历年间又修了 3 部《福州府志》，其中以万历癸丑志，即万历四十一年（1613 年）《福州府志》最有名。

万历癸丑志是在正德庚辰志、万历己卯志（即万历七年《福州府志》）的基础上编纂而成，参与纂修的均为享誉当时文坛的有识之士，主要有林烃、林材、谢肇淛、王宇、郑臬、马歘、陈价夫、邓原芳、朱国珍、郑邦霑、王毓德、徐㸌等，修纂时，喻政为福州知府，故该志主修署名喻政。全书分舆地、建置、祀典、兵戎、食货、官政、选举、人文、艺文、杂事等 10 目，76 卷，内容遍及政治、经济、文化、军事、民俗诸方面，纲目清晰，体例精当，是明代府志中堪称质量上乘的志书。其引用旧志材料 1/10，新增内容多达 9/10，如，增加《兵戎志》7 卷，《食货志》较正德庚辰志多出 10 卷，为后世保存了许多极为珍贵的、具有重要史料价值的资料。

除上述二部《福州府志》外，在明代众多的闽都志书中我们十分有必要提及成书于万历四十年（1612 年）的《闽都记》。

《闽都记》的作者王应山，生于明嘉靖十年（1531 年），字懋宣，号静轩，侯官人，按察使应时、参政应钟之弟。应山学问淹贯古今，精通六艺百家，尝以《春秋》教授乌石、武夷间。懋宣"迹喜钩奇，学先讨蹟，山川之幽险，仙灵之窟穴，靡不届也；龙像金碧之宫，名世松湫之地，靡不探也；故国黍离，周道茂草，城郭是

而民非，甲第存而主易，靡不吊也；委巷纡廛，三条九陌，省寺坛
坫之遗，水石亭台之胜，与夫村落烟墟、战场戍垒，靡不问也；方
册之纪册，词人之赋咏，与夫里闲丛谈，岁时谣谚，《夷坚》、《齐
谐》之志，靡不采也。其大义取材于史乘，而荒滢窅僻之区、猥琐
奇轶之事，则得之耳目所睹记者十七，其体裁稍沿于《西湖志》，
而都会郊垧，附庸远近，脉络联绵，易于不杂，则得法（郦）道元
《水经》者十五"。①

《闽都记》共33卷，"纪首郡九县，福宁州二县，以坊市为经，
以山川、寺院、宅墓、古迹为纬，胪载咏题以佐之，其例盖仿于
《方舆胜览》"。②

由是观之，王应山的《闽都记》博采《西湖志》、《舆地纪
胜》、《水经注》诸书之长，保存了大量有关福州的社会经济、历
史、文化、政治、风土民情等诸方面的珍贵资料，其价值不言而喻。

3. 清乾隆《福州府志》

乾隆《福州府志》开局于辛未（1751 年）之夏，蒇事于甲戌
（1754 年）之春，是清代唯一的一部官修《福州府志》，其内容之
丰富、地方特色之鲜明、体裁之完备都超过前代。该志是徐景熹③
主修，全书共 32 门，76 卷，108 万字。卷首冠以图（福州十邑总
图，福州府城图、福州府学图，福州府治图、十邑疆域诸图），书
末附录旧志序。其 32 门依序为：星野、建置沿革（兼表）、疆域
（附形势）、城池（附街坊）、山川、水利、乡都、津梁、田赋、（附
仓储、恤政、盐法、关税）、学校、军制、海防、坛庙、寺观、古
迹、公署（附驿递）、第宅园亭、冢墓、风俗、物产、封爵（兼
表）、职官、选举、名宦、人物、流寓、列女、释老、艺文、碑碣、

① 王应山：《闽都记》，谢肇淛《〈闽都记〉序》，方志出版社 2002 年版，第 8 页。
② 同上书，第 11—12 页。
③ 徐景熹，浙江钱塘人，赐进士，翰林院编修，乾隆甲戌（1754 年）知福州府事，徐景熹"绩学能文，三世以翰苑起家，勤于吏治，识大体，孜孜以修志为亟"，"殚精竭虑，集思广益，劳形案牍之余，一镫荧然，常至丙夜弗休。宁详毋略，宁严勿滥"（参见张天禄：《福州方志史略》，海风出版社 2007 年版，第 91 页）。

祥异、外纪等。

该《志》之特色如陈宏谋所论：其一，"于海口要隘，开洋始末，并悉加载入志内，庶后之有心者，得以按籍而稽，权其利弊轻重，而不为俗说所惑，此他郡志之所无，而《福州府志》之所首重也"。其二，"于其好义之大者则志之，而于撰述之书，皆详纪其姓氏，凡皆以鼓舞其趋善力学，俾知声教之为美，此又《福州府志》之异于他志者也"。其三，对闽海地区海防形势与战备，"何处可以防内，何处可以御外，皆语徐守详核而载之《海防》，此又《福州府志》之异于他志者也"。①

该《志》之编辑，大抵以三山、正德二志为本，参考万历四十一年癸丑《福州府志》以及清康熙、雍正的新旧《福建通志》，"复为讨源正史，旁摭闽中记载，古今群籍，故典旧闻，义取赅备。国朝（清朝）百年以来，制度名物，尤详征博采，洪纤毕载。用昭一方之掌故，垂诸永久"。② 尤可贵者，该志订异校讹达 120 条以上。③ 毋庸置疑，该志所保存的福州历史相关资料弥足珍贵，是后世研究福州地方史不可或缺的参考书。

4. 新编《福州市志》

新编《福州市志》是中华人民共和国成立以来，福州第一部正式出版的市志。④ 该志由福州市地方志编纂委员会主持编纂，参与者多达 100 多个单位 3000 余人，始纂于 1985 年 4 月，至 1998 年 12 月开始由方志出版社陆续出版。⑤

---

① 徐景熹主修：乾隆《福州府志》，陈宏谋《〈福州府志〉序》。

② 徐景熹主修：乾隆《福州府志》"修志凡例"。

③ 张天禄：《福州方志史略》，海风出版社 2007 年版，第 94 页。

④ 1979 年，福州市政协文史资料工作组编修的《福州地方志》（简编）没有正式出版。

⑤ 该志共 8 册，近 1135 万字，篇幅大，排版校对周期长，故采取按册分期印刷的方法，第 1 册于 1998 年 12 月出版，第 2 册于 1998 年 8 月正式出版，第 3 册于 1999 年 12 月正式出版，第 4 册于 2000 年 7 月正式出版，第 5 册于 2000 年 7 月正式出版，第 6 册于 1999 年 12 月正式出版，第 7 册于 1999 年 8 月正式出版，第 8 册于 2000 年 12 月正式出版。

新编《福州市志》共 8 册，78 分篇，每分篇一般设章、节、目等层次，加上总述、大事记、附录，共 81 个门类，近 1135 万字，是一部体例完备、内容丰富、门类繁多的地方志书。第 1 册内设总论、大事记、政区、自然地理、土地、人口、区县（市）概况等 7 个门类，计 80.9 万字。第 2 册内设城乡建设、建筑、房产、市容环境卫生、环境保护、交通、邮政、电信等 8 个门类，计 106.3 万字。第 3 册内设机械冶金工业、汽车工业、电力工业、化学工业、电子工业、建筑材料工业、轻工业、二轻工业、纺织工业、塑料工业、工艺美术等 11 个门类，计 162.3 万字。第 4 册内设农业、林业、农垦、水利、水产、乡镇企业、国内贸易、对外贸易、物资、粮食、供销合作、烟草、石油等 13 个门类，计 138.8 万字。第 5 册内设国民经济计划、统计、物价、工商行政管理、技术监督、财政、税务、审计、金融、海关等 10 个门类，计 129.4 万字。第 6 册内设中共福州市地方组织、党派、人民代表会议和人民代表大会、政府、政协、群众团体、公安、检察、审判、司法行政、民政、军事、从事管理、劳动管理、外事等 15 个门类，计 192.9 万字。第 7 册内设教育、科技、文化、文物、卫生、医疗、体育、新闻、出版、广播电视等 9 个门类，计 175.1 万字。第 8 册内设民俗、宗教、旅游、华侨、榕台关系、方言、人物、附录等 8 个门类、计 149.1 万字。

该志以马克思列宁主义、毛泽东思想和邓小平理论为指导，运用辩证唯物主义和历史唯物主义的立场、观点、方法，坚持立足当代、详今略古的原则，本着"观古鉴今"、"存史资治"的修志理念，采取以编年体为主、辅以纪事本末体的编纂方法，客观、全面、系统地记载了福州的自然、政治、经济、文化、人文诸方面的历史与现状，所记载的史实上限尽可能追溯到事物的发端，下限至 1994 年 12 月，真可谓横陈百科，纵写千年，贯通古今，成为福州历史的有机组织部分，堪称福州境域的一部百科全书。其融思想性、科学性、资料性为一体，突出时代特色、地方特色、专业特色，既是一个福州市情资料库，可以为我们建设社会主义新福州提供科学依据和历史借鉴，又是一部爱国主义思想教育的教材，可以帮助青年一代了解过去，开拓未来。①

---

① 参见福州市地方志编纂委员会编《福州市志》"序一"，"序二"，"凡例"，方志出版社 1998 年版。

结　语

　　俗话说："一方水土育一方文化。"从本质上说，闽都文化是一支兼具内陆性与海洋性的复合型、综合性的地域文化，由此决定了福州人的人文性格是以大陆性和海洋性兼具的双重性为特征。这主要是由闽都特定的"负山面海"的自然地理环境和悠久的历史文化积淀以及长期为"都"的人文社会环境所决定。大致来说，闽都文化的形成可分为三个时期，远古至秦汉之际为闽都文化初生萌发时期，闽越文化为此期的高峰；汉代中叶以后至南宋为闽都文化初步形成时期，理学的发展，"海滨四先生"的成就是这一时期的高峰；明清之际至民国初年为闽都文化最终定型时期，船政文化是这一时期的显著代表。闽都文化上承闽越文化，中经与中原文化的融合，最终形成一支兼具大陆性和海洋性特征的特色鲜明的地域文化。

　　如所周知，自然地理环境对文化的塑造有着发生学上的意义，它首先决定了不同的经济类型，正如著名史学家钱穆在其著《中国文化史导论》中所言："人类文化，由源头处看，大别不外三型，一、游牧文化，二、农耕文化，三、商业文化。……此三类文化又可分成两类，游牧，商业文化为一类，农耕文化为一类。"① 不同的经济类型影响着人们的生产、生活方式，并由此决定了人的行为规范和社会准则，继而决定了人的价值取向。基于此，有学者认为：文化，从广义上说，即是人类的生活方式，其核心则是人的价值观。

---

① 钱穆：《中国文化史导论》，"弁言"，商务印书馆 2002 年版，第 2 页。

毋庸置疑，自然地理环境对文化产生与发展具有重大影响，尤其是生产力发展水平落后，交通工具简陋的古代社会更是如此。换言之，经济越落后、交通不便、信息传播不发达、生活空间相对狭隘和孤立，自然地理环境对文化的影响越大，各地域文化的特质就越明显。从中国文化的历史发展进程看，地域文化大约在先秦时期逐渐形成且颇具特色，如：吴越文化、齐鲁文化、燕赵文化、荆楚文化、三晋文化等，其差异性在经济形态、制度文化、精神风貌、宗教信仰、语言风俗等诸多领域表现出来，惟其如此，许多从事历史和考古研究的学者总是习惯的把地域文化的考察锁定在范围相对集中、特色较为典型的先秦时期。

随着秦始皇统一中国，在全国范围内推行中央集权，作为地域文化特征之一的制度文化的某些特征被同化；与此同时，秦王朝的"车同轨、书同文、行同论"政策的推行，尤其是汉代中叶以后，儒家思想被定于一尊而成为中国封建社会的正统、主流思想，地域文化中精神文化的特征也渐渐被吞噬；大规模的民族迁徙或强制性移民，打破了各地域间森严的壁垒，地域文化的主体——原住民被迁徙、被同化、被重组，文化交流日益频繁，导致地域文化中的语言风俗、宗教信仰等特征发生异化。总而言之，秦汉时期，随着国家的统一，缘于政治的、军事的力量构建起来的共同体文化——中华文化的出现和形成，各地域文化由于趋同性的作用以及儒家和合思想的影响，其异质渐渐淡化、缩小，差异性亦愈加不明显。在这种情形下我们来探讨地域文化的特质，找出个中之异，显然不是件容易的事。然而，地域文化是在一个相当长的历史时期中逐渐孕育和形成的，因其形成要素（自然地理环境和人文社会环境是至为关键的因素）的独特性，造成了地域文化发展中表现出较强的形态上的稳定性、历史发展上的传承性和文化外观上的独特性，从而为我们挖掘地域文化的特质，辨别其间些微的差别提供了可能和便利。

从自然地理环境考量闽都文化，其"山海兼备"、"负山面海"的特征孕育了闽都文化的内陆性与海洋性兼具的特质。

据目前已有的考古资料表明，闽都地区至少在距今 7000 年前就已经有先民繁衍生息。1965 年在平潭县平原乡南垅村壳丘头发掘的面积达 200 多平方米的壳丘头遗址是闽都地区乃至福建省迄今发现的最早的文化遗址，属新石器时代早期。迨及新石器时代晚期，闽都地区又出现了著名的昙石山文化遗址，据推测，该文化年代距今 5000 年左右，是新石器时代闽都地区最典型、最丰富的遗址。从所出土的文化遗物看，昙石山文化具有鲜明的地方特色，文化堆积主要有蛤蜊、牡蛎、蚬、蚶等各类贝壳堆积而成，表明其居民"沿水而居"，"讨海为生"，是名副其实的"贝丘文化"。该文化主要分布在闽江下游福建省东部沿海一带，与壳丘头文化的承袭关系亦十分明显（石器均以小型石锛为主，器型如石斧、石刀等也极为相似），学术界普遍以之作为闽都文化的源头。降至商末周初，闽都地区开始向青铜时代过渡。1974 年在福建闽侯鸿尾乡石佛头村南部发现的黄土仑遗址即为这一时期的典型代表。从该遗址发掘出土的文物标本看，黄土仑文化"代表了闽江下游一带一种受中原商周青铜文化影响而具浓厚地方特色的文化遗存"。①它一方面体现了与昙石山上层类型文化有明显的承袭关系；另一方面表明闽都地区社会经济已经有了相当程度的发展。据此，专家们一致认为，闽越族至迟于这一时期（即商末周初）正式形成，闽越政权亦具雏形。至汉代闽越国时期（公元前 202—前 110 年），闽越文化既表现出与中原汉族文化高度的一致性，又保留了自身地域文化的独特性，成为闽都文化初生萌发时期的一个高峰，闽都文化的特质——内陆性与海洋性相结合——也基本确定下来。

大体上看，"闽越"所代表的地域范围与福建全境相吻合，三面环山，境内山岭耸立，导致交通不便，与内陆腹地及境内各区域间形成隔离之势，导致闽越区域成为一个相对独立和封闭的系统，因而使得闽地土著文化一方面能够在相对独立的状态中发展，呈现

---

① 福建省博物馆：《福建闽侯黄土仑遗址发掘报告》，载《文物》1984 年第 4 期。

出浓厚的地方特色；另一方面，在汉代以后，随着中原汉人大规模
南迁，闽越文化与中原文化融合、互动，这种地理环境又对福建形
成古文化沉淀区提供了得天独厚的条件，大量的中原古风在这一地
区得到较完整的传承和保留，使这一地区的文化呈鲜明的内陆文化
特征，宋代形成的闽学即是这一特质的典型表现。

　　如果说三面环山造成了闽越文化发展的封闭格局，形成其内陆
性特征，那么，东南临海却为其发展提供了广阔的海洋空间，从而
造就了其海洋性的特质。自古以来，闽越就是"以舟为车，以楫为
马"的民族，他们善于造船，长于操舟，创造了丰富多彩、富有东
南特色的"舟楫文化"，即便秦汉以后，闽都被纳入中央王朝统治
之下，儒家思想占主导地位，闽越族人海上活动的传统仍然保留下
来，闽都对外交通与海上贸易从未停止过，宋元以后直至明清，闽
都地区的海上贸易进一步强化了其海洋性特征，迄于近代推动了其
作为中西文化桥梁地位的形成，从而诞生了颇具全国影响力的"船
政文化"，在明清之际，中国传统文化日趋保守、封闭、停滞的状
态下，船政文化无疑成为当时先进文化的代表，也成为中国文化近
代化的缩影，而其海洋性特质不能不说是闽越"舟楫文化"之传
承，并最终完成了中西文化交融，将海洋性融入内陆性，成为这一
双重性的结合体，"闽都文化"至此而最终定型。

　　总之，闽都独特的自然地理环境，培育了闽越族人"山处水
行"的生活方式和文化形态，衍生出以山海相交为特征的生态经济
体系，创造了闽越文化内陆性和海洋性相结合的文化特质，这种双
重性特质对闽都文化的发展产生了深远影响。

　　闽越王无诸逝后，其后代屡屡发生内讧，并不断对外扩张，导
致与汉庭关系日益恶化，最终于公元前 110 年为汉武帝所灭，"其
民徙处江淮间"，其地"遂虚"。① 这在客观上为日后汉人与汉文化
的进入创造了有利条件。汉昭帝始元二年（公元前 85 年）与闽越

―――――――――――――

　　①　《史记》卷 54《东越列传》。

故地复立冶县，治所在今福州，是为汉朝统治势力正式渗入福州的标志，闽越族人与中原汉人的融合由此揭开了序幕。一般来说，这种融合是互动的，但是，在中原汉人无论是政治、军事，还是经济、文化均占绝对优势的情况下，双方的融合又表现为以中原汉族为主导，闽越地域社会则更多表现为"汉化"或为汉人所同化。伴随着中原汉人自东汉末年以来的大举南迁，闽越地域社会一方面在政治上被纳入到中央王朝的统治范畴，开始了政治一体化的过程，经济也得到开发而迅速发展，至南宋起，整个"南方经济发展水平完全超过了北方"，① 闽都经济亦达到空前繁荣。另一方面，汉代中叶以来在中原地区长期占据统治地位的儒家传统文化亦以其"主流"、"正统"的面目对闽越文化进行全面改造，至宋代，闽越文化最终从整体上融入中华文化共同体之中。伴随着"闽中四先生"（亦称"海滨四先生"——陈襄、郑穆、陈烈、周希孟）倡道闽中，福州一跃成为儒学文化的发达地区，被称为"海滨邹鲁"、"理学名邦"，闽都文化继闽越文化之后迎来了其形成过程中的第二次高峰，其内陆性的特质得到彰显。

但是，我们也应该看到，闽都文化自汉末至南宋虽处在强势的主流文化——儒家文化的笼罩下，其内陆性特质充分显现的同时，其海洋性的特质依旧保持下来，并不断得到发展。关于这一点，我们于汉代至宋代时期闽都对外交通与贸易可窥见一斑。

从历史上看，闽都具有对外开放的传统，海外交通、贸易十分发达。早在汉武帝时期，位于闽江口附近的东冶港就是其时闽越国对外海上交通和闽江上、下游航运的重要口岸，"旧交趾七郡贡献转运皆从东冶泛海而至"。② 旧交趾七郡即南海、苍梧、郁林、合浦、交趾、九真、日南，位于今广东、广西南部和越南北部，是汉元帝年间（公元前48—前33年）设置的，表明在东汉章帝元和元

---

① 张家驹：《两宋经济重心南移》，湖北人民出版社1957年版，第158页。
② 《后汉书》卷33《郑弘传》。

年（84 年），大司农郑弘开通从零陵（今广东西全州县）至桂阳（今湖南郴州）的"峤道"（陆路通道）以前，交趾一带的贡品，皆从海路"泛海"至东冶港，再转运至江苏沛县或山东登莱，而后从陆路运抵都城。

三国时期，东冶港成为吴国重要的海上活动基地。230 年，孙权派遣将军卫温、诸葛直率甲士万人"浮海求夷洲（台湾岛）、澶洲（菲律宾）"，建衡元年（269 年）于此设"典船校尉"，东冶港成为吴国的造船基地。不仅如此，东冶港在吴国的对外军事行动中也占据重要地位。史载，建衡元年（269 年），吴国出兵袭击交趾，吴王孙皓即派"监军李勖，督军徐存从建安（今福州）海道，皆就合浦击交趾"。[①]

从汉代至隋朝的 800 多年间，古东冶港一直是南北海上交通的重要中转口岸。唐、五代时期，福州港则一跃而成为直接对外贸易的港口，与广州、扬州、泉州等港口成为我国南方的贸易大港，对外贸易十分繁荣。唐末福州节度推官黄滔在诗中写道："大舟有深利，沧海无浅波。利深波亦深，君意竟如何？鲸鲵凿上路，何如少经过。"[②] 生动反映出福州商人在沧海中驾大舟追波逐浪，从事贸易，谋求厚利的情景，也是闽都文化海洋性特质的真实写照。王审知治闽时期（897—925 年），积极发展对外贸易，开辟黄歧半岛的甘棠港为福州港的外埠，一时间，甘棠港"帆墙云集，商旅相继"成为"连五寨而接二荌，控东瓯而引南粤"的著名货物集散地，吸引了新罗、占城、三佛齐以至印度、阿拉伯等国家和地区的货船前来贸易，为专门管理船舶货物的征税事宜，王审知还设置了"榷货务"（商务与海外贸易机构），表明当时港口贸易的兴盛，福州港成为福建当时与泉州齐名的两大对外贸易港口之一。

宋代在继承五代闽国经济发展的基础上，福州港开辟了海外航

---

　　①　《三国志·吴书》卷 48《孙皓传》。
　　②　黄滔：《黄御史集》卷 2《贾客》，转引自林金水主编《福建对外文化交流史》，福建教育出版社 1997 年版，第 24 页。

线，海外贸易更加发达，与新罗、日本、东南亚诸国和印度、大食及西亚、非洲诸国都有贸易往来。与此同时，与本国沿海各港口及内江内河的贸易也有很大的发展，特别是同江苏、浙江、广东、海南等各港口贸易尤为发达，与澎湖、台湾也开始有贸易往来。总之，宋代福州港的对外贸易发展极其繁荣，程度都远远超过前代，成为"海舶千艘浪，潮田万顷伏"，"百货随潮船入市，万家沽酒户垂帘"的繁华港口城市。

综上所述，闽都文化在汉末至宋代的历史形成过程中，原有的土著文化——闽越文化在中原汉族正统儒家文化的全方位改造下，其固有的内陆性质得到充实、发展，最终形成了以宋儒理学为核心的价值观，决定了这一时期的闽都文化形态以内陆性为主导。另者，闽越文化传统的海洋性质仍然完好地保留下来，在新的历史条件下持续发挥其内影响力，其中的某些因素亦为中华文化所吸收、承袭，成为其内陆文化的很好补充，进而丰富了中华文化之内涵。

明清以降，专制主义中央集权达到极端化发展，科举制的僵化，"文字狱"的盛行，"封疆海禁"政策的实施，导致中华文化的发展日趋保守、封闭，乃至处于停滞状态。在这种情形下，闽都面海的自然地理环境使得其文化中的海洋性特质的优势得以发挥，为闽都文化的创新提供了契机。

明代及清初，福州港仍然是对外交往的重要港口，这突出表现在两个方面：第一，永乐三年（1405 年）至宣德六年（1431 年）间，郑和七下西洋均驻舶福州港（即闽江口或长乐县吴航港，永乐十一年改为太平港）伺风开洋，福州港成为"补给站"，其知名度得到大大提高。第二，福州与琉球的友好往来促进了福州港的繁荣，明成化十年（1474 年）福建省管理对外贸易的"市舶司"也从泉州移至福州，福州港成为中琉册贡往来的唯一港口。

鸦片战争以后，福州被辟为"五口通商"口岸之一，闽都成为对外开放的窗口而得风气之先，大批学习西方的先进思想家脱颖而出，从"睁眼看世界的第一人"林则徐到"中国西学第一人"的严复，从学习西方的器物层面（"师夷长技以制夷"）上升到精神层面（"物竞天择，适者生存"），闽都文化在对外开放的条件下获得了新生而呈现出勃勃生机，最终生成了当时先进文化的典型代表——船政文化。船政文化既是中国文化近代化的缩影，也是闽都文化最终定型的标志。

综观闽都文化历史发展的过程，我们不难发现，其内陆性与海洋性特质贯穿始终，二者相互激荡，互为补充，相得益彰。如果说，闽都文化萌发时期的闽越文化已基本确定了闽都文化双重性的基调，但鉴于当时生产力发展的水平低下，地理环境的封闭，其海洋性特征略显浓重一些，那么，汉末以后随着中原汉人的南迁，闽越社会得到全面开发，闽越文化也受到中原文化的浸淫被彻底改造，至宋代福州成为儒学发达地区，内陆性特质成为闽都文化中的主流，海洋性特征略微淡化。降至明清，尤其是晚清以后，闽都文化的海洋性特征再度得到彰显，而且内涵更加丰富，并将之很好的融进了中华大地文化的体系之中，船政文化即是内陆性与海洋性特质完美结合的产物，以内陆性为基调兼具海洋性特征的闽都文化最终形成。

"负山面海"的自然地理环境决定了闽都文化兼具内陆性与海洋性的双重特质，然而，在幅员辽阔的中华大地上，具有这一特质的地域文化不唯闽都文化一支，东南沿海的浙江、广东以及福建的闽南等地域文化亦具此特性。易言之，从文化形态上看，内陆性与海洋性兼具的特质为东南沿海诸地域文化所共有。（有学者提出："从人文地理学出发，可将中国文化划分为'中原传统农业文化区'和'东南功利文化区'两大部分。中原文化是中国传统文化的发源地和传播中心，其辐射范围遍及中西部广大地区。……'东南功利文化区'主要集中在我国东南沿海一带……其文化具有海陆两种成分。"① 在此暂不论其对两个文化区的表述是否科学，但至少肯定了

---

① 张佑林：《浙江文化与"浙江模式"形成的内在渊源》，刘德龙、杨宗杰主编《地域文化与经济社会发展》，群言出版社 2006 年版，第 352 页。

东南沿海地域文化的共性——兼具海陆两种成分。）如此，要甄别个中差异，就必须从对文化塑造有着与自然地理环境同等重要的人文社会环境中去考察。

从闽都文化的形成与历史发展看，其"都"的地位以及深厚的历史文化积淀是锻铸闽都文化特质的两个不可忽视的因素。闽都福州有文字记载的历史始于公元前 202 年，闽越王无诸受封于西汉中央王朝而立异姓诸侯国——闽越国。2200 多年来，福州五次为"都"，（西汉时期为闽越国国都，五代时期为大闽国国都，南宋和明末时期两度为"行都"，1933 年国民革命军 19 路军发动"闽变"，为"中华共和国人民革命政府"首都），可谓是名副其实的"闽都"。其余时间则或为郡治（西晋时的晋安郡）、或为州治（南朝隋唐时晋安郡先后被称为闽州、丰州、泉州、建州，治所均在今福州）、或为府治（唐开元十三年始有"福州"之称，为福州都督治，明、清二朝亦然），辛亥革命后，福州作为福建省省会至今。由此可见，福州历史上一直就是福建省的政治中心，从而为闽都文化深深打上了"正统性"的烙印。至宋代，随着全国政治、经济、文化重心的南移，闽都由"瘴疠蛮荒之地"转变成了"理学名邦"而成为全国"正统性"文化的实践中心。惟其如此，明、清以后日益成长、丰富的闽都文化，其海洋性特质在很大程度上受到"正统性"的制约，反映在人文精神上，则是福州的知识分子具有强烈的忧患意识和历史使命感，尤以晚清涌现出来的一大批福州籍精英人物为著，如林则徐、沈葆祯、严复、林旭、林觉民等，故有"晚清风流出侯官"之说。对比之下，浙江、广东、闽南等东南沿海的地域文化中的海洋性则更多表现为商业性、慕利性，追求财富，冒险犯禁的色彩更浓一些。

此外，闽都作为中原汉人南迁入闽最早的定居点之一，中原汉族文化传统的积淀丰厚，历史悠久，这在一定程度上强化了其文化的"正统性"，因此，福州人追求中统教化，崇礼重教的意识浓厚。据梁克家《三山志》载："（福州）得天然之气，和平而无藝，燠不为瘴，寒不至冱；得地之形，由建剑溪湍而下，泉莆潮涨而上，适至是而平，民生其间，故其性纤缓，其思强力，可以久安，真乐土也。产惧薄以勤羡，用喜啬得以实华。其君子外鲁内文，而小民谨事畏法。市廛阡陌之间，女作登于男，四民皆溢，虽乐岁无狼戾；能执技以上游四方者，亦各植其身。丰年治世，气象闲暇，习尚可视齐、鲁。"① 清乾隆《福州府志》卷24《风俗》亦载："秦、汉之际，闽越从破秦、楚，击南粤，民乐于战斗，有《秦风·小戎》之俗。迨刘宋与虞愿立学，唐常衮兴贤，而俗初奋于学。然王氏窃据，延至数传，西湖歌舞，士女喧阗，其民习于浮侈。至宋朱子绍濂洛嫡传，福郡尤多高第，弟子阐明圣道，弦诵互闻。盖向之习染，悉湔洗无留遗矣。自兹厥后，风气进而益上，彬彬郁郁，衣冠文物之选，遂为东南一大都会。"又转引林谞《闽中记》曰："产惧薄以勤羡，用喜啬得以实华。自晋、宋文雅以来，教化丕变，家庠序而入诗画"；"君子外鲁内文，小人谨事畏法，民以鱼盐为生"。又引《万历府志》："其俗尚文词，贵节操。多故家世族，君子朴而守礼，小人谨而畏法。"② 崇礼重教的风气推动了福州文化的兴盛，至宋代福州地区"人文蔚起"，"冠带诗书，翕然大肆，人材之盛，遂甲于天下"。③ 由此锻铸了福州人和合包容、谨慎儒雅的人文性格，与同具海洋性特征的闽南、温州、广东的人文性格大相径庭。进入近代，同为"开风气之先"的广东，其文化精神侧重于实干，即行动上的示范，洪秀全领导的太平天国运动，康、梁领导的戊戌变法，孙中山领导的辛亥革命，无一例外。而福州的文化精神（无论是林则徐还是严复）则侧重于理论上的、学理上的探究。

综上所述，一个区域的文化特质是根植于该地域独特的自然地理环境和它的历史发展之中。闽都文化既是土著文化与中原传统文化不断开放融合的产物，又是与西方文化不断交流、创新的结果。

---

① 梁克家修纂：《三山志》卷39《土俗类一·土贡》。
② （清）乾隆《福州府志》卷24《风俗》。
③ 洪迈：《容斋四笔》卷5，引吴孝宗《余干县学记》。

参考文献

一 史籍与工具书

1. （汉）司马迁：《史记》。

2. （汉）班固：《汉书》。

3. （南朝宋）范晔：《后汉书》。

4. （晋）陈寿：《三国志》。

5. （唐）房玄龄：《晋书》。

6. （南朝梁）沈约：《宋书》。

7. （南朝梁）萧子显：《南齐书》。

8. （唐）姚思廉：《梁书》、《陈书》。

9. （唐）李百药：《北齐书》。

10. （唐）魏徵等：《隋书》。

11. （唐）李延寿：《南史》。

12. （后晋）刘昫等：《旧唐书》。

13. （宋）欧阳修等：《新唐书》。

14. （宋）欧阳修：《新五代史》。

15. （元）脱脱：《宋史》。

16. （明）宋濂：《元史》。

17. （民国）柯劭忞：《新元史》。

18. （清）张廷玉：《明史》。

19. （民国）赵尔巽：《清史稿》。

20. 陈戍国：《礼记校注》，岳麓出版社 2004 年版。

21. （梁）释慧皎撰，汤用彤校注：《高僧传·道安传》，中华书局 1992 年版。

22. （宋）普济：《五灯会元》，中华书局 1984 年版。

23. （宋）赞宁：《宋高僧传》（上下），中华书局 1987 年版。

24. （宋）李昉等编：《太平御览》，中华书局 1982 年版。

25. （唐）杜佑：《通典》，中华书局 1984 年版。

26. （清）吴任臣：《十国春秋》，中华书局 1983 年版。

27. 中国社会科学院历史研究所清史室编：《清史资料》，中华书局 1980 年版。

28. （明）何乔远：《闽书》（5 册），福建人民出版社 1994 年版。

29. （明）黄仲昭修纂：《八闽通志》（上下），福建人民出版社 1990 年版。

30. （宋）梁克家修纂：《三山志》，海风出版社 2000 年版。

31. （清）徐景熹主修：乾隆《福州府志》（上中下），海风出版社 2001 年版。

32. （清）陈寿祺等：道光《福建通志》，台北：华文书局 1968 年版。

33. （清）顾炎武：《天下郡国利病书》，上海科学技术文献出版社 2002 年版。

34. （清）郑祖庚纂修：《侯官县乡土志》、《闽县乡土志》，海风出版社 2001 年版。

35. （清）里人何求：《闽都别记》（上中下），福建人民出版社 1994 年版。

36. 福州市政协文史资料工作组编：《福州地方志》（上下册）（内部刊行）1979 年版。

37. 福州市地方志编纂委员会：《福州市志》（第 1—8 册），方志出版社 1998 年版。

38. 福建省政协文史资料委员会编：《文史资料选编》，福建人民出版社 2000 年版。

39. 陈衍撰、陈步编：《陈石遗集》（上册），福建人民出版社 2001 年版。

40. 福州市地方志编纂委员会编：《昙石山文化志》，海潮摄影艺术出版社 2007 年版。

41. 福州台江区民间文学集成编委会：《中国歌谣集成·福建卷·台江区分卷》（内部资料），1989 年版。

42. 刘德城、周羡颖主编：《福建名人词典》，福建人民出版社 1995 年版。

43. 汪敬虞编：《中国近代工业史资料》，中华书局 1962 年版。

44. 李友芝等编：《中国近现代师范教育史资料》，首都师范大学出版社 1983 年版。

45. 朱有瓛：《中国近代学制史料》，华东师范大学出版社 1988 年版。

46. 夏征农主编：《辞海》（上中下），上海辞书出版社 1999 年版。

二 著作类

1. 林惠祥：《中国民族史》，商务印书馆 1936 年版。

2. 百越民族史研究会：《百越民族史论集》，中国社会科学出版社 1982 年版。

3. 陈国强、蒋炳钊、吴绵吉、辛土成：《百越民族史》，中国社会科学出版社 1988 年版。

4. 陈支平：《福建六大民系》，福建人民出版社 2001 年版。

5. 杨琮：《闽越国文化》，福建人民出版社 1998 年版。

6. 卢美松：《闽中稽古》，厦门大学出版社 2002 年版。

7. 朱维幹：《福建史稿》，福建教育出版社 1985 年版。

8. 徐晓望主编：《福建通史》，福建人民出版社 2006 年版。

9. 汪征鲁主编：《福建史纲》，福建人民出版社 2003 年版。

10. 宫明编：《中国近代史研究述评选》，中国人民大学出版社 1986 年版。

11. 白钢主编：《中国政治制度通史》，人民出版社 1999 年版。

12. 林金水主编：《福建对外文化交流史》，福建教育出版社 1997 年版。

13. 熊月之编：《西学东渐与晚清社会》，上海人民出版社 1990 年版。

14. 章开沅、〔美〕林蔚主编：《中西文化与教会大会——首届中国教会大学史学术研讨会论文集》，湖北教育出版社 1991 年版。

15. 木宫泰彦著，胡锡年译：《日中文化交流史》，商务印书馆 1980 年版。

16. 林庆元主编：《福建船政史稿》，福建人民出版社 1999 年版。

17. 廖大珂：《福建对外交通史》，福建人民出版社 2005 年版。

18. 谢必震：《明清中琉航海贸易研究》，海洋出版社 2004 年版。

19. 王培伦、黄展岳主编：《冶城历史与福州城市考古论文选》，海风出版社 1993 年版。

20. 钱穆：《中国文化史导论》，商务印书馆 2002 年版。

21. 王耀华主编：《福建文化概览》，福建教育出版社 1994 年版。

22. 福建省炎黄文化研究会、中共福州市委宣传部编：《闽越文化研究》，海峡文艺出版社 2002 年版。

23. 福建省炎黄文化研究会、中共福州市委宣传部编：《闽都文化研究》（上下），海峡文艺出版社 2006 年版。

24. 刘德龙、杨宗杰主编：《地域文化与经济社会发展》，群言出版社 2006 年版。

25. 黄公勉：《福建历史经济地理通论》，福建科学技术出版社2005年版。

26. 张家驹：《两宋经济重心南移》，湖北人民出版社1957年版。

27. 梁方仲：《中国历代户口、田地、田赋统计》，上海人民出版社1980年版。

28. 唐文基主编：《福建古代经济史》，福建教育出版社1995年版。

29. 魏明孔主编：《中国手工业经济通史》，福建人民出版社2004年版。

30. 林庆元主编：《福建近代经济史》，福建教育出版社2001年版。

31. 黄心川、戴康生等：《世界三大宗教》，生活·读书·新知三联书店1979年版。

32. 吕澂：《中国佛教源流略讲》，中华书局1979年版。

33. 顾长声：《传教士与近代中国》，上海人民出版社1981年版。

34. 王明：《道家和道教思想研究》，中国社会科学出版社1984年版。

35. 郭朋：《中国佛教思想史》（上下卷），福建人民出版社1994年版。

36. 陈支平主编：《福建宗教史》，福建教育出版社1996年版。

37. 王荣国：《福建佛教史》，厦门大学出版社1997年版。

38. 严耀中：《江南佛教史》，上海人民出版社2000年版。

39. 米寿江、尤佳著：《中国伊斯兰教简史》，宗教文化出版社2000年版。

40. 晏可佳：《中国天主教简史》，宗教文化出版社2001年版。

41. 王治心：《中国基督教史纲》，上海古籍出版社2004年版。

42. 周燮藩、牟钟鉴等：《中国宗教纵览》，江苏文艺出版社

1992 年版。

43. 陈支平、李少明：《基督教与福建民间社会》，厦门大学出版社 1992 年版。

44. 乌丙安：《中国民俗学》，辽宁大学出版社 1985 年版。

45. 林蔚文：《中国民俗大系·福建民俗》，甘肃人民出版社 2003 年版。

46. 林国平主编：《福建省志·民俗志》，方志出版社 1997 年版。

47. 徐晓望：《福建民间信仰源流》，福建教育出版社 1993 年版。

48. 林国平、彭文宇：《福建民间信仰》，福建人民出版社 1993 年版。

49. 贾二强：《唐宋民间信仰》，福建人民出版社 2002 年版。

50. 李乡浏、李达：《福州习俗》，福建人民出版社 2002 年版。

51. 林国平：《闽台民间信仰源流》，福建人民出版社 2003 年版。

52. 李如龙：《福建方言》，福建人民出版社 1997 年版。

53. 陈泽平：《福州方言研究》，福建人民出版社 1998 年版。

54. 陈庆元：《福建文学发展史》，福建教育出版社 1996 年版。

55. 马祖毅：《中国翻译简史》，中国对外翻译出版公司 1984 年版。

56. 李如龙、梁玉璋编撰：《福州方言志》，海风出版社 2001 年版。

57. 郑振铎：《插图本中国文学史》，人民出版社 1957 年版。

58. 郭沫若：《少年时代》，人民文学出版社 1979 年版。

59. 茅盾：《茅盾论中国现代作家作品》，北京大学出版社 1980 年版。

60. 阿英：《晚清小说史》，人民出版社 1980 年版。

61. 商务印书馆编辑部编：《论严复与严译名著》，商务印书馆

1982 年版。

62. 沈从文：《沈从文文集》，花城出版社 1984 年版。

63. 丁玲：《丁玲文集》，湖南人民出版社 1984 年版。

64. 冰心：《冰心选集》，四川人民出版社 1984 年版。

65. 陈子善、王自立：《郁达夫研究资料》，花城出版社 1985 年版。

66. 《全唐诗》，上海古籍出版社 1986 年版。

67. 郁达夫：《中国新文学大系散文二集》，上海文艺出版社 1987 年版。

68. 沈苏儒：《论信达雅——严复翻译理论研究》，商务印书馆 1998 年版。

69. 王栻主编：《严复集》，中华书局 1986 年版。

70. 皮后锋：《严复大传》，福建人民出版社 2003 年版。

71. 郑振铎：《文学大纲》，广西师范大学出版社 2003 年版。

72. 张帆：《才子邓拓》，海天出版社 2003 年版。

73. 林怡点校：《薛绍徽集》，方志出版社 2003 年版。

74. 清华大学建筑学院编：《建筑师林徽因》，清华大学出版社 2004 年版。

75. 梁启超：《清代学术概论》，上海世纪出版集团、上海古籍出版社 2005 年版。

76. 葛剑雄主编：《中国移民史》，福建人民出版社 1997 年版。

77. 陈翰笙主编：《华工出国史料汇编》，中华书局 1980 年版。

78. 吴凤斌：《契约华工史》，江西人民出版社 1988 年版。

79. 吴凤斌主编：《东南亚华侨通史》，福建人民出版社 1994 年版。

80. 郝时远主编：《对海外华人研究论集》，中国社会科学出版社 2002 年版。

81. 李天锡：《华人华侨民间信仰研究》，中国文联出版社 2004 年版。

82. 国务院侨办侨务干部学校编：《华侨华人概述》，九州出版社 2005 年版。

83. 林国平、邱季端主编：《福建移民史》，方志出版社 2005 年版。

84. 朱杰勤：《东南亚华侨史》，中华书局 2008 年版。

85. 陈景磐编：《中国近代教育史》，人民教育出版社 1983 年版。

86. 陈学恂编：《中国近代教育文选》，人民教育出版社 1983 年版。

87. 李楚材：《帝国主义侵华教育史料——教会教育》，教育科学出版社 1987 年版。

88. 毛礼锐、沈灌群主编：《中国教育通史》，山东教育出版社 1988 年版。

89. 孙培青主编：《中国教育史》，华东师范大学出版社 1992 年版。

90. 郑登云编著：《中国近代教育史》，华东师范大学出版社 1994 年版。

91. 刘海峰、庄明水：《福建教育史》，福建教育出版社 1996 年版。

92. 陈元晖、尹德新、王炳照编著：《中国古代的书院制度》，上海教育出版社 1981 年版。

93. 章柳泉：《中国书院史话》，教育科学出版社 1981 年版。

94. 杨贤江：《杨贤江教育文集》，教育科学出版社 1982 年版。

95. 黄新宪：《中国近现代女子教育》，福建教育出版社 1982 年版。

96. 江文汉：《明清间在华的天主教耶稣会士》，知识出版社 1989 年版。

97. 徐宗泽：《明清间耶稣会士译著提要》，中华书局 1989 年版。

98. 福州对外文化交流协会、台湾《罗星塔》月刊社合编：《福州乡土文化汇编》，福州晚报社 1990 年版。

99. 福建省教育史志编写办公室：《福建省教育史志资料集》，1991 年 12 月。

100. 李湘敏：《基督教教育与近代中国妇女》，福建教育出版社 1999 年版。

101. 李露露：《中国节——图说民间传统节日》，福建人民出版社 2005 年版。

102. 邹自振主编：《闽剧史话》，海峡文艺出版社 2008 年版。

103. 汪征鲁主编：《福建师范大学校史》（上中下），中国大百科全书出版社 2007 年版。

104. 张天禄：《福州方志史略》，海风出版社 2007 年版。

三　论文类

1. 朱俊明：《古越族起源及与其他民族的融合》，载《百越民族史论集》，中国社会科学出版社 1982 年版。

2. 松浦章：《清代福建的海外贸易》，载《中国社会经济史研究》1986 年第 1 期。

3. 陈可畏：《东越、山越的来源和发展》，载《历史论丛》1964 年版。

4. 福建省文物管理委员会：《福清东张石器时代遗址发掘报告》，载《考古》1965 年第 2 期。

5. 福建省文物管理委员会：《福建闽清永泰新石器时代遗址调查》，载《考古》1965 年第 2 期。

6. 福建省博物馆：《闽侯县石山遗址第六次发掘报告》，载《考古学报》1976 年第 1 期。

7. 福建省博物馆：《福州市北郊南宋墓清理简报》，载《文物》1977 年第 7 期。

8. 福建省博物馆：《福建连江发掘西汉独木舟》，载《文物》1979 年第 2 期。

9. 福建博物馆：《建国以来福建考古工作的主要收获》，载《文物考古工作三十年（1949—1979 年）》，文物出版社 1979 年版。

10. 卢茂村：《福建连江发掘西汉独木舟》，载《文物》1979 年第 2 期。

11. 曾凡：《关于福建史前文化遗存的探讨》，载《考古学报》1980 年第 3 期。

12. 福建省博物馆：《福建闽侯县昙石山遗址发掘新收获》，载《考古》1983 年第 12 期。

13. 福建省博物馆：《闽侯庄边山遗址 1982—1983 年考古发掘简报》，载《福建文博》1984 年第 2 期。

14. 福建省博物馆：《闽侯溪头村遗址第二次发掘简报》，载《考古》1984 年第 4 期。

15. 福建省博物馆：《福建闽侯黄土仑遗址发掘简报》，载《文物》1984 年第 4 期。

16. 王振镛：《论闽越时期的墓葬及相关问题》，载《福建文博》1990 年第 1 期。

17. 林忠干：《崇安汉城遗址年代与性质初探》，载《考古》1990 年 12 期。

18. 黄展岳：《闽越、南越和夷洲的比较研究》，载《福建文博》1990 年增刊。

19. 福建省博物馆：《福建平潭壳丘头遗址发掘简报》，载《考古》1991 年第 7 期。

20. 林公务：《福建闽侯庄边山的古墓群》，载《东南文化》1991 年第 1 期。

21. 滨岛敦俊文，沈中琦译：《明清江南城隍考——商品经济的发达与农民信仰》，载《中国社会经济史研究》1991 年第 1 期。

22. 朱维幹：《闽越的建国及北迁》，载《百越民族史论集》，中国社会科学出版社 1982 年版。

23. 黄展岳：《闽越东冶汉冶县的治所问题》，载王培伦、黄展岳主编《冶城历史与福州城市考古论文选》，海风出版社 1993 年版。

24. 廖大珂：《闽国甘棠考》，载《福建学刊》1988 年第 5 期。

25. 福建省博物馆、三明市文物管理委员会、三明市博物馆：《三明万寿岩发现旧石器时代遗址》，载《福建文博》2002 年第 2 期。

26. 李刚：《佛教海路传入中国论》，载《东南文化》1992 年第 5 期。

27. 林金水：《艾儒略与明末福州社会》，载《海交史研究》1992 年第 2 期。

28. 顾伟康：《论中国民俗佛教》，载《上海社会科学院学术季刊》1993 年第 3 期。

29. 林金水：《试论艾儒略传播基督教的策略与方法》，载《世界宗教研究》1995 年第 1 期。

30. 李玲：《最早到达福州的基督教传教士》，载《福建史志》1997 年第 1 期。

31. 方宝川：《叶向高、艾儒略与西学初入福建》，载《福建史志》1997 年第 6 期。

32. 李祖基：《城隍信仰与台湾历史》，载《台湾源流》第 12 期，1998 年 12 月。

33. 杨彦杰：《福州城隍庙与闽台城隍信仰》，载《东南学术》1998 年第 5 期。

34. 陈元煦、张雪英：《关于郭圣王、临水夫人研究中的几个问题》，载《福建师范大学学报》1998 年第 1 期。

35. 何桂春：《万福禅寺和隐元传教日本》，载《福建师范大学学报》1988 年第 4 期。

36. 郭宝林：《北宋的州县学》，载《历史研究》1988 年第

2 期。

37. 刘海峰：《论书院与科举的关系》，载《厦门大学学报》（哲学社会版）1995 年第 3 期。

38. 潘懋元：《福建船政学堂的历史地位及其影响》，载《教育研究》1998 年第 8 期。

39. 郑剑顺：《福建船政学堂与近代西学传播》，载《史学月刊》1998 年第 4 期。

40. 肖朗：《近代西方教育导入中国之探源——艾儒略与明末西方教育的导入》，载《河北师范大学学报》1999 年第 1 期。

41. 陈泽塞：《十九世纪盛行的契约华工制》，载《历史研究》1963 年第 1 期。

42. 西光：《中国印度尼西亚人民友好关系史略》，载《北京大学东方研究》1980 年第 1 期。

43. 郑振铎：《新文学之建设与国故之新研究》，载《小说月报》第 14 卷第 1 号，1923 年 1 月。

44. 刘海粟：《漫论郁达夫》，载《文汇月刊》1985 年第 8 期。

45. 李南蓉：《从〈茫茫夜〉〈秋柳〉看郁达夫小说创作的情感取向》，载《江海学刊》1995 年第 5 期。

46. 张先清、刘映珏：《晚清译书家陈季同与陈寿彭》，载《福建史志》1997 年第 6 期。

47. 唐弢：《郑振铎与〈新社会〉》，载《晦庵书话》，生活·读书·新知三联书店 1998 年版。

48. 许钧：《在继承中发展》，载《中国翻译》1998 年第 2 期。

49. 桑兵：《陈季同述论》，载《近代史研究》1999 年第 4 期。

50. 刘建萍：《同光派闽派诗人何振岱的诗歌》，载《闽江学院学报》2003 年第 6 期。

51. 张筠艇：《闽籍女性翻译家群体》，载《龙岩师专学报》2004 年第 2 期。

52. 陈庆元：《从梅生到梅叟——〈诗人何振岱评传〉书后》，

载《福建论坛》2005 年第 3 期。

53. 杨义、邵宁宁：《献身中国文艺复兴的卓越先驱——郑振铎论》，载《文学评论》2008 年第 3 期。

54. 张法：《解读郁达夫小说》，载《江汉论坛》1999 年第 9 期。